한국 가족을 중심으로 한

2판

부부·가족상담 핸드북

권수영 · 김형숙 · 박태영 · 신혜종 · 안미옥 · 오화철 · 이인수 · 이진희
이헌주 · 이현숙 · 이화자 · 전명희 · 정병호 · 조은숙 · 최규련 공저

학지사

2판 머리말

가족의 개념은 시대적 · 사회적 변화에 따라 끊임없이 진화하고 있다. 서구 사회에서는 이미 오래전부터 다양한 가족 형태가 연구되어 왔으며, 최근에는 전통적인 가족 구조를 넘어 1인 가족, 공동체 가족, 다문화 가족, LGBTQ+ 가족, 반려동물과 함께하는 가족 등 폭넓은 주제가 논의되고 있다. 이러한 변화는 단순히 새로운 가족 형태가 등장하는 데 그치지 않고, 각 문화권에서 가족 구성원들이 수행하는 역할과 기능이 재정립되고 있음을 의미한다. 그러나 국내 부부 · 가족 상담 분야의 연구와 실천은 오랫동안 서구의 가족치료 모델에 의존하는 경향이 있었다.

이러한 현실을 반영하여, 2020년 사단법인 한국상담학회의 부부 · 가족상담학회 소속 교수들과 연구자들은 한국적 가족문화를 고려한 상담 모델과 접근법을 제시하기 위해 이 책을 집필하였다. 이 책은 국내 부부 · 가족 상담 전문가들이 실용적이고 구체적인 지침서로 활용할 수 있도록 구성되었으며, 그 공로를 인정받아 여러 전문가로부터 호평을 받았다. 또한 상담 현장에서 널리 활용되었으며, 출간된 해에 세종도서 학술부문 우수도서로 선정되는 영예를 안았다. 이는 한국사회에서도 시대적 변화에 따라 연구 분야의 구체성이 점차 심화되고 있음을 보여 주는 결과라 할 수 있다.

그러나 1판이 출간된 지 불과 5년이 채 지나지 않았음에도, 한국사회의 가족 구조는 급격한 변화를 거듭하고 있다. 예를 들어, 1인 가구의 급격한 증가, 고령화 사회에서의 노인 단독가구 확대, 반려동물을 가족 구성원으로 여기는 문화적 흐름 등은 2025년 현재 한국 가족의 중요한 특징으로 자리 잡았다. 하지만 1판에서는 이러한 변화를 충분히 반영하지 못한 한계가 있었다.

이에 『한국 가족을 중심으로 한 부부 · 가족상담 핸드북』의 집필진은 한국 가족이 직면한 새로운 상담 주제를 발굴하고, 우리 사회만의 특수한 가족 유형을 반영한 실용적인 지침을 제공하고자 개정판을 준비하였다. 이번 2판에서는, 특히 한국사회에서 새롭게 대두되는 가족 유형과 상담 주제를 보다 깊이 있게 다루었다. 1인 가족이 경험하는 고립과 심리적 지원 문제, 반려동물을 가족 구성원으로 받아들이는 과정에서 나타나는 애착과 상실의 문제, 비혼을 선택한 개인들의 관계망 형성 등과 같은 주제를 보강하였다. 또한 변화하는 사회 속에서 가족의 의미와 기능을 재조명하고, 다양한 가족 형태가 보다 건강하고 조화롭게 유지될 수 있도록 돕는 상담적 개입방법을 구체화하였다.

이번 개정판이 한국 부부 · 가족상담 분야에 실질적인 도움이 되기를 바라며, 상담 전문가들이 보다 효과적이고 현실적인 개입을 할 수 있는 길잡이가 되기를 기대한다. 변화하는 한국사회에서 부부 · 가족 상담의 필요성은 더욱 커지고 있으며, 이에 발맞춘 연구와 실천적 접근이 절실히 요구되고 있다. 앞으로도 이 책이 지속적으로 새로운 임상 주제를 발굴하고, 다양한 가족의 마음 건강과 행복을 위한 든든한 자원이 될 수 있기를 희망한다.

2025년 7월

저자 일동

1판 머리말

어느 기관에서 가족상담에 대한 강의 요청이 있어 행사장을 찾았다. 무대 위에는 'FAMILY'라는 영어 단어를 디자인한 큰 배너가 배치되어 있었다. 자세히 보니 가족이란 영어 단어의 대문자에다가 'Father And Mother, I Love You.'라고 풀어 써 놓은 것이 보였다. "아버지와 어머니, 나는 당신을 사랑해요!"

듣기만 해도 가슴이 벅차오르는 말 아닌가? 하지만 이러한 풀이가 대한민국 가족의 현실을 가감 없이 드러내기에 과연 적당한 것일까? 나는 가족에 대한 가슴 뭉클한 강의를 듣고 싶어 모인 청중을 향해 되물을 수밖에 없었다. FAMILY의 풀이로 아버지와 어머니, 그리고 그 앞에서 자녀가 부모에게 사랑을 고백하는 낭만적인 모습이 때로는 우리네 현실과 많이 동떨어져 있기 때문이다.

> "여러분, 아버지 혹은 어머니가 없는 한부모 가정이면 어쩌지요? 그리고 두 분 다 없이 조부모와 사는 자녀라면 어쩌고요? 또 아버지와 어머니가 매일 싸워서 자녀가 폭력의 중심에 있는 경우가 얼마나 많은데, '아버지와 어머니, 나는 당신을 사랑해요.' 이건 우리가 매일 경험하고 사는 현실 가족의 모습이 아니지 않나요?"

당연히 청중은 느닷없는 나의 팩트 체크에 당황하는 듯했다. 실상은 이렇다. 가화만사성(家和萬事成)의 유교적 가치에 젖어 살아온 우리는 모두 가족에 대한 오랜 환상을 가지고 있다. 가족은 가만히 있기만 해도 사랑이 샘솟듯 솟아나고, 미움이나 갈등은 결코 가족에게 존재해서는 안 되는 것처럼 상상한다.

하지만 현실은 정반대일 때가 많다. 가족이기에 서로에 대해 기대와 욕구가 지대하고 그로 인한 갈등도 심하다. 또한 가장 안전해야 하지만, 폭력이 가장 빈번하게 일어나는 장소가 바로 가정이다. 그래서 가족 구성원에게는 누구보다도 전문적이고 적극적인 도움이 필요할 때가 많다. 하지만 한국사회에서는 꽤 오랫동안 가정 안에서 일어나고 있는 불편한 진실이 외부로 알려지는 일이 쉽지 않았던 것이 사실이다.

대한민국에서는 이미 오래전부터 가족치료와 부부 · 가족상담 서비스의 전문가들이 임상 활동과 연구를 지속해 왔다. 하지만 앞서 말한 가족에 대한 한국인의 환상 때문에 가족 구성원이 전문적인 도움을 받고자 상담사를 찾고 변화를 도모하는 일은 결코 쉽지 않았다. 그래서 일찍이 해외에서 유학하면서 가족치료와 부부 · 가족상담 훈련을 받고 귀국한 전문가들이 국내에서 적극적인 서비스를 제공하는 일이 자리를 잡아 가는 데는 실로 많은 세월이 필요했던 것 같다. 아직도 가정 내 문제는 가정 안에서 해결하는 것이 제일 좋으리라는 막연한 환상의 조각이 여전히 남아 있다.

『한국 가족을 중심으로 한 부부 · 가족상담 핸드북』의 저자로 참여한 이들은 대부분 사단법인 한국상담학회 내 부부 · 가족상담학회의 수련감독으로 활동하는 상담전문가들이다. 우리는 2017년 정기 학술대회를 진행하는 도중 한 선배 교수로부터 기습 질문을 받았다.

> "언제까지 우리는 사티어(Satir)나 보웬(Bowen) 같은 해외의 가족치료 대가들 얘기만 할 것인가? 이제 우리는 대한민국의 다양한 가족을 위한 상담, 그리고 가장 한국적인 주제에 맞는 가족상담을 해야 하지 않을까?"

당시 한국상담학회/부부 · 가족상담학회의 학회장을 맡고 있던 필자는 여러 임원 교수와 함께 『한국 가족을 중심으로 한 부부 · 가족상담 핸드북』을 만들고자 하는 당찬 프로젝트를 기획하기 시작했다. 한국 가족들의 아픔을 헤아리면서 한국적인 상담 주제를 함께 찾아내고, 실로 다양해지고 있는 한국사회 가족의 유형과 그들에게 임상적으로 도움이 되는 부부 · 가족상담의 방법을 발굴하고 저술하기 시작했다.

상담을 처음 시작하는 이들에게도 쉽게 이해될 수 있도록 편안한 글쓰기를 목표로 했지만, 결코 쉬운 일은 아니었다. 형식도 통일성 있게 해 보려고 애썼지만 미진한 점이 많았다. 앞으로 이보다 더욱 튼실하고 조직적인 핸드북이 더 많이 나오리라 믿고, 부족한 형태로라도 출간을 결심했다.

아무쪼록 이 책이 가족의 어려움을 헤아리고 도움을 주려고 하는 사람이라면 누구나 쉽게 읽을 수 있는 핸드북이 되기를 바란다. 이 뿐만 아니라 국내 한부모 가족, 결혼이민(다문화) 가족, 탈북민 가족, 입양 가족 등 전문적인 가족지원을 목적으로 하는 여러 상담기관에서도 책상에 놓고 손쉽게 펼쳐 볼 수 있는 가이드북이 되었으면 하는 바람이 가득하다. 편집

간사로 여러 교수의 들쑥날쑥한 글을 조율하느라 최선을 다해 애썼던 이소희, 박지영 연세대학교 박사과정 연구원들의 노고를 기억하면서, 아직 완성도가 많이 부족해 보이는 핸드북 출간을 흔쾌히 허락해 주신 학지사 김진환 사장님께도 감사의 말씀을 전하고 싶다.

2020년 2월

저자 대표 권수영

차례

제2부 부부 · 가족상담: 한국 가족의 아픔을 읽어 내다

제20장 반려동물과 함께하는 가족 • 459

Marriage and Family Counseling

제1부 부부 · 가족상담: 한국에서 태동하다

제 1 장

한국 가족의 역사적 변화

가족은 어느 나라에서나 사회의 변동을 이해하는 데 기초적인 단위라 할 수 있다. 가족은 외부의 힘에 의해 변형되기도 하고, 또한 변화의 주체로서 작동하기도 한다. 즉, 가족과 사회의 상호작용에서 가족은 사회의 변화에 따라 변화되는 수동적 관계뿐만 아니라 사회의 변동을 주도하는 능동적 작용을 하게 된다. 그렇다면 가족이란 무엇인가? 사회학자 스테파니 쿤츠(Stephanie Coontz, 1992)는 어느 시기, 어느 문화에 속한 가족인지를 먼저 묻는다(Minuchin, 2006). 따라서 한국사회에서 가족과 역사적 · 사회적 · 경제적 · 정치적 체계와의 긴밀한 관련성을 고려해야 비로소 가족의 특성을 제대로 이해할 수 있게 된다.

가족 변화의 양상은 어떠한 측면에서 살펴보는가에 따라 다양하게 분류되고 있다. 크게는 통시적으로 분류하여 전통적 · 현대적으로 보기도 하고, 거시적 · 미시적 측면으로 나누며, 구조적 · 내용적 측면으로 나뉘기도 한다. 따라서 이 장에서는 사회변화와 더불어 한국 가족이 어떻게 변모되어 어떠한 특성을 나타내고 있고 이러한 특성이 사회의 다른 체계들과 어떠한 유기적 관계를 갖게 되는지 구조적 · 기능적 · 가치적 측면에서의 변화를 통시적으로 고찰하고자 한다. 즉, 역사적 맥락들에 따라 가족들이 다르다는 사실을 가족상담사들이 이해해야 하므로 이렇게 역사적 윤곽을 그려 보고자 한다.

1. 한국 가족구조의 변화

1) 가족의 해체인가

가족이란 무엇인가? 어떻게 정의 내릴 수 있는가? 우리가 가족을 어떻게 정의 내리는가에 따라 그 범주에서 벗어나는 가족은 정상성(normality)의 논리에서 이탈하게 된다. 법률상「건강가정기본법」[1] 제3조에서 가족의 정의를 살펴보면, (1) '가족'이란 혼인 · 혈연 · 입양으로 이루어진 사회의 기본단위를 말한다. (2) '가정'이란 가족 구성원이 생계 또는 주거를 함께하는 생활공동체로서 구성원의 일상적인 부양 · 양육 · 보호 · 교육 등이 이루어지는 생활단위를 말하는 것으로 규정하고 있다. 과연 오늘날 이와 같은 법률적 정의에 부합되는 가족이 얼마나 많은가에 대해서는 의문의 여지가 있다. 물론 공적 개념에서 벗어나는 가족의 수가 작다고 가족이 해체되었다고 할 수는 없다. 21세기에 들어서면서 가족이 해체되고 있다고 하는 것은, 우선 가족을 구성하게 되는 결혼이 줄고, 자녀를 낳지 않으려 하며, 결혼을 했다 하더라도 이혼으로 가족을 해체하는 경향이 높아지기 때문이다.

한국 가족에서 인구학적으로 가장 두드러진 변화는 출산율의 감소이다. [그림 1-1]에서 보는 바와 같이, 한국전쟁 이후 자녀 출산이 급격히 증가하여 베이비붐 시대를 맞이하였다. 급격히 늘어난 인구 증가를 억제하기 위해 국가는 1970년대 초 가족계획사업으로 산아제한을 시작하였다. 1975년 여성 한 사람이 가임 기간 동안 낳을 것으로 예상되는 평균 출생아 수를 나타내는 합계 출산율은 3.43명이었다. 1985년 1.66명으로 급격히 감소하였고, 2001년 이후 1.3명 이하의 초저출산율 수준이 지속되고 있으며, 2018년에는 0.98명으로 1명대 밑으로 떨어졌고, 2023년에는 0.72명으로 극심하게 낮은 상황이 되었다. 1975년 87만 명이 넘었던 연간 출생아 수는 2005년 43만 명으로 줄어들었고, 2023년에는 23만 명으로 감소되었다. 이와 같이 저출산율이 지속되면서 사회 및 국가의 존폐 위기를 염려하는 목소리가 높으며, 국가는 여러 면에서 저출산에 따른 출산 장려를 독려하는 정책과 대안을 모색하고 있는 실

1) 「건강가정기본법」은 건강한 가정생활의 영위와 가족의 유지 및 발전을 위한 국민의 권리 · 의무와 국가 및 지방자치단체 등의 책임을 명백히 하고, 가정문제의 적절한 해결방안을 강구하며, 가족 구성원의 복지증진에 이바지할 수 있는 지원정책을 강화함으로써 건강가정 구현에 기여하는 것을 목적으로 한다. 2004년 2월 9일 공포되어, 2005년 1월 1일부터 시행 중인 법률이다.

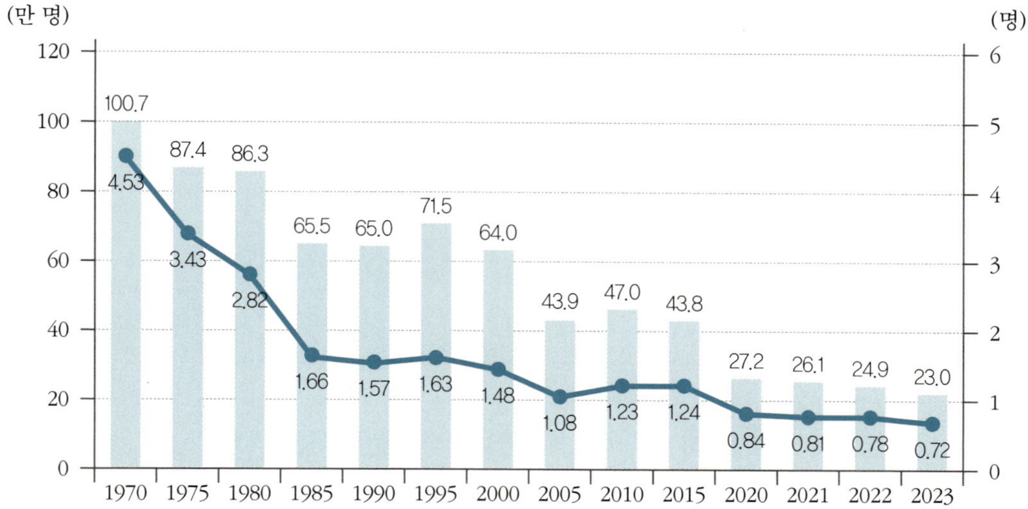

그림 1-1 출생아 수 및 합계 출산율(1970~2023년)

출처: 통계청(2023b). 인구동향조사.

정이다.

이처럼 출산율이 급감하는 이유는 청년층이 경제성장의 둔화, 불안정한 교육, 주택정책 등으로 교육이나 취업 등의 어려움에 직면하여 혼인 연령이 늦어지는 만혼이나 결혼을 기피하고 아예 혼인을 선택하지 않는 비혼자들이 증가하면서, 전반적인 혼인율이 감소하고 있는 현상에 기인한다고 하겠다.

한국 가족에서 혼인 건수는 1990년대 중반 이후 계속 줄어들고 있다. [그림 1-2]와 같이, 혼인 건수는 1996년에 43만 5천 건으로 최대치를 기록한 이후 빠른 속도로 감소하여, 2002년에는 30만 5천 건으로 나타났고, 2007년 다소 증가하여 2013년에는 33만 건으로 증가하였으나, 2020년 COVID-19 팬데믹으로 인해 결혼율은 계속 감소하여 2023년에는 19만 건으로 가장 낮은 수치를 기록하였다. 이는 25~49세 연령 인구가 계속 줄어 인구 구조적 측면에서 혼인 건수가 감소하였기 때문이고, 혼인에 대한 가치관의 변화 역시 감소 원인 중의 하나라고 할 수 있다. 또한 인구 1천 명당 혼인 건수를 나타내는 조혼인율은 1980년 10.6건에서 2003년 6.3건으로 급격히 떨어졌다. 이후 다소 올라가는 듯했으나, 2023년에는 대폭 떨어져 3.8건으로 1970년 통계 기록 이후 가장 낮은 것으로 나타났다. 우리나라 여성의 평균 초혼연령은 1990년 24.8세, 2003년 27.3세, 2013년 29.6세로 점차 올라 2023년에는 31.5세로 높아졌다. 남성의 평균 초혼연령은 1990년 남자 27.8세, 2003년 30.1세, 2013년 32.2세, 2023년에 와서는 34.0세로 여성보다 평균 3세의 높은 연령 차이를 보였다. 전반적으로 남녀 모두

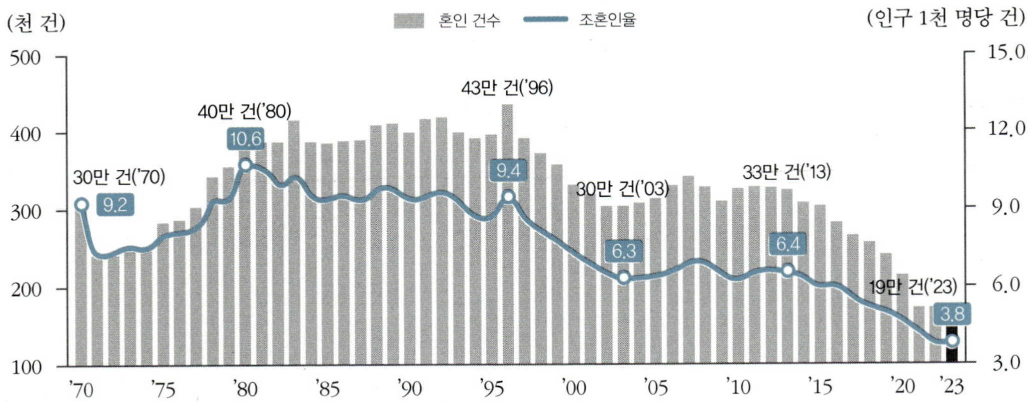

그림 1-2 혼인 건수 및 조혼인율 추이(1970~2023년)

출처: 통계청(2023b). 인구동향조사.

30세가 넘어 평균 초혼연령이 높아지고 있는 것으로 나타났다(통계청, 2023b).

만혼이나 비혼의 수 증가와 더불어, 결혼 관계가 이혼으로 인해 해체되는 비율이 급격히 증가하고 있다는 것 또한 한국 가족의 크나큰 변화 중 하나이다. 이혼은 1980년대 이후 경제성장, 여성 교육의 신장, 취업률의 확대 등과 함께 급격히 늘어났다. 1970년 1만 건의 이혼 건수는 계속 증가하여 1997년에는 9만 건, 2003년에는 17만 건으로 최고조에 달했다. 2008년 이혼숙려제도[2]가 실시되면서 이혼 건수가 다소 감소하여, 2023년 현재 9만 건으로 나타났다. 인구 1천 명당 이혼 건수를 나타내는 조이혼율은 1970년대 0.4건에서 1997년 2.0건, 2003년은 3.4건으로 최고조에 이르렀으며, 2023년 현재 1.8건으로 1997년 2.0건 이후 최저로 나타났다. 주목할 만한 현상으로는 20년 전에는 혼인 지속 기간이 길수록 이혼이 감소했으나, 최근에는 20년 이상 및 4년 이하가 전체 이혼의 53.6%를 차지한다. 2023년에 두드러지는 특징은 30년 이상된 경우 이혼이 16%로 10년 전에 비해 두 배나 높은 것으로 나타났다는 것이다. 이와 더불어 혼인 지속 기간 10년 이하인 경우, 전체 이혼에서 36.1%를 차지하고 있다. 또한 10년 전, 2003년에는 혼인 지속 기간이 길수록 이혼이 감소했으나, 최근에는 대체로 혼인 지속 기간이 길수록 이혼율이 감소하다가 30년 이상 된 황혼이혼이 급증한 것이 특이한

2) 이혼숙려제도는 부부가 법원에 협의 이혼의 의사확인을 신청할 경우, 일정한 숙려 기간이 지나야 협의이혼의사를 확인하는 제도이다. 우리나라의 경우 2008년 시행, 「민법」 제836의2(이혼의 절차)에서 협의상 이혼을 하려는 자는 가정법원이 제공하는 이혼에 관한 안내를 받아야 하고, 가정법원은 필요한 경우 당사자에게 상담에 관하여 전문적인 지식과 경험을 갖춘 전문상담인의 상담을 받을 것을 권고할 수 있다고 규정되어 있다.

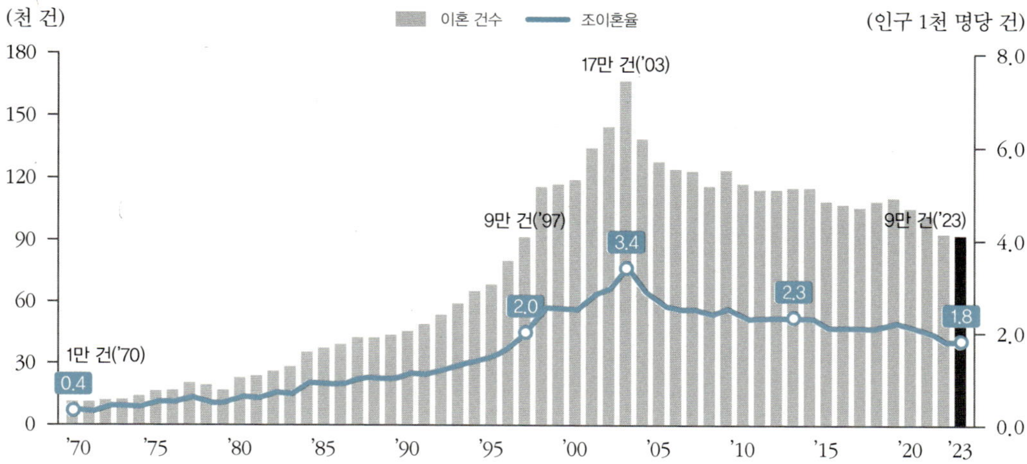

그림 1-3 이혼 건수 및 조이혼율 추이(1970~2023년)

출처: 통계청(2023b). 인구동향조사.

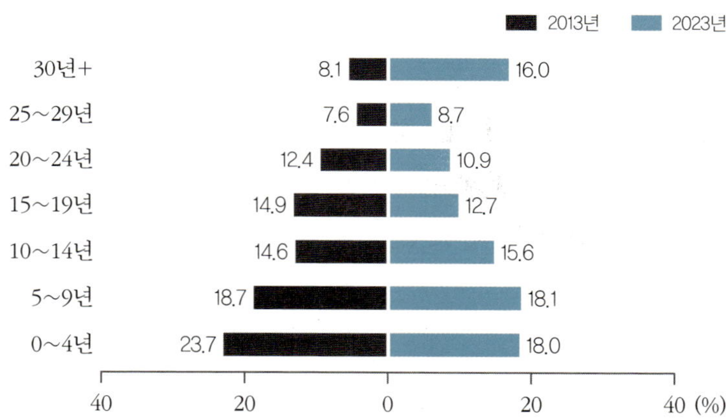

그림 1-4 혼인 지속 기간별 이혼 구성비(2013, 2023년)

출처: 통계청(2023b). 인구동향조사.

현상이었다([그림 1-3] [그림 1-4] 참조).

2) 가족의 다양화

20세기 중반까지만 해도 친족 간의 응집력과 결속, 그것을 유지시키는 체계들은 근대 사회의 기본적 주제인 보편성이나 정상성에 대한 신념을 반영하였다. 그러나 포스트모던 시대로 이행하면서 다양성과 함께 차이, 독특성, 비규칙성이 강조되고, 오히려 무정형이 정형이 되는 기본 가정들로 변화하게 되었다(Elkind, 1995). 21세기 들어서 출산율과 혼인율, 이혼율에서의 변화는 가족의 구조적 측면에서 많은 변화를 가져왔다. 이와 같은 변화로 가족이 해체되는 것은 아닌지에 대한 우려의 목소리도 있지만, 이와는 상반되게 가족의 변화, 즉 열린 가족, 가족의 다양성 등으로 가족이 유연화되고 있다고 주장하는 의견들도 있다. 열린 가족은 가족 형태가 고정된 것이 아니라 변화될 수 있다는 융통성을 갖는다는 것으로, 과거 가족의 전형이었던 부부와 그들의 미성년 자녀로 이루어진 핵가족 이외에도 모자, 부녀 등으로 구성된 한부모 가족, 재혼 혼합 가족, 조손 가족, 다문화 가족, 자녀가 없는 부부 가족, 공동체 가족, 노인 가족, 1인 가구 등 가족이 다양화된 형태로 나타나고 있음을 의미한다. 우리 사회에서 이제 정형화된 가족(the family) 틀에 따라 가족의 유형과 구조를 구분하기보다는 유연화된 다양한 가족들(families)의 특성과 기능을 찾는 것이 더 중요하게 되었다.

한국 가족의 구조적 변화로 가장 두드러진 현상은 가구가 소가족화하고 분화하면서 가구 형태가 변화하고 있다는 것이다. 가구 유형에서의 변화를 살펴보면, 부부와 자녀로 구성된 전국 규모 2세대 가구는 1960년 이후 지속적으로 증가하였으나, 2000년대로 오면서 다소 감소하여, 2005년에는 전체 가구의 55.4%를 차지하다 다시 감소하여 2022년에는 892만 가구로 전체 가구의 40.93%를 차지한다. 3세대 이상 가구는 1960년대 29.2%에서 계속 감소하여, 2022년에는 3.19%로 나타났다. 1세대 가구는 1966년 이후로 계속 증가하고 있으며, 3세대 이상 가구는 지속적인 감소를 나타낸다. 그중에서도 가장 특이한 가구상의 특성은 전체 가구 수 대비 1인 가구의 꾸준한 증가라고 하겠다(통계청, 2023).

전반적으로 일반 가구 수는 증가 추세를 보인다. 1985년 약 957만 가구였던 국내 가구의 수는 1990년 1,135만, 2000년 1,451만, 2010년 1,749만, 2023년 2,273만 가구로 점차적으로 증가하였다. 이와 동일하게 1인 가구의 수도 증가하는 것으로 나타났다. 1985년 약 66만 가구였던 국내 1인 가구는 1990년 102만, 2000년 226만, 2010년 417만, 2015년 518만, 2022년 750만 2천, 2023년 782만 9천 가구로 나타났다. 여기서 1인 가구의 양적인 증가가 가구 수의 증가에 따른 것인지를 살펴보기 위해, 일반 가구에서 1인 가구가 차지하는 비율을 살펴보면 다음과 같다. 1985년 전체 가구 수 중 1인 가구의 비율은 6.9%를 차지했으나, 1990년 9%, 2000년 15.5%, 2010년 23.9%, 2015년 27.2%, 2020년 31.7%, 2023년 전체 가구 유형에서 주된 가구 유형으로 35.5%를 차지했다. 2005년 이전 가장 주된 유형의 가구는 4인 가구였으나, 2010년에는 2인 가구, 2015년 이후로는 1인 가구로 나타났다.

2022년 성별, 연령별 1인 가구의 비중은 [그림 1-5]에 나타난 바와 같이, 남성의 경우 30대(22.0%), 29세 이하(19.5%), 70대 이상(9.3%)로 나타났다. 반면, 여성의 경우는 70대 이상

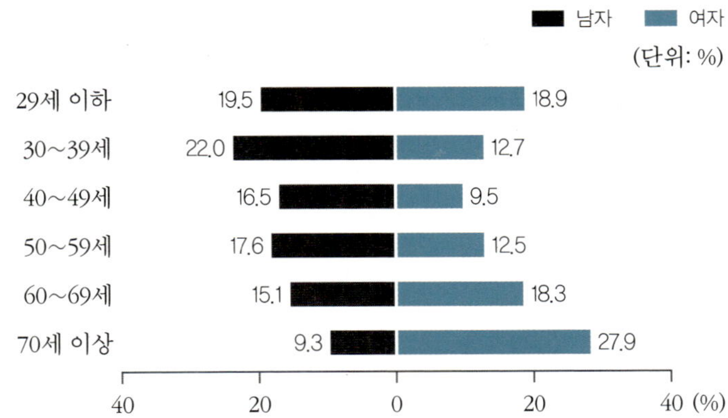

그림 1-5 1인 가구 성별 · 연령대별 비중(2022년)

출처: 통계청(2023). 인구주택총조사.

(27.9%), 29세 이하(18.9%), 60대(18.3%)의 순으로 나타났는데, 나아가 장래인구 추이에서는 1인 가구의 비율이 2052년에는 전체 가구의 41.3%(약 962만 가구)로 증가할 예정이어서, 핵가족 단위의 가족체계는 1인 가구로 개별화할 가능성도 높음을 배제할 수 없다. 70대 이상의 여성 노인이 1인 가구 형태로 살아가고 있는 비율이 높다는 것을 의미한다.

1인 가구의 높은 증가 이외에도, 노인 가족의 증가 역시 가구 구성에서 주목되는 변화이다. 2023년 현재 65세 이상 고령자가 있는 가구는 554만 6천 가구로 일반 가구의 26.0%이며, 2022년 대비 6.1% 증가하였다. 부모의 법적인 혼인 상태가 미혼, 이혼 및 사별로 인해 미혼자녀와 함께 거주하고 있는 일반 한부모 가구의 증가 역시 다양한 가족 형태 중의 하나로 드러나고 있다. 2023년 전체 한부모 가구는 [그림 1-6]에서 보는 바와 같이 149만 가구로 미혼자녀의 연령이 18세 이하인 한부모 가구는 34만 9천 가구, 19세 이상인 가구는 114만 3천 가구이며, 한부모와 자녀로만 이루어진 가구는 124만 7천 가구, 그 외 세대 한부모 가구는 24만 5천 가구로 나타났다. 전년 대비 0.1% 감소하였으며, 그중 18세 이하 자녀가 있는 한부모 가구는 1.5% 감소, 19세 이상 자녀 가구는 0.4% 증가하였다. '모+미혼자녀' 가구가 97만 4천 가구로 전체(149만 3천 가구)의 66.0%이며, '부+미혼자녀' 가구는 27만 3천 가구로 19.0%에 해당한다(통계청, 2023).

그 외 주목되는 가구 유형으로는 외국인 근로자와 결혼이민자 여성의 유입으로 다문화 가구가 증가한 것이다. 다문화 가구란 귀화의 방법으로 국적을 취득한 자 또는 외국인이 한국인(귀화자 포함) 배우자와의 혼인으로 이루어진 가구 또는 그 자녀가 포함된 가구를 뜻한다. 2023년 현재 다문화 가구는 41만 5천 가구로 2015년(29만 9천 가구), 2020년(36만 7천 가

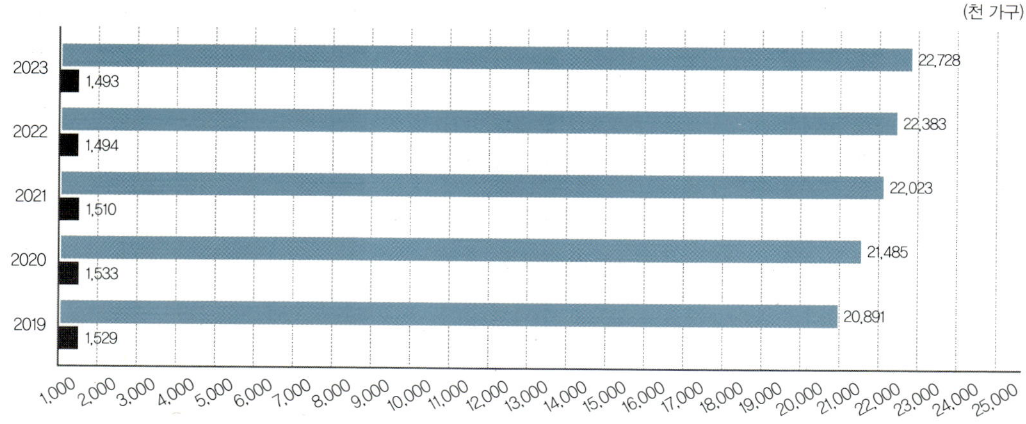

그림 1-6 총 가구 및 한부모 가구 수(2019~2023년)

출처: 통계청(2023). 인구총조사, 장래가구추계.

구)에 비해 계속 증가하고 있다(통계청, 2023).

다문화가구에서 결혼이민자는 2023년 기준 17만 4,895명으로 전년 대비 3.1% 증가하였다. 국제 결혼에서 외국인 아내를 둔 경우는 2019년까지 계속 증가(1만 7,687건)하다가 COVID-19 영향으로 다소 주춤하다가 2023년 1만 4,710건으로 다시 증가하였다. 반면, 외국인 남편을 둔 경우는 2014년 이후 계속 감소하다가 2023년 5,007건으로 증가하게 되었다. 외국인 아내의 국적은 베트남(27.6%), 중국(19.05), 태국(16.1%) 순으로 나타났으며, 외국인 남편의 국적은 미국(29.6%), 중국(16.1%), 베트남(12.6%) 순으로 나타났다.

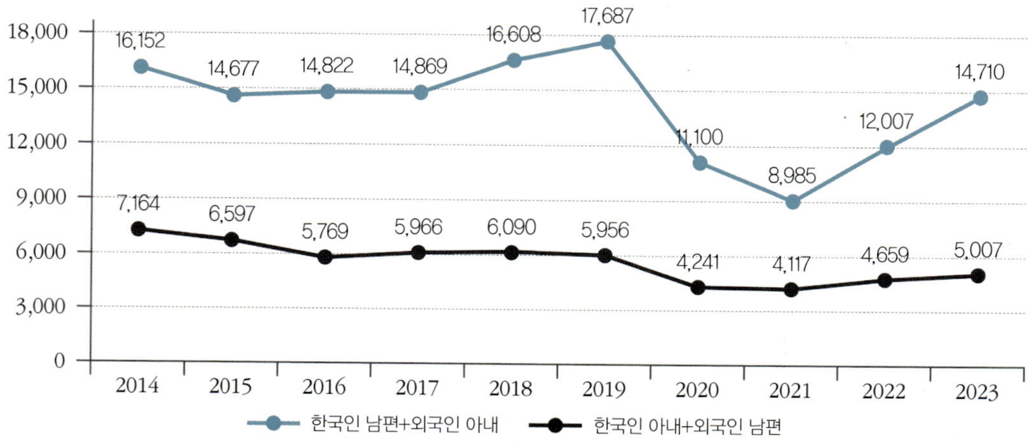

그림 1-7 국제결혼 건수(2014~2023년)

출처: 통계청(2023). 인구동향조사, 시 · 도/시 · 군 · 구별 외국인과의 혼인.

이러한 다양한 가구 유형의 출현은 사회 환경의 변화에 적응한 결과라 보는 것이 바람직하다. 따라서 우리에게 필요한 것은 다양한 가족 모두를 가족의 형태로 인정하면서 각각 가족이 안고 있는 문제들을 사회가 지원하는 정책을 수립해 가는 것이다.

2. 한국 가족기능의 변화

산업화 이후 어느 사회에서나 가족이 보편적으로 존재하는가 하는 질문에 대해 구조 기능론자들은 가족이 사회에서 가지는 가족만의 역할, 행위를 뜻하는 기능과 관련하여 가족의 보편성을 주장하고 있다. 특히 머독(Murdock, 1949)은 256개의 사회를 참여 관찰한 결과, 가족이라는 체계가 다음과 같은 기능을 한다는 점에서 어느 사회나 보편적으로 존재하고 있다고 보았다. 여기서 가족기능이란 성적 · 경제적 · 재생산적 · 교육적 기능을 의미한다. 성적 기능과 재생산 기능을 통해 사회는 존재할 수 있고, 경제적 기능으로 생활이 유지될 수 있으며, 교육적 기능을 통해 사회화와 문화가 존속 · 유지될 수 있다고 한다. 결국, 가족에 의해 수행되는 기능은 그 가족이 속해 있는 전체 사회의 존속을 위한 필수 요건이며, 바로 이와 같은 이유 때문에 가족이 모든 사회에 보편적으로 존재하게 된다는 것이다(서선희, 1991).

가족들은 여기서 어디로 갈까? 우리가 확실하게 예측할 수 있는 것은 변화이다. 개인이나 사회와 마찬가지로 가족은 변화하는 환경에 대응하여 변화할 수 있고 변화해야만 한다. 가족의 역할도 사회가 변화함에 따라 달라지는데, 가족기능에서의 크나큰 변화를 가져오게 한 요인으로는 산업화를 꼽을 수 있다. 즉, 산업화는 구조적 분화 및 기능의 전문화를 수반하고, 그 과정의 하나로서 가족은 전 산업사회에서 수행하던 경제적 · 교육적 · 종교적 기능 등을 상실하게 되었다. 이에 따라 가족기능 상실론(Ogburn, 1966)을 주장하는 학자들은 가족은 결국 기능 상실로 해체되거나 약화될 것이라고 한다. 반면, 낙관론적 견해를 가진 학자(Goode, 1963; Parsons & Bales, 1955)들은 가족이 오히려 현대사회에서 여타의 다른 사회체계가 대신할 수 없는 기능을 하는 가장 중요한 기본 체계로 남게 되었다고 본다. 산업화 이후 가족이 갖는 전문적 기능은 다음과 같다. 첫째, 아동이 자라서 합리적인 산업사회에서 활동하게 되었을 때, 사회의 요구에 적응해 나가는 데 필요한 정서적 기제와 인성의 기초를 다지는 사회화 과정을 가족을 통해 학습하게 된다. 둘째, 냉혹한 산업사회 경쟁 구도의 압박을 받게 되는 사람들의 긴장감을 해소시켜 자신을 수용해 주고, 휴식과 정서적인 안정으로 재충전할 수 있는 장이기도 하다.

오늘날 가족이 근본적으로 수행해야 하는 과업으로는 자녀 양육과 가족 구성원의 정서적 지지가 더욱 중요해졌다는 것이다. 산업화로 인해 일터와 가정이 분리되면서, 일터는 자본주의 원리하에 자신의 능력과 성취에 따라 인정받는 업적 지향적 사회로서의 역량이 미흡하면 자연적으로 도태되게 된다. 따라서 그 보상 심리로 가족은 정서적 안정을 강조하면서 심리적으로 압박받는 심리적 좌절과 상처를 치유해 주게 된다. 한편으로는 가정이 따뜻하고 온정적이며 정서적으로 편안한 장소로서 기능할 때, 그 역할의 적임자는 여성이라고 여기게 되었다. 산업화와 더불어 변화된 이 안식처로서의 가정은 남성에게는 안식처와 휴식처로서의 장소가 될 수 있지만, 여성주의적 입장에서는 가정이 누구를 위한 안식처인가라는 의문과 함께 가족 체계가 여성에게는 노동의 장소이며, 모성이라는 신비화의 굴레 때문에 억압과 불평등을 감수해야 하는 곳이 되었다는 비판을 받았다(Barrie & Marilyn, 1991).

한국 전통사회에서는 가족이 개인의 생존과 정체성 확립에 절대적으로 기능하였고, 산업사회가 되면서 경쟁 구도의 치열한 일터에서 견디어야 하는 가장의 무게에 부양자에 대한 상징적 권위가 인정되고, 일터로부터 가장과 가족원들이 언제나 돌아와 편안하게 쉴 수 있는 안식처로서의 가정을 만들고자 애쓰는 전업주부의 가사노동과 정서적 돌봄이 강조되는 시대도 있었다.

한국의 산업화 · 도시화에 따른 가족기능의 변화(함인희, 2001)를 보면 다음과 같다. 첫째, 가족의 경제적 기능으로 산업화로 인해 가족과 일터가 공간적으로 분리되면서 생산 기능이 약화 · 상실되고 소비 기능은 강화되었다. 둘째, 가족의 출산 및 성행위 규제 기능으로 출산과 관련된 사회의 구조와 가치관이 빠르게 변화되어 통제 기능은 약하나 부부간 성생활의 중요성은 증대되었다. 셋째, 자녀 양육 및 사회화 기능으로 가족의 주된 기능으로 자녀 양육과 사회화에 많은 시간과 재원을 할애하고 있다. 넷째, 가족의 정서적 유대와 여가 기능으로 여전히 남편의 경제부양자, 가장으로서의 역할에 대한 기대가 부부간 사랑보다는 크지만, 큰 부담으로 작용하고 있다. 다섯째, 가족의 사회보장 기능은 가족과 사회적 대응 간의 괴리로 인한 딜레마를 낳게 되는데, 선 가정-후 사회보장의 원리하에 여전히 가족의 노후 부양과 돌봄에 대한 의존도가 높다. 여섯째, 가족의 지위 계승 기능은 자녀의 교육과 결혼, 재산 상속 등을 통해 강화되고 있어, 비슷한 사회경제적 조건이 맞는 동질혼을 선호하는 의미에서 결혼을 통한 가족의 지위 계승 기능이 사회계층의 구조화가 진행되면서 더욱 강화되고 있다. 일곱째, 성 역할의 사회화 기능은 기존의 고정된 성역할관을 가지고 학습 · 양육시키고 있다.

1980년대에서 1990년 초반까지만 해도, 가족이 어떠한 기능을 하는가에 대한 연구(유영주, 1990)에서 나타난 바와 같이, 가족은 사회화, 친척 관계 유지(배우자 편), 경제적 협력, 종교, 도덕적 기능, 정서적 지지 및 안식처, 자녀교육, 성 · 애정, 친척 관계 유지, 가계관리, 애정표현의 순으로 수행하고 있는 것으로 나타났다. 자녀의 사회화 기능은 남편과 아내 모두가 높게 수행하는 기능인 데 비해, 애정 표현은 가장 낮게 수행하고 있었으며, 자녀의 사회화나 안식처로서의 기능을 강조하고 있는 서구의 구조 기능적 측면에서의 가족으로서 기능하는 것 이외에, 한국 가족은 친족 관계의 유지가 가족의 고유한 기능으로 작동하고 있다. 이는 형태상으로는 핵가족적 유형을 보인다 해도 이상적으로는 확대 가족적 가치 지향성이 내재되어 있음을 시사한다고 하겠다.

후기산업사회 이후 한국 가족에서 가족은 어떠한 역할을 하고 있는가를 살펴보면, 구조적으로 가구가 소가족화하고 분화하면서 가구 형태가 변화하여 가장 두드러지게는 1인 가구, 비혼 가구, 노령 단독 가구가 늘어나고 있다는 것이다. 이러한 현상은 기존 부부와 그들의 미혼 자녀, 나아가 부모와 함께 사는 유형으로서의 핵가족은 이제 점점 그 기능을 잃게 된다는 것일 수도 있다.

3. 한국 가족 가치관의 변화

사회가 변화하기 시작하면서 가족에 관한 가치와 규범도 변하기 시작했다. 한국사회에서 가족은 한국인의 삶을 지배하는 중심 원리로 작용하고 있다. 사람들의 세계관, 가치관뿐만 아니라 구체적인 행동 양식에 이르기까지 가족이 중요한 변수로 작용되고 있는 가족 중심적 사회이다. 가족주의(familism)란 일체의 가치가 가족 집단의 유지 · 지속 · 기능과 관련하여 결정되는, 가족 집단의 단결과 영속화, 공동의 이익을 추구하려는 가족 구성원의 꾸준한 집단적 노력을 의미한다. 이는 가족 또는 가족주의가 개개인 삶의 중심축으로서 사회의 구성 논리이자 사회문화의 중심 원리가 되고 있음을 뜻한다(신수진, 1999).

가족상담에서 한국 가족이념, 가족 가치관의 변화를 이해해야 하는 이유는 다음과 같다. 즉, 사회변화와 더불어 한국 가족에서 나타나는 가족 이념 및 가치관은 시대적으로 변화를 가져오긴 했지만, 현재로서는 유교적인 전통적 가족윤리나 산업화 변동과 더불어 나타나는 도구적 가족주의, 근대적 가족 가치관으로서의 정서적 가족주의, 포스트모더니즘 시대 이후 상생적 가족주의 가족이념이 혼재하고 있다.

다양한 가족 체계에서는 물론이요, 가족 내부의 가족원들 사이에서도 가족규범에 대한 이해와 태도가 상이하게 다르므로 가족원들은 성과 세대, 연령에 따라 다양한 가족규범에 대한 노출과 수용의 정도가 다를 수밖에 없다(신용하, 장경섭, 1996). 이때 가족 내부에서 자유롭고 민주적인 소통이 이루어지지 않으면 한 가족 내에서도 각 가족원마다 서로 다른 가족규범을 상정하여 살게 되고, 이에 따라 가족원 사이의 만성적인 부조화나 갈등이 야기될 수도 있다. 따라서 다양한 가족 가치를 가진 사람들이 공존하는 현상을 나타내는데, 변화 과정에서의 갈등을 최소화하기 위해서는 다양한 가족 가치관에 대한 상호 이해와 수용이 필요하다.

1) 집 위주 사상

시대에 따른 한국 가족의 특성을 살펴보려면 시대의 구분을 어떻게 할 것인가를 정해야 하는데, 전통적 가족을 어느 시기로 보아야 할 것인가에 대해서는 사실 명확한 구분이 없다. 근대화의 결과로 변화된 가족과 비교한다면 그러한 변화를 받기 이전인 전통사회의 가족 특성은 매우 다양하다. 조선 중기 이전의 신라, 고려, 조선 초기까지의 가족 형태, 가족제도상의 특성은 정도의 차이는 있으나 가족 형태, 가족의식, 가족 가치관, 가족의례 등이 조선 중기 이후보다는 다소 유연하고 완화되어 있는 편이었다. '조선 사회' 하면 부계친만의 혈연적 집단이 강조되는 가부장제의 모습을 떠올리게 된다. 즉, 조선 건국 이래 유교의 원리가 작동했으나, 이것이 민중에게 자리 잡기 시작한 것은 17세기 이후부터이다(최재석, 1964).

'집(家)'은 과거 시조(始祖)로부터 조상을 거쳐 미래의 자손에 연결된다고 의식하는 초월적인 관념적 집단으로 생각되었다. 즉, 부계친만의 혈연집단이 조직, 강화하는 데 기본 원리가 된 '집' 위주 사상은 집의 존속이 먼 조상으로부터 후손에 이르는 무한한 친자관계의 연결을 의미하고, 따라서 친자관계의 단절은 곧 집의 단절을 의미한다. 또한 집의 중심이 곧 부자(父子)관계에 있기 때문에 가족체계 내 부부관계보다는 수직적 부자관계가 더 우위에 선다. 이러한 집 위주 사상을 통해 한국의 전통사회에서는 장자를 중심으로 가족원 간의 결속을 다지고 나아가 사회를 통합시키는 직계가족의 원리가 주된 가족의 가치로서 작용되었다(최재석, 1983). 따라서 조상으로부터 인계받은 집을 더욱 발전시켜 자손에게 계승하기 위해서는 통솔자가 필요하므로 강력한 권력과 통제력을 지닌 가장을 중심으로 남녀, 장유(長幼), 상하의 신분적 서열, 위계에 따라 가족 내 각자의 지위와 역할을 부여받게 된다. 이러한 직계가족의 원리가 가족 구성의 기본이 되었으며, 부계 혈연집단을 가족의 범위로 한정하고 이외의 관계를 배타시하는 태도는 남녀 차별 혹은 가부장적 사고의 확산에 중심 역할을 하게 되었다.

유독 우리 문화에서 결혼의 기본 조건으로 집 장만이 우선시되고, 준비가 되지 않았을 때 결혼을 미루거나 선택하지 않는 비혼으로까지 전개된다는 점, 이념적인 집(家) 위주의 사고가 물리적인 집, 주택으로도 전이되어 집을 소유하고자 하는 욕구가 강한 점, 흔히 영혼까지 끌어 집 장만을 해야 한다는 '영끌족'이 등장하고, 이것이 나아가서는 부동산 정책에 크나큰 영향을 미친다는 점은 이러한 집에 대한 관념의 일면을 나타내는 것이라 하겠다.

2) 효 이데올로기

한국에서 가족주의는 가문의 조상을 숭상하는 유교적인 요소를 포함하고 있어 유가(儒家)사상을 실현시키는 중요한 사회적 장치의 역할을 하고 있다. 유교에서는 가족관계를 사회관계와 함께 우주적 질서의 일환으로 이해하고 있다. 유교 이데올로기 내 인간관계는 대체로 지배와 복종의 수직적 관계로 맺어지고, 모든 사회 질서의 원천을 가족 원리에 두고 있으며, 그 기본 원리로서 효(孝, filiality)를 중요시했다. 즉, 자식은 부모의 은덕을 깊이 깨닫고 보답하도록 하였으며, 이것은 모든 인간관계에 우선하는 절대적 가치인 보은(報恩)이라는 윤리와 도덕의 최고 덕목으로 확대되었다(최재석, 1982).

자식이 부모에게 혈연적 충정을 다하는 부계가족의 구조적 원리에 숨겨진 이러한 효가 가족관계에서 사회적 윤리로 승화하였으며, 더 나아가 사회적 이데올로기로서 철학적 의미를 갖게 되었다(이광규, 1990). 즉, 내용 면에서의 '효'를 핵심으로 하는 가족규범을 바탕으로 하여 가족 자체의 질서를 확립할 뿐만 아니라, 가족관계를 사회에 확대 적용함으로써 전체 사회의 질서유지를 도모하는 것이다(최홍기, 2006). 그러므로 조선 전통사회를 가족주의 사회라 하는 것도 이러한 가족적 원리로서의 효가 사회적 이데올로기인 충(忠)으로 발전되어 사회를 통합하는 축으로 작용하였기 때문이다. 만약 두 가치가 충돌할 때에는 효의 가치가 더 우선시되는 만큼 실질적으로는 사적인 영역이 공적인 영역을 압도하는 특성을 보인다.

효란 무엇이며, 어떻게 하는 것인가? 모든 행동의 근본이 되는 효의 내용적 측면을 살펴보면, 효란 부모의 생전에는 물론이요 사후에도 행해지는 것으로 구체적으로는 부모를 섬기는 일 사친(事親)이라 할 수 있다. 부모께 공손하며 시중을 들고 부양을 하며 부모를 기쁘게 해 드리는 것이 사친을 다하는 것이며, 부모의 사후에는 살아 있는 부모를 모시듯 정중하게 제사를 지내 부모의 뜻을 받드는 것이다.

한국 가족상담에서 1980년대 이후 2000년대 초까지만 해도 고부갈등, 부부갈등이 촉발되는 주요 요인으로는 효, 즉 부모에 대한 충성심(loyalty) 때문인 것으로 나타났다. 이것은 더 나아가 보스조르메니-나지(Boszormenyi-Nagy)의 맥락적 치료에서 관계에서의 공평성과 상호성에 대한 기대가 타인에 대한 행동의 중요 결정요인이라는 임상적 발견과도 연결된다. 따라서 이러한 관계윤리가 분열된 충성심(split loyalty), 보이지 않는 충성심(invisible loyalty)으로 드러나기도 한다(Reiter, 2016). 왜냐하면 이와 같은 효사상이 한국사회에서는 권력을 추구하고 유지하기 위해 본래 부모에 대한 보은이나 부모-자녀 간의 자연스러운 정애의 감정이었던 것이 오히려 도덕적 의무로 변질하여 그 성향을 더욱 강화하게 하였기 때문이다(김경동, 1993). 전통적 효 규범은 근대화가 지향하는 인간의 개별성 원리와는 갈등을 갖게 된다. 따라서 현 사회의 원리와 가족관계의 가치가 잘 조화될 수 있도록 재정립될 필요가 있다.

3) 도구적 가족주의

한국은 세계에서 가장 급격한 산업화를 경험한 나라 중 하나로 주목받고 있다. 몇 세기에 걸쳐 자생적으로 상향식의 점진적 산업화를 이루어 온 서구의 경우와 달리, 한국의 산업화는 외생적이면서 급진적으로 이루어졌다. 특히 한국의 산업화는 초기 공업화에 대한 지나친 의욕으로 농업 투자에 소홀하여 1차 산업의 극심한 하락과 그에 비해 3차 산업의 상대적 비대화로 인한 산업 간 이중구조를 보였으며, 주로 도시 중심적인 진행으로 도농 간의 현저한 차이를 초래했다(정창수, 정기선, 차종천, 1997). 이 시대의 농촌으로부터 도시로의 급격한 인구 이동은 산업사회로의 확충 마련에 의한 도시로부터의 흡인력보다는 농촌의 영세화, 피폐한 생활고로 인한 배출력에 의해 더 많이 이루어졌다고 할 수 있다.

가족도 산업화로 인해 많은 변화를 가져오게 되었는데, 도시로의 인구 이동은 가족체계 내에서도 많은 가족원이 농촌을 떠나 도시로 몰려가게 됨으로써 전통적 직계가족 중심의 가족 형태가 도시형의 핵가족 형태를 갖추면서 부부 중심의 가족 단위로 변화하였다(최홍기, 2006). 유교적 가족규범은 역사적 전환기를 살아가는 한국인의 사회생활과 가족생활을 효율적으로 뒷받침하지 못하는 측면이 있어 보완적인 가족 가치관이 필요했다. 새로운 가족 가치관은 근대화에 적응하기 위한 가족의 생존과 적응에 특히 중요했다. 즉, 일제강점기, 한국전쟁 등의 사회 혼란과 1960년대 이후의 정치적 격동과 급격한 산업화에 따른 사회 변화에 대처하기 위해서 한국인은 가족원 사이의 도덕적 연대를 강화했다(신용하, 장경섭, 1996). 사회의 혼란기를 맞이하여 가족주의 가치는 불안정한 사회에서의 주요 원리이자 삶의 궁극적인 가치로 더욱 강화되었으며, 어려운 역사적 시기에 그나마 우리 사회의 질서를 유지·존속시켰다(조혜정, 1988). 임금노동으로 생계를 유지해야 하는 산업사회에서 가족은 생존을 위해서 가족 혹은 친족공동체에 의지할 수밖에 없었고, 가족은 그 구성원의 생활 방편으로서의 '도구적·수단적'인 특성을 갖게 된 것이다. 즉, 가족은 생활이 불안한 혼란기에서 유일한 의탁기관으로서 가족에게 꼭 필요한 제도이자 유일한 사회 부양기제로서 기능할 수 있었다(이인수, 1995).

서구 유럽 가족은 도시화·산업화와 더불어 핵가족이 보편화되었다. 그에 따라 가족의 규범도 변화하여, 핵가족은 중산층의 이상적인 가족 형태가 되었고, 가족원의 상호 의존과 자녀양육을 주요 과업으로 여겼다(Minuchin, 2006). 그러나 한국의 근대화 과정에서 가족이 담당했던 기능은 서구의 근대적 가족과는 매우 다르게 전개되었다. 급격한 산업화·도시화는 농촌 공동체를 붕괴시켰지만, 도시의 가족은 오히려 가족주의를 강화하는 방식으로 스스로의 생존 방식을 변형시켜 왔다. 사회적 안전망이 갖춰지지 않은 상태에서 개인은 가족 단위로 존립 기반을 다져야 하는 육아나 건강, 교육, 노후 보장 등을 해결해야 하는 어려운 상황에 처해 있었기에 핵가족보다 더 큰 직계가족원들의 폐쇄적·권위적 집단의식은 강화될 수밖에 없었다(함인희, 2001). 그러나 이와 같은 가족 간의 연대감과 결속력을 이루는 데 중추적 역할을 한 도구적·수단적 의미의 가족주의 가치관은 한편으로는 부정적 영향을 미치기도 하였다. 가족이 내부적으로는 응집·결속하나 사회 전체의 결속력을 와해시키는 역할을 하였다. 즉, 이 시기의 도구적 가족주의 가치는 생존에 대한 일차적 윤리로서 점차 배타적이고 가족 중심의 이기적 성격이 점점 더 강해질 수밖에 없었다.

4) 정서적 가족주의

산업화에 따라 일터와 가정이 분리되면서, 일터는 자본주의 원리하에 업적 지향적인 사회로서 능력이 없으면 자연 도태하는, 냉혹하고도 타산적인 곳이 되었다. 그러므로 그 보상심리로 안식처로서의 가족의 필요성을 더욱 자각하게 되었다. 이로 인해 가족 내 부부간의 성 역할 분업이 강화되고 가족주의적 가치 지향이 오히려 여성에 의해 더욱 고수되었다(함인희, 2001). 서구의 근대적인 가족 개념의 출현으로 가정은 따뜻하고 온정적인 장소로서 정서적인 역할은 여성이 적임자라 여기게 되었다.

근대 사회에서 쇼터(Shorter, 1976)는 낭만적 사랑, 모성애, 가정성의 가치는 일체감과 더불어 개인보다는 가족에 대한 헌신을 우선시하는 가치를 낳았고, 이것은 가족을 결속시키는 정서적 연대로서 가족에 있어서의 정서(sentiment)를 주요한 조건으로 강조하게 되었다고 하였다(서선희, 1999). 첫째, 낭만적 사랑은 부부간에 결혼의 전제로 부부간 유대에 중점을 둔다. 둘째, 모성적 사랑은 부모-자녀 간의 안정적 애착과 유대를 강조하며, 셋째, 가정성(domesticity)이란 가족의 자율성과 응집성을 중요시한다. 즉, 개인의 사생활을 중요하게 여기고 전통적 직계가족의 '가계'로부터 핵가족 단위로서의 '가족'이 분리되면서 더욱 가정적인 생활을 지향하게 되었는데, 이것이 1980년대 이후 한국 가족의 변화에 큰 원동력이 되었다. 이러한 가치관이 가족원 개개인 개별성에 대한 존중을 가족관계에 내재화했으며, 부부관계와 부모-자녀 관계에서의 질적 변화를 수반하였다(신용하, 장경섭, 1996).

이 시대 산업화의 역군으로 '경제성장 제일주의'에 순응하면서 살아온 가장들은 '성공하는 남편, 사랑받는 아내'라는 부부의 성 역할 분업에 어느 정도 순응하면서 사회적으로도 인정받았다. 그러나 정서적 · 서정적 의미의 가족 가치관에서는 남성은 부양자, 여성은 가사전담자라는 성 역할 분업의 경계를 완화시키고, 과거 고도의 경제성장을 이루는 과정에서 아버지가 존재하나 가정 내에는 부재하였던, 그러나 가족 내 상징적 권위를 가질 수는 있었던 아버지로서의 역할은 더 이상 환영받지 못하게 되었다. 1994년 '세계 가정의 해'를 시점으로 우리 사회에서도 단란하고 행복한 핵가족 단위의 '스위트 홈(sweet home)'에 대한 이상을 가지고 '아버지여, 가정으로 돌아가라!'라는 슬로건 아래, 아버지들은 일터에서는 가정의 부양자로서 역량을 다해야 하고 가정에서는 자상하고 애정적 관심과 보살핌을 할 수 있어야 했다. 부부관계에서도 부부가 유별하고 남편으로서의 권위를 가지고 권력과 통제를 할 수 있었던 것에서 위계의 경계를 완화시키고 평등하고 동료처럼 서로 돕는 관계, 즉 '동반자적 부부관계'를 지향하는 변화를 요구받게 되었다(한경혜, 1994).

그러나 도시 핵가족에 있어서 한편으로는 부계 혈연 중심의 직계가족 이념이 작동되고 있으면서도, 다른 한편으로는 부부 중심의 낭만적 사랑을 바탕으로 하고 있는 근대적 의미의 핵가족 중심의 일상이 진행되고 있다. 또한 가족 내에서의 가장으로서의 역할도 이중적이어서 전통적 가장권은 약화되었지만, 가장으로서의 책임과 의무는 막중해졌다. 외형은 변했으나 가치는 변하지 않는, 구조적으로는 자녀 수도 줄고 가구 수도 감소하였으나, 가족의식과 생활면에서의 변화는 불일치하는 면이 보인다. 즉, 이것이 한국 가족의 전통적 · 근대적 · 현대적 가치의 중첩화와 혼성화로 인한 복합적 성격으로 오히려 한국적인 모습일 수도 있겠다(권용혁, 2012).

5) 개인과 가족의 상생

한국사회에서 1990년대 이후 가족의 변화는 여전히 근대성과 현대성의 특징들이 복합적으로 나타나고 있는 상태이다. 최재석(1983)은 해방 이후 1960년대까지 전형적인 직계가족의 원리와 핵가족의 구조적 특성이 혼재하는 삶을 보인다 하였다. 또한 산업화 · 도시화가 진행된 이후, 1990년대까지의 상황도 이와 유사하게 전통과 근대의 특성들이 서로 공존하고 타협하는 모습들이 가족체계 내에서도 잘 드러나고 있다. 즉, 근대화 과정에서 가족주의가 강화되거나 핵가족 내 가족관계가 직계가족과 연계되어 있는 점, 가족체계 내 개인의 위치가 관계 안에 함몰되어 독립성이 약화한 점 등이다(권용혁, 2012).

산업화 시기에 나타난 권위주의적 국가 권력의 통제는 1987년을 기점으로 사회 전반에 걸쳐 민주화의 물결을 전파하게 되었다. 가족체계에 있어서도 여성주의 시각에서 양성평등의 관계를 지향하고자 하였고, 단일민족으로서의 닫힌 경계는 외국인 근로자와 결혼이민자 여성의 유입으로 인해 이제 사회는 주류의 동화주의에서 다원적 문화주의로 확장되었다. 산업화 시대의 일터와 가정의 분리는 정보화 사회로의 진입으로 다시 재택근무, 탄력적 근무 완화제도 등으로 가족 내 유연한 역할 분업의 공평성(equity)을 유도하게 되었다. 그러나 국가적 지원이 없는 상황에서 개인과 가족의 생존과 발전을 위해서 가족적 유대를 유지 · 강화하는 가족주의적 가치는 여전히 존재한다. 국민의 생존을 위한 국가의 사회보장이 우선적으로 이루어지고 있으나, 일부의 측면에서는 선 가정-후 국가 지원이라는 지침으로 아직도 가족의 생존과 부양의 책임은 온전히 가족 체계의 몫이 되고 있다.

사회나 가족 체계에서의 혼합, 중층적 특성, 즉 전통과 근대, 근대와 현대의 특성들이 혼재하는 가운데, 최연실(2013)은 한국 가족의 변화를 제도 대 자율, 위계 대 평등, 공동체주의 대 개인주의, 폐쇄성 대 개방성, 획일성 대 다양성, 도구성 대 친밀성이라는 쟁점으로 설명하고 있다. 즉, 한국 가족은 제도로서의 가족을 고수하고 기존의 가족 가치를 옹호하는 입장과 개인적 자율성을 강화하려는 입장이 충돌할 가능성이 있으며, 전반적으로는 위계를 강조하던 것에서 평등을 고려하는 방향으로 전환되고 있다. 그 외, 가족의 변화에서 논의되는 쟁점으로는 가족집단의 공동체 의식을 강조하는 세력과 개인적 선택이 중심이 되어야 한다는 세력 간의 첨예함, 가족의 이기적 가족주의의 폐쇄성에서 외부 세계와 적극적으로 교류하고 공적 개입도 수용하는 개방적 방향으로의 변모, 획일화되고 정형화된 가족에서 다양성을 지향, 친밀성을 실현하는 가족 중심에서 생존과 안위의 보호막과 같은 수단적 의미로의 변화가 그것이다.

이와 같이, 전통에서 근대로의 전이든 근대에서 현대로의 전이든 전통적 · 근대적 · 현대적 가족가치의 혼용과 중첩적 구조로의 변화든 간에 현재 한국사회에서 가족은 이와 같이 다양한 모습으로 공존하고 있다는 것이다. 특히 1990년대 이후의 변화들을 통해, 친밀한 가족관계를 유지하면서도 개인이 자율적이면서 독립적으로 기능할 수 있도록 하는 것이야말로 진정한 의미의 '자기 분화(self-differentiation)'를 이루는 것이다. 이것이 가능하도록 가족적 유대를 유지 · 강화하면서도 개인으로서 역할과 기능하며 상생(相生)할 수 있는 토대가 마련된다면, 우리는 이것을 한국적 가족주의 모습이라 지칭하고 이것이 추구하고 지향하는 미래의 한국 가족의 모습을 전망해 볼 수 있겠다.

참고문헌

권용혁(2012). 한국 가족, 철학으로 바라보다. 이학사.

김경동(1993). 한국인의 가치관과 사회의식 변화의 경험적 추적. 박영사.

서선희(1991). 가족은 유용한 분석단위인가?. 가족학논집, 3, 55-68.

서선희(1999). 1970년대 이래의 한국 가족의 변화와 앞으로의 변화 방향. 한국가족관계학회지, 4(1), 147-163.

신수진(1999). 한국의 사회변동과 가족주의 전통. 한국가족관계학회지, 4(1), 165-192.

신용하, 장경섭(1996). 21세기 한국의 가족과 공동체 문화. 지식산업사.

유영주(1990). 한국 가족의 대내적 기능 연구—가족의 기능요인 및 수행도를 중심으로. 동국대학교 대학원 박사학위논문.

이광규(1990). 한국의 가족과 종족. 일지사.

이인수(1995). 사회변화와 한국 가족의 특성. 유영주 외 편, 결혼과 가족. 경희대학교 출판국.

정창수, 정기선, 차종천(1997). 산업화 과정에서의 한국가족의 실태와 전망. 집문당.

조혜정(1988). 한국인의 여성과 남성. 문학과 지성사.

최연실(2013). 한국가족의 변화에 대한 일고찰: 변화 양상, 맥락 및 쟁점을 중심으로. 한국가족관계학회지, 17(4), 41-65.

최재석(1964). 한국가족의 전통적 가치의식. 아세아연구, 통권14, 19-40.

최재석(1982). 한국가족연구. 일지사.

최재석(1983). 한국가족제도사연구. 일지사.

최홍기(2006). 한국 가족 및 친족제도의 이해. 서울대학교 출판부.

통계청(2017). 인구주택 총조사 및 장래 가구 추계.

통계청(2023a). 국가통계포털 홈페이지(http://kosis.kr).

통계청(2023b). 인구동향조사(1970~2023).

한경혜(1994). 동반자적 부부관계를 지향하는 가족. "세계가정의 해" 기념세미나. 열린사회와가족. 한국여성개발원.

함인희(2001). 산업화에 따른 한국 가족의 비교적 의미. **한국 가족상의 변화**. 하용출 편. 서울대학교 출판부.

Barrie, T., & Marilyn, Y. (1991). **페미니즘 시각에서 본 가족**[*Rethinking the family: Some feminist questions*]. 권오주 외 역. 한울아카데미.

Elkind, D. (1995). **변화하는 가족**[*Ties that stress: The new family imbalance*]. 이동원, 김모란, 윤옥경 역. 이화여자대학교 출판부.

Goode, W. J. (1963). World revolution and family patterns. The Free Press.

Minuchin, S., Lee, W., & Simon, G. M. (2022). **미누친의 가족치료 마스터하기**[*Mastering family therapy: Journeys of growth and transformation* (2nd ed.)]. 이인수 역. 학지사. (원저는 2006년에 출판).

Murdock, G. P. (1949). *Social structure*. Oxford, Macmillan.

Ogburn, W. F. (1966). *Social change with respect to culture and original nature*. Dell Publishing Co.

Parsons, T., & Bales, R. F. (1955). *Family, socialization, and interaction process*. Free Press.

Reiter, M. D. (2016). **가족치료 사례개념화**[*Case conceptualization in family therapy*]. 정혜정 역. 학지사. (원저는 2014년에 출판).

제 2 장

한국사회에서의 가족상담

한국사회에서 가족상담은 언제 시작되었는가? 가족은 무엇 때문에 상담을 받으려 하고, 상담의 장면에는 언제 진입하게 되는가? 내담자가 상담을 받고자 할 때는 대체로 문제가 있고, 그로 인해 고통받고 살아가기 힘들다고 여길 때 상담의 문을 두드리게 된다. 오늘날 한국사회에서 "가족이 위기에 처해 있다."라고 한다. 위기라 함은 노인은 설 땅을 잃고, 효를 근간으로 하는 부양의 기제는 사라졌고, 자녀는 일탈과 은둔으로 방황하고 있으며, 부부는 불화로 서로 냉대하고 갈등하고 있으며, 심지어 가정폭력과 학대를 행하고 있어, 전반적으로 가족을 이끌어 갈 구심점인 친밀감과 가족윤리가 없기 때문이라 할 수 있다. 개인주의로 성장한 가족은 서로의 어려움에 무관심하고, 지나친 과잉 교육열은 자녀를 병들게 하며, 이기적인 가족은 집단 간의 파벌을 조성한다. 이 외에도 후기 구조적 사회의 도래 이후 결혼을 늦추거나 기피하고, 이혼율 급증, 저출산율, 1인가구 증가, 고령 가족 증가 등으로 가족의 해체를 걱정하는 목소리가 높아지고 있다.

많은 가족학자 및 가족상담사가 "문제없는 가족은 없다."라고 한다. 그러므로 사회의 변화와 더불어 나타나는 가족의 문제는 무엇이며, 이에 따라 가족상담과 치료가 어떻게 연계되어야 하는지에 대해 통합적 맥락에서 탐색할 필요가 있다. 우리가 삶에서 위기와 좌절을 만날 때, 혹은 무엇 때문에 고통받고 힘들어했는가를 살펴볼 때, 여러 가지 요인 때문일 수 있겠지만, 그중 가족을 배제할 수는 없다. 이 장에서는 사회 변화와 더불어 가족문제가 어떻게 나타났는지를 통시적으로 고찰하고, 그러한 문제와 더불어 가족상담과 치료가 어떻게 접목되어 발전 · 전개되었는지 한국사회에서의 가족상담 발달사를 살펴보고자 한다.

1. 가족문제의 변화

1) 가족문제 정의

무엇을 가족문제로 보고 그 문제를 어떻게 해결할 것인가에 대한 사회적 인식은 시대에 따라 변화되어 왔다. 이 인식의 변화는 우리가 몸담고 있는 시대의 사람들이 무엇을 가장 중요한 것으로 보는가, 그 당시 지배적 가치가 무엇인가에 따라 다르고 시대의 사회적 · 정치적 · 경제적 상황과도 밀접한 관련이 있다. 어떤 의미에서는 문제가 사회적으로 구성된다고 해도 과언이 아니다.

가족문제에 대한 인식, 문제의 유형과 내용, 해결방안 등은 한국사회의 변동에 따라 많은 변화를 가져왔는데, 최근 가족 변화를 살펴보면 가족에서 발견되는 많은 문제가 다양한 사회문제의 영역들로 구성되어 있다는 것이 특징적이다. 부부갈등이나 세대 간 갈등, 가정폭력, 청소년 일탈, 노인문제, 여성문제, 이혼과 가족해체 문제 등 모두가 각기 다른 차원에서 가족문제를 동반하고 있는 사회문제들이다. 왜냐하면 가족문제는 이제 더 이상 개별 가족만의 노력으로 해결될 수 없게 되므로, 가족문제의 원인을 찾고 해결방안을 모색하는 과정에 이르기까지 사회문제적 시각에서의 개입이 요구되고 있기 때문이다. 따라서 가족문제에 접근하기 위해서는 전체 사회 변화의 흐름 속에서 한국 가족의 특성을 파악하고, 이것이 가족문제를 어떻게 촉발하고 잠재적인 요인으로 작용하는지에 대해 고찰할 필요가 있다.

(1) 미시적 · 거시적 차원에서의 가족문제

가족문제를 보는 시각은 가족 내적인 인간관계에서 제기되는 문제를 대상으로 하는 경우와 사회체계와의 관련성에서 야기되는 문제를 대상으로 하는 경우로 나눌 수 있다. 미시적 측면에서의 가족문제는 가족의 구조적 결손, 역기능적 가족관계, 가족기능의 약화, 가족생활주기상에서 미수행된 발달과업 등과 관련하여 나타난다. 반면, 거시적 측면에서의 가족문제는 가족을 둘러싼 사회구조와 사회체계의 변화에 초점을 두고 사회경제적 조건의 변화로 인해 초래되었다고 간주한다(송성자, 2002).

한편으로는, 가족관계상의 문제와 가족관계 문제를 포함하되 사회문제로서의 성격을 가지는 광범위한 가족문제로도 나눌 수 있다(김혜선, 박혜인, 옥선화, 1995; 이경희, 이소희, 1993). 즉, 가족관계상의 문제로는 배우자의 부정, 외도, 성격 차이, 가치관, 소통의 차이로 인한 부부갈등, 자녀의 일탈과 은둔으로 인한 부모-자녀 간 갈등, 고부 · 장서의 인척 간 갈등문제 등을 들 수 있다. 반면, 사회적 의미에서의 가족문제는 아동 보육 문제, 청소년 문제, 노인 부양과 돌봄 문제, 한부모 가족문제, 이혼가정 문제, 가정폭력 문제, 여성문제 등으로 나타난다.

(2) 정상성에 근거한 가족문제

가족문제를 규정하는 또 다른 관점으로는 정상성(normality)의 논리에서 이해할 수 있다. 정상성이란 가족의 목적을 성취하는 데 있어서 구조적이거나 기능적인 유용성에 대한 판단 기준과 관련되어 있다. 그러나 정상성은 목적과 상황에 따라 가족이 어떤 한 측면에서는 정상적일 수 있지만 다른 측면에서는 역기능적일 수 있다. 이러한 정상성의 개념과 기준은 시대적 상황과 사회문화적 변인에 따라 달라질 수 있다.

정상성을 어떻게 규정하느냐에 따라 가족은 정상 가족과 문제 가족으로 분류된다. 모리오카 기요미(森岡清美, 1975)는 가족문제를 일반 가족과 문제 가족의 관점에서 분류하였다. 즉, 일반 가족적 관점에서 가족문제는 가치 판단의 기준에서보다는 사실 판단에서 객관적인 원인과 결과 관계를 인식하려는 데 초점을 둔다. 반면, 문제 가족적 관점은 가족을 하나의 유기체로 보고 가족이 기존 질서를 유지하는 기능을 하지 못하는 경우에 문제가 있다고 보는 것이다(이영분, 양심영, 1999).

이 외에도 이영숙 등(1999)은 가족문제를 가족기능상의 장애나 이러한 장애에 관계없이 사회의 변화로 말미암아 가족원의 특별한 적응을 필요로 하는 상황을 의미한다고 정의하였다. 또한 유영주 등(1990)도 가족문제로서 가족의 조직이 약화되고 기능상의 장애가 있는 병리 가족, 이산 가족, 부적응 가족, 일탈 가족, 가족 아노미 현상 등을 들고 있다. 이러한 문제 가족 또는 부적응 가족은 가족원의 의식, 태도, 가치관, 이해관계가 대립되어 상호관계가 결여된 상태의 가족으로 간주한다.

(3) 변화 속도를 중심으로 한 가족문제

일반적으로 변화의 속도가 빠르다 해도, 사회나 문화의 자원에 따라서 그 변화 속도가 다르다. 서로 속도가 다르게 변하는 부문과 차원들 사이에는 자연히 속도에 순응하는 과정을 거치거나 지체가 나타나며, 문제는 이러한 지체(lag), 즉 부조화가 생기면 우선 혼란이 일어나고, 상호 간에 보조를 맞추어야 하는 압박감이 생긴다. 그러므로 서로 적응하려는 데서 긴장이 싹트고 갈등으로 이어질 소지가 커진다(김경동, 1995).

가족문제를 분석하기 위한 패러다임으로 함인희(1993)는 가족문제를 다음과 같이 유형화하고 있다. 첫째, 가족문제는 가족과 사회의 변화 속도 간의 부조화 현상에서 파생되는 문제로 본다. 가족이나 사회가 모두 변화하면 '적응', 사회의 변화에 가족이 미처 따라가지 못할 때에는 '가족지체', 반대로 가족의 변화에 사회가 변화되지 못할 때에는 '사회지체', 다음으로 가족도 사회도 변화에 적응하지 못한 경우는 '가족/사회문제'로 간주한다. 둘째, 가족문제는 사회 변화와 관련하여 볼 때 '일탈적 현상'이 아니라 '규범적 현상'으로 규정한다. 즉, 가족문제는 사회 변화과정의 산물로서 개별 가족의 문제가 아니라 대부분 가족이 경험하고 있다는 점에서 가족생활의 일부분으로 규정한다. 셋째, '적응'을 제외한 세 가지 유형의 가족문제는 상호 배타적이라기보다는 상호 교환이 가능한 범주이다. 이는 가족문제에 대한 정의가 고정적이라기보다는 사회구조적 변화에 따라 유동적일 수 있음을 의미한다. 넷째, 개별 가족의 사회경제적 지위 및 가족주기에 따라 가족문제도 다르게 나타날 수 있다.

여기서 '지체'를 서구 중심적 시각에서의 '문화 지체'로 보고자 하는 것은 아니다. 적응할 수 있는 변화에 성급하게 일탈적 또는 병리적이라는 꼬리표를 붙이는 것은 오히려 과민 반응일 수 있다. 사회와 가족, 가족과 개인, 전통과 근대, 근대와 현대, 사고와 행동 간에는 무엇이 먼저 일어나고, 무엇이 우선해야 한다는 것을 전제하는 것도 아니다. 우리는 가족문제가 시대별로 체계별로 지체든 혼재 혹은 중첩이든 한국사회에서의 가족문제 현실과 특성을 있는 그대로 인지하고 이해해야 할 필요가 있다.

2) 한국 가족문제의 통시적 고찰

가족문제에 대한 정의가 고정적이기보다는 사회의 구조적 변화에 따라 유동적일 수 있으므로 가족문제를 문제 자체보다는 문제의 배경적 상황을 탐색하고 고찰하여 그 경향을 살펴보아야 한다. 가족문제의 양상이 개인의 심리적 차원에 국한되지 않고, 사회의 제도적 · 규범적 변혁으로 인한 가족생활 영역에서의 가족원들의 적응 차이로부터 유래되며, 가족의 적응 결과는 성, 연령, 계층, 지역 등의 요인들에 따라 다양하게 나타날 수 있기 때문이다. 따라서 가족상담사가 가족상담 방법의 선택과 적용에 있어 '문화적 효능감'을 가지고 한국의 문화적 배경과 독특한 한국의 가족문제의 성향을 이해했을 때, 가족상담 접근방법의 선택과 실제 적용상의 개입 기술의 활용이 보다 용이하고 효율적이 될 수 있다.

(1) 1940~1950년대의 가족문제

1940년대는 일제강점기 말기로서 파행적 자본주의가 깊이 뿌리를 내리고, 관료주의와 권위주의가 더욱 기승을 부리던 시기였다고 할 수 있다. 내선일체화의 정책에 따라 정치적 주권의 말살은 물론이요, 고유의 한국 문화 또한 억압 속에서 명맥만을 겨우 유지할 뿐이었다. 토지조사사업(1910~1918년)을 위한 토지 수탈과 조세 수탈은 농민층을 강제로 분해시켜 소작농을 임금 노동자화하고, 나아가 농민의 몰락을 초래하였다(박현채 외, 1984). 따라서 국민의 생활은 영세하고 피폐하기 그지없었고, 그로 인해 파생되는 가족 내 문제들은 대부분이 빈곤과 관련된 문제였다.

대부분이 빈곤과 기아로 인해 가족이 해체되어 아동은 고아나 부랑아의 처지로 거리를 전전하게 되었고, 해방되면서 중국과 일본 등의 나라에서 피란과 독립운동, 징용, 취업, 학업 등의 이유로 이주했던 동포들이 대거 귀국하면서 도시의 인구는 점차 증가하게 되었다. 제한된 자원에 인구의 증가, 피땀 흘려도 살기는 더 어려운 생활고에 물가 상승, 경제 결핍으로 인한 생활 위협(동아일보, 1940. 2. 12.) 등의 불안정한 생활상을 겪었다. 부부 문제의 영역에서는 배우자의 부정으로 인한 부부관계의 해체에 관한 것, 예를 들면 혼인 전날에 사랑의 도피행각(조선일보, 1940. 7. 9.)을 벌인 경우나, 남편의 바람으로 인한 부인 갈등(동아일보, 1940. 2. 9.) 등과 같이 사건 중심의 내용들이 가시화되었다. 또한 부부의 도(道)에 위배되는 것으로 당시의 시대적 규범에서 벗어나는 내용들도 있었다. 노인문제나 가족제도상의 문제, 변화 속도 괴리에 관한 문제는 극히 적었는데, 종교가 달라 고부간에 갈등을 겪는 경우나 상속으로 인한 가족 내 불화, 모성애나 여성상의 가치에 관한 내용 등이 여기에 속한다.

1950년대는 해방의 환호와 함께 분단의 음영이 뒤따랐는데, 분단과 관련된 해방 직후의 정치적 혼란은 반봉건적 식민지 잔재를 청산할 기회를 주지 않았다. 이 시기는 모든 발전 지향의 가치가 애국이라는 반일적 민족독립 지향성의 가치로 전환되어 온 우리 사회의 특수성 때문에, 전근대적 가치체계들에 대한 비판 과정 없이 사회변동이 계속되었던 시기이다(박영신, 1983). 경제적으로는 한국전쟁의 파괴적 결과가 미국의 원조 정책에 더욱 매달릴 수밖에 없는 대외 의존성을 강화시켰고, 정치적으로는 반공 이데올로기와 국가안보라는 명분을 내세워 권위주의 타성을 키워 나갔다(김성국, 1985).

이러한 정치적 · 경제적 상황에서 가족은 '빈곤과의 전쟁'이라 해도 과언이 아닐 정도로 빈곤으로 빚어지는 문제에 봉착하였다. 1950년대의 가족문제 중 과반수(51.6%) 이상이 빈곤 문제였으며, 다음으로 아동 · 청소년 문제(27.4%), 부부문제(6.8%), 노인문제(6.8%), 가족변화 지체문제(3.5%), 가족제도상의 문제(3.3%)의 순으로 나타났다. 전쟁으로 인한 빈곤과 굶주림이 팽배해지면서 심각한 생활고는 자살을 불러일으켰고, 이러한 자살은 대부분 가족 동반으로 행해졌다. 보릿고개의 가난을 견디다 못해 막내딸을 등에 업고 한강에 투신하거나, 온 가족이 농약을 함께 먹고 자살을 하는 경우가 많았다. 전쟁터에서 많은 아버지와 아들들이 죽어 갔고, 부모를 잃은 아동은 거리로 내몰려 전쟁고아 구호사업을 호소하는 일이 빈번해졌으며, 열악한 환경으로 좀도둑이 많아지게 되었다.

대다수의 국민이 빈곤과 혼란을 경험하는 이 시대에는 국가 공동체의 존립이 심하게 흔들리고, 가족 단위 중심의 생존이 개인의 삶의 목표가 되었던 시기라 할 수 있다. 한국전쟁을 거치면서 가족은 더욱 인위적인 해체의 위기에 직면하였다. 이 과정에서 여성은 전쟁터로 나가서 행방불명된 남편을 대신하여 가족의 생계와 자녀의 교육을 책임지는 막중한 역할을 수행하였다.

(2) 1960~1970년대의 가족문제

1960년대 이후의 급속한 공업화는 도시를 중심으로 추진될 수밖에 없었고, 농촌에 대한 투자와 농업개발의 비교우위를 인정하지 않은 개발정책으로 이촌향도의 인구 이동이 급속도로 이루어졌다. 도시화는 핵가족화를 촉발했고, 문명의 발달로 연장된 노인의 평균수명 또한 농촌에서 토지를 지키는 노인의 소외와 고독의 문제, 나아가 부양의 문제까지도 야기한 것으로 보인다. 이로 인해 1960년대에 들어 출산억제정책으로 가족계획사업을 실시하고, 한편으로 산업화의 진행 속에 갈등하는 전통과 근대의 의식 간의 차이, 혼재로 인한 가족 가치 중첩화의 문제가 서서히 증가(14.3%)하였다.

1960년대 초 '빈곤으로부터의 풍요'라는 고도성장의 슬로건은 국민의 개발 의욕을 일깨웠고, 경제성장은 양질의 노동을 노동집약 산업에 고용하여 저임금으로 활용한 노동정책에 의존하였다. 이러한 노동력 충원은 국가나 기업보다는 가족을 중심으로 한 지지체계에 의해 이루어졌다. 그러나 산업자본주의의 급속한 팽창으로 이러한 지지체계도 약화되었으며, 가족의 생존과 복지는 개별 가족의 역량을 벗어나는 문제가 되었고, 가정생활과 가족부양을 위한 사회구성원의 개인적인 노력에도 불구하고 다양한 구조적 요인들이 이를 위협하게 되었다.

1970년대 들어서면서 가장 두드러지게 나타난 가족문제 영역은 가족 변화 속도의 부조화 문제로 나타났다. 이어서 노인문제, 아동 · 청소년문제, 부부문제, 가족제도상의 문제, 빈곤문제의 순으로 나타났다.

한편으로, 밀려난 효의 회복을 위한 구호의 목소리가 높았으며, 늙는다는 것은 서러운 것으로서 노화에 대해 지각하였고, 떨어진 '우상'으로서의 노인에 대한 인식 등 산업사회가 요구하는 능력에서 점점 멀어져 가는 노인의 문제가 심각하게 대두되고 있었다. 부부문제로는 산업화의 역군으로 남편이 해외에 나가 있는 동안 흔들리는 주부상을 호되게 비판하는 내용들도 주목된다. 그러나 1970년대 가장 많은 가족문제는 근대와 전통의 가치 혼재 속에 1940년대나 1950년대와 같이 사회가 불안정하고 생활이 어려운 상황에서 가족이 그들의 생존전략을 위한 도구적 역할을 하는 것으로 보인다.

이 시기는 '핵가족 규범'이 빠르게 확산되어, 구조는 물론 질적인 변화로서의 '핵가족화'가 일어난 시기라고도 할 수 있다. 이러한 변화가 1970년대 이래로 노인부양, 부부갈등, 부모-자녀 간의 세대차이 등 여러 측면에서 가족문제로 드러났다. 한국 가족의 문제가 지적될 때마다 그 문제에 대한 해결책으로서 가족원들 개인으로서의 자유와 권리를 보장해 주는 것이 자주 거론되어 왔다. 가족 내 청소년 문제나 노인문제, 고부갈등에서 부부문제에 이르기까지 서로가 상대방을 개인으로서 인정해 주지 않은 데에 문제가 있다고 진단되면서 문제의 당사자가 독립적으로 자율적인 삶을 추구하고 상대방에게도 그러한 삶을 보장해 주는 것이 문제해결의 방법이라고 지적되어 왔다. 전체적으로 볼 때, '1970년대 이래로 한국 가족에서의 삶은 개인주의가 강조되는 삶'이었다고 할 수 있다.

(3) 1980~1990년대의 가족문제

1980년대 이후는 '서울의 봄'을 맞이하게 된 정치의 소용돌이 속에 가족의 혼란도 충분히 예측될 수 있었다. 이 시기는 사회정화를 목적으로 하는 강력한 사회정책들을 내세웠고, 이것은 부도덕한 정권의 명분 찾기와 정권 기반의 공고화를 위한 것이었다. 한편으로는 비교적 높은 경제 성장률 속에 소비자 물가가 안정되고 국제수지도 흑자로 반전된 것이 5공화국의 치적이라고 평가되고 있다. 물론, 자립경제의 실현 과정과 거리가 멀어 1990년대 말 IMF 외환위기의 대량 실업과 기업 도산으로 가장의 실직과 가족의 해체 위기를 야기하는 동인이 되었다는 사실을 간과하지 않는다 해도, 1980년대 들어서 가족이 어느 정도 빈곤으로부터는 벗어날 수 있었던 것으로 보인다(서선희, 1991).

공공정책은 서구 문화가 경험하고 있는 급속한 사회경제적 변화가 그러한 것처럼, 이 당시 한국 가족에게도 많은 영향을 미쳤다. 1980년대에 빠르게 확산된 집합적 주거 양식과 자동차의 보급, 가족 단위의 여가문화 발달 등 새로운 생활양식이 핵가족적인 정체성과 규범의 확산 및 강화에 기여했다. 나아가 이러한 규범과 생활양식 자체가 핵가족 규범을 재생산 및 강화하는 역할을 하였다. 그러나 낭만적 사랑에 기초한 가족 형성, 소규모 가족, 부부관계의 중시, 성 역할 분업, 가족 간의 정서적 유대 강조 등의 서구 근대적 의미의 가족개념이 행동과 중첩되는 과정에서 여러 가지의 가족문제가 나타났다.

부부문제의 경우는 여권신장의 물결을 타거나, 병든 성 윤리, 결혼관의 불일치 등의 이유로 이혼이 급증하였고, 절대적으로 가장에 복종해야 한다는 가부장적 유교 문화 속에 은폐되어 있는 가정폭력에 관한 내용들이 주된 문제로 나타났다. 아동·청소년 문제에는 부모-자식 간에 깊어만 가는 갈등문제, 자녀 수 감소로 인한 부모의 과잉보호, 부모의 극성 속에 표출되는 조기교육 열풍은 가정교육의 부재 혹은 소홀로 오히려 정서불안과 반항심을 불러일으킬 수 있음을 우려하는 내용이 많았다. 문제 자녀 뒤에 문제 부모가 있었으며, 점차적으로 아동학대가 급증하였고, 영세민촌의 빈곤 가족의 아동은 여전히 좁다란 골목길을 놀이터 삼아 돌봄의 부재 속에 방치되고 있음을 보고하였다. 노인문제는 핵가족 지상주의가 야기하는 노부모 소외현상, 시집살이보다 며느리살이가 더 어려운 고부갈등, 고령 인구의 증가에 따른 노인 지위의 약화, 취로사업에 동원되는 노인의 열악한 취업환경의 개선에 관한 내용들이 많았다.

가정에서 어머니의 역할과 비중이 높아지면서, 아버지는 가부장제의 절대적 권위에서 '돈 버는 존재'로 전락함을 문제화하며, 흔들리는 부권과 가정과 직장에서의 갈등으로 심한 스트레스를 받고 있는 중년기 남성의 위기가 드러나기도 하였다. 주부의 역할에 대한 규정은 가족이 정서적 유대관계, 즉 사랑에 기초한 집단이라는 근대적인 관념이 도입되면서 가사노동은 가족에 대한 주부의 사랑과 정성이 깃든 특별한 것으로 여겨졌다. 이러한 인식은 도시화·산업화된 사회에서 주부가 해야 할 역할이 한층 가중되고 있다. 이와 같이, 가족가치 혼재의 문제가 급증하는 것은 전반적으로 급격한 사회변동을 체험한 가족체계가 가족구조 면에서 기능적으로 이념상 혼란과 갈등을 드러냈기 때문인 것으로 보인다.

1987년을 6월 민주항쟁을 기점으로, 1990년대에는 비로소 민주화 시대를 맞이하게 되었다. 가족체계에 있어서도 여성주의 시각에서 양성평등의 관계를 지향하고자 하였고, 점점 결혼을 선택하지 않거나 개인이 주체로서 탈가족화하는 사람들이 늘어났고, 단일민족으로서의 닫힌 경계는 외국인 근로자와 결혼이민자 여성의 유입으로 인해 새로운 가족 유형으로 이들을 맞이해야 했다. 그러나 1990년대에 이르러 정보화가 가져온 사회 변화로 인해 사회적 노동과 삶의 유형이 산업사회 유형에서 지식 기반 사회로 변화하면서 가족문제도 더욱 중첩적인 양상을 띠게 된다(권용혁, 2012).

1980년대 이후로 급격히 증가하는 이혼으로 인해 가족의 해체, 파탄, 붕괴를 염려하게 되었다. 한국사회의 가족원으로 유입된 결혼이주여성에게는 한국적 가부장제에 동화되도록 요구함으로써 여러 가족문제를 야기했다. 또한 과도한 입시경쟁 사회 속에 업적 지향의 성취를 위해 자녀를 조기유학 보내고 기러기 가족으로 지내거나, 아버지가 직장 이동으로 지방에 가도 자녀는 어머니와 함께 양적 · 질적으로 우수한 교육환경을 누리기 위해 도시에 머물러, 자연스럽게 주말 부부나 월말 부부로 사는 가족이 증가하게 되었다. 이와 같은 가족의 분거 형태는 나아가 부부관계의 소원, 불화 등을 야기하게 되었다. 이 역시 개인보다는 가족이 우선시되어, 부모의 희생을 바탕으로 신분 상승과 성취 위주의 과업을 달성하려는 기대와 욕구, 바람에 의해 초래된 것이라 할 수 있다.

(4) 2000년대 이후 가족문제

21세기 들어 한국 가족에서의 변화를 둘러싸고 "위기인가? 재구조화인가?"라는 점이 검토되고 있다. 한국 가족이 위기에 처해 있다고 보는 시각에서는 인구학적 변화들, 즉 출산율 저하, 이혼율 증가, 비혼 인구, 1인 가구 증가 등을 꼽는다. 다른 한편, 재구조화의 시각에서는 가족이 해체되어 개인화 · 탈가족화를 논해도 여전히 대다수의 한국인은 '가족'이라는 범주 안에 머물고 있다고 본다(최연실, 2013).

위기의 관점에서 가족문제라고 볼 수 있는 현상들은 매우 많다. 치열한 경쟁 사회에서 입시 위주의 교육제도는 전통사회의 계층에 따른 귀속 지향 사회에서 업적 지향 사회로의 전이를 이룰 수 있는 사다리 역할을 하였다. 그에 따라, 높은 교육열과 학업적 성취를 이루도록 요구되었다. 이러한 현실에서 아동 · 청소년의 우울증, 자살, 학교 내에서 왕따 · 은따의 집단따돌림 문제가 급증하였다. 이것은 근대화 과정을 거쳐 강화된 가족주의가 남의 자녀보다는 내 자녀가 우선시되는 타인에 대한 무관심, 무시로 이어지는 반사회적 경향이 폐쇄적 · 이기적 가족주의로 변질된 것에 기인한다고 하겠다. 예를 들어, 일본의 경우, 사회생활에 적응하지 못하고 집안에만 틀어박혀 사는 '히키코모리'가 인구의 1%에 육박한다(山本 耕平, 이인수, 安藤 珠子, 2011). 한국사회에서도 2000년대 중반에 들어 (정확한 통계치를 확보할 수 없지만) 아무것도 하지 않고 방안에 틀어박혀 있는 '은둔형 외톨이'가 약 10만 명 정도였는데, 2022년 현재 최대 약 54만 명에 달할 수 있다는 추정 결과가 나타났다(한국보건사회연구원, 2023). 청소년 비행과 일탈 행위로 외현화의 문제를 갖는 경우와 달리 고립, 은둔형 외톨이는 사회적으로 문제의 이슈를 가시적으로 드러내지는 않아, 짧게는 2~3년에서 길게는 10년 이상 은둔 상태로 지내게 되면서 머지않아 60대 부모와 30대 자녀로 이루어진 6030 혹은 7040의 중년의 은둔형 외톨이를 맞이하게 되고, 자녀를 사회체계로 복귀시키고 싶은 부모와의 갈등에서 악순환이 계속되어 이 모든 작업이 온전히 부모와 가족만의 책임과 부담감으로 남겨지게 되었다.

직계가족의 원리에서 부모로서 가족의 부양과 자녀 양육을 위해 혼신의 힘을 다하다 보니, 정작 자신을 위한 노후를 준비하지 못한 노부모 세대에게는 전통적 효의 가치관 아래 노후를 보장받을 수 있었던 전통적 가족 가치관이 더 이상 적용되지 않았다. 여성가족부의 2015년 가족 실태조사에 따르면, 부모 동거에 대한 동의 수준은 낮아지고, 부모 부양에 있어서 아들과 딸의 동등한 책임에 대해서는 동의 비율이 높아지고 있어 부모 부양에 대한 인식 변화가 확인되었다. 따라서 수명이 늘어나면서 고령의 노년 세대는 은퇴와 더불어 직업 역할, 건강, 경제력을 상실하는 4중고를 겪게 되었으며, 나아가 고령의 1인 가구로 불안과 고독감의 정서적 어려움을 수반하게 되었다. 1인 가구의 증가는 노령세대에게만 해당되는 것은 아니었다. 20~30대의 젊은 세대들이 1인 가구 형태로 개인의 독립과 자유를 즐기기를 선호하는 것으로 나타났다. 그러나 가족체계로부터 벗어나 자유롭게 생활하기를 원했으나 1인 가구 형태에 대해 가족으로서의 정체성을 가지고 있지는 않은 것으로 나타났다. 유계숙, 강민지와 윤지은(2018)의 연구를 보면, 2001년의 청년과 2017년의 청년은 동일하게 '부부와 그들이 낳은 자녀'로 구성된 혈연 중심 핵가족을 가족으로 규정하는 가족개념의 유사함을 나타냈다. 이 시대의 청년은 가족을 중시하는 반면, 공동체를 이루며 공동 주거 형태를 갖는 문화를 선호하지 않는 것으로 나타났다(김기헌, 하형석, 신인철, 2016). 이것은 이 시대의 청년들이 전통적인 가족주의 이념과 부계혈연 중심의 핵가족 이데올로기에는 거부적이지만, 가족관계에서 제공받는 소속감과 친밀감에 대한 정서적인 욕구는 여전히 남아 있음을 의미한다.

가문과 가문의 결합이 아닌 낭만적 사랑을 토대로 이루어진 결혼관계에서, 부부는 사랑이 전제되지 않으면 언제든 부부관계를 해체할 수 있다고 여겨 1980년대 이후 계속 증가하여 2003년 인구 천 명당 이혼한 확률의 조이혼율은 3.4건에 달한다. 이혼의 시점도 변화하여, 결혼 초기부터 황혼이혼에 이르기까지 결혼 전반에 거쳐 부부관계를 해체하고 있다. 예를 들어, 1997년에는 결혼 연수 4년 미만인 시기에 이혼율이 31.0%로 제일 높은 데 비해, 2023년에는 결혼 연수 10년 미만인 부부의 이혼율이 36.1%로 가장 높고, 다음으로는 30년 이상인 경우가 16.0%로 높았다. 이로 인해 한부모 가족도 더불어 증가하게 되었다.

한부모 가족의 문제는 이전에 양부모가 가정경제와 자녀 양육을 분담하였던 것에 비해, 한부모 가족이 되면서 가족의 부양자로서, 자녀 양육자로서의 이중 역할에서 오는 부담감이 한층 높아지게 되는 점에서 '빈곤의 여성화' 문제가 논의되고 있다. 여성가족부의 2023년 가족실태조사 결과에서도 가족원 돌봄의 문제가 가장 심각해 이에 대한 우선적인 지원이 필요한 것으로 나타났다.

2000년대 들어와 가장 큰 변화 중의 하나는 다문화 가족의 증가라고 할 수 있다. 1990년대 이래로 국제결혼이 증가하여 결혼이민자 여성의 한국 내 진입이 늘어났다. 물론 한국 가족 유형의 변화로 다문화 가족이 다양한 가족 중 하나이지만, 이러한 변화를 가족문제로 볼 것인가는 논란의 여지가 있다. 그러나 결혼 이주가족의 형성이 결혼의 지구화, 시장화, 가족주의와 연결되어 있다는 점, 아시아권 내에서 증가하고 있는 국제결혼은 경제적으로 취약한 국가에서 상대적으로 발전한 국가로의 시장 조건의 기능화와 더불어 다른 한편 가부장제의 결과이기도 하다는 점(최연실 외, 2015)에서는 가족문제의 한 특성으로도 간주될 수 있다.

2. 한국 가족상담의 발달

1) 가족문제에 대한 가족상담의 적용

한국 가족문제의 시대적 변화를 살펴본 결과, 현대 한국사회의 핵심적 특성이 전통적 요소와 현대적 요소, 탈현대적 요소까지 중첩하는 전이를 각각 다르게 경험한 세대들 간에 심각한 긴장과 갈등이 발생하는 결과라 할 수 있다. 다양한 가족 가치나 이념들이 동시에 공존하는 우발적 다원성의 문제, 전통과 근대의 혼재, 의식과 행동의 갈등, 규범과 관행의 괴리에 대한 대안적 해결책을 모색해야만 한다. 흔히 근대적 사고에 못 미치는 진부한 전통적 가치나 개인의 자유를 속박하는 가족주의의 탈피를 주장하는 것만으로는 가능하지 않으며, 가족의 개체화 못지않게 공동체적 가족도 배려되어야 한다.

가족문제에 대해 가족상담적 연계와 개입의 동기를 제공하게 된 것은 다양한 가족문제에 대해 기존의 기계론적 관점으로 접근하는 데 한계를 느낀 상담사들이 각 가족 나름의 적응양식 혹은 문제의 해결방식을 돕기 위한 것으로 눈을 돌리게 되었기 때문이다. 개별 가족을 생태체계의 관점에서 조망하고, 특히 가족을 유기체론적 관점으로 접근하면서 그들의 생활환경을 역동적으로 이해하고 개인과 가족 환경 간의 중개자로서 잘 적응할 수 있도록 돕는 체계론적 사고에 기반을 둔 가족치료에 관심을 가지게 된 것이다.

가족상담은 가족을 하나의 체계로서 보는 것으로, 개인의 문제는 그 개인의 내적인 문제로서만이 아니라 그를 둘러싼 전체로서의 가족이라는 맥락 속에서 이해하여 개인과 가족 전체에 존재하는 상호작용의 양상을 변화시키려고 노력한다. 사회 변화에 따라 나타나는 가족문제들을 맥락 속에서 바르게 이해하고 가족의 강화와 질적 향상을 위해 거시적 · 미시적 차원에서의 효과적인 해결을 통해 건강한 가정을 육성할 수 있다. 이는 가족상담에서 다양한 문제와 위기에 대해 문제 중심적으로 접근하지 않고, 대안적인 시각으로 융통적인 시도를 하는 것은 가족문제를 접근하는 방식에 혁신이 일어나야 한다는 사회적 요구와 맥을 같이한다. 가족에 문제가 생겼을 경우, 상담 서비스를 받고자 하는 인식과 문화가 자연스럽게 형성되면서 구축된 변화로 고려된다. 이러한 사회적 · 제도적 변화 속에서 가족상담 및 치료에 대한 수요가 증가하게 되었다(전영주, 최연실, 2005).

2) 한국 가족상담 발달과정

한국에서 가족상담이 소개된 것은 1970년 후반으로, 그 이전까지는 정신역동치료(psycho dynamic therapy)가 주된 치료모델로 개인을 중심으로 하는 상담과 치료가 이루어졌다. 가족상담이 적용되는 최초의 현장으로는 미8군 정신병원 정신과에서 부부와 가족을 대상으로 가족상담 기법이 적용되었다. 1980년대 초부터 외국에서 가족치료를 공부한 학자, 임상가들이 국내에 가족치료를 소개하면서 대학원을 중심으로 가족치료(family therapy) 교과목이 사회복지학, 아동가족학, 상담학 전공 교과과정의 한 과목으로 채택되었고, 점차적으로 가족상담에 대한 관심이 생기기 시작했다(최규련, 2008). 이후 전문 가족상담사를 양성하기 위한 대학원의 학위과정이 개설되어 가족상담 및 치료를 전공하는 학과나 전공을 개설하고 있는 대학원 석사학위 이상의 고등교육기관은 2018년 현재 27개교 이상인 것으로 나타났다(최중진, 고정은, 2018).

1980년대 중반부터 한국사회에서 부부갈등, 이혼, 가정폭력, 아동 · 청소년 문제, 노인문제 등이 급증하면서 이러한 문제가 어떻게 생기는 것이고, 어떻게 하면 문제를 해결할 수 있는가에 관한 관심과 맞물리면서 가족상담의 필요성이 다학제적으로 확장되었다. 즉, 정신의학, 간호학, 사회복지학, 아동가족학, 심리학 전공의 교수와 상담사들이 소집단으로 가족치료에 대한 관심을 가지고 시작되었던 스터디와 임상적 실천 모임은 급기야 1988년 '한국가족치료학회'를 창립하기에 이르렀다.

가족상담에 관한 연구가 활발히 진행된 것은 1993년 한국가족치료학회가 학회지를 출간하면서부터 학술적으로도 더욱 활성화되었다(정문자, 정혜정, 이선혜, 전영주, 2018). 가족치료에 관한 대학원 석사학위 이상의 학위논문, 저서, 번역서 등이 출판되면서 가족치료모델에 관한 개념적 이해와 임상적 적용의 효과성을 검증하고자 하는 임상연구들이 늘어났다.

가족상담의 치료적 개입이 활발해지면서 전문가로서의 자격에 대한 필요성이 요구되었다. 따라서 한국가족치료학회는 1994년부터 가족치료사 자격증 제도를 도입하였고, 한국가족관계학회는 1997년에, 그리고 2003년에는 부부가족상담학회가 한국상담학회의 분과학회로 창립되면서 전문상담사 자격제도가 도입되었다.

한편, 한국사회의 제도권에서의 변화가 가족상담 활성화를 촉진하는 계기가 되었다. 물론 우리 사회에서 가족문제의 증가에 따른 해결책 마련을 위한 것이긴 했지만, 1980년대 이후 급증한 부부갈등, 이혼으로 인해 속출되는 아동 · 청소년 자녀 문제에 대한 해결, 한부모가구의 보편적 행복성 추구 마련, 이혼 · 재혼으로 중첩되는 혼합가족 내에서의 가족갈등에 관한 개입을 위해 사회의 법제적 장치가 시도되었다. 즉, 가족이 직면한 문제들을 대처하기 위한 공적 서비스의 이행은 2005년 「건강가정기본법」 제정으로부터 시작되었다. 「건강가정기본법」(제1조)은 "가정문제의 적절한 해결방안을 강구하며 가족 구성원의 복지증진에 이바지할 수 있는 지원정책을 강화함으로써 건강가정 구현에 기여하는 것"을 목적으로 제정되었다. 이 법을 통해 개소된 전국의 건강가정지원센터는 다문화가족지원센터와 '가족센터'로 통합되어 2025년 현재 212개에 이른다(한국건강가정진흥원, http://www.kihf.or.kr 참조). 이 센터들은 가족의 위기와 문제를 다루고 다양한 가족의 삶의 질을 제고하며, 가족역량 강화를 위한 가족정책을 효율적 · 체계적으로 지원하며, 건강한 가정생활의 영위와 가족의 유지 및 발전을 위하는 데 목표를 두고 있다(정혜정, 2015). 가족센터에서 시작된 가족상담은 무료로 진행되고 있으며, 한국사회에서 부부 · 가족상담을 도입하고 활성화하는 데 지대한 공헌을 했다고 해도 과언이 아니다.

이 외에도 1998년부터 시행된 「가정폭력범죄의 처벌 등에 관한 특례법」에 따라 상담과 수강명령의 교육이 의무화되었다. 또한 2008년부터 전국 가정법원에서 실시되고 있는 '이혼숙려기간제도'는 이혼으로 인한 가족문제를 해결하고, 가족원의 건강과 행복을 추구하기 위한 제도로서 가족상담을 활성화하는 데 기여하였다. 이혼숙려기간제도란 감정에 치우쳐 경솔하게 이혼하는 것을 막으려는 장치로, 부부가 협의이혼을 신청하고 나서 일정 기간이 지나야 법원이 이혼을 허가해 주는 제도이다. 이전의 협의이혼제도에서는 당사자 간의 의사합치, 법원의 확인 등 간편한 절차만으로 이혼의 효력이 발생하여 혼인의 보호보다는 혼인의 자유로운 해소에 중점을 둔다는 문제점이 있었다. 이에 따라 이혼숙려기간제도가 도입되었고, 그 기간은 자녀가 있거나 임신 중이면 3개월, 성년이 되기까지 1개월에서 3개월이 남은 자녀가 있을 경우 성년이 되는 날까지, 성년이 되기까지 1개월 이내의 자녀가 있을 경우 1개월, 자녀가 없거나 성년인 자녀만 있을 경우 1개월이다. 가정폭력 등 이혼숙려기간의 단축이나 면제가 필요할 경우, 사유서를 제출할 수 있다. 이로 인해 사람들은 가족상담에 관한 인식이 달라졌고, 가족의 문제를 해결하기 위한 공적 서비스를 이용하는 데 주저하지 않으며, 그 효과에 대해서도 긍정적인 반응을 보이고 있다.

현재 우리 사회에서 가족상담이 실시되고 있는 임상 기관으로는 정신의료기관, 종합사회복지관, 가족센터, 청소년상담복지센터, 정신건강복지센터, 가정폭력상담기관, 사설 유료상담센터 등이 있다. 이와 같이 다양한 환경에서 가족상담이 진행되고 있다는 것은 그만큼 가족상담에 대한 요구가 크다는 것이기도 하다. 이에 보다 전문화된 역량을 갖춘 가족상담사로서 성장하기 위해서는 전문성과 자질 향상을 위한 교육훈련 체계를 정비하고, 관련 학회와 교육기관, 가족상담 수련기관들과의 유기적 연계를 통해 필요한 임상훈련이 제공되어야 할 것이다(최규련, 2008). 나아가, 국가적 차원에서 가족상담사의 전문성을 훈련하고 배출하는 일련의 과정들이 마련된다면, 가족문제를 조기에 예방하고 문제해결에 보다 효과적이고 전문성이 확보된 임상적 실천을 전개해 나갈 수 있을 것이다.

3) 가족상담모델별 발달 전개

가족상담모델별로 보면, 1970년대 후반부터 1980년대 중반까지 한국에 소개된 모델로는 주로 체계론적 관점의 틀을 갖는 가족치료 초기 모델들, 즉 보웬(Bowen)의 가족체계치료이론과 미누친(Minuchin)의 구조적 가족치료, 사티어(Satir)의 경험적 가족치료 등이 주를 이루었다. 특히 1980년대 초 구조적 가족치료모델의 한국적 가족의 특성에서 하위체계들 간에 경계선이 명료하고 위계가 바로 설 때, 가족구조가 기능적이라고 하는 관점은 한국사회에서 여전히 가족 간의 유대와 가족 중심적 가치와 도구적 핵가족화의 혼재에서 야기되는 여러 가족문제를 이해하고 해결하는 데 적합한 개입을 가져올 수 있는 것으로 보였다. 그러나 가족상담은 물론 개인 심리상담에 대한 이해와 인식이 개방되지 않은 시점에서 가족을 대상으로 한 상담, 특히 가족상담 초기 단계에 가족 전체를 대상으로 가족에 합류하여 역동과 상호 교류작용 등을 탐색하여 문제를 해결하고자 개입했던 구조적 가족치료모델을 적용하는 데에는 시기적으로 아직 준비가 되지 않았던 것으로 보인다.

1990년대 초반부터는 일부 정신과 의사, 상담 관련 교수와 임상가들이 해결중심단기치료에 큰 관심을 가지고 연구하고, 기존 해결중심단기치료 저서들을 번역하고, 상담에 적용하고자 하였다. '단기가족치료(brief family therapy)'는 가족치료의 새로운 동향으로 가족치료사들은 사람들에게 문제 중심적인 사고에서 벗어나 해결 중심적인 사고를 하도록 돕고, 개인과 가족의 강점과 자원을 발견하여 문제해결을 하도록 돕는 데 관심을 두기 시작했다. 미국과 유럽에서 활동하던 가족치료 연구자이며 실무자인 드세이저(Peter de Shazer)와 김인수(Insoo Kim Berg) 박사는 단기가족치료를 기초로 해결방안 구축에 관하여 깊이 연구를 하면서 해결중심단기치료(Solution-Focused Brief Therapy: SFBT)라는 용어를 1982년부터 사용하였다. 1987년 김인수 박사와 드세이저가 이화여자대학교에서 특강을 한 것이 계기가 되어(http://brieftherpy.kr.) 그 후 거의 매년 한국에서 가족상담 교육과 훈련, 수퍼비전을 실시하였는데, 이것이 해결중심 단기가족치료모델이 1990년대 한국에서 가장 많이 활용되게 하는 데 초석을 마련하였다. 이후 1996년에는 해결중심가족치료의 '단기가족치료센터 한국지부'가 설립되었고, 2002년에 한국지부는 '한국단기가족치료연구소'로 개명하였으며, 한국적이며 통합적인 해결중심적 단기가족치료 접근법을 연구하고 발전시켜 나가면서 교육과 훈련 프로그램을 실시하고 있다.

2000년 이후부터는 한국에서의 가족상담 성장기라 할 수 있다. 1990년대 해결중심단기치료가 주된 가족상담모델로 전개되고 개입되었던 것에 비해, 2000년대에 와서는 민간 단위의 개인 연구소별로 개별 모델들이 더욱 심도 있게 연구되고 훈련되고 있다. 예를 들면, 1999년 이후 김영애가족치료연구소에서는 '사티어 경험적 가족치료 전문가과정'의 교육 프로그램을 소개하면서 하나의 모델에 대해 깊이 있는 교육과 수련을 실시하고 있다. 또한 2000년 마이클 화이트(Michael White)의 이야기치료 워크숍을 통해 포스트모더니즘 시대 이후 발전된 해결중심단기치료 이외의 가족치료 후기모델에 관해 또 다른 관심을 불러일으켰다. 나아가 2010년대에 와서 사티어변형체계 가족치료학회, 해결중심치료학회, 이야기치료학회가 창립되었다. 이야기치료학회는 이후 2023년에 내러티브상담학회로 명칭을 변경하였다.

이 외에 초기의 가족치료모델 중에서도 보웬의 가족체계치료이론, 구조적 가족치료에 관해 보다 심층적인 이해와 교육을 펼쳐나가는 개인 심리상담연구소, 상담센터들이 가족치료 전문가들을 훈련, 양성하고 있다. 한마디로 2000년대 이후 현재까지 한국에서 가족상담은 마치 춘추전국시대처럼 다양한 모델들, 즉 초기의 체계론적 관점과 포스트모더니즘 관점의 접근방법들이 동시대에 활발하게 공존하면서 교육과 훈련을 하고 있어, 심리상담 전공자로 하여금 가족상담에 관한 관심과 흥미를 북돋고, 많은 가족상담사의 전문적 역량 강화에 힘쓰고 있다.

참고문헌

권용혁(2012). 한국 가족, 철학으로 바라보다. 이학사.

김경동(1995). 한국사회변동: 과거 50년, 미래 50년. 한국사회학회, 광복 50주년 기념 학술대회 발표논문집, 1-18.

김기헌, 하형석, 신인철(2016). 2016년 청년사회 경제 실태조사. 한국청소년정책연구원.

김성국(1985). 세계체제와 한국의 정치, 경제. 한국사회의 재인식 1. 도서출판 한울.

김혜선, 박혜인, 옥선화(1995). 가족관계학. 한국방송통신대학교 출판부.

박영신(1983). 한국사회발전론 서설, 한국사회 어디로 가고 있는가. 현대사회연구소.

박현채 외(1984). 한국사회의 재인식 1. 한울 총서.

서선희(1991). 한국여성운동과 광주민중항쟁. 오월여성연구회.

송성자(2002). 가족과 가족치료. 홍익제.

온라인 동아일보(1940. 2. 12.). 빈곤이 낳은 일대 참극…. 동아일보. http://web.donga.com.oca.korea.ac.kr/pdf/pdf_viewer.php?vcid=da_6638_e_19400211_7

온라인 동아일보(1940. 2. 9.). 의좋던 남편이 경성에 가더니 변심…. 동아일보. http://web.donga.com.oca.korea.ac.kr/pdf/pdf_viewer.php?vcid=da_6636_e_19400209_4

온라인 조선일보(1940. 7. 9.). 혼인전날 사랑의 도피…. 조선일보. http://cdb.chosun.com.oca.korea.ac.kr/search/pdf/i_archive/read_pdf.jsp?PDF=19400709202&Y=1940& M=07

유계숙, 강민지, 윤지은(2018). 청년층의 가족개념과 가치관: 2001년과 2017년 20대 미혼 청년세대 비교를 중심으로. 가족과 문화, 30(3), 42-69.

유영주, 김순옥, 김경신(1990). 신가족관계학. 교문사.

이경희, 이소희(1993). 가족복지. 형설출판사.

이영분, 양심영(1999). 가족의 변화에 따른 가족복지서비스의 대응. 한국가족사회복지학, 4, 117-148.

이영숙, 박경란, 전귀연(1999). 가족문제론. 학지사.

이인수(2003). 한국 가족문제의 유형과 특성-1940~1980년대 신문기사를 중심으로. 한국가정관리학회지, 21(3), 171-180.

장혜경, 황정임, 최인희, 김영란, 주재선, 김소영(2015). 2015년 가족실태조사 분석 연구. 여성가족부 연구보고서 2015-65. 여성가족부.

전영주, 최연실(2005). 가족치료에서의 자격제도화: 현황과 과제. 한국가족치료학회지, 13(2), 61-87.

정문자, 정혜정, 이선혜, 전영주(2018). 가족치료의 이해(3판). 학지사.

정혜정(2015). 가족의 위기 대처를 위한 건강가정지원센터의 가족상담서비스 강화 방안. 가족과 가족치료, 23(3), 421-449.

최규련(2008). 가족상담과 치료. 공동체.

최연실(2013). 한국가족의 변화에 대한 일고찰: 변화 양상, 맥락 및 쟁점을 중심으로. 한국가족관계학회지, 17(4), 41-65.

최연실 외(2015). 한국가족을 말하다. 도서출판 하우.

최중진, 고정은(2018). 2018 한국 가족치료 및 상담 전문인력양성에 관한 연구. 가족과 가족치료, 26(4), 649-680.

한국보건사회연구원(2023). 2023년 고립은둔 청년 실태조사 결과.

함인희(1993). 산업화에 따른 가족문제의 실태 및 유형에 관한 연구. 한국사회학회 1993년 전기사회학대회자료집, 73-81.

山本 耕平, 이인수, 安藤 珠子(2011). ひきこもり支援の哲學と方法をぬぐって -弱者問題に關する韓日間히比較調査から. 입명관산업사회논집, 46(4), 21-42.

森岡清美(1975). 日本の家族研究におげける家族問題. 現代日本の家族. 培風館.

제 3 장

한국 가족의 사정과 개입계획

앞 장에서 지난 30여 년간 한국사회의 가족의 변동과 가족치료의 변천사를 살펴보았다. 이 장에서는 상담실 밖에서의 이러한 변화를 상담실 안에서 어떻게 읽어 내며 가족치료를 진행할 것인가에 관하여 다루어 보고자 한다.

한국가족치료를 위한 사정과 개입을 위해서 다음의 네 가지 반영 포인트를 염두에 두고자 한다. 첫째, 초기 가족치료 이론, 둘째, 후기 가족치료 이론, 셋째, 가족치료 윤리, 넷째, 한국 가족문화의 특성이다. 초기 가족치료 이론들은 절대적이고 객관적인 판단 기준이 있다는 가정하에 수립되었으며, 객관적 판단 기준을 섭렵한 전문가로서의 치료사가 상담을 주도한다. 현재 한국의 가족치료 현장에서는 보웬의 다세대이론, 구조주의, 경험주의 등이 자주 거론된다. 반면, 해결중심단기치료나 이야기치료 등은 현실의 상대성을 기반으로 하고 있는데, 객관적인 진리로서의 판단 기준이 사회적으로 구성된 믿음이며 상대적일 수 있다는 점을 지적하고 있다(김유숙, 2005). 다시 말하면, 문제를 가진 내담자를 객관적 기준에 맞추어 변화시켜 간다는 원칙은 자칫 내담자의 주관적 경험을 간과할 수 있다는 것이다. 그렇다면 객관적 진리와 주관적 인식의 이분법적 차이를 어떻게 조화롭게 연결할 것인가? 이에 대해 도노반(Donovan, 2003)은 진리(truth)와 현실(reality)에 윤리적 관점을 추가할 때 이러한 이분법적 사고를 통합해 낼 수 있다고 주장한다. 즉, 가족치료 이론들을 바탕으로 가족이 처한 현실을 읽어 내고 해석해 가는 한편, 현실 속에 자리잡고 있는 사회적으로 구성된 믿음을 찾아내며, 가족을 존중하고 가족과 같이 진단하고 해결책을 찾아가는 방법이다(김용태, 2009에서 재인용). 치료사가 치료 윤리를 고려한다는 것은 내담자는 물론 그 내담자가 살아가는 사회의 복리까지 염두에 둔다는 의미이다. 이러한 맥락에서 볼 때, 서양 문화 중심의 기존 가족치료이론들을 통한 가족에 대한 일반론적인 접근과 더불어 한국사회와 문화의 가치관 및 독특성에 대한 고려는 한국가족치료 사정과 개입에 있어서 필수 요건이라고 생각한다.

1. 가족사정에 대한 이해

가족사정은 가족평가 또는 가족진단이라고도 하는데, 가족을 하나의 단위로 보고 가족 내부 및 외부 체계와 이들의 상호작용을 이해하기 위해 이루어진다. 사정은 가족치료의 전반에 걸쳐 이루어지며 시기별로 사정의 목적과 대상이 달라진다. 초기에는 문제 파악과 목표 설정에 초점을 두고, 중기에는 가족의 상호작용 방식과 의사소통 방식, 관계 패턴, 가족원 간의 견해 차이, 가족원의 노력과 변화를 탐색한다. 종결기에는 변화된 가족체계와 관계 패턴, 상담목표 달성 정도를 확인한다([그림 3-1] 참조; 최규련, 2014).

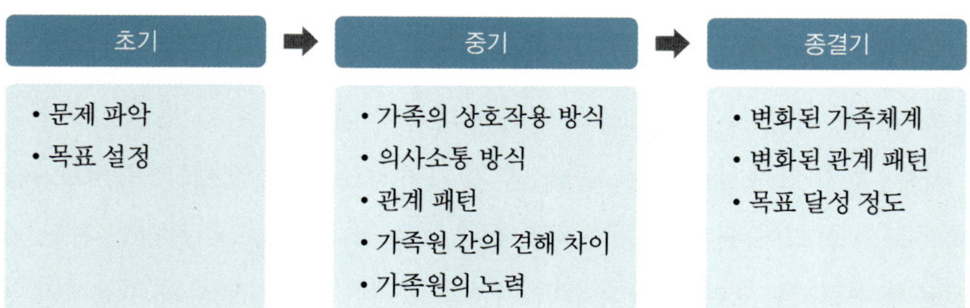

그림 3-1 가족치료의 시기별 사정 대상

치료사는 사정을 통해 가족이 상담실에 가져온 문제의 본질, 이 문제를 해결하기 위해 가족원이 시도해 보았던 노력과 함께 가족의 자원과 강점을 탐색하며 가족과 가족문제를 이해하게 된다. 이러한 탐색을 바탕으로 가족치료의 목표가 설정되고 목표에 도달하기 위한 개입전략들이 수립된다. 정확한 사정은 가족에게 필요한 자원이 무엇인지 밝혀 준다. 여기서는 가족사정의 대상, 사정을 위한 도구와 방법, 사정 시 주의사항에 대해 살펴보고자 한다.

1) 사정의 대상

가족치료를 위한 사정의 범위는 가족원 개인별, 부부 역동, 체계로서의 가족, 그리고 가족이 처한 사회적 맥락으로 나누어 볼 수 있다.

(1) 가족원의 개인별 사정

개인별 사정은 개인의 주 호소문제와 더불어 행동, 인지, 감정을 평가한다. 개인의 심리상태에 초점을 맞추고 심리검사와 면접 등을 통해 심리적 · 성격적 · 정신적 장애 여부를 탐색하고, 호소문제와 관련한 핵심감정을 평가한다. 주 호소문제 파악을 위한 질문의 예는 다음과 같다(김유숙, 전영주, 김요완, 2017, p. 57).

"어떤 도움이 필요하여 상담실에 오셨나요?"
"무슨 문제로 상담을 받고자 하시나요?"

표 3-1 행동, 인지, 감정의 평가

행동 평가
-내담자에게 자신의 행동을 구체적으로 진술하게 한다. -내담자의 행동을 추론한다. -내담자의 행동이나 표정, 목소리 등을 직접 관찰한다. 예) 몸집에 비해 커 보이는 외투 속에 머리를 파묻고 들어온 아들은 자리에 앉아서도 고개를 들지 않았다. 작은 키에 짧은 파마머리, 회색빛 정장을 한 어머니는 간단한 인사와 함께 방안을 휘둘러 보고 앉았다. 5분 후에 도착한 아버지는 스웨터에 청바지 차림이었으며, 아들 옆의 빈자리를 지나 부인 곁에 자리를 잡았다.
인지 평가
-내담자가 외부의 자극을 받아들이고 해석하고 인출하는 체계를 탐색하는 것이다. 인지가 비합리적 신념이나 임의적 추론, 과잉 일반화 등 왜곡된 인지 도식에 갇힐 때 문제를 유발한다. 따라서 면담이나 개인 기록지 등을 통해 인지의 왜곡 정도를 평가할 수 있다. 예) "어머니가 오셨는데도 웃으며 인사를 하지 않더군요. 그것이 바로 우리 집안을 무시하는 것이 아니고 무엇이겠어요?"
감정 평가
-내담자가 어떤 감정을 느끼는지 탐색하는 것으로서 감정은 신체 반응을 동반하기 때문에 신체적 변화에도 주목한다. 감정을 평가하는 것은 공감과 직결되며, 특히 분노, 슬픔, 불안, 두려움, 미움과 같은 부정적인 감정에 주의를 기울인다. 예) "끝내지 못하는 과제도 생기고 재미있는 것은 하나도 없고 누굴 만나도 열등감이 느껴지고 고통스러워요. (눈물)"-우울감과 불안

"무엇이 나아지길 원하시나요?"
"최근 한 달 동안 힘들었던 것이 무엇이었나요?"

이와 같은 질문을 바탕으로 주 호소문제를 파악하되 호소문제의 기록은 내담자의 말이나 상담 신청서의 기록을 직접 인용한다. 내담자의 호소문제를 치료사 자신의 언어로 바꾸어서 기록하게 되면, 다른 사람이 내담자를 직접적으로 이해하지 못하고 치료사의 언어를 통해서 이해하게 된다(김용태, 2015).

가족치료를 위해 개인별 사정을 하지만, 이는 사람을 지목하여 한 사람의 문제라고 보기 때문이 아니다. 단지 지목된 환자(Identified Patient: IP), 즉 체계를 위해 문제 증상을 보이는 사람이라고 본다. 최근에는 IP라는 말도 거의 쓰지 않는다. 대신에 가족체계 안에서 개인적 어려움을 가지고 있는 사람으로 본다. 이러한 시도는 개인에게 꼬리표를 붙이면서 오는 파괴적 효과를 줄이기 위한 노력이다(Lebow, 2005).

(2) 가족치료를 위한 부부사정

부부사정에서는 부부간 성격 차이, 애정문제, 성생활문제, 경제문제, 가사분담문제, 자

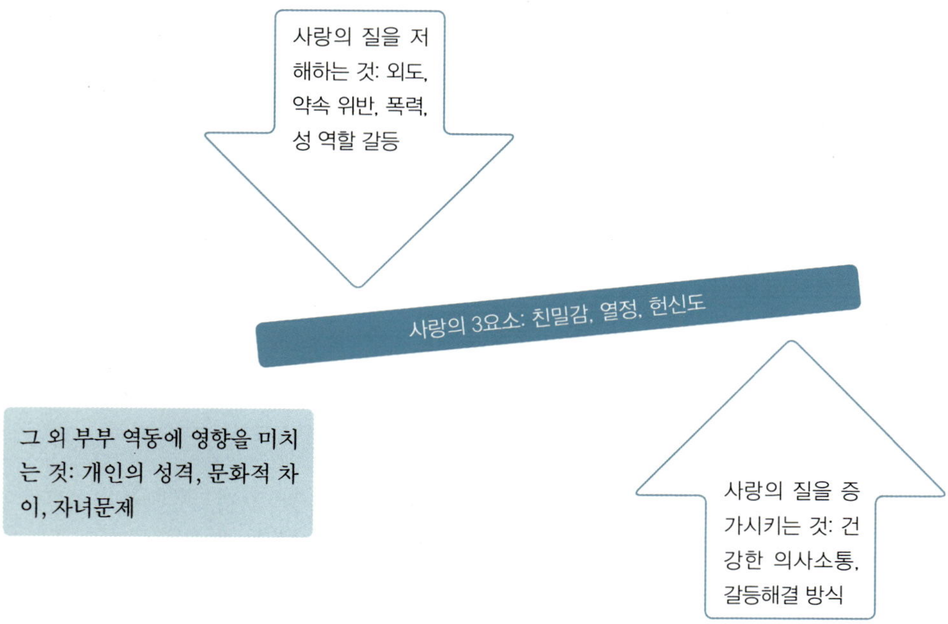

그림 3-2 스턴버그의 부부역동사정을 위한 요소

출처: Sternberg (1986).

녀양육문제, 의사소통, 외도 여부, 폭력 여부, 종교적 갈등 등을 평가하고 부부 역동이 가족체계에 미치는 영향을 탐색한다. 부부상담을 위한 사정이라면 제시된 문제의 본질과 부부상담의 적절성, 내담자의 상담 동기와 준비성에 대해서도 평가한다(최규련, 2014). 스턴버그(Sternberg, 1986)는 친밀감, 열정, 헌신도를 사랑의 질을 결정하는 3요소로 보았고, 여기에 긍정적인 영향을 미치는 요소로 의사소통 능력과 갈등해결 능력을, 그리고 부정적인 영향으로 외도와 약속 위반, 폭력, 성 역할 갈등 등으로 보았다.

(3) 가족체계에 대한 사정

가족을 한 단위로 가족과정, 가족 위기와 스트레스, 가족 간 경계선, 삼각관계 여부, 의사소통, 가족의 위계와 평등 여부, 상호작용 등을 평가한다. 가족체계의 사정은 과정을 중시한다. 예를 들어, "아버지의 폭력이 아들의 우울증에 영향을 주었다."라는 진술에서 더 나아가 이것이 어머니의 어떤 반응을 이끌어 왔으며, 어머니의 반응과 아들의 우울증은 아버지의 폭력과 어떤 악순환의 고리를 만들어 왔는지를 읽어 낸다. 또한 가족 발달단계와 가족의 강점과 탄력성, 자원을 탐색한다. 리보우(Lebow, 2005)는 가족이 어떤 경로로 삶의 의미를 창출하며 높은 차원의 힘이나 초월적인 세계에 대해 믿음을 가지고 있는가 하는 가족의 영성도 탐색할 것을 권하고 있다. 영적인 부분에 대한 가족의 응답은 그 가족이 가지고 있는 가치관이나 행복관과 깊은 관계가 있으며, 가족의 중요한 자원으로 연결될 수 있다.

(4) 사회적 맥락의 사정

내담자 가족은 다양한 배경과 다양한 문제를 가지고 상담실을 찾는다. 가족치료에서는 체계론적 사고를 가족의 범위 이상으로 확장하여 가족이 살아가는 사회정치적 상황과 지역사회의 기관들이 미치는 영향도 탐색되어야 한다. 한국사회는 국제화, 정보통신 산업의 급속한 발전 및 경제적 · 사회적 변화를 겪는 가운데 가족을 둘러싼 많은 사회적 문제가 대두되고 있다(김유숙, 2018). 가족치료사가 염두에 두어야 할 대표적 변화는 다음과 같다.

- 세대 간의 문화적 이질성: 한국사회의 급격하고 압축적인 근대화는 세대 간에 문화적 이질성을 가져왔다(홍영택, 1999). 따라서 가족치료사는 가족 안에서의 세대 간 차이와 그 차이가 미치는 역동을 주의 깊게 관찰할 필요가 있다(박우철, 김수지, 2015). 또한 각 구성원이 가진 종교, 계층, 성, 세대, 교육수준, 지역, 장애 유무, 이념에 따라 구성된 다양한 하위문화의 가치가 있다는 사실을 염두에 두어야 한다. 한 가족 안에도 많은 하위문

화의 독특한 조합이 있으므로 이러한 하위문화에 속한 개인과 가족의 특성을 밝혀낼 필요가 있다. 예를 들면, "최근 한국의 인구절벽 사태가 가족에게 미치는 영향은 무엇인가?" "고급학력자들의 취업난, 이로 인해 이어지는 미혼자녀가 비혼을 선언했을 때 가족의 역동에 어떤 영향을 미치는가?" 등이다.

- 고령사회와 한국 가족: 통계청에 따르면, 2023년 65세 이상 고령인구는 우리나라 인구의 18.4%로, 2025년에는 20.6%로 우리나라가 초고령사회로 진입할 것을 전망하고 있다(통계청, 2023). 게다가 전통적으로 노부모의 주요 부양자 역할을 감당하던 여성의 사회진출이 증가하면서 가족의 노인 부양은 큰 도전을 받고 있다. 최근 매스컴에 자주 등장하는 안타까운 뉴스들, 예컨대 치매 가족을 수년 동안 간호하다가 소진된 가족이 노인에게 저지른 범죄들이 이를 반증하고 있다. 가족치료는 한국 노인 가족의 역동, 노령 부모 부양 또는 치매 진단이 가족에게 미치는 영향력, 이로 인한 형제간의 갈등, 부부간의 갈등이 어떻게 다루어지고 있는지 특별한 관심이 필요한 부분이다.
- 다문화 사회와 한국 가족: 2023년 다문화 가족 실태조사에 따르면, 다문화 가구는 약 42만에 달하고 다문화 가구원은 약 120만 명이며, 다문화 자녀수를 약 30만 명으로 보고 있다(국가통계포털). 여성가족부(2019)에 따르면, 2019년 전국에 212개의 가족센터가 있으며 각각 다문화 가족관계향상지원, 이중언어 교육지원, 다문화 가족자녀성장지원 등을 하고 있다. 이러한 기관에서 가족치료사들의 역할이 중요시되고 있다. 다문화 가족과 확대 가족 그리고 사회체계의 상호작용에 열린 마음으로 대처하는 것이 중요하다. 한국사회의 국제화와 다양성에 대한 언급은 단순히 다문화 가정에 대한 수용과 이해의 차원에서 머무를 수 없다. 왜냐하면 인간은 누구나 다문화적 존재이고 하나의 문화적 정체성으로 설명될 수 없기 때문이다(Falicov, 2003). 따라서 가족치료사는 내담자의 갈등을 이해하기 위해 그들의 사회적·문화적 맥락을 이해하기 위한 노력을 해야 할 뿐 아니라, 치료사 자신의 문화적 특성이 내담자에게 어떤 영향을 주는지 인지하고 있어야 하며, 내가 가진 가치관이 참이라는 관념에 스스로 도전해야 한다.

2) 사정의 도구와 방법

가족치료에 있어서 가장 중요하고 영향력 있는 도구는 치료사 자신이다. 이는 사정에서도 예외가 될 수 없다. 따라서 사정에 앞서 무엇보다도 치료사의 자기점검이 필요하다. 가족 사정의 대상별 또는 주제별 상세한 내용은 이 책의 다른 장에서 다루고 있으므로, 여기서는 가족평가의 개괄적인 면으로 김유숙, 전영주와 김요완(2017)의 『가족평가』 중에서 가계도를 통한 사정, 질적 가족평가, 양적 가족평가, 가족기능평가를 중심으로 가족평가의 개괄적인 면을 다루고자 한다.

한 사람의 치료사가 수많은 문화와 그 가치관을 모두 이해한다는 것은 불가능하다. 또한 특정 문화에 대한 부분적 정보나 이해는 오히려 편견과 고정관념을 가져올 수도 있다. 특정 문화를 일반화하여 이해하는 태도는 무지를 벗어나게 하지만 일반화된 백과사전식 지식은 내담자 이해의 방해요인으로 작용할 수도 있다(McGoldrick, Giordano, & Garcia-Preto, 2005). 반면, 익숙한 자신의 문화를 준거로 삼는 것 역시 위험한 오류이다. 같은 맥락에서 한국인 치료사가 한국 가족의 특성을 이해하는 것 역시 유용할 수도 있고 고정관념을 형성할 수도 있다(박우철, 김수지, 2015). 치료사는 다양한 가족 형태에 대한 자신의 이해 수준을 자각하고 개방적인 태도를 유지하여야 한다. "치료사는 자신의 가치관과 내담가족의 가치관의 차이를 어떻게 다룰 것인가?" "소외 계층, 취약 계층 또는 특권층의 내담가족을 사정할 때 자칫 치료사 자신의 가치관을 평가의 기준점으로 삼지 않기 위해 어떤 노력을 할 것인가?" "치료사는 내담가족의 독특한 상황에 대해 단순한 호기심 차원이 아닌 알지 못함의 자세로 겸손히 임하고 있는가?" 또한 "내담가족의 독특한 상황과 사회적 수용성 간의 차이를 어떻게 다룰 것인가?" 등에 대한 자기점검이 필요하다.

(1) 가계도를 통한 사정

가계도는 3세대 이상의 가족 구성원의 생물학적·법적 관계, 출생, 죽음, 결혼, 질병, 성격, 행동 등의 인구학적 자료, 가족원 간의 관계 등을 포함한다. 따라서 가족사정의 도구일 뿐만 아니라 개입을 위한 체계론적 가설 수립에도 유용한 자료이다.

① 가계도 작성 방법: 가계도 작성은 가족과 합류하면서 가족을 평가하는 포괄적인 과정이다. 가계도 작성에 필요한 정보 탐색 단계는 〈표 3-2〉와 같다.

② 가계도의 해석: 가계도 해석에서 고려해야 할 사항은 다음과 같다.

- 가족의 구조(가족의 구성과 형제 순위)
- 생활주기의 적합성
- 세대를 통해 반복되는 유형(역할, 관계, 구조)
- 인생의 중대사와 가족의 역할
- 삼각관계 유형

표 3-2 정보 탐색 단계

탐색의 시작	탐색의 확장
동거가족	확대가족 → 가족 외부체계
현재 가족 상황	사건의 과거 역사 추적
제시된 문제	문제의 배경
간단하고 무난한 질문	대답하기 어렵거나 불안을 일으키는 질문
객관적인 사실을 통해 역할과 관계 판단	가족 유형의 가설을 세울 수 있는 문제 파악

출처: McGoldrick et al. (2008).

- 가족의 균형과 불균형

③ 가계도의 확장 · 응용: 박정희와 김유숙(2009)은 기존의 전통적 가계도에서 확장된 7개 유형의 가계도 활용성에 대해 논하였다. 이 중에서 색채코딩 가계도나 가족놀이 가계도는 가족문제를 노출하거나 직면하기 어려워하는 가족의 저항을 줄이면서 문제를 다루는 데 효과적이다. 한편, 사회적으로 구성된 가계도는 내담자의 관계 패턴을 보여 준다.

색채코딩 가계도

가계도에 색을 칠하면서 가족문제와 감정 노출에 대한 불안이나 저항을 감소시킨 가운데 가계도를 작성한다. 가족과 함께 의논하며 색에 의미를 부여한다. 예를 들면, 다음과 같다.

- 연두색: 화합을 위해 자기표현을 하지 않는 사람
- 보라색: 하고 싶은 말을 모두 하고 평화를 얻는 사람
- 빨간색: 자유롭게 분노를 표현하는 사람
- 검은색: 분노를 억압하는 사람
- 노란색: 자기 마음대로 행동하여 행복한 사람
- 회색: 자기가 원하는 것을 하지 못하고 헌신하는 사람

사회적으로 구성된 가계도

사회적 맥락 구성을 살펴보는 가계도는 내담자를 중심으로 3개의 원을 그리고, 남자는 네모, 여자는 원으로 표시하되 친밀할수록 안쪽의 원에 그린다. 예로 든 민수의 가계도([그림

3-3] 참조)에 따르면, 부모가 이혼한 후 민수는 어머니, 여동생은 아버지와 살고 있지만 그 누구와도 친밀한 관계를 맺지 못한 상태이다. 민수가 친밀하게 지내는 대상은 강아지뿐이다. 이 가계도는 민수의 관계와 행동에 존재하는 패턴을 보여 주기 때문에 치료사는 관계가 민수에게 미치는 영향을 이해하고 그의 관계 패턴과 경험을 평가할 수 있다.

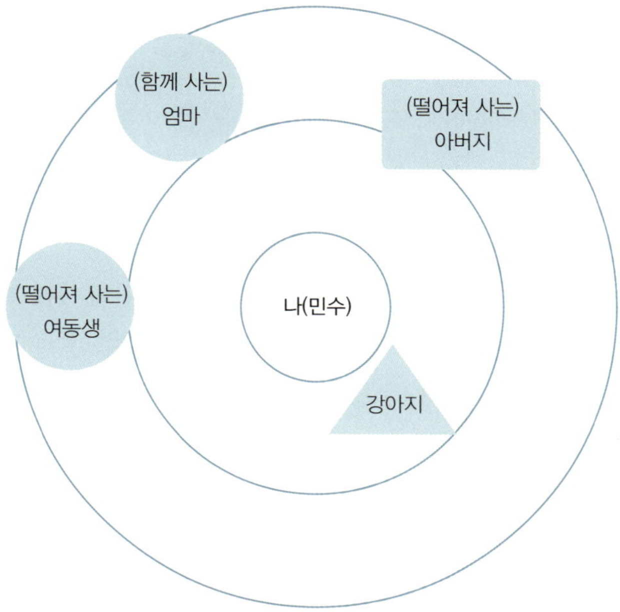

그림 3-3 사회적으로 구성된 가계도 예시

가족놀이 가계도

피규어를 사용하여 가계도를 만들 수 있다. 가족원이 개인적으로 자신이 생각하는 가계도를 피규어를 사용해 만들 수도 있고, 가족원이 함께 하나의 가계도를 만들 수도 있다. [그림 3-4]는 개인이 작성한 가계도로 종이 위에 여자는 원으로, 남자는 네모로 표시한 다음 해당하는 곳에 피규어를 놓았다. [그림 3-5]는 원과 네모 안에 가족원들이 자신을 포함한 가족들을 상징하는 피규어들을 놓았다. 이러한 과정을 통해서 가족원의 구성원 각각에 대한 인식, 의사소통 패턴, 상호작용 유형, 삼각관계 등을 파악할 수 있다.

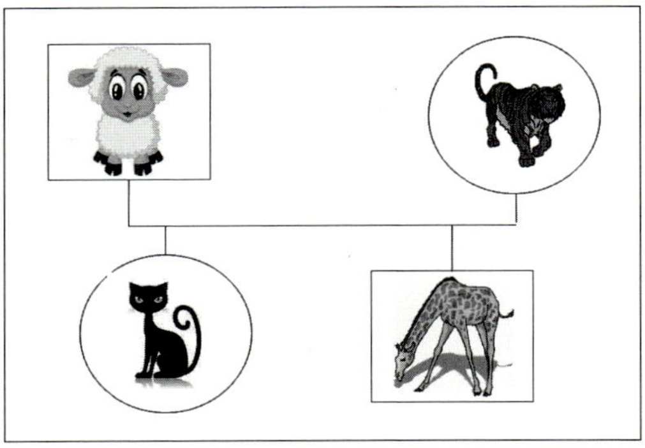

그림 3-4 개인이 만든 가족놀이 가계도

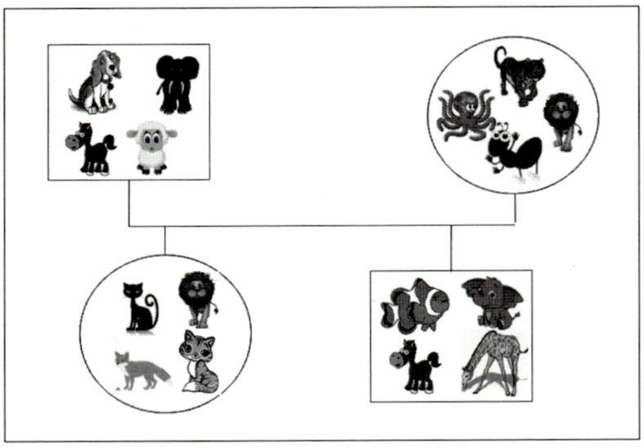

그림 3-5 가족이 함께 만든 가족놀이 가계도

(2) 질적 가족평가

질적 가족평가는 내담자가 인식하고 있는 가족관계와 가족원에 대해 가지고 있는 감정이나 욕구를 이해하기 위해 필요하며, 주로 그림, 이미지, 행동 등을 통한 투사적 방법을 활용한다. 질적 가족평가를 통하여 치료사는 세 가지 수준의 정보를 수집할 수 있다.

- 제1수준: 내담자가 명확하게 의식하고 있으며 이를 언어로 표현하는 정보
- 제2수준: 내담자가 막연히 느끼지만, 언어를 통해 제대로 표현하지 못하는 정보
- 제3수준: 내담자가 전혀 의식하지 못한 채 표현하는 무의식 수준의 정보

투사적 방법을 사용하는 경우, 내담자의 은유적 표현에 초점을 두고 내담자가 경험한 무의식적이거나 상징적인 세계를 존중하며 추론하고 해석하는 기술이 필요하다. 또한 문제의 원인을 묻는 선형적 질문보다 되도록 순환 질문을 통해 질문의 폭을 넓힐 수 있어야 한다. 선형적 질문과 순환적 질문의 예는 〈표 3-3〉과 같다.

표 3-3 선형적 질문과 순환적 질문 예시

선형적 질문	순환적 질문
왜 아내에게 말하지 않았나요?	아내에게 말을 했다면 아내는 어떤 반응을 보였을까요?
아이가 왜 학교에 가지 않으려고 하나요?	아이가 어떤 날은 학교에 가고, 어떤 날은 학교에 가지 않는군요. 그 차이에 대해 누가 알고 있나요?

질적 가족평가 도구에는 다음과 같은 것들이 있다.

- 가족체계 검사(Family System Test: FAST): 가족의 응집력과 위계질서에 대한 검사를 한다.
- 가족조각(family sculpting): 현실의 공간에 사람들을 배치하되 자세나 표정을 사용하여 특정 대인관계에 대한 조각한 사람의 인식이나 감정을 표현하여 가족체계를 탐색한다.
- 협동화: 가족원들이 순서에 따라 대화 없이 돌아가면서 그림을 그리는 것으로 30초, 25초, 20초, 15초, 10초, 5초, 3초의 시간 안에 반복하여 그리고, 작업이 끝나면 과정에 대한 느낌을 15분간 토론한다. 이 과정을 통하여 가족 간의 상호작용과 역동에 대한 정보를 수집한다.
- 가족 자유놀이: 동작, 드라마, 비디오 표현 등 역동적 놀이과정을 통해 가족 간의 상호작용을 평가한다.

(3) 양적 가족평가

- 심리검사와 가족평가: 심리검사는 가족의 심리적 역동, 상호작용의 특징을 이해하는 데 도움을 준다. 또한 심리검사를 통해 면담, 관찰, 가계도를 통해 얻은 정보를 점검하고 수정할 수 있다.
- 벤더-게슈탈트 검사(Bender-Gestalt Test: BGT): 내담자의 긴장 완화와 치료사의 라포 형성에 도움이 된다. 9개의 도형카드를 모사하는 것을 통해 내담자의 뇌 손상이나 강박적인 특성, 정신병리를 확인할 수 있다. 도형의 모양을 변형하여 자유연상을 유도하는 변형 모사를 통해 가족을 평가해 볼 수 있다.
- 미네소타 다면적 인성검사(Minnesota Multiphasic Personality Inventory: MMPI-2): 검사태도가 검사결과에 영향을 미치는 것을 고려하여 타당도 척도를 구성한다. 결과는 타당도 척도, 임상척도, 임상소척도, 재구성 임상척도, 성격병리 5요인 척도, 내용척도, 내용 소척도, 보충척도로 나누어 해석한다. 각종 척도의 결과를 내담자와 가족을 직접 면담하고 관찰한 정보와 종합하여 평가한다.
- 마이어스-브릭스 성격유형검사(Myers-Briggs Type Indicator: MBTI): 에너지의 방향, 정보 수집 인식 기능, 정보 판단과 결정하는 특징, 생활양식에 따라 16개의 유형으로 구분한다. 각각의 유형이 가족관계, 사회적 관계에서의 역동을 파악한다. 개인의 유형이 가족관계와 사회적 관계에서 어떤 상호작용을 하는지 파악하되 다음의 3단계로 해석한다.

– 1단계: 개인 유형 파악

– 2단계: 주 기능, 부 기능, 3차 기능, 열등 기능

– 3단계: 심리적 역동이 가족과 일으키는 상호작용

- 집–나무–사람검사(House-Tree-Person Test: HTP): 내담자에게 집, 나무, 사람을 그리게 하고 심리와 가족관계를 평가하는 검사이다. 집 그림은 가족관계와 체계에 대한 이미지를 암시한다. 나무 그림은 자기에 대한 이미지를 나타낸다. 내담자의 자기개념을 통해 내담자 부모의 양육 태도와 부모와의 관계를 탐색해 볼 수 있다. 사람 그림은 자기 이미지와 부모에 대한 이미지, 부모에 대한 욕구를 내포하고 있다.
- 동적 가족화(Kinetic Family Drawing: KFD): 내담자를 포함한 가족원들이 무언가를 하는 모습을 그리고 가족원의 행동, 스타일, 상징, 역동, 인물상의 특징을 근거로 가족관계와 가족 상호작용의 특징을 평가하는 검사이다.
- 문장완성검사(Sentence Completion Test: SCT): 자유연상에 따라 채워 나가 문장을 완성하는 검사이다. 내담자와 부, 모, 부모 관계의 특징을 추측하고 배우자와의 관계의 질, 배우자와의 성관계를 파악하는 데 활용한다.

(4) 가족기능평가: 순환모델

가족기능을 평가하는 순환모델(circumplex model)은 가족기능에 관한 50여 개의 개념을 추출 · 분석하여 귀납적으로 발전시킨 개념이다. 가족기능의 핵심 영역으로 응집성과 적응성을 기준으로 가족 유형을 범주화하였다. 다음의 세 가지 검사 결과에 따라 순환모델 지도에 가족 유형을 표시한다.

- FACES(Family Adaptability and Cohesion Scale): 자기보고식 척도이다.
- CRS(Clinical Rating Scale): 외부 관찰자가 반구조화된 면접을 통해 가족에게 특정 과제를 주고 수행과정을 관찰하고 평가하는 것으로 의사소통 평가도 가능하다.
- ENRICH(Enriching Relationship Issues, Communication and Happiness): 커플 및 부부관계 평가도구로서 부부관계의 강점과 약점을 파악하여 결혼관계의 향상이나 상담의 방향을 위한 도움이 된다. 결혼만족도, 성격 문제, 의사소통, 갈등 해결, 재정관리, 여가활동, 성관계, 자녀양육, 가족/친구, 역할 관계, 종교 영역 문항으로 구성되어 있다.

3) 가족사정 시 유의사항

한국사회 속의 가족을 사정함에 있어 유의할 사항은 다음과 같다.

- 한국인의 체면 문화: 체면을 중시하고 우회적인 표현이 있어서 충분한 시간을 가지고 사정을 한다(최규련, 2014).
- 고부관계와 장서관계: 고부 갈등이나 장서 갈등이 가족갈등의 원인으로 부상되곤 한다. 이러한 현상을 단순히 자아분화가 되지 못한 미성숙의 상태로만 보기보다 한국인의 효사상과 가족 중심성에 대한 전통적 가치관의 영향도 고려하여야 한다(박우철, 김수지, 2015).
- 부모-자녀 갈등: 세대 간 문화 차이로 재개념화하는 것이 필요하다(박우철, 김수지, 2015).
- 취약 계층에 대한 이해: 비록 내담가족이 경제적 어려움을 호소하지 않더라도 민감한 치료사는 내담자 가족의 삶 속에 있는 경제적인 압박에 대해 인식해야만 한다. 이런 환경 속에서도 그들이 어떻게 그렇게 잘 살아가고 있는지 물어보면서 이 주제를 꺼낼 수 있으며, 이것은 그들이 생존하기 위해 감당하고 있는 능력과 자원에 대한 평가가 될 수 있다(Nichols, 2015).
- 인간을 기계화하지 않기: 인간은 정서적 체계 속에 살아가지만, 기계와 다르다. 역기능과 기능, 긍정과 부정 등으로 양분화될 수 없다는 점을 명심해야 한다. 기능적 가정은 무엇이며, 역기능적 가정이란 무엇이며, 기능적 가정의 판단 기준은 무엇인가? 이분법적 구분이 아닌 기능과 역기능의 연속선 상에서 내담가족의 위치를 사정한다(최규련, 2014).

2. 단계별 개입전략

1) 개입전략을 위한 이론적 준비

개입은 단계별로 전략적 특성이 있다. 초기에는 치료적 동맹 관계를 형성하기 위한 전략이 필요하고, 중기에는 변화를 위한 전략이 필요하며, 종결기에는 마무리하기 위한 전략이 필요하다. 하지만 치료 전반에 걸쳐 체계론적 관점에서 조망하되, 생물행동과학과 심리사회적 측면을 고려하며 개인심리 탐색을 포함하여야 한다(Lebow, 2005).

(1) 체계론적 관점

체계에 초점을 둔다는 말은 "전체는 부분의 합보다 크다."는 전제하에 상호작용 과정에 대한 피드백을 중시한다는 의미이다. 즉, 개인의 내적 체계와 가족 간의 상호작용, 그리고 가족의 상위 체계와의 상호작용을 염두에 두고 개입전략을 세워야 한다.

(2) 생물행동과학과 심리사회적 기반에 둔 개입전략

행동주의 이론이 지나치게 강조되어서도 안 되겠지만 간과해서도 안 된다. 뇌신경과학 분야의 연구들은 가족치료 개입에 영향을 미치고 있으며, 이는 정신장애가 있는 당사자와 가족을 위한 심리교육에 유용하게 쓰이고 있다. 고전적 조건형성, 조작적 조건형성, 모델링, 학습과정, 사회심리적 교환이론 등이 가족원의 삶을 조형해 나가는 데 중요하게 사용되고 있다. 의사소통, 친밀감, 문제해결 능력, 유관계약 등의 기법들이 가족치료에 있어서 요긴하게 쓰이고 있는데, 내담자가 속한 사회의 가치관과 제도의 변화가 반영되어 적용되어야 한다.

(3) 개인 심리과정

개인의 사고를 재점검하고 정서과정을 살피는 것이 중요한 치료적 접근이 되고 있다. 내담자의 과거 경험과 내적 갈등에 대한 탐색은 개인이 겪는 어려움에 꼬리표를 달아 생길 수 있는 부정적인 결과를 예방하고 치료적 동맹에 도움을 줄 것이다.

가족치료는 가족의 문제를 한 개인이 책임지게 하지 않으며 동시에 개인의 문제를 반드시 가족에게서 온다고 보지도 않는다. 대신에 당면한 문제나 발달단계가 주는 도전을 헤쳐나가는 데 도움을 줄 수 있는 자원이 가족이라는 전제하에 개입전략이 마련되어야 할 것이다. 다음에서는 접수 면담부터 종결까지 각 단계별로 개입전략에 대해 살펴보고자 한다.

2) 초기 단계

(1) 접수 면담

접수 면담은 면대면으로 이루어지거나 전화로 이루어진다. 접수 면담에서는 치료의 일반적인 과정을 설명하고 호소문제에 대한 개략적인 정보(지속 기간과 기존의 대처방법), 첫 상담에 참석해야 할 사람과 날짜, 시간을 정한다. 첫 면담 전에 전화나 문자 메시지를 통해 예약 확인을 할 수 있는 연락처를 받는다. 최근에는 개인 휴대전화를 이용해 연락하는 경우가 많지만, 자택이나 직장 전화를 연락처로 사용할 경우에는 상담실에서 연락해도 되는지에 대한 확인을 받아 두는 것이 중요하다. 자칫 상담의 비밀보장 조항을 위반할 수도 있고, 치료를 원치 않는 비자발적 가족이 있는 경우 가족의 불화를 불러올 수 있다. 경우에 따라 검사지를 미리 보내어 작성해 오도록 할 수도 있다. 가족치료는 모든 가족이 참석하지 못할 수도 있다. 즉, 개인상담을 통한 가족치료, 부부치료, 가족의 일부만이 참석하는 가족치료, 온 가족이 참석하는 가족치료 등의 다양한 형태로 진행된다. 따라서 치료사는 상담참여 가능자를 탐색하고 구조화에 참고하여야 한다. 상담실에 오는 저항을 줄일 수 있도록 공감 있는 대화를 하되, 문제를 유형화한다거나 진단하거나, 곧 호전될 것이라는 격려는 하지 않는다. 위기 상황으로 판단되면 병원이나 경찰의 도움을 청한다.

접수 면담 시 유의사항은 다음과 같다.

- 상담실에서 연락을 해도 안전한 전화번호로 연락처를 받는다.
- 문제를 유형화하거나 진단하지 않는다.
- 곧 호전될 것이라고 격려하지 않는다.
- 위기 상황으로 판단되면 병원이나 경찰의 도움을 청한다.

(2) 첫 회기 면담 시 점검사항

전화 상담의 내용과 미리 검사지 작성을 해 온 경우라면 내용을 확인하며 추가 정보를 수집한다. 문제해결을 위해 시도해 보았던 해결책, 가족생활 주기, 가족의 회복 탄력성을 탐색한다. 상담신청자의 관점과 다른 가족의 생각을 확인하되 한 사람씩 말하게 하며 다른 사람을 방해하지 않도록 미리 알려 준다. 가족치료에 대한 불안과 저항이 있을 수 있으므로 한 사람 한 사람에게 관심을 주고 눈높이를 맞춘다.

초기 개입에 있어서 가장 중요한 것은 치료적 동맹으로 상담의 성공 여부와 깊은 상관관계가 있다(이은주, 최한나, 2018). 치료사는 가족의 구성과 역동의 독특성에서 오는 도전들, 그리고 관련인들이 경험하는 죄책감, 수치감, 상실감, 불안, 분노에서 비롯된 왜곡된 인지와 행동, 부정적 상호작용들로 인한 문제를 정의하고 이 문제를 다루기 위해 가족들과 동맹 관계를 맺어야 한다. 치료적 동맹을 통해 가족은 자신들이 비판의 대상이 될 수 있다는 불안감에서 벗어날 수 있으며 치료사를 신뢰하게 된다. 가족치료에 있어서 치료적 동맹은 개인상담보다 동맹을 맺는 과정이 복잡하다. 자칫 가족원 중 한 명에게 치우치는 것 같으면 다른 구성원들이 소외감을 느낄 수 있으므로 주의한다. 가족치료에 있어서 치료적 동맹은 단순히 가족원과 치료사의 동맹에 그치는 것이 아니라 가족원 간의 연대감을 높이게 된다. 즉, 기존에 서로를 비난하고 책임소재를 추궁하던 관계에서 문제를 문제로 여기고, 치료사와 가족원이 문제해결에 임하게 되는 이점이 있다. 이러한 치료적 동맹의 과정에서 주요 역할을 하는 것은 치료사의 공감능력과 가족의 인권 및 소외감에 대한 인식이다.

개인상담과 달리 부부 · 가족상담이기에 상담사가 탐색해야 할 부분은 다음과 같다 (Patterson et al., 2018, p. 37).

- 가족 중에 누가 치료받기를 원했으며, 그 이유는 무엇인가?
- 최근의 문제로 인해 누가 가장 영향을 받았으며, 그 사람은 치료받기를 원하는가?
- 세대 간의 경계는 어떠한가? 동시에 합동치료를 하는 것이 적절한가?
- 문제가 개인적인 것일 때 다른 가족이 합류하는 것이 치료에 도움이 될 수 있을 것인가?
- 다른 가족이 참석하며 치료를 방해할 가능성이 있는가?
- 가족이 전체로 참여할 의사가 있으며 능력이 있는가?
- 문제에 따라 회기마다 참여하는 가족이 다를 수 있으며 가족 한 사람 한 사람과 관계를 형성하고 있는가?

가족치료 동의서 작성에 있어서 치료사는 비밀보장의 한계에 대해서 명확히 설명할 필요가 있다. 한국상담학회 윤리강령의 비밀보장 예외 조항은 다음과 같다.

- 내담자가 자신이나 타인의 생명 혹은 사회의 안전을 위협하는 경우
- 내담자가 감염성이 있는 치명적인 질병이 있다는 확실한 정보를 가졌을 경우
- 미성년인 내담자가 학대를 당하고 있는 경우
- 내담자가 아동학대를 하는 경우
- 법적으로 정보의 공개가 요구되는 경우

가족치료의 경우, 비밀유지의 의무에 관하여 참석자 전원의 동의를 받아야 함을 유의하여야 한다. 또한 첫 회기에 참석하지 못한 가족원이 후에 합류할 경우에도 동의서 작성을 받

아야 한다. 그럼에도 2인 이상의 내담자가 참석할 경우, 치료사의 비밀보장에 한계가 있다는 것을 설명하여야 한다.

가족치료사의 윤리적 의무는 내담가족의 복지를 증진하는 것이다. 하지만 여기에서 복지 증진의 의미를 되새겨 볼 필요가 있다. 2015년에 개정된 미국부부가족치료학회(American Association for Marriage and Family Therapy: AAMFT) 윤리강령은 가족치료사의 내담자 가족과 개인의 복지를 증진하기 위한 윤리적 의무를 "도움을 청하는 사람들의 권리는 존중하고 반드시 적절한 서비스가 제공되도록 해야 한다."에서 "가족체계 안에서 상충하는 목표들을 적절하게 균형 잡을 수 있도록 합리적인 노력을 하여야 한다."라고 변경하였다. 다시 말해서, 가족치료는 도움을 청하는 사람들의 권리가 상충할 수 있다는 전제를 하고 있으므로 치료사가 적절한 균형을 잡는 것이 더 윤리적이라는 것이다. 개인상담과 달리 가족치료의 이와 같은 특성에 대해 내담가족에게 미리 설명함으로써 후에 치료적 동맹에 어려움이 생기지 않도록 하는 것이 중요하다.

(3) 초기 단계의 개입

- 치료사로서의 전문성과 공감, 편안한 분위기에서 치료적 동맹을 이룬다.
- 요약, 반영, 재진술, 명료화 등을 통해 각 가족원들의 생각과 감정을 명료하게 정리한다.
- 상담의 구조와 속도를 가족에게 맞게 조절한다.
- 가족의 행동방식을 존중하며 긍정적인 행동과 강점을 발견하고 격려한다.
- 구체적인 문제와 시도했던 해결책, 문제에 관여되었을 수 있는 불참한 가족, 친구나 지인 등에 대해 탐색한다.
- 가족과 합의된 상담목표, 치료사의 임상 목표, 상담계획의 구체화, 상담계약 등의 구조화를 한다. 합의된 목표는 가족이 달성하고 싶은 상태를 가족의 언어로 기록한다. 가족원 간에 상충하는 목표들이 있다면 적절하게 균형 잡을 수 있도록 합리적인 노력을 하여야 한다. 이때 합의되었다는 것은 가족원들이 합의했고 치료사가 해결할 수 있는 목표여야 하며 사회적으로 수용될 수 있어야 한다.

  (예) 아들이 학교에 결석하지 않기
- 치료사의 임상 목표는 전문적 목표로서 내담가족의 상태를 이론적으로 기술한 목표이며 임상적 관점의 목표이다.

  (예) 남편의 자아 분화수준 올리기, 부부 하위체계의 경계선 강화하기
- 제시된 문제의 상호작용에 대한 가설을 발전시킨다(Nichols, 2015, pp. 60-61).

(4) 점검사항

- 주요 갈등을 확인하고 가족이 갈등에 대해 어떻게 대처해 왔는지 확인하였는가?
- 가족 연쇄과정에 대한 가설하에 구조, 경계, 삼각관계 등의 개념으로 공식화하였는가?
- 문제를 악화시키는 관계적 상황에 초점을 맞추는 한편 건설적인 상호작용은 지지하였는가?
- 문제를 지속시키는 상호작용에 대해 가족원들이 이야기해 보는 과제를 부여하였는가?
- 가족을 괴롭히는 문제에 각 가족원이 어떻게 이바지했는지 생각해 보았는가?
- 가족이 다음 상담에 올 때까지 변화를 위해 밀고 나갈 수 있도록 하였는가?
- 공식화된 가설의 타당성과 개입의 효과를 검증하기 위해 수퍼비전을 활용하였는가? (Nichols, 2015, p. 64)

(5) 유의사항

- 한국 가족과 치료적 동맹에 있어서 가족 중심 문화, 수치심과 체면 문화 등을 염두에 둘 필요가 있다. 가족의 문제를 가족 외부로부터 도움을 받아야 하는 사실에 대한 수치감과 부담감을 살펴 사려 깊게 접근하여야 한다. 예를 들어, 체면을 중시하여 상담에 오지 않으려 하다 마지못해 참석한 비자발적인 가족원이 있다면 참여해 준 용기를 칭찬하고 치료 참여가 가족에게 얼마나 중요한지를 설명하고 협조를 얻는다(Kim & Ryu, 2005). 또한 상담 참여에 따른 불편감을 다루고 치료사의 눈치를 보지 않도록 하며 상담의 진행과정 등에 관해 설명한다.
- 사회적 변화의 수용 정도가 가족마다 다름에 유의한다. 내담가족 중에는 견고한 가부장제를 편안해하는 가족이 있는가 하면, 아내가 전문인으로서 사회생활에 전념하고 남편이 육아를 담당하는 것을 자연스럽게 받아들이는 가족도 있다. 이와 같이 한국가정의 전통이었던 가부장제도가 양성 평등화되는 과도기임을 고려하여야 한다. 한편, 김태한과 조성희(2018)에 따르면, 결혼자녀 가치관, 가족부양 가치관, 성 역할 가치관에서 일반인이 가족치료사보다 좀 더 전통적인 가치관을 따르고 있었다. 내담가족마다의 다른 가치관에 유의함은 물론 치료사의 가치관이 내담가족과 어떻게 다른지를 인식할 필요가 있다.
- 가족 전체가 동석한 가운데 의견을 확인하기 전에 가정폭력, 중독, 자살, 이혼의 위기, 가정불화, 그 외 이유로 개별적으로 만나야 하는 예는 없는지 확인한다.
- 약물이나 알코올 중독자 여부와 중독으로 인한 가족 불만 등을 확인한다. 사이버 외도를

포함한 혼외관계 여부를 확인한다.

- 인터넷을 통해 원거리 상담에 참여할 가족이 있는 경우, 컴퓨터 사용에 따르는 위험요소를 설명하고 동의를 받아야 한다. 치료사는 이러한 위험요소들을 서면으로 작성하고 위험요소를 최소화하기 위해 내담자와 치료사 모두 최선을 다할 책임이 있음을 알려주어야 한다. 치료사는 비밀보장과 양질의 상담, 합법성 등과 관련된 최선의 프로그램을 선택할 책임이 있다.
- 한국인의 정(情)의 정서는 치료사의 결혼 여부, 나이, 자녀 수, 학력 등 개인정보에 대한 호기심으로 이어질 수 있다. 사실대로 알려 주되 사적인 관계가 되지 않도록 주의해야 한다. 또한 선물을 가져오거나 상담실 밖에서의 교류를 원할 수도 있다. 가벼운 선물이라면 감사하게 받고 관계를 돈독히 하는 데 도움이 될 수도 있겠지만 사적인 식사 초대 등은 정중하게 거절할 필요가 있다. 비록 처음에는 가벼운 식사라도 어느 순간 이중관계로 발전할 위험이 크기 때문이다(박우철, 김수지, 2015).
- 한국의 내담자들은 치료사에게서 인간적인 면모와 친밀감을 기대하는 동시에 능력 있고 지시적인 스승의 모습도 기대하기 때문에 가족관계에 대한 체계론적 지식을 보유한 전문가로서의 권위를 가지면서도 동시에 따듯한 정이 느껴지는 친밀감을 전달할 필요가 있다(박우철, 김수지, 2015).

3) 중기 단계

중기 단계는 변화를 위한 주된 개입이 이루어지는 핵심 단계이다. 초기 단계의 사정은 중기 단계에서도 이어진다. 어떤 가족은 초기에 핵심적인 호소문제를 제시하지 않는다. 치료사의 눈치를 보아 가며 양파 껍질을 까듯이 하나하나 나오는 예도 있다. 그런가 하면 가족이 미처 인지하지 못하고 있던 문제들이 상담과정 중에 치료사와 가족의 통찰력을 통해 드러나기도 한다. 그러므로 중기에서 더욱 정확한 사정이 이루어질 필요가 있다. 중기에 가족사정이 깊이 있게 다루어짐에 따라 개입 방향이 수정될 수도 있다. 가족의 변화를 향한 동기와 능력을 다시 한번 평가하고 변화의 단계도 확인한다.

(1) 중기 단계의 개입

가족의 특성과 문제의 성격, 치료사의 능력과 전문적인 판단에 따라 목표 달성을 위한 기법을 선택하고 적용하게 된다. 중기 단계에 공통으로 들어가는 개입방법은 다음과 같다(최규련, 2014; Nichols, 2015).

- 가족원들을 적절하게 연결한다. 하위 집단만 만나는 회기 중에도 가족 전체의 모습을 염두에 두어야 한다.
- 가족 내에서 변화 단서를 찾으며 가족원의 역동과 항상성에 도전한다. 집중하기, 균형 깨기, 공감을 통해 가족의 방어기제를 약화시킨다.
- 변화에는 저항이 따라온다. 때로 불안과 갈등이 고조되어 언성이 높아지고 파괴적인 대화가 오고 갈 수도 있다. 변화 가능성에 대해 낙관적 태도를 유지하고 침착하게 이를 중단시킨다. 저항 속에 존재할 수 있는 전이와 역전이의 가능성을 탐색하고 분석하여 적용한다. 역전이의 예방을 위해 치료사 자신의 가계도와 역동에 대해 검토하며 필요하다면 수퍼비전을 받는다.
- 의도적인 균형 깨기 개입이 아닌 한 치료사는 중립을 유지하여 소외감을 가지거나 주변인으로 빠지는 가족원이 생기지 않도록 한다. 한편, 가족의 요구에 자신도 모르게 끌려 들어가지 않도록 조심한다. 논쟁의 여지가 있는 가족원, 또는 논쟁을 불러올 만한 관계를 회피하지 말고 주변적인 가족원도 치료에 참여할 기회를 모색한다.
- 과정에 초점을 두며 가족 간의 계약과 교환관계를 향상한다.
- 가족체계 내의 특정 변화를 강조하고 가족원의 새로운 행동을 강화한다.
- 중기 단계에서 치료사는 차츰 주도적인 역할을 줄여 가고 가족 간의 상호작용을 강화한다. 대화 주제의 선택에서도 가족이 주도적으로 정하도록 격려하며 지나친 개입을 삼간다.
- 가족을 적절한 외부체계와 연결한다.
- 적절한 유머 사용으로 긴장된 분위기를 완화하고 내담가족과 신뢰관계를 강화한다.

(2) 점검사항

- 가족의 관계 맺는 방식의 개선을 지나치게 요구하지는 않았는가?
- 개인의 책임과 상호 이해를 증진했는가?
- 관계 개선을 위한 노력은 현재의 불만에 긍정적 영향을 미친다는 것을 분명히 하였는가?
- 가족과 치료사가 가족이 제시하는 갈등에 대해 초점을 맞추기보다 가족과 친밀한 관계 형성에 집중하지는 않았는가?
- 치료사가 내담자 가족의 미흡한 기능을 대신하며 일정한 역할을 맡아 오지는 않았는가?

(3) 유의사항

중기 단계에서의 유의사항을 박우철과 김수지(2015)의 연구를 바탕으로 정리하면 다음과 같다.

- 체면 문화에 대한 배려: 한국의 체면 문화를 고려하여 도전적인 방법보다는 재명명, 긍정적 의미 부여, 간접적이고 지지하는 기법을 사용한다. 상담이 불만스러워도 치료사의 체면을 위해 이를 숨길 수 있다는 점을 유념한다.
- 생활주기 교육을 통한 세대 차 극복: 자녀의 욕구 변화에 따른 독립적 행동을 불순종으로만 본다면 생활주기에 관한 교육을 하고 이제까지의 어머니의 자녀 양육 노력을 인정해 준다.
- 희생에 대한 한국적 해석: 가족원의 희생이 가족의 이익이나 가족관계에 좋은 영향을 주었다고 긍정적 의미를 부여해 보람을 느끼게 한다.
- 영성에 대한 탐색과 통합적 개입: 한국인의 사고, 성격 형성에 영향을 준 종교나 전통적 문제해결 방법들의 치료요인을 내담자의 종교, 사상을 고려하여 채택하고 통합한다.
- 가족 중심 문화 고려: 가족을 중심으로 목표를 설정해야 하고 가족의 위계질서를 존중하고 개인주의보다 가족 간 협력을 강조한다.

4) 종결 단계

중기 단계의 개입이 효과적으로 진행되면 종결 단계로 접어들게 된다. 종결을 고려할 수 있는 상황은 다음과 같다.

- 제시된 문제가 해결되고 증상이 완화되거나 소멸함으로 설정한 상담목표가 이루어졌다.
- 가족의 기능 향상: 가족원들이 상담을 통하여 새롭게 습득한 대처방법이나 행동방식을 유지하며 의사소통에서 비생산적인 다툼이나 갈등이 감소하고 협상 능력을 갖추게 되었다.
- 가족의 구조와 규칙이 융통성 있고 기능적이며 가족 내외의 상호작용이 긍정적이다.
- 가족의 발달단계에 적합하게 가족원의 역할과 기능을 수행하며 장차 비슷한 문제가 발생하더라도 잘 처리할 자신감을 보여 주었다.
- 조기 종결: 상담의 진행이 원만하지 못하고 부진하거나 가족원이 상담에 소극적이다 (최규련, 2014).

(1) 조기 종결

가족치료가 목표 달성을 하지 못한 채 조기 종결하게 되는 경우가 있다. 조기 종결의 징후는 잦은 지각, 시간 변경, 연락 없이 불참, 상담의 효과성에 대한 의심, 갑작스러운 종결제의 등이다. 이런 상황이라도 치료사는 당황하지 말고 그 의도와 이유를 파악하고 가장 바람직한 방향으로 가도록 도움을 주어야 한다. 조기 종결을 하는 이유는 크게 관계적 · 개인적 · 환경적 요소로 나누어 볼 수 있다.

- 관계적 요소: 치료사와의 신뢰관계 미흡, 기대했던 성과를 이루지 못함에서 오는 실망
- 개인적 요소: 시간이나 비용의 부담, 감정적 부담 등 상담에 대한 부담이 있는 경우
- 환경적 요소: 상담을 방해하는 사건이나 주위 사람, 이사, 이직 등의 주변 환경

조기 종결을 예방하기 위해서는 초기 단계부터 상담의 구조화 작업을 철저히 하고 이를 바탕으로 상담기간을 계약한다. 가족과의 신뢰관계를 형성하고 상담회기가 끝날 때마다 내담자의 회기 상담목표의 달성 정도와 도움이 된 정도에 대한 피드백을 받는다. 사례분석과 수퍼비전을 받으며 치료사의 능력을 벗어나는 사례라면 다른 치료사를 소개한다(최규련, 2014).

(2) 종결과정

조기 종결이 아닌 정상적인 종결은 어느 날 갑자기 이루어지지 않는다. 종결에 앞서 준비기간과 해야 할 일들이 있다.

- 도입 단계: 앞에서 언급한 종결 상황이 되면 종결에 앞서 2~3회기 정도 종결 계획을 가족들과 의논한다. 회기 간격을 늘리면서 종결 준비를 한다.
- 변화 확인 단계: 초기 호소문제, 상담목표, 상담과정을 되돌아보며 가족체계의 변화에 대한 내담자의 평가를 확인한다. 남은 시기에 달성해야 할 것들에 대해서도 가족과 의논한다.
- 종결 단계: 변화에 대한 평가작업을 통해 가족이 성취감을 느끼도록 한다. 예상되는 어려움과 대처방법에 대해서 의논하고 추수 상담의 일정을 잡는다.
- 추수 면접 단계: 상담종결 후 1개월, 3개월, 6개월, 1년 후에 가족의 변화 유지 여부를 확인한다. 추수 면접은 주로 전화로 이루어진다. 치료적 문서 형태로 내담자가 이룬 성

취를 축하해 주고 변화 유지를 격려하는 메시지를 전달하는 것도 고려해 볼 수 있다.

(3) 점검사항

- 제시된 문제가 개선되었는가?
- 가족이 목표를 달성한 것에 만족하는가? 또는 자신들에 대해 더 알고 싶어 하고 가족관계 개선에 관심을 두는가?
- 가족은 자신들이 효과 없는 방법을 썼다는 사실을 이해하고 앞으로 비슷한 문제를 어떻게 해결할지 알고 있는가?
- 사소한 문제의 재발은 가족역동에서 해결책이 부족하다는 것을 보여 주는 것인가, 혹은 단순히 가족이 치료사의 도움 없이 기능하도록 다시 다루어야 하는가?
- 가족원이 가족의 맥락 안팎에서 관계를 발전시키고 개선해 왔는가? (Nichols, 2015, p. 67)

3. 나가는 말

이 장에서는 가족치료의 사정과 개입에 대해 포괄적인 관점에서 살펴보되 한국가족문화의 특성과 최근의 사회적 변화를 염두에 두었다. 가족치료를 위한 사정의 대상으로 개인, 부부체계, 가족체계, 가족 상위 체계로서의 사회를 단계적으로 살펴보았다. 이러한 대상을 사정하기 위한 도구로서 치료사 자신, 가계도, 질적 평가도구, 양적 평가도구, 가족기능 평가 등의 종류와 사용방법에 대해서 논하였고, 사정을 바탕으로 초기 · 중기 · 종결기에 개입과 개입 시 유의사항을 살펴보았다. 하지만 아무리 뛰어난 사정과 개입법이 있다 하더라도 윤리적인 울타리의 보호 밖에 있다면 내담자와 치료사 모두에게 위험을 초래할 수 있다. 윤리강령은 가족과 가족치료사를 보호하는 최소한의 장치이다. 가족치료 윤리강령은 학회에 따라 8~10개의 영역을 다루고 있는데, 이 중에서 내담자에 대한 책임, 비밀보장, 전문성과 인격, 기술보조 장비 관련, 전문적 평가가 사정과 개입과정과 직접적인 관련이 있다 할 수 있다.

윤리강령이 현실에서 일어나는 딜레마와 유혹을 모두 다룰 수는 없다. 따라서 가족치료사는 윤리적 의사결정 모형을 참고로 상황을 판단하고 대처해 나갈 필요가 있다. 윤리적인 가족치료란 완벽한 상담이 아니라 최고의 선택을 하고자 하는 노력이며 그 선택을 따르는 것이다. 치료적 관계는 끊임없이 우정관계, 사회적 관계, 로맨틱한 관계, 사업관계 등으로 넘어가려는 속성에 시달린다는 사실을 명심해야 한다. 더욱이 정(情)의 문화가 있는 한국에서는 더욱 그러하다. 가족치료에 필요한 법령과 윤리강령 등을 쉽게 찾을 수 있는 곳에 두고 자신의 책임에 대해 모호한 부분은 수퍼비전이나 컨설팅 등을 통해 전문적인 지도와 통찰력을 얻고 유사시에 바로 도움을 청할 수 있는 체제도 갖추는 것이 중요하다.

가족치료의 사정과 개입은 여러 사람을 다룬다는 점에서 개인상담보다 복잡하다. 그런가 하면 한 가지 주제 아래에 동병상련을 경험하는 집단상담과 달리 가족치료는 이미 구성원 간의 갈등과 불화를 전제로 할 때가 많아 다루기 어렵다. 가족의 숨은 잠재력을 발견하고 부정적 상호작용의 고리를 벗어나며 가족의 치유와 회복의 과정에 동참할 수 있다는 것이 가족치료사가 가지는 보람이요 특권일 것이다.

참고문헌

김용태(2009). 가족치료의 개념적, 철학적 변화. **상담학 연구, 10**(2), 1201-1215.

김용태(2015). **슈퍼비전을 위한 상담사례 보고서: 이론과 실제의 통합적 관점에서 본 해설과 개념화**. 학지사.

김유숙(2005). 사회구성주의 관점의 가족치료 특성과 언어 활용. **상담학연구, 6**(4), 1369-1381.

김유숙(2018). 한국 가족치료 30년 뜻을 세우다. 한국가족치료학회 추계학술대회 기조 강연.

김유숙, 전영주, 김요완(2017). **가족평가**. 학지사.

김태한, 조성희(2018). 가족치료사와 일반인의 가족가치관 비교 연구. 한국가족치료학회 추계학술대회 주제발표.

박우철, 김수지(2015). 가족치료의 한국적 적용에 대한 문헌분석. **가족과 가족치료, 23**(4), 687-710.

박정희, 김유숙(2009). 가족치료 임상에서 가계도 활용의 다양성 고찰. **한국가족치료학회지. 17**(1), 31-55.

이은주, 최한나(2018). 작업 동맹의 종단적 변화패턴과 상담성과. **상담학 연구, 19**(2), 365-385.

최규련(2014). **가족상담 및 치료**. 공동체.

홍영택(1999). 한국 가족의 문화지체 현상과 가족치료적 접근. **한국가족치료학회지, 7**(1), 53-74.

Donovan, M. (2003). Family therapy beyond postmodernism: Some considerations on the ethical orientation of contemporary practice. *Journal of Family Therapy, 25*(3), 285-306.

Falicov, C. J. (2003). Culture in family therapy: New variations on a fundamental theme. In T. L. Sexton, G. R. Weeks, & M. S. Robbins (Eds.), *Handbook of family therapy* (pp. 66-87). Brunner-Routledge.

Kim, B. C., & Ryu, E. (2005). Korean families. In M. McGoldrick, J. Giordano, & N. Garcia-Preto (Eds.), *Ethnicity and family therapy* (3rd ed.) The Guilford Publications.

Lebow, J. L. (2005). Family therapy at the beginning of the 21st century. In J. L. Lebow (ed.), *Handbook of clinical family therapy.* John Wiley & Sons, Inc.

McGoldrick, M., Gerson, R., & Petry, S, S. (2011). **가계도: 사정과 개입**[*Genograms: Assessment and interventions* (3rd ed.)]. 이영분, 김유숙, 정혜정, 최선령, 박주은 역. 학지사. (원저는 2008년에 출판).

McGoldrick, M., Giordano, J., & Garcia-Preto, N. (2005). Overview: Ethnicity and family therapy. In M. McGoldrick, J. Giordano, & N. Garcia-Preto (Eds.), *Ethnicity and family therapy* (3rd ed.; pp. 1-40). The Guilford Publications.

Nichols, M. P. (2015). **가족치료 이론과 실제**[*The essentials of family therapy*]. 김영애 역. 시그마프레스. (원저는 2014년에 출판).

Patterson, J. et al. (2018). Essential skills in family therapy: From the first interview to termination (3rd ed.). The Guilford Press.

Sternberg, R. J. (1986). *Marital satisfaction inventory, Revised (MSI-R) manual*. Western Psychological Service.

2023 고령자통계. 통계청. D:/Downloads/2023+고령자+통계.pdf

국가통계포털. https://kosis.kr/search/search.do?query=%EB%8B%A4%EB%AC%B8%ED%99%94

한국건강가정진흥원. https://www.familynet.or.kr/web/lay1/S1T296C339/contents.do

AAMFT. Code of Ethics. https://www.aamft.org/Legal_Ethics/Code_of_Ethics.aspx?WebsiteKey=8e8c9bd6-0b71-4cd1-a5ab-013b5f855b01

Marriage and Family Counseling

제2부

부부 · 가족상담: 한국 가족의 아픔을 읽어 내다

제 4 장

가정폭력

이 장에서는 대표적인 가정폭력인 부부폭력과 부모-자녀 간 폭력의 본질과 특성에 대하여 이해하고 가족상담 개입의 이론적 근거를 살펴본다. 그리고 이를 배경으로 부부갈등 문제해결이나 폭력 행위를 고치려는 동기로 상담에 참여한 부부폭력, 자녀폭력, 부모폭력 행위자와 피해자에게 개별상담, 부부상담, 가족상담으로 개입하는 전략과 임상적 예를 제시하고 상담사로서 유의할 사항을 개관하고자 한다.

1. 가정폭력에 대한 이해

1) 가정폭력의 정의와 유형

가정폭력(domestic violence)은 가족원 간에 의도적으로 물리적 힘을 사용하여 신체적 · 정신적 · 경제적으로 고통을 주는 행위를 의미하며, 그 결과 가족원의 신체적 · 정신적 · 재산상의 피해가 발생하는 현상을 흔히 학대(abuse)라고 한다. 유사한 용어로 구타(battering)가 있는데 이는 물리적 · 신체적 폭력 행위를 의미한다. 가족원은 배우자나 전 배우자, 직계 존비속 등을 포함한 혈족, 계부모, 계자녀, 입양자, 기타 생계를 같이 하는 친족 등을 포함한다(권영상 외, 2004; 최규련, 2015).

가정폭력은 피해자를 중심으로 부부폭력(아내폭력, 남편폭력, 쌍방폭력), 자녀폭력, 부모폭력, 형제폭력 등으로 구분된다. 가정폭력은 지금까지 아내에 대한 남편의 폭력을 의미하는 용어로 쓰이고 매 맞는 아내의 불평등, 구타하는 남편의 가부장적 사고를 중심으로 여성주의 관점으로 접근하여 왔다. 그러나 부부간의 쌍방폭력과 아내의 남편폭력, 어머니의 자녀폭력, 자녀의 부모폭력 등 가족원 간의 폭력이 다양해지면서 이제는 인권의 문제, 정신건강의 문제로 가정폭력을 접근하고, 가정폭력 용어는 모든 가족원 간에 발생하는 폭력을 통칭하는 것으로 사용된다(최규련, 2015; 2016). 가정폭력의 유형은 신체적 폭력, 정서적 폭력, 경제적 폭력, 성적 폭력, 방임, 통제 등이 있다(〈표 4-1〉 참조).

표 4-1 가정폭력의 유형

신체적 폭력 및 학대(physical abuse)
• 경미한 폭력: 물건 던지기, 밀치기, 몸 잡아 흔들기, 손바닥으로 뺨이나 등 때리기 • 심한 폭력: 발로 차거나 주먹으로 때리기, 도구를 사용하여 때리기, 사정없이 마구 때리기, 목 조르기, 칼이나 흉기로 찌르겠다고 위협하기, 담뱃불로 지지거나 칼이나 흉기로 휘두르기
정서적 폭력 및 학대(emotional abuse)
• 때리려고 위협하기, 공포감 조성, 물건 파손, 상대 재산 파괴, 애완동물 학대, 자살 및 자해 협박 • 폭언과 욕, 무시하기, 죄책감이나 모욕감 느끼게 하기 • 하인처럼 다루고 명령
경제적 폭력 및 학대(economic abuse)
• 생활비 주지 않기, 허락 없이 돈 사용 못 하게 하기, 동의 없이 재산 임의 처분, 경제권 독점 경제적 착취, 경제적 의사결정이나 재산권 행사 통제
성적 폭력 및 학대(sexual abuse)
• 부부간에 성적 자율권 침해, 강제적 성행위 강요, 성적 노예 취급 • 자녀를 성적으로 이용하거나 자녀에게 행하는 모든 성적 행위나 부적절하게 성에 노출
방임(neglect)
• 상대의 건강과 복리에 무관심하고 냉담하여, 필요한 보호 조치를 거부하거나 위험 상황에 방치하는 행위 • 상대의 건강과 안전이 위협받고 정서적 박탈감을 경험하게 하는 행위
통제(control)
• 고립화, 출입과 만나는 사람 통제, 소재 추적으로 행동 제한

2) 가정폭력 현황

(1) 부부폭력 현황

전국 가정폭력 실태조사(류정희 외, 2017; 여성가족부, 2016)에 따르면, 지난 1년간 기혼성인의 부부폭력률은 27.5~41.5%이며, 정서적 폭력이 가장 많고, 다음으로 신체적 폭력, 경제적 폭력, 성적 폭력의 순이었다. 부부폭력에서 성별 차이를 보여 여성은 남성에 비해 피해 경험이 더 많고, 남성은 여성에 비해 가해 비율이 상대적으로 더 높고 먼저 폭력을 시작하여 여성이 남성에 비해 신체적 상처, 정신적 고통, 위협 및 공포심을 더 많이 경험하였다. 2018년 가정법원의 상담위탁 보호처분 대상자의 부부폭력 비율이 73.4%였고, 이 중 남편에 의한 아내폭력이 55.6%, 아내의 남편폭력은 5.3%, 부부 쌍방폭력은 17.8%였다. 폭력 유형을 정서적 폭력, 경미한 신체적 폭력, 심한 신체적 폭력으로 구분하여 조사한 결과, 공통적으로 정서적 폭력은 100%, 경미한 신체적 폭력은 80~100%였고, 심한 신체적 폭력은 70~86.7%였다(한국가정법률상담소, 2018).

(2) 부모-자녀 간 폭력 현황

전국 가정폭력 실태조사에 따르면, 지난 1년간 부모의 자녀에 대한 폭력율은 27.6~45.2%로 정서적 폭력이 가장 많고, 다음으로 신체적 폭력, 방임 순으로 나타났다. 여성의 자녀폭력률이 남성의 경우보다 높았는데, 이는 여성이 주로 자녀 양육과 지도를 담당하는 점이 작용한 것으로 해석된다(류정희 외, 2017; 여성가족부, 2016). 또한 지난 1년간 자녀로부터 폭력 피해를 경험한 중년 부모는 5.2%이고, 정서적 폭력이 가장 많으며 신체적 폭력, 방임의 순으로 나타났다. 자녀로부터 폭력 피해를 경험한 노인 부모는 7.3~12.9%이고, 정서적 폭력이 가장 많고 방임, 신체적 폭력, 경제적 폭력의 순으로 나타났다(류정희 외, 2017; 여성가족부, 2016).

가정법원의 상담위탁 보호처분 대상자를 조사한 자료(한국가정법률상담소, 2018)에 따르면, 부모의 자녀폭력률이 14.0%였고 폭력 피해 자녀 연령대는 10대 미만부터 성인까지였다. 자녀의 부모폭력률은 2.9%였고 가해 자녀 연령대는 10대부터 성인이었다. 폭력 유형은 따로 조사되지 않아 알 수 없지만 욕설 등의 정서적 폭력이 100%로 가장 많고, 경미한 신체적 폭력, 심한 신체적 폭력의 순으로 유추된다.

(3) 가정폭력의 행사 원인

상담위탁 처분을 받게 된 가정폭력 행위자의 폭력 행사 원인을 분석한 결과, 부부폭력 행사는 '가부장적 사고방식 등 성격 차이, 관계갈등'이 가장 큰 촉발 원인이었고, 다음 원인으로 '음주, 부부간 불신, 경제문제' 등이 있었다. 그리고 부모–자녀 간 폭력 행사의 촉발 원인은 '부모–자녀 간의 갈등'이 대부분을 차지하였다(한국가정법률상담소, 2018). 아동학대 관련 기관 조사에 따르면, 부모의 아동기 자녀에 대한 폭력행사는 '부모의 양육 스트레스'가 가장 큰 촉발 요인이었고, '부부폭력'도 촉발 요인으로 작용하였다(부산여성가족개발원, 2015; 중앙아동보호전문기관, 2015). 성인 자녀의 노부모 학대의 촉발요인은 '가해 가족원의 부양 부담'이 가장 높았고, 다음 '가해 가족원의 관계갈등, 스트레스'였다(여성가족부, 2016; 중앙노인보호전문기관, 2015).

3) 가정폭력 특성과 원인 및 영향

(1) 가정폭력의 특성

남편의 아내폭력과 부모의 자녀폭력은 행위자가 아내나 자녀를 독립된 인격체가 아닌 종속된 존재로 여기는 가부장적 가치관을 가지고 있다는 것이 공통점이다. 그리고 부부폭력은 부부싸움, 부모의 자녀폭력은 자녀훈육이라는 오래된 사회적 통념이 폭력에 대한 인식의 걸림돌로 작용하는 점이 공통점이다. 그리고 근래 10대 또는 성인 자녀의 부모에 대한 폭력이 발생하고 있는데, 이는 부모–자녀 간 위계가 없어지고 부모의 권위가 약화된 역기능적 가족구조와 관련된다(김유경 외, 2016; 최규련, 2016).

일반적으로 가정폭력은 다음과 같은 세 단계의 폭력 주기를 갖는다. 첫째, 갈등과 긴장, 분노가 누적되는 긴장기, 둘째, 어떤 사건을 계기로 폭력이 촉발되는 폭발기, 셋째, 행위자가 폭력을 사과하고 추슬러 일상으로 돌아오는 화해기이다. 폭력이 만성화되면 주기가 짧아지고 화해기가 없어진다.

우리 사회에서 아내 구타 또는 부부폭력, 자녀 학대에 관한 통념이 오랜 기간 영향을 미치는 결과 가정폭력에 대한 인식 개선에 장애가 되고 있다. 가정폭력에 관한 사회적 통념은 〈표 4–2〉와 같다(권영상 외, 2004; 최규련, 2014).

표 4-2 가정폭력에 관한 사회적 통념

- 아내 구타, 부부폭력은 부부싸움 중에 얼마든지 일어날 수 있다.
- 구타당하는 사람이 잘못해서 상대를 화나게 하니까 맞는다. 구타당하는 사람이 잘하면 구타는 없어진다.
- 자녀를 위해 배우자의 존재가 필요하므로 폭력을 참고 살아야 한다.
- 자녀의 잘못된 행동과 버릇을 고치려면 매를 들어야 한다.

(2) 가정폭력의 원인과 폭력 행위자 유형

기존 연구조사 결과와 부부·가족상담 현장에서의 관찰 결과들(김영애, 이영란, 2008; 김정은, 도현심, 2018; 노혜련, 2003; 여은경, 박부진, 2011; 최규련 2015)을 토대로 가정폭력 행위자의 가해 요인과 특성을 요약하면 〈표 4-3〉과 같다.

표 4-3 가정폭력 행위자의 가해 요인과 특성

개인적 원인
낮은 자존감, 낮은 자아 분화수준, 남성성/여성성에 대한 인지 왜곡, 성 역할 고정관념, 분노조절 문제 및 감정표현 기술 부족, 배우자나 가족원에 대한 부정적 태도, 폭력 행동에 대한 허용적 태도(가정폭력의 사회적 통념)
관계적 원인
애착 문제와 상대방에 대한 통제, 배우자나 가족원에 대한 비현실적 기대, 불평등한 부부 권력구조, 갈등 상황에서 역기능적 의사소통, 부부간의 친밀감 결여 및 통제-종속의 관계 패턴, 부부갈등, 자녀양육 스트레스, 부모-자녀 간 경계 문제, 가족 위계구조 약화
원가족 및 사회구조적 원인
성장기 가정폭력 경험, 폭력의 세대 전수, 성장기 부적절한 부부/부모 역할 모델, 사회의 폭력 문화와 접촉 경험, 폭력에 따른 보상 학습, 폭력 방지 지지망 결여
정신병리적 원인
과거 트라우마 사건으로 인한 정신장애, 성격장애, 알코올 문제, 우울, 적대성, 반사회성 등

홀츠워스-먼로와 스튜어트(Holtzworth-Munroe & Stuart) 모델과 가정폭력 임상가들에 따르면, 폭력 행위자의 가해 요인과 특성에 따라 가정폭력 행위자 유형을 〈표 4-4〉와 같이 구분할 수 있다.

표 4-4 가정폭력 행위자 유형

표현적 폭력 유형
다툼 중에 분노표출 방법으로 정서적·신체적 폭력을 행사하고, 폭력 행사 후 후회하는 모습을 보이며 폭력의 주기 중 화해기가 존재하며, 가정폭력 가해 요인 중 개인적·관계적 요인을 갖고 있고, 위험성이 가장 낮다.
도구적 폭력 유형
배우자나 자녀를 통제하고, 자신의 힘을 보여 주기 위해 폭력을 행사하며, 폭력의 주기에서 화해기가 없어지며, 우울 성향, 분노 성향이 강하다. 알코올 남용을 보이며, 사회관계 기술이 부족하고, 대인관계 태도가 적대적이다. 가정폭력의 가해 요인 중 개인적·관계적 요인 외에 원가족 및 사회구조적 요인이 포함되어 위험성이 높다.
반사회적 성격장애 폭력 유형
배우자와 자녀 또는 다른 가족원에 대한 폭력을 행사하고, 개인적·관계적 요인은 물론 심각한 원가족 및 사회구조 요인, 정신병리적 요인을 포함하여 폭력의 수위가 매우 높고, 범죄 가능성, 위험성이 가장 높다.

(3) 가정폭력이 피해자에게 미치는 영향

기존 연구조사 결과와 사례(이종원, 2010; 최규련, 2015; 최혜정, 2012; Hwajung, 2013; Stith et al., 2005)를 토대로 가정폭력이 피해자에게 미치는 영향을 요약하면 〈표 4-5〉와 같다.

표 4-5 가정폭력이 피해자에게 미치는 영향

부부폭력이 배우자에게 미치는 영향
신체적 상해와 후유증, 폭력 피해에 대한 자기 비난과 자책감, 분노, 수치심, 자존감 저하, 공포, 혼란감, 위축, 두려움, 불안, 우울, 불면증, 심계항진 같은 자율신경 과민 증상, 실패감, PTSD 증상, 외부에 구타 사실을 숨기고 모든 것을 상대방의 관점으로 판단, 주관이 상실되고 체념, 학습화된 무기력 증상, 자녀에게 화풀이, 통제수단으로 폭력 행사, 자살 등. 다음의 인지 왜곡으로 폭력 상황에서 탈출하지 못함. • 상대방의 보복에 대한 두려움, 관계가 깨어짐과 가정 해체에 따른 두려움 • 상대가 폐인이 될까 봐 걱정, 자녀 걱정, 홀로서기에 대한 불안과 자신감 결여, 경제 불안 • 상대방과 함께 사는 장점을 과대평가, 자신이 잘하면 폭력당하지 않을 수 있다는 과신, 언젠가 상대가 좋아질 것이라는 막연한 기대
부부폭력이 목격 자녀에게 미치는 영향
불안, 두려움, 증오, 분노, 슬픔, 무기력감 등의 부정적 정서, 자존감 저하, 주의산만, 공격성, 위축된 행동, 가출, 비행, 게임중독, 우울, 자해, 자살 충동, 성인기 폭력의 세대 전수, 알코올 문제

부모의 자녀폭력이 피해 자녀에게 미치는 영향
• 방임을 지속적으로 경험한 자녀: 자존감의 손상, 위축, 죄책감, 우울, 불안, 무력감 • 정서적 학대를 지속적으로 경험한 자녀: 자존감 저하, 내재화된 공격성, 비행, 우울, 불안, 사회적 미성숙, 주의집중 결여 • 신체적 학대를 지속적으로 경험한 자녀: 죄책감, 불안, 분노, 우울, 슬픔과 분노를 구분 못하는 등 정서 인식과 조절능력 저하, 폭력, 반항 행동, 비행, 주의집중, 인지기술 저하, 언어능력 손상, 부모에 대한 폭력
자녀의 부모폭력이 피해 부모에게 미치는 영향
자괴감, 패륜아를 길렀다는 자책감, 후회감, 죄책감, 수치심, 극심한 심신의 고통, 절망감, 무력감, 우울, 분노, 자살 충동

2. 개입방법에 대한 이론적 근거

1) 임상적 근거

지금까지 밝혀진 부부폭력, 부모-자녀 간 폭력 행위의 가해 요인 중 공통적인 것은 원가족 경험에 기인된 것들이다. 즉, 원가족 정서체계 역기능의 1차적 결과로 가정폭력 피해 경험이 있고, 2차적 결과로 낮아진 자존감과 자아 분화수준, 왜곡된 성 역할, 가족과의 관계기술 부족, 갈등과 스트레스 대처자원 부족 등이 있다(강진아, 2017; 김정은, 도현심, 2018; 박태영, 박소영, 2010; 염은선, 전영주, 2011; 최규련, 2016; 최규련 외, 1999).

원가족에서 가정폭력 피해 경험이 가정폭력 행위와 관련된다는 보고가 있다. 즉, 전국 규모의 가정폭력 실태조사(류정희 외, 2017) 결과에서 현재 한 번 이상 가정폭력 가해 경험이 있는 사람이 53.7%이고, 이 중 대부분(89.5%)이 과거 아동기에 학대 및 폭력을 포함한 부정적 생애 경험을 한 것으로 나타났다. 또한 여러 연구들에서 성장기에 부부폭력에 노출되거나 직접 부모로부터 폭력을 당하는 등 가정폭력의 중복 피해 경험을 한 자녀들이 폭력성, 심리사회 문제, 학습문제, 대인관계 등의 측면에서 악화되는 결과를 보여, 부모에게 폭력을 행사하거나 성인이 되어 부부폭력의 행위자 또는 피해자가 되고, 또한 자녀를 학대하는 등 폭력의 세대 전수 현상이 보고된다(류정희 외, 2016; 류정희 외, 2017; 박우철 외, 2017; 장희숙, 황순찬, 2017). 또한 전국 기혼남녀의 70~80%가 아동기에 부모로부터 정서적 또는 신체적 폭력 피해 경험을 하였고 부모 간 폭력 행동을 목격하였다고 하여 원가족에서 가정폭력의 중복 피해를 경험한 것으로 나타났다(류정희 외, 2017; 여성가족부, 2016).

이 같은 결과는 임상에서 중요한 함의를 가진다. 즉, 가정폭력과 맞물린 원가족의 역기능 문제가 직간접적으로 현재 가족에도 세대 전수되어 1차적, 2차적으로 영향을 주고 있음을 단적으로 보여 주는 것으로, 가정폭력 문제에 부부·가족상담적 개입이 필요함을 말해 준다. 즉, 부부폭력 문제에 개입할 때 폭력 자체 행동만을 파악하고 원인을 행위자의 병리적 특성, 왜곡된 사고방식에서 찾아 교정하고, 피해자는 안전 도모와 자신의 힘을 강화시키는 등의 개별적 접근만으로는 충분하지 않다는 것이다. 그러므로 부부·가족상담사는 개입의 임상적 근거로 작용하는 가정폭력과 연관된 가족의 역기능 문제를 정확하게 파악하고 이를 바로 잡는 데 초점을 두어야 한다. 즉, 부부폭력, 부모–자녀 간 폭력이 지속되도록 작용하는 상호작용 고리를 끊고 관계 패턴을 바꾸는 일, 그리고 부부폭력을 목격하거나 직접 폭력 피해를 경험한 자녀의 충격과 후유증, 미해결 과제, 폭력의 전이 및 세대 전수 문제를 해소하는 일을 포함하여 모든 가족원의 인권이 존중되고 가족체계가 건강해지도록 도와야 한다.

그런데 현재 가정폭력에 개입하는 법적 근거는 여성가족부의 폭력 피해자 보호와 법무부의 폭력 행위자 처벌을 위주로 개별적인 접근을 하고, 자녀에 대한 폭력(아동학대)에 개입하는 법적 근거는 보건복지부의 피해 아동 보호와 법무부의 아동학대 행위자 처벌로 이원화되어 있어, 동일한 가족 내 폭력이고 가족의 역기능과 관련되었는데도 각각 담당 기관이 다르고 개별적인 접근을 하고 있다. 이처럼 분절적 개입방법은 개인의 사고와 행동을 바꾸는 데 초점을 두기 때문에 폭력의 원인으로 작용하는 폭력의 세대 전수 및 전이 문제와 가족의 역기능 문제를 해소하고 예방하지 못한다는 제한점을 가진다. 그러므로 폭력의 재발 방지를 위하여 폭력 행동과 가족체계를 모두 포함하는 부부·가족상담적 개입이 필수적이다.

2) 실천적 근거

앞에서 살펴본 내용을 근거로 가정폭력에 개입하는 부부·가족상담사는 다음 사항에 유의하여 개입할 필요가 있다.

첫째, 부부·가족상담사가 가정폭력에 개입할 때 폭력 행동과 행위자–피해자의 관계체계의 두 가지 측면을 다 파악하고 다룰 수 있어야 한다. 이를 위해서는 폭력 행동과 재발 가능성 등에 대해서 정확하게 평가하는 일과 아울러 폭력의 배경이자 결과로 순환되는 가족체계를 정확하게 평가하여야 한다. 직접 폭력문제를 호소하지 않고 부부불화, 부모–자녀 간의 갈등문제를 호소하는 경우에도 반드시 폭력의 가능성을 확인하여야 한다. 폭력이 의심되는 경우에 부부 또는 부모-자녀를 따로 면접해야 하고, 폭력을 호소하는 피해자의 상황에 따라 단계적으로 도움을 준다. 부부폭력 문제를 단순히 가족체계 문제로 간주하여 처음부터 가족상담을 하는 것은 위험하다. 왜냐하면 권력을 가진 행위자로부터의 보호가 필요한 무력한 상태의 피해자를 행위자가 함께 있는 상황에서 상담사가 도움을 줄 수는 없기 때문이다.

둘째, 상담사는 중립적 태도로 개입하여 폭력 행위자의 폭력 중단과 재발 방지, 피해자의 안전감 및 치유, 개인의 자존감 증진이라는 단기목표를 위해 행위자와 피해자를 개별적으로 개입한다. 그런 다음, 둘 다 관계 개선 의지가 있고 본인의 의지로 행위자의 폭력 행위가 중단되어 안전한 환경인 경우에만 갈등해결과 가족관계 개선을 장기목표로 설정하여 내담자들과 합의하고 부부상담과 가족상담을 진행한다. 부부상담, 가족상담 과정 전반에서 폭력의 재발 여부, 피해자의 두려움 정도, 관계 개선 의지 여부를 평가하여 계속 진행 여부를 판단하여야 한다.

셋째, 부부폭력, 부모-자녀 간 폭력에 개입할 때는 행위자의 폭력 행사의 원인과 피해자의 폭력 대처, 그리고 행위자와 피해자의 부부체계, 가족체계, 원가족 경험, 자존감과 자아 분화 수준, 폭력에 관한 인식, 분노조절, 의사소통 기술, 성격 차이와 갈등해결 방법 등을 중요한 주제로 포함할 필요가 있다. 그래서 이들 주제에 관한 보웬(Bowen) 가족치료 이론, 사티어(Satir) 가족치료 이론, 구조적 가족치료 이론, 해결중심 모델, 밀러 등(Miller, Miller, Nunnally, & Wackman, 2007)의 협동적 관계기술 등을 숙지할 필요가 있다.

넷째, 폭력이 확인되는 경우, 우선 폭력을 중지시키고 피해자의 안전을 도모하도록 안전계획을 세우며, 특히 아동학대인 경우에 사실을 관계기관에 알린다. 가정폭력 문제에 개입하는 동안 계속적으로 피해자의 안전을 염두에 두어야 하고, 피해자 보호를 위한 긴급전화와 임시피난처나 쉼터 그리고 행위자 처벌 관련 조항 등 가정폭력 관련 법 운영체계를 알고 있어야 한다. 아동학대 문제에 개입할 때는 아동보호전문기관이나 경찰에 신고해야 할 의무가 있음을 알고, 신고 후 피해 아동 보호와 학대 행위자에 대한 법적 조치가 진행되는 절차를 알고 있어야 한다.

다섯째, 부부싸움과 부모-자녀 간 갈등은 부부 또는 부모-자녀의 공동 책임이지만 부부폭력, 부모-자녀 간 폭력은 전적인 행위자의 잘못이고 책임이라는 신념을 갖고 가정폭력에 관한 사회적 통념에서 벗어나야 한다. 그리고 내담자들도 이 사회적 통념에서 벗어나도록 돕는다.

3. 단계적 개입전략

1) 가정폭력 사정

표 4-6 가정폭력 사정 방법

정보수집
① 행위자와 피해자 개인정보 수집: 첫 면접에서 다음 사항을 파악 • 연령, 학력, 직업, 종교, 결혼상태, 최근의 스트레스 사건 및 대처유형, 신체적·정신적 건강상태, 중독문제 여부, 부적응 문제, 특이점, 호소문제, 자원과 강점 등 ② 폭력 발생과 대처방식 평가: 개별 회기에서 폭력 발생과 대처방식에 대하여 파악 • 행위자와 피해자를 중심으로 가정폭력을 구분 –부부폭력(남편의 아내폭력, 아내의 남편폭력, 부부 쌍방폭력) –부모, 자녀 간 폭력(부의 자녀폭력, 모의 자녀폭력, 자녀의 부에 대한 폭력, 자녀의 모에 대한 폭력, 부모–자녀 상호 폭력) • 폭력 발생 시기와 사유, 폭력의 유형(정서적, 경미한 신체적, 심각한 신체적 폭력), 강도, 빈도를 조사하고, 이 외에 경제적·성적 폭력, 방임, 통제 여부 • 폭력 상황에서의 피해자의 대응과 이후 상호작용 패턴, 폭력의 주기 • 폭력 행위자의 가정폭력 피해 경험, 다른 가족원의 폭력 목격 여부와 중복피해 여부 • 첫 폭력 시기, 행위자의 폭력 발생 사유, 피해자의 대응 • 행위자의 첫 폭력 이후 최근 폭력 행위까지의 진행과정, 피해자의 대응, 행위자와 피해자의 폭력 관련 상담교육 경험 여부
가족 정보수집
① 핵가족 구조, 발달단계 • 부부체계: 결혼 동기 및 배우자에 대한 기대, 역할기능, 권력 구조, 갈등문제, 갈등대처 패턴, 관계 패턴, 친밀도 • 가족 발달단계와 발달과제 수행 ② 부부의 원가족 정보 • 부모에 관한 정보, 부모의 결혼생활, 부모 역할기능, 권력 구조, 관계 패턴, 갈등대처 및 폭력 여부, 형제 정보 및 형제 관계 패턴 • 양가 조부모에 관한 정보, 결혼생활, 부모 역할기능, 권력 구조, 관계 패턴, 갈등대처 ③ 세대 전수, 강점과 취약점
확대가족 및 외부체계 정보수집
① 확대가족과의 교류 정도 ② 외부체계와의 교류, 지원 정도

개별 사정
① 스트라우스(Straus, 1979)의 갈등대처척도, MMPI-II, MBTI 검사, 애니어그램 성격유형 검사, 의사소통 유형 검사, 부부 의사소통 검사, 부모-자녀 의사소통 검사 등
② 양육 행동 질문지, 양육 스트레스 검사, 가정생활 만족도 검사, 가족문제 경험도 검사
③ 우울 성향 간이 척도, 알코올 문제 선별 척도, 자존감 척도 등

2) 부부폭력 문제 개입전략

상담사가 부부폭력 행위자와 피해자에 개입하는 경위는 자발적으로 행위자와 피해자가 참여하는 경우와 상담위탁 보호처분을 받은 가정폭력 행위자가 참여하는 경우이다. 후자는 주로 가정폭력상담기관 자체 프로그램에 따라 개별상담, 집단상담, 부부상담, 집단교육, 가족 캠프 등을 총 60시간 진행한다. 여기서는 전자의 경위로 상담에 참여한 부부폭력 행위자와 피해자에게 개별상담, 부부상담, 가족상담으로 개입하는 전략을 살펴보기로 한다.

(1) 부부폭력 행위자에 대한 개입방법

① 폭력 행위자와의 치료적 관계 확립

가정폭력 행위자들은 상담에 부정적인 사고와 수동적 태도를 갖고 있는 경우가 많기 때문에 상담사가 폭력을 범죄라고 강조하고 폭력 행위를 중지하도록 직접적으로 개입하기보다는, 다음의 방법으로 치료적 관계를 먼저 확립하고 상담 동기를 높이는 것이 필요하다.

- 부부 역할에서 긍정적인 점, 자원, 노력하는 점을 파악하고 지지한다.
- 갈등문제, 폭력 행사 배경을 파악하여 폭력문제를 재구성하고 동기를 부여한다.

② 부부폭력 사정 후 폭력에 관한 인식과 폭력 중단 약속

- 부부싸움과 폭력의 차이와 책임 소재의 차이, 폭력 유형과 본질에 관해 인식시킨다.
- 부부폭력의 결과 자신과 배우자, 결혼생활, 자녀에게 미치는 영향을 성찰하게 한다.
- 자신과 가족을 위해 폭력을 중단하기로 약속하게 한다.

③ 폭력의 재발 방지를 위한 행동 코칭

- 스트레스 상황에서 분노조절, 타임아웃, 감정표현 방법을 코칭한다.
- 폭력과 연관된 자신의 태도, 사고방식, 행동을 바꾸는 방법을 코칭한다.
  - 성 역할 고정관념, 지배적 · 통제적 · 비난적 태도, 고압적인 자세, 자기중심적 사고방식, 가부장적 사고방식, 상대방 탓, 스트레스 상황에서 욱하는 행동, 화풀이 행동 등을 유연한 성 역할 태도, 배우자를 존중하는 태도, 의논, 협동하는 자세, 이성적 대처 행동으로 변화

④ 부부 역할에 대한 자기 이해 증진과 자아 분화 수준, 자존감 향상

- 가계도 작업을 통하여 원가족 경험과 연관된 자신의 부부 역할에 대한 이해를 증진시킨다.
  - 원가족 경험에서 개발된 능력과 강점, 자원, 부모의 부부 역할의 긍정적인 점들을 탐색 후 자신의 부부 역할에 미친 긍정적인 영향을 이해
  - 원가족 부모의 부부 역할의 부정적인 점을 극복하려고 노력하는 점을 탐색하고 이해하고, 극복 노력에도 성과가 없는 점, 원가족에서 미개발된 능력, 결혼 및 배우자에 대한 비현실적 기대 등이 스트레스 상황에서 낮은 자존감, 폭력 행동과 연관됨을 이해
- 원가족에서 받은 상처를 치유하고 자아 분화수준을 향상시킨다.
  - 가계도 작업을 통하여 원가족 정서체계에서 경험한 결핍감이 배우자에 대한 기대, 자신의 부부 역할, 스트레스 대처 행동에 미친 영향을 인식
  - 성장기에 경험한 결핍감을 원가족 부모에게 자기 목소리로 표현[자기위치(I-Position) 찾기 기법 적용]
  - 원가족 부모의 상황과 입장을 살펴보고 나름 노력한 점과 고마운 점을 찾아 표현하는 연습
  - 부부 역할에서 자신의 강점과 미개발된 능력 및 취약점을 통합적으로 수용
  - 자존감을 높이는 방법을 찾아 실천

⑤ 스트레스 상황에서 배우자를 존중하고 이해하는 태도 코칭

- 배우자의 원가족 정보를 파악하여 결혼생활에 대한 기대를 알게 하고, 배우자 입장에서 자신의 부부 역할을 평가하여 자신이 잘못한 점과 개선할 점을 찾게 한다.
- 폭력의 피해자로서 배우자의 생각, 감정, 소망을 탐색하고 공감적으로 이해하여 자신

에게 폭력 행동의 책임이 있음을 인식하게 한다.

- 폭력 행동에 대해서 진심으로 배우자에게 사과하고 앞으로 폭력근절의 다짐을 표현하는 방법을 코칭한다.
- 배우자의 원가족 경험에서 개발된 능력과 강점, 자원을 탐색하여 부부 역할에서 고마운 점을 탐색한다.
- 배우자가 원가족 경험에서 미개발된 능력과 취약점을 탐색하고 본인의 배우자에 대한 불만과 연관됨을 이해하게 한다. 동시에 본인이 원가족 경험에서 미개발된 능력과 취약점이 배우자의 불만과 연관됨을 이해하게 한다.
- 상황별로 배우자 입장에서 생각하고 배우자를 존중하고 이해하는 태도를 가지는 연습을 한다.

⑥ 관계개선과 갈등해결을 위해 자신이 노력할 점 탐색과 실천

- 갈등과 의견충돌을 협동적 갈등해결 과정으로 해결하는 원칙을 알게 한다.
- 갈등이나 스트레스 상황에서 자신의 감정과 의견, 바라는 것들을 표현하는 방법을 익히고 부부 역할에서 자신이 개발시켜야 할 능력을 실천하게 한다.

⑦ 만성화되고 병리적인 폭력 행위자의 경우는 장기간의 개인 치료

- 병리적인 부부폭력 행위자는 앞서 다룬 폭력 행위자 상담 내용을 더 심화시켜 과거 상처의 치유와 자존감 강화, 태도와 행동을 고치는 작업을 장기간 이행할 필요가 있다.
- 경계성 성격장애는 장기간의 상담을 받고 약간 개선될 가능성이 있지만, 반사회적 성격 장애자, 상대방에 대한 적개심 등은 더 장기간의 심리치료가 필요하다.
- 알코올 남용/의존문제, 도박, 성중독, 의처증, 의부증 등의 문제가 있는 경우에는 그에 따른 별도의 전문적인 치료가 필요하다.

(2) 부부폭력 피해자에 대한 개입방법

부부폭력 피해자에게는 정서적 지지와 안전감을 갖게 한 다음 폭력으로 인한 상처를 치유하고, 개인적 힘과 자존감을 강화시켜, 안전하고 자율적인 삶을 선택하고 원만한 대인관계를 구축하도록 돕는다.

① 피해자가 혼자 상담에 오는 경우에 단계적인 폭력 대처방법을 제안

- 1단계: 첫 폭력이 발생 시에 안전계획을 세우고 폭력 발생에 적극적으로 대처하게 한다. 폭력 상황에서 안전을 도모하고 안전계획이 마련될 때까지 행위자와 떨어져 지내도록 하며, 필요시 쉼터를 소개한다. 안전한 환경에서 폭력 피해 경험과 재발 방지 요구를 배우자에게 표현한다. 배우자의 사과와 재발 방지 약속을 받아낸다. 폭력이 재발하면 상담에 참여하는 약속을 받아낸다. 부부싸움을 자제한다.
- 2단계: 폭력 재발 시 상담 약속 준수를 요구한다.
- 3단계: 행위자가 상담에 비협조적이고 폭력이 중단되지 않는 경우, 행위자의 변화를 위해 경찰에 신고한다.
- 4단계: 폭력이 반복되는 경우는 안전대책을 세우고 별거나 이혼을 진지하게 고려한다.

② 폭력의 피해 치유와 안전감 경험

- 폭력과 그로 인한 피해를 인식하고 치유한다.
  - 폭력 유형과 본질, 주기와 폭력이 결혼생활에 미치는 피해를 인식
  - 폭력에 관한 사회적 통념에서 벗어나 폭력 상황에서 자신이 정당함을 인식
  - 폭력이 자신에게 미치는 영향을 자각하고 생각과 감정 등을 표현하게 하여 정서적 지지와 인정
- 폭력을 중단하기 위한 방법과 안전계획을 세우도록 코치한다.
  - 타임아웃 기법, 분노를 촉발하는 반응 자제, 배우자의 폭력 중단을 돕는 방법 등을 코칭하고 자신과 자녀를 위한 안전계획 세우기

③ 부부 역할에 대한 자기 이해 증진과 성장기 상처 치유

- 부부 역할을 평가하고 강점과 노력할 점을 찾는다.
  - 초기 결혼에 대한 꿈, 배우자에 대한 기대와 현재 갈등문제와의 연관성을 이해
  - 부부갈등 상황에서 대처 행동, 부부 역할에서 자신의 강점과 긍정적인 점을 이해
- 원가족 경험이 자신의 부부 역할에 미친 영향, 강점과 개선할 점을 이해한다.
  - 원가족 경험에서 개발된 능력과 강점, 자원, 부모의 부부 역할의 긍정적인 점들을 탐색한 후 자신의 부부 역할에 미친 긍정적인 영향을 이해
  - 원가족 부모의 부부 역할의 부정적인 점을 극복하려고 노력하는 점을 탐색하고 이해

- 성장기에 받은 상처를 치유한다.
  - 가계도 작업을 통하여 원가족의 정서체계에서 경험한 결핍감이 배우자에 대한 기대, 자신의 부부 역할, 스트레스 대처 행동에 미친 영향을 인식
  - 성장기에 경험한 결핍감을 원가족 부모에게 자기 목소리로 표현(자기위치 찾기 기법 적용). 그때 원가족 부모의 상황과 입장을 살펴보고 나름 노력하신 점과 고마운 점을 찾아 표현하는 것을 연습

④ 자아 분화 수준과 자존감 향상, 자아의 힘 강화

- 부모로부터 분화하는 방법을 코칭한다.
  - 원가족 부모의 긍정적인 점과 부정적인 점을 통합적으로 이해, 편지 쓰기, 관계성 실험을 통하여 원가족 부모로부터 분화하도록 코칭
- 자존감과 자아의 힘을 강화시킨다.
  - 부부 역할에서 자신의 강점과 미개발된 능력 및 취약점을 통합적으로 수용하고 자신의 부부 역할에서 개발시켜야 할 능력이 갈등 상황에서 배우자가 원하는 부분임을 인식
  - 스트레스 상황에서 자존감을 높여야 이성적 행동을 할 수 있음을 인식하고 자존감을 높이는 방법을 찾아 실천
  - 자신을 돌보고 사랑하는 방법과 관계에서 자신의 힘을 키우는 방법, 자신의 꿈과 잠재력을 개발하는 방법, 부부 역할에서 미개발된 능력을 개발하는 방법을 코칭

⑤ 자기주장 기술과 문제 대처기술 코칭

- 자기주장 기술을 코칭한다.
- 문제 대처기술을 코칭한다.

⑥ 안전하고 자율적인 관계를 재정립하는 방법을 선택

- 폭력의 세대 전수, 폭력의 피해를 인식하여 자신과 자녀를 위해 스스로 안전하고 자율적인 삶을 선택할 필요가 있음을 인식하게 한다.
- 배우자와의 관계를 재정립하는 방향을 찾게 한다.
  - 결혼생활 지속, 별거, 이혼 등

(3) 폭력 부부에 대한 부부상담

피해자가 안전감을 가지며, 행위자와 피해자 모두 관계를 개선하기를 원하면 평등하고 친밀한 협동적 관계를 구축하는 것을 목표로 부부 합동 상담을 실시한다.

① 결혼생활의 긍정성 강화와 폭력 재발 방지 약속

- 각자의 결혼 및 배우자에 대한 기대, 상대방에게 끌린 점, 상대방에게 고마운 점들을 서로 나누고 긍정성을 강화한다.
- 폭력 행위자가 폭력에 대한 사과와 폭력재발 방지 노력을 약속한다.
- 폭력재발 방지를 위해 갈등 상황에서 할 일을 연습한다.
  - 중단해야 할 것(예: 싸움, 비난, 강요, 책임 전가, 비교, 화풀이, 언어폭력 등)과 해야 할 것(예: 분노조절, 타임아웃, 상대방을 이해하고 존중하는 태도, 자기 행동에 대한 책임짐, 사려 깊고 배려하는 행동 등)을 연습

② 상호 간 이해 증진과 상호 존중하는 방법 연습

- 원가족 경험이 결혼생활, 부부갈등에 미치는 영향을 상호 이해한다.
  - 각자 원가족에서 개발된 능력, 부부 역할에 미치는 긍정적인 영향을 이해
  - 각자 원가족 부모의 부정적인 점을 극복하려고 노력하는 점, 미개발된 능력이 서로에 대한 기대, 불만과 연관됨을 이해
- 서로의 성격 차이를 이해하고 성격 차이를 조화시키는 방법을 인식한다.
  - 성격유형 검사(MBTI, 애니어그램) 활용
- 갈등과 스트레스 상황에서 자신과 배우자를 존중하는 태도, 긍정적인 점을 강화하는 방법을 연습한다.

③ 의사소통 기술과 협동적 갈등문제 해결 과정 코칭

- 의사소통 기술(대화 태도, 말하기 기술, 경청 기술)을 코칭하고 연습하게 한다.
- 실제 갈등문제 한 가지를 중심으로 협동적 해결과정을 코칭하고 연습하게 한다.
  - 문제 확인하기, 대화 계획 제안, 문제 완전히 이해하기, 소망 말하기, 대안 말하기, 행동 계획 말하기, 실천 가능성 검토하기, 행동계획 이행하기, 평가하기

④ 친밀감 증진방법 코칭

- 친밀감을 증진하는 방법을 코칭한다.
  - 서로에게 기대하는 친밀감 표현방법을 이해하고 각자 노력할 점을 찾아 실천

3) 부모-자녀 간 폭력문제 개입전략

부모의 미성년 자녀에 대한 정서적 · 신체적 폭력 대부분은 훈육 목적이거나 양육 스트레스, 부부갈등에서 비롯된 화풀이 성격을 지닌다. 그리고 자녀의 부모폭력 대부분은 부모로부터 받은 여러 유형의 폭력의 부메랑 성격이 있고, 부모의 권위가 상실된 결과를 보여 준다. 즉, 부모-자녀 간 폭력은 가족체계 문제, 특히 부모-자녀 하위체계의 위계구조 문제, 경계선, 소통문제 등의 역기능을 단적으로 보여 주는 것이다. 그러므로 부모-자녀 간 폭력문제에 개입하는 상담사는 부모를 주 대상으로 폭력 재발 방지와 피해자 보호 및 안전감 확보, 부모-자녀체계 재구조화를 위한 개입을 하는 것이 바람직하다.

미성년 자녀에게 폭력을 행사하는 부모에게는 폭력 행위자에게 개입하는 전략을, 자녀로부터 폭력 피해를 경험하는 부모에게는 폭력 피해자에게 개입하는 전략을 우선적으로 활용하여야 한다. 폭력 재발 방지와 피해자의 안전감이 확보된 후에 부모 역할 개선과 부모의 권위 회복, 자녀지도 방법 등을 코칭하여 부모로서 자신감과 권위를 갖게 하는 것이 효과적이다.

그리고 자녀는 부부폭력과 부모의 자녀폭력의 중복피해자가 될 수 있어서 단기적 · 장기적으로 상당한 후유증을 겪을 수 있기 때문에 그에 따른 폭력 피해자 개입전략을 활용하고 정서적 지지와 상처 치유, 자존감 증진을 도와야 하고, 아울러 부모에 대한 폭력 행위를 방지하고, 폭력의 세대 전수가 중단되도록 개입하여야 한다. 부모에 대한 폭력을 행사하는 자녀에게는 먼저 폭력 행위자에게 개입하는 전략을 활용한 다음 가정폭력의 피해 경험을 확인하고 폭력 피해자에게 개입하는 전략도 보조적으로 활용할 필요가 있다.

부모와 자녀에 대한 개별상담이 끝나면 폭력 재발 방지와 부모-자녀 간 위계 구조 정비, 경계선 설정, 의사소통 개선 등 가족의 재구조화를 위해 부모와 자녀를 대상으로 가족상담을 실시하여야 한다.

4. 사례연구: "또 아내와 딸에게 폭력을 행사할지 몰라 불안해요."

1) 상담의뢰 경위와 호소문제

남편이 최근 부부싸움 중에 아내를 때리고, 싸움을 말리던 딸을 때려서 아내가 이혼하겠다고 해서 상담을 신청하여 아내와 함께 상담실에 왔다. 남편은 아내가 고생하는 남편에게 칭찬과 인정의 말을 하지 않고, 알뜰하게 살림을 하지 않는 것과 시모에게 다정다감하게 하지 않는 것이 늘 싸우는 주제라고 하였고, 또한 분노 폭발로 아내와 딸에게 또 폭력을 행사할지 모른다는 불안감을 호소하였다. 함께 온 아내는 남편이 언제 분노를 폭발하고 자신과 딸에게 폭력 행동을 할지 불안하고, 시모와 남편의 밀착된 관계로 인한 소외감과 갈등을 호소하였다.

2) 내담자와 가족정보

남편(43세)은 고졸학력에 회사원이고, 야간에 대리운전을 하고, 생활력이 강하고 알뜰하며, 가정적 · 권위적인 면이 있고, 원가족에서 1남 1녀 중 장남이다. 아내(42세)는 전문대를 졸업하였고, 전업주부로 조용하고 순종적이고 과묵한 편이며, 친정에서 1남 2녀 중 장녀이다. 딸(18세)은 고등학생이고 모와 갈등이 많고 가정에서 반항적 · 공격적인 면이 있으며, 아들(16세)은 고등학생이고, 조용한 성격에 가족과 잘 어울리지 않고 떨어져 지내는 편이다.

남편의 원가족으로 부친은 3년 전 70세에 뇌출혈로 사망하였고, 자영업에 종사하며, 권위적인 면이 있고, 젊을 때 도박으로 경제적으로 어려움을 주었고, 모친에게 신체적 폭력을 행사하였다. 모친(72세)은 아파트 환경미화원이고, 헌신적이고 자상하며, 여동생의 아이들을 돌봐 주고 있다. 여동생(40세)은 대졸, 중학교 교사로 남편과의 사이에 2녀를 두었다. 남편의 부모는 갈등관계이고 남편과 모는 밀착관계여서 부와 모, 남편은 전형적인 삼각관계를 형성하였고, 남편은 가정형편이 어려워 중학교 때부터 용돈을 벌었고 생활력이 강하다. 한편, 남편은 여동생이 공부를 잘하고 학력 수준이 높고 좋은 직장에 다녀 열등감이 있고, 여동생과 소원한 관계이다.

아내의 원가족으로 부친(67세)은 건축현장의 소장을 하다가 은퇴하였고, 성실하고 과묵한 편이고, 모친(63세)은 전업주부이고, 통장 업무와 바깥 활동에 바쁘며 외향적인 면이 있다. 남동생(38세)은 대졸로 대기업 회사원이며 2녀를 두었고, 여동생(36세)은 전문대졸로 전업주부이고 1남을 두었다. 아내의 부모는 소원한 사이로 남동생을 편애하고 많은 지원을 해주었고, 여동생은 예쁘고 막내라 부모의 귀여움을 많이 받았으나 아내는 별로 관심과 사랑, 인정을 받지 못하여 조용하고 과묵하며 친정 식구들과 소원한 편이다.

3) 결혼과정과 가족관계

남편은 회사에서 아내를 만나 1년간 교제 후 결혼하였다. 남편은 구두쇠로 불릴 정도로 가족을 위해서 열심히 돈을 벌고 절약하고 재테크하며 살고 있는데, 아내는 인정과 수고했다는 말을 하지 않는다. 살림을 알뜰하게 못하고 가계부도 쓰지 않는다는 이유로 잔소리를 하고 화를 잘 내며, 모든 일을 시모와 의논해서 통보하며, 아내가 효부가 되길 기대하고 시댁 일에 관여하지 말라고 한다. 아내는 남편과 시모가 매일 통화를 하고 서로 챙겨 주고 살아 소외감을 느끼고, 묵묵히 효부 노릇만 강요당하여 갈등을 겪으며, 남편의 비난과 잔소리, 분노 폭발을 참고 있다가 가끔 눈이 안 보이는 신체화 증상으로 응급실에 가는 일이 종종 있다. 부부관계는 갈등관계로 남편의 비난과 통제-아내의 회피, 종속 관계 패턴을 보인다.

자녀와의 관계로 남편은 자녀의 인성교육을 중시하여 자녀에게 엄격하고 잔소리와 통제를 하고, 딸이 고집 피워서 몇 번 체벌을 하였다. 아내는 자녀에게 헌신적이나 말이 없는 편이고, 가끔 자녀에게 화풀이와 비난, 잔소리를 한다. 딸이 아내에게 자주 반항하며 짜증을 내고 언쟁을 벌여 남편에게 주먹과 발로 맞은 적이 있어 부모와 갈등관계이다. 아들은 조용하고 과묵한 편으로 자기 방에서 시간을 보내고 소원한 관계이다.

4) 사례개념화

이 가족은 부부갈등, 남편의 아내에 대한 신체적 폭력, 부모와 딸의 갈등, 부의 딸에 대한 신체적 폭력이 표면적인 문제이다. 그러나 폭력 유형으로 보면 남편이 결혼생활 동안 지속적으로 아내에게 정서적 폭력을 행사하였고, 돈 사용을 통제하였으며, 시모와 합세하여 아내를 종속시키고 통제하였다. 아내는 화풀이로 딸에게 정서적 폭력을, 딸도 아내에게 정서적 폭력을 행사하였다. 딸은 모에 대한 부의 폭력을 목격하고 부를 말리려다 부에게 직접 신체적 폭력을 당하여 중복피해를 경험하고, 또한 고집 세고 모에게 반항한다는 이유로 부로부터 신체적 폭력을 당하였다. 아들은 부의 모에 대한 폭력, 부의 누나에 대한 폭력, 모와 누나의 상호폭력을 목격하여 정서적 폭력을 당하였다.

이렇게 남편이 아내와 딸에게 폭력을 행사하는 것은 남편이 원가족에서 삼각관계 정서체계에 포함되어 자아 분화 수준이 낮아진 점과 아버지의 폭력, 도박문제의 영향으로 남성 역할 모델이 결핍되어 남성다움에 대한 인지가 왜곡되고 여성성에 대한 왜곡된 인지, 비현실적 기대, 가부장적 · 권위주의적 · 독선적인 사고방식, 통제적 양육 태도가 굳어진 점, 성장환경에서 여동생과 비교당하여 자존감이 저하된 점, 그리고 남편과 아내, 시모 간에 삼각관계가 형성되어 원가족에서 부와 모, 남편 간에 형성되었던 삼각관계와 폭력이 세대 전수되는 점, 그리고 부부간의 소통 부재가 작용하여 부부갈등이 해소되지 않는 점 등이 요인으로 작용한다. 또한 모와 딸의 상호폭력은 딸이 부의 모에 대한 폭력의 중복피해자이면서 동시에 모의 정서적 폭력피해를 경험한 결과 폭력이 악순환된 것이다. 이 가족에서 아들은 다른 가족원의 폭력을 목격한 정서적 폭력 피해자로서 자신을 지키기 위해 소원한 관계로 지낸다고 보인다. 아내의 경우, 원가족에서 개발되지 못한 소통 기술과 알뜰함, 여성성의 결핍이 부부갈등에 작용하고, 시모와 남편의 융합된 관계로 인한 불만이 누적되어 부부갈등 상황에서 방어기제로 신체화 증상을 보인다. 그 결과, 가족 내 아내의 위치가 남편에게 종속되고 모로서 권위가 없어진 것이 딸의 부모로부터의 이중, 삼중의 폭력피해와 함께 아내와 딸 간의 상호 폭력 발생의 요인으로 보인다.

5) 상담목표와 개입전략

이 가족을 대상으로 폭력의 근절과 부부갈등 해소, 부부체계 강화, 부모-자녀 관계 개선을 상담목표로 설정하여 합의한다. 개입전략으로 1단계로 남편을 개별상담으로 아내폭력 행위자에게 개입하는 전략을 적용하고, 아내를 개별상담으로 폭력피해자에게 개입하는 전략을 적용한 다음, 폭력이 중단되고 양자가 원하는 경우 부부 합동상담을 진행하는 개입전략을 적용한다. 그리고 2단계로 딸을 개별상담으로 중복폭력 피해자에 개입하는 전략을 적용하고, 부모를 합동상담으로 자녀폭력 행위자에 개입하는 전략을 적용한 다음 부모와 딸을 가족상담으로 개입하는 전략을 적용한다. 만약 아들이 참여할 수 있다면 2단계에서 개별상담으로 중복폭력 피해자에게 개입하는 전략을 적용한 다음 부, 모, 딸이 참여하는 가족상담에 참여하게 하면 바람직하다.

6) 개입 내용

1회기에 부부를 합동상담하여 호소문제를 파악하고 개인정보, 가족 정보를 수집하였고, 부부를 따로 개별상담하여 가정폭력에 대한 사정을 하였다. 폭력 사정 결과, 최근 부부싸움 중에 남편이 아내의 뺨을 때리고 목을 조르는 일이 발생하였고, 첫 번째 신체적 폭력이었다. 그러나 자주 부부싸움을 하면서 남편의 아내에 대한 정서적 폭력이 지속되었고, 돈 사용을 통제하는 일이 많았다. 또한 남편은 딸이 고집 피운다고 자주 폭언을 하여 정서적 폭력을 행사하였고, 딸 12세 때와 14세 때 고집 피우고 대든다고 따귀를 때리고, 몽둥이로 때린 적이 있다. 그리고 최근 부부싸움 말리는 딸을 마구 때린 적이 있었다. 또한 딸도 모와 말싸움 중 폭언을 하여 정서적 폭력을 행사하였고, 아내도 딸에게 폭언을 하고 고함치는 등 정서적 폭력을 행사하였음을 파악하였다.

2회기에 남편과 아내와 합동상담으로 원가족 정보와 가족체계 사정, 문제를 명료화, 상담목표 설정, 상담계약, 상담의 구조화를 실시하여 상담참여자, 상담 형태, 회기 수를 합의하였다.

남편과 아내를 각각 개별상담 3회기 진행하고, 부부 합동상담 3회기를 실시하였다. 남편에게는 1~3회기의 개별 회기 동안 폭력의 재구성, 폭력에 관한 인식과 폭력중단 약속, 폭력재발 방지 방법 코칭, 부부역할에 대한 자기 이해 증진, 자아분화 수준과 자존감 향상, 배우자 존중과 이해하는 태도 코칭, 부부갈등 해소 위해 노력할 점 인식을 도왔다. 아내에게는 1~3회기의 개별 회기 동안 폭력의 피해 인식과 치유, 안전계획, 부부역할에 대한 자기이해 증진과 성장기 상처 치유, 자아분화 수준과 자존감의 향상, 자아의 힘 강화, 자기주장 기술과 대처기술 연습 등을 도왔다. 부부 합동상담 1~3회기 동안 결혼생활의 긍정성 강화, 폭력재발 방지 약속, 부부싸움 중단방법 코칭, 부부역할에 대한 상호 간 이해 증진, 상호 존중하는 태도, 의사소통 기술 코칭, 협동적 갈등해결 과정 코칭, 친밀감 증진과 관계개선 코칭 등을 하였다.

딸과 부모를 각각 개별상담 3회기 실시하고, 부모와 딸이 참여한 가족상담을 3회기 실시하였다. 딸 개별상담 1~3회기 동안에 폭력의 피해 치유, 안전계획, 부모로 인한 상처 치유, 자아분화 수준과 자존감 향상, 자아의 힘 강화, 자기주장 기술과 문제대처 기술 코칭을 하였고, 부모상담 1~3회기 동안 자녀폭력에 관한 인식과 폭력중단 약속, 폭력재발 방지 방법 코칭, 부모역할 및 자녀와의 관계 관련 자기 이해 증진, 자아분화 수준과 자존감 증진, 의사소통 기술과 효과적인 부모역할 코칭을 하였다. 가족상담 3회기 동안 아버지가 딸에게 정서적 · 신체적 폭력 행사한 것을 사과하고 폭력중단을 약속하게 하였고, 그다음에는 딸이 어머니에게, 어머니가 딸에게 정서적 폭력 행사를 사과하고 폭력중단을 약속하게 하였고, 이성적 대처방법을 코칭하였으며, 의사소통 기술, 갈등해결 과정, 가족위계 정립과 관계개선 방법 등을 코칭하였다.

7) 결과

남편의 경우, 자아분화 수준과 자존감이 향상되고, 시모와 분리되었고, 아내에 대한 통제와 정서적 폭력 행동이 재발되지 않았고, 부부싸움 및 아내와 딸에 대한 신체적 폭력이 재발되지 않았다. 그 결과 부부관계가 개선되면서 아내의 신체화 증상도 사라졌다. 딸도 부, 모와의 관계가 각각 개선되었고, 반항 행동, 폭언이 없어졌다. 아들을 포함한 전 가족원이 함께 하는 활동이 많아졌고 관계가 개선되었다.

5. 가정폭력을 다룰 때 상담사가 유의해야 할 점

가정폭력 문제에 개입하는 상담사는 상담에 참여하는 폭력 행위자와 치료적 관계를 잘 형성하고 초기에 폭력에 관하여 정확하게 인식하도록 해야 동기부여가 되어서 다음 회기를 원활하게 진행할 수 있다. 폭력 행위자가 고객형 내담자가 아닌 경우에 상담에 저항을 보일 수 있으므로 여러 방법을 활용할 수 있어야 한다. 예를 들어, 장점과 상담 참여를 칭찬하기, 고충과 애로사항에 대한 충분한 공감과 인정하기 외에 전문가 지위를 이용하여 각종 검사지를 활용하는 방법, 은유 기법, 문제의 재구성 기법, 역할 바꾸기 기법, 해결중심 치료모델의 예외발견 질문, 척도질문, 기적질문 기법 등을 활용하거나 이들의 소망과 열망(예: 좋은 아빠 되기, 존중받기, 행복하기)을 변화의 동력으로 활용할 수 있다. 이 사례에서는 남편이 자발적인 내담자이지만 장점과 상담 신청한 것에 대한 칭찬하기, 문제 재구성 기법, 소망과 열망을 변화의 동력으로 활용하는 방법을 사용하여 나머지 회기를 순조롭게 진행할 수 있었고, 폭력 행위에 관한 성찰을 도울 수 있었다.

만성적인 폭력 피해자의 경우는 무기력과 의존성, 우울에서 벗어나 독립적이고 자율적인 삶을 살아가도록 하기 위해서 우선적으로 폭력 피해를 치유하고 행위자의 사과를 받고 안전감을 확보하는 것이 필요하고, 원가족 경험에 의해 낮아진 자아분화 수준과 자존감과 자아의 힘을 높이고 자기주장 기술을 활용하도록 도울 필요가 있다. 이 사례에서는 아내가 원가족 경험을 잘 진술하여 치유와 분화작업을 도울 수 있었지만, 원가족 경험과 정보를 드러내기 힘들어하는 피해자에게는 고통과 어려움을 충분히 공감하면서 강점과 개발된 능력 등 긍정적인 부분과 관련된 원가족 경험을 먼저 다루고, 이후 속도를 조절하여 부정적인 감정과 관련된 원가족 경험을 다룰 필요가 있다.

폭력문제 상담의 핵심적인 과제는 행위자의 권력과 통제 욕구와 왜곡된 사고, 잘못된 태도를 고쳐 폭력을 중단시키는 작업과, 피해자를 치유하고 안전감을 확보하며 자아의 힘을 키우는 것이다. 이를 위해 먼저 폭력과 부부가족 체계를 사정한 다음 개별 회기를 통해 행위자와 피해자에게 개입하여야 한다. 그다음에 가정폭력 행위자와 피해자 모두 관계개선을 원하고 피해자가 안전감을 가질 때 부부 합동상담, 가족상담을 진행하는 것이 중요하다. 이때 스트레스 상황에서 자기 자신과 다른 사람을 존중하는 태도, 의사소통 기술, 협동적 갈등해결 과정, 관계기술 등을 코칭하고 연습하도록 하여 가족의 기능이 향상되고 상호 존중하고 이해하는 관계로 개선되도록 도와야 한다.

이런 점에서 상담사는 사고와 태도를 변화시키는 지도자 역할과 숙련된 의사소통 기술 코치이면서 모델 역할을 해야 한다. 그리고 가정폭력의 사회적 통념에서 벗어나 인권적 · 정신건강적 관점으로 폭력의 본질을 인식하고, 동시에 보웬 가족치료이론을 비롯한 여러 가족치료 이론들과 가족체계적 관점을 숙지하여 이를 바탕으로 사례개념화를 하고 개입계획을 세울 수 있어야 한다. 또한 내담가족원에게 코칭하는 여러 기술들을 일상에서도 숙련되게 사용할 수 있어야 한다. 만약 폭력 사정의 결과 폭력이 만성적이고 병리적인 경우는 개입전략이 더 심화되어 장기간 진행되어야 할 것이다. 그리고 폭력이 알코올문제, 성격장애 문제와 연관되어 있는 경우에는 먼저 시급한 폭력중단과 피해자 안전을 위한 개입을 하고 알코올문제, 성격장애 치료를 개별적으로 받도록 한 후 호전되어 자기 행동에 대한 책임의식과 변화 의지가 있는 경우에 개입전략을 적용하는 것이 효과적일 것이다.

6. 나가는 말

대표적인 가정폭력문제인 부부폭력문제, 부모-자녀 간 폭력문제를 중심으로 현황과 특성을 살펴보고 가정폭력에 개입하는 전략과 임상적 예를 제시하였다. 날로 증가하고 심각해지고 있는 가정폭력문제는 사회변화에 따라 관계성이 붕괴되고 대처자원이 부족해진 가족이 많아져서 발생하는 가족 역기능이 세대 전수되는 현상으로 보인다. 그리고 여러 연구와 많은 임상에서 대부분의 부부폭력과 부모–자녀 간 폭력이 개별적으로 발생하는 것이 아니라 서로 연관되어 발생하며, 자녀는 부부폭력과 자녀폭력의 중복피해자가 될 가능성이 많고 피해 자녀가 부모폭력 행위자가 되는 것으로 밝혀졌다.

그러므로 가정폭력의 원인과 결과가 되어 세대 전수되는 가족체계의 역기능 문제를 해결해야 가정폭력을 예방할 수 있다. 그런데 현행 가정폭력 예방 체계에서는 부부폭력, 아동학대, 자녀의 부모폭력을 개별적으로 개입하고, 또한 행위자와 피해자를 개별적으로 개입하며 담당기관도 나뉘어 있어 폭력 예방 효과가 제한적이다. 여기서 살펴본 가정폭력문제 개입전략은 가정폭력을 예방하고 근절하기 위하여 가정폭력의 중단과 가족체계기능의 강화가 필수라는 전제로 인권적 · 정신건강적 관점, 가족치료이론(보웬, 사티어, 구조적, 해결중심모델), 협동적 결혼기술 프로그램(Miller et al., 2017) 등을 바탕으로 내용을 구성하였다.

이 개입전략은 부부 · 가족상담사가 실제로 부부폭력, 부모–자녀 간 폭력에 적용할 수 있도록 구성되었다. 공통적인 전략은 폭력에 대한 인식, 폭력중단과 싸움중단, 피해치유와 안전감, 가정 내 역할에 대한 자기 이해 증진, 자아분화 수준과 자존감 증진, 자기주장, 의사소통 기술, 부부체계 및 부모의 권위 강화, 갈등해결, 관계 개선 등을 포함한다. 개입과정은 폭력 행위자와 피해자를 개별적으로 개입하고, 그 후 안전감과 양쪽의 동의가 있는 경우에 부부 합동상담, 가족상담을 진행하는 것이다.

참고문헌

강진아(2017). 가정폭력을 경험한 부부에 대한 정서중심 부부치료 사례연구. **가족과 가족치료, 25**(3), 419-437.

권영상 외(2004). **가정폭력 전문상담**. 시그마프레스.

김영애, 이영란(2008). 가정폭력 행위자의 심리내적체계 성장을 위한 Satir 변화모델 집단상담 개발. **상담학연구, 9**(1), 259-278.

김유경, 이여봉, 손서휘, 조성호, 박신아(2016). **사회환경다변화에 따른 가족위기 진단과 대응전략**. 한국보건사회연구원 연구보고서.

김정은, 도현심(2018). 부부갈등이 유아의 문제행동에 미치는 영향: 어머니의 분노 및 우울과 학대 및 방임의 매개적 역할. **한국가정관리학회지, 36**(2), 117-134.

노혜련(2003). 가정폭력행위자에 대한 해결 중심적 개별상담의 효과 가능성에 대한 모색: Insoo Kim Berg의 상담사례를 중심으로. **한국가족치료학회지, 11**(1), 179-215.

류정희, 이주연, 송아영, 이근영, 이미진(2016). 생애주기별 학대 · 폭력에 대한 통합적 접근과 정책대응. 한국보건사회연구원 연구보고서.

류정희, 이주연, 정익중, 송아영, 이미진(2017). 생애주기별 학대 경험의 상호 관계성 연구. 한국보건사회연구원 연구보고서.

박우철, 유지연, 오은정(2017). 부부폭력 가족에서 부모 자녀 친밀유형에 따른 아동학대의 차이. 가족과 가족치료, 25(2), 211-225.

박태영, 박소영(2010). 가정폭력에 대한 부부치료 사례분석: 가정폭력 쉼터에 거주하는 부인을 대상으로. 한국가정관리학회지, 28(5), 75-82.

부산여성가족개발원(2015). 아동학대 예방 및 재학대 방지를 위한 상담 · 교육 프로그램 개발. 부산여성가족개발원 연구보고서.

여성가족부(2016). 2016년도 전국 가정폭력 실태조사. 한국여성정책연구원.

여은경, 박부진(2011). 가정폭력 가해 남성을 위한 심상치료 프로그램 개발 및 효과. 한국가족관계학회지, 16(1), 183-210.

염은선, 전영주(2017). 청소년 자녀 문제해결을 위한 부모 상담 사례연구: 부모폭력과 게임 과몰입 청소년 자녀의 부모에 대한 구조적 가족치료 개입을 중심으로. 가족과 가족치료, 25(2), 347-373.

이종원(2010). 가정폭력 피해 여성들의 자아존중감, 자기효능감, 일치적 의사소통 향상을 위한 집단상담 프로그램의 효과. 대한가정학회지, 48(4), 103-107.

장희숙, 황순찬(2017). 부부폭력 가해 여성의 체험: 생존폭력의 맥락적 의미. 가족과 가족치료, 25(4), 883-909.

중앙노인보호전문기관(2015a). 2014 노인학대 현황보고서. 보건복지부.

중앙아동보호전문기관(2015b). 2014 전국아동학대 현황보고서. 보건복지부.

최규련(2014). 가족관계론(2판). 공동체.

최규련(2015). 부부문제와 부부상담. 신정.

최규련(2016). 국내 가정 내 학대문제 실태. 한국상담학회 부부가족상담학회 춘계학술대회 학대가정을 위한 마스터 플랜: 정부-상담사 협력방안자료집, 3-30.

최규련, 유은희, 홍숙자, 정혜정(1999). 가정폭력 예방 및 대처 프로그램 모형개발: 배우자 학대를 중심으로. 대한가정학회지 37(2), 159-173.

최혜정(2012). 부부폭력을 목격하고 자란 자녀의 경험에 관한 연구. 한국가족치료학회지, 20(2), 157-182.

한국가정법률상담소(2018). 가정폭력상담 효과성 조사연구 결과. 가정상담 7월호, 6-21.

Hwajung, C. (2013). 테드) 왜 가정폭력 피해자는 떠나지 않을까. [비디오 파일]. https://www.youtube.com/watch?v=imdWIkawrnM

Miller, S., Miller, P., Nunnally, E. W., & Wackman, D. B. (2007). 부부 대화법 I: 협동적 결혼기술

[*Couple communication I : Collaborative marriage skills*]. 채규만, 최규련 역. 한국심리건강연구소.

Stith, S. M., McCollum, E. E., Rosen, K. H., Locke, L. D., & Goldberg, P. D. (2005). Domestic violence-focused couples treatment, 16, 406-430. In *handbook of cilnical family therapy*. John Wiley & Sons Inc.

Straus, M. A. (1979). Measuring conflict and violence: The conflict tactics scale. *Journal of Marriage and the Family, 40*(1), 75-88.

제 5 장

외도

잠이 든 아기를 조심스럽게 안은 남편과 함께 상담실에 방문한 아내는 상기된 표정으로 상담사에게 호소하였다. 최근에 남편이 회사 동료들과의 회식 자리 이후에 성매매 업소 종사자와 성관계를 했다는 것이었다. 아내는 남편의 행위에 대한 강한 분노와 배신감을 표현하였다. 아내가 이야기하는 동안, 품에 안긴 아기를 자주 바라보던 남편은 다소 위축되어 보였고, 아내의 호소에 별다른 저항이나 반론을 제기하지 않았다. 남편에 따르면, 상담을 받아 보기로 결정하기 전 아내에게 잘못했다며 사과를 이미 여러 번 했지만, 아내의 요청으로 결국 함께 부부상담을 받기로 결정했다고 하였다. 이 부부처럼 외도문제로 상담을 받고자 방문하는 부부들을 상담장면에서 비교적 흔하게 접할 수 있다. 이는 국내 불륜 인구의 규모와도 직접적인 관련이 있다.

1. 외도에 대한 이해

한국 부부의 외도 현황에 대한 최신 통계 자료는 매우 제한적이나, 2015년 서울신문과 마크로밀엠브레인이 공동으로 국내 기혼 남녀를 대상으로 실시한 여론조사에서 기혼자 중 24.2%가 외도 경험이 있는 것으로 나타났다. 이는 2015년 기준으로 국내 불륜 인구는 약 636만 명에 달하는 규모로, 당시 서울 거주 전체 기혼 인구 499만 명을 상회하는 수준이며, 기혼자들의 외도가 얼마나 빈번하게 발생하는지를 보여 준다(유영규 외, 2015). 국내 부부의 외도 비율이 세계 2위라는 외국계 기업의 조사결과도 있다. 외국계 콘돔업체 듀렉스가 여론 조사업체 해리스인터랙티브와 함께 세계 주요 36개국 2만 9,000여 명에게 설문 조사한 결과, 한국인 응답자의 34%가 '외도를 한다.'라고 응답해 미국에 이어 세계 2위를 기록했다고 밝혔다(중앙일보, 2012).

외도에 대해서는 학자마다 일관되지 않은 정의를 제시하고 있고 부부 각자의 정의도 다를 수 있다. 그러나 외도는 보통 배우자와의 관계를 위협할 정도로 배우자 이외의 상대와 성적 · 정서적 차원의 비밀 관계를 가지는 것으로 정의된다(Gordon, Khaddouma, Baucom, & Snyder, 2015; Weeks & Fife, 2014). 외도는 배우자 이외의 상대와 성적인 접촉을 가지는 육체적 외도 이외에도 정서적 외도와 사이버 외도(cyber infidelity)가 있는 것으로 구분하고 있다(Makinen & Ediger, 2011). 정서적 외도는 배우자 이외의 상대와의 성적인 접촉은 없지만, 그 상대에게 쏟는 애정과 시간, 에너지를 포함한 정서적인 유대를 의미한다. 사이버 외도는 컴퓨터나 스마트폰 기기 등을 통해 사이버 세계에 접속하여 성적인 내용을 담은 사진이나 동영상이나 메시지를 교환, 구입, 다운로드하는 경우를 포함한다. 배우자의 사이버 외도 행위로 인해 상처를 받은 아내 혹은 남편들 중 약 4분의 1이 이혼을 하고, 약 3분의 2가 배우자와의 성적인 접촉에 흥미를 잃었다고 보고하고 있을 정도로 사이버 외도는 외도의 최근 경향 중 하나로 자리하고 있다(Gordon et al., 2015; Makinen & Ediger, 2011; Weeks & Fife, 2014).

부부의 외도문제가 심각한 이유는 부부 및 가족관계, 그리고 부부 각자에게 미치는 부정적인 영향이 매우 크기 때문이다. 무엇보다 외도는 배우자에게 심각한 심적인 고통을 남긴다(Weeks & Fife, 2014). 특히 외도를 겪은 배우자는 외상후 스트레스 장애(PTSD)의 주요 증상에 가까운 특징들을 보일 수 있다. 극심한 불안과 우울, 적개심과 두려움을 포함한 부정적인 정서뿐만 아니라 기본적인 세계관이나 인간관이 부정적으로 변화하는 것을 경험할 수도 있다. 즉, '사람이란 절대 믿을 수 있는 존재가 아니구나.' 하고 생각하게 되는 것이다. 상담과정에서 배우자의 외도 사건을 기억해 내면서 외도로 인한 고통을 재경험하기도 하고, 자기 방어전략으로서 외도와 관련된 상황, 느낌, 생각 등을 회피하는 태도를 취하면서 사회관계로부터 철회하거나 정서적으로 스스로를 무감각하게 만들기도 한다. 외도는 배우자뿐만 아니라 그 자녀에게도 부정적인 영향을 미친다. 부모의 외도를 보고 자란 자녀의 경우, 성인이 돼서도 대인기피, 우울, 불안 등의 증상이 나타나기도 한다.

임상 장면에서 외도는 가장 다루기 힘든 부부문제 가운데 하나로 알려져 있다. 상담 과정에서 배신당한 배우자의 분노와 상처, 외도 배우자의 죄책감과 방어가 복잡하게 얽혀 있고, 부부상담사 역시 이러한 강한 정서와 역동을 다루는 데 어려움을 겪을 수 있다. 그러나 연구에 따르면, 외도문제를 겪은 모든 부부가 이혼하는 것도, 장기적으로 부부관계에 항상 부정적인 영향을 미치는 것도 아니다. 외도는 부부 각자에게나 부부관계 자체에 심각하게 부정적인 영향을 미칠 수 있지만, 많은 부부가 외도에 따르는 정서적인 고통과 문제를 성공적으로 극복해 낸다. 따라서 부부상담사는 외도문제가 부부관계를 반드시 심각하게 훼손할 것이라거나 부부 각자에게 반드시 부정적인 영향을 미칠 것이란 선입관을 가질 필요가 없다. 외도가 어느 정도로 심각하게 부부관계에 부정적인 영향을 미치는가, 또는 외도로 인한 부정적인 결과로부터 얼마나 회복될 수 있는가의 문제는 다양한 요인들에 의해 영향을 받는다. 외도와 관련한 다양한 요인들을 제대로 평가해야 하는 이유가 여기에 있다(Gordon, 2015). 구체적인 평가 요인과 개입전략을 소개하기 전에 개입의 이론적 근거를 먼저 살펴보고자 한다.

2. 개입방법에 대한 이론적 근거

외도문제를 어떤 이론적 근거와 관점에서 보고 어떻게 개념화하는가에 따라 치료적 개입의 방향과 개입전략이 달라진다. 첫 번째 관점은 외도를 부부관계에서 발생한 일종의 외상적 사건으로 보고, 배우자의 외도로 인한 스트레스를 트라우마 혹은 외상적 경험으로 개념화하는 것이다. 이러한 관점은 부부상담사로 하여금 외도라는 외상적 경험으로 인해 발생한 인지적 · 정서적 · 행동적 결과와 증상이 무엇인지를 확인하고, 외상적 경험에 따르는 증상의 완화에 도움이 되는 개입방법을 적용하도록 한다. 즉, 외도에 따른 외상적 경험으로 인해 이 세상과 배우자에 대한 기본적인 신뢰와 도식이 뿌리째 흔들리는 경험을 하는 남편 혹은 아내에 대해, 부부상담사는 인지적 측면에서 내담자가 가진 기본적인 신념과 도식을 검토하고 재구조화하여 신뢰감과 통제감을 가질 수 있도록 돕는 것을 목표로 할 수 있다(Gordon et al., 2015).

두 번째 관점은 외도를 애착관계상의 손상(attachment injury)으로 보는 것이다. 애착이론에 따르면, 인간은 애착 대상(기혼일 경우, 배우자)과 강한 정서적인 유대를 맺고 이를 지속적으로 유지하고자 하는 경향이 있다. 안정적인 유대감에 기초한 애착관계는 대상에 대한 친밀감과 안정감, 각종 스트레스에 대한 대처능력을 향상시킨다. 반면, 배우자의 외도 행위는 안정적인 애착관계를 심각하게 위협하거나 손상시킬 수 있다(Makinen & Ediger, 2011). 외도로 인한 애착관계 손상은 배우자에 대한 강한 적개심이나 공격적인 태도 등의 이차적 정서(secondary emotions)를 야기하는 한편, 더 깊은 내면 차원에서는 정서적 상처나 버림받고 배신당한 느낌, 혼자 남겨질 것에 대한 두려움, 사랑받고자 하는 욕구 등의 일차적 정서(primary emotions)를 활성화한다. 정서중심적 부부치료(emotionally focused couple therapy)에서는 애착관계 손상에 의해 활성화된 일차적 정서를 부부 서로가 확인하고 나누도록 함으로써 부부간의 안정적인 애착 관계가 형성되도록 돕는다.

앞에서 설명한 외도에 대한 기본적인 관점을 중심으로 부부의 외도문제에 대한 몇 가지 주요 이론을 살펴보면 다음과 같다.

1) 통합적 행동부부치료

전통적인 행동부부치료(Traditional Behavioral Couple Therapy: TBCT)에서는 부부간 의사소통 기술 훈련과 문제해결 기술 훈련 등의 행동적인 기법을 주로 적용하여 부부 갈등을 다룬다. 반면에 제이콥슨과 크리스텐슨(Jacobson & Christensen, 1996)에 의해 개발된 통합적 행동부부치료(Integrative Behavioral Couple Therapy: IBCT)에서는 외도문제가 부부에게 미치는 정서적인 영향에 초점을 두면서 외도의 원인과 그 의미를 부부가 이해할 수 있도록 돕는다(Atkins, Eldridge, Baucom, & Christensen, 2005).

특히 이 모형에서는 외도를 포함한 부부갈등과 문제의 진행과정을 다음과 같이 설명하고 있다. 결혼 전에는 부부간의 성향이나 성격, 생활 태도상의 차이(difference)가 서로에게 매력으로 다가온다. 그러나 결혼이란 새로운 관계 맥락 속에서 부부의 기본적인 차이는 불편함 혹은 부조화(incompatibilities)라는 새로운 의미로 서로에게 다가온다. 이러한 불편함을 근절할 목적으로 결혼생활에서 각자 나름의 방식으로 배우자에 대한 변화를 시도하지만, 배우자는 기대하는 만큼 잘 따라 주지 않고 처음의 변화 시도는 점점 더 배우자에 대한 강제성을 띤 혐오 자극과 비방의 형태로 변질된다. 강제와 비방으로 상대방의 변화를 시도하면 할수록 부부간의 갈등이 더 증폭되고, 감정의 골이 더욱 깊어져 가면서 성향, 성격 등의 기본적인 차이가 실제보다 더욱 크게 느껴져서 배우자를 절대로 이해할 수 없을 것 같은 양극화(polarization) 상태를 경험한다. 양극화 속에서 서로의 변화 시도가 계속될수록 부부는 이제 본인들의 노력만으로는 옴짝달싹할 수 없는 '공동의 덫(mutual trap)'과 같은 상황에 빠져 버린다. 외도는 부부간 양극화 상태의 결과라 할 수 있으며, 공동의 덫으로부터 벗어나고자 효과적이지 못한 시도를 한 것이라 볼 수 있다(Jacobson & Christensen, 1996).

통합적 행동부부치료에서는 전통적인 행동적 기법만으로는 다룰 수 없었던 부부갈등의 정서적인 측면에 초점을 두면서 부부 서로에 대한 정서적인 수용(acceptance)을 촉진하고, 이를 바탕으로 다양한 행동적 기법들을 적용함으로써 관계의 변화(change)를 추구한다. 배신감이나 불신감이 아무리 심각한 외도문제라 할지라도 상담사는 부부간 서로의 정서적 수용을 촉진하기 위해 정서적인 공감의 분위기가 형성될 수 있도록 돕는다. 배우자가 외도와 관련해서 현재 경험 중이거나 과거에 겪은 고통을 충분히 표현하도록 돕는 한편, 부부가 서로에 대해 지나치게 비난하는 태도를 취하지 않도록 돕는다. 정서적 수용을 촉진하기 위한 두 가지 대표적인 기법은 다음과 같다. 첫째, 상대방을 '적'으로 보기보다 부부간에 '반복되는 갈등의 순서', 즉 상호작용 패턴에 관한 대화를 유도함으로써 문제에 대한 객관적 시각에서 서로에 대한 비난을 감소하도록 돕는 공동 객관화(unified detachment), 둘째, 상담사가 부부 각자의 연약한 감정(soft emotions)을 이끌어 내어 서로에 대한 공감과 수용을 불러일으키는 공감적 연결(empathic joining)이 있다(이진희, 2025; Jacobson & Christensen, 1996).

2) 3단계 통합적 부부치료

3단계 통합적 부부치료는 용서를 통한 개입전략과 인지행동적 접근에 기반을 두고 외도 문제를 다루기 위해 발전되었다(Gordon et al., 2015). 이 통합적 모형은 외도를 배우자의 외상 반응을 일으키는 외상 사건으로 정의하고, 인지행동적 부부치료(Cognitive Behavioral Couple Therapy: CBCT)와 통찰 지향적 부부치료(Insight Oriented Couple Therapy: IOCT)의 두 가지 모형을 바탕으로 용서를 통한 치료적 과정을 촉진한다.

3단계 통합적 모형에서는 각 단계에 따른 치료적 목표 및 개입전략을 제시하고 있다(Gordon et al., 2015).

- 1단계(외도의 충격 다루기): 외도에 따른 부정적인 영향력을 파악하고 인지행동적 개입전략을 사용하여 외도와 관련한 시급한 사안들을 먼저 다루는 것을 목표로 한다.
- 2단계(외도의 의미 탐색하기): 외도 행위나 사건에 영향을 준 요인들이 무엇인지를 탐색하고 외도의 전체적인 맥락과 그 의미를 이해하는 것을 목표로 한다. 목표를 달성하기 위한 개입전략은 인지행동적 접근과 통찰 지향적 접근에 바탕을 둔다.
- 3단계(관계 회복으로 나아가기): 용서를 통한 치료적 과정을 촉진하고, 부부관계를 지속할 것인지에 관한 결정을 내리도록 돕는 것을 목표로 한다.

마지막 단계에서 소개하고 있는 '용서'는 이 모형의 개입전략상 특징으로, 다양한 임상 장면에서 그 치료적 효과에 대한 관심이 높아지는 용서를 외도문제에 적용한 경우라 볼 수 있다(Olmstead, Blick, & Mill, 2009). 용서를 통한 개입은 외도자에 대한 배우자의 적개심이 상담 초기보다 완화되고 서로에 대한 이해가 향상되었을 때 시작하며, 다음의 네 가지 사항을 중심으로 진행한다. 첫째, 1, 2단계의 과정을 통해서 외도에 따른 부정적인 영향력과 외도의 맥락 및 의미를 부부가 이해하게 됨으로써 이제 서로를 용서할 수 있는 시점에 진입했음을 부부에게 설명해 준다. 둘째, 부부가 용서에 대해 어떤 정의를 가지고 있는지 평가한다. 예를 들어, 부부는 용서라는 것이 외도자에게 일종의 면죄부를 주는 행위라고 정의할 수 있겠지만, 이 모형에서는 외도자의 행위를 용서하더라도 외도자가 자신의 행동에 대해 여전히 책임을 지도록 하는 과정이 용서라는 정의를 인식하도록 한다. 셋째, 상담사는 용서할 때와 용서하지 않을 때의 결과를 비교 · 평가할 수 있도록 돕는다. 예를 들어, 용서하지 않을 때 그 결과로서의 적개심은 신체적 · 정서적 건강에 해로운 영향을 미칠 수 있다. 넷째, 적개심이나 부정적인 정서, 부정적인 행동과 신념들이 과연 부부에게 어떤 도움이 되는지를 검토하고, 용서하기를 방해하는 요인들을 다룬다(Gordon et al., 2015).

3단계 통합적 모형의 단점은 다음과 같다. 외도에 따르는 적개심이나 무력감과 같은 부정적인 정서를 다루는 것이 상담과정에서 매우 중요한 부분임에도 불구하고 이에 관한 구체적인 개입방법이나 변화과정에 대한 설명이 부족하다. 더 구체적으로 3단계 모형의 각 단계가 명확하게 설명되어 있지 않다는 점, 외도에 따른 핵심적인 정서(key emotions)가 제대로 다루어지지 않는다는 점, 용서를 통한 개입 이외에 외도의 장기적인 영향력을 다룰 수 있는 개입방법이 구체적으로 제시되고 있지 않은 점 등이 비판점으로 지적되고 있다(Makinen & Ediger, 2011).

3) 정서중심적 부부치료

정서중심적 부부치료에서는 애착이론의 관점에서 외도를 해석한다. 인간은 기본적으로 애착 대상인 배우자와 강한 유대를 맺고 이 관계를 안정적이면서도 지속적으로 유지하고자 하는 경향이 있다. 그러나 배우자의 외도 행위는 안정적인 애착을 향한 기본적인 욕구를 심각하게 훼손함으로써 애착관계의 손상을 야기한다. 외도로 인한 애착관계 손상은 애착 불안을 일으킴으로써 배우자에 대한 강한 적개심과 공격적인 태도, 혹은 무감각해지고 회피적인 태도 등의 이차적 정서를 일으킨다. 반면에 외도로 인해 활성화된 정서적 상처나 깊은 슬픔, 버림받고 배신당한 느낌, 혼자 남겨질 것에 대한 두려움 등의 일차적 정서는 이차적 정서에 의해 감추어진 채 부정적인 상호작용의 패턴 속에 부부관계는 악순환을 거듭한다. 따라서 정서중심적 부부치료에서는 애착관계 손상에 의해 반복되는 부부간의 부정적인 상호작용 패턴 속에서 외도와 관련한 문제가 어떻게 반복되는지 확인한다. 또한 외도로 인해 서로가 주고받는 이차적 정서에 의해 감추어진 깊은 내면의 일차적 정서를 끄집어내고, 이를 서로가 확인하고 나눔으로써 부부간에 긍정적인 상호작용 패턴과 안정적인 애착관계가 형성되도록 돕는 것을 목표로 한다(Makinen & Ediger, 2011).

3. 단계적 개입전략

1) 평가와 사례개념화

부부상담사는 외도문제로 고통을 겪는 부부들을 평가할 때 다음과 같은 요인들을 고려할 필요가 있다. 다음의 평가 요인들 중 일부는 필자가 통합적 관점에서의 부부 · 가족상담 사례개념화에 관한 발표(2015 상담학회 연차대회; 2015 학교상담 학술대회)를 통해서 소개하였는데, 여기서는 외도문제의 맥락에서 각 요인들을 재해석하여 소개하고자 한다.

(1) 호소문제(외도)의 특성

부부상담사는 부부가 호소하는 외도문제가 어떤 특성과 패턴을 가지고 있는지 파악해야 한다. 외도의 특성과 패턴은 호소하는 부부마다 각기 다르다. 즉, 배우자의 외도가 부부 사이에 처음으로 발생한 1회적인 특성을 가질 수도 있고, 과거로부터 계속 반복된 특성을 가질 수도 있다. 외도가 성적인 접촉을 포함할 수도 그렇지 않을 수도 있고, 또는 정서적 외도나 사이버 외도의 특성을 가지고 있을 수도 있다. 외도자가 현재 외도관계를 계속 유지하고 있을 수도, 그렇지 않을 수도 있다. 이러한 특성들은 외상 경험이 재발될 수 있는 상황이 현재 지속되고 있는지, 외상 경험에서 벗어나 정서적인 안정을 되찾을 수 있는 가능성이 어느 정도인지 파악할 수 있는 자료가 되기 때문에 외도문제를 평가할 때 중요한 고려 요인이 된다(Gordon et al., 2015; Olmstead et al., 2009). 상담사는 부부에게 이전의 외도 경험에 대해 질문하고, 만약 있다면 현재와 어떻게 다른지에 대해 평가한다. 이와 함께 부부가 호소하는 외도문제가 시작된 시점과 발달적으로 어떤 변화과정을 겪었는지 발달적 특성을 평가한다.

또한 발달적 맥락과는 상관없이, 외도로 인해 상담사가 즉각적으로 개입해야 할 위기 상황이 있는지에 대해서 평가한다. 외도에 대한 주관적인 관점은 각기 다르기 때문에 외도로 인한 주 호소문제가 부부간에 어떻게 다른지, 외도의 주 원인에 대한 관점이 서로 어떻게 다른지에 대해서도 평가한다(Dupree, White, Olsen, & Lafleur, 2007).

(2) 변화 동기와 협력 의지

부부상담사는 부부가 자신들의 관계를 외도문제 이전으로 회복하고 변화하고자 하는 동기가 어느 정도인지, 그리고 상담과정에 협력할 의지가 어느 정도인지 평가하여 상담의 방향을 설정해야 한다. 해결중심 단기치료 이론의 세 가지 내담자 유형(고객형, 불평형, 방문형)을 적용하여 변화 동기 및 협력 의지를 평가해 볼 수 있다. 외도자와 배우자가 모두 변화 동기 및 협력 의지가 높은 고객형일 수도 있지만, 남편 혹은 아내가 동기나 의지가 높아도 전적으로 배우자의 잘못으로 귀인하는 불평형 내담자이거나 부부상담의 필요성에 대한 인식이나 동기와 의지 자체가 약한 방문형 내담자일 수도 있다. 따라서 모든 부부를 고객형으로 간주한 채 상담을 진행해서는 안 되며, 외도자와 그 배우자가 어떤 유형의 내담자에 가까운지 각자의 변화 동기와 협력 의지를 평가해야 한다. 특히 남편이나 아내가 방문형일 경우, 변화 동기와 협력 의지의 수준이 낮기 때문에 그 동기와 의지 수준 자체를 먼저 다루어 주는 것이 필요하다(Dupree et al., 2007).

(3) 상호작용 패턴

부부상담사는 외도로 인해 부부가 어떤 형태로 부정적인 상호작용 패턴을 반복하고 있는지 평가한다. 외도문제로 인해 고통을 겪는 부부는 정서적 · 인지적 · 행동적 차원에서 부정적인 상호작용을 지속적으로 반복하여 그 부부만의 독특하고도 고정된 패턴을 형성한다. 이러한 상호작용 패턴은 외도에 따르는 다양한 문제나 증상을 그대로 유지시키거나 심지어 더 악화시키기도 한다. 부부상담사는 부부가 어떤 형태로 부정적인 상호작용 패턴을 반복하고 있는지 확인하고, 이 관계 패턴의 맥락 속에서 부부와 외도문제를 논의함으로써 문제와 거리를 두고 서로에 대한 비난을 감소하도록 돕는다(이진희, 2025; Jacobson & Christensen, 1996). 부부간에 반복되는 부정적인 상호작용 패턴은 남편과 아내가 각자 고수하고 있는 경직된 역할 및 포지션과도 밀접한 관련이 있다.

(4) 역할과 포지션

부부상담사는 외도로 인해 반복되는 부정적인 상호작용 패턴 속에서 외도자와 그 배우자가 각자 어떤 역할과 포지션을 담당하고 있는지 파악할 필요가 있다. 부부관계에서의 전형적인 포지션은 접근자 대 회피자(혹은 비난자 대 위축자)로서 배우자의 외도로 인해 심각한 트라우마를 경험한 아내나 남편은 비판적 · 공격적인 태도를 취하면서 접근자 역할을 하는 경향이 있다. 반면, 외도자는 배우자의 공격적인 태도에 방어적인 태도를 취하고 가급적 거리를 두면서 회피자의 역할을 한다. 부부 각자는 부부관계에서 특정한 역할과 포지션을 경직된 형태로 계속 고수함으로써 결과적으로 부정적인 상호작용 패턴이 지속적으로 반복되는 상황에 기여한다.

(5) 정서적 특성

부부상담사는 외도문제로 인해 촉발된 부부의 정서적 특성을 평가한다. 즉, 배우자의 외도를 알게 된 후 어떤 정서를 지배적으로 경험해 왔는지, 자신의 외도를 배우자가 알게 된 후 외도자의 주된 정서는 어떤지 등을 평가한다. 예를 들어, 외도자나 배우자는 수치감, 두려움, 적개심, 거부받은 느낌, 거리감, 위축감 등의 다양한 정서를 경험할 수 있는데, 부부상담사는 어떤 유형의 지배적인 정서가 부정적인 상호작용 패턴을 지속시키는 데 기여하고 있는지 파악한다. 현재의 상호작용 패턴에 기여하는 이차적 정서 외에도 부부상담사는 더 깊은 차원의 일차적 정서를 확인해야 한다. 정서중심적 부부치료(Makinen & Ediger, 2011)나 통합적 행동부부치료(Jacobson & Christensen, 1996)의 관점에서 보면, 부정적인 상호작용 패턴에 기여하는 이차적 정서(secondary, hard emotions) 이면에는 외로움, 사랑받고 싶은 마음과 같은, 보다 깊은 수준의 일차적 정서(primary, soft emotions)가 자리하고 있다. 부부상담사는 부부 각자에게 숨겨진 일차적 정서를 발견하고, 배우자의 일차적 정서를 확인 및 수용하도록 도움으로써 부부간의 새로운 상호작용을 촉진할 수 있다.

(6) 장점 및 자원

부부상담사가 외도문제의 탐색에만 집중하게 되면 부부가 이미 소유하고 있고 활용할 수 있는 자원과 장점, 잠재력보다 문제 자체가 더 커 보이면서 문제에 압도당할 수 있다. 또한 문제에 과도하게 초점을 둔 상담 분위기에 의해 부부간의 부정적인 상호작용 패턴이 더 심화될 수 있다. 따라서 부부상담사는 부부 각자와 그 부부 체계가 가진 장점과 자원이 무엇인지, 외도문제 이면의 긍정적인 측면은 어떤 것들이 있는지 확인할 필요가 있다. 해결중심 단기치료 관점에서의 예외질문이나 대처질문 등을 통해 문제가 발생하지 않았던 예외 상황이나 대처 자원 및 긍정적인 면을 발견하고 이를 확장해 나갈 수 있다. 특히 첫 상담에서 외도와 관련한 문제 탐색에 과도하게 집중하기보다는 긍정적인 관점에서 자원과 장점을 찾고자 하는 질문을 함으로써 부부간 감정적인 격화가 심해지는 것을 예방하고 다음 회기에 희망감을 가지고 재방문할 수 있는 맥락을 만들어 줄 수 있다(이진희, 2025; Gordon et al., 2015).

(7) 다세대 관계 맥락

부부상담사는 부부의 원가족을 포함한 다세대 관계 맥락에서도 외도문제를 조망할 필요가 있다. 현재 호소하고 있는 외도문제와 유사한 특성이 다세대 맥락에서 반복되는 양상이 있는지, 외도의 원인과 관련한 요인을 다세대 맥락에서 찾을 수 있는지 평가한다. 외도자가 자신의 원가족과의 관계에서 제대로 해결하지 못한 정서적 문제의 결과로서 외도가 발생 및 지속될 수 있으므로 부부상담사는 이를 염두에 두어야 한다. 부부관계상에서 발생한 문제라고 해도 관계의 맥락을 원가족을 포함한 다세대로 확장시킴으로써 부부의 부정적인 관계 패턴에 기여하는 요인을 보다 확장된 맥락에서 찾을 수 있다. 다세대 관계 맥락에서 과거의 미해결 과제 혹은 충족하지 못했던 욕구가 부부 각자의 현재 행동과 선택에 어떻게 영향을 미치고 있는가를 이해하는 것은 외도자가 왜 외도 행위를 선택했는가의 원인뿐만 아니라 그 배우자가 외도문제에 대해 왜 특정한 방식으로 반응하는가를 이해하는 데에도 중요한 요인이다. 부부상담사는 외도와 관련한 문제의 특성이나 특정 경험, 관계의 특성 등이 다세대 맥락에서 발견되는지 평가한다(Gordon et al., 2015).

2) 상담목표와 주요 개입전략

외도로 인해 고통을 겪는 부부와의 상담에서 상담사는 외도로 인해 반복되는 부부간의 부정적인 상호작용 패턴을 중단시키고 긍정적인 상호작용 패턴으로 전환시키는 것을 상담목표로 삼을 수 있다. 상담목표의 성취를 위해 상담사는 부정적인 상호작용 패턴이 어떤 양상으로 반복 및 유지되며, 이에 영향을 미치는 요인들이 무엇인가를 파악하는 것이 중요하다. 앞에서 기술한 평가 요인들은 외도로 인한 부정적인 상호작용 패턴에 영향을 주는 요인들로서 정서적 · 인지행동적 측면을 포함한 통합적 관점에서 다양한 개입전략을 적용함으로써 긍정적인 상호작용 패턴으로 전환하도록 도울 수 있다.

(1) 상담 초기

상담 초기의 목표는 앞에서 기술한 요인 및 영역들을 평가하여 치료적 개입을 위한 자료를 수집하는 것뿐만 아니라 상담사가 중립적인 태도를 유지하면서 부부 모두와 신뢰감을 형성해 나가는 것이다. 외도문제로 방문한 부부의 전형적인 모습은 외도자는 위축되어 있으면서 상담과정에 최소한의 참여 수준을 보이는 반면, 그 배우자는 외도자를 비난하면서 정서적으로 격앙된 모습을 보이는 것이다. 이러한 비난자 대 회피자의 경직된 역할은 부부간에 반복되는 부정적인 패턴을 지속시킨다. 따라서 상담사는 상담 초기에 회피자의 역할을 하는 외도자가 상담과정에 좀 더 적극적으로 참여할 수 있도록, 그리고 그 배우자가 정서적으로 덜 격앙된 태도를 가지면서 상담과정에 효과적으로 참여할 수 있도록 도울 필요가 있다. 이를 위해 상담사는 배우자에 대한 적절한 공감을 통해 감정의 강도를 완화시킴과 함께 외도자를 비난하는 대신 중립적인 태도를 유지하면서 외도문제를 관계 패턴의 맥락하에 둘 필요가 있다(Dupree et al., 2007).

① 부정적인 상호작용 패턴에 대한 자각 촉진

부부상담사는 기본적으로 체계론적 관점에 바탕을 두고 상담을 진행하지만, 특히 외도문제와 관련해서 상담사는 중립적 · 비판단적인 태도를 유지하면서 체계론적 관점에서 상담을 진행할 필요가 있다. 외도자에 대해서 상담사가 지나치게 판단적인 태도를 취하거나 부정적인 감정을 드러낸다면 이는 외도자로 하여금 상담을 그만두도록 하는 주요 요인이 된다. 미국의 외도 상담 프로젝트에 참여한 외도자들에 따르면, 상담을 계속 지속할 것인가 결정하는 데 있어서 상담사의 편향된 태도가 매우 중요한 요인이었다고 보고했다. 외도자의 배우자들 역시 상담사가 자신들에 대해 지지적인 태도를 취하더라도 이러한 편향된 태도 자체가 상담을 지속하기를 거부하는 결과를 낳을 수 있다고 보고하였다(Gordon et al., 2015). 따라서 부부상담사는 외도문제를 대할 때 체계론적 관점에서 중립적 · 비판단적 태도를 가지는 것이 중요하다.

체계론적 관점에서 중립적인 태도를 유지하면서 평가 및 개입을 하기 위해 부부상담사는 부부간의 부정적인 상호작용 패턴에 초점을 둔다. 부부가 어떤 식으로 부정적인 상호작용을 반복하고 있는지, 즉 상대방의 태도나 행동에 대해 어떤 정서적 · 인지적 · 행동적 반응을 보이는지, 그 반응에 대해 남편이나 아내는 다시 어떤 반응을 보이는지를 파악한다. 서로의 반응에 대한 반응들이 외도문제와 관련해서 어떻게 부정적인 패턴을 만들어 내는지 확인하고 서로 주고받는 이 반복되는 패턴에 대해서 외도자와 배우자가 자각하도록 돕는다. 따라서 상담 초기 단계에서의 목표는 외도문제를 부부 사이에 주고받는 부정적인 상호작용 패턴의 맥락하에 두고, 이러한 상호작용 패턴 자체를 모두가 힘을 합쳐 대항해야 할 대상으로 설정하는 것이다(Makinen & Ediger, 2011). 이렇게 함으로써 부부상담사는 중립적인 태도를 취하면서 외도문제를 다룰 수 있을 뿐만 아니라, 외도자로 하여금 자신이 비난받고 있다는 느낌을 최소화하면서 상담을 지속할 수 있는 여지를 주며, 부부가 상담 전에 정의하고 있던 '문제'와 거리를 두면서 서로에 대한 비난을 줄여 나가도록 도울 수 있다.

② PTSD 증상과 대처방법에 대한 인지행동 교육

외도는 배우자에게 깊은 트라우마를 불러일으킬 수 있는 외상성 사건으로서 PTSD와 관련한 증상들을 야기할 수 있다. 예를 들어, 외도문제를 다루는 상담과정 동안 남편 혹은 아내는 외도를 처음 알게 된 당시의 고통을 재경험할 수도 있고, 일상생활에서의 사소한 대화나 사건이 외도를 연상시키는 단서가 되어서 트라우마가 재생될 수도 있다. 따라서 외도가 단순한 사건이 아니라 하나의 심각한 외상성 사건으로서 기능할 수 있음을 외도자가 알지 못한다면 배우자의 정서적 · 행동적 반응은 이해 불가한 일이 되기 때문에 결과적으로 부부간 부정적인 상호작용 패턴이 더 강화되는 요인이 될 수 있다. 부부상담사가 상담 초기에 외도가 배우자에게 어떤 외상적 반응들을 야기할 수 있는지에 관해 PTSD의 주요 증상들을 바탕으로 설명을 제공함으로써 외도자는 외도로 인한 배우자의 반응과 그 트라우마의 깊이를 이해할 수 있는 계기를 만들 수 있다(Gordon et al., 2015).

③ 개인상담 회기의 적절한 활용

외도문제를 다룰 때 부부 모두가 참여하는 부부 단위의 합동상담을 기본으로 하지만, 남편 혹은 아내와의 개인상담 회기를 통해 특정한 문제들을 다루는 것이 더 유용한 맥락들이 있다. 예를 들어, 현재 외도 행위나 외도 상대와의 연락을 지속하고 있는지 등 외도자가 배우자 앞에서 밝히지 못했던 외도관계의 특성에 관한 민감한 정보를 확인할 필요가 있는 경우, 배우자와의 관계를 회복하고 결혼 관계를 지속하고자 하는 의지나 상담과정에의 협력 의지를 재확인해야 할 경우, 외도문제와 관련하여 부부간에 나누는 대화가 심하게 격화될 경우, 상담사가 외도자 혹은 그 배우자에 대해 정서적인 지지와 공감을 제공할 필요가 있는 경우, 부부 단위의 상담에서는 잘 드러나지 않던 정서들을 배우자가 없는 상황에서 스스로 자각하고 상담사에게 표현할 수 있는 기회를 주고자 할 경우, 죄책감이나 수치감 등의 정서를 더 명확히 자각하고 합동상담에서 배우자에게 자신의 일차적 정서를 적절하게 표현하도록 도울 필요가 있는 경우에 개별상담으로 전환하여 상담을 진행할 수 있다.

(2) 상담 중기

상담 중반기에 다다르면, 외도자의 배우자는 이차적 정서 이면의 일차적 정서를 초기 단계에 비해 더 많이 드러내기 시작한다. 외도자에게 표현했던 강한 적개심 이면의 상처, 무기력감, 버림받은 느낌, 공포감 등의 일차적 정서가 더 명확하게 표현될 수 있도록 상담사가 공감적 반응을 통해 도울 필요가 있다. 배우자로부터 일차적 정서와 좌절된 애착 욕구가 더 명확히 표현될수록 자신의 외도 행위에 대해 막연한 부적절감과 위축감을 가지고 있었던 외도자 역시 초기 단계에 비해 배우자의 정서적 고통을 있는 그대로 이해하고 받아들일 수 있는 폭이 더 넓어진다. 외도자가 지속적으로 방어적인 태도를 취하면서 배우자의 입장과 고통을 있는 그대로 이해하는 데 힘들어한다면, 외도자는 주로 경청을 하되 적절한 맥락에서 배우자가 표현한 내용을 어떻게 이해했는지 요약해 보거나 어떤 느낌일지 추측해 보도록 요청할 수 있다. 과거에 배우자가 현재 표현하고 있는 감정과 유사한 감정을 경험한 적이 있는지 탐색해 볼 수도 있다. 예를 들어, 청소년기에 새 학교로 전학 가게 되어 고통스러운 소외감과 거부감을 느낀 경험이 있다면, 당시의 감정을 회상해 보도록 도움으로써 외도자는 자신으로부터 상처받고 거부당한 배우자의 현재 감정을 좀 더 정서적으로 공감해 보도록 도울 수 있다. 외도자가 배우자의 정서적 고통에 대해 공감할수록 정서적인 차원에서 상담과정에 더 적극적으로 참여하게 되고 외도 행위에 대한 자신의 책임을 더 인식하게 된다. 이 과정에서 상담사는 외도자가 배우자의 고통에 대한 진심 어린 공감과 자신의 외도 행위가 초래한 결과에 대해 배우자에게 직접적으로 전달할 수 있도록 돕는다. 외도자가 배우자의 고통을 공감적으로 느끼고, 정서적 공감이 배우자에게 명확히 전달되며, 고통을 초래한 자신의 행위에 대한 책임 의식을 느끼고 있다면, 부부상담사는 진심 어린 사과의 표현이 배우자에게 직접적으로 전달될 수 있도록 돕는다. 배우자의 고통에 대한 진솔한 공감과 사과의 분위기가 형성이 되고 배우자가 이를 진심으로 받아들일 때, 외도자에 대한 용서를 고려할 수 있는 관계적 맥락이 비로소 마련된다(Gordon et al., 2015; Makinen & Ediger, 2011).

외도자의 외도 행위는 과거 발달과정상에서 자신이 충족하지 못했던 욕구를 충족하고자 하는 시도에 의해 시작될 수 있다. 예를 들면, 청년기에 이성으로부터 성적으로 거부당한 경험이 있는 남성은 스스로를 이성으로부터 사랑받지 못하는 자로 규정하면서 결혼생활에서도 거부당하고 버림받은 느낌을 가질 수 있고, 이런 느낌을 해소하기 위해 성적인 외도를 선택할 수도 있다. 따라서 발달적 관점에서 남편과 아내 각자의 개인 발달 과정을 탐색하고 해결하지 못했던 과제나 충족하지 못했던 욕구가 외도문제에 어떤 영향을 미치고 있는지 평가할 필요가 있다. 이를 통해 외도자가 외도 행위를 선택한 이유, 배우자가 외도문제에 특정한 방식으로 반응하는 이유에 관한 이해와 통찰을 촉진할 필요가 있다. 특히 외도 행위에 영향을 미치는 발달 과정상의 요인을 함께 이해해 나가고 과거와 현재 사이의 연결성 및 패턴을 보도록 함으로써 외도에 대한 인지적 재구조화(reframing)가 이루어져 외도의 의미를 과거의 맥락하에 새롭게 이해하고 부부관계의 새로운 의미를 재정의할 수 있도록 돕는다. 과거 맥락에서의 새로운 이해를 통해 부부는 서로 간의 공감적 분위기를 향상시킬 수 있을 뿐만 아니라 외도자는 외도 이외에 자신의 미해결 욕구를 충족시킬 수 있는 새로운 행동을 선택할 수 있는 능력 또한 향상시킬 수 있다. 즉, 과거의 영향력을 탐색하는 것은 부부가 서로의 취약성과 일차적 감정을 더 깊게 이해하도록 해서 부부간에 공감과 연민을 촉진하는 계기가 될 수 있다.

(3) 상담 말기

외도자의 공감을 바탕으로 한 진심 어린 사과가 배우자에게 수용되기 시작할 때, 부부간에는 상담 이전과는 다른 새로운 상호작용 패턴이 시작된다. 외도자에 대한 적개심과 비난, 이에 대한 외도자의 위축감과 회피를 중심으로 반복되던 부부간의 부정적인 상호작용은 좌절된 애착 욕구를 확인한 후 진솔하게 전달된 공감과 사과의 표현, 그리고 배우자의 수용적 반응을 중심으로 새롭게 재구성된다. 부부가 외도로 인한 부정적인 상호작용 패턴에서 벗어나 긍정적인 방식으로 새로운 상호작용을 해 나갈 수 있을 때 상담의 종결을 논의해 볼 수 있다. 긍정적인 상호작용 패턴으로 전환하는 데에 가장 큰 영향을 미치는 요인은 서로에 대한 정서적인 수용이다. 외도 맥락에서의 정서적인 수용은 외도자의 배우자 고통에 대한 공감, 진심 어린 사과와 반성, 그리고 배우자의 용서를 포함한다. 따라서 부부간의 정서적인 수용 혹은 용서의 과정이 마무리되는 시점이 종결을 고려할 시점이라 할 수 있다.

4. 사례연구: "당신의 외도로 난 버림받고 비참한 느낌이야!"

서론에서 잠시 소개했던 부부는 결혼 2년 차로 30대 맞벌이 부부이다. 첫 상담 회기에 부부는 14개월 된 영아 자녀를 데리고 왔으며, 상담 초기 남편과 아내가 잠자고 있는 아기를 번갈아서 돌보기도 하였다. 주 호소문제는 최근에 남편이 회식 자리 이후에 직장 동료들과 함께 성매매 업소 종사자와 성관계를 했다는 것이었다. 아내는 최근 직장에서의 과도한 업무와 육아 등으로 스트레스가 높은 상태였으며, 남편의 외도로 인한 적개심과 배신감을 상담과정에서 호소하였다. 반면, 남편은 직장 생활 5년 차 회사원으로 한창 회사 일이 많아지는 시기라 스트레스가 높은 만큼 회식 참여도 최근에 더 잦은 편이라고 하면서 다소 위축된 태도를 보였다. 1차 회식 자리를 마치면 보통 밤 9시에서 10시 사이가 되며, 회사 분위기상 회식은 절대 빠질 수 없다고도 하였다.

아내는 남편이 처음으로 외도는 했지만, 이혼까지 갈 생각은 없다고 하였다. 그러나 남편의 사과를 한 번에 받아들여 줄 정도로 마음의 여유가 있는 것은 아니라고 하였다. 아내는 남편의 직장 스트레스와 잦은 회식 참여가 같은 직장인으로서 이해되기는 하나 어떻게 외도까지 할 수 있는지 이해가 가지 않는다고 하였다. 또한 남편이 집에 있을 때에도 핸드폰 게임이나 온라인 쇼핑에만 몰두하면서 부부로서 함께할 수 있는 활동이나 시간이 이전에 비해 많이 없어졌다고 불만을 토로하였다. 만약 관계가 이전보다 더 개선이 된다면 아내는 이전보다 남편과 대화를 더 자주 하고, 영화나 여행 등 함께 즐길 수 있는 것들을 찾아 남편과 재미있게 함께하고 싶다고 하였다. 남편은 상담을 통해서 자신의 외도로 인한 아내의 고통이 경감되기를 바라며, 관계 개선을 위해 그간 서로 말로만 해 왔던 것들을 상담을 통해 좀 더 명확한 방향으로 실천해 나갔으면 하였다.

아내의 부모는 현재 따로 살고 있으며, 여동생과 함께 근처에 살고 있는 아버지는 아침마다 아이를 돌봐 주신다고 하였다. 아내가 고등학교 재학 시절, 아버지의 외도로 인해 부모 간의 갈등이 심했으며 두 분이 별거한 이후에 대학은 큰 이모 댁에서 다녔다고 한다. 아버지의 외도를 경험했던 당시, 마치 "버려진 느낌"이었다고 아내는 표현하였다. 무뚝뚝한 아버지와 순종적인 어머니 밑에서 자란 남편은 부모님을 "전형적인 경상도 부부"라 표현하였다. 남편이 20대 시절, 아버지가 직장에서 갑작스럽게 해고된 이후 그 충격으로 전국을 2년 이상 떠돌아다니다가 이후에 겨우 한 회사에 취업하게 되면서 정착을 하였다고 한다.

결혼 2년 차의 맞벌이 부부가 영아기의 첫 자녀를 키우고 있으므로 발달적으로 볼 때, 당연히 과중한 발달적 과제가 부부에게 부과되는 시기라 볼 수 있다. 어떤 부부라도 부부간에 심한 갈등을 겪을 가능성이 매우 높은 시기에 최근에 발생한 남편의 외도 사건은 부부상담을 요청하게 된 결정적인 계기가 되었다. 먼저, 남편 외도의 특성상 만성적 혹은 습관적 외도가 아니라 단회성 외도라는 점, 남편과 아내 모두 관계 개선에 대한 의지가 높은 내담자란 점에서 부부상담의 예후를 긍정적으로 평가해 볼 수 있다. 부부의 주된 역할과 포지션은 비난자(아내) 대 회피자(남편)로서 외도문제로 방문하는 부부들의 전형적인 패턴을 보이고 있다. 비난자 대 회피자로서의 고정된 포지션을 바탕으로 반복되는 부부간의 부정적인 상호작용 패턴은 과중한 발달적 과제로 인한 스트레스, 외도로 인한 배신감, 적개심, 수치감 등의 부정적인 감정들에 의해 지속적으로 유지 및 악화되고 있다고 볼 수 있다.

상담 초기에 상담사는 회피자 역할의 남편이 상담과정에 좀 더 적극적으로 참여하고, 비난자 역할의 아내가 정서적으로 덜 격앙된 태도를 가지면서 효과적으로 참여할 수 있도록 하는 데 초점을 두었다. 이를 위해 상담사는 남편을 일방적으로 비난하는 대신에 외도문제를 관계 패턴의 맥락하에 두고, 부부간에 반복되는 부정적인 상호작용 패턴에 의해 현재의 문제가 더 유지되거나 악화되고 있음을 자각하도록 하였다. 아내와의 개별회기에서는 아내의 정서에 대한 공감을 통해 감정의 강도를 완화시키고자 하였고, 남편과의 개별회기에서는 외도의 구체적인 상황 및 외도관계의 특성에 관한 정보와 함께 부부관계 회복의 의지와 상담과정에의 협력 의지를 재평가하였다. 다시 부부와의 합동회기에서는 중립적인 태도로 감정 · 사고 · 행동의 측면에서 연쇄적으로 반복되는 둘 간의 관계 패턴에 초점을 두면서 탐색하였다.

상담 중기에는 관계 패턴의 맥락하에서 아내가 표현한 적개심 등의 표면적인 감정 이면의 일차적 정서가 좀 더 명확히 드러나도록 하고, 외도자인 남편이 아내의 정서적 고통을 있는 그대로 이해하고 받아들일 수 있도록 촉진하였다. 아내는 남편의 외도와 관련한 깊은 수준의 정서를 남편 앞에서 드러내기 다소 꺼렸기 때문에 아내와의 개별회기를 통해 스스로 일차적 수준의 정서를 명확히 자각하고 상담사에게 표현할 수 있는 기회를 먼저 주었다. 아내는 남편의 외도로 인한 상처와 배신감, 그리고 과거에 아버지의 외도로 인해 이미 경험했던 버림받은 느낌을 표현하였다. 개별회기에서의 상담사 공감을 통해 드러나기 시작한 이러한 일차적 감정들은 부부 단위의 상담에서 남편 앞에서 조금씩 표현되도록 촉진하였다. 아내의 깊은 감정들이 상담과정에서 표현될 때, 그 감정을 남편의 눈을 바라보며 남편에게 직접적으로 표현하도록 하였다. "당신이 외도한 사실을 처음 알았을 때, 난 정말 옛날에 느꼈던 그 버림받고 비참한 느낌을 다시 느꼈어!" 상담 초기, 자신의 외도에 대해 막연한 위축감을 가지고 있던 남편은 관계 패턴에 초점을 둔 탐색과정을 거치면서 상담과정에 좀 더 적극적으로 참여하는 포지션을 취했기 때문에 아내로부터 직접 들은 아내의 정서적 고통을 단지 회피하기 위한 차원이 아니라 진심으로 있는 그대로 이해하고 공감하려는 태도를 보여주었다. 남편이 그간 표면적으로만 인식했던 아내의 심적 고통을 마음으로부터 받아들이기 시작하면서 남편 자신의 진심 어린 이해와 공감이 아내에게도 직접적으로 전달될 수 있도록 하였다. 막연한 위축감과 회피적인 태도에서 벗어나 외도 행위에 대한 자신의 책임을 더 명확하게 인식하게 되면서 남편은 아내에게 진심이 담긴 사과의 표현이 전달될 수 있도록 하였다. 아내는 “이제야 남편의 진심이 느껴지는 것 같다.”라면서 사과를 받아들였다.

남편의 공감과 사과를 아내가 수용하면서 부부간에는 이전과는 다른 새로운 상호작용이 시작되었다. 비난자 대 회피자로서 서로에 대한 비난과 공격, 회피와 위축을 반복하던 패턴은 서로의 고정된 역할 뒤에 감추어진 심적 고통과 취약한 정서, 좌절된 애착 욕구를 확인하면서 급격하게 감소하였다. 남편과 외도 행위를 동일시하면서 적개심을 표출했던 아내는 남편을 비난하던 태도가 이전보다 많이 수그러들었고, 위축되었던 남편도 아내의 심정을 살피면서 전보다 적극적으로 아내와 소통하는 모습을 보여 주었다. 남편의 외도 행위가 이전과 유사한 상황에서 다시 일어날 수 있는 가능성을 차단하기 위해 외도 당시의 상황을 구체적으로 파악하고, 유사한 상황에서 어떻게 행동적으로 대처할 수 있는지에 관해 남편과 논의하였다. 행동적인 대처방안이 구체적으로 마련되고, 부부간의 새로운 상호작용이 안정화되어 갈 때 모두의 합의하에 상담의 종결 시점이 논의되었다.

5. 외도를 다룰 때 상담사가 유의해야 할 점

부부간 외도의 문제는 일반적인 부부문제와 비교할 때 여러 면에서 다른 특성을 가지고 있다. 외도문제로 고통을 겪는 부부를 대상으로 개입할 때, 부부상담사는 다음과 같은 특수한 요인을 고려하면서 접근할 필요가 있다.

1) 문화적 · 종교적 배경과 외도에 대한 관점

부부상담사는 부부가 어떤 관점에 기초하여 외도를 바라보고, 어떻게 외도를 정의하는가의 요인을 고려해야 한다. 부부가 어떤 문화적 · 종교적 배경을 가졌는가에 따라 외도를 다르게 정의하고, 배우자의 외도에 대한 허용 범위가 다르다. 예를 들어, 성매매를 외도로 정의할 수도, 그렇지 않을 수도 있다. 20세 이상 성인 남녀 1,090명을 대상으로 진행한 성생활에 관한 설문조사 결과에 따르면, 남성 응답자의 40.5%, 여성 응답자의 15.1%가 ‘성매매는 외도가 아니다.’라고 답했다. 성매매를 외도로 정의하는가의 여부는 실제 외도 경험과도 관련이 있어서 ‘성매매는 외도가 아니다.’라고 답한 응답자 중 외도 경험자는 43.3%인 데 비해 ‘성매매는 외도이다.’라고 답한 응답자 중 외도 경험자는 20.8%였다(송윤경, 2016). 문화적 · 종교적 배경에 따른 외도에 대한 관점은 외도자가 외도를 시작하게 된 계기와 연관이 있을 뿐만 아니라 배우자의 외도로 인한 외상 경험으로부터 회복하는 능력에도 영향을 준다 (Dupree et al., 2007; Gordon et al., 2015).

2) 외도에 관한 성별 차이

부부상담사는 외도에 관한 성별의 차이를 염두에 둘 필요가 있다. 국내 기혼자들을 대상으로 한 불륜에 관한 설문조사 결과에 따르면, 남편이 업무상 알게 된 여성과 성관계를 가질 경우에 아내는 어떻게 해야 하는지 묻는 질문에 남성 응답자의 76.9%는 '어떤 경우든 용납할 수 없다.'라고 답했고, 23.1%는 '경우에 따라 용납할 수 있다.'라고 답한 반면, 아내가 업무상 알게 된 남성과 성관계를 가질 경우에 남편이 어떻게 해야 하는지 묻는 질문에 남성 응답자의 88.1%가 '어떤 경우든 용납할 수 없다.'라고 답했고, 11.9%만 '경우에 따라서는 용납할 수 있다.'라고 답했다(유영규 외, 2015). 설문조사 결과에서 보여 주는 것처럼, 사회적으로 남성의 외도에 비해 여성의 외도를 더 비수용적으로 바라보면서 "여성의 외도는 절대 용서할 수 없다."라는 차별적 태도를 가지는 경향이 있다. 이러한 사회적 시각과 맥락으로 인해 가정에서 아내의 외도문제가 있을 경우, 죄책감이나 우울 등의 부정적인 감정의 강도나 부부의 이혼 의사가 남편의 외도문제를 가진 가정에 비해 훨씬 더 강렬한 경향이 있다.

외도의 동기 또한 성별상의 차이가 있다. 여성의 외도는 남성에 비해 육체적인 성관계 자체보다는 외도 대상자와 정서적인 애착관계를 맺고자 하는 동기에서 시작되는 경향이 더 많다. 따라서 외도를 시도하는 여성은 현재 배우자와의 정서적 애착관계에 대해서 외도하는 남성에 비해 더 큰 불만족과 실망감을 경험하는 반면, 자신의 외도 대상자와는 정서적으로 더 밀착되어 있을 가능성이 높다. 부부상담사는 성별상의 차이에 따른 이와 같은 특성을 염두에 두고, 외도관계가 아내 혹은 남편 개인에게 서로 다른 의미를 줄 수 있음을 고려하면서 상담을 진행해야 한다(Brand, Markey, Mills, & Hodges, 2007; Gordon et al., 2015).

6. 나가는 말

앞서 언급했듯이, 국내 불륜 인구의 규모가 총 636만 명에 달하고, 국내 부부의 외도 비율이 세계 2위라는 보고가 있을 만큼 국내 부부의 외도문제는 심각하다. 부부 및 가족관계 그리고 부부 각자에게 미치는 외도의 부정적인 영향이 매우 큰 반면, 임상 장면에서 외도는 가장 다루기 힘든 부부문제 가운데 하나로 알려져 있다(Weeks & Fife, 2014). 그러나 부부상담사는 외도문제가 부부관계를 반드시 심각하게 훼손할 것이라는 선입관을 가지기보다는 외도에 따르는 부정적인 관계 패턴에 영향을 미치는 다양한 요인들을 정확히 평가하고 적절하게 개입함으로써 관계의 개선을 촉진할 수 있다.

참고문헌

송윤경(2016. 08. 01.). 한국 남성 절반 "외도 경험 있다" … 평생 외도 상대 수 12.5명. **경향비즈**. http://biz.khan.co.kr/khan_art_view.html?artid=201608011112001

온라인 중앙일보(2012. 01. 04.). 외도하는 상대방 2위 성매매 종사자, 1위가…. **중앙일보**. https://news.joins.com/article/7053278

유영규 외(2015. 09. 13.). 기혼자 24% · 월급 700만원 이상 52% '외도'… 불륜의 통계. **서울신문**. http://www.seoul.co.kr/news/newsView.php?id=20150914002003

이진희(2025). **부부치료: 이론과 실제**. 학지사.

Atkins, D. C., Eldridge, K. A., Baucom, D. H., & Christensen, A. (2005). Infidelity and behavioral couple therapy: Optimism in the face of betrayal. *Journal of consulting and clinical psychology, 73*(1), 144-150.

Brand, R. J., Markey, C. M., Mills, A., & Hodges, S. D. (2007). Sex differences in self-reported infidelity and its correlates. *Sex roles, 57*(1-2), 101-109.

Dupree, W. J., White, M. B., Olsen, C. S., & Lafleur, C. T. (2007). Infidelity treatment patterns: A practice-based evidence approach. *The american journal of family therapy, 35*(4), 327-341.

Gordon, K. C., Khaddouma, A., Baucom, D. H., & Snyder, D. K. (2015). Couple therapy and the treatment of affairs, 15, 412-444. In *clinical handbook of couple therapy* (Fifth edition). The Guilford Press.

Jacobson, N. S., & Christensen, A. (1996). *Acceptance and change in couple therapy: A therapist's guide to transforming relationships*. Norton.

Makinen, J. A., & Ediger, L. (2011). Rebuilding bonds after the traumatic impact of infidelity, 10, 247-268. In *The Emotionally Focused Casebook: New directions in treating couples*. Talor & Francis Group.

Olmstead, S. B., Blick, R. W., & Mills, L. I. (2009). Helping couples work toward the forgiveness of marital infidelity: Therapists' perspectives. *The American Journal of Family Therapy, 37*(1), 48-66.

Weeks, G. R., & Fife, S. T. (2014). *Couples in treatment: Techniques and approaches for effective practice* (3rd ed.). Routledge.

제6장

부부갈등

부부관계는 부부 외에 그 어떤 것도 허용할 수 없는 고유체계로서 분리된다. 건강하게 분리되고 연합되었을 때에 부부는 '안전감' 속에 기쁨과 보람과 힘을 얻어서 서로를 성장시키는 '상호 조력자'로 기능하게 된다. 그렇지 않으면 반대 작용으로 서로가 남보다도 못한 사람이 되어 삶에서 가장 큰 배신과 상처를 주고받는다. 이 부부관계는 한번 맺어지게 되면 해체되기까지는 두 사람이 '관계기쁨'을 만드는 것도 평생이 걸리며 둘이서 상호 주었던 '배신의 상처'도 치료하는 데 오랜 시간이 걸린다. 부부의 상처 회복 과정은 과거 원가정의 누적된 상처까지 포함하고 있어서 이 과정은 꼭 필요하다고 여겨진다.

1. 부부관계 갈등의 의미

부부는 유일무이한 체계이다. 이 체계는 2인관계(dyad)로서 모든 관계 양상의 기반이 된다. 이 관계는 서로에게 힘을 주어 관계를 활력 있게 만들기도 하고, 상호 힘을 앗아가 둘 사이를 흔들고 비참하게 하여 결국 관계를 해체시키기도 한다. 이 관계는 부부와 가족의 생사 여부를 결정하는 막강한 힘을 가지고 있다. 게다가 이 관계는 파급되는 영향력이 지대하다. 자녀와의 관계, 형제와의 관계, 친척과 친구와 지인과의 관계, 더 나아가 사회와 국가와 인류 역사를 대하는 태도에 직간접적으로 작용한다. 이와 같이 부부는 중요한 관계의 기반이 되기에 그 관계의 속성을 연구하고 살펴보아야 한다. 우선 이 관계과정 안에는 부부 각각 한 사람의 가족역사와 가족문화, 가족가치, 가족규칙, 성격, 심리, 습관, 사고방식, 행동방식, 반응방식 등 무수한 과정 요소가 담겨 있다. 따라서 두 사람이 만나서 부부를 이룬다는 것은 어렵고 복잡한 일이 되며 일생을 두고 풀어야 할 고난도의 과제를 포함하고 있다.

그럼에도 왜 이런 관계 속에 들어가 인생을 살아 보는 것이 의미 있는 것일까?

결혼과 부부학자들은 수많은 연구를 통해 결혼과 부부의 가치를 언급해 왔다. 그중 한 가지는 결혼관계를 통해서만이 삶이 줄 수 있는 연합의 기쁨과 고통을 동시에 경험할 수 있으며, 인간 삶의 목적인 성숙한 인격을 갖게 된다는 것이다. 또 부부관계 안에서의 문제, 갈등, 도전에서만이 진짜 사랑과 진정한 연민, 완전한 수용을 얻을 수 있다는 것이다. 다른 한 가지는 이 부부체계에서만이 인간은 가장 깊은 수준의 친밀감과 우정, 위안을 경험하며 (Young & Long, 2007), 성관계를 통해 신체적인 충족과 기쁨을 가지고 임신과 출산으로 인류 역사를 보존시키는 것이다. 이 숭고한 둘의 관계가 부부상담에서의 내담자가 된다.

부부관계는 두 사람의 과거, 현재, 미래를 공유하는 하나의 체계이다. 둘이서 함께 현재 상태를 대처하고 창조하며 미래의 목표를 협의해 가는 '공조체계'인 것이다. 이 체계는 결혼 시작부터 적응이라는 과제가 주어진다.

1) 부부적응

(1) 부부적응 과제

부부는 각자 자신의 배우자에게 적응해야 한다. 그 반대는 부적응현상이 되겠다. 적응이란 자신의 환경과 조화를 이루면서 자신의 욕구를 충족시키는 과정이다. 부부 상호 간의 적응이 잘 이루어질 때 부부관계는 비로소 안정과 행복을 찾게 되며, 가족 전체에 순기능적인 영향을 줄 수 있다. 그러나 부적응적인 요소가 많아지면, 문제와 갈등이 누적이 되고 합산되면서 이는 불화부부로서 만성화된 부부갈등관계를 지속적으로 반복하게 된다. 그러면 부부관계는 상호 고통을 받아 급기야는 관계가 흔들리고 무너지며 해체위기에 이르기도 한다.

부부간 적응요소는 대개 인격적 적응, 성적 적응, 경제적 적응, 인척 관계의 적응으로 이루어진다(유영주, 김순옥, 김경신, 2000). 배우자 적응은 가족발달주기로 보면 결혼 전후인 신혼 초기에서 시작되기 때문에 가족 형성기에 해당하는 신혼기의 발달과제는 매우 중요하다. 그 과제는 원가정과의 분화를 전제로 의사소통 능력, 성적 친밀감 증진, 가치관과 복잡한 감정과 여러 기대 요소를 협상하는 조정 및 갈등해결 능력이다. 그러므로 상담사는 신혼기의 발달과제를 숙지하고 그 출발선상에서의 적응 여부를 확인해야 한다.

(2) 부부간 적응유형

쿠버와 해로프(Cuber & Harroff, 1980)는 부부적응을 5유형으로 제시하고 있고(유영주, 김순옥, 김경신, 2000), 프리페어와 엔리치먼트(Prepare & Enrichment: 김덕일, 나희수, 2011에서 재인용)의 결혼 관계척도에서도 갈등유형을 유사하게 구분하고 있다. 이 두 이론을 토대로 응용하여 설명하고자 한다.

- 갈등이 습관화된 유형: 가장 부적응된 부부로 긴장, 갈등, 말다툼이 계속되며 서로를 비난한다. 그 이후 부부관계가 단절되어 좀처럼 회복하기가 어려운 상태로 진입한다.
- 생기를 잃은 유형: 결혼 초기에는 적극적인 감정교류나 관계맺기가 있기도 했으나, 지금은 서로를 의무로 대하고 부부보다 자녀와 관계된 일에 관심을 더 두어 부부의 상호작용이 거의 없는 상태이다.
- 소극적 · 동조적 유형: 결혼 초기부터 부부관계보다 각자의 관심이나 활동이나 일을 더 중시하며, 갈등이나 분노를 나타내지 않고 맞추면서 살아간다.
- 생기 있는 유형: 자녀를 사랑하고 가정을 중시하며, 직업 생활을 성공적으로 하면서, 유대감을 가지고 갈등을 잘 풀어 가는 적응적인 부부유형이다. 부부친밀감으로 생의 만족을 느끼며 사는 부부이다.
- 통합적이고 조화로운 유형: 부부 사이에 긴장이 없고 자유롭고 편안한 부부관계이다. 부부가 상호 협조적이고 생기 있다. 부부간에 불일치할 경우, 방어하지 않고 쉽게 해결하며 삶의 기쁨과 신뢰, 애정적인 유대를 더 쌓아 가는 최상의 부부유형이다.

2) 부부갈등

(1) 부부갈등의 필연성, 보편성

부부적응 연구자인 터먼(Terman, 1938)의 연구에서 결혼생활은 필연적으로 갈등을 내포하고 있으며, 충돌 없이 함께 살 수는 없다고 하였다. 따라서 결혼생활에서의 갈등은 정상적이고 예측할 수 있는 것이다. 부부는 부부 각자가 가지고 있는 성격과 기질, 어렸을 때의 경험과 학습, 문화적 차이, 일상생활의 습관, 사고방식의 차이, 각자가 지니고 있는 결핍과 무의식적 기대의 차이, 가족규칙과 내재된 신념의 차이로 인해 쉽게 갈등에 노출된다. 이 과정에서 부부경계와 부부권력, 부부역할이 변형되면서 가족 스트레스에 취약하게 되고, 혼란 상태를 반복하면서 부부신뢰와 애정이 감소되며 갈등은 더 악화, 증폭된다.

(2) 갈등 단계

부부는 결혼생활의 부적응으로 만성적인 불화 상태에 이르기 쉽다. 부부가 함께 부부갈등을 적합하게 다루지 못하면 갈등은 점점 더 커지고 심각해지면서 부부폭력이나 부부결별을 예고하는 각종 어려움과 증상이 나타나게 된다. 부부가 문제를 협상하는 데 매번 실패할 때 갈등이 좀 더 높은 단계로 진행되므로, 부부상담사는 부부갈등 단계를 이해하고 그 과정에서 무엇을 어떻게 해야 할지에 대해서 알아야 한다. 참고가 될 만한 갈등의 발달단계와 수준은 〈표 6-1〉과 같다(Young & Long, 2007). 부부상담사로서 갈등 단계를 측정하고 갈등 수준에 적합하게 교육・상담・치료 수준으로 구분하고 부부와 논의할 수 있다.

표 6-1 부부갈등 단계

갈등 단계	수준
1단계	초기의 의견 불일치는 부부가 만난 시점 6개월 정도 이내에 나타난다. 갈등 정도가 낮은 편이어서 심각한 분노가 나타나지 않는다. 이 단계는 심리 교육적 접근으로 갈등 해소가 가능해질 수 있다.
2단계	반복적이고 만성적인 갈등 단계로 비난과 삼각관계가 증가하면서 둘 다 불만족을 표현한다. 부부가 함께 시간을 보내고 즐겁게 지내기를 원하지만 분노가 명백히 존재하여 스트레스 시 부정적인 반응이 일게 되면서 부부는 부정적인 상호작용 유형을 형성한다. 배우자를 비난하는 대신에 자기책임을 회복하는 것이 중요하다.
3단계	심각한 갈등 단계로 상당한 불안과 스트레스가 6개월 이상 지속된 상태이다. 비난은 명백하다. 의사소통은 닫혀 있고 신뢰는 아주 낮다. 분노와 통제가 제1차 이슈나 삼각관계를 증가시켜 임시적으로 분산될 수 있다. 양극화와 권력투쟁으로 심각한 갈등이 악화되고 있다. 신뢰 재구축에 중점을 두어야 한다. 비난을 줄이고 자극적인 이슈는 삼가야 한다.
4단계	심각한 부부관계로 모든 스트레스 차원에 있어서 최고점에 달한 특징을 지닌다. 의사소통은 빈약하고 권력투쟁과 비난이 강하며, 비판이 강렬하고 자기노출이 없으며, 분노가 극에 달해 있어서 사실상 이혼과정에 있다. 관계치료가 불가능하다. 이때는 중재가 필요하다.

출처: Sperry & Carlson(1991): Young & Long(2007)에서 재인용.

3) 부부역동

(1) 부부역동 이해

효과적인 부부치료사가 되기 위해서는 부부역동을 이해하고 파악해야 한다. 부부역동이란 부부관계의 흐름을 의미한다. 이 역동은 매우 복합적이고 다면적이고 순환적인 특성을 가지고 있다. 우선, 주목해야 할 역동의 요소는 부부만의 울타리, 즉 부부관계를 아우르는 총체적인 부부의 경계선 확립이다. 부부는 상호 지지하는 협력자(내 편, 우리만의 공동체적 연합체이다)로서 서로 존중하고 인정하며 자연스럽게 애정을 교환할 때 부부관계를 성립한다. 다음으로는 각 개인의 경계선과 위상의 체계이다. '따로 또 같이'의 균형과 조화를 이루기에 필요한 상호작용의 흐름으로 얻어지는 결과를 역동이라고 한다.

대개 많은 사람이 이 부분에 대해서 알고는 있지만 실제적으로 어떻게 해야 할지 잘 모르는 채 사회문화적인 관습에 따라 역작용과 부작용을 자아내며 살고 있다. 역기능적인 역동의 결과로 인해 심리적인 죽음으로 내몰리기도 한다. 부부공동체는 건강한 의존과 상호 동등성에 기반하여 한계 내에서의 자유와 균형 잡힌 연합이 조화를 이룰 때 끝까지 유지된다. 이와 같이 부부가 한 울타리 안에서 서로 소속감을 가지고 하나의 팀이 되어 함께 가정을 이루어 간다는 개념은 이 세상을 살면서 가장 아름다운 지향점이자 고난도의 산행과 같다고 여겨진다.

이를 위해 미누친(Minuchin)은 이상적인 가족상을 제시하고 바람직한 가족을 창조하기 위해서는 세대 간 분화와 지지협력 체계로서의 배우자 체계가 가족기반의 골격임을 주장한다. 그리고 바로 그 터전 위에 부모체계와 부모-자녀체계의 위계와 경계를 분명히 해야 함을 강조한다. 그에 따르면, 부부역동의 시작은 '주체적 자기'로서의 개별화와 부부간 연합성이 함께 균형을 맞추며 조화를 이루어 가는 동반체계에서 비롯된다. 이는 보웬의 분화개념과도 유사하다. 즉, 부부만의 영역과 그 안에서 각 개인의 경계를 존중하는 체계가 원활하게 작동하려면 부부 울타리와 개인 울타리가 상호 교집합을 통해 화합하며 서로 다름에 대해서 협상해야 한다. 따라서 부부의 상호작용 능력이 필수요소이다. 부부의 상호작용을 통해 '친밀감과 성'을 확보하고 증진시키며, 그 과정에서 여러 스트레스와 갈등이 노출될 때마다 해결할 수 있는 '갈등해결 능력'이 요구된다. 이와 같이 한 부부가 각기 서로 다른 사람을 만나서 얼마나 깊은 상호작용을 할 수 있는지(상호 보완적인 관계)의 여부가 부부역동의 흐름을 척도할 수 있는 지표가 될 수 있다.

다시 정리하자면, 부부역동은 순환적인 특성을 가진 구조로서 부부관계의 흐름(선순환, 악순환)을 결정한다. 이 흐름은 부부의 분화성, 연합성, 친밀성이 기반을 이루며, 부부 각각의 개인이 만나 한 울타리 내에서 상호작용을 통해 순환의 흐름을 만들어 간다. 그 세부적인 요소로는 부부신뢰, 부부친밀감, 부부권력, 성, 경계선, 개인욕구, 부부욕구, 원가족의 영향, 무의식적인 신념과 가치관, 가족생활주기, 생활습관, 성격, 기질, 사회문화 영향 등이 있다.

(2) 부부문제

이와 같은 부부역동으로 인해 부부는 문제와 갈등에 쉽게 노출된다. 부부 갈등유형이나 갈등양상도 다양하고 무수하다. 규정하기에는 다소 무리가 있지만, 대개 부부갈등에서 비롯된 문제유형은 성격차이, 성, 가사분담 및 역할, 원가족, 돈, 자녀교육, 생활습관, 폭력, 별거, 외도, 종교, 의사소통 및 갈등해결이며, 더 나아가 이혼, 재혼, 혼외 자식, 정신증, 신경증, 중독, 자살, 살인에 이르기까지 전방위적인 문제와 증상이 부부갈등 주제로 대두되고 있다.

2. 개입방법에 대한 이론적 근거

부부치료사는 다양한 이론적 접근에 교차하여 탄탄한 기반을 지닐 때 효과적으로 치료할 수 있다(Lawson & Prevatt, 1999). 따라서 이론의 '차별점'과 '공통점'을 잘 익혀서 그 개념과 이론을 적용하여 상담을 성과 있게 해야 한다. 그러기 위해 상담사는 자신의 핵심가치를 살펴보고, 또 어떤 치료적 지향이 자신의 세계관과 잘 맞는지 살펴봄으로써 자신의 치료적 목소리를 찾아내는 것이 바람직하다(Simon, 2003: Simon, 2006에서 재인용).

1) 주요 부부치료이론

부부치료이론은 무수하다. 한국에서 비교적 자주 이용되는 부부치료이론 모델 13개를 소개한다. 지면 제약상 이론적 배경과 개발자, 치료개념, 상담과정, 상담기법의 대부분을 생략하고 간단한 특징만 언급한다.

(1) 대상관계 치료

정신역동이라는 프로이트(Freud)의 개념에 뿌리를 둔 개인치료와 가족치료 사이의 중간 영역으로, 정신역동적 심리학과 분석심리학이 혼합된 이론이다. 개인의 원가족이 현재의 관계에 영향을 주었다고 여기고 과거 양육자와의 초기 아동기 경험과 발달사를 중시한다. 대상관계는 투사적 동일시로 자아의 수용할 수 없는 부분이 다른 사람의 탓으로 귀속되고 상대방이 어떤 역할을 하도록 초래하거나 유도한다고 믿는 이론이다. 참 좋은 대상(good self)으로서의 상담사의 태도를 우선시한다.

(2) 보웬 가족치료

가계도를 통해 3세대를 걸친 상호작용 방식과 감정 반사행동인 반응방식을 탐색하며, 가족의 분화상태를 파악하고 분화수준을 높이는 치료이다. 이 치료는 모든 생명체는 만성적인 불안을 가지고 있고, 이 불안수준은 분화의 양에 의해 영향을 받는다고 전제한다. 현재의 가족문제는 원가족의 미해결된 문제를 반영하며 세대를 통해 전수된다. 관계치료의 원리와 개념인 자기분화, 삼각관계, 핵가족 정서체계, 가족투사, 다세대 전수, 정서적 단절, 출생순위, 사회적 정서과정의 여덟 가지 개념으로 가족원의 사고과정과 정서과정을 분화한다.

(3) 인지행동 지향적 접근

이 모델은 관계의 역사와 가족사를 보기보다 상호작용의 부적응 요인을 연구하여 부부 각자의 인지적 오류를 확인 · 검토하고 수정하는 것을 강조한다. 벡(Beck, 2001) 이론의 '배우자 관계에 대한 왜곡된 사고유형'과 '부부상황에서 가장 흔히 일어나는 여덟 가지 기본적인 오류 또는 인지적 왜곡'을 규명하였다. 인지행동주의자들은 '불행을 가져오는 절망감을 부정적이고 자동적이고 즉시적인 인지오류 사고유형'으로 본다. 따라서 부부치료사는 '부적응적인 의사소통 유형'을 학습해야 한다.

(4) 경험적 부부치료

인간의 잠재능력을 존중하고, 자아 가치와 성장을 중시하며, '지금-여기'에서의 주관적인 감정과 욕구, 행동을 중시한다. 인간의 역기능과 문제의 근원을 자존감 결여, 경직되고 비합리적인 가족규칙, 의사소통 및 대처유형, 지역사회와의 연계로 여긴다. 따라서 상담목표는 자존감 향상, 바른 선택권, 인간적인 지침을 가진 책임감, 일치성에 둔다. 내면의 빙산 모델, 의사소통 유형(stance), 가족조각을 통해 심리내적인 작업을 하며, 원가족 내에서의 3인 관계에서의 생존유형 방식을 재경험하게 하여 열망과 자기(self)를 찾아 일치된 자기 자신으로 살도록 한다.

(5) 구조적 가족치료

'가족구조'란 상호작용을 고착화하는 보이지 않는 암묵적인 가족규칙(무의식적인 신념)과 행동양식이 내재된 움직임의 반복적인 패턴이다. 따라서 모든 부부의 문제와 증상은 '결함이 있는 가족구조에 있다.'라고 가정한다. 따라서 가족구조를 바꾸어 주면 현존하는 문제가 감소하거나 사라지게 된다. 초기 면접에서의 합류의 중요성과 치료적 관계형성을 강조한다. 치료사는 가족의 강점과 자원을 찾아서 그 가족에게 규칙과 경계, 동맹, 하위체계의 조직, 가족 생활주기에 합류하고 실연을 통해 새로운 가족구조를 만들어 간다.

(6) 전략적 부부치료

부부의 증상이나 문제는 부부간의 형식적인 의사소통으로 인해 생긴다고 간주하며, 문제를 가지고 있는 부부는 가족 생활주기의 특정 단계에 고착되어 있다고 여긴다. 치료적인 개념에는 증상, 은유, 끝없는 권력 게임, 상호작용의 연쇄고리 개념이 있다. 따라서 모든 증상은 '은유'로 나타나는 '상호 간 권력투쟁 과정'으로 보고, 상호작용의 연쇄고리 내에서 전략적인 증상 처방과 역설적인 개입을 하고 있다. 초기 면담 매뉴얼도 제시되어 있고, 비교적 명료하다.

(7) 통합적 부부치료

영과 롱(Young & Long, 2007)이 개발한 5단계 모델로서 각각의 이론의 유사성과 차별성을 대별하고, 그에 따라 유용하고 구체적인 모형을 제시한다. 부부치료 개념, 문제 사정과 목표 설정, 첫 면담과정의 제시, 부부이론과 부부이슈, 초기 개입 등 부부상담사가 익히고 실천해야 할 중요한 내용들이 함축되어 있다. 특히 부부이슈인 친밀감, 성, 부부신뢰, 의사소통, 이혼, 폭력 등의 일목요연한 통합적 개념이 주목할 만하다.

(8) 해결 지향적 접근

이 치료의 핵심가치는 인간에 대한 절대 믿음과 존중이다. 상담사는 내담자가 원하는 것과 지금까지 잘해 온 것에 대해 집중하며 내담자 안에서 문제해결 과정이 일어나도록 돕는다. 이러한 치료적인 대화를 위해서 '유용한 질문들'을 이용한다. 문제중심적 접근과는 아주 다른 관점이다. 이를 위해 강점관점으로 내담자를 바라보며 그가 가진 자원을 활용한다. 내담자에게 칭찬과 인정 중심의 메시지를 전달한다.

(9) 이야기치료

이야기는 '삶을 담아내는 은유'이다. 부부의 문제를 사건, 순서, 구성(plot)으로 전개하며 이야기 다시 쓰기 작업을 통해 문제를 해결한다. 내담자는 '빈약한 이야기'를 하지만, 치료사는 내담자가 결코 그런 삶을 살아내지는 않았다고 가정하고 '풍부한 이야기'를 다시 쓰도록 안내한다. 상담사는 관찰자가 아니라 참여자가 되어 내담자의 문제 이야기를 경청하면서 외재화를 통해 문제 이야기가 독특하고 힘이 있는 풍성한 삶의 이야기로 변화하도록 질문한다. 따라서 외재화, 해체화, 비계설정 대화 등 대화 질문을 잘할 수 있어야 한다.

(10) 정서중심적 부부치료(EFT)

부부불화의 중요요인을 정서로 보고 정서에 초점을 맞추는 치료이다. 중요 개념은 애착과 내적인 경험, 상호작용이다. 여기서 애착이란 중요한 사람과 가까워지고 싶고 접촉하고 싶고 안정적인 의존관계를 추구하는 생존전략이다. 불안정 애착유형과 대조되는 안정된 애착만이 부부 사이의 친밀감, 신뢰감, 만족감을 준다고 여긴다. 따라서 부부상담사는 불안정 애착을 고조시키는 '부정적인 상호작용 패턴'을 '긍정적인 상호작용'으로 전환할 수 있도록 안내하며, 부부가 서로 취약하고 나약한 정서를 상대 배우자에게 표현할 수 있도록 준비하고 '교감'하도록 돕는다.

(11) 이마고 부부치료

이마고(Imago)란 어린 시절의 양육자와의 관계 경험에 의해서 형성된 이미지이다. 이는 배우자를 선택할 때 의식적 · 무의식적인 깊은 동기가 된다. 게다가 부부는 발달단계별로 충족되지 못한 미해결 과제가 유사한데, 이를 자극하여 결혼생활에 지속적인 영향을 미친다. 즉, 배우자는 자신의 상처를 가장 아프게 건드릴 수 있는 여자(남자)를 선택한다. 그러므로 상담사는 내담자 부부에게 이론적인 학습을 시키고 빠져나갈 출구를 닫고 '상호치유자'가 되어 반영하기, 인정하기, 공감하기의 의사소통 과정 연습을 제시한다.

(12) 가트맨(Gottman) 부부치료

"결혼도 과학이다."라고 전제하며 체계적으로 검증된 연구자료를 중시 여긴다. 이 모델은 '행복한 가정의 집'이라는 부부관계의 모형과 부부의 상호적 행동, 지각 및 생리 기능이라는 3대 영역에 초점을 두어 단계적으로 상담한다. 긍정적 감정을 먼저 쌓게 하고, 정서 밀물현상이 일어나도록 최소 5:1의 황금비율(감사, 배려, 존중, 호감, 경청, 수용)을 강조한다. 이혼의 네 가지 지름길인 비난, 방어, 거리 두기, 담쌓기를 다루며 그 해독을 위해 비난 대신 요청하고, 방어 대신 인정하고, 경멸 대신 호감과 존중표현을 하도록 학습한다.

(13) 내면적 가족치료(IFS)와 IFIO 부부치료

리처드 슈왈츠(Richard C. Schwartz)의 내면적 가족치료(Internal Family Systems: IFS)는 타인과의 관계를 '자기 속에 있는 내면지도의 반영'으로 본다. 즉, 마음속에 있는 여러 부분들과의 상호작용의 결과인 것이다. 그러므로 부부문제의 여러 다양한 문제와 갈등과 충돌 역시 각자 자기자신의 내면에서 찾도록 안내한다. 이 IFS를 기반으로 토니 허바인–블랭크(Toni Herbine-Blank)는 IFIO(Intimacy From the Inside Out)를 고안했다. 이는 부부내면의 '안정애착 중심의 부부친밀감 회복'이 지향점이다. 이를 위해 서로 잘 들을 수 있고, 용기 있게 잘 말할 수 있도록 치료사와 '손상된 애착'을 치료한다(Herbine-Blank, 2022).

2) 부부이론의 공통요소

통합적인 부부상담 및 치료(Young & Long, 2009)의 이론을 기반으로 통합모델의 개념을 일부 차용하고 응용 · 보완하여 부부의 공통 개념을 몇 가지만 정리한다.

(1) 부부는 한 팀이다

부부는 한 울타리 안의 가장 가까운 친구이고 연인이자 동반자이다. 이 체계를 한 팀으로 명명한다. 부부가 한 팀인 것을 상호 인식하고 작정하되, 자신의 팀을 공격하는 요인들에 대해서 함께 대처하도록 해야 한다. 구조적 가족치료, 통합적 부부치료, 정서적 부부치료, 이마고 부부치료에서는 부부가 상담에 오면 부부를 한 팀으로 확인하여 관계설정부터 다시 하는 작업을 한다. 부부는 협력과 정서적 지지를 필요로 하며 동시에 부부 사이의 경계 설정도 중요하다.

(2) 제휴된 삼각 구조가 있다

보웬은 부부라는 2인관계의 모든 문제와 증상은 다른 제3의 대상과 관계를 맺으면서 야기된다고 하였다. 미누친 역시 부부 하위체계를 바람직하게 유지하지 않으면서 다른 것과 제휴를 맺었을 때 역기능적인 부부체계가 된다고 하였다. 또한 문제 있는 부부들은 "배우자보다 다른 사람에게 더 잘해 준다."라고 하였다. 인간은 "부부관계에서 신뢰와 친밀감을 경험하지 못하면 다른 사람이나 대상을 의지한다"(Young & Long, 2009). 거트만의 12가지 배반 항목도 이에 속한다.

(3) 비난 습관이 있다

부부는 각자의 기대와 욕구를 충족시키지 못했을 때 상대방을 비난 · 공격하고 또한 회피 · 방어하며 반복적인 '악순환 구조'에 들어서게 된다. 한 사람이 2인관계의 권력자로 나서면서 표면적으로 더 비난 · 공격하고 한쪽은 회피 · 위축하며 뒤틀린 관계역동을 만들어 간다. 그 과정에서 심리적인 개인적 자아는 서로 심하게 위축되어 생존의 위협을 경험하는 상황에 빠진다. 비난의 반대는 인정받는 것이다. 사람은 인정받지 못하면 대부분 활력을 잃는다.

(4) 분노(우울)와 방어전략이 있다

실용적인 부부치료사인 스나이더(Snyder)는 '관계 고통'으로 이루어진 현재 결혼의 주요 문제의 근원은 '예전 관계에서의 상처'라고 하였다. 그 결과로 결혼생활에서 지속되는 상처를 받고 있는 것이며, 부부가 서로 정서적인 친밀감을 저해하는 방어전략을 사용하게 된다고 하였다. 즉, 관계 고통 중에 있는 부부는 '부정적인 교류'와 '거대한 분노와 방어전략'이 숨어 있다(Lawson & Prevatt, 1999: Lawson & Prevatt, 2005에서 재인용).

(5) 반복적이고 고질적인 갈등패턴이 있다

만성적인 불화 부부관계의 속성에는 그 둘만의 부정적이고 파괴적인 상호작용 패턴이 자리를 잡고 있다. 보웬의 불안과 스트레스에 대처하는 감정 반사행동, 구조적 가족치료에서의 역기능적 상호작용, MRI의 심층적 의사소통 전략, 전략적 가족치료의 권력 게임, 정서중심 치료의 정서교류 패턴이 유사 개념이다. 여러 임상가는 이러한 악순환적인 상호 패턴을 비난자와 위축자, 비난자와 비난자, 위축자와 위축자 등 다양한 유형으로 분류하여 제시하고 있다.

(6) 부부는 서로 다른 인지도식을 갖고 있다

부부는 원가족의 가족문화와 규칙을 전수받은 두 존재가 만나 건강한 연합을 추구하는 관계이다. 부부는 시작부터 다른 가치관과 일상 생활습관과 성격 차이로 상충되기 마련이다. 두 사람의 인식과 기대의 차이로 감정이 상하기 쉬우며, 나타나는 행동에 의해 부부관계는 영향을 받는다. 따라서 부부상담 과정에서는 사고, 감정, 행동을 함께 변화시킴으로써 변화가 보다 오래 지속되도록 해야 한다(Prochaska, Norcross, & Diclemente, 1994).

(7) 미해결 과제와 미해결 감정이 있다

개인의 '미해결 과제'와 '미해결 감정'은 부부관계에 지대한 작용을 한다. 왜냐하면 사람은 누구나 어린 시절의 상실과 결핍 혹은 과잉보호 등의 상처 경험이 있기 때문이다. 어릴 적 힘이 없을 때 신체를 포함한 경험은 뇌신경에 영향을 주어 원초적인 두려움과 공포를 불러 일으킨다. 그때 생존유형의 방어구조를 형성한다. 그러므로 부부치료과정은 부부의 애착관계, 뇌의 신경체계, 정서 및 신체적 경험이 과거의 경험과 연결되어야만 한다. 대개 과거의 힘은 대단히 설득력 있고, 자동적이고 습관적이다. 자동조절 장치에 의해 조종을 당하며, 채워지지 않는 욕구와 기대들을 충족하기 위해 다른 사람에게 책임을 돌린다(Satir, 2004).

(8) 남자는 지위, 여자는 정서가 확보되어야 한다

전략적 가족치료와 구조적 가족치료에서는 남편의 위치(지위)와 역할을 명백히 한다. 즉, 부부 하위체계에서 남편과 아내의 위격이 다른 위계와 구분되어야 하며, 동등 구조로서 기능해야 한다. 남자, 남편, 아버지로서의 역할이 구분되듯이, '개인적 권위자'로서의 '자기(self)'로도 지위(position)는 확보되어야 한다(아내도 마찬가지이다). 이런 남편과 아내일 때 정서적으로 교감되며 상호 소속감을 갖는다. 이 안에서 부부는 신뢰와 애정으로 안전한 '성'이 기능하며, 부부친밀감이 있고 활력 있는 부부관계를 만들 수 있다.

3. 단계적 개입전략

어려움을 겪고 있는 부부는 괴로움과 상심을 가지고 상담실에 찾아온다. 이 상태는 대부분 문제와 고통으로 휩싸여서 관계 상태에 혼란과 무력함이 내재되어 있다. 대개 이런 부부는 비난 통제 이슈, 개인심리 이슈와 함께 책임회피 전략인 방어와 분노를 보인다(Lawson & Prevatt, 1999).

1) 부부문제 이해와 진단

앞서 살펴보았듯이, 부부는 각각이 서로 다른 역사와 문화 규칙을 가진 채 만난 매우 복잡하고 복합적인 관계이다. 따라서 부부체계를 사정할 때, 상담사는 자신이 선호하는 이론적 지향을 근거로 탐색하되 주어진 부부상담 회기 내에서는 현재 당면한 부부관계에서 핵심문제의 주제가 무엇인지를 잘 붙들고 가는 것이 중요하다.

(1) 부부갈등의 사정과 치료 진입

현재 부부의 스트레스와 갈등, 반응방식, 암묵적인 기대, 친밀감(관심과 애정수준), 부부체계의 경계선, 권력, 지위, 역할, 가사, 부모역할, 의사소통 유형과 의사소통 능력, 의사결정 과정, 부부관계의 역사, 가족 생애주기, 원가족과의 세대 간 역동(호소문제의 주제와 연관된)을 초기 상담을 통해 진단하고 평가한다. 부부갈등의 관계지수도 파악하며 관계수준을 측정하여 상담회기를 논의하면 더 좋다. 면접, 관찰, 검사를 비롯한 평가도구로는 가계도, 생태도, 결혼만족도, Enrich, MBTI, 가족 인형, 부부 의사소통 유형 등 객관적 척도와 주관적 척도 등이 있다(상담 초기, 중기 등 상담 맥락에 맞게 활용).

(2) 호소문제 이해와 치료목표 및 주제 합의

첫째, 내담자 부부가 어떻게 문제를 발전시키고 유지시키고 있는지에 대한 탐색과 내담자가 제시하고 있는 호소문제, 배경, 내담자의 관점을 경청한다.

둘째, 상담사는 체계론적인 관점으로 그 맥락을 자세히 이해하고 파악한다. 즉, 부부 문제가 언제 어떻게 얼마나 자주 일어나는지, 문제의 촉발요인과 반응방식, 악화과정에 대해 자세히 질문한다(호소문제의 발생 배경과 맥락을 파악하여 문제정의를 하는 것이 매우 중요하다).

셋째, 부부문제는 해결목표와 주제가 되기 때문에 구체적이고 실제적인 과정상의 추적하기(tracking)가 필요하다. 상담사는 먼저 반영과 공감적인 자세로 문제 재규명과 상호작용적인 정의에 들어가야 한다.

(3) 치료적인 계약 맺기

상담의 주체는 내담자의 '부부관계'이다. 개인의 문제보다는 '부부관계의 문제'에 초점을 맞춘다. 내담자 부부가 오랫동안 부부갈등과 함께 고통을 겪어 왔으므로 그들 부부관계의 현상은 그들이 잘 알고 있다고 여긴다. 내담자 부부 역시 자신들의 부부문제를 잘 해결할 수 있는 실력과 신뢰를 갖춘 상담사를 원한다. 따라서 상담사는 부부갈등 해결에 대한 전문성을 기반으로 시간, 비용, 상담에 대한 기대, 참여도 등 상담에 필요한 기본 사항을 서면화하여 상호 간에 약속 행위를 갖는 것이 상담성과에 도움이 된다.

2) 첫 회기와 초기 상담의 중요성

(1) 첫 회기의 구성

첫 회기는 매우 중요하다. 신뢰관계의 형성과 더불어, 부부의 문제를 진단하고 평가한다. 상담의 지속성의 여부가 결정되는 회기이기도 하므로 상담사의 성실한 준비가 필요하다.

① 합류하기: 상담사로서의 신뢰, 안정감, 임상적인 전문성으로 인간적이고 따뜻한 치료적인 관계를 형성해야 한다. 상담사는 중립적인 자세로서 중재와 상담을 통해 반영하고, 공감적으로 질문하며, 그들 관계에 지지와 협력을 얻을 수 있어야 한다.

② 오리엔테이션하기: 치료적인 이론과 상담사의 중립성, 치료과정과 치료의 효과에 대한 역할과 책임 수준 등을 설명한다.

③ 부부로서 이전에 경험한 두 사람만의 좋은 추억이나 첫 만남의 매력 포인트나 기타, 서로 감사했던 시점 등을 나누기: 문제 이야기에 진입하기 전에 그들에게 묻혀 있던 좋고 편안했던 이야기를 상기시킴으로 부부의 강점과 자원을 회복하는 데 실마리를 잡아가도록 한다(질문을 익혀야 함).

④ 부부상담에 오게 된 문제의 이야기를 각자의 입장에서 관점을 듣고 이해하기

⑤ 관계문제를 명확히 짚어 나가기: 부부관계의 문제는 부부역동, 즉 공동작업으로 부부문제를 정의한다. 관계문제(예: 의사소통, 부부싸움, 갈등해결 미숙, 고부관계, 자녀교육, 성, 경제, 친구관계 등)와 각자 개인문제(예: 가출, 분노폭발, 우울증, 무기력증, 일상생활 습관, 각종 중독증상, 정서정신질환 등)를 본인이 직접 말하면 더 좋다.

⑥ 그동안 그 문제를 해결하기 위해 어떻게 해 왔는지에 대해서 듣기

⑦ 문제해결을 위한 목표와 주제를 구체적으로 설정하기(경우에 따라 2~3회기에 진행되기도 함)

⑧ 문제의 현실구조를 통찰하기 위해 첫 회기 개입하기

⑨ 앞으로의 방향성을 내담자들이 지각하도록 보여 주기: 오리엔테이션, 반영과 공감, 관계구조 시각화, 통찰 등으로 그들 마음속에서 희망을 갖게 하는 것이 중요하다.

⑩ 첫 회기 마무리하기: 상담 초기 1~3회기는 부부문제의 진단사정이 매우 중요하다.

(2) 상호성(상호작용 패턴) 보기

부부문제와 증상은 부정적 상호작용에서 악화된다. 부부관계를 포함한 모든 2인관계는

상호성에서 밀어내고 당기면서 한편은 거부, 회피, 외면, 방임, 유기하고, 반대편은 부추기고 추적하고 확인하며 관계를 붙들고자 한다. 이러한 상호 주고받음이 부부관계의 수준을 설정한다. 따라서 상호작용 과정은 부부관계의 기반이자 터전이므로 상담 초기부터 상담과정 내내 관찰하고 적절한 시간에 실연한다.

① 현재 부부역동을 사정한다. 부부신뢰와 동등성을 파악한다. 순환적 상호작용, 가족구조, 개인적 권위(분화) 구성원의 경계선, 권력, 지위 및 그들의 감정 반사행동과 관계방식을 탐색한다.
② 부부형성기, 즉 신혼기에 발생한 문제발달 사건을 추적해 본다. 왜냐하면 그 시절에 발생한 문제와 갈등의 부정적인 상호작용이 고착되어 있기 마련이고, 이 부분은 어린 시절에 해 왔던 동형구조의 관계방식(대처방식, 반응방식)으로 짐작할 수 있기 때문이다.
③ 부부의 원가족의 심리정서적인 작용과 영향을 파악한다. 원가족의 가족문화, 내재된 규칙, 가족정서, 역할구조, 부모와의 관계경험, 생존유형, 차별, 소외, 거부, 가난, 폭력, 결핍, 상실, 과잉 등이 핵가족 부부역동에 지대한 영향을 미치는 근간이다. 대개 투사적인 과정을 거치며 부부문제가 악화되므로 먼저 현재 가족을 주목하면서 가계도와 함께 미해결 정서를 알아보고 내담자 부부의 반응방식과 방어기제, 부적합한 인지구조 등을 관찰하고 파악한다.

3) 회기별 구성과 치료과정

(1) 회기별 구성

치료 초기는 급하고 중요한 상황과 사건에서의 부부관계 패턴을 자각하도록 하고, 부부관계 수준을 척도로 하여 부부상담을 할지 개인의 심리내적인 상담과 병행할지에 대해 내담자와 상의하여 회기 구성을 하게 된다. 물론 전문가로서 관계위험도의 지표에 따라 제안하기도 한다.

상담사는 부부의 문제를 해결하기 위해 주어진 회기 안에서 분위기, 시간, 공간, 문제와 사람을 잘 배열할 수 있어야 한다. 전체 회기를 그들과 먼저 합의, 조율한다.

〈표 6-2〉는 필자의 부부상담 회기별 구성에 대한 예시이다. 치료 상황에서의 시간, 공간, 우선순위 등 변화 맥락에 따라 얼마든지 변경, 수정, 응용할 수 있다.

표 6-2 부부상담 회기별 구성 예시

구성	부부 상담 개념	목표 및 주제	개입 기법	
치료 초반	• 불안 및 감정 완화 • 인식과 관점 전환	• 치료의 방향성 합의, 치료목표와 주제 분명하게 붙들고 가기 • 문제를 악화시키는 비난 순환 다루기 • 분화(개별화)와 경청 실연 • 부부 상호 불안과 강한 감정 해소 작업	• 주제 합의하기 • 계약 맺기 • 재정의 • 가계도(상호작용 개별화)	관찰 과제
치료 중반	• 분화(개별화)작업 • 상호작용/관계유형(경계, 위계, 권력) • 부부 기대/차이	• 현재 가족구조 변화: 제휴된 삼각관계 다루기 • 과거 가족 구조(세대 간 위협요소인 원가족)의 영향을 살펴서 반응방식 및 저항 기제 인정(self velidation) • 상호 기대와 무의식적 규준(성격, 습관) 다루기 • 부부애착손상 정서치유 • 분화된 상호작용 실연	• 경계선 작업 • 제휴된 삼각관계 작업 • 역할 바꾸기 • 실연/상처치유 • 기대 리스트	행동 과제
치료 후반	• 친밀감(성) • 가족문화 • 가족규칙 • 가족기능 • 미래 공유	• 부적합한 신념 해체를 위한 작업 • 분화된 상호성 실연으로 갈등 풀어 보기 • 부부 시너지 작업하기 • 부부 미래 청사진 함께 작성해서 공유하기(돈, 건강, 관계, 여행, 미션, 죽음 등)	• 속마음 대화 • 3단계 훈습 • 심층 상호작용 • 갈등 해결 실연: 묵은 갈등 등	관계 과제
참조	• '부비부비 여행'	• 종결 무렵에 부부만의 추억 만들기, 색다른 경험 창조(상담사의 섬세한 지도가 필요함)	• 친밀감, 성: 기쁨 생성/상승	선택

(2) 치료과정

상담사는 치료 초기 및 중기에는 무엇을 어떻게 하고 치료목표의 무엇이 변화하면 상담을 마치게 되는지, 예상되는 문제와 변수는 무엇이 있을지 상담사로서 신중하게 예측하고 안내를 한다. 이로 인하여 내담자와 더욱 신뢰 관계가 형성된다.

4. 사례연구: "남편은 효자, 나는 피맺히고 가슴 졸이며 살아왔어요."

이 사례에서는 구조적 가족치료 이론을 주로 적용하였고, 그 외에도 통합적인 부부치료의 차별점을 응용하였다. 구조적 가족치료에서의 부부치료 골격은 단순하지만 깊고 명료하다. 배우자 체계를 가장 기초로 여기고, 부부체계가 지지와 협력의 소통을 통해 정서적인 친밀감과 갈등해결 및 성적 교류를 위해 무엇을 해야 할지를 분명하게 제시해 준다. 이 개념을 가지고 상담사는 내담자 부부가 오면 배우자 구조를 먼저 파악하고, 그다음에 부모체계, 자녀체계의 경계와 위계를 진단하고 현재 체계를 재구조화한다. 이를 위해 전제되어야 하는 것은 원가족과의 세대분화이며, 이를 토대로 부부의 역기능적인 상호작용(비난 순환), 비기능적인 위계, 삼각관계, 개별화 작업, '내면화된 규칙'을 다루어 가고자 하였다.

또한 구조적 가족치료에서는 합류작업이 매우 강조된다. 합류과정에서 그 가족의 상호교류 유형을 관찰하고 동시에 강점관점, 주제인식, 저항기제를 파악하며 역사 문화 인류학자처럼 그 가족문화에 적응하여 그 가족문화를 변형시키는 입장이기 때문이다(Minuchin & Fishman, 1981). 상담사는 합류하면서 진단한다. 그 진단의 골자는 숨겨진 상호 교류 유형을 파악하고, 하위체계 관계지도인 경계와 각자의 위상, 권력을 짐작하며, 제휴된 삼각관계를 파악하는 것이다. 또한 부부관계의 재구조화를 하기 위해 가족의 강점과 자원, 지지체계와 주된 스트레스, 가족발달단계의 과제를 유념한다.

1) 사례개요

이 사례는 2012년 1월 10일부터 2015년 3월 6일까지 인터넷 중독 가족치료를 진행하는 중에 별도로 부부상담 10회기를 한 사례이다. 29세 된 아들이 12년 넘게 인터넷 중독으로 일상생활을 하지 못하고 은둔형으로 집에 박혀서 컴퓨터 게임만 하고 있다. 10여 년 동안 여러 기관의 상담을 거치며 상담과 교육으로 많은 노력을 해 온 가정이다. 부모문제가 아들에게 뚜렷하게 영향을 미치고 있음을 알게 된 내담자의 어머니가 적극적으로 남편과의 상담을 요구하여 따로 시작된 부부상담이다.

2) 제시된 문제

아내는 "부부의 문제를 개선하여 아들의 문제를 남편과 협력해서 해결해 가고 싶다. 남편은 전문가를 인정하지 않고 자신이 원하는 대로만 하려고 한다. 또한 과거사에 대해서는 일절 말 한마디도 못 꺼내게 한다."라고 하였다. 남편은 "아내가 묵은 과거를 자꾸 꺼내고 자동적으로 나쁜 쪽으로만 딱 새겨 놓고 담아 놓는 것이 큰 문제이며, 남편인 자신을 늘 문제로만 보고 있다."라고 하였다.

3) 가족배경

(1) 핵가족 상황: 현재 결혼 34년 차 부부

- 남편(67세): 노동부 검사관으로 한 직장에서 평생을 근무하고 몇 년 전에 은퇴하였다. 남편은 엄격하고 규제가 심하고 강압적이다. 그래서 자기 말만 하고 가족과 대화를 하지 못하며 아내와의 대화는 대부분 회피한다. 그는 원가족의 장남으로서 '부모님께 효도해야 한다.'라는 가족규칙을 신념으로 갖고 있다.
- 아내(61세): 고등 교사 출신으로 현재 논문학원을 20년째 경영하고 있다. 신혼 초에 시부모의 부당한 대우로 '실어증'에 걸린 경험이 있고, 자살을 한 번 시도한 적이 있다. 그때마다 남편이 시부모의 편이 되어 더 고통스러웠으며, 가슴 속에 상한 감정의 응어리가 많다고 한다.
- 딸(34세): 미국 유학 후 돌아와서 좋은 직장을 가졌다. 독신을 고수하고 있다. 성실하고 활달한 편이다. 부모가 딸에게 정서적으로 의존하고 있으나 최근에 딸이 독립하였다. 그 이유는 10년 이상 남동생 문제로 가정 분위기가 힘들고 이젠 싫증이 나서 자기 스스로 빠져나온 상태라고 한다.
- 아들(30세): 대학 휴학생, 초등학교 고학년 때부터 PC방에 다니다가 중학교에 들어가면서부터는 게임에 과몰입하고 있다. 대학에 입학한 이후 첫 학기만 다니다가 휴학을 5년째 반복하고 있다. 늘 집 안에만 있으며 주로 게임으로 하루를 보낸다. 그러다가 일 년에 몇 번씩 가출을 하며 경제적으로 빚도 진다. 몇 년 전에 중독센터에서 고위험군 중독자로 판정받아 병원치료와 상담을 여러 곳에서 받아 왔다고 한다.

(2) 원가족 상황: 가계도로 대치함

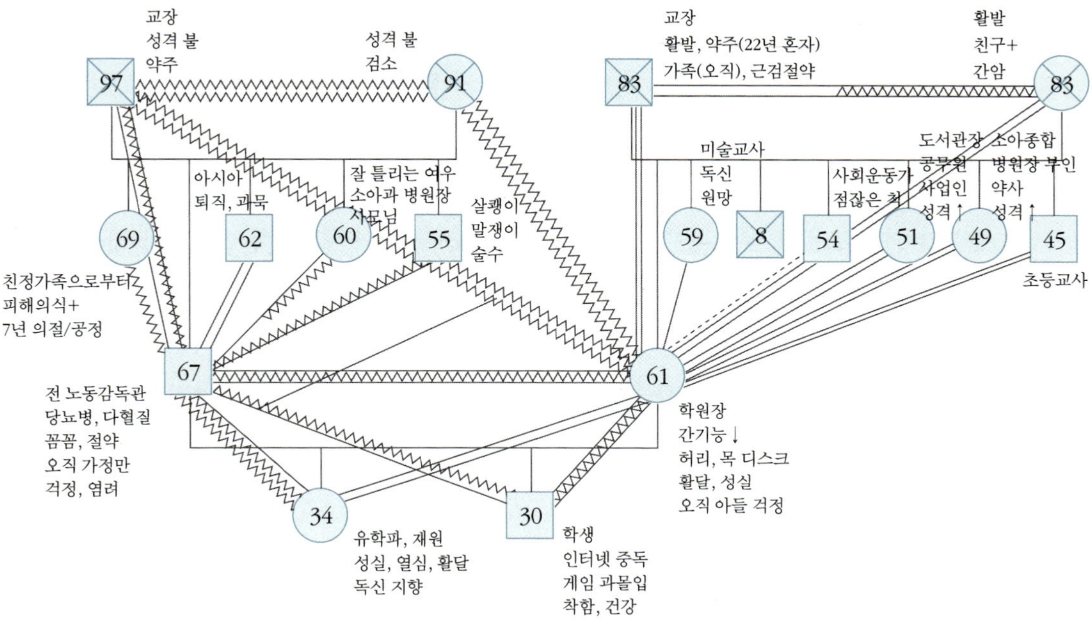

그림 6-1 가계도

4) 내담자부부 진단과 평가

이 부부체계는 만성적으로 소통이 되지 않는 엄격한 가부장적 가족구조이다. 아내는 현재 아들딸과 삼각관계로 제휴를 맺고 있고, 남편은 소외되어 온 듯하다. 따라서 부부영역과 각각의 경계가 분명하지 않고 역기능의 상태로 보인다.

또한 부부는 만성적인 갈등으로 부정적이고 파괴적인 상호작용 교류를 반복하며 가정에 악순환적인 흐름을 자아내고 있고, 가족증상(오래된 중독증, 정서적인 소외, 단절 현상)이 나타난 것으로 보인다. 상호작용 패턴은 공격자 위축자의 전형적인 양상으로 보인다. 중독이 된 아들은 이 부부 사이에 끼인 아들로서, 오랫동안 부부갈등의 긴장과 압박을 암묵적으로 받아 왔다고 짐작된다. 게다가 이 가족은 세대 간 경계가 이루어지지 않은 미분화 세대의 가족으로 감정반사를 자주 하고 있다. 남편의 드러눕기나 강한 비판과 아내의 실어증과 같은 병적 증상이다. 특히 남편은 죽은 부모와 원가족 형제와도 융합의 밀착관계를 하고 있고, 원가족 부모의 억울한 감정을 대신하여 아내에게 대적하고 있는 등 골이 깊은 만성불화 부부로 여겨진다.

5) 치료목표

(1) 부부상담 목표 주제

- 상대방 이야기를 좀 귀담아 들어주기, 배우자 앞에서 하고 싶은 말을 조금씩 할 수 있기, 조금씩 아들 문제를 상호 합의할 수 있기, 부부 갈등 시 작은 것부터 해결해 보기

부부가 서로 조금은 받아 준다(경우에 따라서). 아내는 "부부간 대화는 과거와 연결되어 있으므로 과거 이야기가 조금 나와도 남편이 이해했으면 좋겠다."라고 말하는데, 남편은 상담 주제가 아내가 반성하는 것과 쌓아 둔 과거 얘기를 하지 않는 것이라고 거듭 강조하여 다시 상담사와 목표를 세웠다. 상담사는 과거 이야기가 조금은 나오지 않을 수 없음에 대해 이해를 구하고 상담을 시작하였다.

(2) 상담사 목표

- 가족구조 변화인 상호성 변화: 경계선 만들기(개별화 작업)를 통해 '주체적 자기'를 찾아서 세워 가기(부부는 '따로 또 같이'의 경계선 개념으로)
- 제휴된 삼각관계 작업을 하여 위계 변화
- 원가족의 세대 간 위협요소 작업을 통해 분화의식 가지고 성찰하기
- 부적합한 신념(가족규칙) 흔들기

6) 개입과정

(1) 초기 단계(1회 부부상담, 2회 부부상담, 3회 남편 상담, 4회 아내 상담)

- 남편/아내의 부부문제에 대한 각각의 관점과 의견 듣기, 스트레스와 갈등패턴의 가족역동과 신혼기 적응과정, 원가족의 이야기를 통해 관계구조 파악, 상담주제 합의
- 부부관계 상태 척도하기, 배우자로서 악화된 부부현상에 일조를 가한 부부 책임 비율을 말하며 시인하는 시간 갖기, 일조를 가한 자기 부분의 문제점을 스스로 시인하는 시간 갖기

(2) 주요 정보

	남편 입장	아내 입장
정보	나는 내 부모님이 불쌍해서 부모님 위주로 살았다. 아내의 아버지가 우리 부모에게 욕질을 하였고, 절대 용서할 수 없다. 나는 4형제의 장남이다. 내가 그들을 먹여 살렸다. 내 가족을 일으키는 것이 평생의 과업이었다. 근데 부모가 비참하게 돌아가셔서…. 그런데 아내는 서운한 것만 기억한다. 지금은 아내가 내 부모 제사를 지내 주지 않아서 혼자서 제사를 지내는 것이 가장 곤혹스럽다.	시집살이가 처참했다. 무릎 꿇고 2~3시간씩 혼났다. 벌레 취급받았다. 기절도 했지만, 남편은 내가 문제라고…(묵살, 누워선 천장만 본다). 나는 남편 목소리만 들어도 벌벌 떤다. 내 머리채를 끌고 목욕탕에 처넣고 폭언을 했다. 나는 그 뒤로 얼음이 된 채 할 말을 못한다. 남편은 공포이고, 나는 혀가 딱 붙어서 실어증이 걸려서 입원한 적도 있다. 무서워서 도망도 이혼도 못했다. 마음 졸이는 피맺힘의 인생이었다.
상호성 및 특징	나는 좌절만 겪어서 그냥 덮고 싶다. 화를 발끈 잘 내고 걸핏하면 방에 드러누운 채 집안의 모두에게 무언의 비난과 압박을 한다. 뒤끝이 길게(근엄하게) 오래 혼자서 말없이 지내다가 아내가 말을 걸면 그때에 반응한다. (아내의 말) 남편은 깊은 우울증이 있다.	나는 평소에 말을 잘함에도 문제와 갈등 앞에서, 또 남편 앞에서는 말을 못 한다. 멍하고 조용히 있으면서 가만히 듣고 아무 말도 할 수 없다. 얼음 패턴이 되어 고정되었다. 그 후 아무렇지도 않은 듯이 필요에 의해 남편에게 비위를 맞추고 유지하며 살고 있다.
변화의 시작	외아들이 10여 년이 넘도록 중독으로 사람 구실을 하지 못하고 있는 좌절 등 내가 생각을 오래 하다 보면 뇌졸중이 올 것 같아서(잠재워 둔 채) 화초를 가꾸고 자연을 보러 다닌다. 아들만 인간 구실하면서 살기를 바랄 뿐이다. 내가 변해야겠다.	내가 남편을 아예 배제하고 아들딸과만 살아왔구나. 이제라도 남편과 좋은 감정을 쌓아야겠구나. 하지만 자신이 너무 맺힌 게 많고 남편에 대해 적대 감정이 많아서 격렬하고 강한 울화가 가득 차 있다.

주: 남편이 상담 4회기 이후 너무 몸이 무겁고 화가 치밀어 상담이 역효과적이고 상담받는 것이 힘들다고 심한 거부를 하여 천천히 부담을 덜 가지는 상담을 하기로 합의함.

(3) 중간 단계(5회 부부상담, 6회 부부상담, 7~8회 아내 상담)

- 부부의 기대작업을 함. 남편은 둘이서 사진을 공부해서 작품전시를 하고 싶음. 아내는 남편과 함께 따뜻하게 성당 다니며 오손도손 살고 싶음.
- 부부가 가족의 미래에 대해서도 청사진을 그려 봄. 아내와는 어떻게 살고 싶은지에 대해서도 현재와 미래 이야기를 많이 함. 아내가 이제부터라도 남편과 자신의 노후에 대한 그림을 그리고 남편과의 관계를 새롭게 다시 하는 데 필요한 것을 잘해 보려고 결단함.
- 아내의 상처 트라우마 작업(감정 반사인 적대감, 용서하지 못함, 얼음 · 마비 증상 등). 부모님 제사 문제로 잠재된 갈등이 불거져 다투었고, 서로 입을 닫고 침묵과 거리두기를

2주 이상 하게 됨. 며칠 더 지나 남편이 경기도 양평에 방을 얻고 제사 그릇을 싸 가지고 가출함. 나갈 때 아들에게 용돈 10만 원을 주면서 잘하라고 말함.

(4) 종결 단계(8회 아내 상담, 9회 아내 상담, 10회 부부상담: 갈등을 직접 풀어 보는 실연)

- 역할 바꾸기 상담: 아내 혼자 상담. 역할 바꾸어 보는 경험을 통해 스스로 답을 얻어 가지고 귀가함. 카톡으로 자신의 진심을 전달함. 그쯤 아들이 "어머니도 잘한 것 없으세요." 하면서 아버지 편을 들자 아내인 내담자가 많은 생각을 하게 됨.
  - 아내가 아들딸과 남편이 혼자 있는 양평 집에 방문해서 좋은 시간을 가졌음. 그때 남편이 저녁 식사를 맛있게 차려 주어서 따뜻하게 밥을 먹었다고 함. 그때 남편 혼자 두고 오기가 마음이 어려웠음에도 불구하고 아내는 분화(개별화), 혼자 살 수 있어야 정말로 둘이서도 협력하고 잘 살 수 있다는 말이 기억 나 남편 혼자 두고 왔다고 함.
  - 한편, 아내는 그 후 여러 우여곡절 끝에 "마음의 힘"(본인 말)이 커져서 자신의 이야기를 조용한 찻집에서 남편에게 조곤조곤 하였다고 함. 상담의 중요성과 과거 얘기 중요성에 대해서 남편을 설득하였음. 1차, 2차 거부, 3번째에 남편이 "당신도 반성하는 태도가 있어야 한다."면서 조건을 내세우며 부부상담을 재개함.
- 부부가 상호 합의와 갈등해결 직접 실연하기
  - 그 후 성당의 사진작가 화요반에 부부가 참석하면서 부부데이트를 시작함.
  - 아이들 결혼 전에 부부가 별거하는 모습을 보이는 것이 싫어서 합가하기로 하고 남편이 다시 집에 들어옴. 그러나 이번에는 아내가 별거를 원함. 남편의 근엄한 규칙, 일일이 따지고 트집 잡는 것이 전에는 아내가 "그냥 그렇지 하고 봐 주며 듣는 척했는데, 아내가 자기의식이 변화하니 이제는 도저히 견디기가 힘이 든다."라고 호소함. "특히 아들을 옥죄이는 남편의 언어 및 행동을 참을 수가 없다."라고 하소연함. 다시 아내가 4:3으로 주거문제를 주장함. 잠은 4일밤 따로 자고 주말인 금요일~일요일 3일간을 합가해서 살면서 주중에는 사진반을 하루 같이 보내는 등 데이트하는 기분으로 여기저기 젊은 사람처럼 살자고 함. 그 후 '신혼의 재미'를 다시 즐기기 시작했다고 보고함. 좋은 별거로 명칭은 '따로 또 같이'라고 함.
  - 서로 두 가지를 부탁함(남편은 아내 말을 귀담아 듣고 되짚어 주기, 가르치고 지시하는 말투 교정하기: 아내는 부정적인 생각 그만하기, 자기 잘못 한 가지씩 말해 주고 잘 들어주기), '자기 잘못에 대해 시인하고 인정하는 것의 중요성'을 반복 주지함.

7) 상담성과

(1) 가족구조의 변화

부부경계와 개인적인 경계선을 조금씩 확립하면서 부부의 상호작용 수준이 변화되었다. 아직은 아내 주도형이지만, 자기표현[아내 65%, 남편 50%(들음과 반영: 50% 이내)]을 하였고, 소통이 조금 되고 상호 협의가 조금씩 되고 있다.

(2) 제휴된 삼각관계를 의식하고 위계를 재정립

아내가 아들과 제휴를 의식하고 거리두기를 하고 있으며, 남편과 아들이 가까워지고 부부가 상호 협력해서 아들을 돕는 데 조금 수월해졌다고 함. 배우자 체계의 활성화가 시작됨.

- 아내가 스스로 기꺼이 남편이 불쌍하다고 하면서 자신이 남편의 가장 큰 소원인 부모 제사를 집에서 지내 주겠다고 자청함.
- 아들이 아버지의 협조를 받으며 학교에 재입학하여 다니고(학교와의 관계), 카페에서 아르바이트를 하고(사회와의 관계), 친구들과도 관계를 확장시켜 가고 있음.
- 아내가 자신의 삶에서 "지금이 그래도 가장 사는 것처럼 행복하게 살고 있다."라고 말함. 그 후에 또 상담사에게 문자를 보냄. "아들이 마치 빈사상태 의식불명 상태에 있다가 80% 정도 일어섰습니다. 우리 부부관계는 아직 가야 할 길이 멀지만 이제 방향을 잡았고, 60% 이상은 회복되었습니다. 내 남편이 좋고 고맙고 의지가 되니 고마울 뿐입니다."

(3) 기타 관계 변화

딸의 적극적인 참여와 도움이 회복됨. 확대가족인 시누이들과의 두 차례 만남. 남편과 아내가 성당 생활과 사진반 활동을 하게 됨. 추후 상담을 2회 하였는데, 이후에 만났을 때 문제가 여전히 있지만 아내가 그럴 때마다 문제를 풀어 갈 수 있다고 하며 다시 점검을 받기 위해 상담에 오겠다고 함.

5. 부부갈등을 다룰 때 상담사가 유의해야 할 점

부부치료사의 신념과 태도, 임상적인 숙련도, 그리고 내담자 부부의 변화 의지와 내적 역동이 부부치료의 성과를 가져온다. 부부치료사를 위한 지침과 고려사항 및 유의사항은 다음과 같다.

1) 부부치료사의 지침

현재 부부관계 내의 역동인 부부신뢰, 부부권력(동등성), 부부친밀감(성), 부부역할과 기대에 대해 각자의 신념과 사고방식, 반응방식의 자각과 통찰, 각각의 내면의 깊은 정서인 트라우마 치료를 함으로써 각자의 '미해결 감정'과 '미해결 주제'를 부부 둘이서 풀어 갈 수 있는 상호작용 능력을 배양해 주는 것이 지향점이다.

2) 고려사항

- 진단을 통해(건강검진처럼) 부부관계지수를 파악한다. 부부의 만성불화 정도를 스스로 객관적으로 파악하면 실상을 부정하지 않게 되며, 치료과정에 보다 적극적일 수 있다.
- 만성 부부불화 시 갈등의 골이 깊다면 개인심리 역시 어려운 상태일 수 있어, 개인위주의 상담이 필요하다. 얽힘이 많으면 부정적인 감정을 다소 해독하고 부부가 함께 상담을 하는 것이 더 나을 수 있다.
- 부부는 각자 비난 이슈, 통제 이슈, 개인심리 이슈, 책임회피 전략인 분노와 우울 등 방어전략이 있으므로 그 점을 깊이 다룬다(방해요소, 악화요소).
- 신혼기의 과제인 의사소통 향상, 정서적 친밀감을 통한 성적 기능을 점검하고 그 부분을 주목한다. 무엇보다도 갈등해결 능력을 실제적으로 가능하게 하여 이후에는 둘이서 서로 문제를 풀 수 있도록 한다(결혼 초기 문제 발생을 다룸이 중요).
- 부부정서의 재구성: 부부싸움 시 나타나는 상호작용을 파악하고 그 감정 반사행동의 패턴을 재구성하도록 돕는다. 이 패턴은 어린 시절 학습과 기억의 영향(좌절, 불안, 두려움, 열등감, 수치심, 상실, 슬픔)으로 원가족의 가족문화와 규칙에서 온 생존전략으로 추정하고 합리적인 대처방식으로 정서 위주의 상담을 한다.
- 개인적 권위[주체적 자기(self)]를 발견하며 확립해 갈 것을 협의하는 것이 좋다(그러나 부부치료사는 그 점이 오히려 부작용과 역작용을 초래할 수도 있음을 감안해야 한다). 분화, 개별화의 중요성, 친밀성, 위계적 경계선, 정서적 애착, 세대 간 위협, 즉 드러나지 않은 마음과 짐과 얽힘을 가계도와 가족지도를 통해 주목하여 다루어 간다. 그 속에서 형성

된 무의식적인 방어기제와 삶의 방식의 근저인 부적합한 인지구조를 흔들고 해체시켜 자연스럽고 유연한 관계에 이르도록 돕는다(그러나 시간이 요원한 과정이므로 합의된 주제를 가지고 시간에 맞게 적절하게 조율 및 합의한다).

3) 유의사항

- 부부문제를 이해하기 위해서는 부부를 한 팀으로서 부부체계를 사정하되, 각 개인의 문제에 대해서는 스스로 문제를 자각하여 말하게 하는 것이 좋다. 문제 구분을 세 가지 대상(부부관계 문제, 각자 개인의 문제)으로 하면 문제에 대한 책임 구분과 문제 정의를 비교적 명확히 할 수 있다.
  - "부부란 개인의 문제가 있을 수 있고 부부관계의 문제가 있을 수 있답니다. 부부상담사인 저는 부부관계 자체에 관심이 더 큽니다. 우선 우리 부부관계 문제를 어떻게 보고 있는지 서로 관점이 다를 테니 각자의 의견을 듣겠습니다."
  - "자, 이제는 부부관계 악화에 일조했다고 생각하시는 자신의 개인 문제를 말씀해 주시면 좋겠습니다."
- 문제를 목표로 의식하고 함께 풀어 가도록 변화와 동기를 유발하되 문제가 아니라 해결 지향적인 재정의를 할 수 있어야 한다. 부부상담사는 부부문제를 재정의하는 것에 대한 학습이 필요하다. 그렇지 않으면 상담사조차도 부부의 문제와 갈등 속에 빠지기 쉽다. 그들의 오래되고 누적된 고통과 어려움 속에 상담사가 엮이게 되면 상담을 잘 진행할 수가 없다. 상담사는 그 문제에 집착하거나 그 문제에 휩싸여서는 안 된다. 상담 목표 주제를 공동의 목표 주제로 합의하고 실현 가능한 작은 것으로 잡는다.
  - "잦은 부부싸움이 있는 것을 보니 두 분 다 열정적이고 자기주장이 확실한 부부로 보입니다. 앞으로 부부문제에 대해 제대로 이해한다면 분명하고 확실하게 잘 대처할 수 있겠습니다."
- 부부 각각의 개인은 누적되어 온 역사적인 산물이므로 정해진 회기 내에 다룰 수 있는 과제는 지극히 제한적이어서 지금 나타나 있는 부분만 다룰 수 있다. 그러므로 이번 기회에는 이 부분을 조금 다루는 것이며 부부갈등을 스스로 해결할 수 있을 때까지 조력으로 상담을 받는 것임을 알려 준다. 부부문제는 가족발달 과정에서 언제든 불거질 수 있다. 그만큼 인간의 내면은 복합적이고 다층적이고 불안정한 요소를 갖고 있다. 언제든 부부관계를 위해 전문가를 찾도록 선도한다.

6. 나가는 말

부부는 무엇으로 사는가? 어떻게 살면 서로 사랑하며 오손도손 말동무, 길동무가 되어 서로 안위하며 살 수 있을까? 부부가 상호 조율하며 선한 능력으로 관계의 표상인 우정과 사랑을 대등하게 변함없이 지속할 수 있을까? 이런 열망이 이상화는 아닐까? 부부가 함께 살면서 겪는 여러 가지의 상실과 괴로움, 막막함, 크고 작은 배신감, 분노, 절망, 슬픔, 외로움, 쓸쓸함은 누구나 겪어 내는 필연적인 과정인데, 부부상담사는 어떤 태도여야 좋은 상담사가 되는 것일까?

이 글을 교정하고 있는 중에, 공교롭게도 이 사례의 아내분이 12년 만에 다시 상담에 왔다. 그전에도 두어 번의 상담을 통해 일회성 자문을 받은 적이 있는데 이번에는 다르게 왔다고 했다. 중독으로 고생하던 아들이 14년 만에 대학을 졸업하여 학원교사 자격을 얻어 강사로 일을 하고 있다고 하였다. 그리고 12년 전에 부부상담을 받은 이후, 남편이 상당히 변해서 큰 갈등 없이 살고 있다고 전하였다. 다만, 본인이 7년 전에 수술받은 간암이 지난해에 재발하여 수술을 하였고, 3개월에 한 번씩 추적검사를 하고 있다고 했다. 그 외에는 다 편안하고 좋다고 하였다. 그러나 그녀의 얼굴빛은 좋지 않고 기운도 없어 보였다. 그녀는 "아프고 난 후 '자기'를 다 잃어버린 것 같다."라고 하며 남편의 통제로 인해 너무 힘겹다고 말문을 다시 열었다.

필자는 그분과의 상담을 재개하면서 마음속에 질문이 깊어졌다. 과연 부부와 가족생활의 중심에 부부관계가 주는 영향과 그 결과가 무엇일까? 서로 각자가 힘을 주는 관계인가, 그 반대인가? 사랑한다고 하며 만난 관계가 상호 괴로움을 주는 관계로 변하는 지점은 어디일까? 필자 역시 결혼생활의 시작부터 고통을 겪어 온 장본인으로서 생존에 대한 깊은 고민을 해 왔었고, 부부상담을 30여 년 동안 해 오면서 끊임없이 생각하고 있는 과제이다. 한 사람이 한 생애를 살아가면서 그의 뇌와 마음에 자리잡힌 관성으로 인한 선과 악의 순환, 특히 악순환적인 고리와 그 파급력을 깊이 본다. 또한 사람의 '역할과 반응'이 얼마나 중요한가를 알아 가니 더 진지해진다. "한 사람의 반응이 상대를 만들어 간다."라는 미누친의 말에 적극 동의 · 지지하며 더욱 신중해지고 있다.

부부관계는 변수이다. 신체의 건강이 나빠지듯 부부관계도 언제든 아픔과 슬픔을 겪는다. 대부분의 부부관계는 관계 안팎의 스트레스가 고조되면 바로 불거져 나오는 불안정 애착관계의 조합이다. 결혼 이후의 과정에서 서로 애착손상을 많이 주고받은 관계는 골이 깊은 상처관계로 더 복잡하다. 게다가 "관계치료는 원가족에 뿌리를 두고 있다."(2007a, 2007b)라고 전제할 때, 원가족에서 빚어진 한 사람의 인지 · 행동 · 정서 상태와 생활습관은 그 사람의 고유한 성장배경의 몫이다. 한 사람이 어린 시절에 가난, 차별, 소외, 부모의 불화, 폭력, 사별, 이혼, 버려짐의 고통을 겪었다면 이미 그 사람은 불안정 애착상태에 있다고 볼 수 있다(서미아, 2016).

불안정애착의 상호 패턴은 역기능적이다. 서로 복합적으로 얽혀 있어 불신과 오해의 벽이 높다. 이미 부정성과 파국이 예상되는 심각한 부부관계지수는 둘 다 고통스럽고 대개 양극화되어 있다. 말하자면, 각자 내면 깊은 곳에서 '변하고 싶지만 변하지 않고 싶은 교착상태'에 있거나 불화부부로서의 왜곡과 고정관념으로 이미 자신과 상대를 불행하게 만드는 갈등패턴이 고질화되어 있을 수 있다. 그러므로 부부상담사는 무엇보다도 단단한 자기(solid self)를 형성해 가는 것이 먼저이다. 그리고 사람과 부부가족심리에 대해 평생 동안 연구해 가며 우선 자기 삶에서 적용하는 것이 좋겠다. 그러면 관계상담사로서의 '안정화'와 '정신화'로 자신과 내담자를 더 깊은 수준에서 이해하고 반영하는 좋은 상담사가 되며, 치료계획을 함께 현실에 잘 맞게 세울 줄 알고 좋은 치료과정을 공동으로 잘 조성해 갈 것이라고 생각한다.

참고문헌

디지털중독연구회(2015). **인터넷 중독 상담과 정책의 쟁점**. 시그마프레스.

유영주, 김순옥, 김경신(2000). **가족관계학**. 교문사.

서미아(2016). 애착손상을 경험하는 부부에 대한 정서중심치료가 부부애착에 미치는 효과. **가족과 가족치료, 24**(1), 47-71.

Beck, A. T. (2001). **사랑만으로는 살 수 없다**[*Love is never enough*]. 제석봉 역. 학지사.

Cuber, J. F., & Harroff, P. B. (1980). Five types of marriage. In Skolnick, A., & Skolnick, J. H. (Eds.), *Family in transition* (pp. 321-332). Little Brown and Co.

Herbine-Blank, T. (2022). 커플치료에서 필요한 용기와 연민. Psychology Korea 온라인강의 중에서 인용.

Kerr, M. E., & Bowen, M. (2005). **보웬의 가족치료이론**[*Family evaluation: an approach based on Bowen theory*]. 남순현, 전영주, 황영훈 역. 학지사.

Lawson, D. M., & Prevatt, F. F. (1999). **가족치료사례집**[*Casebook in family therapy*]. 박태영, 김현경 역. 시그마프레스.

Lawson, D. M., & Prevatt, F. F. (2005). **가족치료사례집**[*Casebook in family therapy*]. 박태영, 김현

경 역. 시그마프레스.

Long, L. L., & Young, M. E. (2009). 부부상담과 치료[*Counseling and therapy for couples*]. 이정연 역. 시그마프레스.

Mckey, M., Fanning, P., & Paleg, K. (1994). *Couple skills: Making your relationship work*. New Harbinger.

Minuchin, S., & Fishman, H. C. (1981). 구조적 가족치료의 기술[*Family therapy techniques*]. 조은숙, 이화자, 이인수, 신혜종 역. 하나의학사.

Olson, D., & Larson, P. (2011). *Prepare-Enrich Customized Version Manual*. 김덕일, 나희수 역. 패밀리터치.

Prochaska, J. O., Norcross, J. C., & Diclemente, C. C. (1994). *Changing for good: A revolutionary six-stage program for overcoming bad habits and moving your life positively forward*. William Morrow.

Satir, V., Banmen, J., Gerber, J., & Gomori, M. (2004). 사티어 모델: 가족치료의 지평을 넘어서. 한국버지니아사티어연구회 역. 김영애가족치료연구소.

Schwartz, R. C., & Sweezy, M. (2021). 내면가족체계치료[*Internal Family systems THerapy* (2nd ed.)]. 김춘경, 배선윤 공역.

Schwartz, R. C., Liddle, H. A., & Breunlin, D. C. (1988). Muddles in live supervision. In H. A. Liddle, D. C. Breunlin, & R. C. Schwartz (Eds.), *Handbook of family therapy training and supervision*(pp. 183-193). Guilford Press.

Simon, G. M. (2003). *Beyond technique in family therapy*. Pearson Education, Inc.

Simon, G. M. (2006). *The heart of the matter: A proposal for placing the self of the therapist at the center of family therapy research and training*. Family Process.

Sperry, L., & Carlson, J. (1991). *Marital therapy: Integrating theory and technique*. Love.

Sprenkle, D. H., Davis, S. D., & Lebow, J. L. (2009). 커플 · 가족치료에서의 공통요인. 효과적 개입의 토대. 최연실 역. 신정.

Steele, K. (2024). 복합외상에서 나타나는 관계적 어려움. Psychology Korea 온라인강의 중에서 인용.

Terman, L. M. (1938). *Psychological factors in marital happiness*. McGraw-Hill Book Company.

Young, M. E., & Long, L. L. (2007). 부부상담과 치료[*Counseling and therapy for couples* (2nd)]. 이정연 역. 시그마프레스.

제 7 장

이혼

건강한 이혼은 성인 및 그 자녀의 건강한 발달과 성장, 이혼 후 삶에 대한 적응, 그리고 이후에 이어질 수 있는 재혼에 대한 적응에 영향을 미치는 중요한 일이다. 이혼상담은 이혼을 생각할 정도의 극심한 부부상담부터 이혼 결정을 위한 상담, 이혼과정 중인 사람들을 위한 상담, 이혼 후 적응을 위한 상담을 포괄한다. 이혼상담은 이혼을 막기 위함이 아니라 이 과정에 개입하여 내담자와 그 자녀의 복지를 증진하는 데 목적을 두고 있다. 이 장에서는 이혼과정의 당사자들 및 자녀의 심리와 이에 대한 개입, 이혼상담사가 알아야 할 법 체계, 그리고 이혼상담 각 단계별로 적용되는 구체적인 개입방법 등을 중심으로 이혼상담의 전반을 살펴보고자 한다.

1. 이혼 전후 가족상담에 대한 이해

1) 이혼 실태와 문제점

우리나라는 오랫동안 이혼이 억제되는 문화 규범을 가지고 있었다. 출가외인 개념, 이혼에 부여된 사회적 낙인, 이혼 여성의 경제적 복지가 고려되지 않은 법 제도 등이 그러하였다. 숙려제도도 없이 간단한 이혼신고만으로 이혼이 성립될 만큼 이혼 관련 법 제도는 부실하였으나, 1970년대까지 우리나라의 이혼율은 세계 최저 수준을 유지하였다. 1970년에 0.4던 조이혼율(crude divorce rate)[1]은 1990년대 이후 서서히 상승 추세를 나타냈고, IMF 외환위기를 경험한 1997년에 2.0을 기록하면서 가파르게 상승하여 2003년 3.4로 정점을 찍었다. 이후 다소 하향 안정화되면서, 2023년 현재 1.8의 조이혼율을 기록하고 있다(통계청, 2024).

최근에 두드러지게 나타나는 현상은 황혼이혼의 급증이다. 지금까지의 이혼 경향은 결혼 지속 연수가 길어질수록 이혼이 줄어드는 것이 일반적이었기에 이러한 최근의 추세는 새로운 변화이다. 2023년 이혼통계를 보면, 혼인 지속기간 20년 이상의 이혼이 32.9%로 가장 많고, 그다음으로 결혼 5~9년이 16.8%, 결혼 4년 이하가 16.6%를 차지하고 있다. 혼인 지속기간이 30년 이상인 부부의 이혼도 지속적으로 늘어 14.8%에 달한다. 2023년 현재 평균 이혼연령은 남자 49.9세, 여자 46.6세로 평균연령이 계속 늦춰지는 추세에 있다(통계청, 2024).

2023년 기준으로 미성년 자녀가 있는 부부의 이혼은 4만 9천 건에 달하며 전체 이혼의 53.2%를 차지하고 있다. 미성년 자녀가 있는 부부의 이혼은 한부모 가정으로 이어지면서 이혼과정과 그 이후의 성장과정에서 자녀의 건강한 성장·발달을 위한 특별한 관심을 필요로 한다. 이혼의 형태로는 협의이혼이 77.8%, 재판이혼이 22.1%이다(통계청, 2024).

2) 이혼상담의 효과

이혼 전후 상담이 실제로 내담자에게 어떤 도움이 되는지에 대한 체계적인 연구는 별로 이루어지지 않았다. 이혼상담의 효과에 대해서는 판사, 변호사, 조사관 등 법 체계 관련자들의 피드백, 상담사들이 임상에서 경험하는 것, 내담자의 피드백, 그리고 이혼신청 취하 등과 관련된 간단한 통계 등이 있는데, 이를 통해 이혼상담이 당사자와 그 자녀들에게 상당한 도움이 되고 있음을 추론할 수 있는 정도이다.

간단한 통계를 보면, 서울남부지방법원에서 이혼 전 1회기 상담과 일주일의 숙려기간을 통해 협의이혼 신청사건의 18.5%가 신청을 취하하였다(문주형, 2007: 김혜숙 외, 2008에서 재인용). 부산가정법원의 경우, 의무상담을 받지 않은 이혼위기 부부의 협의이혼 취하비율이 28.5% 정도인데, 상담을 받은 부부의 이혼 취하비율은 34.9%로 높게 나타났다(SBS뉴스, 2015. 3. 19.). 서울가정법원의 상담 전후 설문지를 통해 내담자들이 상담(단회기)을 통해 도움을 받은 부분이 무엇인지 분석한 결과, 내담자들은 '복잡한 감정을 이야기할 수 있었다.'

1) 인구 천 명당 이혼 건수를 나타내는 지표

'이혼 후 자녀문제를 좀 더 구체적으로 생각하게 되었다.'라는 변화에 60% 이상이 '그렇다.' 라고 응답하면서 이혼 전 상담이 필요하다는 의사를 강하게 피력하고 있다(송성자, 2006: 김혜숙 외, 2008에서 재인용).

2. 개입방법에 대한 이론적 근거

1) 이혼의 과정과 심리

이혼은 일시적인 생활사건이라기보다는 이혼 전 단계, 이혼 단계, 이혼 후 단계로 구분되는 수년간에 걸친 과정으로 이해될 수 있다. 각 단계별 내담자의 심리적 특성을 통해 개입의 시사점을 얻게 된다.

(1) 이혼 전 단계

이혼 전 단계는 배우자와의 관계에 대해 환멸을 느끼고 이혼을 고려하면서 이혼할지 말지에 대해 의사결정의 갈등을 경험하는 시기이다. 보하난(Bohannan, 1970)이 말하는 '정서적 이혼'은 이미 이 단계에서 일어난다. 이 시기에 사람들은 배우자에 대한 불만과 스트레스를 경험하면서 이혼의 법적 절차를 알아보고 주변 사람들과 의논을 한다. 이 단계에서는 이혼에 대한 의사결정을 해 나가게 되는데, 이혼에 대한 양가감정으로 고통과 스트레스를 경험하며 두통, 신경과민, 피로, 복통 등의 신체적 증상이 나타나기도 한다. 배우자와 대화가 단절된 채 별거나 이혼을 할지 결혼을 유지할지에 대해 비용과 보상을 따져 본다.

처음 이혼이라는 말을 꺼내게 되면 상대 배우자는 놀람, 분노, 상처, 절망, 냉담, 두려움 등의 감정을 느끼게 되며, 이후 양측 모두 공격적이거나 회피적인 행동이 점차 증가한다. 보복이나 응징의 마음 혹은 좌절된 마음으로 상대 배우자에게 폭력적 행동이 나타나기도 한다.

김요완(2007)은 재판상 이혼 과정 중인 6쌍의 부부를 심층면접하여 이혼 전 단계부터의 부부 상호작용의 특성을 고찰하였는데, 여기에는 이혼 전 단계와 이혼 결정 후의 단계에서 나타나는 특성이 잘 묘사되어 있다(〈표 7-1〉 참조).

표 7-1 재판상 이혼 중인 부부의 단계별 특성

1단계: 갈등 발생 단계
신중하지 못한 결혼 결정, 신혼 초부터의 부부갈등, 경제적 어려움이나 폭력적 행동, 역할변화에 대한 부적응, 역기능적 대화방식 등이 장기적으로 누적된다. 특히 왜곡된 의사소통 방식은 갈등을 증폭시키는 주요인으로 나타난다.
2단계: 자존감 손상 단계
부부관계가 악화되면서 상대방으로부터 무시당하고 비인격적인 대우를 받으면서 자존감이 손상되는 단계에 이른다. 노골적 무시, 짜증으로 반응, 약속 지키지 않음, 상대의 자존감 손상을 인식하지 못함과 같은 특성을 나타낸다.
3단계: 갈등요인 무시 단계
대화하려는 노력 자체가 사라지고 마주치는 걸 피한다. 자녀교육이나 취미 생활 등으로 빠지기도 한다. 이 시기에 처음으로 이혼을 고려하지만 주저한다.
4단계: 성관계 및 스킨십 단절 단계
부부간의 신체적 접촉이 단절되며, 이것이 이혼을 결심한 것을 반증한다.
5단계: 역할중단 단계
아내와 남편으로서 역할을 중지한다. 아내는 남편의 식사를 챙기지 않고, 남편은 생활비를 주지 않는다. 가출과 귀가를 반복하고, 시가 혹은 처가의 행사에 나타나지 않아 친인척에게 이상 징후가 포착되는 시기이다.
6단계: 상호공격 단계
이혼소송을 결정하고 적극적으로 상대를 공격하기 시작한다. 그동안의 부부갈등의 원인과 책임을 상대에게 전가하거나 상대를 왜곡되게 표현하며 안 좋은 소문을 퍼뜨린다. 소송에 이기기 위해 수단과 방법을 가리지 않고 상대방을 정신병자로 몰기도 한다.
7단계: 단절 단계
배우자 간에 교신이 단절되며 별거 상태에 이른다. 자녀를 통해 간접 대화하는 것이 부부의 유일한 대화 수단이 된다.

출처: 김요완(2007)의 표를 재구성함.

(2) 이혼 단계

이 단계는 이혼 결정 시점부터 법적 이혼절차가 종결되는 시점까지의 기간을 의미한다. 보하난(1970)이 말한 '법적 이혼'과 '경제적 이혼' 등이 대체로 이 시기에 이루어진다.

이혼을 결정하면 부부간에 긴장이 고조되고 적대감이 표출되고 의사소통은 안 되기 때문에 한집에 거주하는 것이 극심한 스트레스가 된다. 이런 극심한 부부갈등에 노출된 자녀의 고통은 상당하다. 따라서 부부간에는 곧 별거가 이루어지게 되는데, 이때 별거가 생활비, 자녀 양육, 부부간 신체적 접촉 등에 대한 적절한 합의 혹은 계약이 이루어지지 않고 일방이 집을 나가는 형태로 이루어지게 될 경우, 별거 자체로 인한 후유증이 있다. 떠난 쪽은 죄책감과 회의를, 남은 쪽은 충격과 배신감, 버림받은 느낌을 갖게 된다.

별거가 진행되면서 두 사람은 그동안 자신이 해 왔던 노력이 모두 물거품이 되었다는 사실로 인한 애도와 비탄의 감정을 가지며, 별거로 인한 생활상의 변화(거주지 이동, 자녀 양육 및 가사분담 관련 변화, 경제적 변화 등)로 인해 스트레스와 불안을 경험하게 된다. 별거로 인해 부부간에 대화가 단절되고 문제해결의 실마리는 더욱 멀어지게 된다.

이혼의 법적 절차는 협의이혼인지 재판이혼인지에 따라 차이가 있다. 이 절차가 완료되기 위해서는 자녀의 양육권이나 친권 문제, 면접교섭권의 문제, 재산분할이나 위자료의 문제 등이 잘 협의되어야 한다. 변호사나 법원의 가사조사관 등이 개입할 수 있다. 이혼숙려기간이 진행되는 동안 필요하면 상담을 받게 되며, 법원 주관하에 자녀 양육 관련 교육을 이수한다.

(3) 이혼 후 단계

이혼의 법적 절차는 수개월 안에 끝나지만 이혼 후의 별거 상태에서 각각의 부모 역할을 수행하게 되는 '부모역할상의 이혼', 부부가 공유하던 친지와의 사회적 관계가 분리 · 상실되는 과정인 '사회적 관계상의 이혼', 그리고 배우자와의 관계로부터 분리된 자신을 재정의하고 독신으로 되돌아가는 과정인 '심리적 이혼'의 과정은 이혼 후 수년에 걸쳐 일어나게 된다(Bohannan, 1970).

이혼은 당사자와 그 자녀의 삶에 많은 변화를 가져온다. 많은 경우, 이혼 직후보다 그 이후 1~2년 동안 스트레스를 더 많이 경험하며, 이혼 후 적응에는 적어도 2년이 걸린다(정문자 외, 2018). 이혼의 과정에서 얼마나 많은 상처를 경험했는지, 재산이나 양육권 등과 관련된 합의 이행이 얼마나 적절하게 이루어졌는지 등에 따라 이 시기의 적응은 영향을 받는다. 또한 이혼으로 인해 전 배우자의 부모 형제 등과 같은 인척과의 관계, 양육하거나 양육하지 않는 자녀와의 관계, 그리고 본인의 부모 형제, 친척, 이웃들 간의 관계가 모두 영향을 받게 된다. 이혼 당사자뿐 아니라 이혼자의 부모도 이혼 사실이 알려지는 것을 꺼리면서 이로 인해 이들의 사회관계망이 축소되기도 한다(옥선화 외, 2006). 이로 인해 이혼가족은 사회적 관계를 재구축하고 부모-자녀 관계를 재정립해야 하는 과제를 안게 된다.

자녀의 경우, 부모의 이혼으로 인해 이사나 전학을 하게 되면 친구와 학교, 동네가 바뀐다. 자신을 돌보던 양육자(주로 모)의 취업으로 인해 돌봄의 결핍이 일어나기도 한다. 떨어져 지내게 된 부모를 그리워하며, 함께 사는 부모에 대해 더 큰 의존성과 분노 등의 양가감정을 느끼기도 한다.

2) 부모 이혼으로 인한 자녀의 영향

자녀는 부모의 별거나 이혼에 대해 부모로부터 설명을 제대로 듣는 경우가 별로 없다. 부모의 이혼계획을 듣게 되면서 자녀는 불신, 두려움, 분노, 혼란, 슬픔, 비탄 등의 반응을 보인다. 특히 부모의 갈등 사실을 몰랐던 자녀의 충격은 크며, 모든 자녀가 한쪽 부모의 부재를 커다란 상실로 경험한다. 부모가 별거한 후, 자녀는 자신의 에너지를 모두 가족에 쏟기 때문에 학업성적이 저하되고 교우관계에서 문제가 생기기도 한다. 부모의 이혼과정에서 별거가 시작된 후 몇 개월의 기간이 자녀에게 가장 고통스러운 기간인 것으로 알려져 있다(Mitchell, 1985: 김혜숙 외, 2008에서 재인용).

부모의 이혼에 대한 자녀의 심리적인 반응은 일반인이 생각하는 것보다 더 오래 지속되며, 보다 어린 연령부터 경험된다(〈표 7-2〉 참조). 아동의 나이가 어릴수록 부모의 이혼 상황에

표 7-2 자녀의 연령에 따른 부모의 이혼에 대한 반응

자녀의 연령	특징
학령전기 (2.5~6세)	부모의 이혼에 대해 놀라고 혼란스러워하며 자신의 잘못이라고 생각한다. 변화에 대해 아동은 자신이 버림받을까 봐 두려워한다. 5, 6세 무렵이 되면 이혼 관련 자신의 감정을 표현할 수는 있으나 이혼과 관련된 상황 변화의 일부밖에 이해하지 못한다.
잠복기 초기 (7~8세)	아동은 슬픔, 두려움, 불안정성, 상실감을 나타내며 자신들이 버림받았거나 거부되었다고 느끼지만 자신을 비난하지는 않는다. 부모의 이혼으로 인한 이별에 대해 분노를 느끼지만, 그것을 표현하는 것을 두려워한다. 부모의 재결합에 대한 강한 열망을 가지고 있다.
잠복기 후기 (9~10세)	아동은 이혼에 대해 좀 더 현실적으로 이해하며 자신의 감정이나 자신이 거부당한 것에 대한 분노를 잘 표현한다. 부모의 이혼에 책임감을 느끼지 않으며, 부모의 행동에 대해 도덕적 측면에서 분노를 느낀다. 외로움과 두 부모에 대한 사랑 사이에서 갈등을 느낀다.
청소년기 (15~18세)	이들은 가장 개방적으로 이혼에 대해 분노를 표현한다. 이혼하는 부모를 한 사람의 인간으로 인식하게 되며, 부모 각자와의 관계에 대해 새롭게 평가한다. 결혼생활에 대한 자신의 가치나 개념을 재평가한다.

출처: Wallerstein & Kelly(1976): 정현숙 외(2001)에서 재인용.

대한 파악이 불완전하며 자신의 복합적인 감정을 표현하는 데 어려움을 겪기 때문에 겉으로 드러나는 것보다 이들이 경험하는 내면적 상처는 더 클 수 있다. 이혼가정 자녀들에 대한 독보적인 종단 연구를 수행한 월러스타인과 블레이크슬리(Wallerstein & Blakeslee, 2004)는 이혼가정 자녀들의 심리적 상처는 전 연령대에서 나타나 부모의 이혼 후 10년까지도 영향을 미치고, 초기 성인기의 이성관계 등에까지 부정적인 영향을 미친다는 연구결과를 내놓으며, 이혼과정 및 이혼 후의 삶에서 자녀에 대한 정서적 지원의 중요성을 역설하고 있다.

다음은 자녀들의 복지를 위해 이혼과정 중의 부모에게 전달되어야 하는 지침 중 일부이다(최규련, 2015; Lebow, 2015).

- 자녀가 보는 앞에서 부부싸움을 하지 않는다. 특히 양육권 등 자녀에 대한 문제로 싸우는 것을 자녀 앞에서 하지 않는다.
- 자녀의 삶에 일어날 변화를 최소화한다. 전학이나 이사 등과 같은 급격한 변화는 자녀의 적응을 더 힘들게 한다.
- 자녀의 발달단계에 맞게 이혼에 대해 정직하게 설명해 준다. 자녀의 책임이 아니며, 여전히 자녀는 사랑받고 보살핌 받을 것임을 확신시켜 준다.
- 자녀를 자기편으로 끌어들이지 않아야 하고, 배우자에 대한 화풀이나 원망을 자녀에게 하지 않아야 하다.
- 양육 부모는, 전 배우자가 자녀가 그리워하는 영원한 부(모)이고 자녀에게는 앞으로도 중요한 존재라는 것을 인식한다.

3) 이혼상담의 목적

일반적으로 이혼상담은 크게 〈표 7-3〉과 같은 네 가지 목적과 하위목표를 가진다.

표 7-3 이혼상담의 목적과 하위목표

결혼유지 가능성 재검토
• 부부갈등의 해소 가능성을 재평가하고 결혼 유지의 방안을 모색할 수 있도록 돕는다. • 자녀문제, 법적 문제, 사회적 평판, 경제적 자립, 심리적 고통, 대인관계 등 이혼 후 상태에 대한 현실적인 인식을 제고하여 이혼에 대한 의사결정을 재평가할 수 있도록 한다.

부부간 명확하고 안전한 의사소통 돕기
• 이혼으로 인한 복잡한 감정을 표현함으로써 감정이 정화된 상태에서 이혼과정을 이성적으로 잘 거쳐 나갈 수 있게 한다. • 이혼과정에 필요한 부부간의 합의 등을 위해 안전한 환경에서 명확하고 이성적인 의사소통을 할 수 있도록 한다.
자녀의 정서와 복리에 대한 배려
• 이혼과정 혹은 이혼 후에 자녀가 겪게 될 어려움과 적절한 부모 역할에 대해 인식하도록 돕는다. • 이혼과정에 자녀의 정서와 안위를 고려하며, 현실적이고 구체적으로 자녀 양육 문제(친권, 양육권, 면접교섭권, 양육비 등의 사항)를 협의한다.
이혼 후의 적응을 위한 준비
• 이혼과정에서 건강한 갈등 해결방법과 의사소통 방법을 학습하여 이후의 삶에서 더 나은 적응을 할 수 있도록 한다. • 이혼과정에서 자신에 대한 더 나은 이해를 함으로써 이후의 삶에서 더 나은 적응을 할 수 있도록 한다.

4) 이혼상담사가 갖추어야 할 요건

이혼과정 중에 있는 내담자의 마음은 수치심, 혼란, 위축, 분노, 우울과 실패감, 두려움, 내적 갈등, 상처 등으로 정상적인 상태라 할 수 없다. 특히 이혼소송 중에 있는 내담자는 변호사, 부모 등의 확대 가족원, 친구 등의 영향을 많이 받기 때문에 상담사와의 상담동맹 형성이 쉽지 않을 수 있다. 따라서 상담사에게는 다음과 같은 태도와 능력이 필요하다.

- 부부의 그간의 노력을 존중해 주고, 내담자의 강점과 자원에 초점을 두는 태도
- 내담자의 감정과 상황에 대한 깊이 있는 공감 능력
- 비판단적이고 중립적이며, 안전감을 주는 안아 줌(holding)의 태도

이혼상담사는 이혼과정에서 구체적인 사항들을 협의하고 중재하는 역할을 해야 할 때가 있다. 이를 위해 다음의 능력이 필요하다.

- 이혼절차에 대한 법적인 이해와 법원 관계자 및 변호사 등과의 원활한 협력능력
- 부부의 대화를 비논쟁적이고 명확하게 이끌 수 있는 대화기술과 대화기술 코칭능력

이혼상담사는 상담과정을 통해 이혼에 이른 부부갈등 문제에 대해 내담자의 통찰을 높여 이후의 적응에 도움을 줄 필요가 있다. 이를 위해 다음의 태도와 능력이 필요하다.

- 이혼은 삶의 위기이지만 더 나은 삶을 향한 기회가 될 수도 있다는 통합적인 관점
- 이혼에 이른 부부갈등에 대해 인과론적이기보다는 체계론적으로 보고 개입할 수 있는 능력

5) 이혼상담에서 일반적으로 활용하는 개입방법

이혼 전후 내담자에 대한 개입은 다양한 방식으로 이루어지고 있다. 집단상담이나 집단 심리교육 형태로 이루어지기도 하고, 1박 2일 등의 캠프 형태로 이루어지기도 한다. 이혼상담과는 또 다른 영역으로 이혼조정이 있다. 이혼상담은 캠프나 이혼조정 등과는 다른 부분이다. 여기서는 이와 같은 개입들은 논외로 하고, 개인, 부부 혹은 개별 가족을 대상으로 한 이혼 전후 상담에서 일반적으로 활용하는 개입방법에 대해 살펴본다.

(1) 감정정화

이혼을 결심하기까지 부부갈등으로 인한 상처에 더하여, 이혼의 법적 과정에 있는 부부들은 서로를 비난하고 자기를 방어하면서 외상적 경험을 하게 된다. 따라서 상담사는 상담실과 같은 안전한 환경에서 내담자가 그 강렬한 감정을 털어놓음으로써 현 상황을 이성적으로 차분히 바라보고 대처할 수 있도록 도와야 한다. 당사자들의 상태에 따라 각각 개별 회기를 가지거나 부부 합동 회기를 통해 이혼과정에 있는 자신의 감정과 마음을 표현하고 공감받는 경험을 하는 것이 필요하다. 필요하면 부부상담은 그대로 진행하면서 개별 내담자를 다른 상담사에게 보내 개인상담을 통해 감정정화 회기를 가지도록 하는 것도 가능하다. 부부 회기를 통해 감정정화 작업을 하면서 부부가 다시 연결되는 경우도 간혹 있다.

(2) 심리교육

이혼상담에서는 이혼을 건강하게 하는 방법, 이혼과정에서 자녀를 보호하는 방법, 이혼 후의 적응을 잘 하는 방법 등과 같은 심리교육적 요소가 들어가야 한다. 특히 다음과 같은 부분에서 내담자에게 교육이 필요하다(Bray, 2005; Lebow, 2015).

- 이혼 중인 가족의 감정과 행동 추이의 일반적 경향에 대해 알려 준다. 이혼과정 중의 내담자에게는 마치 자신이 아닌 것 같은 경험('not me' experience)이 일반적이며, 평상심으로 돌아오는 데 최장 2년 정도가 걸린다는 것을 알려 준다.
- 자녀의 심리상태가 어떠할 것이며, 그것을 어떻게 표현할 수 있게 도와줄지, 자녀를 어떻게 대해야 할지 등에 대해 지침을 준다.
- 이혼할 상대 배우자가 어떤 감정 상태를 가질 것인지 이해시킨다. 관계단절로 인한 분노가 가져올 예기치 못한 행동의 가능성을 미리 알리고, 갈등이 악화되지 않도록 준비시킨다.

(3) 부부간 의사소통 촉진

이혼과정 중에 있는 부부는 원래도 의사소통 방법이 미숙하였을 것이나, 이혼과 관련된 구체적인 현안들이 쉬운 것이 아니기 때문에 더욱 격하고 비기능적인 의사소통 양식(공격적, 방어적, 회피적, 담쌓기 등)이 나타날 가능성이 크다. 상담에서는 부부간에 안전하고 명확하며 중립적인 의사소통이 이루어질 수 있도록 의사소통 기법을 코칭하면서 의사소통을 촉진한다. 격한 감정으로 서로 말하려고 할 때는 차례대로 말해야 한다는 규칙을 강조한다.

(4) 현안에 대한 구체적인 협상

이혼을 위해서는 별거, 자녀 양육, 재산분할 등과 같은 구체적인 문제들을 원만하게 합의해 나가는 것이 필요하다. 물론 협상이 잘 되지 않을 때 법원의 조정절차를 거칠 수 있지만 상담실에서의 협상은 상당한 이점이 있다. 이혼상담에 와서 부부가 비로소 협력적 갈등해결 방법을 배운다는 것이 역설적이기는 하지만, 이것은 건강한 이혼과 이혼 후 회복과 성장을 위해 중요한 일이다. 또한 협상과정에서 처음으로 상대의 입장과 생각을 이해할 수 있게 되어 불필요한 분노와 모멸감으로 힘들어하지 않을 수 있다. 현안에 대한 협상을 위해 상담사는 다음과 같은 방식으로 코칭한다.

다룰 문제를 구체적으로 정하기 → 협상 시 대화 규칙에 대해 서로 합의하기 → 문제에 대한 서로의 생각과 감정을 완전히 이해하기 위해 교대로 말하고 듣기 → 문제에 대한 이해를 토대로 상호 기대를 확인하기 → 행동 대안을 탐색하기 → 최선의 대안을 선택하기 → 실천 가능성을 검증하고 실천 계획을 수립

각 단계마다 미비함이 발견되면 이전 단계로 다시 돌아간다(협상 방법에 대한 보다 자세한 설명은 최규련, 2015, pp. 364-370 참조).

(5) 결혼생활과 자신에 대한 검토

이혼을 결정한 부부는 일반적으로 결혼 파탄의 책임을 상대에게 돌리는 귀인양식(attribution style)을 가지기 때문에 문제를 관계적 · 순환적 관점에서 보지 못한다. 즉, 결혼생활의 실패에 자신이 기여한 부분이 무엇인지를 보지 못한다. 잘하고 잘못했다는 이분법적 사고는 억울함과 적개심 등의 감정을 낳는다. 이때 체계론적 관점을 가진 상담사를 통해 관계에서 자신의 모습을 돌아보는 것은 자신의 결혼생활에 대한 이야기를 다르게 쓸 수 있도록 할 것이며, 이혼 후 적응에 도움이 될 것이다. 필요에 따라 개인회기 혹은 부부회기로 할 수 있을 것이다. 이 외에도 자신의 내면 이해를 위해 가계도를 통한 원가족 작업, 대상관계 접근을 통한 관계에서의 자기 이해 등의 방법이 활용될 수 있다.

(6) 아동을 포함한 가족상담

미성년 자녀가 있을 경우, 아동을 포함한 가족회기가 한 번 이상은 있는 것이 좋다. 아동을 상담하는 상담사와 부부를 상담하는 상담사 간에는 긴밀한 협력관계가 구축되어 있어야 한다. 가족회기는 다음과 같은 점에서 유익하다.

- 이혼에 대한 자녀의 복합적인 감정을 부모 앞에서 표현할 수 있는 기회를 가질 수 있다.
- 자녀는 부모가 자신을 공동양육하기 위해 협력하는 모습을 볼 기회를 가질 수 있다.
- 이혼과정에서 자녀가 부모에게 하고 싶은 질문, 부모가 자녀에게 해 주고 싶은 말(고마움, 칭찬, 당부, 약속 등)이나 질문 등을 안전하고 따뜻한 환경에서 서로 간에 의사소통할 수 있다.

이러한 가족회기는 자녀가 문제증상이나 문제행동을 보이기 시작하는 경우나 부모가 양육권 등으로 분쟁 중인 경우에 더욱 필요하다.

6) 이혼의 법적 절차와 국가서비스 체계

(1) 이혼 관련 법 체계

① 협의이혼 절차

협의이혼을 위해서 부부는 가정법원에 '이혼 의사확인 신청'을 한다. 가정법원은 이들을 대상으로 이혼 안내를 하고, 이혼숙려기간(미성년 자녀가 있을 경우 3개월, 그 외에는 1개월)을 정하여 전문 상담인의 상담과 부모교육 수강을 권고한다. 숙려기간 경과 후, 미성년 자녀가 있는 경우 가정법원에 자녀 양육 사항과 친권자 결정에 관한 협의서를 제출하여 이혼 의사를 확인받은 후, 확인서 등본을 교부 또는 송달받아 3개월 안에 관할 동사무소 등에 이혼신고를 함으로써 이혼이 성립된다. 만일 자녀 관련 사항, 재산분할 등에 있어서 부부간에 협의

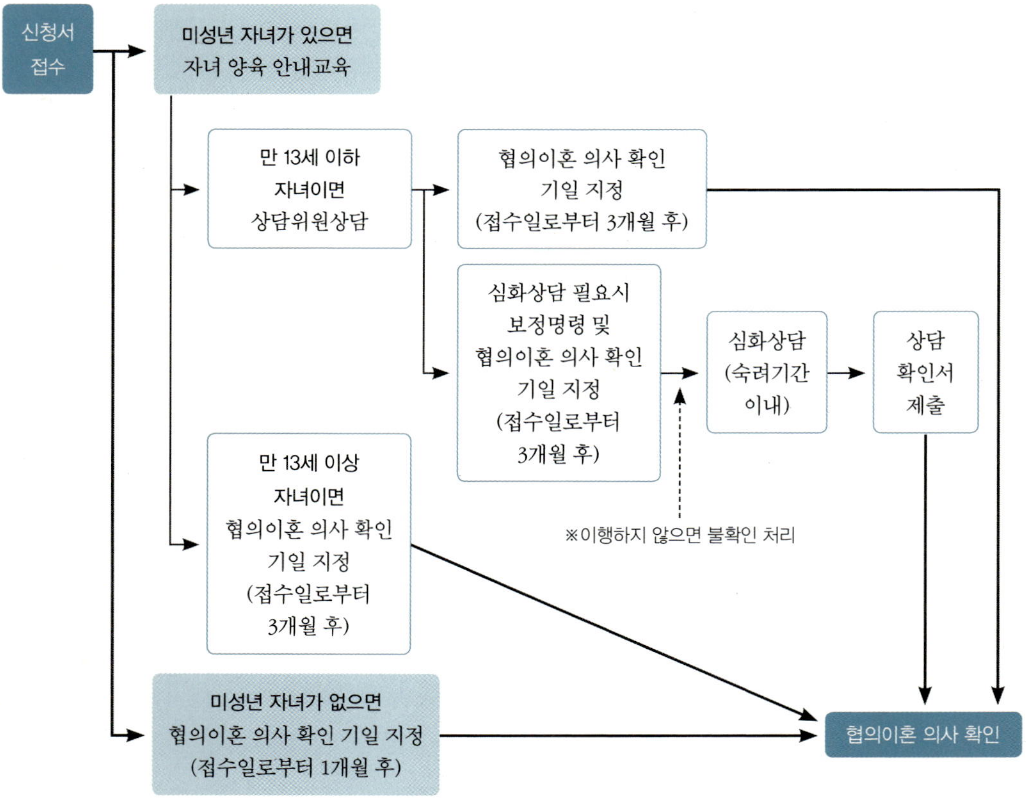

그림 7-1 협의이혼 절차

출처: 이선미(2015): 최규련(2015)에서 재인용.

가 원만치 않은 경우 가정법원에 이혼조정을 신청하여, 조정위원회의 조정이 성립되면 1개월 안에 이혼신고를 하면 된다([그림 7-1] 참조).

② 재판이혼 절차

재판이혼은 이혼을 하고자 하는 부부 중 일방 혹은 양방이 가정법원에 이혼의 소를 제기하면서 시작된다. 이때 가정법원에서는 직권으로 조정위원회에 회부하는 '조정전치주의제'를 도입하고 있다. 이때도 조정이 성립되면 판결까지 가지 않고 이혼신고를 통해 이혼할 수 있다.

조정위원회의 이혼조정이 성립되지 않아 이혼소가 가정법원에 재회부되거나, 공시송달에 의해 이혼 사건으로 조정 없이 바로 가사소송에 회부되는 경우, 판사의 판결을 통해 이혼이 성립된다. 이혼청구인은 판결확정일 1개월 안에 이혼신고를 해야 하며, 판결이 정당하다고 생각하지 못할 경우에는 상급법원에 항소나 상고를 할 수 있다([그림 7-2] 참조).

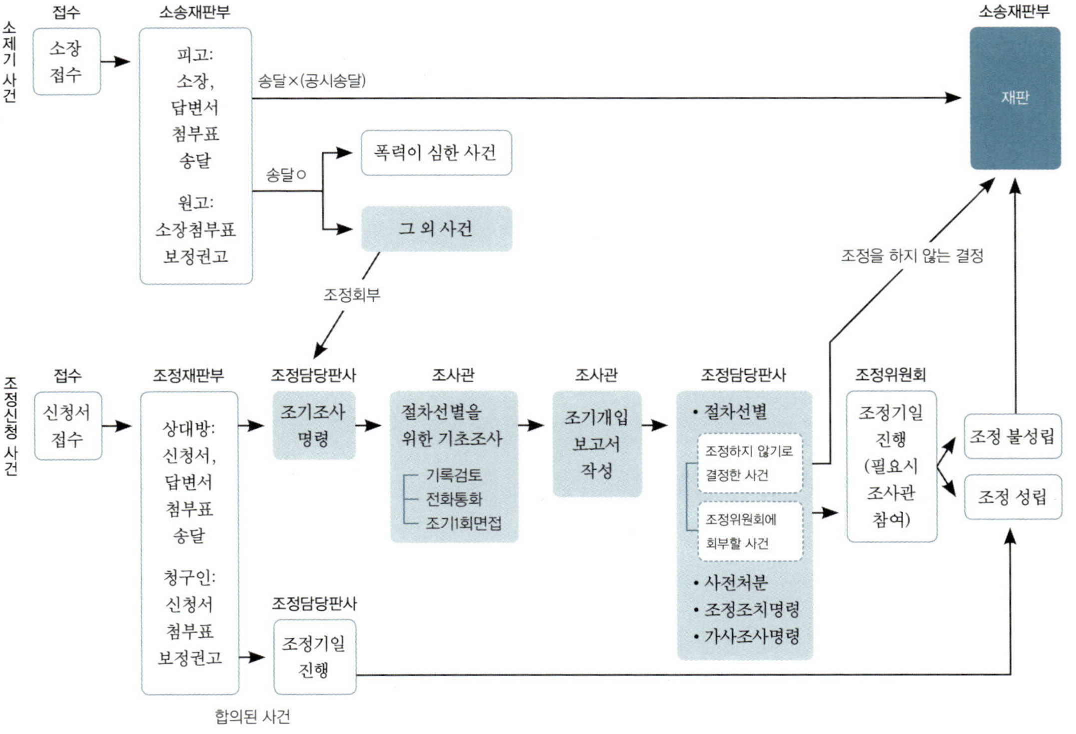

그림 7-2 이혼조정 절차

출처: 이선미(2015): 최규련(2015)에서 재인용.

(2) 이혼상담에 대한 공공서비스 체계

우리나라는 2008년 협의이혼숙려제도가 도입되어, 미성년 자녀가 있는 경우 3개월, 그렇지 않은 경우 1개월의 숙려기간 후에 이혼을 할 수 있다.

이혼상담에 대한 규정은 협의이혼과 재판이혼의 경우에는 조금 다르다. 협의이혼의 경우, 자녀 양육안내와 상담위원과의 1회 상담(만 13세 이하 자녀가 있을 때)이 의무이다. 심화된 상담이 필요하다고 여길 경우에는 상담원이 장기상담을 권고하게 되는데, 부부는 법원에 소속된 전문상담사, 혹은 법원과 연계된 가족센터(구 건강가정지원센터) 등의 기관을 통해 10회기 이내의 무료 이혼상담을 받을 수 있다.

재판이혼의 경우, 자녀 양육안내나 전문 상담인의 상담에 대해 권고할 수 있게 되어 있다. 조정과정에 관여하는 가사조사관이 심화 상담을 연계하여 상담을 받게 한 후 상담사로부터 상담 결과지를 받아 조정위원회에 제출할 보고서 작성에 참고하기도 한다. 이 경우, 상담에 협조적이었는지 여부가 조정이나 재판에 참고사항이 될 수도 있어 내담자는 대부분 상담에 협조적이다.

이 외에도 법원에서는 고갈등 위기부부, 협의이혼 부부, 재판이혼 부부, 양육친과 자녀, 비양육친과 자녀 등을 대상으로 한 캠프 프로그램 등을 운영하고 있다. 이혼 전·후 상담을 제공하는 대표적인 기관으로는 가족센터(구 건강가정지원센터)를 들 수 있다. 이혼과정의 부부에게 법원의 권고는 큰 무게로 다가오기 때문에 법원은 이혼과정의 가족을 위한 개입의 접점으로 중요한 기능을 하고 있다.

3. 단계적 개입전략

1) 접수면접 및 초기 상담

(1) 접수면접

먼저 접수면접을 통해 내담자의 상태를 파악하고, 타 기관 의뢰 필요성 및 적합한 상담의 형태를 결정하는 데 참고자료로 삼는다.

접수면접에서는 내담자의 인적사항, 결혼과 자녀 관련 사항, 이혼 요청자, 가장 핵심적 이혼 사유, 이혼 후 가장 걱정되는 점, 이혼하면 좋아질 부분, 현재의 감정 상태, 이혼에 대한 자녀의 인지 여부, 자녀의 현재 상태, 자녀 양육이나 친권에 대한 합의 여부, 변호사 등 관련

제삼자가 있는지 등의 내용이 포함되어 있어야 한다.

내담자 부부가 이혼에 대해 얼마나 진지하게 생각하고 있는지를 보기 위해서는 결혼상태검사(Marital Status Inventory: Weiss & Cerretto, 1980)[2] 등이 필요하다. 알코올 중독, 가정폭력, 불안이나 우울, 자살위기 등에 대한 사정이 필요한 경우에 별도로 사정을 실시한다. 상담사에 따라서는 MMPI나 문장완성검사(SCT), 결혼만족도 조사(K-MSI 등) 등의 검사를 접수면접에서 해 오도록 하여 사정의 기본 자료로 사용하는 경우도 있다.

(2) 초기 상담

① 부부 각자에 대한 개별면접

초기 상담에서는 반드시 부부 각자를 개별면접하는 시간을 가지도록 한다. 이혼에 대한 각자의 생각, 상담에 대한 기대, 그 외 상담사에게 이야기하고 싶은 것 등을 개별상담을 통해 알아본다. 가정폭력의 위험이나 자살충동, 개인의 정신건강 문제 등도 개별회기에서 개입이 이루어질 수 있도록 한다.

② 부부 합동회기

가정폭력의 두려움이 있는 경우에 부부회기는 피하도록 한다. 개별면접과 달리 부부 합동회기는 부부의 상호작용 유형을 관찰할 수 있고, 부부 각자의 관점 차이를 중립적 입장에서 관찰할 수 있다. 상담사의 중재하에 부부는 안전한 환경에서 이혼과정을 경험하는 자신의 생각, 느낌 등을 의사소통할 수 있다. 상담에 대한 기대가 각각 다를 경우, 두 사람이 합의하는 공동의 목표를 찾는 작업도 부부회기를 통해 가능하다.

③ 상담목표 설정과 상담계약

초기 상담에서는 상담의 목표를 정하고 상담계약을 명확하게 하는 것이 중요하다. 이혼상담의 상담계약에서는 다음과 같은 부분에 주의를 기울여야 한다.

첫째, 상담의 목표에 대한 것이다. 이혼상담에서는 부부 각자가 상담에 암묵적으로 기대

2) '결혼상태검사'의 문항은 다음과 같다. 배우자에게 이혼하자고 말했는지, 별도의 통장을 만들었는지, 자녀 양육이나 재산분할에 대해 구체적인 생각을 하고 있는지, 별거의 경험이 있는지, 이혼신청을 했는지, 이혼 관련 법이나 필요한 비용 등에 대해 알아보았는지, 이혼 관련 법률상담을 받아 보았는지 등이다.

하는 것이 다를 수 있다. 예를 들어, 한 명은 관계회복을, 다른 한 명은 이혼을 잘 하기를 원하는 것일 수 있다. 그러므로 상담에 대한 각자의 기대를 명확하게 하여 상담계약을 하는 것이 좋다.

둘째, 비밀유지의 특수 상황에 대한 것이다. 변호사가 개입한 소송이혼일 경우에 상담에 대한 내용 공유를 어느 측 변호사와 어디까지 할 것인지에 대한 명확한 경계설정과 비밀유지에 대한 계약이 필요하다. 상담결과를 법원 측에 어느 정도 공유할 것인지에 대해서도 미리 알리는 것이 필요하다.

셋째, 내담자 안전에 관한 것이다. 경미한 폭력이 있었지만 부부상담을 부부 모두가 원하는 경우, 차후에 다시 폭력을 행사하지 않을 것에 대한 서약서 같은 것을 받아 놓는 것이 필요하며, 부부갈등 시 타임아웃 사용과 같은 지침을 미리 주는 것이 좋다. 상담 중의 공격적 행동이나 언사에 대해서도 미리 규칙을 정해 두는 것이 좋다.

2) 이혼 전 의사결정 단계의 상담

내담자의 이혼에 대한 의사결정 수준에 따라 다음의 세 경우로 나뉘어 상담이 진행된다.

(1) 이혼에 대한 의사결정을 돕는 상담

부부 중 한 명이라도 이혼에 대한 확고한 결정이 되어 있지 않아 의사결정을 도울 필요가 있다면 다음과 같은 상담이 필요하다(김혜숙 외, 2008; 유계숙 외, 2006; 최규련, 2015; Lebow, 2005; Lebow, 2015).

- 이혼하는 것과 관계개선을 위하여 노력하는 것 각각의 득과 실은 어떤 것이 있는지 체계적으로 점검해 본다. 즉, 경제적인 면, 사회적인 면, 정서적인 면, 자녀의 정서와 발달 측면에서, 그리고 단기적인 면과 장기적인 면에서 어떤 득과 실이 있는지를 점검해 본다.
- 이혼 후 자신과 전 배우자, 자녀 그리고 원가족 등의 삶에는 어떠한 변화가 단기적 혹은 장기적으로 일어날 것인지를 이미지로 상상해 보는 것이 도움이 된다. 예를 들어, "아이가 초등학교 졸업할 때는 누구랑 사진을 찍게 될까요?" 등과 같은 식이다. 경험적 요소가 들어간 이 방법은 이혼 후의 삶에 대해 보다 깊이 있는 탐색이 될 수 있다.
- 의사결정에 필요한 정보와 자신이 가진 대처자원을 인식할 수 있도록 도와주는 것이

의사결정에 도움이 된다. 불완전한 정보, 자신의 역량이나 자원에 대한 왜곡된 인식은 올바른 의사결정을 하지 못하게 만들기 때문이다.

- 의사결정의 결과를 실행하고 원가족과 친구 등 주변 사람들에게 알리는 것에 대해서도 생각해 보게 한다. 예를 들어, 원룸으로 이사를 나가는 것, 노모에게 이혼 사실을 알리는 것 등에 대한 생각이다. 이혼에 대한 현실적 인식을 하는 데 도움이 된다.
- 상담사는 부부가 각 대안과 관련하여 감정을 표현하도록 하며, 서로의 입장을 이해하고 선택하도록 중간에서 조정 역할을 해야 한다.

(2) 부부갈등의 해결 가능성을 탐색하는 상담

이혼 결정까지 이르지 않은 내담자의 경우, 부부갈등의 해결이 가능한지에 대해 탐색해 보는 부부 합동상담이 필요하다(김혜숙 외, 2008; 최규련 2015; Lebow, 2005; Lebow, 2015).

- 신혼기부터 현재까지 부부관계의 발달사를 통해 각자의 강점, 약점, 고마웠던 부분, 힘들었던 부분 등을 큰 그림으로 보게 한다.
- 현재 주요 갈등문제에 관련된 상호작용의 고리를 파악하여 각자 그 문제에 기여하는 부분이 무엇이며, 어떻게 문제를 악화시켜 왔는지 볼 수 있게 한다.
- 부부 각자의 가계도 작업을 통해 현재의 갈등이 다세대적 가족과정 속에서 발생한 것임을 이해하여 분화된 개인으로 부부관계에 임할 수 있는 통찰과 행동 변화를 유도한다.
- 외도나 폭력, 모욕 등과 같은 외상적 경험이 있을 때는 상처 입은 사람의 애착 손상을 치유할 수 있도록 서로의 정서를 배려하며 용서하는 경험을 가질 수 있도록 한다.
- 결혼 관계의 유지와 별거 및 이혼에 대한 부부 각자의 찬반 입장을 솔직히 표현하도록 하며, 마지막으로 한 번 더 노력해 보겠다고 할 경우에는 상담목표를 부부관계 회복으로 다시 정하고 일반적인 부부갈등 상담으로 연결시킨다.

(3) 부부가 이혼에 대한 의사가 다른 경우

이 경우는 부부 공동의 목표를 정하기가 어려우므로 먼저 부부를 개별적으로 만나 다음과 같이 개입한다(최규련, 2015). 이혼 의사가 적은 배우자에게는 이혼을 원하는 상대 배우자의 입장을 생각해 보게 하며, 이혼 의사를 되돌리기 위해 자신이 할 수 있는 노력이 무엇인지 생각해 보게 한다. 이혼 의사가 큰 배우자에게는 상대 배우자에 대한 긍정적인 감정과 행복했던 때, 그 사람의 강점 등을 생각해 보게 한다. 그리고 이혼에 이르게 한 문제에 자신이 기여한 부분이 있음도 자각하게 한다. 앞서 제시한 이혼 의사결정에서 검토해 보아야 하는 질문들을 활용하여 이혼 결정을 전체적인 맥락에서 인식하도록 돕는다. 그리고 배우자에게 변화와 노력의 기회를 줄 수 있는지 여유 있는 시간을 가지고 생각해 보도록 한다.

만일 일방이 "그래도 이혼하기를 원한다."라는 최종 답을 할 경우, 상대 배우자가 이를 현실로 수용하도록 돕는다. 이때 이혼을 원치 않는 배우자가 강렬한 감정을 표현하거나 위축될 수 있고, 개별상담이나 이혼조정신청을 하는 경우가 많다.

3) 이혼 진행 중의 상담

이혼이 결정된 부부의 경우, 상담의 목표는 건강한 이혼을 할 수 있도록 돕는 것이다. 필요하면 상담사의 중재하에 별거 시의 생활비 분담, 자녀 양육에서의 분담 등과 같은 부분을 명시한 별거 합의서를 작성한 후 별거를 시작하도록 하는 것이 필요할 수 있다. 별거에 대한 합의 없이 일방이 집을 나가게 되는 것은 서로에게 부정적인 영향을 미친다. 부부 사이의 갈등수준이나 재판이혼 여부에 따라 개입의 내용이나 요령은 다소 차이를 두어야 한다.

(1) 공통적으로 다룰 부분

부부 사이 갈등수준이 높지 않은 경우, 일반적으로 다음과 같은 부분을 다루도록 한다(김혜숙 외, 2008; 최규련 2015; Lebow, 2005; Lebow, 2015).

- 이혼에 수반되는 부정적 정서를 표현하게 하고 공감함으로써 감정을 순화시킨다.
- 일상의 리듬을 유지하여 자신을 돌보고 스트레스에 대처하도록 하여 이혼과정을 긍정적으로 거쳐 나가도록 한다.
- 재산분할, 친권, 양육권, 면접교섭권, 주거 등에 대한 합의는 자녀를 최대한 배려하여 하도록 한다.
- 배우자와의 관계를 부모로서의 관계로 한정 짓고 냉철하고 협동적인 대화체계를 구축하게 한다.
- 이혼 사실을 자녀에게 알리고, 자녀가 감정을 표현하도록 도우며, 자녀를 어떻게 대해야 할지 교육시키고 실천하게 한다.
- 자신의 결혼생활을 다세대적 관점과 체계론적 관점에서 돌아보고, 자신과 결혼생활, 부모역할에 대해 교훈을 얻도록 돕는다.

- 이혼 후의 독립적 삶을 살아갈 수 있는 준비를 시킨다. 여기에는 새로운 정체감, 독립적인 생활설계 등이 포함된다.
- 부부가 이별하는 의식을 갖고 좋은 부모로서 협조적 관계를 유지하도록 돕는다.

(2) 재판이혼을 하는 부부를 위한 상담 요령

재판이혼하는 부부는 긴장과 갈등이 높은 수준인 경우가 많으며, 이들을 상담할 때는 다음의 사항들을 유의한다(김혜숙 외, 2008; 유계숙 외, 2006; 최규련 2015).

- 원고 측은 결혼생활의 고통과 속박에서 자유로운 해방을 원하나 피고 측 배우자는 자신의 정당성을 주장하며 원고 측 배우자를 적대시하며 수치심과 불안감을 갖고 가정을 유지하려는 의지를 보인다.
- 원가족과 밀착되어 간섭과 통제를 받거나, 원가족과 소원 및 정서적 단절 상태로 정서적 · 물질적 지원을 받지 못하는 열악한 상태일 수 있다.
- 자녀양육비와 재산분할에서 의견대립이 심하게 나타난다.
- 자녀양육권 다툼이 있을 때는 자녀와 삼각관계인 경우가 많다.
- 상담에 참여하면서 재판의 유불리를 의식하거나 비자발적으로 참여하는 경우가 있어 치료적 관계 형성과 내면 탐색이 쉽지 않아 외면적 합의 정도의 수준에서 종결하는 측면이 있다.
- 부부 모두 정상적 의사소통이 어려우며, 이성적 합의가 쉽지 않다. 따뜻하고 부드럽게 마음의 상처를 다루면서 어떤 경우는 이성적 대처를 하도록 강하게 직면시킬 필요가 있다.
- 법원에 상담결과 보고서를 제출하기 때문에 내담자가 예민한 편이다.

4) 이혼 후 회복을 위한 상담

(1) 당사자에 대한 상담

이혼으로 인한 부정적 감정은 이혼 후 첫 일 년간 가장 강하므로 이 기간의 정서적 적응이 매우 중요하다(Kolevzon & Gottlieb, 1983). 상담사는 내담자의 정서 상태를 평가하고, 상담을 통해 내담자의 부정적 감정을 적절히 다뤄 주면서 독립적 삶을 구축해 나가는 데 도움을 주게 된다. 다음은 이혼 후 상담에서 나타날 수 있는 주요 주제들이다(김혜숙 외, 2008; Ferreiro,

Warren, & Konanc, 1986).

- 이혼 후의 정서적 문제, 즉 이혼에 대한 죄책감, 버려진 느낌, 상처, 두려움, 분노 등의 정리와 승화
- 전 배우자에게 남아 있는 애착의 문제와 애도과정
- 독립적이며 자립적인 생활양식의 실천
- 변화된 부모 역할(한부모 가정 혹은 비양육친으로서의 역할)에 대한 적응과정에서 경험하는 어려움과 개선 방법
- 새로운 가족 경계선의 설정과 가능한 접촉 형태(예: 성적 접촉은 안 되며, 자녀활동과 관련된 접촉은 가능함)에 대한 합의 이행
- 이혼 시 합의한 내용들(자녀 관련 합의들, 재산분할 등)의 이행 점검, 불편감이 있을 시 해결방법

(2) 자녀에 대한 상담

상담은 부모의 이혼을 겪은 자녀의 부정적 감정을 해소하고 이러한 생애사건을 개인적 성장의 기회로 승화시켜 자녀의 바람직한 발달을 돕기 위해 진행된다. 자녀의 개인상담이나 부모와 함께하는 가족상담, 집단상담 등의 형태로 이루어질 수 있으며, 주로 다음과 같은 영역에서 상담이 필요하다.

- 자녀의 부정적 감정을 안전한 환경에서 표현할 수 있게 하여 공감, 지지의 경험을 하게 한다.
- 새로운 환경과 한쪽 부모와의 별거라는 현실을 수용하는 힘을 기른다.
- 이전과 다른 양쪽 부모와의 새로운 관계를 정립한다.
- 학교생활, 친구관계, 부모와의 관계에서 나타나는 어려움들을 해결할 수 있는 대처기술을 개발한다.

4. 사례연구: "아빠, 기죽지 말고 열심히 사세요!"

정아 씨와 용훈 씨는 초등 3학년과 1학년 두 아들을 둔 부부였다. 이들은 1개월 전 협의이

혼신청을 하고 숙려기간 중이었으며, "이혼과정에서 아이들에게 상처를 덜 주는 방법을 알고 싶다."라는 목적을 가지고 상담에 왔다. 상담사는 초기 사정을 통해 이들이 이혼 결정에 합의한 것을 알았고, 폭력문제나 정신건강문제 등이 보이지 않았으므로 상담의 목표를 건강한 이혼과정과 이혼 후 자녀가 보호받을 수 있는 공동양육체계의 확립에 두기로 합의하였다.

초기에 각 1회씩 부부 각각을 면접하여 부부 공동회기에서 들을 수 없는 정보들이 있는지 살폈고, 부부 각자와의 치료 동맹을 구축하였다. 그 이후 회기는 계속 부부 공동회기로 진행하였다. 이들은 이혼 결정을 자녀들에게 비밀로 하고 있었다. 아빠는 이미 집을 나와 다른 곳에서 기거하면서, 하루에 몇 시간 정도 아내의 늦은 퇴근으로 인한 돌봄 공백을 대신해 주고 있었다. 그것이 이들이 별거 시 자녀 양육과 관련하여 만든 합의였다.

아내의 양육분담, 가사분담 요청에 대한 남편의 무시와 지배적 성격은 아내를 지치게 하였고, 남편이 경제적으로 무기력해진 상황은 이혼 결정의 직접 원인이 되었다. 상담 초기에 한 번의 부부회기를 통해 이들의 이혼 결정에 대해 재검토하는 시간을 가졌다. 결혼유지를 선호하는 상담사의 가치관이 작동했던 이 회기는 별로 도움이 되지 못하였다.

이후는 자녀들의 심리적 어려움과 바람직한 부모 역할에 대한 심리교육, 별거 계약의 조정을 통한 불필요한 갈등의 최소화, 비양육친이 될 아버지와 자녀들의 면접교섭과 관련된 구체적인 내용, 양육비 지급과 관련된 구체적인 내용을 재검토하여 현실적으로 수정하기, 어머니와 아버지의 자녀 양육관의 차이가 향후 공동양육의 장면에서 가져올 갈등에 대한 예상과 이에 대한 해결방법 모색 등을 주제로 회기가 진행되었다. 상대 배우자의 행동을 순환론적 관점에서 돌아보면서 상대방을 수용하는 회기도 포함되었다. 상담을 통해 부부는 서로에게 불만하고 비판하던 입장에서 벗어나, 자녀의 행복을 위해 함께 협력하는 부모체계로 변화를 시작할 수 있었다.

마지막 회기에는 두 자녀가 상담실에 초대되었다. 그때까지 이 부부는 자녀들에게 부모의 이혼에 대해 명확하게 말하지 않고 있었기에 상담사와 부부는 이 가족회기를 그러한 의사소통이 이루어지는 회기로 삼기로 했다. 상담사는 자녀들을 위해 따뜻한 음료와 쿠키를 준비하였다. 먼저 부모에게, 자녀들에게 고마운 것과 칭찬할 것을 말하도록 했다. 초등 3학년인 큰아이는 부모의 이혼을 짐작하고 있었노라고 말하였다. 상담사는 부모에게 각각, 자녀들에게 자신의 결정을 말하도록 주문하였다. 이들은 미리 준비한 대로 자녀들의 수준에 맞춘 언어를 사용하였고, 이혼은 어른의 일이며 부모는 따로 살 뿐 변함없이 자녀들을 사랑할 것임을 눈을 맞추고 약속하였다. 자녀들은 부모의 이야기를 듣고 자신들의 마음이 어떤지를 이야기했다. "아빠가 우리를 사랑한다는 걸 알아요. 아빠가 기죽지 않고 열심히 살았으면 좋겠어요."라고 말하는 큰아이의 눈에 눈물이 맺혀 있었다. 1학년 동생은 말없이 발만 앞뒤로 흔들면서 형과 부모를 번갈아 쳐다보고 있었다. 상담사는 부모에게 자녀들을 안아주도록 하였다. 상담은 따뜻한 분위기에서 끝났다.

5. 이혼을 다룰 때 상담사가 유의해야 할 점

이혼상담은 매우 실제적이면서 어떤 측면에서는 위기상담적인 요소도 내포하고 있다. 그래서 일반상담과 달리 유념해야 하는 사항들이 있다.[3)]

첫째, 내담자의 안전과 관련한 유의사항이다. 이혼상담에서 가정폭력과 폭언, 자살 등의 위기수준을 반드시 초기 상담에서 점검하여야 한다. 이전에 폭력이 있었다면 폭력에 대한 예방 교육을 실시하고, 폭력 재발 방지 서약서를 받도록 한다. 가정폭력이 있으면서 이미 별거 중일 경우, 상담 후반부에 아내를 먼저 귀가시킨 후 남편의 상담을 시차를 두고 마쳐서 아내가 안전하게 귀가할 수 있도록 조치한다.

둘째, 상담 초기 비밀보장과 관련한 내담자 동의에서의 유의사항이다. 상담결과보고서를 법원에 제출할 경우, 내담자는 어느 정도의 내용이 법원과 공유되는지 알고 이에 동의하여야 한다. 특히 자녀 양육 관련 중요 사실들은 자녀의 복지를 위하여 법원에 보고될 수 있다는 것을 알린다. 부부회기 혹은 상대 배우자의 회기에 대한 상담 내용은 당사자가 서면으로 정보 공유를 허락하는 경우를 제외하고는 다른 쪽 배우자와 공유하지 않아야 한다. 상담사는 법원이나 변호사 등과 내담자에 대한 정보를 공유할 때 상담사의 사적인 견해를 최대한 배제하고 사실적인 부분만을 전달하려고 노력해야 한다. 이러한 정보 공유와 관련된 기준을 내담자에게 설명하고 동의를 받는 것이 필요하다.

셋째, 내담자의 상담목표에 충실한 상담을 해야 한다. 상담사는 내담자의 내면이나 관계 문제에 더 깊이 들어가고 특정 모델을 적용하고 싶은 욕구가 있을 수 있지만, 내담자는 간단하고 지시적이며 자신들의 필요에 맞는 상담을 원하는 경우가 많다. 그러므로 내담자와 상담목표를 명확히 한 후 그 목표에 충실한 상담을 하는 것이 중요하다.

넷째, 긍정적 의사소통 중심의 상담이 효과적이다. 이혼위기 부부는 갈등이 고조된 상태

3) 이 내용 중 일부는 우수 이혼 전후 상담기관의 상담팀장이었던 이미숙, 김순덕 선생의 도움을 받음.

이므로 초기 상담 시 갈등 내용에 집중하기보다는 결혼의 동기, 서로의 장점 등 긍정적인 메시지에 초점을 두고 진행하는 것이 상담의 요령이다. 부부의 갈등이나 상황을 이야기할 때도, 직접 대화하기보다는 상담사가 둘 사이의 대화를 중재하여 격앙되지 않고 차분하게 의사소통이 되도록 한다. 상담 중 부부싸움이 발생할 경우, 그대로 두지 말고 즉시 개입하여 사태를 진정시키거나 두 사람을 분리시키는 것도 필요하다. 상담실을 안전하고 차분한 의사소통이 이루어지는 곳으로 유지하는 것은 상담사의 중요한 역할이다.

다섯째, 미성년 자녀가 있는 경우에는 자녀 양육 관련 상담이 반드시 포함되도록 한다. 상담목표가 그것이 아니더라도 자녀 양육 관련 합의가 이루어졌는지를 확인하고, 그렇지 못하다면 합의를 이루는 데 도움을 주도록 한다. 이혼과정의 자녀 양육 관련 심리교육과 적절한 부모역할 수행 등을 상담과정에서 격려하고 돕도록 한다. 그리고 자녀가 포함된 회기를 상담에 포함시키는 것을 권장한다.

마지막으로, 이혼 시 구체적인 협상과 조정에서 권력의 불균형이 있는지 잘 살펴서 상담사가 힘의 균형을 맞추어 주어야 한다. 권력의 불균형이 너무 커 공정한 협상이 불가능한 경우, 상대편 배우자가 없는 자리를 마련하여 권력이 약한 쪽 배우자의 역량 강화를 시킬 필요가 있다.

6. 나가는 말

이혼이라는 것을 피할 수 없다면 건강하게 하는 것이 좋고, 자녀의 성장 · 발달을 저해하지 않으며, 분리된 두 가족이 각각 독립적으로 성장하는 기회가 되는 것이 좋을 것이다. 이러한 건강한 이혼을 위해 부부 · 가족상담이 기여할 수 있는 여지는 많다. 이혼상담을 위한 기본지식과 기술, 체계론적 관점과 통합적 관점, 법 및 복지 체계에 대한 균형 있는 감각을 갖춘 이혼상담사가 절실히 필요한 시점이다.

참고문헌

김요완(2007). 이혼소송 중인 부부의 부부관계 와해과정 연구. 연세대학교 대학원 박사학위 논문.

김혜숙, 이희배, 유계숙(2008). **이혼상담과 이혼법**. 학지사.

문주형(2007). **협의이혼 전 상담의 실시에 관하여**. 서울남부지방법원. 미간행.

송성자(2006). 이혼상담 법제화를 위한 제2회 한국상담전문가 교육대회 자료집, 고급. 한국상담전문가 연합회.

옥선화, 남영주, 강은영(2006). 이혼자들의 이혼 인식에 관한 질적 연구. 한국가정관리학회지, 24(1), 223-235.

유계숙, 장보현, 최유진, 한지숙(2006). 이혼 전 · 후 가족상담 운영 매뉴얼. 중앙건강가정지원센터.

이선미(2015). 이혼의 법적 절차 및 사례와 개선방안. 한국가족관계학회 춘계학술대회 자료집, 3-13.

정문자, 정혜정, 이선혜, 전영주(2018). 가족치료의 이해(3판). 학지사.

정현숙, 유계숙(2001). 가족관계. 신정.

최규련(2015). 부부문제와 부부상담. 신정.

통계청(2024). 2023년 인구동태통계연보(혼인 · 이혼 편). 통계청.

Bohannan, P. (1970). *Divorce and after*. Doubleday.

Ferreiro, B. W., Warren, N. J., & Konanc, J. T. (1986). ADAP: A divorce assessment proposal. *Family Relations, 35*(3), 439-449.

Kolevzon, M. S., & Gottlieb, S. J. (1983). The impact of divorce: A multivariate study. *Journal of Divorce, 7*, 89-98.

Lebow, J. L. (2005). Integrative family therapy for families experiencing high-conflict divorce, 516-542. In Lebow, J. L. (ed.) *Handbook of clinical family therapy*. John Wiley & Sons, Inc.

Lebow, J. L. (2015). Separation and divorce issues in couple therapy In Gurman, A. S. et al. (Eds.) *Clinical handbook of couple therapy* (5th ed; pp. 445-465.). The Guildford Press.

Mitchell, A. (1985). *Children in the middle: Living through divorce*. Travistock.

SBS뉴스(2015. 3. 19.). '이혼 전 상담 의무화'하니 이혼취하 비율 늘어. (https://news.sbs.co.kr/news/endPage.do?news_id=N1002887660)

Wallerstein, J. S., & Kelly, J. (1976). The effects of parental divorce: Experiences of the child in later latency. *American Journal of Orthopsychiatry, 46*, 256-269.

Wallerstein, J. S., & Blakeslee, S. (2004). *Second chances: Men, women, and children a decade after divorce*. Houghton Mifflin Harcourt.

Weiss, R. L., & Cerreto, M. C. (1980). The Marital Status Inventory: Development of a measure of dissolution potential. *American Journal of Family Therapy, 8*, 80-85.

Young, M. E., & Long, L. L. (1998). 부부상담과 치료[*Counseling and therapy for couples*]. 이정연 역. 시그마프레스.

제 8 장

중독

중독은 폐해가 대단히 큰 현상이지만 그 치료가 쉽지 않다. 중독현상이 사람의 뇌와 신체, 정서 부분에 자리 잡고 끈질긴 상태로 습관화되어 있어 더욱 어렵다(이호영, 2008). 따라서 중독치료는 고도의 전문성과 치료적인 능력을 요구한다. 게다가 중독은 치료된 상태라 할지라도 안심하거나 보장할 수 없고 다시 재발되는 경우가 많다. 이 중독의 흐름을 끊어 내기 위해서는 무엇보다도 상담사가 가족체계와 중독적 사고를 이해하는 것이 매우 중요하다(이화자, 2015). 이 장에서는 현장에서 중독을 치료하는 상담사에게 중독에 대한 이해와 중독자 가족상담의 실제 및 임상적인 과정을 간략하게 제시한다.

1. 중독에 대한 이해

중독은 무섭고 치명적이다. 한 인간의 영혼을 앗아가는 과정이자 한 가정을 파멸로 이끄는 결정적인 원인이 된다. 한번 중독의 늪에 빠지면 스스로는 헤어나오기 어려워 결국 중독 질환으로 발전한다. 그 결과, 한 개인과 그가 속한 가정도 대부분 파탄에 이른다. 우리나라는 중독공화국으로 불리고 있는데, 2012년 이후부터는 정부의 6개 부처가 알코올, 인터넷, 도박, 마약 등 4대 중독사업을 통합적으로 관리하기 위해 법률을 제정하는 등 종합대책 마련에 집중하고 있다. 우리 사회를 지배하는 술 문화로 인해 알코올 중독이 만연해 있고, 세계 최고의 인터넷 기술력과 환경으로 인터넷 중독과 스마트폰 중독이 급속도로 확산되고 있다. 보건사회연구에 따르면, 도박 경험자 대부분이 20대에 시작하며 온라인게임으로 사행활동을 접하고 있어, 도박 중독의 확산은 우리 사회의 치명적인 질환이 되었다. 마약중독의 정확한 현황 및 유병률 자료가 없는 것이 현실이나 국내 추산 마약중독자 역시 급속도로 늘어나고 있다고 한다. 특히 기초생활수급자, 한부모 가정의 자녀, 중증 장애 청소년, 실업자 등 사회 취약계층 자녀들의 중독률이 높게 나타나고 있어, 중독이 빈곤으로 이어지는 반복순환을 하여(박성수, 2013) 가족기능과 연계되어 사회기능을 무력하게 한다고 보고 있다.

이러한 각종 중독치료를 위해서 개인상담보다는 반드시 가족치료[1)]적인 개입이 필요하다고 판단된다. 왜냐하면 개인상담에서는 대부분 중독의 주원인을 각 개인의 심리내면에 있다고 전제하고, 그 개인의 심리역동에 초점을 맞추어 당사자 중심으로 상담을 한다. 다만, 필요하다고 여길 때 부모 또는 가족원과 추가로 상담을 하곤 한다. 그런데 개인상담으로 중독증상이 완화되었다 하더라도 다시 상담 전의 상태로 되돌아갈 확률이 높을 수 있다. 그 이유는 당사자가 관계하는 가족원들 간의 심층적인 상호작용이 근본적으로 바뀌지 않았기 때문이다(디지털중독연구회, 2015).

1) 중독이란

중독에 대한 정의는 다양하다. 중독은 치료가능한 만성의학적 질환이며 뇌회로, 유전, 환경, 개인 삶의 경험 등과 복잡한 상호작용을 포함한다(미국중독의학협회, 2019). 또한 중독은 트라우마를 견디기 위한 진통제이기도 하다(Einat A. Bronstein, MSW, 2024, 재인용; Gaber Mate'). 일반적으로 중독은 한 개인이 대상이나 물질에 과도하게 집착함으로써 일상생활에 문제가 일어나고 점차 가정생활과 학교 혹은 직장생활이나 대인관계에 크게 영향을 미쳐 정신적 · 신체적 · 정서적 · 사회적으로 심각한 문제를 일으키는 것으로 정의한다.이러한 중독으로 간주되는 것은 물질, 약물, 알코올, 음식, 노름, 섹스, 일, 소셜미디어, 컴퓨터, 문신, 운

1) 가족치료란 체계(시스템)이론에 기반한다. 체계이론은 세계의 모든 현상이 상호 연관성과 상호 의존성에 의해 연결되어 순환작용한다고 보는 이론이다. 이 이론에서는, 인간이 생물학적 · 심리적 · 사회문화적 존재로 상호작용하는 가운데 그 심리와 성격 행동이 만들어진다고 본다. 우리 인간이 속하는 근원지는 가족체계이다. 따라서 가족치료란 가족을 하나의 체계로 보고 그 가족구조 속의 상호작용을 파악하여 역기능적인 패턴과 관계구조를 변화시킴으로써 문제 증상이 완화되거나 해소되도록 하는 치료이다.

동, 거짓말 등 우리가 강박적으로 하는 모든 것을 포함한다.

중독은 처음에는 자신이 좋아하는 것에서부터 출발하나 그 과정에서 스스로 조절과 통제를 할 수 없게 되면서 결국에는 그 대상에게 함몰된 상태가 됨을 뜻한다. 그리하여 '자주 반복한다'거나 '조절하기 어렵다'거나 '생활의 균형을 깨뜨릴 정도로 과도하게 빠져 있다'의 의미인 것이다. 이러한 중독자의 특징은 자기 자신도 모르게 그 회로에 묻혀 살면서 그 이유에 대해 스스로 합리화나 정당성을 부여하는데, 그 과정에서 이들은 자아능력이 약화된 채 죄책감과 수치심을 가지고 불안과 분열로 치닫기도 한다. 본인 스스로는 분노와 불안을 다룰 수 있는 능력이 부족하여 순간순간 힘들고 고통스러운 상황을 겪기도 한다. 그럴수록 그 괴로운 감정을 잊기 위해 약물, 알코올, 담배 혹은 인터넷이나 도박 행위를 더 찾게 되면서 점점 감성 불능증이 되어 위험의 정도가 가중된다. 이러한 감성 불능증이 문제를 더욱 악화시키는 이유는, 감성이 둔감해질수록 무신경과 무감각한 상태가 되고, 그럴수록 더 자극적인 것을 추구하며, 시간이 지날수록 중독의 강도는 높아지고 그 빈도 역시 더 많아지기 때문이다. 더 심해질수록 현실인으로 살아가기에는 기능이 어려운 혼란과 마비상태에 이르게 된다(따라서 상담사는 중독에 대해 위험수준의 정도에 따라 중독단계를 진단하고 치료계획을 잡을 수 있어야 한다).

중독의 주된 폐해는 일상생활의 장애, 건강 악화, 재정적인 문제, 관계에서의 어려움, 가정문제, 단절, 실직, 정신병리(우울증, 성격병리, 정신증 등)에 스트레스가 더하여 공존 질환으로 정서장애, 신체장애를 일으킨다. 그들은 '무료해서, 좋아서'라는 이유를 들지만, 사실은 불안, 우울, 좌절, 두려움 등을 감추면서 무의식적으로 엄청난 억압을 한다. 그 반작용으로 인해 충동이 일어나고 이 충동은 거의 불시에 찾아와 마음보다 몸이 먼저 반응하게 되어 사실상 조절과 절제가 어렵게 되고 그 폐해는 걷잡을 수 없이 더 커지게 된다.

중독의 시작은 모든 사람에게 가능한 일이다. 왜냐하면 누구나 스트레스가 있기 때문이다. 또한 어느 누구라도 긴장과 불안, 두려움, 수치심을 가지고 산다. 이를 억압하면서 열심히 살고자 한다. 그런 중에 어떤 스트레스로 갑자기 강한 자극을 받으면 자기를 위해 자신도 모르게 주의를 분산시키고자 한다. '나는 이제 더 이상 못해.' '나는 쉬어야 마땅해.' '나는 뭔가 보상이 필요해.' '나는 이제 지쳤어.' '나는 외롭고 쓸쓸해.' '혼자서는 견딜 수가 없어.'라는 생각이 들면서 충동적 반사적으로 출구를 찾는다. 이 흐름은 아주 순간적이고 자동적이며 전략적이다. 어느새 중독자 스스로 위안을 얻고자 취하는 습관의 회로가 된다. 하지만 이들 행동의 영향은 자신과 가족을 해롭게 하거나 아주 위험한 수준으로 발전하게 한다.

2) 중독적 사고

(1) 중독적 사고의 이해

한 개인이 반복적인 중독행위로 인해 신체적 상태가 심각해지고, 그 폐해가 개인과 가정에서 드러나 "이제 그 행위를 하지 않겠다."라고 선언하고 치료를 받으며, 주위를 안심시키는 과정을 거쳤을지라도 또다시 중독행위를 반복하게 만드는 사고이다. 이뿐만 아니라 중독자는 중독적 행동이 자신에게 도움이 된다고도 여기므로 자기 자신의 문제를 인식하거나 자각하는 과정이 쉽지 않고, 상담에 대한 동기가 대부분 없으며, 있다고 해도 거부와 부인 기제를 통해 거절을 일삼는다. 이처럼 중독자는 대부분 자기 정당화와 나름대로 일관적인 논리를 갖고 있다. 중독자는 '딱 한 번만'이라고 하면서 중독상태를 경험하고 싶은 충동이 일어나면 순간적으로 자신을 합리화하고 정당화하기 때문에 스스로에게 속아 넘어가곤 한다.

이들은 "이번 한 번만 하겠다." "이 정도까지는 오히려 내게 도움이 된다." "이번에는 컨디션이 좋아 배팅할 수 있다." "오늘까지만이다." "나는 언제라도 내가 끊는다고 생각하면 끊을 수 있다." "끊고자 하는 마음이 아예 없다." "세상이 잘못된 것이다." "사람들이 나를 뭘로 보고 그렇게 하는지 억울하다." 등과 같은 말을 주로 하는데, 표현된 말과 그 이면에 꼬리를 무는 여러 생각을 중독적 사고라고 한다. 이러한 사고는 중독현상의 배후에 있는 유전적 또는 생물학적인 요인 외에도 성격적 · 심리적 · 정서적인 부분에 배어 있는 핵심 신념 기제들이라고 할 수 있다.

이호영(2008)은 "알코올 중독자가 간경화 진단을 받고 계속 술을 마시면 죽을 것이라는 이야기를 수차례 들었음에도 불구하고 술을 마신다. 술로 인해 직장을 잃고 부인이 가출을 했음에도 그것을 핑계 삼아 또다시 술을 마신다. 이들은 자기 입장에서 자기주장만 하려 하고, 아무리 설명하고 설득하고자 해도 말이 통하지 않으며, 자신의 생각이 옳다고 전제하고 있기 때문에 일반인으로서는 이해할 수가 없는 상태에 있다."라고 하였다.

이러한 '중독적 사고'에 대해서는 학자마다 다양하게 설명하고 있다. 이는 정신역동에서 말하는 무의식적 방어기제의 형태와도 같으며, 인지행동치료에서 말하는 비합리적인 신념, 가족치료에서의 가족규칙에서 비롯된 내재된 심리적 규제와도 유사하다. 더 나아가 항상성(status quo)으로 낡은 편견과 고정관념에 사로잡혀 있거나 무의식적인 소원에 꽂혀서 자기입장만을 고수하는 상태로 설명하기도 한다. 예를 들면, 중독 자체를 잘 인정하지 않으려 하는 '부정과 억압', 끊임없이 중독행동에 대해 이유를 앞세우는 '합리화와 정당화', "한 번만 더 문제가 생기면 그때 그만두겠다. 어쩔 수가 없었어!"라고 이유를 대며 미루는 습관을 지속하는 '지연전략', 자기의 행위 사실을 의식적 · 무의식적으로 숨기고자 하는 '은폐적 경향', 우월적인 자만심으로 일시적인 중단을 내세우거나 혹은 극단적으로 포기해 버리는 좌절(패배), 어느 것도 하기 싫어하는 소위 '귀차니즘'을 지속한다.

(2) 중독적 사고의 생성과정

여러 이론이 있지만 여기서는 가족치료의 체계이론에 근거에서 살펴보고자 한다. 중독적 사고는 어린 시절의 성장배경과 아동기에 형성된 취약한 부분인 상처와 결핍, 무가치함, 유기된 경험, 두려움, 거절감, 외로움, 슬픔이 내재 된 경험에서 비롯된다고 전제한다. 사람은 대개 가족으로부터 소외와 외로움을 느끼거나 실망하게 되면 다른 대상을 찾아서 의존하기에 이른다. 그러면서 차츰 그 대상에 집착하면서 남용과 중독상태를 경험한다. 그 과정에서 자극이 주는 재미와 쾌감이 뇌의 감각에 자리를 잡으면서 자신의 목소리를 차단하고 거절한 채 그 대상에 습관적으로 빠져든다. 그 후 중독자들은 중독대상 없이는 살 수 없는 사고체계와 감각들로 뇌 속에 관성이 붙어서 스스로 돌이킬 수 없는 치명적인 상태를 반복하며 고정된 신념들로 고착시켜 가는 것이다.

중독자는 중독자로 살아가면서 생물학적 · 심리적 · 사회적인 요소가 상호작용하는 가운데 뇌의 반복적인 학습을 통해 독특한 사고체계를 형성한다. 이 과정에서 뇌는 중독대상에 대한 독특한 사고체계를 갖게 되고 신경전달물질(dopamine, GABA, glutamate, opioid, serotonin 등)을 활성화하면서 고유한 중독논리로 자리 잡는다. 이러한 중독논리는 현실적 사실과 다르며, 착각을 기초로 자신만의 사고체계에 갇혀 살도록 중독적 신념을 만든다(박차실, 2011). 이런 생각으로 중독자는 갈망감에 사로잡히고 강력한 충동의 쾌감효과에만 집착하면서 자신에게 유리한 정보만을 선택한다. 그 정보와 사고로 말미암아 이들은 알코올, 도박, 약물, 섹스 등 집착행동 이후 생길 수 있는 장기적인 문제에 대해 평가능력이 마비되어 무책임한 행동을 지속한다(박차실, 2011).

3) 중독의 원인

가족상담사는 중독의 원인이 가족의 체계나 구조에 있다고 전제한다. 가족원의 문제와 증상은 역기능적인 가족체계의 표현인 것이다. 한 사람의 문제(IP)는 깊이 잠재되어 있는 가족문제를 한 개인이 자기의 책임으로 받아들이고 그 문제를 역기능적으로 드러낸 것일 뿐 정작 그 원인은 가족의 체계(system)로 본다. 따라서 가족의 역사와 문화, 내재된 규칙, 상호작용의 패턴과 그 가족의 신념 등 한 개인이 가족의 체계 안에서 정서적 관계적으로 어떤 경험을 하면서 살아왔는지에 대한 탐사가 아주 중요하다. 가족구조에는 각자의 경계선(boundary), 각각의 위계구조, 가족 안에서의 권력, 제휴된 현상, 개별화, 응집력, 의사소통, 정서의 순환이 포함되며, 이는 가족 내의 생명과 건강을 이루어가는 원활함과 자연스러움, 건강한 소통과 갈등해결을 통해 더 나은 관계를 만들어 간다. 그러나 가족체계나 가족구조가 비기능적으로 형성되어 순환의 흐름이 제대로 기능하지 못할 경우, 할 말을 하지 못하거나 차단, 소외, 방치된 채 막막한 지경에 이르면 불안과 두려움에 기반한 긴장과 강박적 · 충동적인 개인의 여러 문제와 가족의 증상이 나타나게 된다는 것이다. 이렇게 가족상담의 패러다임은 문제발생과 해결의 요인이 바로 가족구조 혹은 가족체계(시스템)에 있다. 그러므로 가족체계를 제대로 이해한 가족치료사가 중독자 가족을 치료할 때 보다 효과적이다. 가족체계(family system) 이론에서는 밀착(enmeshment), 융해(fusion), 자아분화의 결핍(lack of self-differentiation), 정서적 의존(emotional dependency) 혹은 밀착된 관계(undifferentiation relationship)를 중독현상이라고 부른다. 이 개념은 중독자가 있는 역기능 가족의 환경에서 갈등하면서 살아온 대부분의 배우자와 자녀들에게서 발견되는 '가족질병'(고병인, 2003)으로 설명한다. 따라서 체계론적 시각을 가진 가족상담사가 가족체계와 구조를 바꾸어 중독자 가족의 문제를 치유해야 한다고 여긴다.

2. 중독가족역동의 공통 요소

가족체계 및 가족구조가 중독문제의 근원지라고 보는 가족상담에서는 융해, 미분화현상, 의존, 밀착된 관계를 중독현상으로 보는 가운데 중독가족에게는 공통 요소가 있다고 여긴다. 수많은 요소가 있겠지만, 지면상 중독의 메커니즘과 비기능적인 가족구조에서 각각 세 가지씩을 중요도 순서대로 살펴보고자 한다.

1) 중독의 메커니즘

중독자 가족에서는 연쇄고리에 해당하는 부정적 패턴이 가족관계 안에서 만들어진다. 이 패턴은 중독자와 지속적인 관계를 갖고 생활하는 가장 가까운 배우자나 가족원들이 당사자에게 부정적인 감정으로 반응함으로써 이 연쇄고리를 더욱 굳어지게 한다. 가족치료학자인 보웬은 가족의 모든 문제와 증상을 일으키는 것은 미분화된 가족자아군이며, 그 속성은 '만성불안'이라고 전제한다. 다시 말해, 불안이 많은 한 과잉기능자가 걱정과 의심의 눈으로 문제가 있는 한 사람을 바라보기 시작하면 그 사람은 자신의 행동과 습관에 긴장하게 되고, 과잉반응을 보이기 시작한다. 이 관계는 점차 의존과 집착의 속박관계를 형성하게 되고 과잉기능자와 과소기능자로 되면서, 결국 과다 관여하는 사람이 우려하던 모습대로 대상자는 문제와 증상 행동을 더욱 발달시킨다. 이 사슬이 가족문제와 갈등, 각종 중독을 만들어 가는 연쇄적 회로이고 악순환의 정서 과정인 중독 메커니즘이 된다(이화자, 2015). 이 부분을 좀 더 살펴보면 다음과 같다.

(1) 동반의존자가 있다

중독자는 알코올이나 약물, 도박, 기타 중독 등에 의존하고 가족은 이러한 중독자에게 의존한다. 중독자에게 의존되어 있는 사람을 동반의존자라고 한다. 중독자가 중독대상에 의존해 있는 것과 똑같이 가족 역시 중독자에게 깊게 의존되어 있다. 이 동반의존(co-dependency)은 정서적인 속박관계나 소외, 단절관계로 발전되면서 관계가 악화될수록 고통을 더 겪게 된다. 혹은 아예 감정과 무관하게 차단되어 정서적 단절관계를 유지하기도 한다. 동반의존자는 끊임없는 스트레스와 분노, 불안 속에서 삶을 유지한다. 고통과 괴로움을 당하지만 희생자라고 생각하기보다 자신 때문에 일어난 일이라고 자신을 학대한다. 이와 같이 동반의존의 가장 핵심적인 증상은 만성적인 학대관계를 떠나지 않는다(이종숙, 2003).

동반의존자가 가장 필요로 하는 것은 자신이 중독자에게 계속 필요한 존재로 남는 것이다. 동반의존은 내면의 깊은 공허감을 채우려는 시도로 중요한 타인에게 집착하는 것을 말한다. 그것은 상실된 정체성이다. 자기(self)와의 관계가 없는 상태이며 다른 사람을 돌보고 구출한다는 명분으로 다른 사람을 옥죄고 자신도 파괴시키는 정체감 혼란과 위기의 상태이다(Cruse & Cruse, 1990). 중독당사자와 그를 돌보는 사람의 개념은 '함께 의존한다(dependent with)'는 의미에서 동반의존의 개념으로 표현되고 있다. 이 개념은 애초 알코올중독에서 사용하던 말로 가족상담의 관점에서도 속박관계 구조를 의미한다. 동반의존 관계의 사람은 이러한 문제에 어떻게 대처해야 할지 잘 알지 못하고 그 악순환의 패턴과 구조에 갇혀서 고통을 겪는다.

(2) 통제와 비난 이슈가 있다

한 가정 안에서 중독자 한 사람이 생기면 그 구성원을 중심으로 온 가족이 움직인다. 즉,

중독 혹은 중독자가 가족생활의 중심이 된다. 따라서 일상적인 활동이 이를 중심으로 재조직되며 감정표현, 문제해결, 역할구도 등이 재구성된다(Smith & Meyers, 2009). 예를 들면, 온 가족이 중독자의 행동에 초점을 맞추게 되고 이를 해결하기 위해 시간과 돈과 에너지를 사용하면서 가족 간에 갈등을 겪는다. 가족은 중독자의 행동에 민감하게 반응하고, 중독자를 조롱, 비난, 보호 혹은 숨기려 하거나 책임감과 죄책감을 느끼거나 불안과 좌절의 느낌을 가진다. 그러나 중독자는 시간이 갈수록 더욱 병리적인 증상에 사로잡힌 채 자신의 행동을 고착화하고, 가족에게 소외될수록 더욱 충동적이 된다. 이런 순환 속에서 가족원은 중독당사자에게 지나친 비난과 원망과 회유로 억압하며 통제를 위해 부정적인 언어와 파괴적인 행동을 한다.

(3) 중독당사자는 변화동기가 희박하다

중독이 장기화될수록 가정에는 긴장과 어려움이 반복되고, 분노와 폭력 혹은 우울과 절망감의 부정적인 정서가 자리 잡는다. 이로 인해 가족원은 중독당사자를 원망하게 되고 이를 겪는 중독당사자는 더욱 악화된 중독증상의 표출을 반복한다. 이렇게 형성된 악순환의 연쇄고리는 한 가족의 기능을 여지없이 손상시킨다. 그 결과, 대부분의 가족원은 무력감과 분노, 슬픔을 거쳐 체념과 포기 상태에 이른다. 그 후 대부분 중독당사자는 고립되거나 방치 상태가 된다. 그 과정에서 중독당사자는 자타가 인정하는 '결함이 있는 문제의 사람'으로 규정되고 그는 더욱 중독에 매달리게 된다. 이러한 과정을 반복할수록 중독당사자는 내적으로 무기력해지며 변화에 대해 냉소적이 된다. 따라서 대부분 자존감이 낮고 상담에 대한 동기가 없으며, 있다고 해도 거부와 부인 기제를 통해 오래가지 못하고, 매우 수동적이다.

2) 비기능적인 가족구조

중독자 가족은 가족원들의 경계선(주체적 자기확립), 권력, 위치, 역할분배 등이 불균형 상태이고 개별성과 연합성이 조화를 이루지 못해 결함이 있는 가족구조를 이룬다. 주로 부부관계, 부모-자녀 관계, 조부모 관계, 형제 관계의 위계 구조가 역기능적이며, 제휴된 삼각관계를 갖고 있다. 또한 중독당사자는 비기능적인 가족체계 안에서 중독행위를 함으로써 스스로 고통을 받으며 다른 가족원에게 고통을 주는 양가적인 역할을 하며 대부분 양극화현상을 겪는다. 이들은 그 과정에서 자신의 가족관계 구조의 숨겨진 미해결과제를 드러내고 있다.

(1) 부부 · 가족문제가 숨겨져 있다

가족체계의 핵심인 부부가 결혼하여 서로 상처를 주고받아 부부균열 상태에 있거나 부부간의 권력이 불균형을 이루는 상황이다. 부부 중 한 사람은 강하고 다른 한 사람은 약한 위치에 있거나, 부부 중 한 사람이 과대 기능을 하는 반면 한 사람은 배제되어 있어 부부관계가 소원하거나 정서적으로 단절된 관계일 수 있다. 이 문제는 결혼 초기부터 부부 각자의 가족문화, 가족규칙, 부모 기대, 학습, 성격, 가치관, 의사소통, 갈등해결, 친밀감, 성, 경제문제, 친인척 관계에서 부적응하게 되면서 일반적으로 부부 · 가족문제는 더욱 잠재되고 누적된다. 배우자가 중독문제에 있거나 자녀가 중독문제에 있다면 대부분은 부부가족의 숨겨진 만성적인 갈등이 내재되어 있다고 짐작할 수 있다(이화자, 2015).

(2) 거짓 친밀감, 거짓 적대감이 있다

중독자는 자신과 중독에 대한 언급에 때로는 반항적이고 때로는 화해적인 모습을 보이면서 가족원이 원하는 것을 수용하는 것처럼 위장을 하거나 자신이 중독인 것을 회피하려고 한다. 이렇게 중독자 가족은 가족원에게 서로 진실을 말하지 못한 채 관계를 맺는다. 더 관계가 나빠지지 않기 위해 표면적으로 상호작용을 하며 얻는 것이 거짓 친밀감이다. 거짓 적대감 역시 겉으로 거리감을 두거나 적대적인 방식으로 상호작용하는 것을 말한다. 이 용어는 초기 가족치료의 정신분열 가족연구에서 나온 개념이다(정문자 외, 2018). 겉으로는 거짓 친밀감과 거짓 적대성으로 가족 정서를 만들어 가고 있지만, 그들의 가장 깊은 마음에는 가족을 의식하고 지키려는 충성심이 들어 있다고 전제하면 중독치료에 도움이 된다.

(3) 서로 맞물려 있는 숨겨진 상호작용 패턴이 있다

가족은 가정 안에서 과잉보호나 방치 혹은 엄격한 규칙, 차별, 소외 등으로 대화하며 살아가는 중에 일정한 의사 거래의 상호작용 패턴을 만든다. 이러한 상호작용 패턴은 서로 얽매이게 하며, 곧 문제상황을 만나게 된다. 이 문제상황에는 혼란과 무질서, 얽힘이 있고, 숨겨진 괴로움이 있기 마련이다. 이 과정이 반복되면서 중독자 가족은 구조적으로 서로 맞물린 채 고질적이고 치명적인 상호작용을 하게 된다. 이 구조는 2자 관계나 3자 관계가 각자 개별화나 분화가 되지 못한 채 의존하거나 방치된 외로움과 두려움 및 숨겨진 분노를 갖고 있다. 이 가운데서도 둘이 만드는 2자 관계는 서로 발목을 잡고 있는 듯한 악순환의 반복적인 구조이다. 이 구조는 '가족의 질병'을 만들어 가는 부정적이고 파괴적인 불행구조라고 할 수 있다.

3. 단계적 개입전략

중독으로 어려움을 겪고 있는 가족은 관계 고통으로 인해 괴로움과 낙심 상태로 상담실에 찾아온다. 대부분은 절망감과 무력감이 내재된 채 고통에 휩싸여 있다. 대개 이들은 이미 언급한 중독자 가족 역동의 공통된 이슈들을 가지고 있다.

1) 중독자 가족상담 이해와 진단

(1) 중독가족역동의 사정과 개입하기

중독자 가족이 상담에 왔을 때에는 오랫동안 가족갈등과 함께하며 고통을 겪었으므로 그들 관계의 현상은 그들 스스로 더 잘 알고 있다고 가정한다. 중독의 역사, 긴장과 불안 수준, 가족력, 본인의 성격 및 심리 역동, 공동의존 상태, 가족의 의사소통 형태(상호성), 경계선, 위계구조, 권력과 제휴, 역할, 스트레스 대처방식, 가족규칙, 가족비밀, 가족발달주기, 형제순위, 가족의 강점, 자원 등 그 가족구조에 대해 이해하며 가족을 사정한다. 면접과 중독단계 척도지, 의사소통 유형, 가족기능검사, 그 외에도 심리검사를 비롯한 필요한 검사를 상황에 맞게 함으로써 중독가족역동을 이해하고 진단한다. 진단이라 함은 가족사정 및 가족평가라고도 하며, 상담 시작에서부터 회기별 상담 내에서도 평가는 이루어진다.

(2) 변화준비도 파악하기

중독자 가족의 변화준비도를 확인하여 그 단계에 맞는 상담을 해야 한다. 상담사는 중독자 가족이 증상의 심각성을 부인하는 단계인지, 집에서 간간이 치료하고 있으면서 '시간이 지나면 좋아지겠지.'라는 생각에 중독 당사자만을 비난하는 단계인지, 좌절과 체념으로 서로 미루고 방어하는 가운데 중독당사자가 방치된 상태인지, 또는 어느 정도 자각하고 조절하고자 하는 단계인지를 파악하는 것이 중요하다. 해결 지향적인 질문이나 변화 질문(Miller, 2007)으로 준비단계를 파악한다. 내담자 가족의 변화유발과 양가감정을 자각하도록 하기 위해 변화동기 질문이 필요하다. 변화 질문의 예를 들면, "그런 변화를 원하는 이유는 무엇인가요?" "변화하려는 3가지 최상의 이유는 무엇인가요?" "0에서 10까지 척도에서 변화를 해야 하는 중요도는 얼마인가요?" "변화의 의지는 어느 정도인가요?"(Miller, 2007)이다. 이 외에도 연결질문과 필요한 해결 지향적인 질문을 하여 변화 대화를 함으로써 접촉한다.

(3) 치료적인 계약 맺기

중독자 가족은 여러 곳에서 상담을 많이 받은 경험이 있고 그동안 많은 정보를 받았을 것이므로 현재 상담사에 대해 의구심을 갖고 있기 쉽다. 또한 변화와 치료의 주체는 치료가족의 의지와 협력이기에 치료가족의 자기 결정에 의한 결단이 필요하다. 그러므로 상담사와 내담자 가족과의 치료적인 계약 행위는 필수적이다. 중독상담에 대하여 시간, 비용, 참여도 등 상담에 필요한 기본 사항을 상세히 서면화하여 상호 간에 약속을 한다.

2) 첫 회기와 초기 상담의 중요성

(1) 첫 회기의 시작점을 중시한다

상담사는 내담자 가족과 신뢰관계를 형성하면서 전술한 내용의 가족역동을 이해하고 가족구조를 체계적으로 사정해야 한다. 이 과정을 합류과정이라고 한다. 상담사는 신뢰, 안정감, 임상적인 전문성으로 인간적이고 치료적인 관계 형성을 잘해야 한다. 상담사는 그들의 호소문제에 대해 중립적인 자세로 중재와 상담을 통해 반영하고 공감적으로 질문하며 그들 관계에서 상호 지지와 협력을 얻을 수 있어야 한다. 첫 회기는 상담의 지속성이 결정되기도 하는 회기이다.

(2) 오리엔테이션 및 가족의 강점을 파악한다

상담사로서 가족치료이론과 치료신념, 상담사의 중립성, 치료적인 계약, 치료의 효과에 대하여 상담사와 내담자의 역할과 책임 수준 등을 설명한다. 상담에 들어가기 이전에 문제 이야기 대신에 이 가족의 강점과 좋은 점을 나누는 시간을 갖는 것이 바람직하다. 왜냐하면 그들이 갖고 있으면서도 묻혀 있었던 좋고 아름다웠던 가족의 이야기는 지금까지 가족이 가지고 있는 문제 시각에 긍정적인 영향을 줄 수 있는 계기가 되고, 앞으로 펼쳐질 상담과정에서 문제점으로 문제를 해결하는 것이 아니라 가족의 충성심과 자원, 강점들을 활용하기 때문에 이 부분은 매우 중요하다.

(3) 관계문제로 정의한다

가족의 중독문제를 가족체계 안에서 찾아서 공유해야 한다. 개인의 문제에 초점을 두기 시작하면 상담은 성과를 내기 어려워진다. 따라서 관계문제인 의사소통 및 갈등해결, 차별과 소외, 방치, 자녀교육, 부부관계, 고부관계, 정서적인 친밀감, 만성적인 갈등관계, 폭력

관계, 세대 간 미분화 문제 등 관계문제를 주의 깊게 보고 문제를 명확히 짚어 나간다. 그 후 각 개인의 문제는 본인에게 직접 말하도록 하는 것이 좋다. 개인의 문제라 하면 우울, 분노, 폭력, 생활습관, 게으름, 학교 성적, 회피 및 각종 개인의 여러 습관 등이다. 이 개인의 문제가 관계정서문제에 어떻게 일조를 가하고 있는지도 차츰 그들이 파악해 가도록 돕는다. 각자의 입장에서 문제에 대한 관점을 듣게 되면 상호 이해를 달리할 수 있다. 그러나 상담사로서 누구의 이야기를 먼저 들을지 선별해야 한다. 힘든 현상에 매여 부정적이고 비판적인 말을 주로 하는 사람이 누구인지 민감하게 알아차려서 배열해야 한다. 처음부터 문제에 바로 깊이 들어가게 되면 문제 이야기에 휩싸여 방향을 잃을 수 있다. 그러므로 초기에는 그 단계에 필요한 만큼의 개입을 할 수 있어야 한다.

(4) 상호성 보기(숨겨진 상호작용)

상호성은 가족체계나 구조의 형태이므로 상담회기마다 관찰한다. 가족역동을 계속해서 사정하며 상호작용 패턴을 파악한다. 문제형성 과정에 대한 탐색, 순환적 상호작용, 가족구조(분화: 구성원의 경계선, 권력과 제휴 현상, 위계)와 현재 문제와의 맥락적 흐름을 파악하고 감정 반사행동을 알아본다. 현재 스트레스 작용으로 인한 상황이나 환경 상태를 파악하고 무엇이 촉발사건이 되었는지를 이해한다. 가족원 간의 상호작용 패턴에서 동반의존자와 중독 당사자와의 의사거래 과정의 반응과 양상을 통해 내부의 숨겨진 이면을 주의 깊게 볼 수 있어야 한다. 처음에는 현재 가족의 순환체계인 핵가족의 수평적 체계에 초점을 두고, 상담이 깊어지면서 수직적 체계인 원가족의 가족문화와 규칙, 가족신화와 정서 및 트라우마나 가족 비밀 등을 깊이 있게 탐사한다. 그 지점에서 가족의 숨겨진 마음의 짐과 정서에 함몰된 중독자가 주체적인 자기 힘으로 일어나서 자기 목소리를 내고 자력으로 자기 일과 길을 찾아가도록 돕는 것이 좋은 상담이다.

3) 회기별 구성과 상담과정

주어진 회기에 중독과 가족문제를 해결하기 위해 상담사는 분위기, 시간, 공간, 사람을 잘 배열할 수 있어야 한다. 전체 회기를 결정하고 그 회기 내에 무엇을 어떤 수준으로 하게 될지 가능한 범위에서 합의한다. 상담 초기와 상담 중기에는 무엇을 어떻게 하고, 상담목표의 무엇이 변화하면 상담을 마치게 되는지, 예상되는 문제와 변수는 무엇이 있을지 예측하고 잠정적으로 말할 수 있으면 상담사로서 더 신뢰를 얻게 된다. 그들과 합의된 기간과 회기 수를 고려하며 다음과 같은 내용을 상담의 초기, 중기, 종결기에 배분하여 그 상담 맥락에 맞게 조정하여 회기별로 구성한다.

(1) 초기 상담

- 내담자 가족이 변하고자 하는 목표를 현실적으로 점검하고 함께 긍정적인 방향으로 세워 간다. 가족원들과 내담자(IP)의 삶의 의미와 목적 혹은 자신의 가치를 함께 찾아간다.
- 역기능 가족구조를 시각화하고 각 개인의 경계와 분화정도를 파악한다. 내담자 가족이 변하고자 하는 목표를 현실적으로 점검하고 함께 긍정적인 방향으로 합의하여 결정한다.
- 중독 검사를 통해 중독의 정도를 알게 한다. 중독당사자의 중독이 자신과 주위 사람들에게 어떻게 문제가 되는지 알아본다(영향). 자신을 어떻게 보고 있으며 어떻게 인정하고 있는지 탐색한다. 상담 중기 이후 중독 대상 대신 다른 대안을 찾을 수 있도록 도움을 준다.
- 개인과 가족원의 강점을 파악한다(이후에 그를 토대로 가족구조를 재편성한다).

(2) 중기 상담

- 각자 좌절감에 대한 서로의 분노를 다룬다. 그러면서 가족원들이 준비된 정도에 따라 현재를 책임지는 방법에 대해서 의논한다. 하지만 중독당사자는 무기력 상태여서 혼자서 그 늪에서 빠져나올 수가 없으므로, 믿을 수 있고 힘이 있는 후원자가 필요하다. 중독에서 빠져나올 때까지 상담사가 함께할 것이라는 책임 있는 말을 해 주면 그들은 힘을 얻고 협력한다.
- 가족의 의식적 · 무의식적 기대와 가족규칙, 기준, 신념 등을 함께 파고들어 변형한다.
- 가족원들의 미해결된 기대와 욕구 등 과거 경험을 다룬다. 과거 경험 속 가족구조를 보게 한다. 내면 깊이 들어가 절망감과 무력감에 관련된 그들의 경험과 무의식적(습관적) 결정을 찾아서 극복하는 방법을 찾는다. 그 과정에서 진짜 자기(self)를 만나고 경험하도록 한다(보웬 및 구조적 · 경험적 가족치료, 이야기치료, 내면적 가족치료 등의 핵심 내용임).

항상성: 격리(isolation) 현상 유지로 낡은 편견이나 고정관념에 사로잡혀 있거나 무의식적인 소원에 꽂혀서 내담자 가족이나 당사자가 자기입장을 고수하게 될 때에는 상담이 정체될 수 있다. 이때는 선회가 필요한 때이다. 상담사로서 강한 직관력이 필요하다. 그때에는 내담자에 공감적 반영 질문으로 물어보면서 방향을 다시 잡아야 한다.

(3) 종결기 상담

• 종결기에 오기 전 회기부터 치료 시 목표주제로 잡았던 것과 비교하여 치유의 효과를 측정하며 본인이 인식하도록 한다. 스스로의 선택과 결정이 새로운 느낌과 성취감이 드는지 확인 · 점검하고, 스스로 비교하여 의존감이 얼마나 남아 있으며 자력의 힘이 주는 기쁨을 느끼고, 표현하고, 자신의 살아가는 힘에게서 자신을 운영하는 과정이 얼마나 뜻깊은지를 반복해서 경험하게 한다.
증상의 재발에 대해서도 언급하고 예방 및 재발에 대하여 준비하고 스스로 대처할 수 있도록 한다. 추후 확인 상담을 하여 안전한 상태가 될 때까지 재활치료를 받는다. 재발은 실패를 의미하는 것이 아니며, 내담자가 변화하려는 의지가 체념 또는 포기된 것도 아니다. 재발은 회복과정에서 일어날 수 있는 하나의 사건이다(Miller, 2007).

4. 사례연구: "넌 노숙자나 다름없어. 엄마가 네 무수리냐?"

이 사례는 2014년 9월 1일부터 2016년 12월 27일에 걸쳐 총 30회기로 상담을 마쳤다(가족상담 15회, 개인상담 15회). 가족치료에서는 개인상담도 가족상담의 일환으로 간주한다.

1) 호소문제와 가족배경

(1) 호소문제

내담자(IP)는 24세의 키가 크고 바짝 마르고 목이 휘어져 있고 몸이 비뚤어져 있는 모습의 청년이다. 그는 초등학교 5학년 때부터 게임에 빠져 이제는 거의 PC방에서 살다시피 하고, 새벽녘에야 집에 들어온다. 틱장애를 가지고 있고, 고2 때 자퇴하여 대학을 간다고 하면서도 공부는 거의 하지 않고 있다. 19세 때 8개월간 연락을 두절하고 가출해서 여자 친구와 동거한 적이 있다. 그 후 극적으로 집에 돌아왔다. 그러나 집 안에서는 한마디도 하지 않고 있으며, 먹지도 씻지도 않고 심지어 이를 닦지 않아서 어머니와 자주 전쟁을 벌인다. 내담자는 체중 미달로 공익 판정을 받았고, 현재는 공익근무를 하고 있다. 지각을 많이 하여 벌칙으로 복무기간이 연장되었으며, 낮에는 대부분 졸고 있고, 우울증과 주의력결핍 과잉행동장애(ADHD) 약을 복용하고 있다고 한다. 얼마 전, 부모가 아들이 죽을지도 모른다는 생각에 대학병원에 강제 이송으로 입원을 시킨 적이 있는데, 그 이후로 가족과는 단절되어 지내며 그로 인해 아버지는 술로 세월을 보내고 있다. 인터넷중독센터와 여러 곳에서 개인상담과 가족상담을 받아 보았으며, 게임중독치료로 제일 유명하다는 병원을 간헐적으로 다니고 있으나 크게 소용이 없다고 전했다.

(2) 가족배경

- 부(50세): 컴퓨터 관련 직업, 소심하여 아내에게 져 주는 성격이며, 대기업의 공장 노무자 시절에 사무원이었던 아내와 결혼하였다. 꼼꼼하고 규제가 심한 편이고 아내와 대화가 잘 되지 않아 대부분 회피하고 있다. 그의 원가족은, 막노동자로 집에서는 자기 의견 없이 살면서 도박 중독으로 가족의 속을 썩이다가 낙상으로 죽은 아버지, 남편에게 사사건건 시비를 걸고 자기 뜻대로 가정을 이끌며 아들만 편애했던 어머니, 그리고 두 여동생이 있다. 그는 장남이면서 외아들이고 '어머니께 무조건 효도해야 한다.'라는 가족규칙을 갖고 있다.
- 모(51세): 현재 독서지도사이며, 대학원을 휴학한 상태이다. 조용하고 성실한 타입으로 이 가정을 실제로 움직여 왔다. 6남매 중 막내로서 위로 세 언니와 두 오빠가 있고 여자상업고등학교를 수석으로 들어갔다. 어려서부터 잘 참는 성격으로 연하의 남자와 기울어진 결혼을 하였고, 고부간의 갈등을 겪으며 원치 않는 첫아이를 낳았다고 했다. 남편과는 신혼 초부터 돈 문제, 성 문제로 불화의 골이 깊었으나 아들 문제로 덮어 둔 채 살아왔다고 한다.

2) 문제이해와 진단, 그리고 상담목표

(1) 문제이해 및 가족구조 진단

- 경계선 문제: 이 가족은 내담자(IP)와 어머니가 밀접한 관계를 맺고 있고 아버지는 소외되어 있다. 따라서 내담자는 어머니의 과잉관여로 자율성이 결여되어 있다. 그간 대부분 어머니가 앞서서 결정하는 바람에 내담자 자신이 스스로 책임지는 훈련이 적었고, 정체감 확립에 어려움이 있다고 추측된다. 이러한 가족구조에서는 내담자가 정서적으로 자립할 수가 없기 때문에 문제를 그 스스로 해결하는 능력이 취약할 수 있다. 게다가 어머니의 지나친 간섭과 방임이 교차하여 혼란과 불신관계가 가중되어 있다고 보인다. 따라서 이 반복적인 악순환의 고리를 끊고 가장 우선적으로는 성년기 자녀에게 필요한 경계선 작업을 점진적으로 해야 한다고 여겼다.

- 부부간의 만성불화(위계구조 문제): 부부간의 만성적인 갈등으로 인한 상호작용 유형이 매우 파괴적인 교류로 부정적 순환을 반복하고 있다. 이 부부의 대화는 침묵과 체념이다. 원망과 위축적인 부부관계로 가능하면 서로 보지 않고 무관심하며, 아들 문제가 불거졌을 때 아내가 남편에게 지시적으로 해결을 요하는 정도로 소통하고 있다. 이렇게 되면서 아버지는 내담자를 '가정을 망하게 하는 문제아'로 취급하면서 압박을 더 가하니 내담자로서는 정신적인 스트레스가 가중되고 더 위축되고 회피와 단절로 가고 있다. 먼저 부부관계보다는 부모-자녀 관계를 부부가 협력(상호성)하면서 소통이 가능하도록 방향성을 정했다(그 후 부부문제에 점진적으로 개입해 가는 것이 좋다).
- 정서적인 차단: 부모체계는 아들의 교육문제로 갈등이 많으며, 정서적인 대화는 거의 되지 않고, 그나마 대화를 해도 대부분 다투게 된다. 따라서 부모-자녀 관계의 구조가 역기능적이다. 특히 성실하지만 돈을 별로 벌지 못하고 아내에게 속박되어 있는 무기력한 아버지와 힘들고 규칙이 많은 어머니로 인해 내담자는 외로움, 두려움, 공포가 자리 잡은 것으로 보인다. 이러한 감정과 정서를 표현하여 내면의 상태를 서로 반영하고 교류하면서 거부, 외면, 단절관계에서 점차 벗어나도록 안내하고자 했다.
- 형제체계의 소원 구조: 동생은 부모의 기대에 따라 대학에 들어갔고 스스로 알아서 잘하고 있다는 칭찬을 받고 있다. 동생은 문제만 일으키고 있다고 보는 형과는 관계맺기를 거부하고 있다. 가정은 형제관계를 통해 사회적인 실험을 하는 곳이다. 형제 구조를 새롭게 하여 동생의 지지와 협력, 도움, 나눔을 통해 가족관계에서 형제간의 정을 상호 경험하도록 해야 할 것이다. 형으로서의 위상 정립이 필요하다.

(2) 상담목표

내담자 가족과 상담사와의 관계형성이 중요하다. 우선 내담자와 관계를 잘 맺으면서도 부모와 관계를 맺는 것이 관건이다. 내담자에게는 자신의 능력과 강점을 부각하여 상담사와 깊은 수준에서 만날 수 있도록 신뢰와 애착관계로 합류하는 것이 필요하다.

- 어머니와의 경계선 작업을 실시한다. 어머니도 자신의 경계선을 찾게 하고, 나아가 내담자 역시 성인 자녀로서의 심리적 독립이 이루어지도록 자율성을 조금씩 확보한다(주체적 자기 찾기).
- 부모-자녀 체계를 새롭게 한다. 성년기 자녀교육에 대한 지도를 예전과 다르게 한다.
- 점차로 현재 부부체계에 대하여 도전하고 체계를 새롭게 구성한다(부부 2인 체계 확립).

- 형제체계를 할 수 있는 범위 내에서 강화하도록 한다.
- 증상 활용을 통해 가족의 정서적 기능을 향상한다(숨겨진 상호성 찾기).
- 가족규칙인 인지적 기능을 유연하게 한다(중독적 사고를 해체하는 작업).
- 성인 자녀 생애발달주기에 적절한 가족구조를 형성한다.

3) 개입과정 및 상담결과

(1) 상담 개입과정

① 초기 개입

합류하기, 가족구조 파악하기, 부정적인 교류 상승 감소, 스트레스 요인의 불안 감소, 증상 활용 등으로 자율성을 찾아간다. 내담자가 처음에는 상담에 수동적이었으나 차츰 입을 열고 개방하여 예상보다 순조롭게 진행되었다. 그러나 동반의존된 어머니와 아버지와의 상담이 쉽지 않았다. 오히려 상담사에 대한 신뢰와 집중이 내담자보다도 부정적이고, 지금까지 해왔던 자신들의 방식을 고집하여 역동의 흐름을 재수정하는 것이 어려울 것으로 예상되었다.

> **초기 상태 어머니 말**: (남편을 향해) 가정 전체가 침몰하고 있는 기분이다. 남편이 어떻게 될까 봐 말도 못하고 혼자서 TV 프로그램 〈동물의 세계〉를 보면서 운다. 남편이 지쳐 있고 무기력해서 그나마 죽어 버리면 어떡하나 싶다. 남편은 아들을 진짜 다 포기한 상태이다. 남편은 알코올 중독자이다. 15년 동안 술을 마신다. 주식만 하고 있고 맨날 돈돈돈돈…. 주식도 중독이라고 생각한다. 나는 과부로 살았다. 여행 한번 간 적이 없다. 남편은 혼자서 도망만 다닌다. 도덕군자. 내가 어쩌다 한마디만 하면 입을 다문 채 회피해 버린다. "당신은 남자도 남편도 아니다." 나는 참고 참다가 남편을 포기하였다. 남편의 아버지도 또한 도박중독자였다. (아들에 대해) 너는 노숙자나 다름없어. 길에서 엄마 아빠 만나도 못 본 척하고 가잖아. 나는 너한테 화를 내지도 못하고 눈치만 보고 말 한마디도 못하고. 엄마가 네 무수리냐?

- 초기의 부가적인 상담: 온 가족 4명 상담 및 개인상담
  - 전체 가족원 4명의 상담을 통해 가족의 강점 파악(모두 마음이 따뜻하고 원래 착하고 남에게 피해를 안 준다)과 내담자의 자원(비범하고 마음이 따뜻하고 착하고 천성이 곧고 글을 잘 쓴다) 등 파악, 동생 협력 이끎.

- 내담자(IP)와 정서적인 교류가 잘되어 변화 질문, 대안 질문, 반영, 공감 질문을 함.
- 부부간 부정적 상호작용 패턴을 공감적 상호작용으로 실연함.
- 부모의 원가족과의 관계구조를 파악함.

• 8회기에서 내담자와 심도 깊은 이야기를 하게 됨. 여자 친구의 자살에 대한 이야기, 부모에 의한 강제 입원에 대한 이야기를 하면서부터 속도감 있는 변화를 보임.

> **내담자의 말**: 내 에너지 수준이 많이 올라왔다. 내 몸을 내가 챙기고 머리도 감고 내가 하고 있는 반응도 알아차리고. 내 생각을 관찰할 수 있고. 나는 내 자신이 공격받았을 때 아무런 반응도 하지 않았는데 이제는 조금은 반응하게 되었다. 그리고 나는 나한테서 문제를 찾는 습관이 있다. 자기 탓이 많다. 그래서 에너지 소모가 많고 침울하게 되고 있다. 그러면 어떻게 하면 그 과정의 길을 바꿀 수 있을까? 선생님께 물어보고 싶었다. 어떤 경로를 취하면 나와 남에게 좋은 과정이 될까를 생각하고 있다. 아버지와 처음으로 자동차 안에서 말문을 텄다.
> (상담사는 누가 어떻게 말을 하기 시작했는지를 질문하였고, 이를 통해 아버지를 상담의 조력자로 삼을 수 있는 기회를 잡게 되었다.)

② 중기 개입(11~20회기)

자신의 내면과정에 대한 탐색, 고질적인 습관탐색, 의사소통 발전, 가족원들의 상호성 파악, 악순환의 회로 인식, 재구조화, 핵가족의 전반적인 기능이 향상되었다.

• 중반기 과정의 부가적인 상담(내담자에 대한 정체성 확립): 유치원부터 지금까지 성공한 경험 및 강점 발견, 미래에 대하여 차근히 설계하여 자신의 인생의 지도를 살펴보게 함. "대학에 들어가고 싶은 욕구가 크다. 내담자의 변화동기를 파악함. 그는 자기 스스로 원하는 것을 이루어 보고 싶다는 것과 자기 공간을 갖고 싶다. 자유와 책임이다."

③ 상담 후반기(21~30회기)

개별성과 연합성에 대해 실연하기, 위계구조 등 새로운 가족구조 만들기를 통해 온 가족과 내담자의 정서적 기능이 회복하기 시작하였다.

• 21회기: 혼자서 시간 맞추어서 말쑥하게 차려입고 어깨를 편 채 들어옴.

내담자의 말: 공익근무할 때 지각이 많았는데 위태로운 순간을 잘 넘기고 마쳤다. 모든 것이 선택인 것 같다. (해방감) 나의 찌든 생각이 변화되어 이제는 맑게 느껴지고 집으로 돌아온 느낌이다. 좋은 일 투성이다. 왜 기분이 좋은지 잘 모르겠다. 살아난 기쁨. 현재로 돌아온…. 내게서 박하 향기가 난다. (이제 거의 불안이 없어요.) 난 중앙대, 단국대, 인하대, 명지대에 갈 수 있다. 나는 생각보다 수능 시험을 잘 보았다. 발표는 12월 24일경, (미래의 나) 나 혼자의 공간, 압박 없이 맛있는 거 먹는 거 상상한다. (안도감이 든다.) 나는 과묵한데 감수성이 있다. 나는 스트레스에 약하지만 이젠 집에서 덜 불편하게 되었다. 스트레스가 누적이 되면 무섭다. 그것에 눌리면 쓸쓸함이 나온다. 자살한 여자 친구가 가슴에 남아 있다. 다음엔 그것(자살한 여자친구)의 아픔, 슬픔, 고통을 다루고 싶다.

④ 종결상담

가족상담으로 마무리하였다.

• 아버지: “내가 도와줌, 협조, 협력, 공조. ○○공대, ○○대 전자공학을 넣었다. 벌써 한 군데에서 합격 소식을 들었다. 가족들이 스스로 각자 위치를 지켜서 좋다. 두 아들이 이제 보니 모두 속이 깊고 철저하다. 내가 멘토 역할을 하고 있다.”
• 내담자(IP, 큰아들): “진짜 너무 많이 편해요.” “내가 행복해요.” “어서 학교에 갔으면 좋겠어요.” “아버지 덕분에 대학을 가게 되었어요.” “운이 좋았어요.”
• 어머니: “지금은 기적인 것 같은데 여전히 걱정돼요.” “대학에 붙은 것도 아직 믿어지지가 않아요.” “속상한 일도 많았는데, 남편 성격이 꼼꼼해서 아들 대학과 관련해서는 일일이 다 알아보아 준 거예요.” “아버지와 아들이 의논하는 것이 너무 보기가 좋았어요.” “감사합니다.”
• 작은아들: “솔직히 저는 그동안 가족 바깥에 있었는데 저도 사실상 형과 똑같이 중독자임을 깨달았어요.” “형과 둘이서 노는 시간이 많아졌어요.” “주말 저녁밥을 먹은 뒤 설거지 같이 하고요.”
• 건강가족지표 척도를 함: 의사소통 능력, 개별화, 응집력, 문제해결 능력, 감정을 다루는 상태, 자존감, 권력의 분배, 상호 존중, 친밀감, 자립성 등에 4가족 모두 4점, 5점, 6점, 7점 등을 주었고, 내담자(IP)만은 정서적 교류와 문제해결 능력에만 3점을 주고 그 외에는 점수가 다른 가족과 유사하였다. 가족의 기능에 사전 · 사후에 변화가 있음을 확인

하였다.

- 마무리: '아버지와 큰아들의 중독이 다시 재발되었을 경우' '우리 가족의 전망' '각자의 구체적인 계획'에 대해 이야기를 하였다. 그간의 가족 모두의 협조 · 협력 · 지지에 감사하는 시간과 상호 부탁하는 시간, 그리고 후속 재발 상담에 대해 합의하고 상담을 종결하였다.

(2) 상담결과

① 중독당사자(IP)의 변화

- IP 자신에 대해 동기유발이 되어 중독을 벗어나는 과정에 있게 되었다(본인이 확실히 끊은 것은 아니지만 조절이 가능해졌다고 함).
- 일상 생활습관의 변화가 일어났다(새벽에 집으로 들어가는 것, 혼자서 일어나지 못하는 것, 시간 약속 지키지 못하는 것이 새롭게 조직됨).
- 아버지, 어머니, 동생과 대화를 하고 함께 부엌일도 거들고 집에서 함께 밥도 먹는다.
- 중독사고의 변화가 있으면서 자기(self)를 찾았다(예: "아, 나도 내가 있구나." "내 속에 나를 잘 돌보고 가꾸어야겠구나." "그간 내가 나를 잘 몰라서 방황하고 살아왔구나." "게임이나 인터넷은 내 친구처럼 습관처럼 만났는데 나를 오히려 파괴했구나." 등). 자신을 스스로 속여 왔던 자기기만적 사고를 인식하고, 표현하고, 인정하고 자신에게 초점을 두고 있다. 자기 경계와 보호가 어느 정도 가능해졌다. 자기계발서를 읽고 있다.

② 가족체계 변화

- 동반의존자였던 어머니가 물러나 있고, 아버지가 표면에서 아들들의 멘토 역할을 할 정도로 가족구조(경계, 위계, 권력분배, 제휴 변화, 주체적 자기 확립)가 변화되었다.
- 가장인 아버지와의 변화수준이 컸다. 아버지의 부정적이고 제한적 · 편협적인 사고가 확장되어 아들을 인정하고 격려할 수 있게 되었다. 또한 아버지와 장난을 할 수 있을 정도로 소통하게 되었다.
- 가족이 소통하고 협력하고 함께하는 시간이 가능해졌다. 식사, 쇼핑, 대학교에 함께 차를 타고 갔다오고 서로 지원하고 있다.
- 부부가 자녀에 대해 공조체계로 지도하고 같은 방향성을 가지려 노력하고 있다.
- 소원하던 동생과의 관계가 조금 유연해지고 함께 의논하고 노는 시간을 좀 갖고 있다.

5. 중독을 다룰 때 상담사가 유의해야 할 점

1) 상담사의 태도

(1) 중독대상자에 대해 문제적 시각을 갖지 않는 것이 가장 중요하다

내담자(IP)는 오랜 기간 가족들이 '결함이 있는 사람'으로 간주하여 왔을 것이다. 그럼에도 가족상담사는 이 IP가 증상을 통해 가족을 위해 시사하고 있는 바가 있음을 알고 선입견이나 편견 없이 대해야 한다. 왜냐하면 그들은 어쩌면 가족시스템의 희생자로서 눈에 띄는 중독으로 인해 오랜 기간 고통을 받은 자들이기 때문이다. 그러니 상담사는 중독당사자에 대한 믿음과 존중의 마음으로 손상된 부분들에 대해서는 조용한 관찰로 다가가야 한다. 동시에 상담사는 가족관계 안에서의 숨겨진 상호성 내에서 개별화(분화)를 중시하며 중독당사자의 '주체적 자기를 찾기 위해 동반의존자와의 경계와 분화에 초점을 맞추어야 한다. 한편으로 중독행동이 내담자를 심리적으로 보호하는 기능이 있음을 알고 작업하며(공감하며), 다른 편에서는 위험하고 해로운 부분이 내담자를 더욱 손상시켜 간다고 여길 경우에는 맥락에 맞게 적절한 안내를 해야 한다.

(2) 강점관점으로 대안을 찾아가는 것이 관건이다

중독자나 중독자 가족은 의외로 강점이 많다. 삶에 대해 애착이 강하고 중독적 현실에서 살아오느라 많은 인내와 고통을 받은 것만큼 열정이 있다. 중독현상에서 버티어 온 것은 그만큼 힘이 강한 것이다. 상담사는 그들이 겪어 왔을 어려움을 반영하고 공감하면서도 그에 대한 '재정의'를 통해 변화의 과정을 동반해 가는 것이다. 그렇지만 중독이 뇌 회로에 습관화된 상태이기 때문에 중독에서 빠져나오는 것이 그리 쉽지는 않다. 그럼에도 상담사는 끈질기고 힘겨운 중독문제 과정을 역설적인 것으로 재번역을 하는 열린 사고와 안목이 필요하다.

2) 상담사의 역량

(1) 의사소통과 갈등해결에 대한 전문성을 먼저 가지고 있어야 한다

앞서 언급했듯이, 중독자 가족은 중독자와 동반의존자 간의 반복적이고 악순환적인 상호

관계 구조 및 패턴을 가지고 있다. 예를 들면, 동반의존자는 중독자에게 불안이 오면 희생·공격하는 집착모드로 일종의 속박구조를 형성하도록 의사소통을 하게 된다. 갈등해결 과정 역시 주입이나 강요의 통제방식을 갖고 있어서 잘 보이지는 않지만 집 안에서 낙오자를 만들어 간다. 그러기에 미누친(Minuchin, 1981)은 가족구조와 체계를 수정하고 재구조화해야 하는 상담사는 의사소통 과정과 갈등해결에 대해 우선 전문가로서의 역량을 충분히 갖추어야 한다고 강조하고 있다. 즉, 상담사는 가정에서 누가 낙오자가 되어 가고 있고, 누가 누구를 지지하며, 문제상황에서 어떻게 대립하거나 갈등을 회피하는지에 대해 정밀하게 숨겨진 상호작용 패턴을 관찰할 수 있어야 한다. 그런 다음에 그 관계의 부정적이고 파괴적인 상호작용 상태를 해체하며, 새로운 상호작용 방식(power-with)을 사용하여 그들과 함께 선순환 구조를 만들어 가야 할 것이다.

(2) 중독적 사고의 내면의 규칙을 알아볼 수 있어야 한다

중독자 내면에 숨겨진 감정과 욕구를 알아 가면서 중독적 사고의 심리 도식을 이해할 필요가 있다. 그 사고의 흐름을 자각하여 해체시키고 자신의 핵심욕구와 연결시켜 그 신념과 연루된 것이 어디에서 비롯되었는지를 추적(tracking)하는 과정이 필요하다. 이 과정은 구조적 가족치료와 이야기치료의 인지과정을 재구성하도록 하는 내용과 거의 일치하며, 보웬 가족치료의 불안의 근원지를 찾아가는 과정과도 동일하다고 여긴다(이화자, 2015). 특히 내면의 양극화 현상으로 옴짝달싹하지 못한 채 교착상태에서 스스로의 고통과 불행을 지어내고 있는 가족에게 바람직한 도움을 주기 위해서 인간 마음의 내부구조를 깊이 볼 수 있어야 하겠다.

3) 중독재발 대처

중독에 대해 치료가 원하는 수준만큼 되었다고 해도 중독의 전망에 대해 상호 토론하고 재발 가능성에 대해 준비하는 시간이 필요하다. 밀러(Miller, 2007)의 변화단계 모델에서는 중독행동문제를 가진 사람의 재발은 당연한 것이라고 한다. 재발은 회복과정에서 흔히 일어날 수 있는 하나의 사건으로 간주하여 재발과정을 보다 합리적으로 대처하고 있다. 가족상담사도 재발을 치료의 실패로 여기거나 내담자가 변화하려는 의지를 잃어버린 것으로 간주하지 않고, 재발과정에 대한 이해와 대처하는 것에 대해서도 지도하고 안내해야 한다(중단하지 않고 후속 재발 예방 프로그램이나 상담에 참여해야 함을 강조하고 안내).

6. 나가는 말

최근에 필자는 미국 포틀랜드 시내에서 '폴더맨'을 여러 차례 목격하고 왔다. 길거리에서 사람이 허리가 접힌 채 고정된 모습으로 서 있거나 앉아 있었다. 그들은 고개를 늘어뜨리고 의식을 잃은 채 거의 빈사 상태로 있어서 섬뜩했었다. 밤에는 왕래가 불가할 정도였다. '이렇게까지 중독이 사람의 형상을 극단적으로 만드는구나.' 하는 생각이 들어 마음이 아팠다.

이 장에서 언급한 중독에 대한 글은 알코올중독 가정에서 자라 종교중독 가정과 결혼을 하였고, 나 자신도 모르게 중독가정을 만들면서 살아온 필자의 삶이기도 하다. 필자는 전혀 의식하지 못한 채 심각한 동반의존자로 고통을 겪어야만 했다. 다행히도 보웬 가족치료와 경험적 가족치료, 구조적 가족치료, 이야기치료, 내면적 가족치료를 넘나들면서 심취하였던 임상적인 학문과 가족상담의 도움으로 중독구조에서 조금씩 벗어날 수 있게 되었다. 한편, 30년 동안 가족치료전문가로 일하면서 중독심리가 가족치료 이론의 체계론 개념과 일치한다는 생각에 더 매료되기도 하였다. 한마디로 사람이 중독과 싸우는 것은 진흙탕 전쟁과도 같다. 이들은 대부분 길고도 더 나빠지는 과정에서 지치고 힘이 들어 사람다움과 관계를 잃어버리곤 한다. 그만큼 중독심리와 가족심리인 융합과 방치의 관계구조는 치명적이고 고질적이다.

얼마 전 필자는 내면적 가족치료 전문가인 Einat A. Brnstein, MSW의 중독강의를 인상적으로 들었다. 기존 치료와 다르게 가족치료 정신을 더 명확하게 강조하였다. "중독은 병리적인 결함이 아니라 좋지 않은 습관이다. 목적이나 이유가 없는 것이 아니고 파괴적인 행동이 아닐뿐더러, 오히려 중독은 당사자 자신을 도우려는 좋은 의도를 갖고 있다." 그러므로 "중독자 내면의 부분 부분이 서로를 도와가도록 해야 한다. 내면의 부분들의 '충돌'과 '양극화현상' 및 유전적인 '마음의 짐'에 대해 치유하면 악화되는 중독질병을 회복할 수 있다."라고 했다. 결국 중독치료는 '관전 포인트'가 중요하다.

따라서 가족상담사는 중독 자체인 증상에 초점을 두기보다 (경우에 따라 다르지만) 사람에게 애정과 관심을 가지고 그가 할 수 있도록 따라가며 그 자신(self)을 찾아가도록 해야 한다. 즉, 상담사는 중독자가 충동적이고 강박적인 선택을 하기보다는 자신을 위해 정말로 도움이 되는 좋은 선택으로 이끌고, 스스로에게 다르게 기쁨을 주는 대상도 있음을 하나하나 찾아가도록 해야 한다. 이런 흐름은 상담사가 오직 중독자 본인의 자율성과 자발성에 기반하여 자기 스스로를 잘 양육해 갈 수 있도록 안내해야 한다. 특히 이미 뇌에 저장된 트라우마를 치료하려 할 때에는 중독자 자신의 변화동기를 살펴보고 내면에서의 규칙과 충돌, 억압, 비판, 완벽성, 적대감, 희생자 의식, 무감각, 무가치함이 들어 있는 부분 부분의 트라우마를 함께 천천히 보고 치료해 갈 수 있어야 한다. 특히 중독을 멈추고 싶어 하는 마음과 멈추고 싶어 하지 않는 부분의 양극화로 옴짝달싹하지 못하게 하는 교착상태의 심리를 교감하는 것이 아주 중요하다.

상담사로서의 치료과정이 쉽지는 않다. 많은 임상훈련과 수퍼비전을 요하는 고난도의 과정이다. 하지만 숨겨진 곳에서 자멸하는 방법으로 고통을 겪고 있는 의존적인 사람들에게 빛의 세계로 안내하는 일은 개인과 가족, 사회를 좋아지게 하면서 더불어 상담사도 동량의 기쁨과 평안을 얻게 된다. 물론 그 과정에서 배움과 사랑도 깊어진다. 이를 위해 우선적인 과제로 상담사는 먼저 중독가족과의 좋은 만남을 갖기 위해 충분히 준비된 '자기 상태'를 가져야 한다. 다시 말해서 분화 정도가 높아야 한다. 상담사로서의 '안정화'와 '정신화'는 필수이다. 왜냐하면 불안한 상황에서의 사람의 기능방식은 서로를 희생하게 만들기 때문이다 (Kerr & Bowen, 2005).

참고문헌

고병인(2003). 중독자 가족의 가족치료: 역기능 가정 성인 아이 치유의 기독교적 접근. 학지사.

디지털중독연구회(2015). 인터넷 중독 상담과 정책의 쟁점. 시그마프레스.

박성수(2013). 기조발제: 한국사회의 중독실태와 대책. 한국중독범죄학회 제5회 학술대회, pp. 1-11.

박차실(2011). A. A. 프로그램 참여자들의 회복 초기의 중독성 사고에 관한 연구. 백석대학교 대학원 박사학위논문.

이종숙(2003). 알코올 중독자의 의미 있는 가족원을 위한 대처기술향상 프로그램 개발과 효과에 관한 연구. 이화여자대학교 대학원 박사학위논문.

이호영(2008). 중독성 인격변화: 중독성 사고를 중심으로. 다사랑중앙병원.

이화자 편(2015). 중독과 가족상담. 누림북스.

정문자, 정혜정, 이선혜, 전영주(2018). 가족치료의 이해(3판). 학지사.

Bronstein, E. A., MSW(2024). 중독, IFS IN EVERYDAY LIFE, Psychology Korea 온라인강의 중에서 인용.

Cruse, J. R., & Cruse, S. W. (1990). 중독의 덫 이해하기[*Understanding co-dependency*]. 김영희 역. 이레서원.

Goldenberg, I., & Goldenberg, H. (2001). 가족치료[*Family therapy: An overview* (5th ed.)]. 김득성,

윤경자, 전영자, 전영주, 조명희, 현은민 역. 시그마프레스.

Kerr, M. E., & Bowen, M. (2005). 보웬의 가족치료 이론[*Family evaluation: An approach based on Bowen theory*]. 남순현, 전영주, 황영훈 역. 학지사.

Miller, W. R. (2007). 중독과 동기면담[*Enhancing motivation for change in substance abuse treatment*]. 조성희, 신수경 역. 시그마프레스.

Minuchin, S. H., & Fishman, C. (1981). 구조적 가족치료의 기술[*Family therapy techniques*]. 조은숙, 이화자, 이인수, 신혜종 역(2017). 학지사.

Smith, J. E., & Meyers, R. J. (2009). 중독자를 치료로 이끄는 가족 훈련 접근[*Motivating substance abusers to enter treatment: Working with family members*]. 유채영, 박소연, 손해인 역. 용의숲.

제 9 장

상실과 애도

누구나 삶의 생생함과 가치에 대해 그리고 꿈과 미래에 관해 이야기하는 것은 즐거워하지만, 죽음에 관해 이야기하려는 사람은 흔치 않다. 종교적인 영역에서 죽음은 초월하는 그 어떤 영역일 수 있으나, 여전히 죽음은 한 개인의 연속성에 관해 알 수 없는 영역에 속하기 때문에 많은 이들이 두려워하는 부분이다. 이 죽음은 예상할 수 있는 형태로 가족의 삶 속에 찾아오기도 하지만, 어떤 경우는 예측할 수 없는 가운데 갑작스럽게 장소, 시간 그리고 나이의 순서에 상관없이 찾아온다. 예상된 죽음은 가족이 그 죽음으로 인한 자신들의 상실과 애도에 관해 준비할 수 있는 시간이 있지만, 예기치 않은 죽음은 가족에게 커다란 슬픔과 아픔으로 남게 된다. 물론 예상된 죽음조차 가족원에게 다양한 영향을 준다. 죽음을 맞이하는 개인과 가족에게 해결되지 않은 관계의 문제들은 죽음을 끝으로 해소되는 것이 아닌 심리적 어려움으로 남게 되고, 이러한 어려움은 그들의 일상생활에 직간접적으로 영향을 주게 된다. 이렇게 가족원 중 한 사람의 죽음은 가족 전체에 심각한 사회적 · 심리적 영향을 주기 때문에 건강한 애도과정의 이해와 이를 돕기 위한 전문적인 지식과 임상적 경험들의 이해는 필수적이다. 인간으로서 경험하는 피할 수 없는 죽음이라는 위기가 삶에 찾아올 때 한 개인은 심각한 심리적 · 사회적 어려움에 처할 수밖에 없다. 이러한 상실을 방치하는 것은 개인의 삶을 황폐화하고 일상생활을 심각하게 훼손할 뿐만 아니라 사회적 관계의 고립으로 이어질 수 있다. 우울과 불안을 동반하는 심각한 상실의 문제를 가족체계 안에서 건강한 애도과정을 거쳐 회복할 수 있는 구체적 방법들을 제시하는 것은 중요한 일이다. 이 죽음을 받아들이는 위기의 순간에 가족이라는 가장 소중한 공동체는 상실의 슬픔을 나누고 위로하며 죽음의 의미를 삶의 끝이 아닌 연속성으로 경험하게 되는 귀한 역할을 할 수 있다.

이 장에서는 상실과 애도과정의 어느 특정 종류의 죽음에 관한 내용을 다루기보다는 다양한 종류를 소개하고, 이에 대한 전반적 내용을 포괄적으로 다루며, 이를 통해 죽음을 여러 가지 경로로 경험한 유가족을 돕고자 할 때 필요한 상실과 애도에 관한 임상적 지식과 통찰을 제공하고자 한다.

1. 상실과 애도에 대한 이해

죽음은 가족체계의 균형을 깨며 새로운 역할의 변화와 적응을 요구한다. 가족원은 이러한 변화의 시기에 힘든 시간들을 보내고, 이 과정에서 각 가족이 죽음과 상실에 대해 다양한 형태의 반응을 하게 되는 커다란 삶의 무게로 다가오며 한 개인이 이해할 수 있는 영역을 넘어서는 것들을 요구받게 된다. 여기서는 이러한 죽음에 관한 다양한 주제들과 의미들에 관하여 알아보고자 한다.

1) 상실에 대한 가족의 적응과 과제

가족은 죽음에 관하여 다양하게 적응하고 애도하는 과정을 거치게 된다. 이러한 과정에서 가족은 지속적으로 여러 세대를 거치며 상호 영향을 주고받게 된다. 죽음은 가족의 정체성과 목적을 찾는 데 단기적으로 또는 장기적으로 변화와 재조직화를 가져온다. 상실은 가족의 역할에 변화를 가져오며 깨어진 균형을 회복하고 연속성을 재발견하며 남아 있는 가족과 새로운 관계를 모색하게 된다(전미영, 2000). 여기서 가장 중요한 것은 건강한 가족은 이 힘든 과정에서 상실을 받아들일 수 있다는 것이다. 만약 가족이 이를 받아들이는 것이 어려울 경우, 비현실적으로 서로에게 의존하게 되고 현실을 부정하게 되며, 영구적인 가족 안에서의 연합을 추구하게 된다. 건강한 가족은 상실과 애도의 과정을 거치며 심리적으로 힘겨운 상실의 아픔을 직면한다. 또한 그들은 죽음에 대한 의미와 죽은 가족에 대한 감정과 생각들을 나누며 애도하게 되고, 이를 통해 가족의 가치와 중요성을 인지함과 동시에 자신의 삶의 자리로 서서히 돌아가 인지된 새로운 가치를 가지고 살아가게 된다. 건강한 가족은 상실 경험 직후 과도하게 반응하지만 후에 그 상실에 잘 적응한다. 하지만 건강하지 않은 가족은 상실경험 직후 거의 아무런 반응을 하지 않지만, 오히려 나중에 많은 심리적 증상이 나타나게 된다(Walsh & McGoldrick, 2004).

(1) 상실에 대한 적응의 의미

상실에 대한 적응이라는 말은 모든 것을 한번에 처리하는 것을 의미하지 않고, 죽음과 관련된 감정적 경험들을 없던 것처럼 외면하며 현실의 세계로 복귀하는 것을 의미하지도 않는다. 오히려 상실에 대한 적응은 상실에 대한 힘든 감정과 생각들을 잘 대처하고, 어려운 감정들이 다가올 때 그 감정들을 경험하며 지속적으로 경험되는 상실의 아픔을 견딜 수 있는 강인함을 갖는 것이다. 또한 상실이 삶의 한 부분임을 받아들이며 생활의 양식으로 통합하는 것이 중요한 필수 과정이다(전미영, 2000). 중요한 가족원을 잃은 상실과 관련된 고통스러운 감정들을 완전히 정리한다는 것은 불가능할 수도 있고, 그 감정들을 언제 다 정리할 수 있는지에 대한 시간적 명확성은 존재하지 않을 수 있다. 오히려 떠나간 가족에 대한 상실의 감정들을 포기하거나 없던 것으로 하는 것이 아닌, 지속적인 탄력성을 가지고 관계에서의 변화를 경험하며 적극적으로 애도과정에 참여하는 것을 의미한다. 상실경험이라는 말은 다른 말로 상실과 관련된 의미를 발견하고 전체적으로 그 발견된 의미를 되새기며 삶 속에서 그 경험들을 가지고 지혜롭게 살아가는 것을 말한다.

죽음이 가지고 있는 다양한 의미들은 생활 가운데 변화되며, 이것은 애착과 상실과 관련된 부수적 생애의 경험들과 함께 개인과 가족의 정체성과 함께 통합된다(Walsh & McGoldrick, 2004). 떠나간 가족의 이야기를 가족과 나누고 그 죽음이 의미하는 것을 이야기하는 것은 가족원 각자에게 다양한 의미로 다가오는 상실경험을 어떻게 자신들의 삶에서 받아들이고 현재와 미래에 살아갈 것인지에 대한 새로운 시각을 제공한다. 이러한 과정은 고통스럽고 슬픈 경험들이긴 하지만, 이 과정 속에서 가족의 가치는 다시 재정립되고 가족원들이 가족체계와 다른 관계에서 삶의 의미와 가치들에 관해 통찰하는 시간이 되는 동시에 삶의 소중함에 대해 경험하는 시간이 될 수 있다.

(2) 죽음 관련 과제들

죽음과 관련된 과제들을 구체적으로 고찰해 보자면 네 가지 중요한 일이 있다.

첫째, 가족이 죽음의 실제성을 인정하는 과정을 함께 공유하며 나누는 것이다. 이러한 일들이 힘든 것은 기대된 죽음보다는 갑작스러운 죽음과 관련된 애도일 것이다. 상실과 관련된 개방된 대화는 애도과정을 촉진하며 가족이라는 소중한 심리적 · 사회적 자원을 통해 건강하게 죽음을 맞이하고 이해하는 역할을 할 수 있다.

둘째, 상실의 경험을 나누는 것이 중요하다. 장례식을 치르고 무덤을 함께 찾는 것은 죽음의 실재성을 직접적으로 경험하고, 고인에 대한 존경을 나누며, 가족과 공동체의 지원적 네트워크를 받을 수 있는 기회가 된다(Walsh & McGoldrick, 2004). 바쁜 현대인의 생활에서 장례의식은 간결하게 변화되어 편리한 점이 있으나, 죽음을 삶의 한 부분으로 받아들이고 애도과정을 돕는 이 의식의 간소화는 그 기능의 상실을 가져올 수 있다. 충분한 애도과정이 보장되는 장례예식은 상실로부터의 회복을 돕는다(장성금, 2010).

셋째, (가족의 죽음에 대한) 상실과 애도를 통해 가족체계의 재형성을 건강하게 구성하는 것이다. 이러한 과정에서 역설적으로 어떤 가족은 이 재형성을 거부하며 고인이 살아 있는 듯이 생활하는 경우도 있는데, 이것은 가족원들이 사회생활을 해 나가는 데 있어 부정적으로 작용하게 된다. 가족체계의 재형성은 애도과정에서 나타나는 필수적인 현상으로 회복과 안정을 위해 가족체계 안에서 건강하게 재형성할 수 있도록 돕는 것이 중요하다.

넷째, 애도와 상실을 넘어서 다른 관계를 찾고 삶의 목표를 향해 나가는 것의 중요성이다. 고인의 기일이 다가올 때 가족은 상실을 다시 경험하게 되기 쉽다. 고인에 대한 과장된 이상화나 고인과의 관계에 신의를 저버리는 듯한 느낌, 또는 또 다른 상실에 대한 재앙적 두려움은 다른 관계를 형성하고 헌신하는 것을 막는다. 그래서 종종 가족을 재구성하는 일은 가족원이 다른 관계를 감정적으로 다룰 준비가 되어 있는지를 미리 점검해 보는 것이 중요하다. 예를 들어, 친척이나 친구들이 고인이 된 아버지나 어머니 역할을 하게 되거나 사별한 남편이나 아내가 자녀를 돌본다는 명목하에 너무 빨리 재혼을 하게 되면 예상하지 못한 어려움을 겪을 수도 있기 때문이다(Walsh & McGoldrick, 2004).

2) 가족과 사회적 관계 그리고 가족구성

각 가족의 믿음체계는 상실을 받아들이는 데 지대한 영향을 미친다. 죽음과 상실에 관련된 의미는 다세대를 거친 가족 지배적 · 사회적 가치의 실천들과 인종적 종교적 믿음에 기반을 둔 다세대를 통한 가족 유산에 깊이 뿌리를 내리고 있다. 가족은 그들의 상실이 의미하는 바를 찾으려 하며, 그 과정을 전체적으로 이해하려 하고 그러한 과정을 성공적으로 할 수 있을 때 상실은 견딜 만한 것이 된다. 어떤 가족은 죽음을 막기 위해 그들이 무엇인가를 했었어야만 했다고 생각하고, 이러한 그들의 절망감은 자기파괴적인 행동으로 나타나거나 관계적 갈등의 양상으로 나타날 수 있다. 가족에게 자신의 걱정을 나누고 불확실한 상황에서 정보를 나누게 하며, 그들 자신이 통제할 수 있는 한계를 가지고 있음을 이해하는 것을 돕는 것은 중요하다. 불치병을 가지고 있는 가족이 있을 경우, 가족이 병으로 인한 죽음을 막을 수는 없으나 그들은 죽어 가는 사랑하는 사람과 소중한 시간을 나누고 고통을 경감시키며 관계적 아픔들을 치료하는 과정을 충분히 가질 수 있다(Walsh & McGoldrick, 2004).

(1) 죽음과 치유: 종교적 · 예술적 · 사회적 측면

죽음이 삶의 끝인 것은 사실이지만 관계의 끝은 아니다. 죽음은 초월적이고 변화시키며 영적인 영역을 통해 연결되어 있고, 기억과 삶의 이야기들을 통해 이어져 감을 알 수 있다(최지영, 2013). 치유는 고인의 죽음이 의미하는 가장 최상의 가치를 높이려는 노력으로 일어날 수 있다. 우리는 글을 쓰거나 음악 또는 예술의 창조적 표현을 통해 고통을 초월할 수 있고, 우리가 사랑하는 고인의 삶을 존경하는 헌신적 기억을 통해 고통을 넘어설 수 있다. 예를 들어, 누군가가 심각한 정신 질병으로 인해 자살했을 때 그의 가족이 모금 운동을 통해 사회에 정신장애로 자살하는 사람들을 돕기 위한 사회적 운동을 시작할 수 있다. 이렇게 다른 이들의 고통을 막거나 감소시키려는 행동을 통해서 사람은 치유를 하거나 고통을 넘어서는 경험을 하게 된다. 이러한 모습은 고인과 관련된 해결할 수 없는 다양한 부정적 · 자기파괴적 행동을 뛰어넘어 건강한 방식으로 죽음을 받아들이고 이해하는 길로 인도한다. 이렇게 현실을 뛰어넘는 영적인 영역은 상실로 인해 고통받는 이들의 애도과정을 긍정적으로 돕는 것이 사실이지만, 이와는 정반대로 누군가의 죽음이 신의 저주라고 생각할 경우 심각한 정신적 어려움을 야기할 수 있다(Walsh & McGoldrick, 2004).

(2) 상실과 가족구성

유가족은 상실을 자기 자신이 없어지는 경험으로 겪게 되고, 이로 인해 여러 가지 심각한 심리적 증상으로 고통받을 수 있다(Hendin, 1974). 이러한 중요한 상실을 경험한 후 가족체계의 경계와 규칙들이 분명하게 구조화되어 있어야 하지만, 가족재구성을 위해 유연하게 유지할 필요가 있다. 혼돈스럽고 비구조화된 가족은 변화가 요구되는 격변의 시기에 안정성과 연속성의 부재, 그리고 이러한 상황을 지도할 권위의 부재를 경험하게 된다. 반대로 너무 엄격한 가족은 상실을 받아들이고 애도하는 과정에 필요한 것들을 받아들이거나 적응하는 데 어려움을 경험한다. 고인이 가족체계에서 중요한 역할을 담당한 만큼 상실의 충격은 더 클 수밖에 없는데, 아동이 부모의 죽음을 맞이할 때 그들은 더욱 커다란 심리적 어려움을 경험하게 된다. 이런 위기의 아동에게 부모 역할의 일정 부분을 대신할 수 있는 할아버지와 할머니의 개입은 도움이 된다.

만약 고인이 된 사람의 가족 내 역할이 너무 컸을 경우, 가족은 전혀 기능하지 못하거나 새로운 관계를 형성하기 어려울 수도 있다. 상실로부터 애도과정을 거쳐 회복되는 것은 가족이 유기적으로 협력하고 상호 지원하며 동시에 상실 반응에 대한 개인의 다양성을 존중받을 때 가능하다. 융합되어 있는 가족의 경우, 상실에 대한 반응의 다양성은 무시되며, 누군가 대다수 가족의 반응과 다른 반응을 보인다면 그 개인은 가족의 리더와 갈등이 생기거나 가족원들로부터 신뢰하지 않는 가족원으로 배척받기 쉽다. 반대로, 가족 내의 연결이 없는 경우 상실의 아픔을 외면하거나 가족으로부터 떨어져 나오려 할 것이고, 결과적으로 애도과정에서 소외되게 된다.

죽음이 가까이 왔을 때 고인이 될 사람과 가족원과의 관계의 상태는 매우 중요하다. 상담사는 예상되는 죽음을 맞이하는 사람과 나머지 가족원들과의 해결되지 않은 관계의 회복을 돕는 것이 필요하다. 가족은 해묵은 갈등으로 인해, 또는 해결하지 못했던 관계의 불편함들을 표현하는 것에 대한 두려움을 가지고 있다. 상담사는 이러한 유가족의 어려움을 인지하고 만약 파괴적 상호작용이 발생한다면 개입을 통해서 건강한 상호 존중의 관계를 회복할 수 있도록 돕고, 관계의 회복을 목표로 건설적으로 느낌을 표현하고 새로운 관계 형성과 상호 존중을 발전시킬 수 있도록 도움을 주는 것이 필요하다(Walsh & McGoldrick, 2004).

(3) 애도과정

애도과정이란 슬퍼할 수 있는 시간을 제공함으로써 정서적 회복을 하는 과정이라 할 수 있다(강현경, 김성숙, 2013). 유가족에게 있어 애도과정은 단순히 개인의 슬픔과 아픔만을 다루는 것이 아닌 가족 전체의 커다란 상실에 대한 고통을 다룬다. 이러한 애도과정은 개인과 가족 그리고 공동체가 함께 참여하게 될 때 위기적 상황에 잘 대처할 수 있으며, 가족은 가치 있는 보호적 기능을 수행하게 된다. 모든 사람에게 가장 고통스러운 애도과정에 대한 체계적 이해는 개인과 가족 모두에게 필요한 심리치료를 제공하고 회복과정을 촉진할 수 있다.

2. 개입방법에 대한 이론적 근거

죽음이 우리의 삶에 지대한 영향을 주는 것이 사실임에도 죽음에 관한 임상적 자료는 흔치 않다. 많은 연구가 되어 있지 않은 이 영역에 가족체계를 통한 상실과 애도의 이해는 상담사들에게 깊이 있는 임상적 통찰과 지식을 제공한다.

1) 가족체계를 통한 상실과 애도의 이해

상실과 애도와 관련된 다양한 종류의 논문과 서적들이 있지만, 대부분이 부분적으로 상실의 문제를 다루고 있다. 그러나 가족체계 이해를 바탕으로 가족 내에서 벌어지는 한 개인의 죽음과 그 죽음이 남겨진 가족들에게 미치는 영향력을 이해한 월시와 맥골드릭(Walsh & McGoldrick, 2004)은 이 전문 영역에 가장 커다란 공헌을 했다고 할 수 있다. 가족체계라는 전체적인 이론적 근거를 가지고 상실과 애도의 문제를 다루는 그들의 임상적 통찰력은 단편적인 지식을 넘어 유기체적인 가족체계 안에서 깊이 있게 접근할 수 있는 길잡이가 되어 준다. 그들이 편집한『상실을 넘어선 삶(Living beyond loss: Death in the family)』(2004)은 풍부한 이론과 임상적 통찰을 제공하였는데, 그래서 이 장의 많은 내용은 그들의 책으로부터 왔음을 밝힌다. 가족체계라는 커다란 이론적 틀을 가지고 두 저자는 죽음의 문제들에 관해 깊은 심리학적 이해와 임상적 통찰을 통해 유가족이 경험하는 다양한 종류의 심리적 문제와 행동양식을 분석하고 이해하며 전문가의 도움이 필요한 그들에게 가까이가 도움을 줄 수 있는 풍요로운 자료들을 제공한다. 이 장의 많은 부분은 그들과 함께했던 임상가들의 경험과 지식을 토대로 이루어졌다.

상실과 죽음이라는 주제는 가족이 직면하게 되는 가장 커다란 어려운 문제이다. 상실과 애도에 대한 반응은 개인이 가지고 있는 죽음에 관한 생각과 이해에 따라 다양하게 나타난다. 상실 후 애도는 누구에게나 찾아오는 과정이고 이를 거쳐 각자의 삶의 자리로 돌아가지만 어떤 이들에게는 이 과정이 힘들고 긴 경우가 있다. 대체로 사람들은 극심한 슬픔을 경험하지만 애도과정을 거치면서 변화된 내외적 상황에 적응해 나간다(이혜경, 2016). 가족체계적인 관점에서 상실은 과도기적 과정으로 이해되는데, 이는 임종을 지켜본 가족이 죽음을 앞둔 가족원을 떠나보내며 최종적 죽음과 연속적인 삶 모두를 포함하는 공유된 라이프 사이클을 함께 경험하기 때문이다. 한 가족원의 죽음은 모든 가족과 그 가족의 사회적 영역에도 지대한 영향을 주게 되고, 이런 의미에서 가족체계는 가족 상실의 영향을 기능적 단위로서 이해한다. 회복이란 상실을 경험한 개인이 가족과의 프로세스를 거치면서 삶의 방향을 미래로 향해 나아간다는 것을 말한다. 가족체계이론이 죽음에 관해 가족관계를 이해하는 새로운 관점을 소개했음에도 가족치료 영역에서는 죽음에 대한 부정적 시각으로 인해 더디게 진행되고 있다(Walsh & McGoldrick, 2004).

2) 보웬의 죽음에 대한 이해

죽음에 관하여 보웬은 많은 사람이 혼자서 죽음을 맞이하고 다른 이들과 소통하지 않는 자신만의 생각에 갇히게 된다고 말하며 두 가지의 과정을 설명한다. 그중 하나는 자신 안에서의 죽음에 대해 부정하는 것을 의미한다. 또 다른 하나는 가까운 관계 안에서 사람들은 가족이나 지인에게 죽음에 관하여 말하지 않음으로써 그들을 불안하게 하는 것을 회피한다는 것이다. 보웬은 상실경험에 관해 심오한 이해를 했는데, 그는 죽음 또는 위협적인 상실의 혼란은 가족의 기능적 균형을 뒤흔들 수 있다고 말한다. 이러한 영향은 상실을 경험할 당시 가족의 성숙도와 죽은 가족원의 기능적 중요성에 의해 그 영향의 정도가 결정된다고 한다. 감정적 충격은 가족원이 죽음 바로 직후 또는 오랜 후에 전체 가족체계에 전반적으로 영향을 미치게 된다. 그래서 이 감정적 파동들은 보통의 애도과정을 넘어 가족원의 전반적인 감정적 상호 의존 영역에 영향을 미치게 된다. 이러한 감정적 충격은 치료과정에 중요한 정보를 제공하고 상실과 관련된 내담자의 증상을 이해하는 데 중요한 역할을 하게 된다(Walsh & McGoldrick, 2004).

가족체계를 통한 상실과 애도의 이해는 한 가족원의 죽음이 어떻게 유가족에게 영향을 주는지에 대해 임상적 통찰을 제공한다. 이를 통해 상실로 인한 심리적 어려움을 겪는 유가족에게 도움을 줄 수 있는 효율적인 임상적 접근방법을 제시한다.

3. 상실의 종류와 개입전략

상실은 다양한 경로로 사람들의 삶으로 찾아온다. 상담사가 여러 가지 다양한 종류의 상실들에 관한 임상적 지식과 통찰이 있을 때 유가족에게 필요한 전문적 도움을 줄 수 있다.

1) 자살로 인한 상실

자살로 인한 죽음은 수치스러움을 가져오는 가치 없는 죽음으로 인식된다. 모든 가족이 동일한 임상적 증상을 보이지는 않지만 보편적인 자살에 대한 반응을 정리하는 것은 상담사에게 도움이 될 것이다. 자살로 인한 상실을 경험한 가족은 다른 사고나 질병으로 애도하는 가족보다 더욱 심각한 정신적 어려움을 겪는다(강명수, 2015). 자살 관련 죽음이 발생했을 때 가족상담사는 가족이 죽음의 원인으로 자신을 비난하거나 남을 비난할 때 그들의 화와 죄의식을 적절하게 다루는 것을 도와야 한다. 자살에 대한 사회적 비난은 가족이 자신들을 수치스럽게 생각할 수 있으며, 이는 주위로부터 자신을 감추고 사회적 격리로 이어져 자신들의 파괴적 삶의 형태로 이끌 수 있다. 상담사는 내담자 가족의 자살 관련 내용을 살펴보고 남아 있는 가족의 자살위험을 체크해야 할 것이다(Walsh & McGoldrick, 2004).

(1) 자살을 받아들이기 힘든 유가족 돕기

자살이 발생했을 때 몇몇 가족은 사회적 낙인을 받는 자살을 받아들이려 하지 않는다. 이럴 때 가장 중요한 것은 가족이 충격을 받아들일 준비가 될 때까지 기다리는 것이다. 자살을 한 이유가 무엇인지에 관한 원인과 정보는 중요한데, 처음부터 자세히 물어보는 것은 침범이 될 수 있으므로 가족이 편안함을 느낄 만큼 서서히 물어보는 것이 중요하다. 동시에 상담사는 가족에게 자살 관련 심리학적 관점들을 설명해 주면 도움이 된다. 대체로 처음에는 아주 단순한 자살 관련 설명을 하지만 시간이 지날수록 더 복잡해질 수 있다. 누군가 자살을 했을 때 가족은 비난할 누군가를 찾는데, 그것은 병원, 상담사 또는 고인을 돌보는 것을 책임졌던 사람일 수 있다. 그다음으로 가족 중 또는 친구 중에 고인에게 커다란 어려움을 준 사람에게 화를 낼 수 있다. 상담사는 가족이 비난을 하는 데서 벗어나 그들이 지금 다루어야 할 것이 무엇인가에 관하여 설명해 주는 것이 필요하다. 그럼에도 누군가를 비난하는 것이 타당하다면 그러한 비난을 경청하는 과정 또한 중요할 것이다(Walsh & McGoldrick, 2004).

가족이 누군가를 비난하기를 멈춘 후에 그들은 자기 자신들을 비난하기 시작한다. 이것이 바로 내 탓으로 돌리는 시기이다. 예를 들어, '내가 고인의 전화를 받았더라면' 또는 '내가 더 나은 엄마나 아빠였다면' 하는 자기 자신에 대한 비난이다. 이럴 때 상담사는 개인 책임에 관하여 명료화하고, 자살은 아주 복잡한 사건이며 이것을 막을 수 있는 단 하나의 해결방법은 있지 않다는 것을 알려 줄 필요가 있다(Walsh & McGoldrick, 2004).

그럼에도 불구하고 죄의식은 사람을 덜 혼돈스럽게 만들기도 하고, 어떤 경우는 자살을 불러일으키는 희망 없는 감정을 억누르는 중요한 역할을 하기도 한다. 이러한 죄의식을 자기로 향한 후 가족은 고인에 관하여 화를 낸다. 왜 남겨진 가족에게 이러한 고통을 주는지, 아니면 자신들에게 이러한 어처구니없는 행동을 해서 어려움을 주는지 등에 관하여 고인에 대해 화를 낸다. 상담사는 이러한 반응은 누군가 가까운 사람이 떠났을 때 발생하는 정상적인 반응이라는 것을 알려 줄 필요가 있다(Walsh & McGoldrick, 2004).

(2) 유가족의 불안 완화시키기

생각할 수 없는 일이 발생했을 때 사람은 그 일이 다시 벌어질 수 있다는 생각에 불안해한다. 이러한 상황은 강렬한 불안을 야기하고 다른 가족과 자신의 안전에 대해 공포감을 갖는다. 이럴 때 상담사는 가족이 갖게 되는 불안은 많은 경우 정상적으로 느끼는 감정이라는 설명과, 죽은 고인과 나머지 가족 그리고 자기 자신은 다른 경우라는 것을 이해하도록 도움을 줄 필요가 있다. 또한 행동하는 것과 생각하는 것은 다른 것이라는 것을 알려 줌으로써 가족이 불안으로부터 벗어날 수 있도록 돕는 것이 좋다. 상담사는 불안해하는 가족에게 임시적인 비상대책을 함께 논의하는 것이 중요할 수 있다. 예를 들어, 가족이 서로 긴밀하게 더 자주 연락하는 것은 잠시 그들의 불안을 경감시킬 수 있다(Walsh & McGoldrick, 2004).

2) 예상된 상실과 불치병을 경험하는 가족 돕기

상실과 애도를 이야기할 때 앞으로 벌어질 상실을 다루어야 하는 가족의 어려움과 불치병이 있는 가족원을 돌보는 가족의 고통에 관해서 많은 사람이 관심을 갖지 않는다. 예상된 상실과 관련해 가족은 지속적으로 무수히 수많은 감정들과 변화들을 경험하게 된다. 불확실성과 다가올 상실의 과정을 준비해야 하고, 희망을 유지해야 하는 가족을 돕기 위한 임상적 요인들을 살펴보는 것은 중요한 일일 것이다.

(1) 예상된 죽음에 대한 양가감정

성인의 경우, 예상된 죽음 혹은 갑작스러운 죽음과 관련된 상실을 경험할 때 사람들은 갑작스러운 죽음보다는 예상된 죽음 뒤에 오는 상실과 애도의 과정에 더 잘 적응한다(Hope & Hodge, 2006). 예상된 상실경험은 다양한 감정 반응을 나타내는데, 분리불안, 존재론적인 외로움, 부정, 슬픔, 실망, 화, 후회, 죄의식, 결핍, 절망 등을 느끼게 되고, 이러한 어려운 심리적 경험들로 인해 감정이 널뛰기하듯이 변화할 수 있다. 불치병을 가지고 있는 가족에 대해 사람들은 양가적인 감정을 가질 수 있다. 예를 들어, 더욱 가까워지고 싶어 하면서도 멀어지고 싶어 하며, 참을 수 없는 상황이나 과도한 짐이 되는 어려움으로부터 도망치는 상상을 할 수도 있다. 가족은 반복적으로 상실의 과정을 연습하거나 고통의 내용들과 어려움들을 상상하고 불치병을 가지고 있는 가족의 임박한 죽음에 관하여 괴로워하며, 지속적인 보살핌으로부터 오는 재정적 어려움과 압박감 그리고 죄의식을 느낄 것이다. 이러한 복잡한 감정은 임박한 상실을 직면하고 있는 가족이 겪는 과정이다(Walsh & McGoldrick, 2004).

(2) 임박한 죽음을 맞이하는 가족의 이해 및 임상적 접근

가족체계적 접근은 임박한 상실을 발달적 관점에서 바라보며 잠정적 상실이 어떠한 의미를 가지고 삶의 변화요구에 따라 진화할 것인지를 설명한다. 가족이 이러한 임박한 상실을 어떻게 반응하는가는 다세대를 거쳐 그 가족이 그 이전의 상실들에 어떻게 반응했는가를 보면 알 수 있다. 임박한 상실의 경험은 병의 종류에 따라, 그리고 사회적으로 얼마나 많은 것을 가족들이 해야만 했는가에 따라 나타나며, 병이 악화되는 과정이 얼마나 불확실했는가에 따라 다양하게 표면화된다. 명료한 가족체계는 가족이 어떻게 임박한 상실을 바라보고 반응할 것인지에 도움을 준다. 불치병으로 장애가 되는 것으로 인한 상실과 불치병으로 죽음에 이르게 되어 가족이 겪는 상실과는 커다란 차이가 있음을 가족에게 알릴 필요가 있다. 해결되지 않은 비난, 수치심 그리고 죄의식은 병의 원인을 바라보는 가족의 시각에 영향을 주게 되고, 위협적인 다가올 상실에 대해서도 영향을 끼친다(Walsh & McGoldrick, 2004).

갑작스러운 죽음과 시간이 오랜 후에 죽음을 맞이하는 경우가 있다. 이럴 때 유가족은 충격과 강렬한 감정뿐만 아니라 혼돈과 갈등 그리고 혼미함을 동반하는 즉각적 위기를 경험하며 느끼게 된다. 누군가 갑자기 죽음을 맞이하게 될 때 가족은 이를 위한 준비할 시간이 없게 되고, 해결되지 못한 문제들로 인해 어려움을 겪기도 하며, 심지어는 예상된 죽음조차도 가족에게는 여전히 풀리지 않은 문제들로 힘들어하게 된다. 상담사는 죽음 뒤에 찾아오는 고통스러운 후회와 죄의식과 관련된 가족의 심리적 어려움들을 살펴보고 도움을 주어야 한다. 큰 사고 뒤 식물인간이 된 가족의 문제들에 관해 상담사는 가족체계 안에서 이 문제를 어떻게 해결한 것인지 도움을 주고, 다양한 의견을 가진 가족원들이 다양한 문제해결 방식을 결론에 도달하기 전에 찾고 탐색할 수 있도록 하는 것이 중요하다. 이럴 경우, 가족원들은 극단적인 다른 의견들을 가질 수 있으며, 갈등으로 인한 혼재된 감정들을 가질 수 있다(Walsh & McGoldrick, 2004).

3) 모호한 상실

모호한 상실은 사랑하는 사람이 심리적 · 신체적으로 없어진 것을 의미하는 불분명한 상실인데, 결과적으로 알 수 없는 다양한 상황이 발생한다. 예를 들어, 그 사람이 살았는지 죽었는지 영원히 사라졌는지 아니면 돌아올 수 있는지를 알 수 없는 상황들이 나타나게 되고, 이는 종종 심각한 우울과 갈등을 야기한다. 잃어버린 자녀, 혹은 전쟁 중에 찾지 못한 사람들의 경우에는 그들이 육체적으로 존재하지는 않지만 심리적으로는 현존하는 경우이다.

(1) 모호한 상실과 유가족의 혼란

모호한 상실은 심각하게 어려움과 혼란을 야기하고 개인을 무기력하게 만들며 관계를 파괴한다. 가족은 절망적으로 잃어버린 가족원을 찾거나 정보를 구하기 위해서 노력하겠지만 그들은 곧 지쳐 버린다. 가족원 중의 누군가 이러한 과정을 포기하려 할 때 갈등이 발생할 수 있다. 가족에게 있어서 시신을 찾아서 장사를 지내는 과정이 중요하며, 이것이 힘들 경우 사라진 사람의 물품을 찾는 노력은 아주 중요하다. 가족원들에게 있어 점진적으로 상실을 다루고 죽었을 것으로 확정된 가족을 제외하는 일 없이 그들의 역할과 관계에서의 변화들을 받아들이는 과정이 중요하다(Walsh & McGoldrick, 2004).

(2) 모호한 상실의 치료적 목표

치료적 목표는 탄력성을 가지고 모호함과 함께 살아가는 것을 돕고 유가족이 그들 자신의 삶을 어느 영역에서는 통제할 수 있으며, 심지어 상실되었다는 사실을 거부하는 것조차도 그들이 선택할 수 있다는 것을 인지하도록 도움을 주는 것이다.

다양하고 모호한 상실의 상황에 다음과 같은 사실들을 상담사들이 이해하는 것이 필요하다. 첫째, 모호한 상실은 가족에게 주된 어려움이라는 것이다. 전문가가 이들을 도울 경우에 모호한 상실이라는 말을 분명하게 사용할 때 가족은 모호한 상황에서 더 잘 대처하게 된다는 사실이다. 둘째, 가족에게 구조화를 만들어 줌으로써 여러 세대의 가족들이 함께 서로의 생각을 나누고 그 상실이 의미하는지를 이야기할 수 있는 장을 만들어 줄 필요가 있다. 가족이 하나의 팀으로 문제를 해결하는 과정이 막히게 된다면 가족에게 서로 협조하고 효과적으로 지원하도록 돕는 것이 필요하다. 만약 상실에 대한 이해의 정도가 너무 큰 경우, 가족이 서로의 다름을 견디어 주게 도움을 주는 것이 필요하다. 셋째, 가능하면 기술적 · 심리학적 정보들을 그들이 처한 상황을 설명하기 위해 제공하는 것이 좋다. 어떤 경우는 충분한 정보가 주어진다면 가족은 스스로 상실의 어려움을 처리하는 경우들이 있다. 넷째, 가족에게 그들이 처한 상황에서 도움을 받을 수 있는 전문가 및 기관을 소개하는 것이 좋다. 사회적 접촉은 가족을 격리시키지 않고 변화를 자극하고 모호한 상실을 대처할 수 있는 방법을 제공할 수 있다(Walsh & McGoldrick, 2004).

4) 인정받지 못하거나 불명예스러운 상실

애도는 인정받지 못한 불명예스러운 상실일 경우에 더욱 복잡하다. 고인의 가족이나 공동체는 애도과정을 지지하지 않거나 실제로 방해할 수도 있는데, 이런 이유는 가족이 속한 문화적 가치는 애도 경험에 영향을 미친다. 이는 인정할 만한 생각, 행동, 느낌과 누구를 위하여 애도해야 하는지와 어떤 적절한 환경에서 애도해야 하는지에 대해 말하기 때문이다. 상실의 요소가 사회적으로 승인받는 범주에 들어가지 않을 경우 애도는 인정받지 못하게 되고, 커다란 아픔을 가지고 있는 개인이나 가족의 애도할 수 있는 권리 또한 부정되는 경우가 많다. 이러한 종류의 상실에는 임신 관련 상실, 가까운 친구, 학교 급우, 직장 동료, 이혼한 배우자, 애완동물 상실 등이 있다(Walsh & McGoldrick, 2004).

(1) 유산

유산의 결과로 경험하게 되는 상실은 종종 사회적으로 인정받지 못하는 상실에 속하지만, 부모는 격리되고 우울하고 죄의식과 화 그리고 다른 심리적 증상들을 동반하게 된다. 이럴 경우, 부부는 서로를 지원하고 격려하는 것이 아주 중요하다. 유전자 의학의 발달은 아기를 낳는 영역을 새롭게 바꾸었다. 만약 일상적 태아 검사를 했을 때 발생할 수 있는 문제가 나타나면 부모는 충격과 위기의 상태가 되고 그들은 정보를 이해하고 어떻게 임신을 결정해야 하는지에 대해 고민하게 된다. 유전적 장애가 진단되었을 때, 부모는 이상적 아기의 상실과 부모로서 그들의 정체성에 관해 애도하게 된다. 그들은 불안과 수치심 그리고 죄의식을 느끼기도 하며, 이 위기의 상황에서 그들은 태아를 지울 것인지를 고민하게 된다. 부모가 그 태아를 지운다고 결정했을 때, 그들은 심각한 심리적 스트레스를 경험하게 되고 애도과정에서 어려움을 경험하게 된다(Hanschmidt, Nagl, Klingner, Stepan, & Kersting, 2018). 부모는 그들 자신을 비난하거나 상대방을 비난하거나 피할 수 없는 유전된 상태로 이해하기도 한다. 사회적 지원이 이들에게 도움을 주기는 하지만, 어쩌다 의도치 않게 부정적인 반응을 하는 친구나 친척을 마주하게 되면 이들은 낙인 찍히는 느낌이나 그들의 잘못된 유전자를 비난하게 된다. 부모가 그럼에도 아기를 낳기로 결정했을 때 그들은 감정적 기복을 경험하게 된다. 상담사는 부모가 진단에 대한 긍정적 부분을 보게 하고 기대감을 바꾸고 유용한 정보를 수집하게 돕고 미래의 희망과 함께 아기의 탄생을 기다리도록 협조하는 것이 필요하다(Walsh & McGoldrick, 2004).

특히 젊은 부부들에게 있어 심각한 상실의 경험은 유산이나 낙태 등이다. 그럼에도 이러한 그들의 상실경험은 최소화되고 어려움이 없을 것이라 생각하는 경향이 있다. 여성의 경우 종종 더 태아에 대한 애착을 느끼고 더 깊은 상실을 경험하게 된다. 낙태에 대한 종교적·도덕적인 논쟁은 어떤 결정을 하는 데 복잡하게 만들고, 여성은 흔히 그 결과에 대해 자신을 비난하기 쉽다. 이러한 어려움은 아기를 원했던 젊은 부부가 영아의 죽음을 맞이하게 될 때 슬픈 상실로 경험하게 된다. 가능하다면 그 아기에게 이름을 지어 주고 의미 있는 장례의례를 거쳐서 무덤에 묻게 될 때 애도과정은 도움받을 수 있다. 이를 통해 삶을 재정리할 수 있는 시간을 가질 수 있으며, 같이 참여한 가족들로부터 애도과정을 지원받을 수 있다(Hendin, 1974). 아기가 죽음을 맞이하게 될 때 젊은 부부들이 이혼을 하게 되는 일이 발생할 수 있으므로 단기 부부상담이나 집단 부부상담을 통해 그들의 상실경험을 나누고, 그 상실로 인해 발생하는 두 사람 관계 안에서의 감정적 · 심리적 어려움들을 나누는 기회를 제공함으로써 서로를 위한 지지환경을 구축하는 것이 중요하다. 자녀를 잃은 부모는 다른 생존하는 자녀에게 관심을 두지 않고 철수할 수도 있으며, 이들은 다른 자녀마저 잃어버릴 것 같은 두려움에 고통받을 수 있다. 이런 경우에 부모는 과잉으로 자녀를 보호하려 하고 필요 이상으로 개입하려 할 수 있으며, 자녀들로부터 잠시라도 떨어져 있는 상태에서 불안해할 수 있다(Walsh & McGoldrick, 2004).

(2) 친구의 상실

청소년과 청년에게 있어 친구의 상실은 중요한 영향을 미치게 된다. 이들은 가족보다 친구를 중요시하는 경향이 있어 상실의 영향이 더욱 크다고 할 수 있으며, 이들이 경험하는 상실은 대부분 사고와 관련이 있어 그 충격은 심리적으로 더 심각할 수 있다(Herberman, Fullerton, & Ursano, 2013). 성인의 삶에 있어서도 친구의 역할을 중요하게 자리 잡으며, 이런 친구의 상실은 자신의 삶의 한계에 직면하는 순간이기도 하다. 상담사는 관계의 성격과 의미를 물어보며 애도과정을 돕는 것이 필요하다.

학교 급우나 직업적 관계에서의 상실은 종종 최소화되고 무시되는 상실이지만, 이 모든 관계에서의 상실은 개인과 공동체에게 중요한 영향을 미친다. 학교에서 학생 중의 한 명이 사망했을 경우, 교직원과 상담사는 집단으로 학생들에게 죽음에 관한 정보를 제공하고 어떻게 서로를 지원하고 위로할 것인지를 논의하고 준비하는 것이 필요하다. 만약 그들에게 애도상담이 필요하다면 상실로 인한 슬픈 감정을 갖는 것은 정상적인 과정이라는 것을 설명해 줄 필요가 있다. 이뿐만 아니라 성인에게 있어서 친밀했던 동료 직원의 죽음은 커다란 감정적 어려움을 가져오고 일상생활을 유지하기 힘들게 한다. 통상적으로 자신의 동료를 잃은 사람은 즉시 자신의 직장으로 복귀해야 하는데, 이로 인해 업무에 집중하기 힘든 상황에 처하게 되고, 동시에 상실로 인해 자신의 가족을 등한시하게 될 수 있다. 관리자 위치에 있는 직장인들은 이러한 어려움을 가지고 있는 사람들의 상실과 애도과정을 돕는 것이 필요하고, 그들이 자신들이 하는 일에 순조롭게 회복되어 돌아올 수 있도록 해 주는 것이 필요하다(Walsh & McGoldrick, 2004).

(3) 애완동물 상실

애완동물을 상실했을 때 사람들은 그것이 커다란 상실이라 생각하지 않지만, 애완동물을 가족 일원으로 생각하고 사랑하며 돌본 사람들은 심각한 심리적 충격을 경험하게 된다. 사회는 아직까지 동물에 대한 상실을 다루는 것에 관심이 없고, 연구된 자료도 많지 않다(Eckerd, Barnett, & Jett-Dias, 2016). 온라인에서 애완동물을 기리는 사이트들이 있거나 동물을 안치하는 곳이 있기는 하지만, 여전히 애완동물을 잃은 사람들은 홀로 상실과 애도의 과정을 거쳐야 하는 것이 현실이다. 이 애도과정은 보통의 애도과정과 비슷한 과정을 거치기는 하지만, 어떤 경우는 아주 심각한 애도과정을 거칠 수도 있다. 상담사가 애완동물 상실에 대한 지식이 없거나 경험이 없을 경우에는 내담자를 돕기 위한 이 영역에서의 지식과 경험이 필수적이다. 동물이 죽었을 경우, 상담사는 가족이 의미 있는 장례의식 절차를 어떻게 가질 것인가를 돕고 그들이 가진 상실과 애도과정을 지원하는 것이 좋다(Walsh & McGoldrick, 2004).

4. 사례연구: "애도되지 않은 상실"

필자가 2011년 시스키유 카운티(Siskiyou County)의 정신과 성인국(Adult System of Care)에 근무할 때 만난 샌디(가명)라는 50대 초반의 여성이 있었다. 그녀는 어머니가 돌아가신 후 몇 년이 지나고 우울증으로 인해 상담소를 찾아오게 되었다. 금발의 머리를 하고 잘 정돈된 옷을 입은 그녀는 보통 시립 정신과를 찾아오는 삶의 경계선에서 허덕이면서 살아가는 내담자들과는 다르게 대학을 졸업했고, 언어로 자신의 문제들을 잘 표현할 줄 알았다. 샌디는 3년 전에 돌아가신 어머니에 대한 알 수 없는 감정들로 인해 잠을 잘 수가 없는 문제로 찾아왔다. 처음에 그녀는 자신의 불안이 어머니의 죽음과 관련이 있다고 생각하지 않았고 다른 문제들로 인해 생긴 것으로 확신한 것 같다. 예를 들어, 남편과의 소통의 어려움과 장성한 자녀들과의 갈등으로 인한 문제들이 그녀 우울과 불안의 근본적인 문제인 것으로 확신했다. 그러나 회기가 진행되어 갈수록 자신의 현재 심리적 증상들이 어머니의 죽음과 관련 있으며, 더 나아가 아직 관계의 문제를 풀기 전에 돌아가신 어머니에 대한 애도되지 않은 상실의 아픔들이 있다는 것을 점진적으로 알아 가기 시작했다. 샌디는 어머니가 살아 계실 동안 개인주의 사회에서는 드물게 어머니가 필요로 하는 거의 모든 것을 자발적으로 채워 주었다. 예를 들어, 어머니가 건강의 문제로 시장에 가기 힘들 때 필요한 물품을 사다 주기도 했으며, 경제적으로 어려움이 있을 때 어머니에게 금전적 지원을 해 주었다. 샌디는 어머니가 살아 계실 때 이 모든 도움을 기쁨으로 수행했다고 한다. 그러던 중 그녀는 어머니 장례식에 자신이 울지 않았다는 사실에 대해 궁금해했다. 자신이 그렇게 헌신적으로 어머니를 섬기고 사랑했다고 생각했으나, 어머니가 돌아가신 날 울지 않은 것에 대해서 의아해했다. 나중에 그녀는 어머니에게 한 모든 것이 자발적인 것이 아니라, 아주 어릴 적부터 어머니를 무서워했던 두려움으로 인한 것이었음을 알게 되었다. 이때부터 그녀는 어머니에 대한 분노를 느끼기 시작했고, 이 불편한 감정은 전에는 그녀가 한 번도 말로 표현하지 않은 것들이었으며, 이제 그녀는 이 감정들에 관해 말하기 시작했다.

이러할 즈음에 샌디는 좋은 관계를 유지하던 형제들과 갈등과 불신을 점차 겪기 시작했다. 그녀가 어머니의 모습에 관해 비판하기 시작했을 때 그녀의 동생과 오빠들은 그녀를 심하게 나무랐는데, 그녀의 형제들에게 어머니는 모든 가족의 아픔을 지고 살아온 사랑스럽고 헌신적인 어머니로 기억되었기 때문이었다. 샌디는 어머니가 아주 어릴 적부터 자신을 유달리 싫어했다는 사실에 눈을 뜨게 되었다. 어머니는 샌디가 어릴 적에 자신의 남편으로부터 모든 사랑을 받은 것에 대해 아주 불편해했다고 말했으며, 그러한 불편함을 어머니는 심한 짜증과 관계에서의 차가움으로 표현했다고 한다. 샌디는 초등학교 시절 저녁, 잠들기 전에 이유 없이 울었던 기억들이 어머니와의 관계에서 경험했던 억울함과 분노의 표현이었다는 것을 인지했고, 그러한 어머니에 대한 표현하지 못했던 분노들을 나타내기 시작했다. 문제는 어머니가 이 땅에 계시지 않았고 그래서 이를 직접적으로 표현할 길이 없다는 것이었다.

이러한 상황에서 그녀의 남편은 복잡한 샌디의 심정을 이해하지 못하고 그녀의 오빠들과 동생 편을 들었다. 갑작스럽게 어머니에 대해서 불편한 감정을 표출하고 자신의 형제들에 대해서 분개하는 샌디를 남편은 이해하지 못하고 비난했으며, 그녀의 아들과 딸들도 이해하지 못했다. 그쯤 그녀의 남편이 상담에 초대되어 샌디와 함께했다. 이러한 갈등관계에서도 샌디를 사랑하는 남편은 전적인 자발적 참여는 아니었지만 그녀의 부탁에 상담에 참여했으며, 아직 어머니 상실의 아픔을 겪고 있고 해결되지 않은 관계의 문제를 가지고 있는 그녀의 상황에 대해 논의하는 시간을 기꺼이 가졌다. 남편은 처음에 어리둥절해했는데, 그 이유는 장모님이 살아 계실 때 샌디는 아주 친절하게 거의 모든 것을 장모님에게 해 주었기 때문이었다. 남편은 전적으로 샌디를 이해하는 데 많은 시간이 걸렸고, 아마 어떤 부분은 이해하지 못하는 부분도 많았던 것 같았다. 그럼에도 전반적으로 남편은 자신의 아내가 아직도 자신의 어머니 상실에 대한 아픔으로부터 자유롭지 않으며 해결되지 않은 문제들이 있다는 것을 이해하였고, 이로 인해 샌디가 어머니에 대한 감정을 표현하며 화를 낸다거나 슬퍼하며 눈물을 흘릴 때 그녀 편에서 위로할 수 있었다. 남편은 나중에는 샌디가 어머니의 묘지에 찾아가 마치 살아있는 어머니에게 이야기하듯이 살아생전에 표현하지 못했던 감정들을 표현할 때 그녀의 옆을 지켜 주었다. 그는 또한 가족 모임에서 그녀가 형제들과 어머니에 대해 갈등 관계에 있을 때 그녀가 느끼는 부분들에 대해 지지하고 지원할 수 있었다.

1년여의 시간이 흐른 후, 샌디는 서서히 어머니를 떠나보낼 수 있었으며 그녀의 우울과 불안은 점진적으로 옅어졌고, 밤에 편히 잘 수 있었다. 그녀의 형제들과의 관계는 여전히 불편한 부분이 있었지만, 그들은 샌디가 가지고 있는 자신들과 다른 어머니에 대한 경험과 그에 따른 감정의 표현들을 존중하게 되었고, 그녀 남편과의 관계는 예전처럼 회복되었으며 그녀가 즐겼던 일상의 생활로 서서히 복귀해 갔다.

가족은 다양한 시기에 상실과 애도를 경험한다. 이럴 때 건강한 가족원들에게 있어서 가장 중요한 것은 상실을 받아들이는 능력일 것이다. 상실을 받아들인다고 하는 것은 단지 해결을 의미하는 것이 아닌 전체적인 의미에서 상실을 다루며 자신의 삶의 자리로 돌아가는 것을 말한다. 이를 통해 유가족은 사랑했던 고인과의 관계를 정리하고 서서히 새로운 관계들을 형성해 간다(Hendin, 1974). 샌디는 자신의 어머니가 돌아가신 지 한참 후에 풀지 못했던 관계의 문제와 상실의 문제들을 해결하였고, 자신의 삶을 즐기고 더 나아가 또 다른 관계를 형성할 만큼 건강해졌다.

5. 상실과 애도를 다룰 때 상담사가 유의해야 할 점

상실에 대한 애도과정을 돕는 데 있어 남녀가 함께 겪게 되는 공통적인 부분이 있음에도 거기에는 차이가 있다. 이러한 차이의 이해는 상담사가 성별에 따라 유가족을 돕는 데 있어서 중요한 요소이다. 또한 아동 · 청소년이 상실을 경험하고 애도과정을 겪을 때 이들에 대한 깊이 있는 임상적 이해가 필요하다. 아동 · 청소년은 외관상 이러한 애도과정에 무관심해 보이나 그들 또한 신중한 임상적 관심과 치료가 필요하다.

1) 성별 차이와 애도

모든 문화는 남녀가 죽음을 대하는 모습에 아주 다른 기대감을 가지고 있고 애도과정의 모습도 다르다는 것을 알 수 있다. 예를 들어, 부모가 자녀를 잃었을 때 어머니들은 상실의 아픔을 나누는 가운데 편안함을 느끼는 반면, 아버지들은 구체적인 행동을 했을 때 편안함을 경험하는 것으로 나타났다(Boerner & Silverman, 2001).

(1) 상실과 애도의 과정에서 성별 역할의 차이

전형적으로 여자는 죽음과 관련된 사회적 · 감정적 일들을 담당하는 역할을 해 왔는데, 그들은 말기의 병을 가지고 있는 가족원들을 돌보거나 애도를 표현하거나 살아 있는 가족을 돌보는 일을 해 왔다. 반면, 남자는 장례식을 준비하거나 재정을 담당하는 등의 일을 하며, 감정적인 것을 표현하는 것을 자제한다. 상부한 여성은 상처한 남성에 비해 심각한 심리적 어려움과 재정적 어려움을 호소하는 반면에 상처한 남성은 더 빨리 죽는다는 보고가 있는데, 이는 남성이 감정을 표현하지 않음으로써 찾아오는 감춰진 감정 억압의 결과인지에 대해 생각해 보게 된다. 최근에 남성이 보살핌의 역할과 가족의 감정적 표현과정에 더 많이 참여하는 것은 사실이지만, 여전히 그들의 참여는 제한적이어서 주로 여성이 상실로 고통당하는 가족들을 보살피는 역할을 하는데, 이는 그들에게 많은 짐을 남기고 있는 것이 사실이다. 통상적으로 어머니들은 자녀가 죽었을 때에도 많은 비난과 죄의식을 갖게 되는데, 이는 사회적으로 어머니들이 자녀를 돌보는 역할을 주로 맡을 것을 기대하기 때문이다. 상실로 인해 많은 돌봄의 역할을 해야 하는 여성이 사회 진출로 인한 책임감도 함께 수행한다는 점에서 더 많은 어려움이 있는 것도 사실이다. 남편은 상실 관련 감정적 어려움을 주로 자신의 아내에게 호소하는데, 이는 아내에게 더 큰 짐으로 다가온다(Walsh & McGoldrick, 2004).

(2) 성별에 따른 상실과 애도 표현의 차이

여성은 대체로 공개적인 대화를 통해 자신의 감정을 표현하는 반면, 남성은 슬픔을 제한적으로 표현하고 자신의 감정을 홀로 처리하는 방식으로 애도과정을 거치는 것으로 보인다(Boerner & Silverman, 2001). 여성은 상실경험 후 사회적 지원과 전문가의 도움 그리고 친구들로부터의 위안을 찾고 활발하게 애도하고 슬픔과 아픔을 표현한다. 그들은 자신들의 느낌에 관하여 이야기하고 고인이 된 사람을 기억하며 안도감을 찾고 다른 이들을 안심시키며 애도과정을 거친다. 반면, 남성은 상실의 경험을 하며 무기력과 통제할 수 없는 감정에 대한 두려움이 있으며, 이러한 감정을 통제하기 위한 노력을 한다. 그들은 활동적인 것에 초점을 맞추고 바쁜 일상을 통해 위안을 얻고 일로 도피하는 경우가 많다. 주로 그들은 사회적 관계에서 철수하고 종종 화나는 감정을 표출하며 알코올과 같은 약물을 사용하면서 감정을 회피하기도 하고, 애도 관련 감정을 표현하는 것에 불편해한다(Walsh & McGoldrick, 2004).

이러한 성별의 차이들이 가져오는 심리적 어려움의 불균형을 바로잡을 수 있도록 도움주는 것이 애도과정을 건강하게 해 나가는 길이라 할 수 있다. 남성은 울 수 없다는 사회적 통념을 넘어서 남녀 모두 상실 후의 애도과정에 적극적으로 참여하며, 아픔을 넘어 자신들의 삶의 자리가 있는 연속성을 따라 살아가는 것을 가족상담사는 적극적으로 도움을 줄 필요가 있다.

2) 상실을 경험한 아동

아동은 다양한 경로를 통해 죽음과 상실의 경험을 하게 된다. 상실로 인해 아동은 다양한 정신적 · 육체적 어려움들을 겪게 되며 그들은 종종 불안과 산만한 행동들 그리고 이와 함께 우울을 경험하게 된다.

(1) 아동의 애도과정

아동의 애도과정은 성인의 애도과정과 다른데, 가장 커다란 차이는 아동은 상실과 관련된 자신의 감정을 지속적으로 표현하기보다는 짧고 간헐적으로 하는 데 있다. 이러한 아동의 애도과정을 성인은 종종 잘못 이해하며, 아동이 상실을 잘 이해하지 못하거나 상관이 없는 것으로 해석할 수 있다. 또한 아동은 자신의 감정을 자세히 표현하는 데 능숙하지 않기 때문에 행동화의 문제들로 나타날 수 있다. 이 문제들에는 품행, 신체화, 학교성적 저하 등의 문제들로 나타날 수 있다(Howarth, 2011). 아동은 누구나 정도의 차이는 있겠지만 친척, 가족, 친구 또는 기르던 애완동물의 죽음으로 인한 심각한 상실의 경험을 하게 되며, 그들의 나이와 인지발달 정도 그리고 그들이 상실을 경험한 환경과 그들을 돌보았던 성인이 어떻게 상실에 반응하는가에 따라 그들의 반응도 다양할 것이다(이규민, 2014). 많은 연구는 아동을 보살피는 사람의 상실에 대한 적응이 아동의 상실에 대한 적응에 지대한 영향을 미친다고 말한다. 아동을 보살피는 성인이 상실로 인해 고통스러운 시간을 지속적으로 보낼 때 아동 또한 상실로 인해 많은 어려움을 경험하게 된다. 아동을 보호하는 성인이 상실로 인해 심각한 우울과 불안을 지속적으로 경험할 경우, 그의 보호 아래 있는 아동도 또한 비슷한 부정적

심리증상을 나타낸다(Hope & Hodge, 2006).

(2) 아동의 애도과정 필수요소

상실의 경험을 가족과 함께 나누는 과정에서 아동기 자녀를 빼놓지 않고 참여시키는 것은 아주 중요하다. 상실로 인해 자녀를 보호할 수 있는 부모가 제 기능을 할 수 없을 때, 친척이나 다른 이들이 부모의 역할을 대행해 주는 것이 이들에게 중요한 일이다. 만약 상실로 인해 심각한 우울증으로 부모가 힘들어한다면 그들은 자신의 자녀를 돌보지 못하게 될 것이고, 그러한 결과는 나중에 자녀에게 심각한 심리적 문제로 나타날 수 있다. 부모가 이혼한 경우, 아동을 돌보던 부모의 죽음은 아동에게 심각한 어려움으로 다가오기 때문에 친척이나 다른 아동을 보호할 수 있는 자원을 찾아 그들에게 보살핌을 제공하는 것이 필수적이다. 반대로 이혼한 부부 중 아동을 돌보지 않았던 부모의 죽음은 복잡한 심리적 어려움들을 남긴다. 예를 들어, 살아 있는 부모가 가지고 있는 이혼에 대한 해결되지 않은 감정이 있을 수 있고, 아동은 죽은 부모와 친밀한 관계를 형성하지 못한 것에 대한 후회감, 그리고 죽은 부모 가족과 자신의 가족들 사이에서 발생하는 복잡한 감정들로 인해 문제들이 발생할 수 있다. 전체적으로 아동이 죽은 부모에 대한 상실을 건강하게 애도하는 과정은 살아 있는 부모의 감정적 상태, 부모 외에 아동을 돌볼 수 있는 사람이 있는지 여부, 그리고 죽음 뒤에 가족이 협조적으로 상실과 애도과정을 밟는가에 달려 있다. 대체로 할아버지와 할머니의 죽음을 경험하는 것이 아동에게는 첫 번째 상실의 경험일 것이다. 아동에게 가장 도움이 되는 것은 부모가 자신들의 애도과정에 자녀를 포함시키고 부모가 자신의 상실의 아픔을 잘 대처할 것이라는 것을 확인하는 것이다. 많은 저소득층 가족의 경우 할머니가 아동을 돌보게 되는데, 이런 상황에서 할머니의 상실은 아동에게 심각한 어려움일 수 있다. 이는 아동이 겪게 되는 감정적 상실에 더하여 그들을 돌보아 주었던 사람이 사라진 것이기 때문이다(Walsh & McGoldrick, 2004).

상실로 인한 부정적 감정의 경험들은 아동기뿐만 아니라 성인기에 이르기까지 장기적인 영향을 미칠 수 있다(손수민, 2016). 아동은 자신들의 슬픈 감정을 그림을 그리거나 놀이를 통해서 표현하며, 이러한 행동들을 통해서 상징적으로 죽은 대상과 지속적인 접촉을 시도한다. 이러한 시도는 아동의 애도과정을 돕는 데 효과적이다(Howarth, 2011). 아동의 보호자가 어떻게 아동과 경험하게 된 상실에 관해 대화하는가는 아동이 얼마나 잘 애도과정을 거치느냐와 밀접한 관련이 있다. 보호자와 공개적으로 자유롭게 상실과 슬픈 감정에 대해 이야기할 수 있는 시간과 공간을 경험한 아동은 빠르게 자신의 슬픈 감정들로부터 벗어날 수 있다(Hope & Hodge, 2006).

3) 청소년의 상실

청소년이 상실을 경험할 때 그들은 성인보다 더욱 민감하게 반응한다. 그렇기 때문에 상실로 인해 어려움을 심하게 겪는 청소년에게 임상적 도움을 주는 것이 매우 중요하다(Unterhitzenberger & Rosner, 2016). 심리적 어려움이 있는 청소년은 상대적으로 자신과 비슷한 어려움이 있는 친구들을 만나게 된다. 만약 그들의 친구들이 자살할 경우, 그들은 복잡하고 힘든 애도과정을 거치게 된다(Melhem et al., 2004).

청소년은 부모가 상실 관련 감정을 나누려 할 때 오히려 거절하려 할 수 있다. 이와 같은 반응은 다양하고 가족문화와 가족의 이전 죽음 관련 경험들과 관련이 있는데, 불행하게도 가족의 상실에 대한 반응이 다를 때 애도과정은 더욱더 복잡하고 힘들어지게 된다. 만약 청소년이 부모의 통제를 벗어나고자 원했을 때 부모가 죽음을 맞이하게 된다면 그들은 죄의식을 느끼게 된다. 이러한 청소년은 고통을 탈출하기 위해 행동화의 문제를 저지를 수 있다. 부모를 잃은 남자 청소년의 경우, 훔치거나 약물중독 또는 싸움 등의 문제를 일으키거나 사회로부터 철수할 수 있다. 이와는 달리 여자 청소년은 섭식장애가 나타나거나 그들의 상실을 채우고 안정을 얻기 위해 친근함을 찾는 시도로 성적으로 문란한 행동을 하거나 임신을 할 가능성이 있다. 비행의 문제를 일으키는 청소년을 볼 때 그들의 행동화의 문제만 보는 것은 근시안적인 치료적 접근일 수 있고, 좀 더 깊이 있는 통찰력을 가지고 비행의 문제를 일으키는 원인 가운데 이러한 상실의 경험에 대한 반응일 수 있다는 것을 인지하고 청소년 문제를 바라볼 필요가 있다. 청소년이 부모에게 자신의 상실을 표현하지 않을 것이기 때문에 부모가 그들의 걱정과 관심을 청소년에게 표현하는 것이 필요하다. 아동 및 청소년은 상실을 경험하게 될 때 살아 있는 부모가 죽을 것에 대한 염려를 하게 되고, 이것은 곧 자기 자신이 죽을지도 모른다는 불안을 야기할 수 있다(Walsh & McGoldrick, 2004).

6. 나가는 말

죽음을 이해하고 상실을 다룰 수 있고 애도과정을 지혜롭게 인도할 수 있는 누군가가 있다면, 그는 삶의 가장 커다란 미지의 영역을 통합한 사람일 것이다. 알 수 없기에 회피하고 싶은 이 죽음의 주제는 우리에게 많은 부담을 주는 것이 사실이지만, 이 죽음은 우리 삶의 일부분이며 고인이 된 사람의 관계는 사라지지 않고 우리 안에 내사된 모습으로 연속성을 가지고 살아남게 된다. 또한 현재를 살아가고 있는 우리의 모습도 동시에 누군가의 내적 세계 안에 한 부분이 되어 끝이 없는 연속성을 가진 인류의 긴 여정의 한 부분이 될 것이다. 죽음은 그만큼 우리에게 가르쳐 주는 것이 많이 있다. 죽음 앞에 설 때 사람은 가치 있고 의미 있는 것이 무엇인가 깊이 있게 고민하게 되고 자신의 삶의 방향을 바로 잡으려 한다. 그런 반면, 이 죽음이라는 거대한 산 앞에 유족은 슬퍼하며 고통받게 되고 가족체계는 흔들리게 된다. 이러한 순간 상담사는 그들에게 죽음은 삶의 끝이 아니라 인류의 긴 시간의 여정 가운데 한 부분이고, 상실의 아픔은 혼자 견디는 것이 아닌 소중한 가족이 함께 나누는 것이며, 그 가운데 우리가 누구인지 우리가 어디에서 왔는지 그리고 어디로 갈 것인지를 알게 되는 가치 있는 시간이라는 것을 알려 주어야 한다. 죽음이 엄습할 때 가족의 의미는 다시 한 번 빛을 발한다. 가족의 상황에 따라 이 죽음에 대한 반응도 다양하겠지만, 분명한 것은 이런 죽음이라는 알 수 없는 불안의 시기에 가족체계 안에 있는 자신의 모습을 깊이 있게 발견할 수 있는 귀한 시간이라는 것이다. 이 상실과 애도에 관한 이 글은 이 분야의 아주 작은 시작에 불과하다. 이 분야에 더욱더 깊은 연구와 임상적 지식들이 많아져 전문가의 손길을 기다리는 유가족을 돕는 일이 활발히 진행되기를 기대한다.

참고문헌

강명수(2015). 자살 유가족을 위한 가족상담과 치료적 개입. 연세상담코칭연구, 4, 9-31.

강현경, 김성숙(2013). 유아의 애도과정에 대한 문헌적 고찰. 미래유아교육학회지, 20(2), 325-345.

손수민(2016). 아버지 사별을 경험한 유아의 애도과정. 열린유아교육연구, 21(1), 135-162.

이규민(2014). 사별과 관련한 아동 이해 및 애도상담에 관한 연구. 한국기독교상담학회지, 25(3), 167-186.

이혜경(2016). 배우자 사별을 경험한 독거노인의 애도 수준과 자살 생각 간의 관계: 우울의 매개 효과를 중심으로. 정신보건과 사회사업, 44(1), 24-47.

장성금(2010). 가족사별의 상실감 극복을 위한 미술치료 사례연구에서 드러난 애도 단계. 한국기독교상담학회지, 20, 2278-264.

전미영(2000). 가족 사별 후의 슬픔 경험, 가족의 강인성 및 관리자원과의 관계. 한국간호과학회, 30(6), 1569-1579.

최지영(2013). 사별과 목회적 돌봄-관계적 체계모델. 한국기독교상담학회지, 24(3), 295-321.

Boerner, K., & Silverman, R. P. (2001). Gender specific coping patterns in widowed parents with dependent children. *Omega, 43*(3), 201-216.

Eckerd, M. L., Barnett, E. J., & Jett-Dias, L. (2016). Grief following pet and human loss: closeness is key. *Death Studies, 40*(5), 275-282.

Hanschmidt, F., Nagl, M., Klingner, J., Stepan, H., & Kersting A. (2018). Abortion after diagnosis of fetal anomlay: psychometric properties of a german version of the individual level abortion stigma scale. *PLoS ONE, 13*(6).

Hendin, D. (1974). *Death as a fact of life.* A Warner Communication Company.

Herberman, B. H., Fullerton, S. C., & Ursano, R. (2013). Complicating grief and bereavement in young adults following close friend and sibling loss. *Depression and Anxiety, 30*(12), 1202-1210.

Hope, M. R., & Hodge, M. D. (2006). Factors affecting children's adjustment to the death of a parent: The social work professional's viewpoint. *Child and Adolescent Social Work Journal, 23*(1), 107-126.

Howarth, A. R. (2011). Promoting the adjustment of parentally bereaved children. *Journal of Mental Health Counseling, 33*(1), 21-32.

Melhem, M. N., Day, N., Shear, M. K., Day, R., Reynolds, III F. C., & Brent D. (2004). Predictors of complicated grief among adolescents exposed to a peers's suicide. *Journal of Loss and Trauma, 9*(1), 21-34.

Unterhitzenberger, J., & Rosner, R. (2016). Preliminary evaluation of a prolonged grief questionnaire for adolescents. *Journal of Death and Dying, 74*(1), 80-95.

Walsh, F., & McGoldrick, M. (2004). *Living beyond loss: Death in the family.* Norton & Company.

제10장

집단따돌림

1. 집단따돌림에 대한 이해

집단따돌림 피해는 학교 내에서 매우 중대한 문제이며, 최근 학교 내 집단따돌림으로 인하여 많은 학생이 피해를 보고 있다. 심지어 집단따돌림으로 인해 자살하는 청소년이 증가하고 있는 추세이다. 집단따돌림은 청소년 사이에서 공통적인 폭력의 한 형태이다(Due et al., 2008; Olweus, 1993). 엘가 등(Elgar et al., 2015)은 79개 국가에서 거의 30%의 청소년들이 집단따돌림 피해를 받고 있다고 하였다. 집단따돌림은 타인을 해치려는 의도를 가진 공격적인 행동이 포함되며, 단일성이 아니라 지속적으로 이루어지고, 대등한 관계가 아닌 힘의 불균형한 관계에서 발생한다(Olweus, 1994). 한 학생이 지속적으로 반복해서 한 명 또는 더 많은 학생들의 부정적인 행동에 노출되었을 때, 그 학생은 집단따돌림을 당하거나 희생될 수 있다(Olweus, 2013). 초등학생부터 대학생 때까지 집단따돌림으로부터 안전한 시기가 없고(Adams & Lawrence, 2011), 집단따돌림은 학교뿐만 아니라 직장에서까지도 확산되고 있는 실정이다. 실제로 학교에서의 집단따돌림 피해 경험이 직장따돌림 경험에 영향을 미치는 것으로 나타났다(Smith et al., 2003). 집단따돌림은 피해자에 대한 해롭고 지속적인 결과와 관련된 공적인 건강문제이자 사회적 문제이다(Calvete et al., 2018; Lereya et al., 2015).

일반적으로 집단따돌림은 나이에 상관없이 발생하는 사회적인 현상(Tenenbaum et al., 2011)이지만, 인간발달 주기상 특히 초등학교부터 중 · 고등학교 때 가장 많이 나타난다(김혜원, 2011; 남상인, 권남희, 2013). 집단따돌림은 중학교 때 가장 많이 증가하였다가 고등학교 끝날 쯤에 다소 감소한다(Hymel & Swearer, 2015; KIjakovic & Hunt, 2016; Kretschmer et al., 2018). 중학교 시기의 집단따돌림 가해 학생 중 60%는 24세까지 성장하는 기간에 최소 한 가지 이상의 범죄를 저지르는 것으로 나타나 집단따돌림 가해자의 행동이 사회문제가 되고 있다(김보은, 최수미, 2016).

집단따돌림 피해자는 동료뿐만 아니라 교사로부터도 따돌림을 당한다. 올베우스(Olweus, 1996)는 처음으로 교사따돌림을 학생에 대한 반복적이고 냉소적이거나 거만한 행동 그리고/혹은 상처를 입히는 행태라고 정의하였다. 심지어 또래 집단으로부터의 집단따돌림 이외에 청소년기에 교사로부터의 따돌림을 당한 경험이 있는 학생은 대학에서도 교수로부터 따돌림을 당할 가능성이 높은 것으로 나타났다(Marraccini, Weyandt, & Rossi, 2015). 런드와 로스(Lund & Ross, 2017)는 대학생의 20~25%가 집단따돌림을 경험하였다고 하였다. 대학생들에 대한 교사(교수/강사)따돌림에 대한 조사에서 1,025명의 대학생들 중 약 15%가 한 번 또는 두 번 따돌림을 당하였고, 4%가 때때로 따돌림을 당하였다고 보고하였다(Chapell et al., 2004).

한편, 중학생들의 교사따돌림 추정치는 1.67%에서 30%에 이른다(James et al., 2008; Olweus, 1996). 게다가 젊은 성인들의 64%가 평생 동안 최소한 한 번은 교사로부터 따돌림을 당하였고(Davies, 2012), 고등학생과 대학생들의 93%는 교사를 학교에서 괴롭히는 자로 인정하였다(McEvoy, 2005). 대학에서 교수에 의해 따돌림을 당했을 뿐만 아니라 대학 입학 이전에도 교사로부터 따돌림당했다고 보고한 학생들이 놀라울 정도로 많았다(Marraccini, Weyandt, & Rossi, 2015). 따라서 집단따돌림으로 인한 피해는 개인의 발달과정에서 성인기까지 장기적으로 영향을 미치고(Wolke, 2002), 어떤 청소년에게는 시간이 지남에 따라 지속될 수도 있으며(Calvete et al., 2018), 피해의 영속성은 소년과 소녀 모두에게 유사한 것으로 나타났다(Benedini et al., 2016).

최근의 메타분석연구(Pouwels et al., 2016)는 연구특성에 따라 집단따돌림에 대한 만성적 피해가 8%에서 43%에 이르고 있고, 그 피해가 나이와 함께 증가하고 있다는 것을 보여 주었다. 교사로부터 따돌림을 당하였던 학생들이 반항적인 행동, 증가된 싸움, 신뢰감 상실, 절망감, 자살 경향성, 외상후 스트레스 증후군과 우울증에 대한 더 높은 위험을 보여 주었다(Pottinger & Stair, 2009). 교사따돌림에 대한 경험으로 인한 고위험 행동(예: 음주)은 낮은 학업성취(예: 학교를 졸업하기 위한 전념)와 관련될 수 있다(Delfabbro et al., 2010).

심지어 크레치머 등(Kretschmer et al., 2018)은 집단따돌림의 가해자뿐만 아니라 특히 피해자로 연루된 사람들이 심리적인 부적응에 더 많이 노출되어 있다고 하였다. 집단따돌림에 관련되지 않은 사람들과 비교했을 때, 집단따돌림 피해자와 가해자 모두 우울증과 사회불안

(Calvete et al., 2015; Sigurdson et al., 2015; Turner et al., 2013; Yen et al., 2014), 낮은 자아존중감, 소외감, 자살 생각과 시도(김재엽, 이근영, 2010; 오문섭, 2010; Beale & Hole, 2010; Kim & Leventhal, 2008; Klomek et al., 2008; Yen et al., 2014) 그리고 알코올 남용장애(Yen et al., 2014)에 대한 심각한 위험을 가지고 있다. 집단따돌림 피해자는 수면문제, 야뇨증, 슬픈 감정, 두통과 위통의 경험이 있고(Monks et al., 2009), 사회적 위축, 내면화 장애, 이성 관계를 포함한 친밀관계 형성 및 유지의 어려움(서영석, 안하얀, 이채리, 최정윤, 2015)뿐만 아니라 광장공포증, 불안장애, 공황장애와 같은 다양한 정신장애가 발병할 수 있는 위험성이 증가된다(Copeland et al., 2013; Takizawa, Maughan, & Arseneault, 2014). 또한 청소년기에 집단따돌림 경험을 가진 대학생은 강박증, 우울증, 신체염려 등의 심리증상을 경험하였고(이완정, 정혜진, 2010), 성인이 되어서 거짓말과 자기과시 그리고 사소한 일에도 폭력성을 나타내었다(정종진, 2012). 한편, 집단따돌림을 당하는 것이 재정적인 지위(Wolke et al., 2013)와 취업과 교육(Takizawa et al., 2014)과 같은 삶의 다른 영역을 방해한다.

일반적으로 학교에 의하여 권유되는 공통적인 집단따돌림 예방 전략은 학생들에게 피해에 대하여 성인에게 말하라고 충고하는 것이다(Bjereld, 2018). 이 방법이 종종 집단따돌림을 멈추기 위한 가장 효율적인 방법들 중의 하나라고 보인다(Black et al., 2010). 그러한 권유에도 불구하고, 집단따돌림당한 학생들 중 23%와 50%의 사이의 학생들이 성인에게 말하지 않은 것으로 나타났다(Black et al., 2010; Skrzypiec et al., 2011). 집단따돌림이 발생되었을 때, 학생들이 취하는 가장 공통적인 전략은 '아무것도 하지 않는 것'으로 나타났다(DeLara, 2008). 학생들이 집단따돌림에 대하여 성인에게 털어놓지 못하는 이유에는 아주 흔한 집단따돌림의 특성, 성인 반응에 대한 걱정, 자주성과 자립심, 그리고 수치심이 포함되었다(DeLara, 2012). 집단따돌림 당하는 것을 성인에게 털어놓는 것은 가장 마지막으로 의지할 수 있는 방법이라고 보인다. 왜냐하면 성인들이 학생들 스스로 집단따돌림당하는 것을 정리하기를 기대하기 때문이다(DeLara, 2008).

지금까지 집단따돌림에 관한 연구는 주로 유병률, 정신건강에 대한 충격, 보호요인들을 측정하는 질문지를 통하여 연구되어 왔다(Bjereld et al., 2015; Rosenthal et al., 2015). 일반적으로 집단따돌림에 관한 연구는 주로 양적 연구방법을 사용한 연구들이 주였고, 집단따돌림에 관한 질적 연구는 상대적으로 매우 적은 편이다. 따라서 이 장에서는 집단따돌림에 관한 개념과 정의, 원인, 개입방법, 그리고 집단따돌림에 대한 가족치료 사례를 통하여 실제로 집단따돌림을 당하는 내담자에 개입하는 구체적인 가족치료적인 접근들을 제안하고자 한다.

2. 개입방법에 대한 이론적 근거

1) 집단따돌림의 개념과 정의

따돌림을 나타내는 영어 용어로는 'bullying' 'harrassment' 'peer abuse' 'mobbing' 등이 있으며, 우리나라 용어로는 '왕따' '따돌림' '집단따돌림' '집단괴롭힘' '또래폭력' '또래따돌림' 등의 용어와 혼용되어 사용되어 왔고, 은어로는 '전따' '은따'가 있다(강영신, 박주영, 2018). 국내의 경우에는 1999년에 교육부가 '왕따'라는 용어 대신에 '집단따돌림'이라는 용어를 사용하면서 주로 이 용어를 사용하고 있다(강영신, 박주영, 2018). 올베우스(2013)는 집단따돌림을 "집단 내에서 한 학생이 반복적이고 지속적으로 한 명 혹은 그 이상의 학생들로부터 괴롭힘을 당하는 것이다."라고 정의하였다. 최근에는 온라인상에서의 집단가해 형태인 사이버 집단따돌림이 나타났다. 힌두자와 팻친(Hinduja & Patchin, 2009)에 따르면, 사이버 집단따돌림은 정보와 의사소통 기술의 사용을 통하여 의도적이고 반복적인 해로운 행동으로 정의된다.

2) 집단따돌림 원인

집단따돌림을 당하는 것에 대하여 많은 원인이 있을 수 있다. 홍과 에스펠라지(Hong & Espelage, 2012)는 집단따돌림의 위험요인들에 대한 경험적 결과는 미시체계(부모-청소년 관계, 부모간 폭력, 동료와의 관계, 학교와의 연결성, 학교환경), 중시체계(교사 관련), 외부체계(미디어폭력에 대한 노출, 이웃 환경), 거시체계(문화 규범과 신념, 종교 가입), 시간체계(가족구조의 변화) 수준과 관련이 있다고 하였다. 집단따돌림의 가해 · 피해의 출현과 지속은 공격성과 같은 개인적인 특성들이 아동 · 청소년이 노출되는 사회맥락적 환경에 의하여 주로 영향을 받는다는 사회생태학적 모델을 통하여 가장 잘 설명된다(Hong & Espelage, 2012). 쿡 등(Cook, Williams, & Guerra, 2010)은 집단따돌림 피해자 혹은 가해자들을 부분적으로는 주위환경(예: 학교, 동료 등)과 효과적으로 의사소통할 수 있는 능력 부족으로 인하여, 그리고 부분적으로는 자신들의 부정적인 자아와 관련된 인식(예: 낮은 자존감)으로 인하여 내면화와 외재화 문제에 직면하고 있는 사람들로서 묘사한다. 특히 낮은 자존감을 가지고 있는 사람은 높은 자존감을 가진 사람보다 더 빈번히 집단따돌림 피해를 보는 것으로 나타났다(Egan & Perry, 1998).

낮은 자존감을 가지고 있는 사람은 자신을 효과적으로 방어할 수 있는 능력이 약하며, 따라서 가해자로 하여금 공격하도록 부추기는 결과가 일어난다(Hodges & Perry, 1999). 이러한 관점에서, 피해자의 낮은 자존감이 한편에서는 가해 행동을 촉발하고, 다른 한편으로는 피해자의 자존감을 더욱 낮추는 인과관계론적인 주기를 발전시키는 것으로 보인다(Fredstrom, Adams, & Gilman, 2011).

한편, 집단따돌림 피해자들은 다른 사람들에 대한 부정적인 태도와 신념을 발달시키게 만드는 엄격한 부모 모니터링과 함께 적대적이고 거부된 가족 환경을 가지고 있다(Tsaousis, 2016). 집단따돌림은 원인적으로 혹은 결과론적으로 정신질환 장애들과 관련이 있을 수 있다(Hesapcioglu, Meraler, & Ercan, 2018). 학교에서 친구들에 대한 집단따돌림 관련 연구들은 우울증, 불안, 심리신체적 불평거리, 야뇨증(Fekkes, 2006), 말더듬(Blood et al., 2011), 대변실금(Joinson et al., 2006), 자살생각(Barzilay et al., 2017), 행동 장애, 조울증, 알코올과 물질남용 장애(Vaughn et al., 2010), 주의력결핍 과잉행동 장애(Chou et al., 2018; Peasgood et al., 2016) 그리고 틱장애(Lin, Lai, & Gau, 2012)와 같은 많은 정신질환과 관련되는 것으로 나타났다.

한편, 집단따돌림에 영향을 미치는 요인을 개인적 특성, 가족환경 요인, 학교환경 요인 등으로 분류하고 있으며(박은영, 2014; 박종효, 최지영, 2014), 가족환경 요인이 집단따돌림에 미치는 영향이 가장 큰 것으로 나타나고 있다. 집단따돌림 촉발요인 중 개인적 요인으로는 소심한 성격, 외모에 대한 자신감 결여, 낮은 자존감 등이 나타났다(박종효, 최지영, 2014; 최지영, 박지현, 남순애, 2017). 집단따돌림에 영향을 미치는 가족 요인으로는 부적절한 양육방식, 가족 간의 친밀감 결여, 불안정한 애착(김선애, 2007), 그리고 가정환경의 변화(최지영 외, 2017)가 나타났다. 특히 불만족스러운 가족관계와 한부모 가족구조가 집단따돌림과 관련된 것으로 나타났다(Spriggs et al., 2007). 집단따돌림에 영향을 미치는 학교환경 요인으로는 학교 분위기, 교사에 대한 학생의 태도, 교사의 체벌 등이 나타났다(최지영 외, 2017). 학급 분위기가 지지적이면 학생들의 언어적 공격성이 감소하였고(Bergmann et al., 2013), 학급 분위기가 지나치게 경쟁적이면 또래 관계에서 괴롭힘 행동이 증가하였다(이명신, 2003). 또한 교사의 폭력적인 체벌이 학생들의 학교폭력 피해 경험에 영향을 미치는 것으로 나타났다(김미영, 2007).

그 외에 또 다른 연구에 따르면, 어린 시절에 놀림당한 것, 비난, 따돌림, 거부, 모욕과 소외와 같은 부정적인 사회적 사건이 사회적 불안과 연관된다(Hackmann, Clark, & McManus, 2000). 또한 사회적 불안의 증상들이 학교에서의 학대의 경험(Calvete, 2014; Turner et al.,

2013; Wichstrøm et al., 2013)과 가정에서의 학대의 경험(Bruce et al., 2012; Simon et al., 2009)과 관련될 수 있다. 가젤과 래드(Gazelle & Ladd, 2003)는 아동이 수줍어하거나 말수가 적거나 혼자 노는 행동으로 인하여 또래로부터 거부당하며, 이러한 거부경험으로 인하여 아동은 또래와의 사회적 상호작용을 두려워하게 되고 회피적인 행동을 하게 된다고 하였다. 따라서 사회적 불안이 집단따돌림으로 인한 결과도 되겠지만, 한편으로는 차후에 집단따돌림 피해의 위험을 증가시키는 요인으로서도 작용할 수 있다(Calvete et al., 2018).

3. 단계적 개입전략

집단따돌림에 관한 개입방법으로서 개인 및 가족 치료, 그리고 집단 프로그램을 살펴보면 다음과 같다.

도식치료(schema therapy)는 왜 집단따돌림 피해가 어떤 피해자들에게 지속될 수도 있는가를 이해하는 데 도움이 될 수 있는 모델이다(Calvete et al., 2018). 정신병리의 발달모델들은 어린 시절에 있어서 피해경험이 애착관계의 안정성을 위협하고, 피해자가 자신에 대하여 어떻게 느끼고 그들이 다른 사람들과의 관계를 어떻게 인식하는가를 연결하는 부적응적인 도식을 낳을 수 있다는 것을 제시한다(Hankin et al., 2013). 도식치료 모델은 자녀의 충족되지 못한 욕구에 따라 다섯 가지의 부적응적인 도식 범주(예: 거절, 손상된 자율성, 자주성 결여, 손상된 한계, 끊임없는 기준)의 존재를 제안하였다. 이 부적응적인 도식 범주들 중에서도 거절의 부적응적인 도식이 특히 피해의 맥락과 관련되며, 선행연구들은 이러한 도식들이 가족과 학교(Calvete, 2014; Calvete et al., 2015) 양쪽에서의 피해의 결과일 수 있다는 것을 보여주었다.

도식치료는 도식을 조정하기 위한 세 가지의 부적응적인 대처방식을 제시한다. 첫 번째 부정적인 대처방식은 도식 포기이다. 개인이 도식을 포기하게 되면 그들은 도식의 내용이 사실이라는 것과 도식을 확인하는 방식 안에서 행동한다는 것을 받아들인다(Young et al., 2003). 두 번째 부적응적인 대처방식은 도식의 활동을 피하기 위한 인지적 · 행동적 · 정서적인 전략을 포함하는 도식 회피이다(Calvete et al., 2018). 세 번째 대처방식은 도식 안에 내재된 제한 또는 취약성에 대하여 보상할 수 있는 행동과 사고들로 구성된 도식 과잉보상이다(Calvete et al., 2018).

주의력결핍 과잉행동 장애(ADHD)로 진단을 받은 청소년들의 집단따돌림 피해와 가해 관련 연구(Chou, 2018)에서, 집단따돌림에 대한 효과적인 개입은 ADHD를 가진 개인뿐만 아니라 또래 집단, 교사 그리고 부모를 포함한 자연적인 환경을 포함시켜야 한다고 하였다. 초우 등(Chou et al., 2018)은 집단따돌림 예방과 개입 프로그램은 ADHD 증상에 초점을 맞출 것이 아니라 ADHD를 가진 청소년의 기질적인 행동 특성을 일상적으로 평가해야만 한다고 하였다. 그러나 초우 등(2018)은 ADHD를 가진 청소년에게 있어서 집단따돌림에 대한 약물과 행동치료의 실제적인 영향에 관한 연구가 더욱 필요하다고 하였다.

집단따돌림과 게임중독 문제를 가진 성인 아들에 대한 가족치료 사례연구에서, 유와 박(Yu & Park, 2016)은 부모의 갈등으로 인하여 내담자는 대인관계 문제가 파생하였고, 집단따돌림을 당하였다고 보았다. 이 사례연구에서 치료사는 내담자 부모의 원가족과 내담자 핵가족 내의 특성과 원가족에서 내려오는 역기능적인 표현방식이 내담자의 집단따돌림과 게임중독에 영향을 미쳤다고 진단하였다. 박태영과 조지용(2012)의 집단따돌림을 당하는 초등학교 6학년의 딸의 사례연구에서 내담자의 문제행동이 발생하게 된 배경을 보면, 부모가 상호 간 일방적인 의사표현 방식, 아버지의 폭력, 어머니의 단절하는 표현방식, 어머니의 성관계 거부로 인하여 부부싸움이 발생하였고, 이러한 배경에는 부모의 각자 원가족으로부터 습득된 일방적인 대화방식과 아버지의 원가족과의 밀착된 관계가 부부간의 갈등요인으로 나타났다. 치료사는 부모의 갈등으로 인하여 내담자의 욕구와 감정을 수용하지 못하는 부모의 중립적인 대응방식이 내담자의 문제행동을 유발하게 된 원인으로 보았다. 치료사는 자녀의 문제행동(집단따돌림, 도벽, 거짓말)을 역기능적인 가족체계와 가족관계에서 오는 것으로 보고, 부부 및 부모-자녀 간의 의사소통 방식, 부의 원가족으로부터의 분화, 부모 양육방식의 변화를 시도하여 내담자의 가정 및 학교생활에서의 부적응 행동에 변화를 유발하였다(박태영, 조지용, 2012).

집단따돌림을 당하는 고등학생에 대한 가족치료 사례연구(박태영, 2001)에서, 한 내담자는 어려서부터 지적인 면이 강한 반면에 신체적으로 허약하여 체육 시간에 친구들과 어울리지 못하였다. 내담자는 2남 1녀 중 장남으로 모와는 밀착 관계를 유지하였고, 부와는 대화가 안 되었다. 특히 아버지는 내담자에게 자신의 기준을 강요하였고, 내담자는 그런 부를 이해할 수가 없었다. 부모는 내담자에게 매일 새벽기도와 가정예배를 강요하였고, 이러한 부모의 강요된 믿음으로 인해 내담자는 부모와 충돌하였다. 결국 이러한 가정에서 자란 내담자는 친구들과 어울리지 못하였고 가정 내에서도 동생들과 충돌하였다. 치료사는 MRI의 상호작용적 가족치료 이론과 구조적 가족치료 이론을 활용하여 아버지의 일방적인 강요하는 방식에 대한 인식과 표현의 변화를 시도하였고, 내담자와 아버지의 소원한 관계에 대한 회복, 어머니와 내담자의 명확한 경계선, 그리고 내담자와 동생들과의 형제 하위체계의 강화를 시도하였다(박태영, 2001).

그 외에 홍과 에스펠라지(2012)는 집단따돌림을 예방하기 위한 프로그램에서 생태학적 구성요소들(① 부모교육/모임, ② 향상된 놀이터 감독, ③ 수업관리, ④ 교육훈련, ⑤ 교실규칙, ⑥ 전체 학교 집단따돌림 정책, 그리고 ⑦ 협력적인 집단 작업)을 포함하게 될 때 효과적인 결과가 나타날 것이라고 하였다. 한편, 집단따돌림은 사회적이고 실제로 존재하는 강화자들에 의하여 유지되기 때문에, 집단따돌림에 대한 효과적인 예방책은 세력 역동성과 대비책에 대한 가치를 변화시키는 동료와 학교 수준의 개입방법에 근거를 두어야만 한다(Whitted & Drupper, 2005). 집단따돌림에 대한 사회생태적 접근방법은 교실 및 학교 분위기와 가족, 지역사회, 그리고 사회뿐만 아니라 학교의 관련되지 않은 방관자들에 대한 관심과 함께, 집단따돌림 가해자에 대한 대응책으로서 전통적인 처벌적인 접근에 덜 의존하고 가해자와 피해자 모두의 행동패턴에 더 많은 목표를 둘 필요가 있다고 주장한다(Furlong et al., 2003; Orpinas, Horne, & Staniszewski, 2003). 따라서 생태학적 모델에 입각한 집단따돌림 예방 프로그램은 개인적인 특성보다는 개인과 다양한 체계 수준 사이의 복잡한 상호작용에 초점을 두고 있다(Hong & Espelage, 2012).

4. 사례연구: "아버지의 영혼까지 불태우고 싶다!"

이 절에서는 필자가 집단따돌림을 당하는 남자 중학생(내담자)에 대한 가족치료 사례를 소개한다.

이 상담에 참여한 가족원들은 아버지(45), 어머니(43), 내담자(15, 중 2), 여동생(9, 초 2)로 구성되었고, 2012년 9월부터 12월까지 총 13회기가 진행되었다(1~2회기: 어머니, 3~4회기: 내담자, 5회기: 여동생, 6회기: 어머니와 내담자, 7~8회기: 아버지, 9회기: 부모, 10~11회기: 아버지와 내담자, 12회기: 남매, 13회기: 전 가족).

내담자는 초등 1학년 때 학교 화단에 똥을 싼 사건으로 인해 담임교사가 아이들 앞에서 자신의 옷을 벗긴 사건으로 엄청난 충격을 받았다. 내담자는 초등 3학년, 6학년 때 같은 반 아이들로부터 집단따돌림을 당하여 자살 생각을 하게 되었다. 내담자는 소아정신과에서 ADHD로 진단을 받았고, 2년간 통원치료를 하였다. 내담자는 매우 내성적이었고 착한 성격의 소유자였으며, 키는 170cm, 몸무게 100kg이었다.

초등 1학년 때 담임교사가 내담자를 따돌림했고, 내담자 어머니에게 내담자에 대한 부정적인 이야기를 하면 어머니는 담임교사 말만 믿고 내담자를 구타하였다. 내담자는 담임교사와 친구들의 따돌림, 심지어 어머니가 자신을 구타하였을 때 그 스트레스를 여동생을 괴롭히거나 게임으로 풀었다. 내담자는 초등 1학년 때 폭식장애를 겪었고, 지금은 과체중이다. 이와 같은 내담자에 대한 어머니의 구타는 초등 1학년 때부터 5학년 때까지 이어졌다. 내담자는 모든 일에 대하여 자기 탓을 하였다. 내담자의 아버지 또한 어머니를 닮은 내담자를 불신하였고 구타를 하였다. 특히 내담자의 아버지는 어머니와 내담자를 종종 폭행하여 내담자가 경찰을 부르기도 하였다. 내담자의 어머니는 신혼 초까지는 남편과 성관계가 괜찮았으나, 그 이후부터 시댁과 시어머니로부터 분리되지 못한 남편으로 인하여 성관계를 거부하였고, 그로 인해 남편은 성적 불만이 많았다. 내담자의 아버지는 어머니와 어머니를 닮은 내담자를 매우 싫어했다. 또한 아버지는 어머니 또는 내담자와 충돌하는 경우, 자신의 어머니에게 전화를 걸어 고자질하여 시어머니가 며느리 또는 내담자를 야단치곤 하였다.

내담자의 어머니는 신혼 초 대학병원에서 루프스 진단을 받았고, 현재는 괜찮은 것으로 나타났다. 아버지는 내담자가 초등학교 입학 때부터 컴퓨터 중독이었고, 돈 때문에 많은 스트레스를 받았다. 아버지는 2년마다 3번씩 발작증상이 나타났으며, 신경외과에서 광과민성 질환 진단을 받았다. 아버지는 내담자를 늘 '멍청한 놈, ○○새끼, ○○놈'이라고 불렀고, 어머니가 내담자 편을 들면 아버지는 어머니를 야단쳐서 늘 부부싸움으로 확대되었다. 내담자와 6세 차이가 나는 여동생과의 관계는 여동생이 6세 때부터 악화되기 시작했다.

내담자가 초등 1년 때 아버지가 잘 나가던 회사에서 실직을 하기 전까지 내담자는 아버지에 대한 기억이 좋았으나 실직 후 아버지가 내담자에게 스트레스를 풀게 됨으로써 내담자는 아버지에 대하여 부정적이었다. 아버지는 내담자에게 "야, ○○새끼야! 저 새끼 지능은 왜 저럴까?"라는 말까지 서슴없이 하였고, 어머니에게 "네가 아들을 잘못 키웠어!"라고 하였다. 심지어 아버지는 딸에게 '이년, 저년, ○○년' 하며 때리기도 하였다. 여동생 또한 아버지에게 많은 스트레스를 받고 있었다. 아버지는 자녀에 대한 모든 것을 어머니 탓으로 하였다. 부모는 일주일에 3~5번의 부부싸움을 하였는데, 심한 경우는 부모가 서로 욕설을 하고 아버지는 어머니의 뺨을 때리고 어머니는 소리를 질렀다. 아버지는 어머니에게 "소리 지르지 마, ○년아!" 하며 더 심하게 때렸다. 내담자와 여동생은 늘 불안하였다. 아버지가 내담자 초등 6학년 때 어머니를 구타하였고, 내담자 머리끄덩이를 두 손으로 잡아서 내담자가 경찰을 불렀다. 내담자는 아버지를 "영혼까지 불태우고 싶다."라고 하였다. 내담자는 초등 6학년 때 같은 반 6명의 일진으로부터 집단괴롭힘을 당하였는데, 아버지를 일진 6명과 함께 '인간쓰

레기'라고 칭하였다.

내담자의 어머니는 3세 때 친모가 여동생을 출산하다가 사망하였다. 내담자의 어머니는 초등 1학년 때 아버지가 재혼하여서 계모에게 양육되었다. 계모는 내담자의 어머니를 학대하였고, 그녀는 계모의 눈치를 보고 살았다. 내담자의 어머니는 세 살 터울의 여동생이 있었으나 계모가 여동생과 자신을 차별하였고, 여동생이 여우 같아서 내담자 어머니는 여동생과 사이가 나빴다. 내담자의 어머니의 친부는 내담자 어머니에게 관심이 없었고, 계모와 여동생이 한편이 되었으며, 현재 내담자의 어머니는 여동생과 단절 관계이다. 이와 같은 내담자 어머니의 친정에서의 경험은 결혼 후 남편과 시댁의 관계에서 재현되고 있었다. 즉, 친정에서 배려받지 못하고 보호받지 못했던 상황이 결혼을 했음에도 불구하고 다시 반복되고 있었다. 내담자의 어머니는 남편과 시댁과의 관계에서 충돌할 경우, 계모의 소리 지르는 방식을 사용함으로써 남편을 더욱 자극하였다. 이와 같은 방식은 내담자의 아버지를 야단치는 시아버지의 방식과 유사하였다. 내담자의 아버지는 3형제 중 장남이었음에도 불구하고 자신의 아버지와 동생들로부터 인정받지 못하였다. 내담자의 아버지 또한 자신의 원가족에서 인정받지 못하였던 상황이 결혼 후 아내와 내담자로부터 인정을 받지 못하는 상황으로 유사하게 발생하였다.

5. 집단따돌림을 다룰 때 상담사가 유의해야 할 점

이 집단따돌림 사례를 중심으로 치료사가 개입할 초점을 설명하면 다음과 같다.

1) 촉발사건

내담자가 집단따돌림을 당한 촉발사건을 가정과 학교환경 내에서 탐색한다. 이 사례에서는 내담자가 초등 1학년 때 내담자 부의 실직으로 인한 가정의 경제적인 위기가 있었으며, 내담자의 학교에서 똥 사건이 촉발됨으로써 담임교사와 학생들로부터 집단따돌림을 당하게 되었다.

2) 잠재 요인들

내담자의 가족관계 및 학교에서의 교사 및 학생들과의 관계에서 오는 스트레스 요인을 살펴본다.

(1) 학교요인

내담자는 똥 사건으로 인해 담임교사와 친구들로부터 따돌림을 당하게 되었다.

(2) 가족요인

내담자의 어머니는 똥 사건에 대한 담임교사의 말만 믿고 내담자를 구타하였다. 내담자는 초등학생일 때 부의 실직으로 인하여 학대를 당하였다. 여기서 가족요인에 대하여 세 가지 초점을 두고 접근할 필요가 있다.

- 의사소통 방식: 치료사는 가족 간의 문제를 해결하려고 시도했던 역기능적인 방식을 탐색하고, 이 방식이 원가족에서 전수된 방식이라는 것을 연결시키고 내담자 가족에게 새로운 방식을 제안한다.
- 가족 간의 미분화 문제: 치료사는 가족체계이론을 통하여 부모의 원가족과의 분화문제를 체크하여 자신의 원가족과 걸려 있는 문제를 내담자 가족이 인식하도록 한다.
- 전이 문제: 치료사는 내담자의 부모와 원가족과의 걸려 있는 문제가 현재 부부와 자녀와 유사하게 걸려 있는 것을 내담자 가족에게 통찰하게 한다.

6. 나가는 말

지금까지 집단따돌림에 관한 경향과 집단따돌림에 대한 이론적 고찰로서 집단따돌림의 개념과 정의, 원인, 집단따돌림에 대한 개입방법들, 그리고 집단따돌림을 당하는 중학생에 대한 가족치료 사례와 개입방법을 살펴보았다.

결론적으로, 가족치료사가 집단따돌림을 당하는 사례를 접근할 때 고려해야 할 점들을 제안하고자 한다. 첫째, 집단따돌림을 일으킨 학교 또는 직장뿐만 아니라 가정 안에서 발생한 사건들을 탐색한다. 둘째, 집단따돌림 발생 이전의 내담자의 가족관계를 탐색한다. 내담자 부모의 부부관계, 부모-자녀 관계, 형제관계를 파악한다. 셋째, 부모-자녀 관계에서 문제를 해결하려고 시도했던 비효과적이고 역기능적인 의사소통 방식을 확인하고, 이 방식을 부모의 원가족에서 친조부모와 아버지의 형제 및 외조부모와 어머니의 형제관계에서 사용했던 방식으로 연결시킨다. 여기서 중요한 것은 내담자의 부모가 사용하는 의사소통 방식이 자신들이 창조해서 쓰는 의사소통 방식이 아니라 자신들의 부모가 사용했던 역기능적인 방식이라는 것을 인식하게 하는 것이다. 넷째, 부모의 원가족에서 내려오는 불안과 미분화 문제를 파악하고 이 문제가 다시 부모에게 이어지고 있다는 점을 파악한다. 다섯째, 부모의 원가족 관계에서 불안과 미분화 및 역기능적인 의사소통 방식으로 인하여 걸려 있는 원가족에 대한 해결되지 못한 문제를 탐색한다. 가족치료사는 이 해결되지 못한 문제가 핵가족 관계에서 재차 걸릴 수 있다(전이)는 점을 인식하고, 가족원들로 하여금 전이로 인한 투사적 동일시를 설명해 줄 필요성이 있다. 마지막으로, 집단따돌림을 당하는 내담자뿐만 아니라 부모의 애착 문제를 확인할 필요가 있다.

참고문헌

강영신, 박주영(2018). 대학생 따돌림 경험 척도 개발 및 타당화 연구. **상담학연구**, 19(1), 269-288.

김미영(2007). 학교체계가 중학생의 학교폭력에 미치는 영향. **한국청소년연구**, 18(2), 287-314.

김보은, 최수미(2016). 초기청소년의 도덕적 추론이 또래 가해행동에 미치는 영향: 동조성의 조절효과와 공감의 매개효과. **청소년학연구**, 23(3), 29-52.

김선애(2007). 가족기능의 상실과 집단따돌림의 가해 피해와의 관계. **지성과창조**, 10, 221-244.

김재엽, 이근영(2010). 학교폭력 피해청소년의 자살생각에 대한 연구. **청소년학연구**, 17(5), 121-149.

김혜원(2011). 청소년들의 집단따돌림과 집단괴롭힘 피해 경험에 따른 심리적 부적응 및 학교 부적응. **청소년학연구**, 18(5), 321-356.

남상인, 권남희(2013). 청소년 사이버블링 가해에 영향을 미치는 변인 연구. **미래청소년학회지**, 10(3), 23-43.

박은영(2014). 초기청소년의 학교폭력 경험에 대한 생태학적 변인의 영향연구. 전남대학교 대학원 박사학위논문.

박종효, 최지영(2014). 초등학생의 사회역량 발달에 영향을 미치는 개인 및 학교 요인 탐색: 학습 문화와 학교폭력을 중심으로. **교육학연구**, 52(1), 89-116.

박태영(2001). 집단따돌림 당하는 고등학생에 대한 상호작용적 가족치료와 구조적 가족치료 모델의 적용. **한국정신보건사회사업**, 12, 95-119.

박태영, 조지용(2012). 부적응행동(집단따돌림 · 도벽 · 거짓말)을 하는 초기 청소년 자녀에 대한 가족치료 사례연구. **한국가족치료학회지, 20**(3), 601-626.

서영석, 안하얀, 이채리, 최정윤(2015). 집단따돌림 외상 경험 및 극복 과정 연구. **한국심리학회지, 27**(3), 685-719.

오문섭(2010). 청소년들의 무도수련과 집단따돌림에 관한 연구. 단국대학교 대학원 박사학위 논문.

이명신(2003). 괴롭힘행동 결정에 있어 개인 동기와 집단의 매개 효과. **한국아동복지학, 15**, 39-81.

이완정, 정혜진(2010). 아동청소년기 폭력노출 경험과 대학생의 정신건강. **아동과 권리, 14**(3), 385-407.

정종진(2012). 생태학적 측면에서 본 학교폭력의 유발요인. **초등상담연구, 11**(3), 331-350.

최지영, 박지현, 남순애(2017). 청소년시기에 집단따돌림 피해를 경험한 여자대학생에 관한 사례연구. **인간발달연구, 24**(4), 135-160.

Adams, F. D., & Lawrence, G. J. (2011). Bullying victims: The effects last into college. *American Secondary Education, 40*(1), 4-13.

Barzilay, S., Brunstein Klomek, A., Apter, A., Carli, V., Wasserman, C., Hadlaczky, G. et al. (2017). Bullying victimization and suicide ideation and behavior among adolescents in Europe: A 10-country study. *Journal of Adolescent Health, 61*(2), 179-186.

Beale, D., & Hoel, H. (2010). Workplace bullying, industrial relations and the challenge for management in Britain and Sweden. *European Journal of Industrial Relations, 16*(2), 101-118.

Benedini, K. M., Fagan, A. A., & Gibson, C. L. (2016). The cycle of victimization: The relationship between childhood maltreatment and adolescent peer victimization. *Child Abuse and Neglect, 59*, 111-121.

Bergmann, E. M., Van De Schoot, R., Schober, B., Finsterwald, M., & Spel, C. (2013). The effect of classroom structure on verbal and physical aggression among peers: A short-term longitudinal study. *Journal of School Psychology, 51*(2), 159-174.

Bjereld, Y. (2018). The challenging process of disclosing bullying victimization: A grounded theory study from the victim's point of view. *Journal of Health Psychology, 23*(8), 1110-1118.

Bjereld, Y., Daneback, K., Gunnarsdottir, H., & Petzold, M. (2015). Mental health problems and social resource factors among bullied children in the Nordic Countries: A population based cross sectional study. *Child Psychiatry and Human Development, 46*(2), 281-288.

Black, S., Weinles, D., & Washington, E. (2010). Victim strategies to stop bullying. *Youth Violence and Juvenile Justice, 8*(2), 138-147.

Blood, G. W., Blood, I. M., Tramontana, G. M., Sylvia, A. J., Boyle, M. P., & Motzko, G. R. (2011). Self-reported experience of bullying of students who stutter: Relations with life satisfaction, life orientation, and self-esteem. *Perceptual and Motor Sills, 113*(2), 353-364.

Bruce, L. C., Heimberg, R. G., Blance, C., Schneier, F. R., & Liebowitz, M. R. (2012). Childhood maltreatment and social anxiety disorder: Implications for symptom severity and response to pharmacotherapy. *Depression and Anxiety, 29*(2), 131-138.

Calvete, E. (2014). Emotional abuse as a predictor of early maladaptive schemas in adolescents: Contributions to the development of depressive and social anxiety symptoms. *Child Abuse & Neglect, 38*(4), 735-746.

Calvete, E., Fernández-González, L., González-Cabrera, J. M., & Gámez-Guadix, M. (2018). Continued bullying victimization in adolescents: Maladaptive schemas as a mediational mechanism. *Journal of Youth Adolescence, 47*, 650-660.

Calvete, E., Orue, I., & Gámez-Guadix, M. (2015). Cyberbullying victimization and depression in adolescents: The mediating role of body image and cognitive schemas in a one-year prospective study. *European Journal on Criminal Policy and Research, 22*, 271-284.

Chapell, M., Case, D., De la Cruz, C., Ferrell, J., Forman, J., Lipkin, R., Newsharm, M., Sterling, M., & Whittaker, S. (2004). Bullying in college by students and teachers. *Adolescence, 39*(153), 53-64.

Chou, W. J., Liu, T. L., Yang, P., Yen, C. F., & Hu, H. F. (2018). Bullying victimization and perpetration and their correlates in adolescents clinically diagnosed with ADHD. *Journal of Attention Disorders, 22*(1), 25-34.

Cook, C. R., Williams, K. R., & Guerra, N. (2010). Predictors of bullying and victimization in childhood and adolescence: A meta-analytic investigation. *School Psychology Quarterly, 25*, 65-83.

Copeland, E. W., Wolke, D., Angold, A., & Costello, E. J. (2013). Adult psychiatric outcomes of bullying and being bullied between peers in childhood and adolescence. *JAMA Psychiatry, 70*(4), 419-426.

Davies, S. W. (2012). Teacher bullies: A factorial analysis of perceptions of teachers' bullying behaviors. Unpublished doctoral dissertation. Indiana State University.

DeLara, E. W. (2008). Developing a philosophy about bullying and sexual harassment: Cognitive coping strategies among high school students. *Journal of School Violence, 7*(4), 72-96.

DeLara, E. W. (2012). Why adolescents don't disclose incidents of bullying and harassment. *Journal of School Violence, 11*(4), 288-305.

Delfabbro, P., Winefield, T., Trainor, S., Dollard, M., Anderson, S., Metzer, J., & Hammarstrom, A. (2010). Peer and teacher bullying/victimization of South Australian secondary school students: Prevalence and psychosocial profiles. *British Journal of Educational Psychology, 76*(1), 71-90.

Due, P., Holstein, B. E., & Soc, M. S. (2008). Bullying victimization among 13 to 15-year-old school children: Results from tow comparative studies in 66 countries and regions. *Journal of Adolescent Medicines and Health, 20*(2), 209-221.

Egan, S. K., & Perry, D. G. (1998). Does low self-regard invite victimization? *Developmental Psychology, 34*(2), 299-309.

Elgar, F. J., McKinnon, B., Walsh, S. D., Freeman, J. D., Donnelly, P., de Matos, M. G., Gariepy, G., Aleman-Diaz, A. Y., Pickett, W., Molcho, M., & Currie, C. (2015). Structural determinants of youth bullying and fighting in 79 countries. *Journal of Adolescent Health, 57*(6), 643-650.

Fekkes, M., Pijpers, F. I. M., Fredriks, A. M., Vogels, T., & Verloove-Vanhorick, S. P. (2006). Do bullied children get ill, or do ill children get bullied? A prospective cohort study on the relationship between bullying and health-related symptoms. *Pediatrics, 117*(5), 1568-1574.

Fredstrom, B. K., Adams, E. R., & Gilman, R. (2011). Electronic and school based victimization: Unique contexts for adjustment difficulties during adolescence. *Journal of Youth and Adolescence, 40*(4), 405-415.

Furlong, M. J., Morrison, G. M., & Grief, J. L. (2003). Reaching an American consensus: Reactions to the special issue on school bullying. *School Psychology Review, 32*(3), 456-470.

Gazelle, H., & ladd, G. W. (2003). Anxious solitude and peer exclusion: A diathesis-stress model of internalizing trajectories in childhool. *Child Development, 74*(1), 257-278.

Hackmann, A., Clark, D. M., & McManus, F. (2000). Recurrent images and early memories in social phobia. *Behaviour Research and Therapy, 38*(6), 601-610.

Hankin, B. L., Snyder, H. R., & Gulley, L. D. (2013). cognitive risks in developmental psychopathology. In D. Cicchetti (Ed.), *Developmental psychopathology*. John Wiley & Sons Inc.

Hesapcioglu, S. T., Meraler, H. Y., & Ercan, F. (2018). Bullying in schools and its relation with depressive symptoms, self-esteem, and suicidal ideation in adolescents. *Anatolian Journal of Psychiatry, 19*(2), 210-216.

Hinduja, S., & Patchin, J. W. (2009). *Bulling beyond the schoolyard: Preventing and responding to cyberbullying*. Sage.

Hodges, E. V. E., & Perry, D. G. (1999). Personal and interpersonal consequences of victimization by peers. *Journal of Personality and Social Psychology, 76*(4), 677-685.

Hong, J. S., & Espelage, D. L. (2012). A review of research on bullying and peer victimization in school: An ecological system analysis. *Aggression and Violent Behavior, 17*, 311-322.

Hymel, S., & Swearer, S. M. (2015). Four decades of research on school bullying: An introduction. *American Psychologist, 70*, 293-299.

James, D. J., Lawlor, M., Courtney, P., Flynn, A., Henry, B., & Murphy, N. (2008). Bullying behaviour in secondary schools: What roles do teachers play? *Child Abuse Review, 17*(3), 160-173.

Joinson, C., Heron, J., Butler, U., & von Gontard, A. (2006). Avon Longitudinal study of parents and children study team. Psychological differences between children with and without soiling problems. *Pediatrics, 117*(5), 1575-1584.

KIjakovic, M., & Hunt, C. (2016). A meta-analysis of predictors of bullying and victimization in adolescence. *Journal of Adolescence, 49*, 134-145.

Kim, Y. S., & Leventhal, B. (2008). Bullying and suicide: A review. *International Journal of Adolescent Medicine and Health, 20*(2), 133-154.

Klomek, A. B., Sourander, A., Kumpulainen, K., Piha, J., Tamminen, T., & Moilanen, I. (2008). Childhood bullying as a risk for later depression and suicidal ideation among Finnish males. *Journal of Affective Disorder, 109*(1-2), 19-55.

Kretschmer, T., Veenstra, R., Branje, S., Reijneveld, S. A., Meeus, W. H. J., Deković, M., Koot, H. M., Vollebergh, W. A. M., & Oldehinkel, A. J. (2018). How competent are adolescent bullying perpetrators and victims in mastering normative developmental tasks in early adulthood? *Journal of Abnormal Child Psychology, 46*(1), 41-56.

Lereya, S. T., Copeland, W. E., Costello, E. J., & Wolke, D. (2015). Adult mental health consequences of peer bullying and maltreatment in childhood: Two cohorts in two countries. *The Lancet Psychiatry, 2*(65), 524-531.

Lin, Y. J., Lai, M. C., & Gau, S. S. (2012). Youths with ADHD with and without tic disorders: Comorbid psychopathology, executive function and social adjustment. *Research in Developmental Disabilities, 33*(3), 951-963.

Lund, E., & Ross, S. W. (2017). Bullying perpetration, victimization, and demographic differences in college students: A review of the literature. *Trauma, Violence & Abuses, 18*(3), 348-360.

Marraccini, M. E., Weyandt, L. L., & Rossi, J. S. (2015). College students' perceptions of professor/instructor bullying: Questionnaire development and psychometric properties. *Journal of American College Health, 63*(8), 563-572.

McEvoy, A. (2005). Teachers who bully students: Patterns and policy implications. Hamilton Fish Institute's Persistently Safe Schools Conference, Philadelphia, PA.

Monks, C. P., Smith, P. K., Naylor, P., Barter, C., Ireland, J. L., & Coyne, I. (2009). Bullying in different contexts: Commonalities, differences and the role of theory. *Aggression and Violent Behavior, 14*(2), 146-156.

Olweus, D. (1993). *Bullying at schools: What we know and what we can do?* Blackwell Publishers.

Olweus, D. (1994). Annotation: Bullying at school: Basic facts and effects of a school based intervention program. *Journal of Child Psychology and Psychiatry, 35*(7), 1171-1190.

Olweus, D. (1996). *Bullying of students by teachers*. Alma Mater Forlag.

Olweus, D. (2013). School bullying: Development and some important challenges. *Annual Review of Clinical Psychology, 9*, 751-780.

Orpinas, P., Horne, A. M., & Staniszewski, D. (2003). School bullying: Changing the problem by changing the school. *School Psychology Review, 32*(3), 431-444.

Peasgood, T., Bhardwaj, A., Biggs, K., Brazier, J. E., Coghill, D., Cooper, C. L., Daley, D., Silva, C. D., Harpin, V., Hodgkins, P., Nadkarni, A., Setyawan, J., & Sonuga-Barke, E. J. S. (2016). The impact of ADHD on the health and well-being of ADHD children and their siblings. *European Child & Adolescent Psychiatry, 25*(11), 1217-1231.

Pottinger, A. M., & Stair, A. G. (2009). Bullying of students by teachers and peers and its effects on the psychological well-being of students in Jamaican schools. *Journal of School Violence, 8*(4), 312-327.

Pouwels, J. L., Souren, P. M., Lansu, T. A., & Cillessen, A. H. N. (2016). Stability of peer victimization: A meta-analysis of longitudinal research. *Developmental Review, 40*, 1-24.

Rosenthal, L., Earnshaw, V. A., Carroll-Scott, A., Henderson K. E., Peters, S. M., McCaslin, C., & Ickovics, J. R. (2015). Weight-and race-based bullying: Health associations among urban adolescents. *Journal of Health Psychology, 20*, 401-412.

Sigurdson, J. F., Undheim, A. M., Wallander, J. L., Lydersen, S., & Sund A. M. (2015). The long-term effects of being bullied or a bully in adolescence on externalizing and internalizing mental health problems in adulthood. *Child and Adolescent Psychiatry and Mental Health, 9*, 1-13.

Simon, N. M., Herlands, N. N., Marks, E. H., Mancini, C., Letamendi, A., Li, Z., & Stein, M. B. (2009). Childhood maltreatment linked to greater security and poorer quality of life and function in social anxiety disorder. *Depression and Anxiety, 26*(11), 1027-1032.

Skrzypiec, G., Slee, P., Marray-Harvey, R., & Pereira, B. (2011). School bullying by one or more ways: Does it matter and how do students cope? *School Psychology International, 32*, 288-311.

Smith, P. K., Singer, M., Hoel, H., & Cooper, C. I. (2003). Victimization in the school and the workplace: Are there any links? *Britisch Journal of Psychology, 94*(2), 175-188.

Spriggs, A. L., Iannotti, R. J., Nansel, T. R., & Haynie, D. L. (2007). Adolescent bullying involvement and perceived family, peer and school relations: Commonalities and differences across race/ethnicity. *Journal of Adolescent Health, 41*(3), 283-293.

Takizawa, R., Maughan, B., & Arseneault, L. (2014). Adult health outcomes of childhood bullying victimization: Evidence from a five-decade longitudinal British birth cohort. *American Journal of Psychiatry, 171*(7), 777-784.

Tenenbaum, L. S., Varjas, K., Meyers, J., & Parris, L. (2011). Coping strategies and perceived effectiveness in fourth through eighth grade victims of bullying. *School Psychology International, 32*(3), 263-287.

Tsaousis, I. (2016). The relationship of self-esteem to bullying perpetration and peer victimization among school children and adolescents: A meta-analytic review. *Aggression and Violent Behavior, 31*, 186-199.

Turner, M. G., Exum, M. L., Brame, R., & Holt, T. J. (2013). Bullying victimization and adolescent mental health: General and typological effects across sex. *Journal of Criminal Justice, 41*(1), 53-59.

Vaughn, M. G., Fu, Q., Bender, K., DeLisi, M., Beaver, K. M., Perron, B. E., & Howard, M. O. (2010). Psychiatric correlates of bullying in the United States: Findings from a national sample. *Psychiatric Quarterly, 81*(3), 183-195.

Whitted, K. S., & Dupper, D. R. (2005). Best practices for preventing or reducing bullying in schools. *Children and Schools, 27*(3), 116-131.

Wichstrøm, L., Belsky, J., & Berg-Nielsen, T. S. (2013). Preschool predictors of childhood anxiety disorders: A prospective community study. *Journal of Child Psychology and Psychiatry, 54*(12), 1327-1336.

Wolke, D. (2002). Does bullying cause emotional problems? A prospective study of young teenagers. *The Journal of Pediatrics, 140*(3), 376-377.

Wolke, D., Copeland, W. E., Angold, A., & Costello, E. J. (2013). Impact of bullying in childhood on adult health, wealth, crime, and social outcomes. *Psychological Science, 24*(10), 1598-1970.

Yen, C, F., Yang, P., Wang, P. W., Lin, H. C., Liu, T. L., Wu, Y. Y., & Tang, T. C. (2014). Association between school bullying levels/types and mental health problems among Taiwanese adolescents. *Comprehensive Psychiatry, 55*(3), 405-413.

Young, J., Klosko, J. S., & Weishaar, M. E. (2003). *Schema therapy: A practitioners' guide*. Guilford Press.

Yu, J. H., & Park, T. Y. (2016). Family therapy for an adult child experiencing bullying and game addiction: An application of bowenian and MRI theories. *Contemporary Family Therapy, 38*(3), 318-327.

제11장

종교 · 영성

"하나님만 아니면, 벌써 이혼했을 거예요!" 부부상담 중 아내는 자신의 남편이 알코올 중독 증세가 있으며, 술만 먹으면 자신을 구타하고 욕설을 퍼붓는다고 진술하였다. 아내와 남편에게 가정폭력에 대한 위험성에 대하여 주의를 환기시킨 상담사는 평소 부부생활에 대해 탐색했다. 아내는 남편과 대화가 거의 없으며 모든 문제의 원인을 자신에게 돌린다고 허망감을 표시했다. 상담사가 남편이 가진 불만에 대하여 묻자, 남편은 아내가 시댁에 대하는 태도에 대하여 상당한 불만을 가지고 있으며, 그것 때문에 자신과의 관계에서 자꾸 갈등이 일어나는 것 같다고 대답했다. 아내는 자신의 남편이 다른 여자를 만나는 것 같다고 말하고, 이 일에 대해 추궁하면 상관하지 말라고 하면서 억울하면 이혼하면 될 것 아니냐며 오히려 자신에게 역정을 내고 분노하는 남편의 모습을 보고 자존감에 상처를 많이 받은 상황이고, 초라한 자신의 모습이 너무나 보기 싫다고 눈물을 보였다. 얼마 전 남편의 외도 사실을 시댁에 알렸으나, 시어머니와 시누이들은 "네가 평소에 어떻게 했기에 남편이 바람을 피우겠느냐."라고 오히려 그녀에게 책임을 전가했고, 시댁의 이러한 태도가 그녀를 더욱 힘들게 하며 이중으로 고통을 가중시키는 것 같았다. 하지만 아내는 종교적인 이유 때문에 어떻게든 결혼을 유지해야 한다는 신념을 가지고 있었다. 상담사는 부부가 함께 교회에 출석하면서 신앙생활을 유지하고 있음을 확인했다. 결혼과 이혼에 관한 아내와 남편의 종교적 신념은 부부상담에서 어떻게 다루어야 할 것인가?

1. 종교와 영성에 대한 이해

1) 종교와 영성의 정의

부부 · 가족상담에서는 내담자의 개인 정보 및 과거사뿐 아니라 내담자에게 영향을 미치고 있는 다양한 신념, 행동, 가치 등을 충분히 고려해야 한다. 이는 내담자와 그의 가족체계를 심층적으로 이해할 수 있도록 도와주고, 사례개념화 및 목표 설정에도 도움을 주기 때문이다. 그리고 내담자에게 영향을 미치는 신념과 가치를 구성하는 중요한 핵심 요소로 종교와 영성을 적절하게 다루어야 한다. 영성이라는 주제는 이미 간호학이나 사회복지학 그리고 상담학 분야에서도 중요한 임상적인 연구주제로 등장하고 있다(Abels, 2000; Barnum, 2010; Canda & Smith, 2001).

한편, 종교와 영성은 비슷한 의미로 쓰이기도 하지만 종종 이분법적으로 사용되기도 한다. 영성은 한 개인의 신앙과 가치체계를 대표하는 넓은 의미를 가진 것으로 이해되는 반면, 종교는 좀 더 협소한 행동적 의미를 갖는다고 보는 견해가 있다(Westgate, 1996). 종교성은 종교 기관, 신앙 공동체에 소속하면서 초자연적 힘에 대한 조직화된 신념체계를 드러내는 반면, 영성은 공식적인 종교 공동체 밖에서도 경험할 수 있는 개인적이고 폭넓은 초월적 신념과 실천을 포괄한다고 말할 수 있다(Walsh, 2010).

하지만 상담전문가들은 종교와 영성의 이분법으로 인한 자동적 사고에 빠지지 않도록 유의해야 한다(권수영, 2010). 예컨대, 임상가가 내담자의 '종교'에 대한 언설을 어떤 집단의 억압적인 교리나 폐쇄적인 신앙공동체에 매여 있다는 부정적 정신역동을 내포하는 것으로 이해하고, 반면 '영성'은 신성에 의지하는 인간의 초월적인 역량이나 자원으로 긍정적으로 이해하려는 자동적 사고를 갖게 될 수 있기 때문이다. 이에 가족치료에서의 영적인 자원에 대한 편저를 처음 출간했던 월시(F. Walsh)는 영성은 매우 개인적이면서도 초월적인 심오한 양면을 가지며, 형식적인 종교 제도 안에서나 밖에서 경험될 수 있는 신앙이나 실행의 차원까지 광범하게 정의될 수 있다고 밝히고 있다(Walsh, 2009). 부부 · 가족상담사는 임상현장에서 영성과 종교는 개념적인 분리가 어렵고 중첩되는 부분이 적지 않음을 유의해야 한다.

자신이 전혀 종교적이라고 생각하지 않는 사람들이 자연과의 친밀한 교감, 문화와 인종을 넘어선 이타적인 예술 행위나 초월적인 행동 등을 통해 영적인 의미를 발견하기도 한다(Walsh, 2010). 여기에는 자신이 영적(spiritual)이지만 종교적(religious)이지는 않다고 밝히는 무신론자들이 포함된다. 이럴 때 영성은 종교와는 분명하게 구별되고, 보다 포괄적인 범주를 포함하기 때문에 임상적으로 비종교인들의 영성을 다룰 때 특별한 관심이 필요할 수 있다.

2) 부부 · 가족상담에서 종교 및 영성 개입의 필요성

인구주택총조사는 통계청에서 5년 주기로 실시한다. 그중 종교분포에 대한 항목은 10년 주기로 조사하고 있으며, 최근 조사는 2015년에 이루어졌다. 2015년 통계청이 발표한 '2015 인구주택총조사'에 따르면, 종교가 없다고 대답한 비종교인은 56.06%, 종교인은 43.9%로 나타나, 부부 · 가족상담사가 마주하는 내담자 두 명 중 한 명 정도는 종교를 가지고 있는 사람일 수 있다는 해석이 가능하다. 하지만 이전의 통계 조사와는 달리, 2015년 통계에서는 처음으로 무종교인이 종교인보다 더 많은 수를 차지했다. 이는 종교에 대한 필요성을 느끼는 사람들이 조금씩 감소하고 있다는 것을 보여 준다. 하지만 이러한 통계와는 대조적으로 영성에 대한 사회적 관심은 점차 증가하고 있다.

과학적 진보를 통한 삶의 풍요로움 가운데서도 계속되는 사회적 · 경제적 혼란과 인간의 힘으로는 감당할 수 없는 재해와 재난, 신종 질병들로 인한 삶의 불안정은 초월적이고 영적인 영역에 대한 관심을 증가시켰다(윤혜영, 김근향, 2015). 세계보건기구(WHO)에서는 건강의 개념을 신체적으로 질병이 없고 허약하지 않는 상태로 한정하는 것이 아니라, 육체적 · 정신적 · 사회문화적 · 영적으로 안녕한 상태라고 정의하면서 영적인 차원을 다른 구성요소들과 동일선상에서 중요하게 여기고 있다.

또한 최근 20년 동안 종교, 영성 및 건강에 대한 상관적인 연구가 급격히 증가했다. 2001년에서 2010년까지 단 10년 만에 1,200개에서 3,000개로 거의 3배 가까이 연구가 증가했고, 종교와 영성에 대한 관심은 2010년 이후에도 지속되고 있다(Koenig, 2015). 이와 같은 맥락으로 한국의 상담심리학자들 또한 종교와 영성을 중요하게 생각하며 삶의 자원으로 인식하고 영성과 종교적 접근에 대한 필요성을 느끼고 있으나, 실제로 영성이나 종교적 주제를 상담에서 적용하는 상담사의 비율은 적었던 반면, 영성과 종교적 접근에 대한 효과적인 방법론이 필요하다는 분명한 인식을 가지고 있었다(이문기, 2017). 이는 일반적으로 상담사가 영적인 접근에 대한 교육의 부족으로 임상현장에서 적절한 접근을 활용하지 못하고 있음을 의미한다.

3) 가정 내 가족의 종교와 영성

삶 속에서 한 개인에게 가장 중요한 영향을 미치는 공동체는 가정이다. 특히 자녀는 부모의 삶을 살아가는 방식이나 가치관을 전수하게 된다. 부모의 삶의 모습이 자녀의 가치관에 영향을 주듯, 부모의 종교와 영적인 생활 또한 자녀 및 다른 가족의 구성원에게 지대한 영향을 미친다. 한국갤럽조사연구소(2015)의 2014년 조사결과에 따르면, 자신의 종교가 모친과 일치하는 비율이 불교(82%), 개신교(56%), 천주교(46%)로 세대 간 종교의 전승이 이루어지고 있었고, 비종교인은 부친의 73%, 모친의 56%가 종교를 믿지 않았다. 이와 같이 종교는 가족 내 종교를 믿는 다른 가족원의 영향을 받아 같은 종교를 따르게 되는 경향이 강하다(한내창, 2010).

부모가 가정과 일상적인 삶 속에서 종교적 신념을 실천하고 의미 있는 영적 생활을 자녀와 함께할 때, 자녀는 부모의 믿음과 가치를 내재화하여 자신에 대해 더 긍정적으로 느낄 가능성이 높았다(Marks, 2004). 기독교 신앙을 가진 부모는 자녀의 자아존중감 형성과 발달에 긍정적 영향을 미쳤고(김혜경, 2011), 불교사상에 대한 이해도가 높은 어머니는 자녀를 바람직하게 양육하기 위해 요구되는 부모 효능감이 높았다(김혜순, 2009).

종교는 결혼 전에 배우자 선택에도 영향을 미쳤는데, 천주교, 불교에 비해 개신교는 동질한 종교 요인을 중요시 여기는 경향이 있었다(우원규, 김수연, 2015). 특히 개신교의 제사에 대한 태도, 교회 중심의 신앙생활, 선교 및 헌금 등의 종교 문화는 한국사회의 문화와 충돌할 수 있기 때문에 같은 종교를 가진 배우자가 아닐 경우 갈등으로 이어질 수 있으며, 이러한 갈등으로 인해 부부상담으로 이어지기도 한다.

이뿐만 아니라 가족원 간 종교적 신념이 다를 경우, 다른 가족원에게 자신의 종교를 강요하거나 가치관의 차이로 갈등이 일어나고 가족관계가 단절되기도 한다. 내면의 불안으로부터 도피하기 위해 종교에 강박적으로 심취하여 종교에 중독적으로 빠지게 되면서 가족의 삶까지 황폐화시키는 경우도 있다(송현동, 2008). 그 결과, 주변 가족은 상처를 입고 종교에 대한 반감이 생기게 되며, 가족의 해체로 이어질 수도 있다.

반면, 부부가 갈등이 생겼을 때 갈등을 예방하고 해소하며 서로 화해하는 데 종교가 긍정적인 영향을 미치기 때문에 동일한 종교를 가지고 있는 부부라면 종교적 신념을 되새기고 실천하도록 격려하는 것이 도움이 된다(Lambert & Dollahite, 2006). 또한 종교는 결혼한 부부에게 도덕적인 지침을 제공하고 갈등을 감소시키며 긍정적 관계를 지속적으로 유지하게 하여, 가정 중심의 종교 활동이 이루어질 경우 더욱 행복하고 만족스러운 가족관계를 형성하게 된다(변경애, 김순옥, 2001). 서로를 위해 기도하는 커플의 경우, 더욱 긍정적 관계를 형성한다는 연구결과도 있다(Fincham & Beach, 2014).

4) 종교와 영성의 긍정적 자원으로서의 활용

종교성은 절대 타자에 대한 신뢰감을 가지고 세상을 바라보는 세계관을 제공하여 현실의 어려움을 극복할 수 있도록 하고 각종 스트레스와 고난을 다루는 대처능력을 향상시킨다(박준성, 박은미, 정태연, 2009). 또한 영성과 종교성은 자해를 하는 학생들에게 잠재적으로 긍정적인 영향을 주는 요인이기 때문에 상담사는 자해 위험이 있는 대학생과 함께 상담을 하게 되면 영적 태도와 신앙에 대해 탐색하여 삶의 의미를 발전시켜야 한다는 연구결과도 있다(Kress, Newgent, Whitlock, & Mease, 2015).

영성은 인간의 스트레스에 대한 감정적 대처 능력을 증가시킬 뿐 아니라(Labbe & Fobes, 2010), 증상 극복을 위한 자원을 제공함으로써 조현병 등의 정신장애의 심리적 회복에 중요한 역할을 한다(Fallot, 2007). 또한 외상후 스트레스장애(PTSD) 치료 시에도 영성의 임상적인 활용이 예후를 높이며 증상 완화에 도움이 된다고 보고되고 있다(Currier, Holland, & Drescher, 2015).

하지만 팔로와 헤크마(Fallot & Heckma, 2005)는 트라우마와 연관된 물질사용장애, 정신장애를 가지고 있는 대상자들, 특히 아동기 성폭력이나 학대를 당한 성인의 부정적인 종교 및 영적 대처는 정신질환의 심각성을 높일 수 있다고 밝히며, 트라우마 생존자들에 대한 올바른 영적 대처의 중요성을 제안하였다. 앞서 언급하였듯이, 중독에 가까운 종교의 강박적인 집착은 오히려 정신장애 증상을 강화시키는 역할을 할 수 있기 때문이다.

2. 개입방법에 대한 이론적 근거

1) 대상관계이론

종교 · 영성과 관련되어 부부 · 가족상담에서 빈번하게 마주할 수 있는 문제는 종교중독이다. 누구보다도 열심히 종교기관에 속하여 신앙생활을 하는 듯 보이지만, 일상적인 삶과의 조율을 제대로 이루지 못하고 강박적으로 교리에 따라 사는 가족원이 있다면 가족 전체의 평온한 삶을 위협하게 된다. 종교중독에 빠진 사람들은 자주 현실로부터 도피하고 자신이 해야 할 일상적인 행위보다는 종교인으로서 봉사하는 삶에 몰두하고 집착한다. 이러한 중독에 가까운 종교 행위 배후에 자리 잡고 있는 심리적 결핍에 관해 아터번과 스티븐(Arterburn & Stephen, 2001)은 어린 시절 엄한 부모 밑에서 자란 경험, 학대경험, 부모의 이혼, 버림받음의 경험 등 공통적인 원가족 배경이 있음을 제시한다. 가족으로 인한 심리적 상흔이 현재 신앙경험에 영향을 미친다는 것이다.

이러한 종교중독은 현재 삶의 고통을 잊고 종교에 강박적으로 매달리기 때문에 당사자뿐 아니라 가족 및 주변인에게까지 영향을 미치게 된다. 이러한 종교중독자들의 심리적 결핍을 가족상담 전문가들은 위니컷(Winnicott)의 중간대상 이론(정연득, 2011)이나 대상관계에서의 투사적 동일시 이론에 근거(최민영, 최은영, 2016)하여 해석한다. 정신분석적 대상관계 이론에 따르면, 종교중독에서 가장 중요한 치료과정은 자신을 억압하고 처벌하는 신(神)에게 잘 보이기 위한 강박적 순종에서 벗어나, 상담사를 통해 어떤 모습이든 받아 주고 안아 주는 신의 새로운 이미지를 재정립할 수 있도록 돕는 일이다. 즉, 상담 내에서 신뢰할 만하고 안전한 공간을 제공하여 어린 시절 경험한 내담자 내면의 수치심, 분노, 불안을 담아 주고 상담사가 견뎌 주어, 교정적인 대상 경험을 자신이 믿고 있는 신(神) 표상/이미지와 연결시키도록 하는 것이다.

2) 가족체계적 접근: 사티어 빙산기법과 마음챙김 명상법

때때로 내담자는 종교적 교리나 종교 생활에 대한 부정적 경험으로 인해 죄책감과 수치심에 사로잡히거나 낙담하여 자신을 무가치하게 여기기도 한다. 자신에게 주어진 고통과 절망적 상황이 신에게 벌을 받는 과정이라고 생각하면서 더욱더 무기력함과 우울감에 빠져 벗어나지 못하게 된다. 하지만 이럴 때 월시(2009)는 영성 · 종교가 내담자에게 개인을 넘어 가족체계와 사회지원 체계에서 긍정적인 자원으로서 활용될 수 있는 가능성에 대해서 내담자가 인식하도록 도와야 한다고 제안한다. 예컨대, 신과의 관계를 통해 얻어지는 삶의 의미는 무엇인지, 믿음의 공동체를 통한 강점, 영적 지도자나 기도, 명상, 의식을 통한 위로, 평안의 마음은 없었는지를 탐색할 수 있다. 내담자가 종교적인 신앙이 없다면 자연과의 교감이나 예술, 음악, 문학 등을 통해서 또는 봉사 활동을 통해서 얻어지는 영적인 힘과 능력은 무엇이었는지에 대해 생각해 볼 수 있도록 한다.

탬(Tam, 2006)은 사티어의 치료 모델과 영성을 연결하여 가족치료에 적용하고자 했다. 특히 사티어의 빙산 탐색은 내담자(들)가 보편적 소망과 열망, 그리고 영적인 방향성을 알 수 있도록 하는 은유적인 방법이라고 소개하며, 종교적 경험의 의미를 탐색하기 위해 유용하게 활용할 수 있다고 제안한다. 빙산 탐색은 의식의 수면 아래에 있는 숨겨진 부분(자아, 열망, 기대, 인식, 감정, 대처방식, 행동)과의 접촉을 통해 자신의 내적인 경험을 이해하도록 하며, 자신에게 해로운 종교적 행동을 발견하고, 보다 근원적인 열망과 연결하는 데에도 도움이 된다. 이때 상담사는 내담자가 표면적인 종교 · 영성을 넘어서 의식의 수면 아래 핵심적인 목소리를 들을 수 있도록 돕는 역할을 담당하는 것이 중요하다.

제리(Jerry, 2009)는 사티어의 빙산에서 가장 깊이 숨겨진 차원인 보편적인 소망과 열망에 도달하기 전 내담자의 감정과 지각, 그리고 감정에 대한 감정(판단)을 살피는 데 명상의 유효성을 강조한다. 부부 · 가족상담에서 복식호흡, 마음챙김, 이완을 동반한 명상법을 활용하여 관계적 유대감을 강화하고 자동적인 감정적 반응이나 방어적 태도를 감소시킬 수 있다. 특히 부부 · 가족상담에서 활용하는 명상 훈련은 내담자를 개인적 관점에서 벗어나 그의 가족, 지역사회뿐 아니라 자연과 같은 거대 체계까지 존재의 의미를 서로 연결된 관점에서 보도록 돕는 역할을 한다. 또한 마음챙김을 통한 명상은 갈등이 있는 상대방과의 관계에서도 자신 내면이나 신체의 감각을 돌아보고, 순간순간의 상호작용에서 각자에게 경험되는 것을 먼저 살피게 한다. 결국 이러한 명상경험은 상대방에게 대한 비난이나 폭언을 멈추고, 개별적 의미와 반응의 가능성에 먼저 마음을 열도록 하기 때문에 갈등이 있는 부부상담에서 회기 초에 진행한다면 실질적인 도움이 될 수 있다.

3. 단계적 개입전략

1) 상담사 자신의 종교 · 영성에 대한 탐색

종교와 영성에 대해 사람들은 서로 다른 입장을 가진다. 부부 · 가족상담에 임하는 상담사와 내담자들 또한 각기 다른 시각으로 종교와 영성에 대한 접근을 할 수 있다. 따라서 상담사는 자신의 입장과는 다른 가치관을 가진 타인과의 생각의 차이점뿐 아니라 자신의 종교적 · 영적 신념과 편견에 대해 미리 생각해 볼 필요가 있다. 상담사 자신이 가진 강한 종교적 신념이나 가치체계에 대한 '괄호치기(bracketing)'가 잘 되지 않을 경우, 상담과정 중 자동적으로 내담자를 판단(평가)하거나 정죄하기 쉽기 때문이다. 이에 상담사는 자신과는 전혀 다른 사람들의 기대와 가치에 나를 철저하게 개방하고 존중하는 마음으로 종교와 영성을 다루어야만 한다(Cook, 2015).

상담사 자신이 신봉하는 특정 종교가 있고 스스로 강한 종교적인 신념을 소유했다고 여길 경우에는 특별히 주의할 점이 있다. 내담자도 자신과 동일한 종교에 투신할 경우에 그와 종교적 신앙에 대해 종교적으로 토론하거나 특정한 형태의 신앙행위를 추천 혹은 강요해서는 안 된다는 사실이다. 다만 종교적 신념이 내담자의 병리적인 문제행동과 밀접하게 연관되어 있는 경우에는 그 신념 배후의 심리적인 기능에 대해 더욱 민감하게 다루어야 할 필요가 있다.

하우그(Haug, 1998)는 내담자가 자신의 문제해결을 위해 영적 신념을 연결하여 고통을 해결하고 초월할 수 있도록 상담사가 먼저 훈련의 과정을 가지는 것을 제안한다. 먼저 상담사는 상담과정에서 종교적 · 영적인 초점을 효과적으로 다룰 수 있도록 자신이 종교적 · 영적 문제에 익숙하고 자신의 개인적인 영적 신념에 대해 명료한 관점을 가지고 있어야 한다. 또한 상담사는 자신의 자기인식(self-awareness)을 높이기 위해 영적 가계도(spiritual genogram)를 구성해 보고 영성의 발달과정을 명료히 하여, 그들이 내담자와 형성하는 치료적 관계에 미치는 영향에 대해 생각해 보도록 한다. 또한 상담사는 다양한 종교적 · 영적 전통에 대한

표 11-1 상담사의 개인 영성이나 종교성을 명확히 하는 질문

상담사나 수퍼바이저가 자신에게 던지는 탐색질문의 예
1. 특정 종교를 가지고 있습니까? 그렇다면, 종교 활동을 얼마나 적극적으로 하고 있습니까? 그리고 이것이 실제 삶 속에서는 어떻게 나타나나요?
2. 당신에게 영성이란 무엇을 의미합니까?
3. 당신 가족의 영성이나 종교적 유산은 당신의 가치(인간 본성, 올바른 행동, 그릇된 행동 및 용서, 삶의 의미 등), 감정(희망, 죄책감, 자신감 등), 행동에 어떤 영향을 줍니까?
4. 어떤 경험을 통해, 그리고 어떻게 이러한 가치관의 변화가 있었습니까?
5. 당신의 삶을 위한 대안적인 믿음과 그에 대한 결과를 진지하게 고려해 본 적이 있습니까?
6. 당신이 영성이나 종교를 폐쇄적이고 압제적으로 경험하고 있다면, 당신의 삶을 향상시키고 해방시키기 위해 무엇을 하고 있습니까?
7. 도움이 되지 않는 믿음에 자유롭게 도전할 수 있습니까? 나에게 더 힘이 되는 다른 대안적 믿음을 선택할 수 있습니까?
8. 당신의 신념에 대한 행동을 기꺼이 하고 있습니까? 예를 들어 보십시오.
9. 영적 신념을 전하기 위해 어떤 언어(용어)를 사용하고 있습니까?
10. 당신은 영적인 믿음을 나누는 데 얼마나 편안합니까? 그리고 언제 이것이 적절하다고 생각합니까?

표 11-2 개인 영성을 전문적 기능과 연결시키는 질문

상담사나 수퍼바이저가 자신에게 던지는 탐색질문의 예
1. 당신의 영적 신념은 상담 내에서 당신의 인식, 태도, 행동(내담자와 관계 속에서 자신을 구성하는 방식, 인간의 본성이나 인간관계, 인간의 변화과정에 대한 견해)에 어떤 영향을 미치나요?
2. 당신의 영성·종교가 상담을 방해하거나 특정 내담자와의 관계를 어렵게 하지는 않습니까?
3. 다른 형태의 영성·종교(언어, 의식, 은유를 포함)를 얼마나 편안하게 생각합니까?
4. 내담자의 종교적·영적 문제가 상담에서 드러난다면 그것이 불편함으로 다가옵니까?
5. 당신의 개인적인 영적 신념에 반하는 행동을 하는 내담자에게 당신은 어떻게 대응할 것입니까?
6. 당신의 영적 신념을 감안하여, 당신이 선호하는 치료 모델은 무엇입니까?

지식을 습득하여 내담자와 사적이고 친밀한 영역의 핵심이 되는 대화를 열어 갈 수 있어야 한다.

이러한 질문에 대한 답을 생각해 볼 때, 부부·가족상담사는 미리 자신의 신념과 가치를 분명히 하고 다른 종교적 신념에 대해 생각해 봄으로써, 상담현장에서 만날 다양한 내담자가 가진 영성에 대한 이해의 폭과 공감 능력을 넓힐 수 있다.

2) 내담자의 종교·영성에 대한 임상적 평가: 영성, 내용과 기능

권수영(2006)은 내담자의 영성에 대한 임상적인 평가를 하기 전에 〈표 11-3〉의 세 가지를 통합적으로 살펴볼 것을 제안한다.

표 11-3 영성의 임상적 평가 3단계

1단계 영성의 기능
• 내담자의 영적인 사고·감정·행동이 자신의 내면의 세계에서 어떠한 기능을 하는가?
2단계 영성의 내용
• 내담자가 가지고 있는 신 인식의 내용은 무엇인가?
3단계 기능과 내용의 조율
• 양자(기능과 내용)가 어떠한 점에서 불일치하는가? • 불일치하는 부분과 내담자가 제시하는 현재의 문제와의 관계는 무엇인가? • 상담현장에서 내담자 영성의 기능이 내용과 통합되기 위하여 상담사는 어떻게 신의 실재를 매개하여 임상적인 개입을 가능케 할 것인가?

먼저, 내담자가 가지는 영성의 기능은 상담사에게 예측(prognosis)의 과정에 중요한 힌트를 제공한다. 오순절 계통의 한 교회에 성실하게 출석하는 30대 초반의 여성 내담자가 별거 중 부부상담사를 찾았다고 가정하자. 우선 그가 가진 신실한 신앙적 사고와 행동은 그가 당한 가정 위기에서 그를 극단적인 심리적인 장애, 즉 우울이나 중독에 빠지지 않도록 보호하는 기능을 하리라고 짐작할 수 있다.

내담자는 상담사에게 이러한 위기 중에서도 나를 인도하시는 성령을 강조하면서 상담시간 내내 신앙 간증에 가까운 진술을 계속한다. 이때, 상담사는 이러한 내담자가 가진 영성의 '기능'을 보다 진지하게 성찰해야 한다. 지나친 오순절 신앙의 강조와 영적인 해석은 오히려 내면의 혼란을 숨기려는 방어기제의 기능을 할 수도 있기 때문이다. 게다가 내담자가 최근 새롭게 시작했다고 진술하는 영적인 시도(예: 40일 금식기도)가 있다면, 내담자가 억압해 오던 문제에 대한 최종적인 대처 기제인 경우일 수 있다. 내담자는 간혹 내면의 극도의 불안과 두려움에 대처하기 위해 새로운 혹은 매우 극단적인 영성 추구방식을 채택하기도 하기 때문이다.

케네스와 브랜트(Kenneth & Brant, 1998)는 개인이 종교를 가지고 심리적인 문제에 대처하는 방식을 네 가지로 분류한다. 신(神)과 파트너로 함께 일한다는 '협력적 대처(collaborative)', 교회나 성직자로부터 도움을 청구하는 '종교적 지원(religious support)', 자신의 기도를 듣지 않는 신께 분노하는 '분노형(anger at God)' 그리고 내 죄로 인하여 신이 나를 벌하셨다는 '처벌적인 종교 평가(punitive religious appraisal)' 등으로 나눌 수 있다는 것이다.

케네스와 브랜트는 처음의 두 대처방식은 대체로 건강하고 긍정적인 결과를 가져오는 반면, 나머지 두 대처방식은 보다 부정적인 결과를 낳는다고 평가한다. 실지로 상담의 임상현장에서는 '협력적 대처'라는 내담자의 영성이 오히려 내면 깊은 곳에서는 '처벌적인 종교 평가'의 기능을 수행하는 경우도 허다하다. 이혼의 위기에 있어서 신의 처벌에 대한 공포 불안을 느끼는 내담자는 필사적으로 영적인 대처기제에 매달리게 마련이다. 하지만 부부 · 가족상담사는 그가 인식적으로 표방하는 오순절 영성의 내용과 내면적으로 작용하는 기능은 일치하지 않을 수 있다는 점에 유의해야 한다. 이러한 기능과 내용의 불일치를 탐색할 수 있는 임상적 능력은 내담자가 가진 영성의 내용이 내면적 기능과 일치하도록 돕는 데 중대한 역할을 한다. 초기 상담에서 종교성이나 영적인 생활방식이 가지는 기능적 측면을 평가하기 위한 임상적 질문들은 〈표 11-4〉와 같다.

이러한 질문들을 통하여 상담사는 내담자가 가진 영적인 사고 · 행동 등이 내담자의 영성의 내용과 다르게 기능하는 부분을 스스로 인식하거나 탐색할 수 있도록 도울 수 있어야 한

표 11-4 영성의 기능적 측면을 평가하기 위한 질문

상담사가 영성의 기능을 평가하기 위한 질문의 예
1. 종교가 당신의 일상적 삶에 얼마나 중요한지 말해 주실 수 있겠어요?
2. 그 위기 · 사건 이후에 종교가 삶에 어떠한 영향을 미쳤는지 말해 주시겠어요?
3. 영적인 생활을 위해 특별히 하시는 일이 있으시면 말해 주시겠어요?
4. 이러한 영적인 생활이 없다면 당신에게는 어떠한 일이 일어날까요?
5. 영적인 실천을 하지 않는 당신을 향한 하나님은 어떤 하나님이신가요?
6. 당신의 영적인 실천이 당신과 하나님 사이의 관계에 어떠한 변화를 가지고 오나요?
7. 지난 며칠 동안(영적인 실천을 하는 동안) 혹시 예전과 다른 점이 있으시면 말해 주시겠어요?
8. (심리적으로 힘들다면) 무엇이 당신을 가장 힘들게 했을까요?

다. 예컨대, '하나님은 언제 어디서나 나를 지키시는 분'이라고 굳게 믿는 내담자가 자신이 영적인 생활을 하지 않는다면 '나와 내 가족에게 반드시 벌을 내리실 것'이 두려워 헌신적인 종교행동을 유지하고 있다고 가정해 보라. 그의 종교적인 신념의 신학적인 '내용'은 그의 심리적인 '기능'과는 상반된다. 내담자 자신이 가진 영적인 신념 · 사고의 내용과 그러한 신념이 기능하는 데 있어서 불일치를 가져오는 경우에는 대부분 과거 원가족 경험으로부터 야기된 유기불안이나 애착 트라우마와 같은 심리적인 장해를 예측할 수 있다.

내담자의 신 인식, 즉 그의 종교적 신념은 두 가지 양태로 나누어 볼 수 있다. 내담자가 신앙을 고백적으로 구술할 때 제시하는 교리적 신학(내용)과 그의 내면적 세계와 총체적 삶에 무의식적으로 작용하는 신학(기능)이 따로 존재할 수 있다는 점을 기억해야 한다(권수영, 2004). 예컨대, 내담자가 상담 중에는 "하나님은 사랑이시라."(교리적 신학/내용)라고 수시로 고백하지만, 그의 심리적인 위기 가운데는 강박적으로 신에 대한 공포와 두려움에 사로 잡혀 있다면 그의 '작용적인 신학'(기능)은 '하나님은 때때로 나를 심판하시는 두려운 분'에 더욱 가깝다고 보아야 한다.

권수영(2006)에 따르면, 내담자가 가진 영성에 대한 임상적 평가의 기본 원칙은 내담자의 영성이 가지는 '내용'과 '기능'의 차이를 탐색하고, 이에 대한 상담적인 개입을 추진하는 데 있다고 본다. 영성의 내용은 동일하더라도 그 기능은 보다 다양한 변인들로 구성된다. 같은 오순절 신앙을 가진 내담자라 할지라도 상이한 내부적 기능을 가지게 되는 것은 기능적 측면이 바로 내담자가 처한 특수한 가족체계와 사회문화적 정황을 반영한다는 것을 잘 예증하여 준다.

예컨대, 같은 이혼이라는 위기를 경험하더라도 내담자가 자신의 원가족 내 외동자녀인 경우와 다자녀 가정인 경우가 다를 수밖에 없고, 수만 명이 출석하는 오순절 계통 교회에 다니는 내담자와 지방에서 막 개척한 오순절 교회에 출석하는 내담자는 그가 경험하는 지원 체계의 차이로 인해 질적으로 다른 영성의 기능을 가질 수 있다. 다시 말해, 상담사가 임상적으로 내담자의 영성을 평가할 때, 그가 가진 오순절 신앙의 '내용'이 그의 영성을 구성하는 유일한 토대가 아니라, 그의 영성이 원가족 및 사회지원 체계 내에서 다양한 심리적인 욕구를 충족시키기 위해 '기능'하고 있는 심리내적인 측면에 보다 세밀한 초점을 맞추어야 한다는 것이다. 다음은 이혼 위기를 경험하면서 배우자와 별거 중인 한 내담자와의 구체적인 축어록의 일부이다.

상1: 종교가 당신의 삶에서 얼마나 중요한지 말씀해 주실 수 있을까요?

내1: 예, 제가 믿는 하나님은 절대자라는 생각…. 좋으신 하나님 혹은 나쁘신 하나님이라는 생각보다는 나를 인도해 주실 것이라는 생각을 더 많이 하죠. [영성의 내용] 축복을 해 주시는 하나님이라는 것을 잘 알지만 저는 하나님이 축복을 주시기 때문에 좋으신 분이라고 생각하지는 않거든요. 제가 믿는 신앙 그 자체를 축복과 연관 짓지 않으려고 하는 거죠. 좋으신 하나님, 축복의 하나님이라는 것을 의식하지 않고, 연관하지 않고…. 또 두려운 하나님이라고도 연관을 짓지는 않아요.

상2: 네, 그렇군요. 벌주시는 하나님은 아닌데, 그렇다고 별 다른 생각 없이 그저 좋은 하나님으로도 다가오지 않는다고 느끼시는 것 같네요. 어떠세요? [내용과 기능의 조율]

내2: 제일 크게 느끼는 것은 구원을 해 주신다는 거죠. 저의 상황에 맞게 인도하는 성령 하나님이라는 인식이 가장 큰 것 같아요! 상황을 이끄시는 데 잘되도록 이끄는 것도 하나님이고 안되는 것도 이끄시는 이는 하나님인데, 제 입장에서 보자면 안 될 때는 하나님이 이끄시는 것이 아니고 안 되는 상황 속에서 저 때문이라는 생각을 갖게 되는 것 같아요! 사실 지금의 가정의 위기가 초래된 것은 제게 문제가 많았지요. 그래서 최근엔 보다 열심히 금식기도를 하면서 하나님께 매달리는 것 같아요. [영성의 기능]

상3: 만약 이러한 영적인 기도 생활이 없다면 어떠한 일이 일어날까요? [내용과 기능의 조율]

내3: 그럼 말도 못하게 큰 어려움이 있겠지요. 지금도 사실 견디기 어려울 정도인데….

(침묵)

상4: 기도를 못하는 당신에게 하나님은 그럼 어떻게 하실까요? [하나님의 실재에 대한 인식]

내4: 글쎄요…. (침묵) 기도 중에 제 마음 속에서 이제는 돌아오라고 부르시는 간절한 소리를 듣는데…. 제가 그동안 나태했잖아요. 그런 저에게 돌아오라는 하나님의 목소리를 또다시 외면한다면…. 다시는 예전의 내 모습을 절대로 용납할 수 없을 것 같아요.

상담사가 맨 먼저 던진 내담자의 영적인 생활에 대한 질문(상1)은 내담자로 하여금 내담자의 하나님에 대한 신념(내용)을 진술하도록 한다. 내담자가 가진 신앙의 내용은 "절대자라는 생각"이라고 진술한다. 이 생각(내용)이 내담자의 내면에서 어떠한 기능을 하는지 살펴볼 필요가 있다. 내담자의 하나님은 왠지 "좋으신" 혹은 "나쁘신" 하나님이라는 평가(혹은 감정적 경험)보다 "인도해 줄" 신학적 내용에 보다 집중되어 있다.

내담자의 "인도해 줄" 하나님은 정서적 차원에는 제대로 기능하지 못하고 있다. 이에 내담자는 정서의 차원에서는 기능하지 못하는 하나님 대신에 영적인 내용(구원의 하나님, 인도하는 성령)만을 강조하고 있다. "제일 크게 느끼는 것은 구원을 해 주신다는 거죠. 저의 상황에 맞게 인도하는 성령 하나님이라는 인식이 가장 큰 것 같아요!"(내2)

진술을 통해서 느낀다고 말은 하지만("제일 크게 느끼는 것은"), 가슴은 움직이지 않고 결국 머리만 작동하는 것을 알 수 있다("하나님이라는 인식이 가장 큰 것 같아요"). 오히려 내담자가 집중하고 있는 금식기도를 통해 작용하는 심리적 기능은 하나님으로부터의 받을 처벌에 대한 방어적 성격을 띠고 있는 것처럼 보인다. 그가 기도를 하지 못할 경우에 받는 어려움은 견디기 힘든 자신에 대한 부정적 시각에 대한 자책이다(내3: "지금도 사실 견디기 어려울 정도인데").

그가 믿는 영성의 내용(구원의 하나님, 인도하는 성령)은 내담자의 과거로부터 그를 결코 자유롭게 하지 못한다. "다시는 예전의 내 모습을 절대로 용납할 수 없을 것 같아요."(내4)뿐만 아니라, 내담자에게 자신을 구원한 하나님은 현재 인식적으로는 자리 잡고 있지만, 자신을 좋아하거나 자신이 좋아하는 하나님으로 기능하지는 못한다. 결국 내담자 영성의 내용과 기능이 불일치하는 부분인 하나님과의 정서적 친밀감의 부재는 내담자가 현재 남편과의 별거 중 자신이 경험하는 두려움의 문제를 더욱 강화시켰다고 볼 수 있다.

이러한 영성의 기능적 작용에는 정신분석의 대상관계적인 탐색이 도움을 줄 수 있다. 내담자가 원가족의 부모나 형제 등의 중요한 대인관계에서 건강한 애착관계의 경험을 가지지 못할 때, 신의 평가에 대한 왜곡된 영적인 기능의 요인이 될 수 있기 때문이다. 예를 들어, 내담자가 부모로부터 받은 유기 경험으로 현재에도 버림받을 것에 대한 두려움과 매우 부정적인 자아상을 가지고 있다면, 신과의 관계에서도 버림받지 않으려는 기능을 그대로 유지하려고 할 것이다.

이에 무엇보다 상담사는 이러한 원가족에 있어서의 대상관계가 내담자의 신 표상(God representation)에도 영향을 가지면서, 내담자가 지속적으로 유기의 두려움을 가지도록 심판자의 모습을 띤 하나님 이미지를 가질 수 있다는 점을 인식해야 한다. 주의해야 할 점은 동일한 종교를 가진 상담사의 경우, 내담자가 진술한 영성의 기능을 탐색하지 않고 그저 신앙의 내용만을 교정하려는 태도이다. 이 내담자처럼 "내 모습을 절대로 용납할 수 없을 것 같아요."라고 진술할 때, 상담사가 성서에 등장하는 무조건적으로 용납하시는 하나님을 강조하면서 신앙의 내용을 교정하려고 시도한다면 내용 진술 배후의 내담자가 가진 영성의 기능적인 측면을 놓칠 수밖에 없다.

이때 상담사는 영성의 역기능적 부분을 분석하는 데 그쳐서는 안 된다. 상담사의 가장 중요한 역할은 내담자가 가진 영성의 내용이 제대로 작용하지 않는 왜곡된 대상 경험을 발견하고, 영성의 내용을 새롭게 기능하도록 새로운 대상경험을 제공하는 일이다.

3) 가계도를 통한 영적 과거사에 대한 탐색

영성평가를 위한 측정도구와 관련하여 적잖은 척도들이 개발되어 있다. 내담자의 영성을 탐색하기 위해 내담자에게 직설적으로 "당신의 영성에 대해 말해 보세요."라고 묻는 질문은 영성평가에 전혀 도움이 되지 않기 때문이다. 내담자의 영성을 제대로 탐색하기 위해서는 아예 '영성'이라는 단어를 절대로 사용하지 말라고 지적하기도 한다.

종교 · 영성에 대한 내담자의 가치관을 초기에 파악할 수 있는 가장 기초적인 질문으로는 "어려운 일을 겪었을 때(힘든 시기에, 큰 문제에 직면했을 때, 무언가에 실패했을 때) 당신에게 가장 도움이 되는 것은 무엇입니까?"이다(Sims, Powell, & Cook, 2009). 이 질문은 삶의 의미를 종교적으로 정의하지 못하는 사람들에게도 개방적이고 포괄적인 질문이 될 수 있다.

이와 함께 내담자의 종교 · 영성과 관련된 구체적 문제, 영적 자원, 배경을 탐색하기 위해서는 보다 자세한 영적 과거사가 탐색되어야 한다. 영적인 과거사를 탐색하기 위한 도구로는 원가족의 종교/영적 성향이 드러나는 영적 가계도를 그리는 방법이 널리 사용된다. 일반적으로 가계도에 기입하게 되어 있는 가족원 간의 감정적 친밀도나 관계 패턴에 대한 표기 방식도 종교적이고 신앙적인 정보를 탐색하는 데에 함께 활용될 수 있다. 내담자에게 주요 가족원들 간의 종교적인 친밀도나 신앙적인 관계 패턴을 이와 동일한 방식으로 기입하도록 권고한다. 어떤 대상이 신앙적으로 친밀한 대상인지, 어떤 대상과는 신앙적인 문제로 극도의 갈등과 단절을 경험하고 있는지를 스스로 탐색하고 기입하게 한다. 내담자와 상담사가 함께하는 '영적 가계도' 작업은 원가족와의 과거 경험으로부터 오는 심리적 저항에 대한 부담을 줄이고, 가족이 당면한 영적 갈등을 가계도에 표현할 수 있으며, 가족원들의 영적 · 종교적 갈등을 보다 역동적으로 파악할 수 있다(김승동, 김용환, 2015).

〈표 11-5〉는 프레임(Frame, 2000)이 제시한 종교적 주제를 외현화하는 여섯 가지 질문들로 영적 가계도를 위한 과거사 탐색에 도움이 된다(권수영, 2010에서 재인용).

표 11-5 종교적 주제를 외현화하는 여섯 가지 질문들

1. 당신이 어렸을 때 종교나 영성이 당신의 삶에 어떠한 기능을 했다면 그 기능은 무엇이었는가? 지금은 그 종교 혹은 영성의 기능이 어떤 역할을 하는가?
2. 어렸을 때 당신이 가졌던 종교적 혹은 영적인 신념들 중에서 지금 가장 중요하다고 여기는 것은 무엇인가? 이러한 신념들이 가족 내에 유대감을 만들어 내었거나 아니면 혹시 어떠한 갈등을 일으킨 적이 있는가?
3. 어린 시절 아이로서 혹은 청소년기에 당신이 가족들과 함께 실천했던 종교적 혹은 영적인 의례(ritual)들이 있었다면 그것은 무엇인가? 그것들은 당신의 원가족의 삶에 얼마나 중요한 것이었는가? 어떤 의례들을 지금도 하고 있는가? 어떤 의례들을 지금은 행하고 있지 않은가? 성인이 되어서 새로이 하고 있는 의례들이 있다면 무엇인가? 이러한 의례들이 어떻게 자신의 종교적이고 영적인 신념체계와 연관되어 있는지 살펴보라.
4. 당신의 종교적 혹은 영적인 전통이 성이나 인종, 동성애에 관해서는 어떠한 입장을 가졌고, 지금은 어떠한가? 이러한 신념들은 어떻게 당신 자신이나 현재의 가족들에게 영향을 끼쳤는가?
5. 가계도를 그리면서 드러난 종교와 관련되어 나타나는 가족의 특별한 행위나 관계의 패턴들은 무엇인가? 지금은 이러한 패턴들을 유지하는가 아니면 이러한 패턴들을 다른 것들로 전환시켰는가?
6. 현재 치료받기 원하는 당신의 문제와 가족의 종교적인 혹은 영적인 역사가 어떤 연관관계가 있는가? 관계가 있다면 거기서 어떠한 새로운 통찰력이나 해결 가능성을 찾을 수 있겠는지 살펴보라.

4. 사례연구: “하나님만 아니면 벌써 이혼했을 거예요!”[1)]

앞에서 언급한 사례로 돌아가 보자. “하나님만 아니면 벌써 이혼했을 거예요!” 내담자의 말처럼, 하나님으로 인해 내담자의 기독교 신앙이 위기 중에도 결혼을 유지하게 돕는 긍정적인 요인으로 작용하고 있는 것일까? 상담사는 먼저 내담자가 가진 이혼에 대한 인식에 대하여 조심스레 탐색하였다. 아내는 이혼하고 싶은 생각이 하루에도 여러 차례 엄습하고, 실제로 가정법원 문 앞까지 홀로 갔었던 적도 한두 번이 아니라고 말하였다. 그러나 아내는 이혼에 대한 극도의 두려움을 드러냈다. 남편과의 사이에서 낳은 두 딸(13세, 15세)이 있고, 다행스럽게도 남편이 두 자녀에게는 폭력을 행사하지 않았다. 아내가 가진 이혼의 두려움은 자신의 경제능력과 연관이 되어 있었고, 두 자녀를 제대로 교육할 자신감도 결여되어 있었다.

그러나 상담사는 이내 아내에게는 이혼에 대한 두려움 배후에 매우 강렬한 종교적 신념과 신앙이 전제되어 있음을 알 수 있었다. 내담자는 기도할 때 하나님이 자신에게 소명도 보여 주셨고, 남편이 회복되지 않을까 하는 기대감 때문에 결코 가정을 깰 순 없다고 지속적으로 진술했다. 자신의 잘못된 신앙적인 태도로 이런 일들이 벌어지는 것은 아닐까 하는 회개기도를 자주 한다는 말도 덧붙였다. 심한 자존감의 상처와 죄책감을 가지고 있는 내담자가 이러한 신앙적 태도 가운데 문제의 원인을 자신에게 돌리는 듯한 모습을 보이자, 상담사는 내담자가 가진 신 표상이 그가 가진 원가족 내 대상관계 경험과 적잖은 관련이 있을 것으로 보고, 아내의 가족에 대하여 탐색하기 시작하였다.

1) 종교적 신념 배후에 있는 신 표상 탐색

아내 내담자는 사업을 하는 아버지와 어머니 사이에 네 딸 중 셋째로 태어났다. 엄격한 아버지와 순종적인 어머니 사이에서 자라면서 모든 부분에서 아버지로부터 심한 통제를 받았다. 집안에서 정한 통금시간보다 늦게 들어오면 다음날 아버지에게 엄청나게 혼이 나야 했

1) 이 사례는 권수영(2010). 영성과 가족체계: 가계도의 목회적인 활용에 관한 연구. 신학논단, 62, 31-55에서 발췌함.

다. 그런 아버지는 늘 무섭고 두려운 존재였다고 한다. 아버지가 퇴근하고 오면 모든 자매가 방에 들어가서 나오지 않았다고 기억했지만, 그래도 유독 내담자가 어릴 때 많이 아파서 부모의 관심을 가장 많이 받았다고 진술했다. 그래서 어릴 때를 생각하면 주로 부모의 손을 잡고 병원에 갔던 일만 떠오른다는 것이다.

아버지는 꼼꼼하고 만사에 지저분한 것을 싫어하여 모든 것이 잘 정리되어 있어야 하고, 살림이나 재정관리 전반을 아버지가 관리했다. 내담자는 자신의 가정에 아들이 없어서 그런지 아버지는 딸들에 대하여 늘 못마땅한 마음을 가지고 있는 것 같다고 믿고 있었다. 어머니는 항상 아버지에게 아들을 낳지 못한 죄책감과 미안한 마음을 가지고 있었다고 한다. 그래서인지 자녀들이 아버지가 올 때가 되면 방 안에 들어가 나오지 않는 것을 몹시 못마땅해 하셨다고 한다. 그런데 내담자는 그런 아버지를 자신이 제일 많이 닮았다고 진술했다. 다른 언니들보다 자신이 유독 틀에 짜맞춰진 생활을 좋아하고 원칙을 고수하는 보수적인 성향을 가지고 성장했다는 것이다.

상담사는 내담자와 함께 가계도를 그려 가면서 내담자와 가족원들이 가진 상호 역동과 패턴에 대하여 탐색하였다. 부모와의 관계에 대한 표기를 앞두고 내담자는 고민 끝에 다른 세 자매와 비교해 볼 때 자신이 가장 부모와 친밀했었노라고 진술하였다. 신체적으로 허약하여서 많은 시간을 부모와 보냈고, 그러는 과정 중에 다른 자매들과 비교하여 좀 더 친근한 심리적인 유대감이 있었다는 것이다. 자매들과의 정서적인 관계에 대하여 탐색하는 시점에서 내담자는 전반적으로 친밀한 관계를 유지하고 있다고 진술했다가, 자신의 속내를 터놓고 지내는 자매가 있냐고 묻자 없다고 잘라 말했다.

결국 가족 중 누구와도 자신이 경험하고 있는 심리적인 위기를 나눌 대상이 없다는 것에 대하여 감정적인 어려움을 상담사에게 표현하기 시작하였다. 가계도를 시각적으로 조감하는 과정 중 역동이 일어났다. 자신의 가족과의 정서적 교감 상황을 시각적으로 보고 나니, 오히려 남편에게 버림받은 수치심과 가족 내에서 혼자란 외로움이 더욱 실감이 나서 견디기 힘들다고 진술하면서 눈물을 흘리기도 했다. 상담사가 이러한 내담자를 충분히 공감하자, 내담자는 외로운 자신을 지탱하여 준 자신의 종교적 경험에 대하여 진술하기 시작했다.

내담자가 기독교인이 된 것은 비교적 최근의 일이었다. 교회는 5년 전부터 출석하였다. 심리적으로 가장 힘들었을 때 우연히 교회에 나가게 되었고, 그때 마음이 편안해지는 것을 경험하고 지금껏 신앙생활을 하게 되었다는 것이다. 내담자는 지금까지 버틴 것도 신앙의 힘이라고 힘주어 이야기했다. 그 후 자녀들도 함께 교회에 잘 출석하고 있으며, 자녀들이 일요일 날 집에서 TV만 보고 있는 남편을 보고 "아빠, 교회 안 나가면 지옥에 간다."라고 말하면서부터 남편도 얼마 전부터 교회에 함께 나가기 시작했다는 것이다.

그러나 아내는 교회에 나가 예배를 드릴 때 자신이 울면 남편은 자신을 이상한 사람처럼 쳐다보면서, 집에 오면 "뭐가 그리 서럽냐, 왜 우냐."라며 따지듯이 묻곤 한다고 진술했다. 남편은 주변에 보이는 것에 대해 민감한 편이고, 교회에 출석하는 것도 아마 사업상으로 혹은 남들 보기에 번듯한 가정이라는 것을 과시하기 위해 나가는 것 같다고 말하였다. 내담자는 자신이 유독 예배 중 흘리게 되는 눈물의 의미를 자신도 모르겠다면서 상담사에게 되묻기도 하였다. 상담사는 내담자가 예배 중 자주 흘리는 눈물에 대하여 보다 가족체계적인 접근이 필요하다고 진단하고, 이미 함께 탐색한 적이 있는 가계도에 첨부하여 영적 가계도를 그려 보기로 했다.

2) 영적 가계도 탐색: 영성의 역동에 대한 체계적 접근

상담사는 내담자와 함께 가족의 종교와 신앙적 체계에 대하여 함께 탐색을 시작했다. 먼저, 종교를 가진 가족원들을 표시해 보도록 하였다. 양부모는 모두 종교를 가지고 있지 않았고, 자신을 비롯한 세 자매는 모두 기독교인이라고 표시했다. 그러나 영적 가계도를 탐색하던 중 특이한 상황이 발견되었다. 내담자가 기독교인이 된 것은 비교적 최근의 일인 반면, 나머지 세 자매는 모두 어릴 적부터 교회에 출석한 것으로 밝혀진 것이다.

자신만 세 자매와 달리 어릴 적에는 교회 출석을 하지 않은 것인데, 상담사가 그 이유를 물으니 그저 신체적으로 허약했기 때문이라고 답변했다. 세 자매는 함께 같은 교회에 출석하기도 하고, 다른 교회에 각기 출석하기도 했으나, 일요일이면 숨 막히는 집을 떠나 보다 안전한 환경으로 교회라는 장소를 선택한 것 같다고 회상하였다. 상담사가 그래서 특히 더욱 자매간에 외로움을 느꼈겠다고 공감하자, 내담자는 이내 교회 출석에 대한 심리내적인 이유에 대하여 진술하기 시작하였다.

처음에는 자신도 몇 차례 교회 출석을 하였으나, 아버지의 반대가 심해지자 자신은 곧 교회 출석을 중단하였다는 것이다. 다른 자매들은 교회 내 많은 친구들도 생기고, 아버지 몰래 교회 다니는 일이 그리 어렵지 않았던 까닭에 지속적으로 교회 출석을 감행하였다고 말했다. 그에 비해 자신은 그런 두려움 대신 안전감을 택하였다고 진술했다. 그런데 상담사가 기독교인이라고 표시한 내담자와 세 자매들과의 종교적 친밀도에 대하여 탐색하고자 했을 때 내담자의 반응은 의외였다.

최근 자신이 기독교인이 된 이후에도 세 자매와는 종교적인 유대감을 전혀 갖지 못했다는 것이다. 그 이유는 자신이 5년 전 기독교인이 되어 매우 절실하고 애타게 신앙을 가지게 된 반면, 나머지 세 자매들은 점점 신앙심이 줄어서 이제는 모두 교회 출석도 간헐적으로 하는 건조한 신앙인이 되었기 때문이라고 말했다.

결론적으로, 가족 내에 기독교인이 있지만 종교적 친밀감을 느끼는 대상은 전혀 없으며, 오히려 자매간에도 종교적으로는 거리감을 느끼고 있었다. 반면, 내담자는 최근 아버지를 전도하기 위한 노력을 시작하였다고 진술했다. 상담사가 특별히 아버지를 전도하려는 이유를 묻자, 자신과 아버지는 비슷한 성향이어서 꼭 신앙을 가져야 하고, 믿으면 잘 믿을 것 같다는 생각이 든다고 말했다.

이미 상담사는 내담자가 그녀의 아버지와 심리내적인 유대가 있다고 평가했다. 즉, 내담자는 완벽주의적인 성향과 원칙을 고수하려는 성향이 강했으며, 남편과 자녀들에게도 그러한 부분을 요구하는 모습이 보였던 것이다. 그리고 그러한 부분이 수용되지 못했을 때 견디지 못하고 힘들어하는 모습도 가지고 있었다. 이것은 어린 시절 아버지의 완벽주의적인 모습을 싫어했음에도 불구하고, 아버지로부터 인정받고자 하는 강렬한 욕구가 있었음을 잘 드러내고 있다. 어린 시절 아버지를 향한 인정욕구는 교회 출석을 통해 얻을 수 있을 자매간의 유대보다 훨씬 강력한 것이었다.

영적 가계도 탐색을 통하여 내담자는 결국 어린 시절 자신이 세 자매에게 가진 죄책감과 자신의 내면에 가장 밑바닥에 자리 잡고 있었던 외로움을 표현하면서 눈물을 흘렸다. 내담자는 결국 그러한 내면 깊숙한 곳에 자리 잡고 있는 죄책감과 외로움으로부터 스스로를 방어하기 위하여 나머지 자매들과 종교적인 유대를 가지기를 거부할 수밖에 없었다. 이뿐만 아니라, 아버지에 대한 끊임없는 인정욕구는 여전히 그가 믿는 종교적 신념과 영성을 형성하는 데에도 지대한 역할을 하고 있다.

그가 믿는 하나님은 아버지의 모습과 닮아 있다. 내담자는 예전에는 자신의 문제를 다른 사람이 알기를 원치 않았으며, 문제가 드러나는 부분에 대해 수치심을 가지고 있었다. 그리고 자신의 힘으로 어떻게든 해결해 보려고 하였으나 뜻대로 되지 않았다. 그래서 무엇인가 의존하고 싶은 마음으로 가까운 교회에 출석하게 되었고, 지금까지 견딜 수 있었던 힘은 신앙의 힘이었다고 말하고 있다. 신앙의 힘이 아니었으면 자신은 아마 지금 어떻게 되었을지 알 수 없다는 것이다.

늘 기도하고 예배를 드리면 마음이 평안하다는 것도, 이유 없이 교회에 있으면 눈물이 나는 이유도 자신이 가족체계 내에서 겪은 외로움과 수치심을 다루는 유일한 출구로 삼고 있기 때문이었던 것이다. 그리고 새벽기도회에 빠지지 않고 있는데, 남편을 놓고 기도하면 하나님이 소명을 보여 주신다고 힘주어 말하고 있다. 그래서 남편을 결코 포기할 수 없다는 것이다. 심리내적으로 아버지에게 향했던 욕구가 그대로 자신의 인내를 시험하시는 듯한 하나님에게로 향하여 있다.

앞서 프레임이 제시한 임상적 질문처럼, 가족원들과 함께 했던 종교적 실천을 찾아보고, 그것으로 인해 경험한 가족 간의 심리적 유대와 갈등을 살펴보는 것은 내담자가 가진 종교성과 영성이 가족체계 내에서 상호작용하는 심리내적인 역동을 탐색하는 데에 그 기초를 제공한다. 또한 내담자와의 상호 협력적인 영적 가계도 작업을 통하여 이러한 역동을 통찰한 내담자는 자연스럽게 종교적인 행위나 전통 배후에 있는 가족체계와 자신의 숨겨진 욕구와 느낌을 스스로 경험하게 된다는 점에서 임상적으로 큰 도움이 된다. 또한 이러한 과정은 이후 내담자의 영적인 진술을 체계적으로 이해할 수 있는 틀을 마련한다.

3) 체계적 접근: 실제적 · 심리내적 · 영적 원인의 상호작용

상담을 처음 찾아온 내담자의 신념과 정서는 '실제적인(practical)' 기원이 있게 마련이다. 예컨대, 자신이 가진 억울함과 우울감은 현재 남편과 시댁과의 갈등에서 비롯된 것이라고 자신이 현재 경험하고 있는 현실에서 직접적 원인을 찾는다. 그러나 상담사가 탐색한 가족체계는 내담자의 현재의 신념과 정서가 세대를 거쳐 온 원가족과의 관계 속에서의 '심리내적인(psychic)' 기원과 톱니바퀴처럼 얽혀 있음을 보여 준다.

내담자가 원가족의 아버지와의 관계에서 인정욕구가 충족되지 않아 심리내적으로 품고 있는 부적절감은 지속적으로 현재의 남편과 시댁과의 관계에서도 반복되어 경험되고 있다. 이때 실제적 원인을 가진 억울감과 분노는 더욱 강화되기 마련이다. 자신의 원가족에서 경험한 내면의 수치심이나 부적절감은 현재의 가족관계에서 더욱 내면 깊숙이 숨겨지게 되고 이를 방어하는 억울함과 분노 감정은 더욱 거세게 경험된다. 인정받지 못할 것 같은 불안, 즉 아버지에게 인정받지 못한 지속된 실패경험에서 비롯된 과도한 불안이라는 심리내적인 원인이 방아쇠처럼 작용하기 때문에, 실제적인 원인으로 경험되는 이혼에 대한 불안과 이를 극복해야 한다는 부담감도 여러 갑절로 배가되기 마련이다.

영성에 대한 체계적 사고는 내담자의 신념과 정서 등이 현재 경험하고 있는 '실제적인' 원인과 과거 원가족과의 '심리내적인' 원인이 절대적인 존재와의 관계의 질을 드러내는 '영적인(spiritual)' 원인을 구성하는 데 있어서 입체적인 톱니바퀴 혹은 망(web)처럼 얽혀 상호작용하고 있다는 패턴으로 이해할 수 있다. 내담자의 경우, 아버지와의 관계에서 겪은 인정욕구에 대한 경험으로 인해 자신 내면에 가지고 있는 부적절감을 부정하고, 새로이 인정욕구를 채우기 위하여 다시금 그는 하나님께 인정받기 위한 강한 욕구를 가지게 된다. 이때 내담자는 하나님으로부터 영적인 음성을 듣는다. 하나님께로부터 온 것이라고 믿고 있는 이러한 음성의 영적인 기원은 과연 어떻게 임상적으로 평가할 수 있을까? 내담자는 다음과 같이 하나님의 음성을 들었다고 진술하였다.

> "하나님 아니면 벌써 이혼했겠지요. 그러나 '땅에서 매이면 하늘에서도 매일 것이요, 땅에서 풀리면 하늘에서도 풀릴 것이다.'라는 수없이 많이 들려온 말씀이 저에게 도전이 되었고, 저는 처음에 기도할 때 '남편이 정말 피를 토하는 심정으로 회개하게 해 주세요.'라고 기도했고 '그래서 정말 하나님께 용서받고 저희 가정이 살 수 있게 해 주세요.'라고 기도했는데, 하나님은 그게 아니시더라고요. 하나님은 '그런데 네가 뭔데 네 남편이 회개했으면 하니. 내가 용서했으면 끝이지.'라고 말씀하시는 것 같더라고요. 그다음에 제 용서는 아무 의미가 없는 거잖아요. 그래서 감사하더라고요. 제가 먼저 용서함으로 제가 죄 짓지 않게 하시는 거고 저한테 기회를 주시는 거잖아요. '네가 용서를 하면 내가 풀겠다.' 하는 음성으로 들리더라고요. 바로 순종하면서 '하나님 제가 용서하지 못하겠지만 용서하겠습니다. 용서하오니 제가 사람이라 시시때때로 미워하는 마음이 올라오고 할 때마다 하나님 제 마음 만져 달라, 그 마음 눌러 달라.'고 이 시간 회개한다고 용서한다고 기도하면서 그래서 남편한테 제가 어떻게 보면 원인은 남편이 제공했지만 내가 먼저 손 내밀어 미안하다고 할까 하고 생각을 참 많이 했어요. '여보, 미안해. 내가 이때까지 당신을 용서하지 못했는데 용서할게.'라고 말이죠."

내담자에게 있어서 자신의 영성의 기원은 절대자와 인과론적으로 연결되어 있다. 즉, 단독자로서 내담자 자신이 하나님과 독대하는 사적인 문제라는 것이다. '네가 용서를 하면 내가 풀겠다.'라고 선포하시는 하나님의 모습은 여러모로 통제와 지배의 원칙으로 무장한 내담자의 아버지의 모습을 띠고 있다. 만약 그렇다면 그러한 아버지에게 충족되지 못했던 인정에 대한 욕구를 다시금 하나님에게서 채우기 위한 노력들을 할 수밖에 없다.

결국 내담자가 가지고 있는 영적인 사고나 신념의 기원은 늘 가족체계의 역동 안에서 볼 수 있어야 한다. 즉, 내담자의 영성은 앞서 언급한 현재의 경험으로부터 오는 실제적인 원인과 과거의 상처에서 비롯된 심리내적인 원인과 상호작용하는 패턴을 보여 준다. 영적인 기원을 체계적으로 보지 못하면, 동일한 기독교를 종교로 가진 상담사의 경우 내담자가 남편을 용서하려는 신앙적인 작업을 종교적으로 지지하게 될 수도 있다.

내담자의 경우, 남편에 대한 신앙적인 용서보다 선행되어야 할 일은 자신이 오래전 아버지와의 관계에서, 그리고 이후에는 남편과 시댁의 관계에서 가지게 된 부적절감과 수치심에 대한 적절한 돌봄과 치유이다. 내담자가 결심한 용서에 대한 선택은 신과의 영적인 기원을 가진 것처럼 보이지만, 용서의 선택은 다시금 자신의 내면 깊숙한 곳에 자리한 부적절감과 수치심을 감추고 억누르기 위하여 진행되고 있는 내적인 대상에 대한 충성심의 표현이기 때문이다.

우선, 상담사가 아버지와의 관계적 경험에서부터 비롯된 내담자의 내면의 부적절감을 어떻게 다루고 공감할 수 있는가가 가장 중요한 관건이다. 그가 어린 시절과 청소년기, 그리고 최근에 선택한 다양한 종교적 결단은 모두 이러한 아버지와의 인정욕구와 자신의 내면 가운데 숨겨져 있는 정서 경험과 연관되어 있다. 예컨대, 자신이 어린 시절 자매들과는 달리 교회 출석을 포기한 일도, 현재 새로이 기독교 신앙을 가지게 된 것도, 그리고 이미 기독교 신앙에 먼저 입문한 자매들과 신앙적 교류를 하지 않은 것도, 그럼에도 불구하고 유독 아버지에게만은 종교적인 회심을 위하여 헌신적으로 기도하고 종교적인 유대를 위하여 노력하는 것도 모두 가족체계 안에서 상호작용하는 그의 영성의 역동적인 모습을 잘 증거하고 있다.

영성의 기원을 실제적 · 심리내적인 원인과 함께 작용하는 체계적 과정으로 이해하는 것은, 영적이고 초월적인 원인을 약화시키거나 절대자와의 관계의 질을 상대화시키지 않는다. 영성의 체계적 접근은 신과의 개인적인 관계의 질을 약화시키기보다는 좀 더 친밀하고 온전한 경험으로 승화시키는 기능을 할 수 있다. 내담자가 예배 중에 느끼는 평안함과 안전감이 충족되어 흘리는 눈물의 힘은 충분한 치료적인 효과가 있다고 볼 수 있다. 다만, 하나님의 음성으로 인식하는 절대자의 용서 요청과 그 요청에 부응하지 못할 때 발생하는 죄책감, 그리고 부적절감의 강화는 상담사가 막아 주고 치료해야 할 임상적 영역이다.

또한 내담자 스스로 자신의 종교적 경험의 체계적 역동을 스스로 깨닫고 난 연후에야 그는 다른 자매들과도 심리적으로뿐만 아니라 영적으로도 보다 내실있는 관계를 가지고, 적극적으로 교류하고 아픔을 공유하는 시도를 할 수 있게 된다. 상담을 통해서 내담자는 자신이 새롭게 체험한 영성이란 과거에 충족시킬 수 없었던 자신의 인정욕구만을 충족시키고, 하나님뿐 아니라 모든 주변 사람들을 만족시켜야 하는 끝없는 인내의 여정이 아니라 현재의 아픔을 함께 나누면서 동행하기 원하시는 하나님의 사랑을 가족체계 내에서도 새롭게 경험하도록 이끄는 역동적인 힘임을 깨닫게 되었다.

5. 종교 · 영성을 다룰 때 상담사가 유의해야 할 점

도허티(Doherty, 2009)는 영성 · 종교에 대한 개입 시 상담사가 유의해야 할 점에 대해 다음과 같이 정리하고 있다. 첫째, 내담자의 종교와 내담자가 선호하는 영적 영역에 대해 잘 알지 못한다면 함부로 질문하지 않는다. 내담자가 마음을 열지 않은 상태라면 그들의 종교 생활에 대한 언급은 내담자가 먼저 진술할 때까지 충분히 기다려 주어야 한다.

둘째, 내담자가 관심을 먼저 보이지 않는다면 상담사가 자신의 영적 믿음에 대해 진술하는 것에 대해 조심스럽게 접근해야 한다. 하지만 때로는 상담사의 적절한 자기 노출이 내담자에게 도움이 될 수도 있다. 예컨대, 이미 내담자가 종교를 가지고 있다는 전이해가 있을 경우, 상담사가 위기대처 방식으로서의 자신의 종교적 대처를 예를 들어 사용할 수 있다.

셋째, 상담사가 내담자의 영성 · 종교에 친숙하다면 상담사는 영적인 자문가이자 공동 탐색자로서의 역할을 수행할 수 있다. 이때, 이 장에서 다룬 것처럼, 내담자가 표방하는 영성의 내용이 강박적인 심리적 기능을 하고 있지 않은지 면밀하게 살펴보는 일이 중요하다.

넷째, 상담사가 내담자의 영성 · 종교에 대해 알지 못한다면, 중립적인 용어(평온, 희망, 사랑, 긍휼 등)를 활용해 영적 이슈들을 드러내어 이야기할 수 있다.

다섯째, 내담자가 자신의 종교의 한 측면만을 바라보고 편견을 가지고 있다면 다른 면을 볼 수 있도록 확장된 영역의 가능성을 보여 준다. 특히, 부부 · 가족상담사는 이 장에서 살펴본 대로 영적 가계도를 통하여 원가족 내 상호 역동을 탐색하고, 내담자의 종교 · 영성이 어떠한 심리내적인 기원과 연결되어 있는지 통찰할 수 있도록 이끌 수 있어야 한다.

여섯째, 내담자의 가족이 서로 다른 종교로 갈등을 갖는다면 가족원이 공유하는 핵심 믿음과 가치를 탐색할 수 있도록 돕는다. 결론적으로, 가족의 종교 · 영성을 다룰 때 부부 · 가족상담사의 가장 중요한 역할은 가족원 개개인이 굳게 믿는 종교적 신념 배후에 얽혀 있는 원가족 내 보상적인 심리적 기능을 안전하게 드러내고, 보다 친밀한 가족관계를 회복하도록 돕는 일이다.

6. 나가는 말

이미 상담 및 심리치료학은 인간에 대한 생물학적 · 심리학적 · 사회학적 모형(biopsychosocial model)에서 생물학적 · 심리학적 · 사회학적 · 영적인 모형(biopsychosociospiritual model)으로 패러다임 변화를 시도하고 있다는 점은 주지의 사실이다. 이러한 변화를 혹자는 인간에 대한 과학적 · 기계적인 이해에서 벗어나 그동안 망각해 온 인간의 초월성이나 신비스러운 역량에 대한 재발견 정도로 볼 수도 있다. 하지만 부부와 가족을 체계적으로 상담하는 전문가에게는 종교 · 영성이 온전한 인간이해를 위한 부가적인 차원이 아니다. 무엇보다 부부 · 가족상담사는 종교 · 영성에 대한 접근을 임상현장에서 훨씬 체계적으로 할 수 있어야 한다.

대부분 개인의 종교는 가족생활과 깊게 연관되어 있고, 절대자와의 사적인 경험이라 할지라도 그 뿌리는 그 개인이 가지고 있는 원가족과의 애착경험과 밀접하게 연결되어 있다. 부부 · 가족상담사는 영성을 단순히 내담자의 종교적 신념이나 인식의 내용으로만 이해해서는 안 되는 이유다. 부부 · 가족상담사가 익히 공부해 온 대상관계이론의 틀에서 보면 원가족과의 관계에서 충족되지 못한 심리내적인 욕구가 그대로 절대자와의 관계에서 재현되는 경우가 다반사이기 때문이다. 이에 내담자의 영성은 그가 가진 종교적 신념의 '내용'뿐 아니라, 내면에서 그를 강박적으로 혹은 방어적으로 행동하도록 이끄는 '기능'을 통합적으로 성찰하는 것이 중요하다.

이미 가계도 작업에 익숙한 부부 · 가족상담사에게 영적 가계도는 유익한 종교 · 영성 탐색의 도구가 될 것이다. 종교적 신념이나 실천, 다양한 영적인 경험에 대한 정보는 가족체계 이해의 폭을 넓혀 준다. 다세대 가족관계에 미치는 종교의 역할뿐 아니라, 가족원 간의 종교 · 영성의 친밀도를 탐색하는 것도 중요하다. 결국 한 개인이 가족체계 안에서 경험하는 심리내적인 욕구와 감정, 분화의 정도는 초기 가족대상뿐 아니라, 종교적 절대자와의 관계에도 밀접하게 연관되어 있기 때문이다. 누구나 가족체계 내에서 유기불안이나 처벌에 대한 공포를 지속적으로 경험한다면, 종교 · 영성 경험에서도 강박적이거나 방어적이지 않은 분화된 자아로서 절대자와 유연한 관계와 친밀감을 경험하는 일이 결코 쉽지 않다. 이에 부부 · 가족상담사야말로 내담자를 보다 다면적이고 온전한 관계경험으로 이끌어 내는 치유와 회복과정에 있어서 가장 중요한 조력자라 하겠다.

참고문헌

권수영(2004). 임상현장의 작용적 신학: 기독교 상담의 방법론적 정체성. 한국기독교상담학회지, 7, 100-123.

권수영(2006). 기독(목회)상담에서의 영성 이해: 기능과 내용의 통합을 향하여. 한국기독교신학논총, 46, 251-275.

권수영(2010). 영성과 가족체계: 가계도의 목회적인 활용에 관한 연구. 신학논단, 62, 31-55.

김승동, 김용환(2015). 영적 가계도 활용에 관한 연구. 영성과 사회복지, 3(1), 51-79.

김혜경(2011). 부모의 기독교신앙 유무와 양육태도에 따른 청소년 자녀의 자아존중감 차이. 성결심리상담, 4, 129-150.

김혜순(2009). 집착 정도와 불교이해도가 부모 효능감에 미치는 영향: 불교유아교육기관에 재원하고 있는 유아들의 어머니들을 중심으로. 한국불교학, 53, 359-387.

박준성, 박은미, 정태연(2009). 종교성이 일반적 신뢰, 자기-효능감 그리고 생활만족도에 미치는 영향. 종교연구, 55, 159-190.

변경애, 김순옥(2001). 개신교 기혼여성의 종교활동이 가족원의 관계 만족도에 미치는 영향. 한국가정관리학회지, 19(5), 33-49.

송현동(2008). 가족구성원의 종교분포가 가족 갈등에 미치는 영향. 종교연구, 50, 77-97.

우원규, 김수연(2015). 배우자 선택시 고려하는 종교의 의미. 가족과 문화, 27(3), 101-125.

윤혜영, 김근향(2015). 다차원적 종교성/영성척도 단축형 한국어판의 타당화. 한국융합학회논문지, 6(5), 257-274.

이문기(2017). 영성과 종교에 대한 상담심리학자의 인식과 실천: 한국상담심리학회 상담심리전문가를 대상으로. 목회와 상담, 29, 133-165.

정연득(2011). 종교중독에 대한 목회신학적 대응-정신분석학과 몸의 신학의 관점에서. 신학과 실천, 26(2), 45-78.

최민영, 최은영(2016). 알코올과 종교중독 성향 사례 분석: 기독교 상담과 투사적 동일시를 중심으로. 상담학연구 사례 및 실제, 1(2), 25-52.

한국갤럽조사연구소(2015). 한국인의 종교 1984-2014. 한국갤럽조사연구소.

한내창(2010). 가족 내 종교 환경과 종교적 사회화. 한국사회, 11(1), 3-23.

Abels, S. L. (2000). *Spirituality in social work practice: Narratives for professional helping* Love Publishing.

Arterburn, S., & Felton, J. (2001). *Toxic faith: Experiencing healing from painful spiritual abuse.* Waterbrook Press.

Barnum, B. S. (2010). *Spirituality in nursing: The challenges of complexity.* Springer.

Canda E. R., & Smith, E. D. (2001). *Transpersonal perspectives on spirituality in social work.* Haworth Press.

Cook, C. (2015). Religion and spirituality in clinical practice. *BJPsych Advances, 21*(1), 42–50.

Currier, J. M., Holland, J. M., & Drescher, K. D. (2015). Spirituality factors in the prediction of outcomes of PTSD treatment for U.S. military veterans. *Journal of Traumatic Stress, 28,* 57–64.

Doherty, B. (2009). Morality and spirituality in therapy. In F. Walsh (Ed.), *Spiritual resources in family therapy*. The Guilford Press.

Fallot, R. D. (2007). Spirituality and religion in recovery: Some current issues. *Psychiatric Rehabilitation Journal, 30*(4), 261–270.

Fallot, R. D., & Heckman, J. P. (2005). Religious/spiritual coping among women trauma survivors with mental health and substance use disorders. *Journal of Behavioral Health Services & Research*, *32*(2), 215–226.

Fincham, F. D., & Beach, S. R. H. (2014). I say a little prayer for you: Praying for partner increases commitment in romantic relationships. *Journal of Family Psychology, 28*(5), 587–593.

Frame, M. W. (2000). The spiritual genogram in family therapy. *Journal of Marital and Family Therapy, 26*(2), 211–216.

Haug, I. E. (1998). Spirituality as a dimension of family therapists' clinical training. *Contemporary Family Therapy: An International Journal*, *20*(4), 471–483.

Kenneth, I. P., & Brant, C. R. (1998). Religion and coping. In H. G. Koenig (Ed.), *Handbook of religion and mental health* (pp. 112–128). Academic Press.

Koenig, H. G. (2015). Religion, spirituality, and health: A review and update. *Advances in Mind-Body Medicine, 29*, 19–26.

Kress, V. E., Newgent, R. A., Whitlock, J., & Mease, L. (2015). Spirituality/religiosity, life satisfaction, and life meaning as protective factors for nonsuicidal self-Injury in college students. *Journal of College Counseling, 18,* 160–174.

Labbé, E. E., & Fobes, A. (2010). Evaluating the interplay between spirituality, personality and stress. *Applied Psychophysiology and Biofeedback, 35*(2), 141–146.

Lambert, N., & Dollahite, D. (2006). How religiosity helps couples prevent, resolve, and overcome marital conflict. *Family Relations, 55*(4), 439–449.

Marks, L. (2004). Sacred practices in highly religious families: Christian, Jewish, mormon, and muslim perspectives. *Family Process, 43,* 217–231.

Sims, A. P., Powell, A., & Cook, C. (2009). *Spirituality and psychiatry*. RCPsych Publications.

Tam, E. P. C. (2006). Satir model of family therapy and spiritual direction. *Pastoral Psychology, 54*(3), 275–287.

Walsh, F. (2009). *Spiritual resources in family therapy, Second Edition.* Guilford Press.

Walsh, F. (2010). Spiritual diversity: Multifaith perspectives in family therapy. *Family Process, 49*(3), 330-348.

Westgate, C. E. (1996). Spiritual wellness and depression. *Journal of Counseling and Development: JCD, 75*(1), 26-35.

제 3 부

부부 · 가족상담: 한국에서 다양한 가족으로 살아가기

제12장

재혼 가족

재혼 가족의 수적인 증가와 재혼 가족이 가지는 문제의 복합성으로 인해 재혼가족상담에 대한 관심이 급증하고 있다. 재혼 가족의 경우, 외견상 초혼 가족과 비슷하지만 사정과 개입의 목표, 방법 등에서 재혼 가족이 가진 특성을 고려하여 주의를 기울여야 한다. 이 장에서는 재혼가족상담에 임하는 상담사가 알아야 할 이론적 지식과 더불어 재혼가족상담의 각 단계별 개입에 대해 살펴보려 한다. 또한 재혼 가족의 사정방법, 중요한 개입기술, 상담 시 주의할 점 등에 대해 살펴본다.

1. 재혼 가족에 대한 이해

1) 재혼 가족의 실태와 문제점

재혼이란 최소 한 명 이상의 배우자가 이전에 결혼 경험이 있는 경우를 말하는데, 재혼 가족은 이를 통해 이루어진 가족을 말한다. 1990년만 해도 재혼은 전체 결혼의 10% 정도였으나, 2023년 현재 전체 결혼 건수의 1/5(22.7%) 정도가 재혼이다. 우리나라의 재혼율은 이혼율과 동반 상승하여 2005년 26.1%로 정점에 도달한 후, 현재는 안정세를 보이고 있다(통계청, 2024). 예전에는 사별 후 재혼이 많았으나 현재는 이혼 후 재혼이 훨씬 많아, 2005년 기준 이혼 후 재혼자가 사별 후 재혼자에 비해 남성은 7.25배, 여성은 7.7배나 많다(우해봉, 2012).

오늘날 가장 많은 재혼의 형태는 친자녀가 있는 여성이 결혼 경험이 있거나 없는 남성과 재혼하는 경우인데, 이러한 경향은 서구와 유사하다(Bray, 2005). 우리나라의 경우, 1995년을 기점으로 재혼 여성과 초혼 남성 커플의 수가 초혼 여성과 재혼 남성의 커플 수보다 많은 현상이 지속되고 있다(통계청, 2024).

재혼 가족은 외견상 초혼 가족과 유사해 보이지만 실상은 초혼 가족과 상당히 다른 어려움을 안고 있다. 가장 큰 차이는 전혼(前婚)자녀의 존재로 인한 것이다. 이 외에도 전 배우자 및 인척들 간의 관계, 양육하지 않는 전혼자녀 등 복합적인 가족구성은 초혼과는 다른 어려움을 만들어 낸다. 재혼자 실태조사가 많지 않은 가운데, 한국결혼문화연구소(2007)가 전국 223명의 이혼 후 재혼자들을 전화 조사한 결과에 따르면, 재혼 생활의 저해요인으로는 자녀 관련 문제가 32%로 가장 많았으며, 그 외에 배우자 관련(17%), 본인 관련(15%), 경제문제(14%) 등에서 어려움을 겪는 것으로 나타났고, 친인척(11%)과 전 배우자(11%) 등이 재혼 생활의 저해요인으로 나타나기도 하였다. 같은 연구에서, 재혼한 이혼자들은 재혼의 이유로 상대에게 호감을 느낀 것 외에, 외로움, 자녀에게 부모가 필요해서, 경제적 어려움 때문에, 혹은 이혼자에 대한 사회적 편견을 피하기 위해서 등을 재혼 결정 이유로 들었다. 이러한 재혼에 대한 결혼기대는 재혼의 복합적인 속성상 충족이 쉽지 않은 측면이 있어 재혼 후의 갈등으로 이어질 수 있다.

2) 재혼가족상담의 필요성

재혼 가족에 대한 공적 관심은 매우 희박한 편이다. 전국 규모의 신뢰할 만한 재혼실태조사가 이루어지지 않았고, 재혼 가족을 위한 공공서비스는 한부모 가족이나 조손 가족 등에 대한 서비스를 공론화시키는 것에 비해 턱없이 부족하다. 이러한 현상의 바탕에는, 재혼 가족은 양부모가 있는 가족이므로 초혼 가족과 같은 범주로 볼 수 있다는 '재혼 가족에 대한 초혼 모델 적용'이 공공 부분에서도 만연되어 있기 때문이 아닌가 생각된다.

재혼 가족은 초혼 가족에 비해 복합적 구조를 가지고 있기 때문에 초혼 가족과 동일하게 부부관계나 부모-자녀 관계를 영위하려고 할 때 난관에 부딪히게 된다. 이것은 옳고 그름의 문제가 아니라 다름의 문제에 해당한다. 재혼 가족은 시작 전부터 초혼과는 다른 결혼 예비교육이 필요하며, 가족문제 발생 원인도 상이점이 있기 때문에 부부 · 가족상담에서도 초혼과는 다른 모델로 접근해야 한다.

서구의 임상가들에 따르면, 재혼 가족이 당면하는 대부분의 문제는 예방이 가능하다

(Ganong & Coleman, 1994). 즉, 예비 재혼 가족 및 재혼 가족에게 필요한 시의적절하고 전문적인 개입이 이루어질 때, 재혼 가족은 그 구성원의 다양성과 경험의 다양성으로 인해 더 큰 성장 잠재력과 융통성이라는 강점을 발휘할 수 있다. 따라서 재혼 가족의 독특성에 초점을 맞춘 개입, 이들의 강점을 발견하고 강화하는 개입이 필요하다.

2. 개입방법에 대한 이론적 근거

"재혼 가족은 결손이 있는 초혼 가족의 부속품을 갈아 끼우는 것이 아니라 전혀 새로운 가족문화를 창조하는 것이다"(Ganong & Coleman, 1994). 양부모와 자녀의 외형이 동일하다고 해서 재혼 가족에서도 초혼 가족과 같은 방식의 관계 맺기가 이루어지는 것은 아니다. 이 절에서는 재혼 가족의 특성에 대한 연구들을 고찰하고자 한다.

1) 재혼 부부관계의 특성

재혼 부부관계는 다음과 같은 특성을 지닌다.

첫째, 재혼 부부의 경우 최소 한 명은 사별이든 이혼이든 이전 결혼에서의 아픔과 상처를 안고 있기 때문에 부부간의 친밀감과 신뢰 구축에서 초혼보다 더 복합적인 과정을 거친다. 이전 관계에서의 상실감에 대한 애도, 이전 배우자에 대한 애착의 정리가 필요하다. 또한 이전 결혼관계에서 심한 상처를 입었을 경우, 재혼한 배우자를 전폭적으로 신뢰하는 것이 쉽지 않다. 이러한 감정 정리에는 이혼이나 사별 후 최소한 2년 정도가 소요되는 것으로 알려져 있다. 따라서 이혼에서 재혼까지의 기간이 짧고, 부정적 감정이든 아쉬움이든 전 배우자에 대한 강렬하고 해결되지 않은 감정이 남아 있을 경우, 재혼 부부의 적응이 더 어렵게 된다(McGoldrick & Carter, 1988).

둘째, 재혼 부부는 초혼 부부에 비해 경제적인 공유가 쉽지 않을 수 있으며, 자산의 분배 등에서 공평성의 이슈가 갈등의 원인일 수 있다. 재혼 가정의 경우, 이전 결혼에서 종결되지 못한 채무, 재산처분, 자녀양육비 지원, 확대가족 지원 등에 대해, 그리고 둘 사이에 낳은 자녀(mutual child), 새자녀(stepchild)[1], 친자녀를 위해 누가 누구에게 어느 정도를 지출하는가에 대해, 그리고 부부 사이 돈 관리의 투명성 등에 대해 결혼 초에는 의견이 불일치하고 서로에 대해 신뢰하지 못하는 것이 일반적이다(최규련, 2015). 재혼한 아내에게 남편의 통장관리를 다 맡기는 경우도 한국의 보통 초혼 가정에 비해 많지 않다. 재산의 완전한 공유가 이루어지지 못하는 이러한 상황은 서로에 대한 완전한 신뢰가 어렵다는 의미로 받아들여지기도 하여, 재혼 부부의 유대감 형성을 저해한다. 일반적으로 경제적 공유를 하는 재혼 가정이 공유하지 않는 가정보다 더 만족도가 높은 것으로 나타나지만, 이것은 각 가정의 형편에 따라 유동적으로 선택하는 것이 바람직한 것으로 알려진다(Papernow, 2015).

셋째, 재혼 부부 사이에 '그의 자녀' 혹은 '그녀의 자녀'가 존재할 경우, 이것이 부부적응에 걸림돌이 되는 경우가 많다(Ganong & Coleman, 1994; 김종숙 역, 2003). 초혼과 달리 자녀가 포함된 재혼은 부부관계보다 부모-자녀 관계가 먼저 시작되었기에 '신혼기'가 없다. 결혼 초기에 부부가 성적으로, 역할적으로 적응해 나가면서 부부의 친밀감을 공고히 형성하는 것은 이후 가족관계의 토대가 되는 중요한 발달과업이다. 그러나 자녀와 함께 시작하는 재혼 가족의 경우 결혼 초기의 결혼만족이 낮으며(Bray, 2005), 그로 인해 친부모-자녀-새부모의 삼각관계가 생길 가능성이 높고, 이로 인한 문제 발생 가능성도 크다.

넷째, 이혼 후 재혼을 한 부부의 경우, 과거의 실패를 반복하지 않기 위해 재혼 생활에서 나타나는 갈등을 애써 덮고 넘어가려는 의사 상호성(pseudo-mutuality)을 보이는 경우가 있다. 즉, 배우자나 자녀 관계에서 갈등 상황이 발생했을 때 자신의 부정적인 감정을 드러내는 대신, 문제를 부인하고 근거 없이 낙관하면서 상호 간에 필요한 의사소통을 억제하여 부부간에 오해와 불만이 쌓이게 만들고 해법을 모색하지 못하게 만들 수 있다. 이러한 의사 상호성은 가족 안에 문제를 둘러싼 의사소통의 기회를 박탈하면서 긴장과 갈등이 IP의 증상으로 나타나게 될 때까지 축적하는 기능을 하게 된다.

다섯째, 재혼 가족은 부부관계에 대한 관심과 부모-자녀 관계에 대한 관심이 균형을 이루는 것이 필요하다. 재혼 가족은 전혼 자녀의 존재, 전 배우자와 인척 등과의 관계, 사회적 편견 등으로 인해 많은 어려움이 있지만, 그래도 부부관계 만족도가 높을 경우에는 이러한 어려움을 극복하고 가족으로 성장해 나갈 수 있는 토대가 마련된다. 그러나 부부관계가 좋다고 해서 자녀문제가 저절로 해결되는 것은 아니다. 초기 재혼 연구가들(유계숙 외, 1998; Visher & Visher, 1996)은 재혼 가정에도 초혼 가정의 모델을 적용하여 부부관계의 확립에 주력하였다. 그러나 부부관계에만 몰입할 경우, 재혼 가정의 자녀에 대한 보살핌이 간과되는

1) 일반적으로 'stepchild'를 계자녀, 'stepparent'를 '계부모'라고 번역한다. 그러나 우리 문화에서 계자녀, 계부모라는 단어에 동반된 사회적 편견 등을 고려해 여기서는 '새자녀' '새부모'라는 용어를 사용하고자 한다.

경우가 있으며, 이것은 한창 보살핌이 필요한 연령대의 아동에게 특히 어려움을 가중 시킨다. 따라서 재혼 가족의 경우, 부부관계와 부모-자녀 관계에 대한 관심이 나란히 가는 것이 필요하다(Papernow, 2015).

2) 재혼 가족 부모-자녀 관계의 특성

재혼 가족에서는 새부모-새자녀 관계만이 문제가 되는 것은 아니다. 친부모-자녀 관계도 한부모 가족 시절과는 다른 변화가 일어난다. 재혼 가족 부모-자녀 관계 특성은 다음과 같다.

첫째, 재혼 가족 자녀들은 두 가정의 성원으로 소속되어 있기 때문에 소속감과 충성심의 갈등이 생길 수 있다. 아동의 친부모가 두 개의 가정으로 나뉘어 존재한다는 점에서 재혼 가족구조를 '이중핵가족(bi-nuclear family)'이라고 부르기도 하는데, 이런 구조하에서 아동은 '보이지 않는 충성심(invisible loyalty)' 문제에 직면한다. 자녀의 충성심 갈등은 자녀의 연령이 어리거나 남자아이일 경우가 자녀가 청소년이면서 여아일 경우보다는 쉽다고 알려진다(Papernow, 2015). 즉, 충성심 갈등으로 가장 어려움을 겪는 자녀 집단은 여자 청소년인 셈이다. 새부모-새자녀 관계는 유대 형성을 위한 시간과 의도적 노력이 더 요구된다. 그러므로 새자녀에게 '엄마'나 '아빠'와 같은 호칭을 강요하고, 새부모에게 친자녀를 대하는 것과 같은 다정함과 훈육자로서의 역할을 기대하는 것은 피차간에 좌절감과 죄책감을 더할 뿐이다. 새부모 입장에서는 친부모의 존재로 인한 질투나 비교의식 같은 것이 생길 수도 있다. 그러나 친부모를 아동의 기억이나 삶에서 인위적으로 배제하려는 노력은 부작용을 낳을 뿐이다. 그럴 경우, 아동은 보지 못하는 친부모를 더욱 이상화하여 기억하게 되므로 그것은 새부모-새자녀 간의 관계형성에 도움이 되지 못한다(Papernow, 2015).

둘째, 재혼 가족에서는 아내 혹은 남편이 자신의 친자녀와 연합하는 삼각화가 발생하기 쉽다. 전혼 자녀의 존재는 재혼 부부에게 신혼기를 박탈하며, 취약한 부부유대감은 낮은 결혼만족으로 이어진다. 전혼 자녀에 대한 배우자의 태도와 행동에 대한 불만은 재혼 부부관계가 악화되는 중요한 요인이 되는데, 이때 부부 사이의 불안요소를 자신의 동거 친자녀에게 투사하면서 자녀와 삼각화가 일어나게 된다. 친부모가 아동과 비밀을 공유하고 한편이 되면서 새부모를 소외시키고 비난할 때, 가족 내 위계질서가 깨지고 부부갈등이 생긴다. 반대로, 재혼이 또 실패할까 봐 불안한 나머지 친자녀가 배우자의 눈 밖에 나는 행동을 하게 되면 과도하게 처벌하거나, 친자녀를 지나치게 보살피지 않는 등의 또 다른 감정반사적 행동이 일어나기도 한다. 이러한 삼각화 과정은 다시 재혼 부부의 적응에 장애물이 되는 악순환으로 반복되게 된다.

셋째, 재혼 부부의 경우 새부모와 친부모 모두 역할의 모호성 문제가 있다. 재혼 부부간에 새자녀나 친자녀에 대한 부모로서의 역할기대가 무엇이며 실제로 본인이 무엇을 할 수 있을 것인지에 대한 명확한 의사소통과 합의가 없기 때문에 역할모호성이 크며, 이것이 부부관계와 부모-자녀 관계 모두에 악영향을 미친다. 부모역할의 모호성 와중에 작동하는 것이 초혼모델이다. 새부모든 친부모든 재혼 초기부터 새부모가 초혼 가정의 엄마역할, 아빠역할을 해야 하고, 또 '노력하면' 할 수 있다고 생각하지만 그것은 사실이 아니다. 재혼 가족의 새부모뿐 아니라 친부모도 부부간에 부모로서의 상호 역할기대의 세부적인 것까지 배우자 및 자녀와 의사소통하고 협상하여 부모로서의 역할을 명확히 하는 것이 필요하다.

넷째, 재혼 부모는 양육방식 차이로 인한 갈등이 초혼 부부에 비해 심하다. 초혼의 경우, 부부가 다른 양육태도를 가지고 있다 하더라도 자녀의 성장과 더불어 서로 간에 조율되는 과정을 거치기 때문에 자녀도 양육태도의 불일치로 인한 혼란을 급격히 경험하는 일이 없다. 그러나 재혼 가족의 경우 이 모든 불일치와 갈등이 한꺼번에 일어나게 된다. 새자녀에게는 '익숙한 양육방식'이 이미 존재하는 상황에서 새부모의 다른 양육방식을 받아들이는 것이 새자녀와 그의 친부(모)에게는 어려운 일이 된다. 일반적으로, 새부모-새자녀 관계가 온정적이고 신뢰하는 관계로 구축되기 전까지는, 심지어는 수년 동안이라도 자녀에 대한 직접적 훈육은 친부모가 하도록 하면서, 새부모는 친부모와 훈육관련 의논을 하는 것이 바람직하다는 것이 전문가들의 일관된 의견이다(Papernow, 2015).

다섯째, 새부모-새자녀 관계는 법적으로 애매한 관계이다. 가족법상, 새자녀는 새부모에게 '배우자의 자녀'라는 행정적 지위를 가진다. 새자녀의 성은 동거하는 새아버지나 새형제자매와 다르다. 형제자매와 성씨가 달라 친구들에게 재혼 가족의 새자녀인 것이 드러나는 것을 두려워하여 새아버지의 성으로 변경하기도 한다.[2] 그리고 이렇게 성을 바꾸는 과정은 그 자체로 아동에게 상처가 될 수 있다. 새자녀를 새부모와 법적 부모-자녀 관계로 만들어 주는 제도가 친양자제도인데, 새자녀를 친양자로 들인 후에 재혼 부부가 다시 이혼을 하게 되면 새자녀에 대한 양육비를 지급하는 등 친자녀에게 지는 책임과 동일한 책임을 져야

2) 새자녀가 새아버지와 같은 성으로 바꾸어도 가족관계증명서에는 여전히 친부가 '부'로 표시되기 때문에 친족관계에는 변함이 없고, 계부의 재산을 상속받을 수도 없다. 새아버지가 아동을 친양자로 입양할 경우, 친부와의 법적관계가 완전히 끊어지고 상속관계도 정리되며, 성과 본도 자동적으로 변경되게 된다.

한다. 따라서 친양자로 입적시키는 일에 새부모는 신중을 기할 수밖에 없다. 이렇게 애매한 법적 상태로 '친부모의 배우자'와 동거하고 있는 새자녀들은 정체성에서나 심리적 안정감에서, 그리고 돌봄의 측면에서 모호하고 불안정한 상황에 놓여 있는 경우가 많다.

여섯째, 재혼으로 맺어진 새형제자매 관계가 가지는 특징도 있다. 재혼으로 인해 형제 서열의 변화를 경험하고, 문화적 · 경제적 차이로 생기는 경쟁심이나 열등감을 경험하며, 공간 사용이나 용돈 문제로 갈등을 겪게 되기도 한다(최규련, 2015). 부부의 연령차가 클 경우에는 자녀들의 연령도 큰 차이가 날 수 있고, 또 재혼 부부 사이에 새로 태어난 자녀는 다른 형제들과 연령 차이가 훨씬 많이 날 수 있다. 친부모가 다르기 때문에 형제자매 사이에도 연합이나 편 가르기가 생길 수 있다. 또한 연장자인 새자녀(특히 딸인 경우)에게 재혼 부부 사이에 새로 태어난 자녀의 돌봄을 위탁하는 경우가 있는데, 이때 새자녀는 자신의 불안정한 가족 내 위치 때문에 동생 돌보기가 싫어도 어쩔 수 없이 해야 하는 상황에서 그 동생에 대해 복합적인 감정을 느끼기도 한다.

3) 재혼 가족의 발달단계별 특성

(1) 재혼 가족의 발달과정

재혼 가족은 형성과 더불어 가족으로서의 발달과정을 거치게 된다. 일반적으로 재혼 가족은 결혼 첫해가 가장 어려움이 많다고 하며, 첫 2년 동안이 이혼위기가 가장 높은 기간으로 알려져 있다(Bray, 2005). 재혼 부부의 경우, 이러한 초기 적응의 어려움으로 인해 결혼만족도가 낮게 시작하여 이후 높아지는 경향을 보인다고 한다(Bray & Berger, 1993: Bray, 2005에서 재인용). 일반적으로 초혼에서는 결혼 만족이 높다가 이후 낮아지는 추세를 보이는 것과 반대현상이다.

페이퍼나우(Papernow, 1993)는 재혼 가족에 대한 발달론적 관점을 가지고 재혼 가족이 다음과 같은 7단계를 거쳐 하나의 건강한 가족으로 성장해 나간다고 보았으며, 각 단계별로 수행해야 할 과제가 있다고 하였다(〈표 12-1〉 참조). 가족이 순조롭게 각 단계를 밟아 나가는 중이라면, 상담사는 그 가족이 겪는 어려움을 정상화하고 그 시기를 보다 잘 겪어 나갈 수 있도록 도와주면 된다. 만일 내담자 가족이 특정 단계에서 더 이상 진전하지 못하고 혼란에 빠져 있다고 생각되면 상담사는 내담자 가족이 거기서 빠져나올 수 있도록 도와주는 역할을 해야 한다.

표 12-1 재혼 가족 발달의 7단계와 단계별 수행과제

단계	특징	발달과제
1.환상 (fantasy)	이제 가족이 되었으니 금방 사랑할 수 있을 거라고 기대	• 당면 문제에 대한 인식 • 주변에 자신을 이해해 주는 사람 확보하기 • 가족원과 신뢰에 기반한 일대일 시간 갖기 • 친부모 조력자로서의 새부모 역할하기 • 친부모와 새부모, 전혼 자녀 모두의 욕구 파악하기
2.몰입 (immersion)	불편함이 느껴지고 긴장과 갈등이 나타남	
3.인식 (awareness)	구성원들이 새로운 체계 속에서 자신과 서로에 대해 알게 됨	
4.동기화 (mobilization)	차이로 인한 어려움에 대처하기 시작	• 공평하고 건설적으로 싸우는 법 배우기 • 가족의 새로운 규칙과 전통 세우기 • 가족행사 계획하기
5.행동 (action)	커플관계가 강화되고 가족 내 응집력이 커짐	
6.접촉 (contact)	새부모-새자녀 관계가 더 가깝고 진정성이 있고 안정감이 생김	• 성숙한 새부모로서의 역할 확인하기 • 충성심 갈등의 재등장을 적극적으로 줄이기 • '우리'라는 의식을 느낄 수 있도록 가족 시간 갖기
7.해결 (resolution)	구성원이 자신들의 재혼 가족을 신뢰할 만하고 돌봄을 받는 것으로 경험하게 됨	

출처: Papernow(1993): 정현숙 외(2001)에서 인용된 내용을 발췌하여 표로 재구성함.

(2) 청소년이 있는 재혼 가족의 어려움

재혼 가족 중에는 청소년기에 속한 자녀가 있는 가족의 어려움이 가장 큰 것으로 알려져 있다(지승희 외, 2012). 재혼 가족이 어느 정도 안정기에 접어들었다 할지라도, 자녀가 청소년기에 진입하면서 이전에 수년간 잘 적응하던 자녀가 어려움을 표출하는 경우가 종종 있다. 즉, 청소년이 된 자녀가 부모의 과거 이혼이나 이미 적응된 줄 알았던 현 재혼 가족과의 생활에서 문제를 표출하는 경우가 있다. 이는 4~6세에 부모의 이혼을 경험한 자녀가 청소년이 되어서야 그것에 대한 현실적 인식을 하기 시작한다는 '잠복기 효과(sleeper effect)'와도 비슷한 것이다(Bray, 2005). 재혼 가족 안에서 청소년 자녀가 보이는 이러한 어려움은 청소년의 인지발달이나 자아정체감 혼란과 관련이 있는 것으로 보인다.

재혼 가족의 새자녀들 중, 특히 청소년기 자녀는 발달단계적 특성으로 인해 정서적 어려움을 더 심하게 경험하는 것으로 알려진다. 새자녀 중 상당수는 수년 전에 이미 부모의 이혼으로 인해 버려진 것 같은 경험을 하였으며, 한부모 가족에서 돌봄의 결핍을 경험하거나, 조부모나 친척에게 위탁 양육되는 등 안정적인 보살핌을 받지 못한 경우도 있다. 새자녀의 신분으로 새부모와 관계를 맺기는 하지만, 초기 재혼 적응과정에서 재혼 부모 간의 갈등이 발생하면, 마치 자신이 그 갈등의 원인 제공자인 것 같은 생각에 또다시 버려질 것 같은 두려움을 안게 된다. 새자녀의 정서적인 어려움을 지원해 줄 만한 친부모의 안정적인 보호와 사랑이 없을 경우, 특히 청소년기에 있는 새자녀는 자살이나 비행, 가출 등의 행동문제와 학교 부적응, 우울이나 불안과 같은 정서적 문제를 경험하게 된다(지승희 외, 2012).

청소년이 있는 재혼 가족의 또 다른 어려움은 성과 관련된 것이다. 일반적으로 재혼 가족 내 자녀가 성학대의 위험이 더 높은 경향이 있는데, 이 경우 주로 새부모나 새형제자매를 포함한 비혈연 친족에 의해 성학대가 저질러진다. 따라서 재혼 가족을 상담할 때, 필요하면 청소년 자녀의 옷차림, 새부모–새자녀 간의 사적인 경계 설정 등이 필요함을 알려 주어야 하며, 이런 문제를 드러내 놓고 말하는 상담사의 행동은 '있을 수 있는 염려'를 줄이는 방법이 되기도 한다(Bray, 2005).

(3) 재혼 가족 안에 존재하는 발달단계의 상이성

재혼 부부의 경우, 부부간에 개인발달단계 및 가족생활주기가 상이한 경우가 많아 부부 적응에 장애가 된다. 예를 들어, 청소년 자녀를 데리고 독신이었던 30대 여성과 재혼한 남성은, 재혼 부부로서는 신혼기이지만 가족의 주기로는 청소년 자녀기에 속하며, 남편은 중년기, 아내는 성인기 발달단계에 있을 수 있다. 재혼 가족의 이와 같은 독특성은 예비사회화의 측면과 역할기대의 측면에서 서로에게 부담과 어려움이 된다.

특히 자녀 양육의 경험이 전혀 없는 사람이 재혼으로 갑자기 십대 자녀의 부모가 되는 것과 같은 발달주기의 상이성은, 그 개인에게는 심각한 도전이 되며, 부부간의 상호 이해와 배려가 이루어지기 어렵게 만든다. 초혼 부부의 경우, 결혼 초부터 임신, 출산, 양육을 함께 거쳐 가면서 부부와 부모로서의 성숙을 함께 발달시켜 나가기 때문에 자녀의 출산과 양육으로 인한 부모 자신의 성숙과 동료애가 공유되기 쉽다. 반면에 재혼 부부의 경우, 부부의 인간발달주기나 가족생활주기가 상이한 경우가 많으며, 상이성이 클수록 적응의 어려움도 커지게 된다(McGoldrick & Carter, 1988).

3. 단계적 개입전략

이 절에서는 재혼가족상담을 초기, 중기, 종결기로 나누어 각 단계별 개입에 대해 알아보고자 한다.

1) 초기 상담

초기 상담의 여러 측면 중 여기에서는 가족사정을 하는 방법과 상담목표 설정에 대한 부분을 살펴본다.

(1) 가족사정

① 가족의 경계

재혼 가족의 경우, 가족원마다 누구를 가족이라고 생각하는지에 있어서 다소 차이가 있다. 자녀, 새자녀, 전혼 배우자, 비동거 자녀, 이전 시(처)가, 현재 시(처)가 등과의 접촉과 교류 정도, 이들과의 관계방식, 이전 결혼과 연결되는 경제 부분, 자녀에 대한 새부모-친부모의 협력 정도 등을 평가한다. 특히 가족원 사이에 존재하는 가족경계에 대한 불일치가 어떤 형태로 존재하는지 파악할 필요가 있다.

② 재혼 가족의 형성과정

내담가족이 재혼 가족을 형성한 과정을 다음과 같은 측면에서 파악한다.

- 혼자가 된 원인이 이혼 때문인가 아니면 사별 때문인가?
- 혼자가 된 이후 몇 년이 지나서 현재의 배우자를 만나게 되었는가?
  : 혼자가 된 후 새 배우자를 만나게 된 시점이 너무 짧을 경우, 전혼과 관련된 미해결된 과업이 제대로 해결되었을지 의문을 가져 볼 수 있다.
- 현재의 배우자를 만나게 된 통로는 어떤 방법이었으며, 그 방법이 현재 부부에게 어떤 함의를 가지는가?
  : 새 배우자는 예전부터 알던 사람인가? 혹시 전혼이 종료되기 이전부터 외도관계를 맺어 온 사람인가?
- 재혼 결정에 대해 자녀는 어떤 방식으로 그 사실을 알게 되었는가?
  : 자녀가 친부모를 통해 재혼 결정에 대해 정중하게 전달받지 못하고 우연히 알게 되었거나 재혼 직전에 일방적으로 통보받게 되는 경우, 새자녀는 새부모를 맞이할 마음의

준비를 하기가 쉽지 않다.

- 가족은 재혼 이전에 어떤 준비과정을 거쳤는가?
  : 재혼 부부들이 재혼 전에 재혼생활을 현실적으로 설계하였는가, 혹은 성적 교류와 동거가 먼저 시작되었는가?
- 재혼 부부 관계의 결혼 초기 적응과정은 어떠하였는가?
  : 재혼의 초기 적응기가 부부간 적응에 도움이 되었는가, 혹은 상호적응이 결여된 채 새 부모 역할 등으로 스트레스가 고조되었는가?

③ 자녀 양육 관련 어려움

자녀 양육과 관련된 어려움은 재혼 가족의 가장 큰 이슈 중의 하나이며, 이 부분에 대한 자세한 사정이 필요하다. 다음과 같은 측면을 염두에 두고 자녀 양육 관련 어려움을 알아본다.

- 부모역할에서의 역할 모호성에 대한 의사소통이 어느 정도 되고 있는가?
- 역할기대는 현실적인 것인가?
- 역할기대가 좌절될 때 나타나는 결과는 무엇인가?
- 즉각적 사랑의 신화는 어떻게 작동하고 있는가?

④ 가족의 체계론적 특성

다음과 같은 부분에서 가족의 체계론적 특성을 알아본다.

- 부부간의 위계구조는 어떠한가?
- 누가 권력을 더 많이 가지고 있으며, 그 이유는 무엇인가?
- 친부모자녀-배우자 간의 삼각관계가 존재하는가?
- 가족의 응집성 수준과 적응성 수준은 어떠한가?
- 문제를 둘러싼 순환적 연결고리는 어떠한가?

(2) 상담목표 설정

재혼 상담은 재혼결정 관련 상담, 재혼 준비를 하는 과정에서 이루어지는 상담, 그리고 재혼을 한 상태에서 나타나는 문제에 대한 상담으로 나뉜다. 각각의 경우에 적용되는 상담목표는 〈표 12-2〉와 같다.

표 12-2 재혼의 각 단계별 상담목표

재혼 결정 단계에서의 상담목표
• 전혼과 전 배우자에 대한 감정 정리 • 재혼에 대한 현실적인 기대 • 재혼의 동기와 문제점 검토
재혼 준비 단계에서의 상담목표
• 새 배우자와의 결혼생활에 대한 구체적인 설계 • 자녀의 충성심 갈등과 불안을 해소하도록 지원 • 비동거 자녀와의 관계 유지방법 모색 • 공동부모 역할의 협조방법 모색
재혼 이후 상담목표
• 재혼에 대한 기대의 현실화 • 부부간 결속 • 만족스러운 새부모-새자녀 관계 • 가족 외부의 지지체계 확립

2) 중기 상담

중기에는 상담의 목표를 향한 구체적인 개입이 이루어지는데, 여기서는 재혼 가족에 효과적으로 사용할 수 있는 개입방법들을 중심으로 살펴보고자 한다.

(1) 심리교육적 개입

① 기대의 현실화

비적응적인 재혼자들이 일반적으로 가지는 비현실적인 기대는 다음과 같다.

- 재혼을 하면 결핍되었던 가족의 일부가 채워지므로 우리는 초혼 가족과 같아질 것이다.
- 재혼도 어차피 결혼이므로 초혼과 그리 다르지 않을 것이다.
- 남편은 나의 경제적 문제를 해결해 줄 것이다.
- 내 자녀의 아버지 역할을 해 줄 것이다.
- 아내는 내 자녀를 잘 키워 줄 것이다.

• 재혼하면 나의 외로움이 (자동적으로) 해결되고, 상처가 치유될 것이다.
• 내가 새자녀에게 잘해 주면 그 아이들이 곧 나를 엄마(아빠)로 따를 것이다.

결혼기대에 대한 좌절은 서로에 대한 비난과 실망을 낳으며 부부갈등을 유발한다. 재혼 가족상담에서는 가족원이 가진 이러한 비현실적 기대를 교육적 상담을 통해 현실적 기대로 변화시키는 개입이 필요하다. 재혼에 대한 기대가 비현실적이었음을 깨닫게 하는 다양한 질문들을 활용하면서, 상담과정 중에 시의적절하게 내담자를 교육하는 기회를 가진다. 재혼에 대한 현실적 인식은 현재 발생한 문제를 '새로운 변화에 적응하는 정상적 과정'으로 타당화한다. 이를 통해 내담가족이 경험하는 실패감과 좌절감이 줄어들며, 보다 장기적인 관점에서 문제를 해결해 나가고자 하는 건설적 동기가 커지게 된다.

② 문제에 대한 순환론적 이해

순환질문 등을 통해 내담자가 문제를 체계론적으로 이해할 수 있도록 도와준다. 예를 들어, 재혼 가족에서 친어머니와 살고 있는 중학생 정윤이(가명)가 도벽과 거짓말 문제로 상담에 왔다고 하자. 상담사는 순환 질문을 통해 [그림 12-1]과 같은 순환적 인과관계의 고리를 발견할 수 있다. 이와 같은 순환고리에 대한 발견을 통해 내담가족은 IP의 문제에 대해 IP를 문제시하는 관점에서 벗어나 가족체계 전체가 거기에 관여되어 있음을 알 수 있게 된다. 또한 내담자는 변화가 어디에서 시작될 수 있을지 선택할 수 있게 된다.

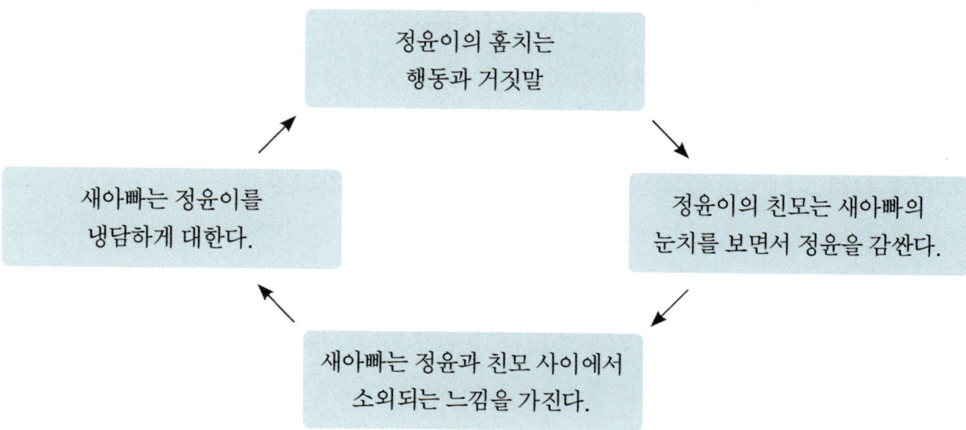

그림 12-1 문제에 대한 순환론적 인과관계 예시

③ 왜곡된 인지해석 도식 교정

재혼 가족의 경우, 재혼에 대한 문화적인 편견, 새부모 역할에 대한 신념, 서로 다른 가족 문화 등으로 인해 가족원 상호 간에 서로의 행동 해석에 비기능적인 인지 도식이 적용되는 경우가 많다. 상담사는 내담자 가족이 가지는 왜곡된 인지 도식을 발견하여 그것을 자각할 수 있도록 하며, 바람직한 인지 도식으로 교정하는 역할을 할 필요가 있다. 이러한 왜곡된 인지 도식은 다양한 형태로 나타날 수 있는데, 몇 가지 예를 들면 다음과 같다.

- 새자녀가 새아빠에게 '아빠'라고 하지 않고 '아저씨'라고 하거나 호칭을 부르지 않는 모습을 보고, '나를 여전히 아빠로 인정하지 않는구나. 엄연히 내가 아빠인데 그렇게 하지 않는 건 나를 싫어하고 내 말을 안 듣겠다는 의미로 받아들일 수밖에 없어.'라고 해석한다.
- 재혼한 남편이 초혼 때의 남편과는 달리 월급 통장을 자기가 관리하면서 생활비만 타서 쓰게 하는 모습을 보면서, '남편은 나를 믿지 못해. 나를 제대로 된 아내로 인정하지 않아. 나는 가정부나 애 보모로 이 집에 있는 거지.'라고 해석한다.

(2) 진정성 있는 자기표현의 기회 제공

재혼 가족에서 쉽게 꺼내놓고 하지 못하는 이야기들이 있다.

- "나는 네가 나를 엄마라고 생각하지 않을까 봐 불안하기도 하고, 어떨 때는 괘씸한 생각도 든다."
- "당신이 내게는 생활비를 짜게 주면서 전처에게 자녀양육비를 보낼 때는 후한 것 같아 화가 치밀고 속이 상한다."
- "나는 아내와 아내의 딸을 먹여 살리는 머슴 같다는 생각이 든다."

재혼 가족의 경우, 가족이 또다시 해체될지도 모른다는 두려움과 안정에 대한 욕구가 강해서 자신들이 지닌 어려움을 드러내지 않는 경우가 있다. 진솔한 소통을 통해 서로의 생각과 감정을 이해하기보다는 오해와 불신, 모호함, 회피 그리고 거짓 상호성이 지배적인 관계가 된다. 또한 가족 역사가 짧아서 자신의 감정을 노출하는 경우, 서로에게 상처가 되는 상황도 생긴다. 상담에서는 이와 같은 재혼 가족의 심리를 고려하여 안전한 환경에서 자기표현을 할 수 있도록 돕는 것이 필요하다. 언어가 어려우면 놀이나 매체를 활용하는 것도 하나

의 방법이 될 수 있다.[3)]

재혼 가족의 진정성 있는 의사소통을 위해서는, 먼저 상담사가 의사소통의 필요성을 내담자 가족에게 이해시키면서 의사소통의 규칙을 알려 주는 것이 필요하다. 상대의 말을 충분히 듣고, 이해한 바를 다시 확인하고, 다시 자신의 이야기를 하는 차분한 의사소통 규칙이 적용되어야 한다. 특히 이 모든 과정이 누군가를 비난하는 데 있는 것이 아니라 상호 간의 이해를 통해 가족이 더 성장하고 나아지기 위한 것임을 분명히 하는 것이 중요하다. 상담사는 가족원 각자의 이야기에 대해 이들의 감정, 생각을 짚어 주면서 상호 이해를 증진시킬 수 있도록 한다.

(3) 가계도 작업과 자기분화

재혼 가족에서 직면하는 도전들을 통해 재혼 부부는 자신의 내면을 돌아보게 되는데, 이를 위해 가계도를 활용한 원가족 작업을 시작할 수 있다. 예를 들면, 아내가 새자녀에 대한 나의 권위를 깎아 내릴 때, 남편이 자신의 친자녀에게 더 잘해 주라고 하면서 아내인 내게 눈길을 주지 않을 때, 다른 사람들이 내가 새엄마이기 때문에 편견을 가지고 바라보는 것 같을 때 등 어려운 상황들이 많다. 이런 상황은 나의 원가족에서의 경험과 만성불안을 자극하는 상황일 수 있다. 만일, 이와 같은 도전의 상황에서 내가 바라는 차분하고 이성적인 대처를 하기가 힘들다면, 내 안의 문제를 들여다보아야 한다. 현재의 상황이 원가족 경험에서 나온 무시, 소외, 보살핌의 결여에 대한 불안을 자극하는 것은 아닌지, 그러한 불안에 대해 다세대적으로 전수된 비기능적인 대처방식은 무엇인지 등에 대한 통찰이 필요하다.

(4) 하위체계별 유대관계 확립

페이퍼나우(2015)는 재혼 가족의 유대를 공고히 하기 위해 각 하위체계별로 별도의 집중할 수 있는 시간을 주는 것이 필요하다고 지적한다. 가족원이 모두 함께하는 시간에는 애매한 관계로 인한 긴장이 더 커진다. 각 하위체계별, 예컨대 친부모–친자녀 간, 새부모–새자녀 간, 부부간, 형제자매간 일대일로 집중할 수 있는 시간을 주는 것이 필요하다. 이렇게 개

3) 김유숙(2006)은 피규어를 활용한 가계도, 자신과 다른 사람의 관계를 상징물로 나타내기, '가족퍼펫극'을 만들고 이에 대해 가족과 함께 이야기 만들기, '가족정원 꾸미기 활동'과 '가족의 성장을 위한 이야기 만들기' 등, 즉 가족놀이치료방법을 활용한 이야기치료로, 자기표현이 안 되면서 역기능적인 긴장 상태에 있던 재혼 가족의 문제해결을 도운 사례를 소개하고 있다.

별 하위체계 간에 함께하는 시간을 가지는 과제를 주거나, 하위체계별로 개별 회기를 가지는 것은 각 하위체계별 유대를 강화하여 가족 전체의 응집성을 키우는 데 도움이 된다. 특히 페이퍼나우(2015)는 자녀가 있는 재혼 가족의 바쁜 일상 가운데에서 부부간 유대와 결속을 위해 친밀성을 증진시키는 관습적인 의례를 개발할 필요성을 제기한다. '굿모닝 키스' '사랑의 문자' '자기 전에 서로 안아 주기' 같은 것[4]이 그 예라고 할 수 있다.

(5) 문제해결과 의사소통기술 학습

재혼 가족은 경계 모호성과 역할 모호성으로 인해 어떤 가족보다도 명확한 의사소통이 필요하다. 재혼 가족은 친족 및 가족 경계에 대한 의사소통을 통해 불필요한 오해와 불신이 생기지 않게 해야 한다. 또한 새부모 역할에 대한 의견 교환과 합의가 중요하다. 두 개의 가족문화가 합쳐지면서 새로운 가족규칙 및 가족의례의 설정을 위해서도 의사소통과 문제해결 기술이 필요하다. 상담에서는 문제해결과 의사소통 기술 증진을 위하여 구체적인 사건 중심으로 기술을 실습해 보는 기회를 가지는 것이 필요하다. 최소 2회기 이상이 이러한 문제해결 능력과 의사소통 기술에 할애될 필요가 있다.

3) 종결 상담

재혼 가족의 경우, 당면한 문제해결과 더불어 새로운 가족 정체성 확립이 가족의 미래를 위해 필요하다. 종결 시에는 종결과 관련된 다른 작업들과 더불어 이 부분을 다루어 주는 것이 유익할 것이다.

(1) 새가족 정체성 확립을 위한 작업

새가족 정체성 확립을 위해 다음과 같은 이야기치료의 기법들을 활용할 수 있다.

① '이야기하기'와 '반영하기'

마지막 한두 회기를 통해 이야기하기와 반영하기의 시간을 가진다. 상담을 통해 한 가족

4) 페이퍼나우(2015)는 초기 재혼 부부들의 애정표현은 자녀가 안 보는 곳에서 하는 것이 좋다고 권장한다. 재혼 가정 내에서 안정을 경험하지 못하는 자녀는 재혼 부부의 친밀감 표현을 통해 강한 소외감과 버려짐의 불안을 경험할 수 있다는 것이다.

으로서 어떤 성장을 경험했는지, 지금까지 하나의 가족이 되어 오는 과정에서 어떤 성장을 경험하였는지, 혈연이 없는 사람과 가족이 된다는 것이 나에게는 어떤 의미로 다가오는지, 서로에 대해 어떠한 감사함과 기대를 가지는지 등을 글이나 말로 표현해 볼 수 있는 기회를 가족원 각자에게 부여한다. 각 사람이 상담사와 그 이야기를 할 동안 다른 가족원은 반영팀으로서의 역할을 한다. 부부가 서로의 관계에 대한 이야기를 할 때는 자녀들이 반영팀이 되고, 새형제자매들이 서로의 관계에 대한 이야기를 할 때는 부부가 반영팀이 될 수 있다.

② 가족출발의례

한 가족으로서 새로운 출발을 기념하는 의례를 하는 것도 좋다. 촛불, 기념 사진, 각자의 사인이나 글귀가 들어간 카드 만들기 등이 필요할 수 있다. 사진이나 동영상을 남겨 기념이 되게 하는 것도 좋다.

③ 우리 가족의 꿈과 비전 만들기

한 가족으로서 앞으로 만들어 나가고 싶은 목표, 비전, 의미 등을 이야기하거나 공동미술작업 등의 활동을 공유하는 것도 도움이 된다. '다르지만 더 특별한 우리 가족'에 대한 의미부여, '나를 성장시키는 우리 가족' '상호 존중과 배려를 배우는 곳' '더불어 사는 우리 가족' 등이 목표나 비전 · 의미의 예가 될 수 있다. 내담자 가족은 재혼 가족으로서 가진 독특성을 강점으로 승화시키며 이를 통해 가족으로서의 삶에 새로운 의미 부여를 할 수 있다.

(2) 종결 시 주의사항

재혼가족상담을 종결할 때 유의할 점은 다음과 같다.

- 상담목표가 구체적인 수준에서 거의 달성되어 가면 종결계획을 세운다. 종결을 위한 계획을 세울 때, 앞에서 언급한 새가족 정체성 확립을 위한 작업에 할애할 회기를 포함하여 여유 있는 종결계획을 하고, 이 계획에 대해 내담자와 공유한다.
- 상담 종결 후 내담자 가족이 활용할 수 있는 주변 자원에 대해 확인하고 필요시 연계하여 가족이 안정된 지지체계 안에서 기능할 수 있도록 조치한다.
- 종결이 다가오면 상담회기의 간격을 2주에 한 번, 한 달에 한 번 등으로 하여 이들의 변화된 교류 패턴이 안정화될 수 있도록 시간을 줄 필요가 있다.
- 또한 종결 이후에 가급적 추후 상담에 대한 예고를 하여, 시작된 변화가 지속적으로 유

지될 수 있도록 조치한다.

4. 사례연구: "남편의 두 딸, 내가 감당하기엔 벅차요."

양희 씨는 청소년기인 두 딸의 양육문제로 상담실을 찾은 30대 후반의 어머니였다. 첫 회기 면접에서 양희 씨가 이혼 후 재혼을 한 여성이며, 중학생인 두 딸은 남편의 전혼 자녀이고, 재혼한 남편과의 사이에 2세의 남자아이도 있다는 것을 알게 되었다. 두 딸은 아빠의 이혼 후 아빠와 분리되어 인근 농촌 지역의 할머니 집에서 고모 등 여러 친척들과 함께 거주하였으나, 이들에 대한 학업이나 생활습관 지도는 전무하였다. 이들은 아빠의 재혼 후 양희 씨가 사는 아빠의 집으로 이사 오게 되었다. 첫 회기는 재혼생활 적응과 양육문제로 심신이 고갈된 채, 엄마 역할을 '제대로' 하지 못했다는 자책감과 실패감을 느끼고 있는 양희 씨를 다독이고 공감하는 데 초점을 두었다.

2회기에는 남편 건호 씨와 함께 부부 형성의 과정과 부부관계의 질, 부부갈등문제 등을 탐색하였다. 양희 씨는 이혼 후 2년이 지났을 때, 소개로 현 남편인 건호 씨를 만나 그로부터 경제적으로 안정된 삶을 기대하며 재혼하였다. 남편 건호 씨는 이혼하고 4년 후에 재혼을 했는데, 재혼을 하면 딸들의 양육문제와 외로움이 해결될 것이라고 기대하였다. 이들의 재혼은 급속히 진행되어 몇 달 만에 결혼식 없는 살림살이가 시작되었다. 두 딸은 양희 씨의 존재를 아빠로부터 스쳐가듯 들었을 뿐이며, 아빠 집으로의 이사는 급작스럽게 이루어져 친구나 친척들과 제대로 된 작별도 하지 못하였다. 두 사람의 부부관계는 딸들의 양육문제만 아니면 별로 문제될 일은 없었지만, 양희 씨는 깔끔하고 정확한 사람인 데 반해, 늘 어지르고 씻지 않고 숙제조차 제대로 하지 않는 두 딸을 훈육하는 데 너무나 지쳐 있었고, 이로 인해 재혼 후 낳은 어린 아들에게 충분한 관심과 사랑을 기울이지 못하는 것으로 인해 내적 갈등이 심하였다. 순환질문을 통해 딸들의 문제행동과 양희 씨의 조바심이 나타나는 맥락을 살펴보았다. 남편 건호 씨는 아들만 예뻐하였고 두 딸에게는 무관심했기에, 딸들의 훈육과 보살핌은 온전히 양희 씨의 몫이었다. 양희 씨는 양육의 부담을 느낄수록 딸들을 더 닦달하였고, 딸들은 닦달할수록 더 '얼뜨기' 같은 행동을 하고 있는 것으로 보였다. 양희 씨는 남편에게 양육 관련 불만이나 고충 등의 자기표현을 하지 못하였고, 자녀 양육과 관련한 부분에서 명확한 의사소통은 결혼 전부터 지금까지도 없는 상태이다.

3회기에는 세 명의 자녀들이 모두 동석하였다. 두 딸은 양희 씨가 언급한 것보다는 '정상적'으로 보이는 청소년이었는데, 상당히 기가 죽어 있다는 느낌을 받았다. 막내아들이 칭얼대기 시작하자 부부는 두 딸에게 아이를 보살피라고 말했고, 딸들은 아이를 데리고 상담실 밖으로 나갔다. 부모의 말에 고분고분한 딸들의 모습은 그 나이의 아이들답지 않았고, 양희 씨의 언급과도 같지 않았다. 딸들만을 데리고 면접하는 시간을 가졌을 때 아이들은 자기표현을 잘 하지 않았고 수줍어하였다. 양희 씨를 '엄마'라고 불렀으며, 엄마가 잘해 준다고 말하였다. 아빠 이혼 후 버려진 경험을 하고, 이후로도 보살핌이 결여되었던 아이들이 새동생(그것도 장남인 건호 씨가 기다리던 '아들')의 출현과 함께 버려짐의 불안을 경험하고 있는 것은 아닌가 생각되었다.

네 번째 회기에는 부부회기로, 재혼의 적응과정, 원가족에서의 경험 그리고 전혼의 경험이 현재 결혼에 미치는 영향, 부부간 적응의 여러 측면(성적인 부분, 경제적인 부분, 역할분담, 의사소통 등)에 대해 탐색하였다. 부부는 각자 '자기 것'인 부동산이 있었으나, 건호 씨의 월급통장은 양희 씨가 관리하고 있었다. 이 부분에서 부부는 잘 맞았다. 성적으로도 괜찮았다. 양희 씨가 사십대 중반인 자신에게 아들을 낳아 준 것이 건호 씨를 만족스럽게 했다. 특히 아들의 존재는 농촌에 사시는 시어머니와 시누들이 양희 씨를 며느리로 받아들이는 데 큰 기여를 했다. 이혼으로 끝난 전혼 부부관계를 통해 각자 배운 것들이 무엇인지를 탐색하면서 이들의 의사소통 양식(회피, 산만형 대 회유, 억압형)이 크게 달라지지 않고 있음을 알게 되었다. 이어 두 딸과 아들의 보살핌과 훈육에 있어서 부부간 역할 모호성을 줄이기 위한 의사소통을 하도록 도와주었다. 상담사는 의사소통 시 각자 인식하지 못하고 있던 감정과 생각 등을 짚어 주는 역할로 의사소통을 촉진하였다. 늘 억제적이었던 양희 씨가 그 과정 중에 눈물을 많이 보였다. 어느 정도 진행된 후, 상담사는 두 딸에 대해 친아버지와 새어머니로서의 역할 조정이 필요함을 간단히 설명하였는데, 특히 아이들의 버려짐에 대한 불안 해소를 위해 아이들 각자와 친아버지, 새어머니가 각각 별도의 데이트 시간을 가지며, 아이들에게 따뜻한 경험을 할 수 있도록 해 줄 것을 과제로 내 주었다.

그다음 회기도 부부회기였는데, 지난 회기에 이어 의사소통을 통해 그간의 어려움과 서운함, 감사함 등을 표현하고 부부간의 유대를 강화하는 시간을 가졌다. 부부 두 사람만의 시간 가지기 과제와 부부간 친밀감 표현을 위한 작은 의례를 만들어 보라는 과제를 주었다. 건호 씨가 친아버지로서 두 딸에게 해야 하는 역할에 대해 교육하는 시간도 가졌다.

6회기에는 두 딸을 함께 그리고 각각 만나는 시간을 가졌다. 자기표현을 꺼리는 딸들의 모습이 여전했으나 새어머니, 친아버지와 별도의 시간을 가진 과제를 한 것은 좋았다고 하였다.

7회기에는 두 딸과 부부를 다 초청하여, 가족원 각자에 대해 피규어로 표현해 보는 작업을 하면서 상호 간에 은유적인 방법으로 의사소통이 이루어질 수 있도록 하였다. 상담사가 딸들에게 아빠의 이혼과정과 할머니 집에서의 생활에 대해, 그리고 아빠 재혼 이후의 생활 변화에 대해 질문하면서 아이들의 생각과 감정을 표현할 수 있도록 도왔고, 부모는 그것을 경청하였다. 마지막에 건호 씨와 양희 씨가 딸들의 이야기를 들은 소감을 표현하면서, 서로의 이해에서 나오는 보다 깊이 있는 부모의 마음 표현을 딸들이 들을 수 있게 되었다. 2~3회기 후에 종결할 것임을 알려 가족들을 준비시켰다.

8회기는 양희 씨의 개인회기를 했다. 다세대 가계도와 빙산 탐색을 통해 양희 씨가 현재의 어려움을 표현하지 못하고 억제해 왔던 자기 모습의 뿌리를 인식하게 되었는데, 거기에는 새어머니의 손에서 표현하지 못하고 착하게 자라왔던 자신의 어린 시절이 중첩되어 있었다.

9회기는 가족이 함께 가족 앨범 작업을 하도록 준비하였다. 가족사진을 가져오게 하였고, 이런저런 장식을 꾸미고 글을 써 넣으면서 하나의 스크랩북을 만들었다. 여자 청소년인 두 딸이 가장 활발한 움직임을 보인 회기였다. 2시간 이상 충분히 할애하였고, 상담실도 집단치료실로 옮겨 특별한 회기가 되도록 하였다.

마지막 회기에는 서로에게 줄 카드나 편지를 써 오게 하였고, 촛불을 켜 놓고 그것을 서로에게 읽어 주는 시간을 가졌다. 서로에게 감사와 다짐을 나누는 시간이 되었다. 양희 씨의 양육 스트레스는 이제 '함께 지는 짐'이 되어 그녀를 그렇게 짓누르지 않고 있었다.

5. 재혼 가족을 상담할 때 상담사가 유의해야 할 점

앞에서 정리한 내용에 기초하여, 재혼 가족을 상담할 때 유의할 점을 정리하면 다음과 같다. 먼저, 상담사의 태도에 있어서 다음과 같은 점에서 주의가 요구된다.

첫째, '알지 못함의 자세'가 필요하다. 재혼 가족은 각 가족마다 형성의 역사가 다르고 초혼보다 훨씬 다양한 모습을 띠고 있다. 각 가족의 문제가 무엇이며, 문제의 해법은 무엇인지에 대해 내담자 가족과 함께 해법을 찾아 나가는 알지 못함의 자세가 필요하다.

둘째, 상담사 스스로 가족에 대한 고정관념을 해체해야 한다. 상담사도 자신도 모르게 초혼모델을 가지고 재혼 가족을 상담하게 될 수 있다. 결혼과 가족에 대한 해체적인 관점과 대안가족 모델을 위한 창의성 있는 자세가 재혼가족상담에 필요하다.

셋째, 재혼 가족이 가진 문제보다 그들을 이 자리에 있게 한 강점과 힘에 대해 주목한다. 이들은 상실의 아픔을 딛고 더 나은 삶을 위해 도전을 거듭하고 있는 생존자들이다. 이러한 상담사의 관점은 내담자들이 잊고 있던 자신들의 힘을 찾아내는 데 도움이 될 것이다.

상담을 진행하는 과정에서는 다음과 같은 주의가 요구된다.

첫째, 재혼 가족을 사정하기 위한 다양한 질문들에 대해 답을 찾아가는 자세로 가족사정을 하는 것이 필요하다. 사정이 제대로 되지 않으면 추후에 중요한 정보가 나타나게 되면서 사례개념화를 다시 해야 할 수도 있으므로 초기 사정이 잘 되어야 한다.

둘째, 초기 가족사정을 할 때와 종결에 다가갔을 때 최소 한두 회기는 전체 가족이 함께 하는 회기를 가질 수 있도록 하는 것이 좋다. 상담 중기에는 각 하위체계별로 개별적인 회기를 가지면서 심도 있게 개입하는 것이 필요하다. 가계도 작업을 위해서는 부부의 개인별 회기가 필요할 수 있다. 즉, 필요에 따라 회기에 초청하는 가족원에 대해 융통성 있게 조절하는 것이 필요하다.

셋째, 재혼 가족 안의 IP가 누구든지 간에 그것이 가족체계의 문제이며, 적응과정에서 정상적으로 나타나는 문제 혹은 그것이 잘 다루어지지 못해 일어난 문제라는 체계론적 관점, 발달론적 관점을 유지하는 것이 중요하다.

넷째, 상담을 통해 재혼 가족의 새로운 정체성 형성을 위한 노력이 필요하다. 재혼 가족은 새로운 가족 이야기를 만들어 가는 사람이며 상담사는 조력자가 된다. 모든 재혼 가족은 가족의 여러 측면에서 그들만의 독특한 이야기를 써 가고 있는 중이다.

다섯째, 상담실은 자기표현이 어려울 수 있는 재혼 가족에게 안전하고 편안한 의사소통의 장소가 되어야 한다. 자기표현이 공격이나 비난에 그치지 않고 건설적인 소통으로 이어질 수 있도록 분위기를 이끄는 것은 상담사의 책임이다. 가족원 간의 진솔한 소통을 위해 동원할 수 있는 모든 도구나 매체가 다 활용 가능하다.

여섯째, 구체적인 문제해결의 경험, 스트레스 상황에서의 의사소통 연습 등은 재혼 가족에게 앞으로의 여러 상황을 지혜롭게 극복할 수 있는 강력한 도구가 된다. 상담사는 이 기술 습득을 내담자에게 숙제로 내 주거나 제안하는 데서 그치지 말고 반드시 상담실에서 연습하는 과정을 거쳐 내담자가 숙지할 수 있도록 한다.

6. 나가는 말

재혼 가족에 대한 상담은 재혼 가족 관계의 특성이 잘 고려된 사정과 개입을 통해 보다 나은 결과를 얻을 수 있다. 재혼 가족의 경우, 초혼모델의 비현실적 적용이나 즉각적 사랑의 신화 등으로 인한 문제를 심리교육적으로 다룰 필요가 있으며, 재혼 가족에게 닥친 여러 도전들을 해결할 수 있는 의사소통과 갈등해결 방법을 상담을 통해 습득할 수 있도록 한다. 재혼 가족이 경험하는 개별 가족의 독특성에 대해 상담사의 알지 못함의 자세와 강점관점이 필요하다. 다세대적 관점이나 정신역동적 관점은 재혼 가족 문제에서 발견되는 개인 내면의 문제를 통찰하는 데 도움이 된다. 재혼 가족은 여러모로 극복해야 할 어려움이 많은 가족이다. 그러나 그 어려움을 극복하고 하나의 가족 공동체가 되는 과정은 가족원 개인의 성장과 행복에 큰 의미를 가진다.

참고문헌

김유숙(2006). 재혼 가정에 대한 단기가족놀이치료의 적용사례. **한국심리학회지: 여성, 11**(3), 311-325.

우해봉(2012). 한국인의 재혼 패턴에서의 성별 차이에 관한 연구. **보건사회연구, 32**(4), 273-303.

유계숙, 임춘희, 전춘애, 천혜정(1998). 또 하나의 우리, 재혼 가족: 재혼 가족에 대한 실태연구와 재혼준비교육 프로그램 모형 개발. **한국가족 상담교육연구소 개소 5주년 기념 학술대회 논문집 자료.**

정현숙, 유계숙(2001). **가족관계.** 신정.

지승희, 오혜영, 이현숙(2012). 사이버상담 사례에 나타난 재혼 가족 여자청소년의 어려움. **청소년상담연구, 20**(1), 107-126.

최규련(2015). **부부문제와 부부상담.** 신정.

통계청(2024). **2023년 인구동태통계연보(혼인 · 이혼편).** 통계청.

한국결혼문화연구소(2007). 재혼 가족의 실태 및 만족도조사. 한국결혼문화연구소. http://www.couple.net/kr/about-us/companyoverview-article-0011124.html

Bray, J. H. (2005). Family therapy with stepfamilies. In Lebow, J. L. (ed.) *Handbook of clinical family therapy* (pp. 497-515). John Wiley & Sons, Inc.

Bray, J. H., & Berger, S. H. (1993). Developmental issues in stepfamilies research project: Family relationships and parent-child interactions. *Journal of Family Psychology, 7*, 76-90.

Ganong, L. H., & Coleman, M. (1994). **재혼 가족관계**[*Remarried family relationships*]. 김종숙 역. 한

국문화사.

McGoldrick, M. G., & Carter, B. E. (1988). Forming a remarried family. In *The Changing family life cycle: A framework for family therapy* (pp. 399-429). Gardner Press.

Papernow, P. L. (1993). *Becoming a stepfamily: Patterns of development in remarried families.* Taylor & Francis.

Papernow, P. L. (2015). Therapy with couples in stepfamilies. In Gurman, A. S. et al. (eds.). *Clinical handbook of couple therapy* (5th ed.; pp. 467-488). The Guildford Press.

Visher, E. B., & Visher, J. (1996). *Therapy with stepfamilies: A guide to working with stepparents and stepchildren.* Taylor & Francis.

제13장

장애인 가족

가족은 구성원들 간에 상호 연관되어 있는 하나의 체계로 가족원들은 끊임없이 영향을 주고받는다. 가족 내에서 장애의 발생은 선천성 혹은 후천성과 관계없이 지속적으로 가족 전체에 큰 영향을 미친다. 장애로 인한 충격의 극복과 적응은 가족원 모두가 직면해야 하는 가장 어려운 과제 중 하나라고 볼 수 있다(Power, 1995). 장애인 가족이 살아가면서 지속적으로 경험하게 될 문제는, 첫째, 장애가 있는 가족원의 정서 · 인지 · 행동상의 변화, 둘째, 장애 가족원의 의료 · 교육 · 재활 등에 소요되는 경제적 부담, 셋째, 필요한 정보와 적절한 서비스의 부족, 넷째, 장기간의 양육 · 부양에서 오는 신체적 · 정신적 스트레스, 다섯째, 가족기능의 약화 등이 있다(석말숙, 2013; Berry & Hardman, 1998; Kosciuleck, 2004).

장애인 가족과 구성원들이 경험하는 다양한 영역에서의 지속적인 어려움을 생각해 볼 때, 장애인 가족상담은 사회적 자원으로 반드시 제공되어야 하는 서비스이다. 장애인이나 장애인 가족에게 서비스를 제공하는 전문가들은 가족상담이 필요하다는 것을 인식하고 있고 시도해 본 경험도 있지만, 현실적으로는 역량 부족과 업무 과중으로 인해서 가족상담을 적극적으로 실시하지 못하는 것으로 나타났다(여슬기, 2014). 장애인 가족이 많이 이용하는 장애인복지관, 특수교육기관, 장애가족지원센터뿐만 아니라 지역사회의 보건/의료기관, 종합복지관이나 노인복지관, 가족지원센터, 교육기관 등의 전문가들은 장애인 가족을 만나고 그들에게 서비스를 제공할 기회가 많으므로 장애인 가족에 대한 이해와 그들을 위해 필요한 상담 지식과 기술을 갖출 필요가 있다. 이 장에서는 장애인 가족의 현황과 그들이 경험하는 어려움을 알아보고, 장애인 가족의 욕구를 살펴본 뒤, 장애인 가족에게 적합한 가족상담의 모델과 상담과정에 대해서 살펴보고자 한다.

1. 장애인 가족에 대한 이해

최근에 실시된 장애인 실태조사(보건복지부, 2023)[1]에 따르면, 전국의 등록장애인은 264만 6,922명으로 추정되어, 2020년의 262만 3,201명에 비해 23.721명이 증가한 것으로 나타났다. 장애인구 중 65세 이상 노인의 비율은 54.3%로 2020년 49.9%에 비해 4.4%p 증가하는 등 고령화 경향이 지속되고 있다.

장애인가구 중 1인 가구 비율은 26.6%로 2020년 27.2%에 비해 소폭 감소하였다. 평균 가구원 수는 2.28명으로 2020년 2.31명에 비해 감소하는 등 지속적인 감소 경향을 보이고 있다. 장애인 중 배우자가 있는 경우는 51.8%이며, 사별 20.7%, 미혼 17.0% 등으로 나타났다.

일상생활 수행 시 지원이 필요하다고 응답한 장애인은 35.3%로 2020년 32.1%에 비해 3.2%p 증가하였다. 일상생활 주된 지원자는 가족원인 경우가 82.1%로 나타났는데, 이 중 배우자가 37.8%, 부모가 21.2%, 자녀가 18.5%, 형제 · 자매가 3.6% 순이었다. 지원자가 공적 돌봄서비스 제공자(장애인 활동지원사, 요양보호사 등)인 경우는 13.8%로 나타났다.

우리나라처럼 장애인의 돌봄이 대부분 가족에 의해 이루어지는 상황에서 가족원은 높은 스트레스를 경험하게 되는데, 가족원의 건강에 영향을 미치는 스트레스가 해결되지 않는다면 가족기능에 이상이 생기게 된다. 가족기능은 가족원 개인의 위치와 역할, 그리고 가족으로서의 응집성과 적응성 등 가족의 건강성을 보여 주는 개념이다(김훈경, 이용환, 유병철, 2007). 기능적인 가족일수록 서로에 대한 지지도가 높고 개인의 역할 수행이 용이하다고 볼 수 있으며, 가족원 간의 상호 협동과 가족 내 자원의 적절한 활용 등을 파악할 수 있는 개념이다(송성자, 2002). 맥매스터 모델을 적용하여 장애인 가족과 비장애인 가족의 기능을 비교한 연구(석말숙, 2013)에서 장애인 가족은 비장애인 가족에 비해 문제해결 기능, 의사소통 기

1) 「장애인복지법」 제31조 및 「장애인복지법시행령」 제18조, 제19조에 규정된 장애인실태조사를 통하여 우리나라 장애 인구 및 장애 출현율을 파악하고 장애인의 생활실태 및 복지 욕구를 파악하여 장 · 단기 장애인복지정책 수립 및 시행을 위한 기초 자료를 생산하는 것임. 1990년 1차 조사 이후 매 5년마다 실시되었고, 2007년 법 개정 이후 3년마다 실시됨.

능, 역할기능, 정서적 반응기능, 행동통제 기능, 일반적 기능에서 유의미하게 낮은 것으로 나타났다. 비장애인 가족의 경우 나이와 가족기능 간에는 정적 상관관계를 나타내며, 특히 문제해결 기능, 의사소통 기능, 역할기능, 정서적 반응기능, 일반적 기능 등에서 유의미한 정적 상관관계를 보이고 있는 반면, 장애인 가족의 경우에는 역할기능, 정서적 반응기능, 행동통제 기능, 일반적 기능에서 유의미한 부적 상관관계를 보였다. 이는 장애인 가족의 경우 시간이 흘러도 가족기능의 문제가 지속됨을 시사하는 것이다. 특기할 것은 장애 등급이나 장애 기간은 가족기능과 상관관계가 전혀 없다고 나타난 것이다. 장애인 가족의 유형에 따른 차이도 나타났는데, 장애아동의 가족이 성인장애인 가족보다 문제해결 기능, 역할기능, 정서적 반응기능, 행동통제 기능, 일반적 기능에서 유의미하게 높게 나왔다. 즉, 성인장애인 가족이 가족기능에서 가장 취약하다는 것을 볼 수 있다. 또한 장애아동 부모의 심리적 안녕감에 대한 연구(정준구, 2009)에서는 양육 스트레스보다 가족기능의 영향이 더 크다는 결과를 보여 주었는데, 가족기능은 장애아동 부모의 심리적 안녕감의 46.5%를 설명하는 것으로 나타났다.

1990년대 후반부터 장애인 가족에 대한 연구 및 개입의 방향이 가족의 부적응보다는 가족이 가진 자원과 가족의 강점을 활용하는 가족중심실천(family-centered practice)으로 전환되었다(Allen & Petr, 1996). 가족중심실천은 장애아동 부모의 양육 태도에 긍정적인 변화를 가져왔으며, 장애인 가족의 기능향상, 부모의 정신건강에 긍정적인 영향을 미쳤고, 장애인 가족이 기능적으로 적응하도록 도왔으며, 가족의 대처능력을 강화하였다(강미경, 노혜련, 2012; 박지연, 장재윤, 2014; 유영준, 박은영, 2016; 이종남, 2013). 가족중심실천의 핵심은 가족 전체에 대한 관심, 가족과 전문가의 협력, 가족의 선택권 중시, 가족에 대한 강점관점, 가족의 욕구 우선, 개별화된 서비스 제공 등에 초점을 맞추는 것이다(Allen & Petr, 1996). 가족중심실천의 전제하에 가족 내 다양한 하위체계에 대한 상담을 진행함으로써 장애인 가족의 기능과 삶의 질 향상에 긍정적인 영향을 미칠 수 있다.

2. 개입방법에 대한 이론적 근거

1) 장애인 가족의 경험

장애인 가족의 가족기능 향상 및 가족관계 개선을 위해서는 장애인 가족과 가족원들의 모습을 좀 더 자세히 살펴볼 필요가 있다. 특히 가족에게 주어지는 수평적·수직적 스트레스[2)]는 어떤 모습이고, 이러한 스트레스에 대해 장애를 가진 구성원을 포함한 전체 가족이 어떠한 방식으로 대처하고 적응해 나가는지를 이해하는 것은 매우 중요하다. 장애인 가족은 장애아동과 비장애부모로 이루어진 가족, 배우자 중 한 사람이 장애인인 가족, 비장애자녀와 장애인부모로 이루어진 가족으로 나눌 수 있다. 유형별 장애인 가족의 경험에 관한 연구들을 살펴보면 다음과 같다.

장애아동의 비장애부모에 대한 연구는 상당히 많이 진행되었다. 일반적으로 장애아동 부모가 장애아동의 양육과정에서 겪게 되는 다양한 부담감은 크게 만성적 슬픔, 보호 부담, 부부문제와 가족문제, 정보와 자원 부족, 사회적 고립과 낙인 등 다섯 가지로 요약할 수 있다(오혜경, 2001). 장애자녀 양육으로 경험하게 되는 정서적 어려움이 경제적·신체적 부담보다 상대적으로 큰 것으로 보고되고 있어(최복천, 유영준, 2018), 장애아동 가족의 심리적 부담감이 매우 큰 것을 알 수 있다. 특히 장애아동 어머니의 심리적 문제는 부부관계 및 가족 전체에 영향을 준다(Glidden, Billings, & Jobe, 2006). 장애아동의 어머니는 비장애아동의 어머니에 비해 신체적·정신적 피로감과 부담감을 더 많이 느끼게 되며, 불안과 우울 등의 심리적·정서적 갈등이 야기된다(Dyson, 1993). 또한 부모로서 자신의 역할을 재정의하는 과정에서 장애아동의 미래에 대해 계획할 때 발생하는 불확실성으로 인해 불안을 경험한다(김일명 외, 2013). 장애의 발생에 따른 부모의 적응과정에 대해 비교적 많은 연구가 이루어져 있고 학자들마다 조금씩 다르게 설명하고 있지만, 충격 단계에서 시작하여 거부, 부정, 고통 등의 혼란스러운 단계를 거쳐 수용하는 단계에 이르게 된다. 중요한 것은 장애아동의 성장과정 동안 어떤 문제에 부딪힐 때마다 이러한 심리적·정서적 순환은 반복된다는 것이다. 최근의 연구에 따르면, 모든 부모가 동일한 반응의 단계를 거치지는 않는 것으로 나타났는데, 특

2) 카터와 맥골드릭(Carter & McGoldrick, 1989)은 가족 내 불안의 흐름을 '수직적' 측면과 '수평적' 측면으로 제시하였다. 수직적 흐름은 가족의 태도, 금기, 기대, 낙인 등 주로 정서적 삼각관계를 통해 다음 세대에 전수되는 가족원의 관계 및 기능 유형을 포함하고, 수평적 흐름은 시간이 흐름에 따라 가족이 생활주기의 전환에 대처해 가면서 경험하는 스트레스로 인한 불안 등으로 발달과정상의 예상된 스트레스와 예기치 못한 사건들로 인해 발생하는 위기를 모두 포함한다. 가족발달단계에서 예기치 못한 상황이 발생하여 수평 축에 많은 스트레스가 주어질 때 가족은 역기능이 될 수 있으며, 수직 축에 스트레스가 많은 가족에게 수평 축 스트레스가 더 가해지면 그 가족체계는 매우 위험할 수 있다. 수평적 스트레스와 수직적 스트레스가 교차할 때 가족체계 내의 불안은 급격히 상승하고, 가족이 이 전환기를 얼마나 잘 지낼 수 있는지에 따라 가족의 기능 정도가 결정된다고 볼 수 있다.

표 13-1 장애아동 부모의 적응과정

학자	단계	적응과정
Kübler-Ross	6	부정-고립-분노-타협-우울-수용
Marion	7	책임의 투사-죄책감-부정-슬픔-철수-거부-수용
Cohen	4	죄의식-분노-미래에 대한 불안-진단에 대한 적응
Cook, Tessier, & Armbruster	5	충격과 부인-분노와 원망-타협-좌절과 낙담-수용
Fortier & Wanlass	5	불안과 긴장-거부감과 부인-분노와 비관-정보 수집과 도움 요청-현심감 회복과 적응
정창곤	4	충격-부정-죄책감(우울)-수용

출처: 오수경(2003).

히 많은 부모가 거부의 단계를 거치지 않았으며, 처음에도 충격보다는 의심하는 모습을 보이는 것으로 보고되고 있다. 따라서 적응과정을 참고하고 적용하는 데 주의가 필요하다. 그러나 장애자녀로 인한 만성적인 슬픔과 불안, 우울은 장애자녀가 생존하는 한 지속적으로 존재하므로 장애인 가족을 대상으로 하는 상담과 치료는 반드시 이루어져야 한다.

최근 교통사고, 산업재해, 스포츠/레포츠 사고 등으로 인해 후천적 장애인의 발생이 늘고 있다. 대표적 후천적 장애인인 척수장애인에 관한 연구를 통해서 장애인 가족의 부부 하위체계에 대해 이해할 수 있다. 의료기술의 발달로 척수장애의 투병 기간이 장기화되면서 지속적인 관리가 필요하게 되고, 입원치료보다는 외래치료가 많아지면서 환자를 돌보는 가족의 책임이 증가하고 있다(신미정, 2010). 남성 출현율이 높은 척수장애인의 일차적인 돌봄 제공자는 그들의 아내가 되는 경우가 많은데, 이들은 남편의 사고로 인해 생활 전반의 광범위한 변화와 생활양식의 변화, 가사에 대한 부담, 자녀 양육에 대한 걱정, 부부관계의 변화 등 다양한 어려움을 겪게 된다(정미숙, 2005).

척수장애인을 둔 배우자의 돌봄 경험에 관한 연구(권미자, 2015)에서 장애인 남편을 돌보는 아내들을 심층 면접한 결과([그림 13-1] 참조)를 통하여 장애인과 비장애인으로 이루어진 부부의 적응 단계를 살펴볼 수 있다. 장애인 남편을 돌보는 아내는 시간이 지나면서 돌봄의 한계에 봉착하게 되는데, 이들에게 중재적 조건이 제시되면서 관계 회복이라는 결과를 갖게 되었다. 제시된 중재적 조건은 내적 · 외적 자원들로서 사회적 지지(가족의 지지, 친구와 이웃의 지원), 남편의 변화(아내를 조금씩 이해하는 남편, 활력을 주는 활동 참여), 현실 수용과 인식 전환(체념과 달관, 비상구를 찾아서, 새로운 인식, 종교에 의지) 등이다. 이들 부부가 갖게 된 적응의 결과는 배우자의 정서적 · 인지적 · 행동적 변화, 갈등의 해소, 달라진 가족 분위기로

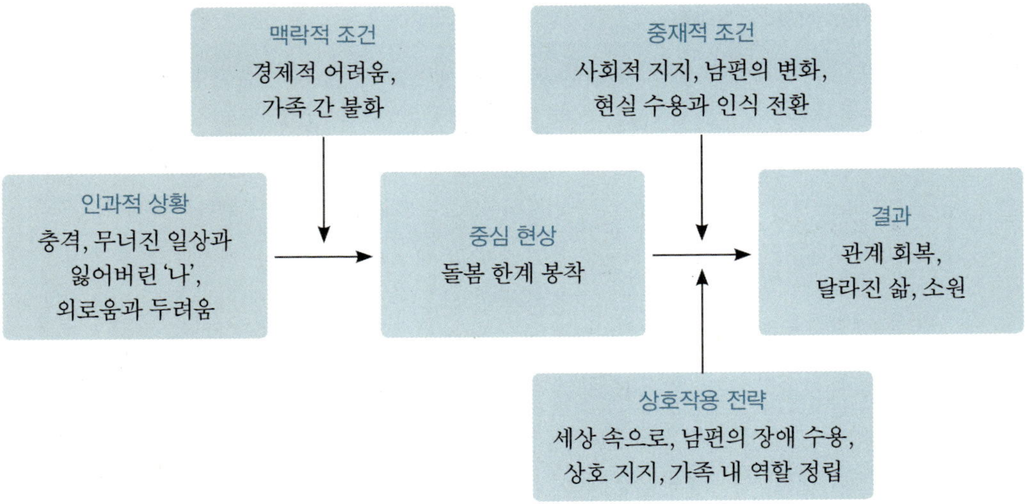

그림 13-1 척수장애인 남편과 비장애인 아내의 적응 단계

출처: 권미자(2015).

나타났다.

류수민과 한영주(2015)는 중증장애로 진단받은 형제와 함께 성장한 비장애인을 대상으로 중증장애인의 비장애 형제자매의 경험에 대한 연구를 진행하였다. 연구자들은 연구과정에서 초기 면담 이후 중도하차하는 경우가 반복적으로 일어나는 것에 대하여 보고하였는데, 그 이유를 장애 형제와의 에피소드를 구체적으로 기억하게 하는 질문을 받은 후 예상보다 많은 감정적인 어려움을 겪게 되었기 때문이라고 설명하였다. 중증장애인의 형제로 살아가는 경험이 표면적으로 드러나는 어려움뿐 아니라, 정서적 고통으로부터 스스로를 보호하기 위한 회피기제가 작동할 만큼 힘든 부분이 있음을 알 수 있다. 연구결과, 비장애 형제자매들의 경험을 장애 형제의 주변에서 적응하기(당연한 나의 몫, 잃어버린 유년기, 무거운 울타리 가족), 가족의 문제에 대해 침묵하기(말이 없는 가족, 차마 할 수 없는 말, 짐작으로 이루어지는 대화), 장애와 비장애의 경계에 서기(장애인 형제라는 이름의 나, 장애 형제라는 게 특별할 건 없어), 표현되지 못했던 복잡한 감정(단순한 말로 표현할 수 없는 나의 마음, 지나간 기억에 대한 감정, 괜찮지 않지만 난 괜찮아), 나의 삶으로 보듬어 안기(장애인 형제를 포함한 나의 미래, 이제 내가 장애 형제의 보호자, 나만의 독립된, 그러나 함께인 가정)로 요약하였다.

발달장애인의 형제자매들도 다양한 정서적인 문제를 경험하는데, 이들은 장애를 가진 형제자매가 자신들에게 미칠 영향에 대한 불확실성, 친구들이 보이는 반응에 대한 부담감, 자신이 방치되었다는 느낌, 장애를 가진 형제자매를 위해 많은 것을 해야 한다는 부담감 등을 보고하였다(김진우, 2014).

장애인 가족에 대한 많은 연구가 장애인 가족이 비장애인 가족보다 더 많은 스트레스와 부정적인 심리 상태를 경험한다고 보고하고 있다. 그러나 최근의 연구를 보면, 장애인 가족 전부가 부정적으로 기능하거나 심각한 부적응을 경험하는 것이 아니며, 가족에 따라서 장애 발생이라는 위기적 사건을 적절히 수용하고 성공적으로 적응하여 건강한 가족관계를 유지할 수도 있음을 보여 준다. 오수경(2003)은 장애인 가족을 병리적으로 보지 않으면서 가족이 겪는 문제들의 발생과 이에 대한 대처 및 적응을 이해하고 개입할 수 있는 규범모형(normative model)을 제시하면서, 장애인 가족이 장애 발생으로 인해 겪는 어려움을 극복하고 성공적으로 적응하게 하는 요인들을 분석하여 모형화하였다. 장애인 구성원으로 인해 경험하는 특징적인 문제를 부부 하위체계, 부모-자녀 하위체계, 형제 하위체계로 구분하고 장애인 가족의 적응에 영향을 미치는 요인에 대해서 살펴보았다.

장애인 가족의 부부 하위체계를 살펴보면, 취약한 관계를 가진 부부에게는 장애아동의 양육이 추가적인 스트레스 요인이 된다(김혜란, 1997). 장애인 가족 부모들의 사회경제적 수준, 적응력, 언어능력, 도덕성, 인성 특성, 과거 경험, 부모의 나이, 결혼만족도, 장애에 대한 부모의 지각과 믿음 등의 그들의 스트레스 수준 및 지각 또는 자녀에 대한 양육 태도에 영향을 미치는 것으로 나타났다(김영민, 1992). 장애아동이 있는 가족의 경우, 어머니는 장애아동의 요구를 충족하기 위해 더 많은 시간과 노력을 하게 되므로 상대적으로 다른 가족원의 욕구에 덜 민감하게 된다. 그 결과, 부부관계는 아내의 역할보다는 어머니의 역할이 더욱 중요하게 되고, 부부 중심에서 자녀 중심으로 부부관계가 변화된다. 이러한 변화는 부부간의 관계를 밀접하게 만드는 계기가 되지만, 때에 따라서 장애 발생의 책임이나 서로에 대한 배려 문제로 벽이 생겨 부부갈등의 원인이 되기도 한다(Chan, Berven, & Thomas, 1994). 반면, 남편으로부터 자녀 양육에 따른 실제적 도움을 받거나 남편이 가사에는 소극적으로 참여를 하더라도 정서적 위안을 제공해 주는 아내들의 경우에는 부부관계가 변함없이 원만하거나 더 좋아졌다는 연구결과도 있다(이숙현, 1992). 이와 같이 장애인 자녀를 둔 부부의 경우 더 많은 스트레스를 경험하기도 하지만, 부모의 특성이나 부부관계에 따라 적응능력에 차이를 보인다.

장애인 가족 내 부모-자녀 하위체계에서 장애인 자녀를 가진 부모는 두 가지의 역할을 수행하게 되는데, 하나는 도구적 역할로 자녀의 재활과 교육을 위해 필요한 실제적 역할이고, 다른 하나는 정서적인 역할로 죄의식이나 수치감, 슬픔 등을 잘 다루고 동정이나 사회적 회피를 극복하여 아동에 대한 과잉보호나 과소보호를 하지 않는 것이다(양정안, 1996). 장애아동의 부모에 관한 연구는 대부분 어머니의 특성에 관한 것들로 이루어진 경향이 보인다. 장애아동 어머니의 스트레스를 가장 잘 예측할 수 있는 변인으로 장애아동 보살핌에 따른 육체적 부담과 장애의 심각도를 들고 있다(정청자, 1989). 장애아동 어머니는 자존감 저하와 소극적인 대인관계로 인해 지지체계 확립에 어려움을 경험하며, 그 결과 장애아동과 어머니의 삶과 가족 전체에 부정적인 영향을 미칠 수 있는 것으로 보고되었다(표선숙, 1995). 한편, 김용기(1993)는 부모의 연령과 자녀의 양육 태도는 상관이 없는 것으로 나타났으며, 장애에 대한 부모의 인식 변화에 따라 어머니의 양육 태도가 적극적으로 발전되는 것으로 나타났다고 보고했다.

장애인 가족에서 일반적으로 부모는 다른 형제자매보다 장애자녀에게 더 관용적이어서 이러한 상황은 비장애 형제자매에게 고통을 줄 수 있다. 반대로 비장애자녀만이라도 잘 기르겠다는 생각에서 비장애자녀에게 지나치게 큰 기대와 무거운 짐을 지우게 되기도 한다(송영혜, 1994). 많은 연구가 부모가 장애자녀를 위해 보내는 시간, 돈, 관심이 지나쳐서 다른 형제자매가 불안, 죄의식, 분노, 공포, 좌절 등을 느끼게 되면서 형제자매 하위체계에 긴장을 초래할 수 있는데, 부모가 이러한 감정을 잘 다루어 주지 못하면 문제가 발생할 수 있다고 보고하고 있다(김영민, 1992). 동시에 장애아동의 형제자매는 장애를 가진 형제자매가 있

표 13-2 장애인 가족의 적응 요인

<table>
<tr><th colspan="2">적응 요인</th><th>내용</th></tr>
<tr><td rowspan="3">가족자원</td><td>가족강점</td><td>긍정적인 가족정체성, 가족과 가족원의 잠재성의 개발 장려 및 만족스러운 상호작용, 대인관계의 기술과 능력, 통합과 적응력, 긍정적 의사소통 능력, 위기와 문제 해결에 대한 적극적인 태도 및 대처능력, 필요한 자원을 얻는 데 유연성 등의 가족강점이 풍부할수록 가족의 적응이 용이함.</td></tr>
<tr><td>사회적 지지 자원</td><td>장애를 가진 가족원으로 인해 사회체제에서 고립되지 않고, 공식적 · 비공식적인 사회적 지지가 풍부할수록 가족의 적응이 용이함.</td></tr>
<tr><td>경제적 자원</td><td>장애로 인한 경제적 부담이 크게 가중됨으로 경제적 자원이 풍부할수록 장애로 인한 가족 적응이 용이함.</td></tr>
<tr><td colspan="2">가족의 장애 인지 요인</td><td>가족 내 장애 발생에 대한 가족원의 반응 및 태도가 긍정적일수록 가족 적응에 긍정적인 영향을 미침.</td></tr>
<tr><td colspan="2">사회의 장애 인지 요인</td><td>장애에 대한 사회의 신념 혹은 가치, 태도가 긍정적일수록 장애인 가족의 적응에 긍정적인 영향을 미침.</td></tr>
</table>

출처: 오수경(2003).

음으로 인해 더욱 성숙할 수 있는 기회를 갖게 되고, 자아의식 및 사회적 능력을 키울 수 있으며, 책임감 및 타인에 대한 통찰력을 갖게 된다고 보고하는 연구도 있다(Meyer & Vadasy, 1994; Simeonsson & McHale, 1981: 전혜인, 1997에서 재인용).

2) 장애인 가족의 가족상담 요구

장애인 가족은 다양한 어려움을 경험하고 극복하는 과정에서 가족 내외의 지원이 많이 필요하다. 장애인실태조사(보건복지부, 2023)에 따르면, 50세 미만 성인 여성장애인이 필요로 하는 지원은 '가사지원 및 활동지원 서비스'가 24.1%로 가장 높았고, '자녀 양육 지원 서비스' 18.4%, '직업훈련 및 취업지원' 16.3% 순으로 나타났다. 이 외에 '임신 · 출산 관련 교육 · 정보 제공' '성희롱, 성추행, 성폭력예방 · 보호' '(심리 · 정서) 상담서비스' '여성장애인 임신 · 출산 전문병원' '출산비용 지원' 등이 높게 나타났다. 장애자녀를 둔 부모들의 상담욕구를 분석한 연구(여광응, 송종원, 2005)에 따르면, 자신과 장애자녀의 진로나 미래와 관련된 문제, 장애자녀의 형제/자매, 가족 그리고 이웃 친지와의 관계와 관련된 문제, 현실적 문제와 경제적 문제, 그리고 자신의 생활이나 자녀나 가족 혹은 이웃에 적절히 대처하지 못하는 자신의 모습과 가치관이나 성격 등 자신과 관련된 문제에 대해 상담받기를 원하는 것으로 나타났다.

장애자녀를 둔 부모가 현실적으로 체감하는 양육상의 어려움은 심리적인 부분에 큰 영향을 미치는데, 이를 구분해 보면 스트레스에서 오는 심리적 압박감, 부모의 자아존중감과 부모 효능감 등으로 정리할 수 있다. 이러한 심리적 문제는 가족의 기능에도 영향을 주어 가족원 모두가 어려움을 경험하게 된다. 장애자녀를 둔 가정의 문제는 많은 경우 장애자녀에게서 시작되지만, 그 영향은 가족 전체로 확산된다. 그러나 어떤 가족은 그러한 어려움에도 불구하고 자녀의 장애를 잘 극복하고 건강하고 행복한 삶을 영위한다(McCubbin & McCubbin, 1993). 이를 위해서는 부모교육과 부모상담이 필요한데, 이때 다루어야 할 내용 중 가장 중요한 것은 '부모영역'이다. 부모영역에서는 장애자녀를 둔 부모로서 경험하는 정서와 심리 변화를 다루고, 부부가 서로의 경험을 공유하며, 앞으로 겪게 될 상황을 예상케 함으로써 변화에 적응할 수 있도록 한다. 또한 장애자녀를 둔 부모로서뿐만 아니라 한 인간으로서 장애자녀와 관련된 부정적인 감정을 다루고, 자신의 성격특성과 역동을 이해하고, 가족간의 의사소통을 증진하는 방법 등이 포함될 수 있다(정영숙, 2009).

장애자녀를 둔 부모는 장애자녀의 양육문제뿐 아니라 잠재해 있는 가족 간의 문제로 인한 부담감 때문에 다른 가족원들에게 정서적으로 안정감을 주지 못하기도 하고(송정순, 2000), 부모의 정서적 어려움이 자녀의 장애보다 더 클 수도 있으므로 부모상담이 필요하다(조용태, 2001). 많은 학자의 연구에서도 장애자녀를 둔 부모는 자녀가 받을 수 있는 각종 서비스와 더불어 부모 자신이 받을 수 있는 상담 및 훈련을 받고 싶어 하는 욕구가 강하다고 보고하고 있다(송준만, 유호순, 1997; 심혜숙, 송종원, 2004; 정영숙, 2009).

장애자녀로 인한 어려움은 가족에게 각종 스트레스를 유발하는데, 가족의 기능이 순기능적일수록 위기를 잘 극복하고 스트레스를 완화할 수 있다. 지적장애자녀를 기르는 부모의 양육 스트레스는 다른 가정에 비해 심한 수준이지만, 가족탄력성은 삶의 질을 높이고 양육부담을 감소시키는 효과를 지니고 있다(강민희, 2018; 서보준, 윤선오, 김우호, 2016; 최복천 외, 2018). 가족의 응집력과 가족유연성이 높으면 장애자녀로 인한 양육 부담감을 낮출 수 있고 성공적으로 문제를 해결할 수 있다. 가족이 기능적이면 변화 요구와 어려움에 탄력적으로 적응할 수 있으므로 가족기능은 장애자녀에 대한 양육부담 대처에 매우 중요한 자원이다(서보준 외, 2016; 안성아, 심미영, 2013). 그러므로 가족원의 응집력, 문제해결, 의사소통, 정서 표현과 수용 등과 같은 가족강점을 강화하고 가족기능을 높일 수 있는 전문적 상담이 필요하다(신혜종, 장은숙, 2019).

최근의 장애아동에 대한 개입은 기존의 아동 중심의 접근방법에서 아동에 대한 총체적 접근인 가족지원으로 변화하고 있다(강영주, 2014). 가족지원의 목적은 가족 전체를 하나의 체계로 보고 장애아동 가족에게 자녀의 양육에 대한 도구적 지원, 정보적 지원, 사회정서적 지원을 제공하여 가족역량을 강화하고 궁극적으로 가족의 삶을 향상시키는 것에 있다(Zuna et al., 2011). 장애아동의 가족지원에 있어 부모를 중심으로 하는 상담 지원은 매우 중요한 부분이다. 상담은 갈등을 스스로 극복하게 하여 바람직한 변화를 돕는 과정으로 부모와 가족상담을 통해 보다 여유롭게 장애아동을 수요하고, 심리적으로 적응하도록 돕는 것이 중요하다. 그동안 보고되어 온 선행연구를 살펴보면, 부모를 대상으로 가족지원을 실시한 연구(김선해, 박지연, 2010; 정미영, 2011), 장애아동 형제를 위한 집단놀이치료 프로그램(김지애, 김소희, 2014)과 집단상담 프로그램(육영화, 2012) 등이 있다. 또한 장애아동 가족을 대상으로 한 연구(이근매, 2007; 김장곤, 이종원, 2012), 나아가 모바일 사용이 증가하고 상시 접근이 가능한 상황에서 장애인 가족에게 상담의 편리성과 접근의 용이성을 제공하기 위해 모바일 가족상담을 실시한 사례연구도 보고되고 있다(조남옥, 2014).

3) 장애인 가족을 위한 가족상담 모델

장애인 가족에 대한 연구는 1990년대 후반부터 강점관점과 가족 탄력성의 개념들이 등장하면서, 가족 스트레스 이론에 기반을 둔 장애인 가족의 부적응적인 부분에 대한 관심에서 벗어난 접근방법들이 주목을 받기 시작했다(김미옥, 2001; 이종남, 2013; 전재명, 2012). 즉, 병리적 관점에 근거한 전통적인 접근법의 한계를 극복하기 위한 대안으로 강점관점, 역량강화, 가족탄력성이 제시되었다. 이러한 경향은 가족의 강점기능에 초점을 두고 가족의 역기능보다 가족이 가진 자원과 강점을 활용하는 가족중심접근에 대한 관심으로 이어졌다(Allen & Petr, 1996). 장애인이 가족에게 미치는 영향을 살펴본 연구결과(백은령 외, 2010; Landsman, 1999; Ferguson et al., 2000; Scorgie & Sobsey, 2000)를 보면, 장애를 가진 가족원의 존재가 가족에게 항상 부정적인 영향을 주거나 장애인 가족의 삶 전체에 영향을 미치는 것이 아니라, 장애인 가족이 장애로 인하여 가족 결속력이 강화되고, 부부간의 상호 이해가 증진되며, 자아가 성숙해지고, 세상과 사람에 대해 깊이 이해하게 되는 등의 순기능적인 특성이 보고되고 있다.

강점관점 가족중심접근은 서비스 제공자가 장애인 가족이 가지고 있는 자원과 강점을 발견하도록 돕고, 서비스 전달과정에서 가족과 전문가의 협력을 강조한다는 점에서 전문가 주도의 개입과 다르다(Dunst et al., 2006). 기존의 전문가 주도의 개입에서 강점관점을 기반으로 하는 가족중심 역량강화접근을 위해서는 이론적 관점과 서비스 전달체계에 대한 변화가 필요하고, 특히 내담자와 상담사의 전문적 관계에서는 근본적인 인식의 변화가 요구된다(양숙미, 2016). 부부 · 가족상담사가 특히 관심을 가져야 할 영역은 강점관점을 기반으로 하는 서비스에서의 전문적 관계이다. 전통적인 접근에서의 전문적 관계는 전문적 지식과 기술을 가지고 상담경험이 풍부한 전문가가 지식이 부족하고 도움이 필요한 클라이언트를 돕는 관계를 강조한다. 그러므로 내담자는 상담사가 계획한 치료 계획을 수동적으로 따라야 하는 불평등한 위치에 놓이게 된다. 반면, 강점관점의 가족중심 역량강화접근에서는 내담자–상담사 관계를 협력적 파트너십으로 정의한다. 원조과정에서 상담사는 내담자 가족을 경험과 잠재력을 가진 체계로 보면서 내담자 가족의 참여를 중시하고 자기결정권을 강조한다. 장애인 가족과 전문가 간의 파트너십은 다음과 같은 특성을 가져야 한다(Dunst et al., 1997). 첫째, 역할에 상호 합의하고 기여한다. 둘째, 합의된 목표 달성을 위해 함께 일한다. 셋째, 목표 달성을 위한 행동에 공동 책임을 갖는다. 넷째, 파트너십은 상호 헌신, 신뢰, 정직을 바탕으로 한다. 다섯째, 파트너 간에는 관련된 정보를 공유한다. 여섯째, 의사결정 과정에서 가족은 자신들의 최대이익을 위한 역할 수행의 권한을 가진다.

이러한 강점관점 가족중심접근의 주요 성과는 가족의 강점기능을 강화시키고(Dempsey & Keen, 2008; Reich et al., 2004), 부모의 양육 태도에 긍정적인 변화를 도출하며, 자녀에 대한 지식 향상, 장애인 가족의 강점기능과 가족 역량강화의 증진, 부모의 정신건강에 긍정적인 영향을 주었다는 것이다(강미경, 노혜련, 2012; 유영준, 박은영, 2016; Layzer et al., 2001). 가족중심접근은 장애인 당사자의 변화뿐만 아니라 가족원 전체에 개입하는 것을 실천의 목표로 지향한다. 이는 가족중심접근의 성과로 가족원의 행복감 증진, 양육과정에 대한 주 양육자의 자신감 향상, 가족의 역량 강화에 정적인 영향력을 발휘하는 것으로 나타났다(유영준, 박은영, 2016). 가족중심접근은 가족 전체를 지원하는 것에 초점을 두기 때문에 전체 가족의 문제해결 능력을 키우고, 가족의 정체성 형성과 가족문제 예방에 효과적이라는 점도 가족강점 기능 강화를 촉진하는 것으로 볼 수 있다(강미경, 노혜련, 2012; 유영준, 백은령, 2013).

3. 단계적 개입전략

장애인 가족에 대한 개입의 틀로 대표적인 모델은 개별가족지원계획(Individualized Family Support Plan: IFSP)이다. IFSP는 장애아동과 그 가족에게 필요한 서비스를 제공하기 위해서 미국의 「장애인교육법」에 포함된 문서로, 장애인 가족의 욕구를 파악하고 필요한 상담을 제공하기 위해서 필요한 과정이 잘 제시되어 있어 이 장에서도 활용하고자 한다. IFSP는 장애인의 신체, 인지, 언어, 사회정서, 자조기술뿐만 아니라 그 가족의 자원, 고려사항, 우선순위 등을 다루어 해당 가족중심으로 사정하고 계획한 후 개입하고 평가하도록 제안하고 있다(노진아 외, 2011). 여기서는 IFSP의 틀을 가족상담에 맞게 수정하여 강점기반 가족중심개입을 적용하는 내용으로 장애인 가족을 위한 상담의 단계별 전략을 제시하였다. 장애인 가족을 위한 개별화된 상담의 단계는, (1) 초기 면접, (2) 사정계획 수립 및 가족사정, (3) 개입전략 및 서비스 계획 수립, (4) 서비스 제공 및 점검, 그리고 (5) 평가의 순서로 이루어진다.

1) 초기 면접

초기 면접에서는 상담사가 장애인 가족과 파트너십을 형성하고 내담자 가족을 위한 서비스를 제공할 수 있는지를 파악하여야 한다. 초기 면접에서 얻은 정보는 이후의 진행과정에 매우 중요한 자료가 되므로 장애인과 가족에 대한 정확한 정보를 파악하는 것이 필요하다. 상담사는 장애인 가족의 관심사와 욕구에 세심하게 주의를 기울이면서 긍정적 파트너십을 형성해야 한다. 이를 토대로 장애인 가족과 상담사의 협력 정도가 결정되므로 라포 형성과 충분한 의사소통이 매우 중요하다.

2) 사정계획 수립 및 가족사정

두 번째 단계는 장애인 가족에 대한 사정단계이다. 먼저, 장애인과 가족을 어떻게 사정할지에 대한 사정계획을 세워야 한다. 상담사는 장애인에 대한 의료적 · 교육적 · 사회적 진단이 따로 필요한지를 결정하여야 한다. 대부분의 경우에는 가족으로부터 상담에 필요한 정보를 충분히 얻을 수 있지만, 그렇지 않은 경우에는 타 분야의 전문가로부터의 도움이 필요하다. 타 분야의 전문가가 참여할 경우에는 가족의 의사를 충분히 반영하여 진행하도록 한다. 가족에 대한 사정은 가족의 주 관심사, 가족이 활용할 수 있는 자원, 우선순위 등을 파악한다. 특히 강점관점을 기반으로 한 가족역량강화 개입에서는 장애인과 가족의 문제 중심적 접근에서 벗어나 가족들이 제시하는 욕구와 필요, 가족생활의 다양한 영역에 가족들이 부여하는 의미, 가족이 활용할 수 있는 공식적 · 비공식적 자원과 이들의 활용 가능성 등에 대한 사정이 이루어져야 하고, 이 과정에서 가족은 중요한 정보제공원으로서 역할을 담당하도록 한다.

3) 개입전략 및 서비스 계획 수립

세 번째 단계는 상담전략과 계획 수립 단계로 이전 단계의 사정 결과를 바탕으로 가족의 역량을 강화하고 가족원들의 만족도를 높일 수 있는 목표를 정하여 목표달성을 위한 상담계획을 수립한다. 목표를 수립할 때는 상담의 목표가 가족이 속한 환경적 요구를 해결하기 위해 필요한 것인지, 다양한 상황에서 사용될 수 있는지, 관찰과 측정이 가능한지, 다른 목표들과 연관성이 있는지 등을 고려해야 한다(Notari-Syverson & Shuster, 1995).

4) 서비스 제공 및 점검

네 번째 단계에서는 이전 단계에서 수립된 목표를 달성하기 위하여 상담사와 가족이 상호 협력하여 상담을 진행하면서 매 회기마다 점검하여 계획된 활동이 잘 진행되고 있는지를 파악한다. 장애인 가족을 위한 상담의 구조화를 위한 지침(Muir, Rosenthal, & Diehl, 1990)에 따르면, 가족상담을 통해서 장애인 가족이 불안, 죄책감 등의 정서적 반응에 대처할 수 있도록 돕고, 자신이 가치 있고 유능하다고 느낄 수 있도록 해야 한다. 상담사는 장애인 가족으로 하여금 개인적 자원, 가족체계 자원, 지역사회 자원을 잘 활용하도록 돕고, 가족 내의 역할 변화, 형제자매 관계, 부부관계, 지역사회와의 상호작용 등과 같은 현안을 탐색하도록 유도한다. 가족상담사는 장애에 의한 변화에 적응하고 가족 간의 관계를 회복하도록 돕는 것도 매우 중요하지만, 가족이 정상적인 가족생활을 유지하는 데 필요한 자원이나 정보를 제공할 필요도 있다. 이를 위하여 가족의 사회적 네트워크 유지, 휴식, 장애인을 위한 서비스 확보, 재정적 문제해결과 같은 장기적인 욕구충족 방법들도 다룬다.

가족의 욕구와 선호 단계에 따라서 상담사의 개입 정도를 달리해야 한다는 주장도 있다(Marshak & Seligman, 1993: Chan, Berven, & Thomas, 2008에서 재인용). 장애인 가족을 위한 상담사의 개입은 5단계 중 하나에서 이루어지는데(〈표 13-3〉 참조), 대부분의 상담사는 1단계에서 3단계에 속한 가족에 대해 비교적 쉽게 양질의 서비스를 제공할 수 있지만, 4단계와 5단계에서 효과적인 가족상담을 제공하기 위해서는 상담사가 구조적 기술과 관계적 기술을 잘 활용할 수 있어야 한다. 구조적 기술은 가족의 문제와 욕구를 파악하고 상담전략을

표 13-3 가족의 욕구와 선호에 따른 상담사의 중재 강도

단계	중재 내용
1단계	상담사는 내담자에게만 초점을 맞추어야 한다. 내담자의 욕구와 내담자의 문제에 집중해야 한다. 이때 상담사는 내담자 가족과의 직접적인 접촉은 피하는 것이 좋다.
2단계	가족과의 제한된 접촉이 가능한 단계이다. 이 경우, 상담사와 내담자 가족 간의 접촉은 사실적 정보 제공의 선을 넘을 수 없다.
3단계	이 단계에 이르면 상담사는 가족에 대한 정서적 지지를 제공해야 한다. 상담사는 가족이 자신의 감정을 드러내도록 격려한다. 나아가 그들에 대해 공감과 정서적 지지를 보이도록 노력해야 한다.
4단계	상담사는 구조적 평가와 중재를 제공해야 한다. 가족이 겪는 스트레스와 긴장을 완화할 수 있도록 잘 계획된 지지를 제공해야 한다. 장애와 관련된 가족패턴의 변화를 통해 가족의 역량 강화를 모색해야 한다.
5단계	이 단계에 이르면 상담사는 전문적인 가족치료를 제공해야 한다. 상담사는 장애로 인한 가족기능의 해체를 치료할 수 있는 전문적인 개입을 실시해야 한다.

출처: Chan, Berven, & Thomas (2008).

구상하고 실현하며, 구성원들의 저항에 대처할 수 있는 능력을 의미하고, 관계적 기술은 가족과의 신뢰관계 유지와 공감적 이해를 표현하는 능력을 포함한다. 장애인을 대상으로 상담 서비스를 제공하는 전문가들이 생각하기에 중요한 상담기술로 지시적 반응 요인(설명력 19.32%), 인지 동기 요인(설명력 7.21%), 외현적 태도 요인(설명력 5.11%), 내담자 배려 요인(설명력 5.09%)의 순서로 나타났다. 지시적 반응 요인은 경청하기, 자신감, 관심 기울이기 행동 등을 말하고, 인지 동기 요인은 모순과 갈등 해결, 자기 이해, 동기의 의식화, 자기 노출 등을 포함하며, 외현적 태도 요인은 몸짓과 얼굴 표정, 반영기술, 유머 사용 등이고, 내담자 배려 요인은 객관성 유지, 행동 피드백, 종결 격려 등을 포함한다(이달엽, 2012).

장애인 가족상담에서 상담사가 직면하는 문제 중 하나는 장애를 가진 가족원을 가족상담에 포함시킬지의 여부를 결정하는 것이다. 무어 등(Muir et al., 1990)은 장애인 가족원의 참여가 가족원 모두에게 의미 있는 방식으로 이루어져야 하므로 인지장애나 정서장애가 있는 구성원의 참여는 신중하게 고려해야 한다고 주장하였으나, 드폼페이와 자르스키(DePompei & Zarski, 1991)는 장애가 배제의 이유가 되어서는 안 된다고 주장하였다. 장애를 가진 구성원이 상담에 참여함으로써 가족이 함께 경험하고 배우고 도움을 주고받을 수 있다고 합의한다면, 가족상담은 가족 전체를 위해 의미 있는 활동이 될 수 있을 것이다.

5) 평가

장애인 가족상담의 마지막 단계는 평가이다. 실행단계에서 개입에 대한 점검이 이루어지기는 했지만, 상담을 종결하기 전에 전체과정에 대한 평가가 이루어져야 한다. 이와 같은 평가를 통하여 필요한 가족에게는 추가 상담을 실시하거나 부모교육이나 개인상담을 추천할 수도 있으며, 타 기관에서 제공하는 서비스를 위한 의뢰를 진행할 수 있다.

4. 사례연구: "몸도 마음도 너무나 지쳤어요."

내담자는 남편(41세)으로 아내(35세)와의 사이에 1남 1녀를 두고 있다. 첫째는 6세(아들)로 2년 전에 발달장애 진단을 받았고, 둘째는 5세(딸)로 현재까지 나타난 장애는 없다. 내담자는 결혼한 지 3년 만에 아들을 낳았고, 초기에는 별로 문제가 없어 보였다. 아들의 장애진단 후, 아내는 우울증상이 심해지면서 무기력한 모습을 보이고 있고, 현재도 자녀를 돌보거나 집안일을 하지 못하고 있는 실정이다. 남편은 중소기업에 다니면서 가족 경제를 책임지기 위해서 노력하지만, 자녀 양육과 집안일을 모두 하기에는 시간도 부족하고 힘에 부친다고 말했다. 같은 도시에서 공무원을 하고 있는 친누나의 소개로 상담을 받게 되었다. 이 가족은 자녀가 어려서 부부상담으로 진행하였고, 총 10회기에 걸쳐서 상담 및 교육이 이루어졌다.

초기 면접에서 상담사는 남편의 상황을 이해하면서 내담자 가족에 대한 의료, 경제적·사회적·정서적 상황에 대한 정보를 수집하였다. 부부는 매우 지쳐 있었고, 특히 아내는 아들에 대한 죄책감과 딸에 대한 미안함 때문에 정서적으로 취약한 상태에 있었다.

사정 단계에서 상담사는 가족의 동의하에 아들에 대한 정확한 정보를 얻기 위해 아동발달센터에 검사를 의뢰하였고, 아내와 남편의 건강 상태를 파악하기 위해서 전문의로부터 자문을 받았다. 이와 동시에 생태도를 통하여 가족이 보유하고 있는 공식적·비공식적 자원을 파악하였고, 자녀를 포함한 가족이 상담을 통해서 얻고자 하는 목표를 설정하였다. 남편은 가족에 대한 애정이 상당히 높았고, 책임감도 많았다. 아내도 자녀를 사랑하고 잘 키우고자 하는 마음을 많이 드러냈다.

상담전략 및 계획 수립 단계에서 상담사는 서로의 상태를 이해하고 애정과 지원을 확인할 수 있는 부부상담과 장애자녀와 비장애자녀의 양육에 필요한 부모교육을 제안하였다. 또한 자녀들을 위한 지역사회의 자원을 파악하고, 발달장애 자녀를 가진 부모를 위한 자조모임을 알아보기로 했다.

서비스 제공 및 점검 단계에서는 격주로 부부상담을 진행하고, 상담이 없는 주에는 지역사회의 서비스 자원들을 방문하여 도움을 받을 수 있도록 하였다. 부부상담에서는 정서적인 측면을 주로 다루어서 아내가 무기력감의 저변에 깔린 부정적인 정서를 알아채고 표현하도록 하였고, 남편이 표현하지 못했던 부정적 정서를 해소하도록 하였다. 또한 가족 간의 의사소통 능력을 향상하는 작업을 진행하여 부부간에, 그리고 자녀들과의 의사소통이 원활이 이루어지도록 하였다. 장애아동과 비장애아동의 발달단계에 대해서 알려 주고, 유사한 장애를 가진 아동과 그 가족이 경험하는 과정에 대한 교육을 실시하면서, 도서나 동영상 자료를 제공하여 부부가 함께 보면서 이야기를 나누는 시간을 가졌다. 지역의 통합어린이집이나 장애아동주간보호센터, 장애인복지관 등에서 제공하는 서비스를 이용할 수 있도록 하여 부모의 양육부담이 덜어지도록 하였다. 특히 부부가 인지하지 못했던 확대가족이나 장애아동부모연합회 등의 비공식적 자원을 파악하고, 필요한 경우에 편안하게 도움을 요청할 수 있는 안전망을 구축하도록 유도하였다.

마지막으로, 종결을 하기 전에 그동안 진행했던 내용을 살펴보고 도움이 되었던 것과 그렇지 못했던 것에 대하여 이야기를 나누고 부부의 목표 달성 여부를 확인하였다. 지역의 서비스 활용과 자조모임의 참여 등에 대한 추후 계획에 대해서도 의견을 나누고 종결하였다.

5. 장애인 가족을 상담할 때 상담사가 유의해야 할 점

장애는 장애 유형이나 장애 발생 시기에 관계없이 장애인과 그 가족에게 매 순간 새로운 적응상의 과제를 부여한다. 이러한 과제를 잘 수행할 수 있다면 가족은 잘 기능하면서 생활할 수 있지만, 과제 수행에 실패하게 되면 그로 인한 좌절, 불안, 거부, 차별의 경험을 통해 가족원들에게 심리적·관계적 어려움을 야기한다. 이러한 경험이 누적되면 가족 전체의 삶의 질이 떨어지고, 학습된 무력감이 고착되면서 건강한 생활을 유지하기가 어려워진다. 따라서 장애인 가족에게 소외감과 무력감을 해소할 수 있는 배려와 공감적 이해가 필요하며, 이들이 경험한 심리적·관계적 어려움을 적절한 방식으로 표현하여 해소할 수 있는 기회가 주어져야 한다(이달엽, 2012).

그러나 장애인 가족이 경험하는 문제, 가족원이 장애에 부여하는 의미, 가족원이 보유한 자원과 활용 가능성 등은 가족들마다 상이하므로 상담사는 '알지 못한다는 자세'를 유지하면서 가족과 상호작용하여야 한다. 장애인 가족과의 상호작용에 필요한 자세 및 전략을 맥다니엘 등(McDaniel, Doherty, & Hepworth, 2014)이 의료가족치료의 임상 전략(〈표 13-4〉 참조)으로 제시하였다.

표 13-4 장애인 가족을 위한 상담 시의 임상 전략

임상 전략	내용
생물학적인 차원을 알아본다.	환자에게 초점을 맞춘다. 심리치료와 다른 의학적 만남과의 차이점을 설명한다. 의뢰한 전문가에게 장애에 대한 설명을 구한다. 생물학적인 변화 가능성에 대하여 겸손한 태도를 보인다.
가족력과 그 의미를 이끌어 낸다.	장애인과 가족원의 장애에 대한 인식을 이끌어 내는 질문지를 활용하여 가족과 언어를 공유하기 위한 실마리로 장애에 관한 이야기를 함께 나눈다.
방어를 존중하고 비난을 없앤다.	가족이 활용하는 대처방식을 존중하고 장애인 가족이 보여 주는 부정, 비난, 죄책감 등을 다루면서 부정적인 감정을 정상화한다.

의사소통을 촉진한다.	가족원 간의 의사소통, 가족과 서비스 제공자들과의 의사소통 등 장애인 가족이 상호작용하는 체계와의 의사소통을 촉진한다.
발달상의 문제에 주의를 기울인다.	장애가 가족발달주기에 따라 어떤 영향을 미치는지에 대한 논의는 가족의 경험을 정상화하는 데 도움이 된다.
가족의 정체성을 강화한다.	장애가 가족의 삶에서 차지하는 영역이 얼마나 되는지를 평가해 보도록 하고, 장애를 외현화하여 장애가 가족의 삶을 지배하지 않도록 한다.
심리교육과 정서적 지지를 제공한다.	심리교육과 정서적 지지는 치료의 중요한 구성요소이다. 가족상담 회기 중에서뿐만 아니라 다양한 방식의 교육과 지지가 제공될 수 있으므로 이와 관련된 정보를 제공한다.
가족의 행동 주체성을 증가시킨다.	장애로 인해 많은 것을 제한해 왔던 가족에게 대안적인 대처방법을 발견하도록 도와주는 것은 가족의 역량을 강화하는 첫걸음이다. 가족과 치료계획을 협의한다. 현실에 맞춰서 활동을 조정한다. 긍정적인 가족반응을 강조한다. 다른 사람들과 정보를 공유한다.
가족의 연대감을 증진한다.	연대감은 고립되었던 상태에서 타인이 자신의 삶의 일부가 되는 것을 허용하고 초대하기 시작할 때 증진된다. 장애인 가족에게는 이것이 위협적으로 느껴질 수도 있지만, 스스로를 제한하지 않도록 돕는다면 연대감은 점차로 강화될 수 있다.
가족에게 공감적으로 함께 있어 줌을 유지한다.	가족상담사도 장애인과 그 가족처럼 통제하기 어려운 상황과 불확실한 미래에 대한 내성을 가져야 한다. 장애인 가족상담은 정서적으로 힘든 일이지만 장애인 가족의 경험에 공감과 지지를 제공함으로써 그들의 삶에 변화를 주도한다.

출처: 박일환 외(2018).

6. 나가는 말

장애인 가족은 비장애인이 생각할 수 없는 경험을 한다고 볼 수 있다. 장애인을 포함한 가족이 장애와 관련된 어려움을 극복하고 일상생활을 영위하기 위해서는 다양한 차원에서의 지원과 지지가 필요하다. 가족상담사는 전문가적인 태도와 축적된 경험을 통하여 장애인 가족이 당면하는 다양한 상황에 효과적인 도움을 줄 수 있다. 가족상담사는 가족과 신뢰 관계를 구축하여 가족에게 필요한 정보를 제공하고, 문제해결과 욕구충족을 위해 협력하며, 가족원들의 상호작용을 촉진하고, 사회적 지지 네트워크를 개발하고 유지하도록 도와주며, 가족원의 정서적 안정감 확보를 위해 노력한다. 무엇보다도 장애인 가족이 가지고 있는 개인적 자원, 가족체계 자원, 지역사회 자원 등 가족의 강점과 역량을 강화하고 가족의 잠재력을 확장시키는 것을 목표로 작업을 할 수 있어야 한다. 이 장에서 다룬 내용들이 장애인 가족의 적응적이고 만족스러운 생활을 위한 가족상담에 일조할 수 있기를 기대한다.

참고문헌

강미경, 노혜련(2012). 가족중심실천이 아동의 자기효능감에 미치는 영향: 가족강점의 매개효과 분석. **한국아동복지학**, 40, 285-322.

강민희(2018). 돌봄을 통한 신장장애인 가족의 장애경험. **지체중복건강장애연구**, 61(1), 19-38.

강영주(2014). 장애인 가족지원을 위한 가족치료 도입에 관한 고찰. **발달장애연구**, 18(3), 21-42.

권미자(2015). 척수장애 남편을 둔 배우자의 돌봄 경험. **사회과학연구**, 39(2), 145-178.

김미옥(2001). 장애아동가족의 적응에 대한 가족탄력성(Family Resilience)의 영향력 분석. **한국가족복지학**, 8, 9-40.

김선해, 박지연(2010). 통합촉진을 위한 가족지원 프로그램이 초등학교 장애아동 어머니의 양육스트레스와 양육효능감 및 가족역량강화에 미치는 효과. **특수아동교육연구**, 12(1), 183-200.

김영민(1992). 장기 장애인 가족과 일반가족의 가족기능 비교. 연세대학교 대학원 석사학위논문.

김영호(2000). **장애아동부모 어떻게 도울 것인가**. 학문사.

김용기(1993). 정신지체아 부모의 양육태도. 단국대학교 대학원 석사학위논문.

김일명 외(2013). **최신특수교육학**(3판). 학지사.

김장곤, 이종원(2012). 가족지원 프로그램이 뇌성마비 아동의 신체기능과 지지체계, 양육스트레스에 미치는 영향. **재활복지**, 16(4), 157-171.

김지애, 김소희(2014). 장애아동의 형제를 위한 집단놀이치료 프로그램 효과성에 대한 탐색연구. 사회과학논총, 21, 179-202.

김진우(2014). **발달장애인복지론**. EM커뮤니티.

김혜란(1997). 장애아동 가족체계 지원에 관한 소고. **재활복지**, 1(1), 61-80.

김훈경, 이용환, 유병철(2007). 노인의 생활만족도 결정요인. **고신대학의과대학학술지**, 22(1), 21-33.

노진아, 홍은숙, 이미숙, 박현주, 정길순, 김정민, 강미애, 이나래(2011). **장애영유아 가족지원**. 학지사.

류수민, 한영주(2015). 중증장애인의 비장애 형제로 살아감에 대한 질적 연구. **상담학연구**, 16(2), 121-155.

박지연, 장재윤(2014). 장애아동 부모의 낙관성이 삶의 만족도에 미치는 영향: 양육에 대한 긍정적 인식과 대처행동의 매개효과. **특수교육학연구**, 49(3), 121-144.

백은령, 김기룡, 유영준, 이명희, 최복천(2010). **장애인 가족지원**. 양서원.

보건복지부(2023). 2023년 장애인 실태조사 결과 발표. 보건복지부.

서보준, 윤선오, 김우호(2016). 지적장애자녀를 둔 부모의 양육부담이 삶의 질에 미치는 영향에 대한 가족탄력성의 매개효과. **지적장애연구**, 18(2), 101-115.

석말숙(2013). 장애인 가족과 비장애인 가족의 가족기능 비교연구: McMaster Model의 적용. **한국가족복지학**, 18(2), 105-131.

송성자(2002). **가족과 가족치료(2판)**. 법문사.

송영혜(1994). 장애아 가정의 문제와 복지서비스. **대구재활심포지움 자료집**, 24.

송정순(2000). 발달장애아 부모교육 프로그램의 모형개발. 아주대학교 대학원 석사학위논문.

송준만, 유호순(1997). **특수아지도**. 한국방송대학 출판부.

신미정(2010). 입원 척수손상환자 돌봄자의 장애수용 정도 및 부담감과 대처행동간의 관계. 연세대학교 대학원 석사학위논문.

신혜종, 장은숙(2019). 장애자녀를 둔 가족을 위한 가족치료 전략. **가족과 가족치료**, 27(2), 275-301.

심혜숙, 송종원(2004). 장애 자녀를 둔 부모 상담모형 개발을 위한 상담 욕구 분석. **교육연구**, 14, 31-51.

안성아, 심미영(2013). 가족스트레스와 가족탄력성이 장애인 가족의 가족건강성에 미치는 영향에 관한 연구. **재활복지**, 17(1), 277-300.

양숙미(2016). **장애인 가족지원과 역량 강화**. 학지사.

양정안(1996). 장애아 부모지원 서비스. 효성가톨릭대학교 대학원 석사학위논문.

여광응, 송종원(2005). 장애자녀를 둔 부모의 상담모형 개발을 위한 특수교사와 학부모 상담욕구 분석. **발달장애학회지**, 9(1), 1-16.

여슬기(2014). 정신보건사회복지사의 가족치료적서비스 실태에 관한 연구. 대구대학교 대학원 석사학위논문.

오수경(2003). 장애인 가족의 적응모형 연구. **이화사회복지연구**, 1, 1-20.

오혜경(2001). 장애아동 가족지원에 관한 고찰. **사회복지리뷰**, 6, 53-76.

유영준, 박은영(2016). 가족중심실천이 장애인 가족의 강점기능에 미치는 영향: 장애인의 긍정적 기여의 매개효과 검증. **재활복지**, 20(2), 27-48.

유영준, 백은령(2013). 가족중심실천이 장애아 가족의 양육부담에 미치는 영향. **한국장애인복지학**, 22, 207-224.

육영화(2012). 비장애형제를 위한 집단상담프로그램이 장애형제를 대하는 태도와 주관적 행복감에 미치는 효과. 한양대학교 대학원 박사학위논문.

이근매(2007). 가족지원 미술치료 프로그램이 장애청소년의 사회성 향상에 미치는 효과. **특수아동교육연구**, 9(3), 223-252.

이달엽(2012). 장애인재활 분야의 상담실천기술에 관한 연구. **지체중복건강장애연구**, 55(2), 1-21.

이숙현(1992). 장애아가족의 적응에 관한 탐색적 연구. **가족학논문집**, 4, 35-37.

이종남(2013). 자폐성장애아동가족의 긍정적 인식과 가족의 적응연구: 가족 탄력성의 매개효과를 중심으로. 가톨릭대학교 대학원 석사학위논문.

전재명(2012). 발달장애아동 어머니의 긍정적인 지각에 영향을 미치는 요인. 경성대학교 대학원 박사학위논문.

전혜인(1997). 장애아동의 비장애형제를 위한 형제지원프로그램이 비장애형제의 장애형제를 대하는 행동과 자아개념에 미치는 영향. 이화여자대학교 대학원 석사학위논문.

정미숙(2005). 척수장애인 가족의 스트레스와 적응에 관한 연구: 가족적응유연성 요인의 상호작용적 완충효과를 중심으로. 서울대학교 대학원 석사학위논문.

정미영(2011). 지적장애아 부모의 가족회복력 증진과 안심모형에 근거한 미술치료 프로그램 개발 연구. 대구대학교 대학원 박사학위논문.

정영숙(2009). 장애인 가족유형별 교육 프로그램에 대한 욕구분석. **특수교육재활과학연구, 48**(2), 45-64.

정준구(2009). 장애자녀 부모의 양육스트레스, 가족여가 및 가족기능이 심리적 안녕감에 미치는 영향에 관한 연구. 강남대학교 사회복지전문대학원 박사학위논문.

정청자(1989). 장애아 가정의 긴장과 적응에 관한 일 연구. 이화여자대학교 대학원 석사학위논문.

조남옥(2014). 장애인과 가족을 위한 모바일 상담프로그램 개발 및 효과. 영남대학교 대학원 석사학위논문.

조용태(2001). **특수아 상담**. 양서원.

최복천, 유영준(2018). 발달장애인 가족의 가족기능이 양육부담에 미치는 영향. **지체중복건강장애연구, 61**(4), 131-151.

표선숙(1995). 학령 전 장애아를 가진 어머니의 자존감과 대인관계 증진을 위한 집단프로그램 개발에 관한 일연구: 지역사회복지관 조기교실 어머니들을 중심으로. 이화여자대학교 대학원 석사학위논문.

Allen, R. I., & Petr, C. G. (1996). *Toward developing standards and measurements for family-centered practice in family support program. In redefining family support: Innovations in public-private partnerships*. Paul H. Brookes.

Berry, J. O., & Hardman, M. L. (1998). *Lifespan perspectives on the family and disability*. Allyn & Bacon.

Carter, E., & McGoldrick, M. (Eds.). (1989). *The changing family life cycle* (2nd ed.). Allyn and Bacon.

Chan, F., Berven, N. L., & Thomas, K. R. (2008). **재활전문가를 위한 장애인 상담의 이론과 실제** [*Counseling theories and techniques for rehabilitation health professionals*]. 송영혜, 조성재, 이달엽, 김순애, 이경하 역. 시그마프레스.

Dempsey, I., & Keen, D. (2008). A review of processes and outcomes in family-centered services to parents. *Journal of Emotional and Behavioral Disorders, 5*(4), 196-126.

DePompei, R., & Zarski, J. J. (1991). *Assessment of the family. In head injury: A family matter*. Paul H. Brooks.

Dunst, C. J., Trivette, C. M., & Deal, A. G. (1997). *Enabling and empowering families*. Brookline Books.

Dunst, C. J., Trivette, C. M., & Hamby, D. W. (2006). *Family support program quality and parent, family and child benefits*. Winterberry Press.

Dyson, M. (1993). Response to the presence of a child with disability: Parental stress and family functioning over time. *American Journal on Mental Retardation, 98*(2), 207-218.

Ferguson, P. M., Gartner, A., & Lipsky, D. K. (2000). *The experience of disability in families: A synthesis of research and parent narratives. In Prenatal Testing and Disability Rights*. George University Press.

Glidden, L. M., Billings, F. J., & Jobe, B. M. (2006). Personality, coping style and well-being of parents rearing children with developmental disabilities. *Journal of Intellectual Disability Research, 50*, 949-962.

Kosciuleck, J. F. (2004). Disability and family counseling. In *Counseling theories and techniques for rehabilitation health professionals*. Springer Publishing Co.

Landsman, G. H. (1999). Does god give special kids to special parents?; Personhood and the child with disabilities as gift as giver. In *Transformative motherhood: On giving in a consumer culture*. New York University Press.

Layzer, J. I., Goodson, B. D., Berstein, L., & Price, C. (2001). *National evaluation of family support programs. Vol. A: The Meta-Analysis*. Abt Associates Inc.

Marshak, L. E., & Seligman, M. (1993). *Counseling persons with physical disabilities: theoretical and clinical perspectives*. Pro-Ed.

McCubbin, H. I., & McCubbin, M. A. (1993). Family coping with health crises: The resilience model of family stress, adjustment and adaptation. In C. Danielson, B. Hamel-Bissel, & P. Winstead-Fry (Eds.), *Families, health and illness: perspectives on coping and intervention*. C. V. Mosby.

McDaniel, S. H., Doherty, W. J., & Hepworth, J. (2014). Medical family therapy and integrated care (2nd ed.). American Psychological Association.

McDaniel, S. H., Doherty, W. J., & Hepworth, J. (2018). 의료가족치료[*Medical family therapy and integrated Care* (2nd ed.)]. 박일환 외 역. 학지사.

Meyer, D. J., & Vadasy, P. F. (1994). *Sibshops: Workshops for siblings of children with special needs*. Paul H. Brookes.

Muir, C., Rosenthal, M., & Diehl, L. N. (1990). *Methods of family intervention. In rehabilitation of the adult and child with traumatic brain injury* (2nd ed.). Davis.

Notari-Syverson, A. R., & Shuster, S. L. (1995). Putting real-life skills into IEP/IFSPs for infants and young children. *Teaching exceptional children, 27*(2), 29-32.

Power, P. W. (1995). Family. In *Encyclopedia of disability and rehabilitation.* MacMillan.

Reich, S., Bickman, L., & Heflinger, A. (2004). Covariates of self-efficacy: Caregiver characteristics related to mental health services self-efficacy. *Journal of Emotional and Behavioral Disorders, 12*(1), 99-108.

Scorgie, K., & Sobsey, D. (2000). Transformational outcomes associated with parenting children. *Social Work, 41*(3), 296-306.

Simeonsson, R., & McHale, S. (1981). Review: Research on handicapped children: Sibling relationships. *Child, Care, Health and Development, 9,* 153-171.

Zuna, M., Summers, J. A., Turnbull, A. P., & Hu, X. S. (2011). Theorizing about family quality of life. In *Enhancing quality of life for people with intellectual disabilities: From theory to practice.* Springer.

제14장

다문화 가족

오늘날 인구의 이동이 초국가적 수준에서 진행되면서 다문화적 문제가 새로운 쟁점으로 떠오르고 있다. 한국사회는 다문화 사회로 변모하고 있으며, 다문화 가족 또한 더 이상 특수한 상황이 아니다. 다문화 가족은 다양한 가족 형태의 하나로 자리 잡아 가고 있다. 가치와 이념이 서로 다른 다양한 배경의 이주민들이 우리 사회에 원만하게 적응하고, 사회가 이들을 사회 발전에 도움이 될 수 있도록 수용해 나가기 위해서는 우리나라에 들어온 이주민과 가족을 이해할 필요가 있다.

다문화 가족은 결혼생활에 대한 기대나 이유가 다르고 결혼의 동기나 결혼과정 자체가 비정상적이고 파행적으로 진행된 경우가 많기 때문에, 그들이 겪는 가족체계의 불안과 가족발달적 위기는 일반가족보다 더 심각할 수 있다(임춘희, 2014). 따라서 다문화 가족은 개인적 · 가족적 · 사회체계적 · 정책적인 관점에서 여러 가지 갈등요인이 내재되어 있다(김두섭, 2015). 다문화 가족의 역사가 길어지면서 결혼 해체 현상까지 증가하고 있어서 다문화 가족은 결혼 적응은 물론 결혼 해체 등에서 상담이 필요하게 되었다(김정열, 박수준, 유정욱, 2014). 다문화 가족 부부가 적응하는 과정에서 겪게 되는 사회적 · 심리적 문제를 공감하는 것은 물론, 다문화 가족 내 외국인 구성원뿐 아니라 배우자 및 가족 등을 대상으로 가족 간 갈등 및 가족폭력이나 가족해체 현상에 개입할 수 있는 가족통합적 접근으로 다문화 가족상담의 필요성이 증대되고 있다. 다문화 가족에 대한 상담 인력 자원을 통해 문제해결을 도와줌으로써 안정된 가정생활을 이룰 수 있게 하는 가족상담적 접근방식을 활용하도록 한다.

1. 다문화 가족에 대한 이해

'다문화 가족'은 전통적인 개념에서 우리와 다른 민족, 문화적 배경을 가진 사람들로 구성되어 한 가족 내에 다양한 문화가 공존하고 있는 가정을 통칭한다(김정열 외, 2014). 국제결혼 가정, 외국인근로자 가정, 새터민(북한이탈주민) 가정, 입국 재외동포 가정 등이 현재 다문화 가족으로 분류되고 있다. 오랜 세월 동안 단일민족의 자긍심을 강조해 오던 우리 사회에서 다문화라는 용어의 생소함을 느낄 여지도 없이 이미 다문화는 자리 잡았다(최연실, 2014). 또한 결혼과 취업 등으로 한국에 온 외국 이주민들이 한국사회에 뿌리를 내리며 다문화 가족은 2020년 기준으로 전국적으로 백만 명을 넘어섰으며, 2050년 무렵에는 전체 가족의 5%에 이를 것으로 전망된다.

1) 다문화 가족 형성의 역사 및 현황

'다문화 가족'이라는 용어는 2003년 건강가정시민연대가 '국제결혼' '혼혈아' 등의 차별적 용어 대신 '다문화 가족'이나 '다문화 가족 2세'로 부르자고 제안함으로써 사용되기 시작하였으며, 이는 국제결혼가정이 주는 부정적인 이미지를 해소할 수 있다는 의미에서 적극적인 지지를 받으며 사용되고 있다(천정웅, 이형하, 이승민, 이정희, 2015). 역사적으로 한국의 다문화 가족 형성은 한국사회의 역동적 변화와 그 궤적을 같이한다(김민경, 2012).

첫째, 1950~1970년대의 국제결혼은 한국전쟁을 계기로 한국에 주둔한 미군 병사와 한국인 여성 간의 결혼을 중심으로 이루어졌다. 주로 미군 주둔지 주변에서 가정을 꾸려 생활하거나, 미군을 따라 미국으로 이주하는 경우가 대부분이었다.

둘째, 1980년대에는 한국의 경제력이 신장됨에 따라 외국인의 국내 유입과 한국인의 해외 진출이 증대하였으며, 그 과정에서 외국인 남성 전문직 종사자와 한국인 여성 간의 결혼이 새로운 국제결혼 유형으로 등장하였다. 1980년대 말부터는 국내로 들어온 이주노동자들이 한국인과 결혼한 사례가 증가하였는데, 주로 한국인 여성과 외국인 남성 간의 국제결혼이 대부분의 유형을 차지하였다.

셋째, 1980년대 말 '북방정책'을 통하여 중국 및 구소련과의 교류가 시작되었고, 그 후 1990년대 초 국내에서는 '농촌 총각 장가 보내기 운동'이 추진되면서 한국인 남성과 외국 여성 간의 국제결혼이 증가하기 시작하였다. 1995년에는 한국정부가 외국인의 국내 방문을 규제하기 시작하면서, 한국에 들어와서 취업하기 위한 방편으로 국제결혼을 선택하는 사람들이 증가하였다. 1995년 이후에는 한국인 남성과 외국인 여성의 결혼 유형이 그 반대인 외국인 남성과 한국인 여성 간에 결혼하는 경우보다 더 많아지게 되었으며, 현재까지도 이러한 추세는 지속되고 있다. 특히 2002년 이후에는 국제결혼 중개업체들의 활동이 증가하면서 국제결혼도 급증하고 있다.

(1) 다문화 가족을 이루는 배우자의 출신국 비교

1990년대 말에 이르기까지 한국인 남성과 결혼하는 외국인 여성은 중국 내 조선족을 포함하여 중국인들이 다수를 차지하였다. 그런데 2000년대 이후 동남아시아와 중앙아시아 국가들로 확산되어 2011년에는 베트남 여성과의 결혼은 중국 여성과의 결혼보다 많은 건수를 기록하였다(천정웅 외, 2015).

(2) 다문화를 이루는 외국인의 성별 비교

과거 국제결혼은 한국인 여성과 외국인 남성 간에 이루어진 것이 대부분이었다. 그러나 1980년대 말 농촌 총각의 결혼문제가 대두되면서 이를 해결하는 방편으로 조선족 여성, 연변 여성과의 결혼 등이 추진되기 시작하였다. 1992년 중국과의 국교가 정상화된 이후에는 여러 경로로 조선족 동포와의 결혼이 성사되었다. 현재는 한국인 남성과 외국인 여성의 결혼 유형이 훨씬 우세하다. 2006년 우리나라의 국제결혼 건수는 39,690건으로 전체 결혼 신고 건수의 11.9%가 국제결혼이다. 특히 농촌 지역을 중심으로 외국인 여성과 한국인 남성의 결혼비율은 전체 결혼의 35.9%로 급격히 증가하고 있다. 즉, 농촌 남성 3명 중 1명은 국제결혼을 한다고 볼 수 있다(천정웅 외, 2015). 통계청(2014)의 혼인신고 자료를 집계한 결과에 따르면, 1990년 이후 2013년까지 50만 건이 넘는 국제결혼이 이루어졌다. 이 중에서 한국인 남성과 외국인 여성의 결혼이 약 35.7만 건으로 71.3%를 차지하고 있다. 한국인 여성과 외국인 남성의 결혼은 상대적으로 완만한 변화 추세를 보이며, 국제결혼에 대한 점유율이 점차 낮아지는 경향이 나타난다.

2) 국제결혼의 절차

성혼율 100%를 목표로 더 많은 수의 사람을 결혼시키고, 초고속으로 성혼에 이르게 하기 위해서는 절차화되고 의례화된 '체계'의 구축이 필수적이다. 예를 들어, 베트남 여성과의 결

표 14-1 대표적인 국제결혼 절차: 베트남 사례

단계	국제결혼 절차		주요 실태
	한국 남성	베트남 여성	
1단계 모집	한국 출국 한국 중개업체 (모집-회원 가입)	기숙 생활 베트남 중개업체 (모집-인계)	
2단계 맞선과 결혼	도착 4~5일 (신혼여행) 도착 3일 (결혼식 합방) 도착 2일(맞선)	관광, 쇼핑 결혼식 피로연 영사관 인터뷰 및 1차 혼인신고 최종 선택 및 결혼동의서 작성 결혼식 준비 및 신체검사 실시	• 단기간에 결혼이 성사되도록 현지에서 뇌물 등의 불법적인 수단 동원 • 대량 속성 결혼 중개 체계로 자율적인 배우자 결정권 침해 및 부실 결혼 양산 • 무허가 중개업자를 통해 맞선 진행 결혼증명서 발급 이전에 합방 관행화 • 결혼중개업의 상업화와 난립, 중간 이윤 착취
3단계 혼인 절차	혼인신고 및 신부 초청	합숙(귀가)교육 및 비자 발급 (2~3개월)	• 결혼 후 비자 발급받는 기간 동안 결혼 파탄 가능성을 최소화하기 위해 적법한 이유 없이 여성을 정해진 장소에서 출입 통제
4단계 정착	결혼생활(한국) 외국인 등록(90일 이내) 영주 혹은 귀화자격 부여(2년 이후)		• 이질적 문화 간의 접촉과 적응에서 오는 사회문화적 고립 및 인권 침해 • 경제적 빈곤 및 자녀 양육 환경 취약 • 체류 및 신분상의 불안

출처: 김민경(2012).

혼이 붐을 이루기 시작한 2003년에 비해 현재는 시간과 비용이 현저히 줄어들었다. 국제결혼의 과정은 한국 남성 회원 모집 → 관광형 맞선 → 성혼 및 결혼식 → 한국에서의 혼인 신고 → 베트남 여성 결혼 비자 신청 → 한국으로의 이주 → 가족 구성의 과정을 거친다(〈표 14-1〉 참조).

3) 다문화 가족이 증가하는 이유

다문화 가족이 증가하는 것은 교통통신의 발달, 노동력의 국제 이동과 국제 교류 기회의 확대에 따라 결혼에 대한 가치관이 달라졌으며, 이것이 국제결혼의 증가로 이어지기 때문이다. 세계화에 따른 빠른 교류가 세계적인 추세라 한국도 예외가 아니다.

(1) 혼인적령기 남녀 인구의 불균형

한국사회에서 출생 성비의 불균형에 기인하는 혼인적령기 남녀 인구의 불균형 현상은 2015년에서 2020년의 기간에 가장 심화될 것이며, 앞으로도 상당 기간 지속될 것으로 전망된다. 이러한 배경은 왜곡된 성 비례로 인해 결혼하지 못하는 남성의 수요가 급증하기 때문이다. 결혼하지 않고 혼자 사는 여성이 증가하며, 경제적 수준이나 문화적 여건으로 한국여성과 결혼하기 어려운 입장에 처하는 한국 남성이 증가하기 때문이다(천정웅 외, 2015).

(2) 여성의 가치관 변화

또한 젊은 여성들이 도시 생활을 선호하여 농촌에서 신부감이 모자라는 현상도 크게 변하지 않을 것이다. 경제활동 증대와 가치관의 변화로 젊은 여성이 결혼을 미루거나 기피하는 경향도 지속될 것이다. 여성의 경제활동 참여가 증가하면서 많은 여성은 과거 관습적 결혼보다는 사회활동을 통한 자아실현을 선호하게 되었고, 직장 여성의 경우 결혼에 따른 여러 가지 부작용을 우려하여 결혼을 기피하거나 늦추는 경향이 나타나고 있다. 게다가 많은 여성이 경제적 능력을 갖추지 못한 남성을 기피함으로써 남성이 결혼에 어려움을 겪게 되었다.

(3) 인신매매성 위장 결혼의 증가

결혼을 빙자한 외국인과의 인신매매성 위장 결혼을 용인하는 사회적 분위기와 저임금 외국인 노동자의 유입정책으로 인해 아시아에서 한국으로의 이주가 관심의 대상이 됨에 따라, 아시아 여성이 결혼을 통한 이주를 생존과 꿈의 대안으로 선택하는 현상으로 보인다.

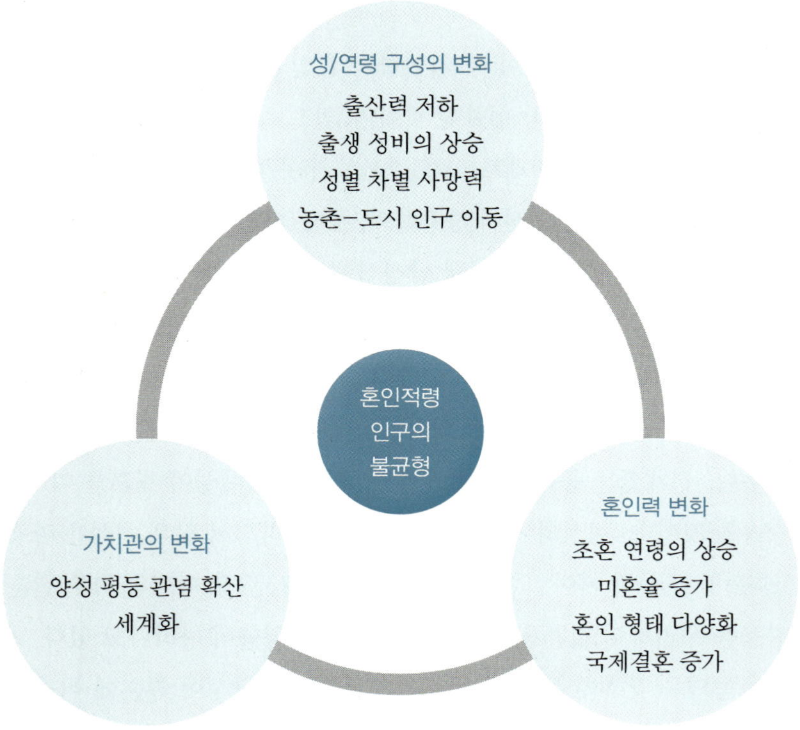

그림 14-1 국제결혼 증가의 배경 도표

출처: 김두섭(2015).

4) 다문화 가족의 문제점

다문화 가족은 결혼생활에 대한 기대나 이유가 다르고 결혼의 동기나 결혼과정 자체가 비정상적 · 파행적으로 진행된 경우가 많기 때문에, 그들이 겪는 가족체계의 불안과 가족 발달적 위기는 일반 가족보다 더 심각할 수 있다(최연실, 2009).

1990년대 이후 급격히 증가한 다문화 가족은 국제결혼중개업자에 의해 상업적으로 주선된 결혼으로, 결혼사기, 인신매매성 결혼으로 이어지는 결혼과정에서 발생하는 문제, 그리고 결혼 후 문화적인 갈등과 고부 갈등 등 가족관계의 어려움으로 정착하는 과정에서의 문제, 나아가 자녀 양육의 어려움 또는 가정 해체 등의 다양한 문제를 겪기 쉽다.

- 불평등한 관계를 전제로 한 결혼이기 때문이다. 특히 배우자를 구하지 못하는 농촌 총각과 저개발국 여성의 만남이라면 서로의 이해관계와 기대의 차이로 인해 결합의 순간부터 문제의 원인이 내재되기 쉽다.

- 사회적 편견 및 문화 차이의 문제가 있다. 순혈주의를 중시하는 사회에서 여성 결혼이민자는 한국으로 팔려 온 씨받이로 이해된다거나, 혹은 한국에 정착하기 위한 수단으로 결혼 관계를 이용하였다는 편견을 받기 쉽다(최연실, 2014).
- 언어 및 문화적 차이로 인해 적응이 어렵다. 결혼 전이나 입국 초기에 문화적 적응 훈련을 받지 못하고 결혼하여 적응과정이 길어지고, 가족 간 의사소통의 어려움으로 인해 갈등이 심해지고 소외감이 더 커질 수밖에 없는 환경이 된다(구향숙, 2013).
- 가부장적 가족관계에서 오는 갈등이 적응을 어렵게 만든다. 권위적인 남편의 태도, 사용 언어가 한국어인 점, 연령 차이가 커서 나타나는 세대 차이 등으로 어려움을 겪게 된다. 의사소통 장애, 성격 차이 및 생활방식의 차이, 부부폭력, 남편의 술 · 도박 · 외도 등의 갈등, 취업 활동의 제약, 가정 해체 등이 주로 등장하는 문제이다. 시부모와의 갈등은 이민 여성에게 보편적이다(공은숙, 2009). 며느리를 구박하고 아들에게 며느리에 대한 잘못된 정보를 주거나 아들의 마음을 붙들어 두려 하거나, 순종과 복종을 강요하는 것, 폭언이나 폭력 행사 등의 사례도 많다.
- 경제적 어려움이다. 국제결혼을 하는 남성의 경우, 대부분이 경제적 빈곤과 사회적 하위 계급의 성격을 띠고 있다. 특히 남편이 나이 많은 재혼, 장애, 알코올 중독, 빈곤 등의 문제를 가지고 있다면, 여성은 가사 전담 외에 과중한 노동 부담까지 지게 되어 경제적인 어려움을 겪게 된다. 이러한 어려움은 가정폭력 등을 일으킬 소지를 갖는다. 2005년 당시 가구당 최저생계비를 기준으로 할 때, 국제결혼 가정의 절반이 넘는 52.9%가 최저생계비 이하의 소득수준인 것으로 나타났다. 이러한 근거는 결혼이민 여성과 결혼한 남성의 대다수가 경제적으로 불안한 위치에 있는 사람이기 때문이다(한국염, 2004).
- 사회적 고립 및 지지 자원의 부재이다. 고국과 가족을 떠나 혼자라는 것에서 느끼는 외로움과 함께, 농촌의 경우 젊은 여성이 없기 때문에 또래 친구를 만들기가 어렵다. 때로는 교류할 기회가 있다고 해도 남편과 시부모의 통제로 이러한 기회마저 차단당할 수 있다. 또한 같은 나라에서 온 친구들과 못 어울리게 하거나 지역사회 사람과 관계를 갖지 못하게 집 밖의 출입을 통제하며, 심지어는 한국어 교육의 기회까지 차단하기도 한다.
- 자녀 양육 및 교육의 어려움이다. 결혼이민 여성의 평균 연령은 비교적 낮은 편으로 어머니로서의 역할을 감당할 준비도 부족하지만, 한국의 풍습에 적응하기 전에 자녀 출산과 양육에 들어가게 됨으로써 적절한 양육에 어려움이 있다. 여성 결혼이민자와 자

녀의 관계, 자녀의 언어문제, 자녀의 심리적 · 정서적 문제, 행동문제, 학업 및 학교 적응의 문제, 자녀 양육의 어려움, 자녀 문제 개입 등으로 어려움을 겪게 된다(전명자, 2011).

- 가족해체가 증가하고 있다. 국제결혼은 2000년에는 36,204건으로 총 결혼 건수의 11.1%에 이르렀다. 한편, 2000년 중반부터 국제결혼 가정의 불화, 폭력, 이혼 등이 급속히 증가하고 있다. 2008년 한국인 부부의 이혼 건수는 2004년 이후 감소세가 유지되는 반면, 한국인과 외국인과의 이혼 건수는 11,692건으로 총 이혼 건수의 9.4%인 것으로 나타났으며, 2020년 다문화가족의 이혼 건수는 전체 이혼의 약 10%를 차지하고 있다.

2. 개입방법에 대한 이론적 근거

다문화 가족상담은 '다문화' '가족' '상담'의 세 가지가 중첩된 다문화 가족, 다문화상담, 가족상담의 통합 영역으로서 '다문화 가족원 간의 문화적 차이를 극복하고 가족원의 심리적 내면을 강화하며 건강한 가족관계를 형성하도록 문제해결을 지원하는 개입 활동'이라고 할 수 있다(최연실, 조은숙, 2017). 그래서 다문화 가족상담은 개인내적 문제를 다루기 위한 심리치료이자 가족의 구조나 관계적 역기능을 분석하고 개입하는 가족치료, 문화적 차이나 갈등의 요인을 중재하는 교사 역할, 문화적 적응을 위해 필요한 사회적 자원을 연결하는 사례관리의 역할을 수행하여야 한다. 또한 문제 상황에 대한 대처 및 해결에 효과적으로 개입하기 위하여 사회적 네트워크를 개발하고 이를 연결하는 중재적 역할도 하게 된다(천정웅 외, 2015).

1) 사례관리 성격

다문화 가족은 가족의 욕구가 매우 복합적이며 다양하다. 그래서 거의 모든 다문화 가족상담에는 다양한 요구를 충족할 수 있도록 사례관리가 필요하다(김정열 외, 2014).

여성 결혼이민자의 경우, 한국에 입국하여 공항에 도착하는 순간부터 낯선 환경에 놓이게 되며, 곧 한국 문화에 맞는 배우자, 며느리 등의 일정한 역할을 요구받게 된다. 결국 결혼이민자는 가족원으로부터 언어와 문화에의 빠른 적응을 요구받게 되거나, 의사소통 문제의 해결을 위해 또는 이러한 과정에서 발생되는 스트레스와 심리적 혼란 상태로 인한 치료적 목적 등의 과정을 통해 사례관리의 대상자가 된다.

사례관리는 특정 내담자의 복합적인 욕구를 충족시키기 위하여 내담자와 그 가족의 환경에 따라 지역사회 내의 다양한 서비스를 연결하는 통합적인 서비스이다. 즉, 복합적인 욕구를 지닌 내담자의 복지와 기능화를 최대화하기 위하여 고안된 활동으로, 공식적 · 비공식적 지원망을 조직 · 조정 · 유지하는 것을 강조한다. 즉, 내담자가 독립적으로 기능할 수 있도록 그들의 잠재력을 최대화하고, 도움을 필요로 하는 내담자와 사회적 제도, 조직, 기관들 사이를 연계한다.

현재 다문화상담은 주로 국제결혼 이주여성을 대상으로 이루어지고 있다. 보건복지부는 전국에 119개의 다문화가족지원센터를 설치하여 운영을 지원하고 있다. 법무부 사회통합팀은 2008년 전국에 20개 '다문화사회통합 주요 거점 대학'을 선정하고 다문화 가족 지원사업을 수행하고 있다. 교육부의 교육복지지원국은 국제결혼가정 및 외국인 근로자 자녀의 학교 적응을 돕기 위해 중앙다문화교육센터를 설치하고 체계적인 조력 방안을 모색하고 있다. 이 중에서 다문화가족지원센터는 2009년 이후 센터 내 상담의 전문성을 강화하기 위하여 센터 종사자로 전문상담사 자격요건을 갖춘 자를 채용하여, 결혼이민자와 그 가족들이 문제를 파악하고 심리적 · 정서적 지원 및 정보 제공 지원사업을 수행하고 있다(조은숙 외, 2015).

이와 같이 다문화 가족상담은 정부 기관의 다문화 가족 지원사업의 다문화 가족 지원 서비스 안에서의 사례관리 차원에서 다루어지고 있다. 따라서 가족관계 향상 프로그램, 배우자 부부교육, 사회통합을 위한 자조 모임 등의 사회적 체계를 형성한 접근 등이 실행된다.

2) 다문화 가족상담 과정의 경로체계(한재희, 2011)

다문화 가족상담 과정은 사례 발굴과 접수 면접, 사례 배분 회의, 내담자 평가와 사례개념, 개입전략, 평가, 종결, 추수 상담과 사후관리로 이루어진다.

- 사례 발굴 및 접수 면접: 상담을 필요로 하는 사례가 센터의 네트워크나 홍보 및 개별적인 방문, 타기관의 위탁 등을 통해 다문화 가족상담사에게 연결된다. 접수 면접은 전화상담 혹은 직접 면담을 통해 이루어지며, 접수 면접에서 사례에 대한 기본적인 사항을 파악한다.
- 사례 배분 회의: 접수 면접에서의 정보를 기반으로 사례 배분 회의가 이루어지며, 개인 및 가족 상담을 위한 적합한 상담사가 정해진다. 위기 상황으로 파악되면 위기개입으

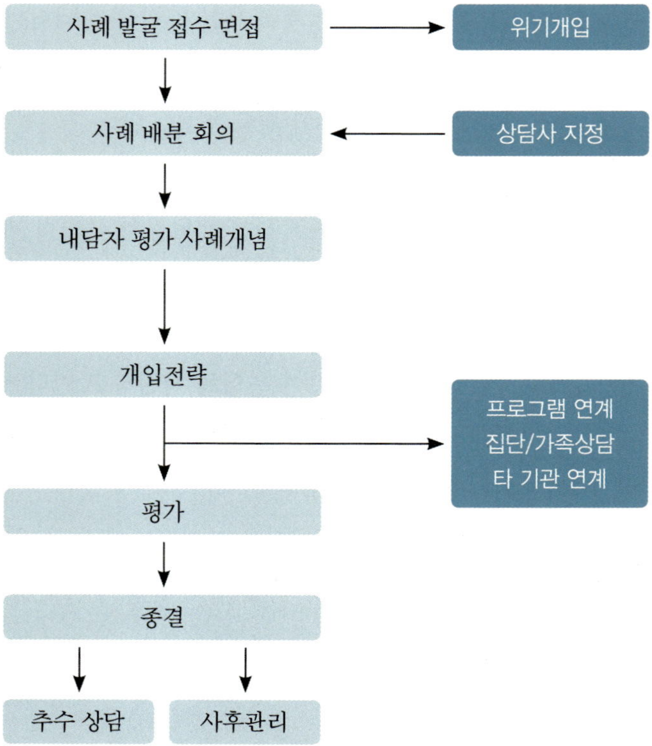

그림 14-2 다문화 가족상담 과정 경로체계

출처: 한재희(2011).

로 전환한다.

- 위기개입: 위기개입은 위기상담을 진행하는 동시에 관련된 기관(경찰서, 쉼터, 지방자치단체, 병원 등)과의 연계를 실시하고, 다문화가족지원센터 혹은 지역사회에서 제공받을 수 있는 간접 서비스 지원을 받으며 진행된다.
- 내담자 평가/사례개념: 접수 면접에서의 기본 정보와 심리검사, 가족사정 방법 등을 활용한 내담자 평가가 이루어지며, 이에 따른 사례개념화를 기반으로 개입전략을 세운다.
- 개입전략: 내담자의 필요와 요구, 상담사의 판단에 따라 센터 내의 프로그램이나 집단상담으로 연계하거나 경우에 따라 타 기관으로 연계하기도 한다. 또한 상황에 따라 여러 가지 방법을 동시에 적용하기도 한다.
- 평가: 상담 진행 후 진행 정도를 평가하며 미해결 과제가 있으면 새로운 개입전략을 수립한다.
- 종결: 개입이 더 이상 불필요한 시점이 되면 종결 평가와 종결 절차에 따라 종결한다.

이후, 종결된 사례인 경우에도 추수 상담과 사후관리를 받으며 재개입이 필요한 상황이 발생할 경우에는 전반적인 절차를 다시 밟는다. 위기상담의 진행에 따라 긴급한 문제가 일부 잦아들게 되면, 진행 정도를 평가하여 위기 상태를 종결할 것인지 미해결 과제에 대한 개입 계획을 다시 세울 것인지를 결정한다. 위기 상태가 종결될 수 있다면 재평가를 통해 개입을 종결하거나 지속적인 도움을 줄 수 있는 다문화가족지원센터 혹은 타 기관에서 실시하는 프로그램, 심층상담, 심리검사, 집단 프로그램 등으로 연결하거나, 타 기관으로 의뢰할 수 있다. 사후관리를 통해 필요시 재개입을 실시한다. 즉, 다문화 가족상담사는 지원할 수 있는 지원 서비스 전문기관들과 체계에 대한 기본적 정보에 대해 익숙하여야 하며, 내담자의 역량 강화에 활용하기 위해 사례관리적 역할을 할 수 있어야 한다.

3. 단계적 개입전략

다양한 문화권의 내담자와 상담할 때 상담사는 주류 문화의 가치관에 초점을 맞추고 소수집단의 가치관에 무감각하면 비윤리적으로 상담을 수행할 위험이 높다. 다문화상담을 위해서는 자신의 문화에서 학습한 가정들과 이 속에 있을 수 있는 문화적 편견을 더 자각하고 노력하여야 한다. 다양한 문화가 공유하는 보편성과 각 문화의 독특성을 이해하기 위하여 문화적 자기인식은 필수이다(Augusburger, 1986). 상담사의 자기인식은 상담의 개입방식에 영향을 미치며, 내담자의 치료과정을 촉진한다.

1) 다문화 가족상담사의 문화적 자기인식(보건복지부, 2008; 한재희, 2011)

(1) 1단계: 상담 관계 형성과 문화적 인식

먼저, 상담사와의 관계 형성을 위하여 언어적인 메시지뿐 아니라 비언어적 메시지에 민감하게 반응한다. 문화적 상황 속에서 맥락적 해석을 해야 한다. 다문화상담에서의 문화적 상담역량은 서로 다른 문화, 언어, 계층, 인종, 민족, 종교에 대한 존중을 바탕으로 다양한 문화적 배경을 가진 내담자의 문화적 차이에 효과적으로 반응하는 능력이다.

상담사는 자신의 가치관과 잠재된 편견을 인식하는 것은 물론, 내담자의 세계관을 이해하고 치료과정을 내담자의 문화적 배경에 맞게 구성한다. 즉, 문화의 다양성과 유사성이 상담관계에 영향을 주는 복잡한 역할을 이해해야 한다.

(2) 2단계: 문화적 상황 속에서의 문제 파악 및 가설 설정

내담자와 함께 상호작용하면서 문제를 파악하고 가설을 설정할 때, 상담사는 문화적 공정성과 객관성을 유의하도록 한다. 다문화 사회를 위해 필요한 법과 제도적 장치가 부족하지는 않는지, 더 근본적으로는 특히 한국인의 의식 속에 강하게 자리 잡고 있는 순혈주의와 배타적인 민족주의로 인해 다른 인종 사람에게 대한 편견과 차별이 나타나지는 않는지 자신의 인식 수준을 점검한다. 더 나아가서는 한 개인을 한국에서의 진정한 삶을 살아갈 한 삶의 주체로서, 자아실현의 욕구를 가진 개인의 개별적 시각으로 봐야 할 것이다. 특히 여성에 대한 교육에 대한 욕구나 취업에 대한 욕구, 자기 계발에 대한 욕구를 충족시킬 수 있는 상담과정이 되도록 진행해야 한다.

(3) 3단계: 문화적 틀에 적합한 교육과 상담 개입

문제 상황을 파악하고 대처하며 효과적인 방법을 발견하고 훈습하는 과정에 초점을 둔다. 다문화 가족상담의 효율성은 상담사가 내담자의 생활에서 얻을 수 있는 자원과 문화적 적응 수준에 맞게 목표를 설정하는 것이다. 중재와 교육 상담을 비중 있게 다루는 점이 일반 가족상담과 구별된다. 예를 들어, 가족생활의 주체인 남성을 배제한 채 결혼 이민 여성의 문제에만 초점을 두게 되면, 남편을 소외시키고 결혼이민 여성을 수동적 존재로 소외시키는 결과를 초래하여 이들 가족을 사회적으로 소외시키는 결과를 초래하게 된다. 결과적으로 가족의 사회적 통합과 안정된 생활유지를 위해 부부가 함께 노력할 부분을 놓치게 된다(김재정, 김정민, 이미영, 2015).

(4) 4단계: 문화 사회적 네트워크를 통한 역량 강화

다문화 가족상담의 개입전략에서는 문제 상황을 해결하도록 하는 것이다. 일반상담이 상담관계를 통해 역량 강화를 강조한다면, 다문화 가족상담은 문화적 공동체와의 네트워크를 형성하고 통합할 수 있는 내담자의 역량 강화에 주의를 기울인다. 자조 모임을 통하여 성공적으로 적응된 집단원과의 관계 형성을 촉진하고, 정서적 지원체계를 형성하며, 이를 모델로 하여 역량강화와 문화적 교육 및 적용 사례를 촉진한다(한재희, 2011).

네트워크 활동은 복지사업, 다문화가족지원센터, 지역 내 타 기관 주체 상담 프로그램을 위한 연계 활동이 중요하게 여겨지고 있으며, 자조 모임과 방문지도사, 아동양육사 혹은 통역사 등의 활동을 체계화한 효과적인 상담 네트워크를 구축할 필요가 있다. 이와 같은 지역 내 상담 체계의 팀 구축은 다문화 가족을 위한 핵심 프로그램을 개발하여 지속적인 프로그램 진행과 위기개입 체계를 구축할 수 있다.

상담 서비스를 다문화 가족 내담자가 잘 이용하지 않는 이유는 상담에 대한 낯섦, 부담감과 관련이 있을 수 있다. 상담과정에서 자신의 문화적 가치관이 평가받거나 무시되고 수정되기를 강요받을 것으로 염려하기 때문이다. 따라서 내담자의 어떤 면을 역기능적이라고 명명하는 것에 주의한다.

가정방문치료는 지역사회에 서비스를 제공하기 위한 방법으로 다문화 가족 내담자 및 그 가족에게 널리 활용되고 있다. 상담실 밖에서의 서비스를 제공하는 것은 내담자의 상담에 대한 불신과 의구심을 줄이고 신뢰감을 높일 수 있는 방안이 된다. 상담실에 와서 상담을 받는 경우, 다문화 가족 내담자에게 상담을 제한하는 요소가 되기도 하기 때문이다. 자녀를 맡기고 올 수 없는 경우 또는 근무에 제약이 되는 경우에 예약된 상담이 어렵기 때문이다. 내담자의 가정을 방문하는 것은 가정, 가족의식, 이웃, 지역사회, 지지체계를 볼 수 있는 효율적인 평가방법일 수 있다.

2) 다문화 가족상담에 효과적인 기술(김정열 외, 2014)

- 언어적 기술 또는 통역자의 도움이 필요하다. 상담기술이 부족한 통역자와 동석하는 경우에는 사전에 충분한 상담기술 및 상담 진행 순서를 사전에 조율하고 상담을 진행하는 것이 좋다.
- 상담 회기에서의 언어적 장벽을 해결하기 위한 방안을 마련해야 한다. 행동적 기법이나 예술치료나 음악치료 등을 통한 표현 방식 위주의 상담기법을 사용한다. 언어에 의존하는 것을 줄일 수 있다.
- 무조건적이고 긍정적 수용과 공감, 그리고 솔직성의 핵심적 상황들을 전달하는 수단에 있어서 융통성을 가질 필요가 있다. 면담할 때 구조화기법과 질문기법을 활용하는 것이 도움이 된다.
- 구조적이고 지시적이며 행동주의적 접근이 더 효과적이다. 적극적이고 지시적인 접근을 활용하고 적용할 수 있는 기술들을 익힐 필요가 있다.
- 내담자의 상황이나 행동에 영향을 주는 집단에 대한 개입전략을 포함하여 삶의 불평등에 대한 이의 제기, 개인적 능력에 대한 기술을 사용한다.
- 내담자의 문화적 배경에 대한 조언을 구하기 위하여 다른 문화적 배경을 가지고 있는 전문가와 접촉한다.

- 공동체에서의 조력자들과 협력하며 종교지도자, 집안의 가장, 도움을 주는 사람들과 함께하는 활동을 개발한다.

4. 사례연구: “국제결혼 후에 임신과 조산 후 병원비 마련이 어려운데 어떻게 도움을 받아야 할까요?”

중국동포 결혼이민자 박 씨(31세)는 중국 길림성 출신으로 한국에서 일하고 있는 이모의 소개로 2006년 8월 한국인 김 씨(44세)를 만나 결혼하였고, 다음 달인 9월 한국에 입국하였다. 결혼 당시 작은 회사에 다니고 있다는 이야기를 들었으나 한국에 와서 보니 남편은 일용직으로 일하며, 고혈압으로 인해 지속적으로 약을 복용하고 있었다. 2007년 6월 21일 박 씨는 분당의 모 병원 사회사업팀을 통해 센터를 찾아왔고, 박 씨는 이미 5월 29일 29주 만에 조산하여 아기는 병원에 입원 중이었으며, 병원비가 마련되지 않아 퇴원을 못하고 있는 실정이었다. 특히 박 씨는 한국에 입국한 지 1년여밖에 되지 않아 정부의 각종 생활지원 관련 법률정보가 부족하였고, 본인의 퇴원 시에도 친척이 병원비를 도와주었다.

사례관리자는 박 씨와의 면접을 통해 각종 사회생활상을 파악하고 긴급의료비 지원, 기초생활수급권 확보, 심리적 · 정서적 안정, 경제적 안정을 목표로 삼았다. 사례관리자는 박 씨와 동행하여 보증금 200만 원에 월세 20만 원인 월세 계약서 및 남편의 고혈압 진단서, 아기의 조산에 대한 진단서, 입원증명서, 퇴원 중간정산서 등을 준비하여 동사무소를 방문하여 사회복지 담당자에게 긴급의료비지원 신청 및 기초생활수급 신청을 마쳤다. 이후 지속적인 상담을 통해 심리적 안정을 찾았고, 사례관리를 통해 남편에게는 일용직 근로 후 술자리가 건강관리에 해로움을 알리고, 지역자활센터를 통해 자활사업에 참여하도록 연계하였다. 박 씨의 친정 어머니가 입국하여 아이를 양육하고, 박 씨는 중국어학원에서 파트타임으로 일을 연계하였다.

표 14-2 다문화 가족상담의 내용

개입 시 고려사항
• 누가 참석할 것인가? • 원가족과 현재 가족원 간의 적절한 연결을 할 수 있는가? • 다문화 가족의 형태는 어떠한가? • 가계도 작성 원가족의 추적이 가능한가? 현재 가족으로 할 것인가? • 입양기관, 사회복지기관 등 타 기관과의 연계성 여부를 타진한다. • 고향 가족과의 연결은 가능한가? • 가족 주변에 대한 관심은 어느 정도인가?
부부 되기의 과정 평가하기
• 기대 반 도박 반 인연 맺기 • 소통의 단절 경험하기 • 혼돈 속의 갈등과 극복 • 안정 속의 신뢰와 희망 찾기
국제결혼한 남성의 문화적 의미 평가하기
• 외면하고 떠넘기기 • 배려하고 지원하기 • 포기하고 참아내기 • 걱정하고 희망찾기 • 안정되고 만족하기
가족사정의 내용
• 가족 형성의 배경은 어떠하였나? • 결혼은 누가 원했나? • 개별상담을 할 것인가? 부부상담을 할 것인가? 가족상담을 할 것인가? • 가족 내 이슈는 부부문제인가, 자녀문제인가, 원가족 문제인가? • 가족발달단계 중 어디에 속하는가? 부모의 나이와 자녀의 나이를 고려한다. • 확대가족이나 주변 환경과의 관계는 어떠한가? • 상담사의 다문화 가족에 대한 편견은 없는가?

표 14-3 다문화 가족상담의 진행과정

<table>
<tr><th>학자</th><th>단계</th><th>적응과정</th></tr>
<tr><td rowspan="3">사정</td><td>문제사정</td><td>• 아기의 퇴원 비용 마련
• 구조적인 가정경제 어려움
• 남편의 지병
• 심리적 불안</td></tr>
<tr><td>자원사정</td><td>• 「기초생활보장법」상 수급권 신청 대상 가능
• 긴급의료비 신청 대상 가능
• 중국 동포로 중국어 사용 가능</td></tr>
<tr><td>장애물사정</td><td>• 내담자의 정부지원 대비책에 대한 정보 부족
• 남편의 경제적 무능력과 지병
• 아기의 조산 및 병리적 장애</td></tr>
<tr><td rowspan="2">계획</td><td>목표 세우기</td><td>• 긴급 의료비 지원 및 기초생활수급권 신청
• 남편의 자활사업 참여
• 아기 보육을 위한 친정어머니 초청
• 장기적인 상담
• 중국어 강사로서의 취업 준비</td></tr>
<tr><td>전략 수립하기</td><td>• 월세 계약서, 남편과 아기의 병원진단서 등 증명서 준비
• 남편과의 원활한 의사소통 및 남편의 이해 구하기</td></tr>
<tr><td>개입</td><td>자원 연결</td><td>• 병원 방문
• 동사무소 방문
• 지역자활센터 방문
• 정기적인 센터 내담
• 입국관리 사무소 연계
• 중국어학원 연계</td></tr>
<tr><td rowspan="2">점검</td><td>서비스계획의 적절성</td><td>• 서비스 진행 중 정기적인 점검을 통해 계획 달성도 확인
• 지속적인 내담을 통해 상황 변화와 심리적 변화 확인</td></tr>
<tr><td>목표달성 여부</td><td>• 상호 간에 설정한 목표가 달성 가능한지 정기적인 점검
• 남편의 지역자활센터에서의 자활사업이 본인의 적성에 맞는지 여부 점검
• 친정 어머니 초청 이후 남편과의 관계의 적절성 점검
• 내담자의 중국어 강사 자질 등이 취업에 적합한지 점검</td></tr>
<tr><td rowspan="2">평가</td><td>개입계획 평가</td><td>• 초기에 의도했던 대로 개입이 이루어졌는지 평가</td></tr>
<tr><td>목표달성 평가</td><td>• 사정시 세웠던 목표가 달성되었는지 평가</td></tr>
</table>

5. 다문화 가족을 상담할 때 상담사가 유의해야 할 점

앞서 언급하였듯이, 다문화 가족상담은 다문화, 가족, 상담이라는 세 가지가 중첩된 다문화 가족, 다문화상담, 가족상담의 통합 영역으로서 '다문화 가족 구성원 간의 문화적 차이를 극복하고 가족원의 심리적 내면을 강화하며 건강한 가족관계를 형성하도록 문제해결을 지원하는 개입 활동'이다. 다문화 가족상담의 독특성을 고려하여 유의할 점들은 다음과 같다.

우선, 상담사는 문화에 대한 상담사의 자기인식이 필요하다. 다양한 문화권의 내담자와 상담할 때, 상담사가 주류 문화의 가치관에 초점을 맞추고 소수집단의 가치관에 무감각하면 비윤리적으로 상담을 수행할 위험이 높다. 다문화상담을 위해서는 자신의 문화에서 학습한 가정들과 이 속에 있을 수 있는 문화적 편견을 더 자각하도록 노력하여야 한다. 다양한 문화가 공유하는 보편성과 각 문화의 독특성을 이해하기 위하여 문화적 자기인식은 필수이다. 상담사의 자기인식은 상담의 개입방식에 영향을 미치며, 내담자의 치료과정을 촉진한다.

다음으로, 상담과 병행하여 사례관리가 필요하다. 다문화 가족은 가족의 욕구가 매우 복합적이며 다양하다. 그래서 다문화 가족상담에는 다양한 요구를 충족할 수 있는 사례관리가 필요하다. 사례관리를 함으로써 특정 내담자의 복합적인 욕구를 충족시킬 수 있고, 내담자와 그 가족의 환경에 따라 지역사회 내의 다양한 서비스를 연결할 수 있기 때문이다. 공식적·비공식적 지원망을 조직, 조정, 유지할 수 있도록 도움을 줄 수 있다.

따라서 다문화 가족상담은 개인내적 문제를 다루기 위한 심리치료이자 가족의 구조나 관계적 역기능을 분석하고 개입하는 가족치료, 문화적 차이나 갈등의 요인을 중재하는 교사 역할, 문화적 적응을 위해 필요한 사회적 자원을 연결하는 사례관리의 역할을 수행하여야 한다. 또한 문제 상황에 대한 대처 및 해결에 효과적으로 개입하기 위하여 사회적 네트워크를 개발하고 이를 연결하는 중재적 역할도 하게 된다.

6. 나가는 말

한국사회는 지난 사반세기 동안 다문화 사회로 변모하였다. 오랫동안 민족적 동질성에 가치를 부여하며 단일민족임을 자부심으로 여겼던 인식에 변화가 오고 있다(최연실, 2009). 다문화 가족은 꾸준히 증가하고 있다. 다문화 가족은 더 이상 특수한 직업집단이나 지역 혹은 일부 계층에만 국한되는 현상이 아니다. 다문화 가족은 현재 한국의 다양한 혼인 형태의 하나가 되었다.

인종, 국적, 국경, 문화의 장벽을 넘는 현상은 전 지구적인 추세로서, 한국이 예외지역으로 남을 리는 없다. 이렇게 다문화 사회가 되고, 다문화 가족이 증가하면서 다문화 가족은 새로운 과제를 맞이한다.

다문화 가족을 지원하고자 하는 사회적 공감대가 형성되어야 하며, 정부는 다문화 가족을 보호·육성하기 위하여 제도적 장치와 다양한 프로그램들을 마련하고 추진하고 있다. 가족상담적 접근은 이러한 노력의 일환이다.

다문화 가족이 적응하는 과정에서 겪게 되는 사회심리적 문제를 공감하고, 다문화 가족에 대한 상담 인력 지원을 통해 다문화 가족 부부의 문제 해결을 도와줌으로써 안정된 가정생활을 이룰 수 있게 하는 적극적인 개입이 필요하기 때문이다(김재정 외, 2015).

지금까지의 노력이 이민자를 대상으로 한국인으로의 적응을 위한 차원이었다면 앞으로는 자아실현의 욕구를 지닌 개인으로서의 욕구를 반영할 뿐 아니라, 가족이 함께 영위해 나갈 상호작용 내지는 의사소통 그리고 갈등 대처에 대한 상담까지 포함시켜야 하기 때문이다.

참고문헌

공은숙(2009). 다문화 가족의 고부갈등에 대한 사례연구: 한국인 시어머니를 중심으로. **한국노년학연구, 18**, 123-134.

구향숙(2013). 다문화 가족 남편의 부부갈등대처에 관한 질적 연구. **한국지역사회복지학, 46**, 79-108.

김두섭(2015). **한국인의 국제결혼과 외국인 배우자의 적응**. 집문당.

김민경(2012). **다문화 가족의 이해**. 이담북스.

김재정, 김정민, 이미영(2015). 다문화가정 부부의 관계 증진을 위한 부부인지행동치료 프로그램의 개발 및 효과. **가족과 가족치료, 23**(4), 739-760.

김정열, 박수준, 유정욱(2014). **다문화 가족의 상담과 실제**. 공동체.

보건복지부(2008). **다문화 가족상담가이드북**. 보건복지부.

임춘희(2014). 다문화 가족의 한국인 남성이 지각하는 재혼의 의미. **한국인간발달학회, 21**(1), 89-113.

전명자(2011). 다문화가정 아동과 일반 가정 아동의 적응 유연성 예측요인 탐색. 충북대학교 대학원 박사학위논문.

천정웅, 이형하, 이승민, 이정희(2015). **이민다문화 가족복지론**. 양서원.

최연실(2009). 유행인가? 실행인가?: 가족연구에서의 다문화 가족 담론 분석과 성찰. **한국가정관리학회지, 27**(6), 172-177.

최연실, 조은숙(2017). 다문화 가족상담 전문인력 양성을 위한 교육과정 개발 연구. **가족과 가족치료, 25**(2), 181-209.

통계청(2009). 2008년 혼인 통계 결과. 통계청.

통계청(2014). 2013년 혼인 통계 결과. 통계청.

한국염(2004). 이주의 여성화와 국제결혼. 이주여성 인권센터 창립 3주년 심포지엄 자료.

한재희(2011). **한국적 다문화 상담**. 학지사.

Augusburger, D. W. (1986). *Pastoral counseling across culture*. Westerminster press.

Nichols, M. P. (2015). **가족치료 이론과 실제**[*The essentials of family therapy*(6th ed.)]. 김영애 역. 시그마프레스.

제15장

탈북민 가족

한국은 전통적으로 가족주의가 강조되어 온 사회로 개인의 삶에서 가족은 매우 중요한 역할을 해 왔다. 그렇기에 어릴 때는 물론이고 성인이 되어서도 자신의 가족에게 어려움이 생기거나 가족원 간 관계가 좋지 않을 때 개인은 여러 모양의 고통을 경험하게 된다. 현재 가족의 형태는 과거의 전통적인 가족과는 다르게 많은 변화가 이루어지면서 그 기능도 축소되었지만, 한국에서 살아가는 개인에게 가족은 여전히 매우 중요한 자원이자 지지체계임이 틀림없다.

탈북민[1] 가족상담을 다루는 글을 시작하면서 탈북민들 대다수가 그들의 가족과 관련하여 상당한 상실과 고통의 경험을 가지고 있으며, 현재에도 그 고통은 진행형이라는 점에 주목해 보고자 한다. 탈북민 가족의 탈북 여정에는 복잡한 가족관계가 얽혀 있는데, 가족의 분산, 해체, 재회, 재구성의 경험들이 혼재되어 있다. 탈북 과정에서 가족을 상실하거나 생이별하는 경우, 북한에 가족을 남겨 두고 오는 경우, 중국에서 생존과 신변의 안전으로 인해 가족을 새롭게 형성하는 등 탈북민은 정착지인 남한에 입국하기까지 가족의 해체와 재구성을 반복하며 생존적 선택을 하게 된다(이순형 외, 2011; 홍승아, 2013). 또한 남한에 정착한 탈북민도 가족들과 일정 기간 헤어져 지내다가 재결합하면서 새로운 가족구조 내에서의 관계 및

1) 북한에서 탈북하여 정착한 이들을 법적으로는 '북한이탈주민'이라는 용어를 사용하고 있으나 보편적으로는 탈북민이라는 단어도 많이 사용되므로, 이 장에서는 '탈북민'을 주로 사용한다.

역할 갈등, 원활치 못한 의사소통과 가정폭력을 경험하기도 하며, 각자의 생존으로 인해 가족을 돌보지 못했기 때문에 서로에 대한 불신으로 어려움을 겪게 된다(김유정, 2011; 이순형 외, 2011). 최근에는 남한에 먼저 들어온 가족이 북한에 남겨진 가족을 지원하는 문제나 남한으로 초청하는 과정에서 경제적 · 심리적으로 과중한 짐을 떠안는 문제로 가족 돌봄의 주제가 차츰 복잡하게 전개되고 있는 시점에 와 있다.

이렇듯 탈북민 가족이라는 대상이 비슷한 특성이나 유형으로 정의되기 어려운 복잡성을 가지고 있으며, 아직은 구체적인 상담 단계의 효과나 모델을 제안하는 연구들이 부족한 미지의 영역이다. 이 장에서는 이러한 맥락 속에서 탈북민 가족을 만날 때 필요한 선 이해와 지식들을 먼저 설명한 후, 다양한 탈북민 가족의 어려움들을 가족상담적 · 체계적 관점에서 돕기 위해 어떠한 전략이 도움이 될 것인지 간단하게나마 살펴본다. 탈북민 가족상담의 효과성에 대해서도 추후에 많은 연구가 필요하겠으나, 그동안 필자의 현장 경험을 바탕으로 작은 노하우를 나누어 보고자 한다.

1. 탈북민 가족에 대한 이해

탈북민 가족은 정의하기 어려울 정도로 복잡하다. 따라서 이들을 이해하기 위해서는, 먼저 탈북민 가족 상황에 대한 통계적 자료들을 살펴보아야 한다.

1) 탈북민 가족 상황에 대한 이해

남북하나재단에서는 2011년부터 '북한이탈주민 실태조사'를 통해 기초자료를 축적하고 있으며, 매년 탈북민 정착실태에 관한 조사 및 사회통합조사의 결과를 남북하나재단 홈페이지에 공지하고 있다. 이 자료들을 통해 탈북민 가족 상황 이해에 대한 밑그림을 그려 보면 다음과 같다.

현재 대한민국으로 넘어온 탈북민의 수는 2016년 이후 3만 명을 넘어섰으며, 2021년 기준 거주하고 있는 탈북민은 그 숫자가 다소 줄어든 29,880명이다. 탈북민은 2000년대 초반까지는 매년 3,000명가량 입국하였으나, 2012년 김정은 정권이 들어선 이후 입국하는 수가 줄어들다가 코로나19가 시작된 후부터는 더욱 감소하여 현저히 줄어들었다. 또한 국내에 들어온 탈북민들이 고령화되어 가면서 그 수가 3만 명 미만으로 감소하게 되었다(남북하나재단, 2021).[2] 현재 거주하고 있는 탈북민의 수 중 2023년도 조사의 남녀 성별을 살펴보면, 75.3%가 여성으로 전체 탈북민의 3/4이 여성이라 볼 수 있다. 연령대별로는 40대가 가장 높았고, 50대, 30대, 20대 순으로 비교적 젊은 층이 많음을 알 수 있다. 탈북민들의 남한살이는 2020년을 지나면서 10년을 넘게 산 사람이 50%를 넘어섰고, 2023년 통계에서는 72%에 이르렀다. 즉, 현재 90%가 넘는 탈북민들이 5년 이상 남한 거주자들로 더 이상 새롭게 터전을 다지기 위해 온 이방인이 아닌, 우리와 함께 삶을 영위하고 있는 이웃임을 알 수 있다.

가족 관련하여서는 2022년 사회통합조사에서 47.2%가 배우자와 함께 살고 있었는데, 남성이 '배우자 있음'이 48.5%(여성의 경우 46.7%)로 여성에 비해 다소 많았으며, 배우자의 출신 지역으로는 북한이 40%로 가장 많았고, 남한(35.2%), 중국(24.1%) 순으로 나타났다. 그러나 배우자의 출신에 있어서 남녀 간에 차이가 있었는데, 남성의 경우 배우자의 83.5%가 북한 출신으로 북북가구를 이루고 있었으며, 여성의 경우 배우자의 45.2%가 남한 출신으로서 남남북녀로 결혼하였음을 알 수 있었다. 가구원 수와 관련해서는 남한에서 생계를 같이하는 가구원 수가 2.3명으로 나타났다. 함께 살고 있는 가족 중에는 '미혼 자녀'가 45.2%로 가장 높았고, 그다음이 배우자(41.9%), 부모(8.2%) 순으로 나타났다. 또한 가족 단위의 입국이 증가되며서 탈북의 동기에 있어서도 '가족(자녀 등)에게 더 나은 생활환경을 주려고'(10.7%), '먼저 탈북한 가족을 찾거나 함께 살고 싶어서'(8.9%) 등의 가족 중심의 동기들도 주요하게 등장하고 있음을 알 수 있다(남북하나재단, 2023, 2024).

한편, 2012년 여성가족부 통계에서 남한에 거주하는 탈북민이 가족원이 있는 경우가 전체의 84.3%로 혼자 지내는 경우(15.7%)보다 훨씬 많았다(여성가족부, 2012). 그러나 탈북민 가족도 변화하고 있다. 최근 6~7년 정도의 자료를 살펴볼 때 변화가 조금씩 감지되고 있다. 이 중 눈에 띄는 변화는 가족 구조와 관련한 변화이다. 결혼을 하여 배우자가 있는 집단과 미혼, 한부모, 이혼 등을 묶어 배우자가 없는 집단으로 본 '배우자 유무'의 응답에 대해, 2020년 이후 배우자가 없다는 비율이 절반을 넘어서면서 2022년에는 '배우자 없음'이 52.8%를 차지하게 되었다. 이 안에는 미혼을 포함한 1인 가구의 비율이 30% 이상 자리 잡고 있어 한국에서 1인 가구가 급격히 증가하고 있는 트렌드와 크게 다르지 않다. 탈북민들은 배우자가 없고, 동거가족원의 수가 평균 2명대라는 사실은 다양한 가족 기능의 보완이 필요함을 보여 주는

2) 이 절에 소개된 통계자료는 남북하나재단 홈페이지(www.koreahana.or.kr)의 2012년부터 현재까지의 탈북민 정착 실태조사와 사회통합조사 자료를 참고하였다.

지점이다. 따라서 탈북민 가족 지원의 핵심에는, 그동안은 가족이라는 이름으로 채워지던 공동체성 문화로부터 홀로 혹은 둘 정도의 가족이 이어 나가야 하는 다양한 종류의 인간 욕구를 가족에게서뿐만 아니라, 가족 외의 자원을 통해 채워 나가야 하는 시대에 접어들었다고 이해해야 할 것이다. 함께할 때 누릴 수 있는 정서적 유대 및 소속감, 의사결정 시 의논하고 대화할 대상의 존재, 경제적 나눔을 위한 기본적 자원 및 지원망의 부재 등을 어떤 방식으로 충족할 수 있도록 도와야 할 것인가가 향후의 과제가 될 것이다.

탈북민 가족의 아동·청소년 자녀는 여성이 탈북과정에서 북한에서 자녀를 데리고 온 경우, 중국 등 제3국에서 낳은 아이를 나중에 데리고 온 경우, 남한에 입국한 후 결혼 등을 통해 출산하는 경우 등 다양하다. 이들이 북한 출생지에 따라 북한 출신인지(탈북민), 중국 혹은 제3국 출신인지(비보호 청소년), 대한민국 국민인지 등에 따라 지원 정책도 다르며, 스스로 경험하는 정체성의 혼란도 많다. 2015년을 기점으로 남한에 거주하고 있는 제3국 출생 청소년의 수(1,249명)가 남한에 거주하고 있는 북한 출생 청소년의 수(1,226명)를 추월한 상황이다(남북하나재단, 2017). 탈북가정 청소년은 남한 생활에서 여러 가지 어려움을 겪을 수 있는데, 학업에 있어서 수업 적응의 어려움(제3국 출생 45.4%; 북한 출생 48.0%), 문화/언어의 적응(18.8%; 14.9%)과 친구관계(10.5%; 8.0%)에서 어려움 등을 겪는 것으로 알려져 있다. 특히 중국 등에서 태어나고 자란 청소년은 한국말을 잘하지 못하는 경우가 많기 때문에 이로 인한 어려움이 많은 것으로 나타난다. 이러한 탈북민 가족의 상황을 이해해 본다면 우리는 탈북민 가족이 동일 문화를 지닌 가족이 아님을 알 수 있으며, 이들을 이해하기 위해서는 이들이 걸어 온 여정에 대한 이해도 함께 선행되어야 함을 알 수 있다.

2) 탈북민 가족에 대한 정의의 다양성과 확장성 제고

앞서 설명된 데이터들이 시사하는 바는 탈북민 가족 및 구성원에 대한 정의에 있어 다양성과 확장성이 필요하다는 점이라 말하고 싶다. 현재 정부는 「탈북민의 보호 및 정착지원에 관한 법률」에 입각하여 탈북민을 지원하고 있으며, 남북하나재단도 그러한 테두리 안에서 탈북민과 그 가족을 돕기 위한 방안들을 모색하고 있을 것이다. 그러나 포스트모더니즘과 사회구성주의 시각이 점차 확대되고 있는 현대사회에서는 가족을 전통적인 차원에서 정의하지 않고 있다. 보건사회연구원의 보고서에서는 저출산 고령화 시대의 미래 가구에 대한 전망 중 1인 가구의 증가, 특히 노인 1인 가구의 돌봄 문제, 가구의 분화, 소규모화, 고령화 등을 주요한 변화가 될 것으로 이해하고 있다(박종서 외, 2017). 이러한 기류를 반영하여 「건강가족지원법」은 2020년 법 개정을 통해서 가족의 정의에 "1인 가구라 함은 1명이 단독으로 생계를 유지하고 있는 생활단위를 말한다."(국가법령정보센터, 2022)라고 명시함으로써 1인 가구를 가족으로 포함시키게 되었다. 이미 서구에서는 결혼, 혼인, 입양으로만 묶인 전통적 의미를 벗어난 동반자들을 가족으로 이해하고자 하는 노력이 진행되어 왔다. 즉, 가족과 가족원에 대한 정의가 바뀌어 가고 있는 현시점에서, 탈북민 가족을 정의할 때는 현장을 반영하여 '탈북민 가족을 가족 중 한 명만 탈북민이라도 탈북민 가족으로 규정하고 다양한 지원의 범주에 넣어 생각하는' 융통성이 발휘되어야 한다고 생각된다.

그러나 이것은 단지 서비스 제공자의 인식변화만을 요구하는 것은 아니다. 탈북민들은 그들이 살아온 삶의 여정에 의해, 한국의 1970년대를 연상하게 하는 가부장적 가족중심주의에 영향을 받아 왔다. 북한에서는 1982년 '사회주의 대가정'이라는 새로운 개념을 제시하여 거대가족체제의 모습을 보이는 전근대성으로 회귀하였으며, 「조선민주주의인민공화국 가족법」에서도 집합주의적이고도 사회주의적 가족이념을 내세움으로써 결혼과 가족제도조차 당과 주석에게 도구가 되는 강압적 경험을 해 왔다(선우현, 2003; 정광수, 2004). 따라서 이름뿐인 가족이라는 테두리에 익숙하며, 가족최우선주의의 가족신화를 지니고는 있으나 가족이 가지는 안전함과 따스함, 보호와 돌봄이라고 하는 기능적 측면의 본질은 잘 와닿지 않는 경향이 있다. 탈북 청년에 관한 연구에 따르면, 이들은 나도 '가족이 있다.'라고 하는 명제로 인해 살아갈 힘을 얻으나 실제로 원가족이 그들에게 실질적인 도움을 주지 못하고 결핍된 유년기와 자기발달의 과제를 안고 있었다(전명희, 2017). 이 연구에서 탈북 남성은 북녀를 선택하여 결혼하므로 북한에서의 남성상을 구현하고자 하는 모습으로 나아갔고, 탈북 여성은 남남을 선택하여 데이트를 하면서 수동적 의미에서의 가족상을 그리고 있었다. 이러한 그들의 경험한 가족과 머릿속에 존재하는 이상적 가족상 간의 괴리로 인해 탈북민들은 자신이 처한 가족상실과 해체, 갈등이 가득한 가족을 견디기 힘들어하는 경향도 있어 보인다. 따라서 가족의 정의나 구성원이 다양해지고 있다는 점, 보다 다문화적으로 해석할 수 있음을 이해하고, 확장되고 확대된 가족의 개념을 우리 사회가 받아들이고, 탈북민 스스로 받아들인다면 보다 개방적으로 가족살이를 이룰 수 있을 것이라 생각한다.

또한 탈북민 중 앞으로 점차 많아질 고연령의 1인 가구에 관한 가족복지적 시각이 필요하다. 최근에도 있었던 1인 가구의 고독사 문제는 탈북민을 돕는 이들에게는 상당한 좌절과 아픔을 남기는 일이었다. 1인 가구가 가지는 외로움이나 고독함 등은 어제오늘의 일이 아니다. 그러나 앞서 보여 주듯이 현재 유입되는 탈북민의 수는 줄어들고 있으며, 10년 이상 된 탈북민들 중 가족이 없는 이들은 점차로 고령화될 것이다. 탈북민의 가족은 매우 다양하기 때문에 가족이 지닌 욕구도 매우 상이할 것이며, 구조상 안정된 가족보다는 진행형의 가족 형태가 많아 전통적 가족을 대상으로 하는 상담이 맞지 않을 수도 있다. 때로는 가족의 상실이나 재결합 등을 다룰 때에 성인의 경우에는 현재 가족이 아닌 원가족의 주제를 통해 애착외상이나 상실에 대한 애도 등을 다루어야 할 때도 있다. 이렇게 상담에 혼자 참석하지만 가족이 주제인 경우는 의외로 많이 있다. 궁극적으로 탈북민의 가족상담은 자기의 성장과 가족관계의 회복이 동시에 이루어질 수 있도록 두 가지 목표를 함께 가지고 가는 것이 중요하다.

그러나 어떤 모델이 과연 효과적인가에 대한 증거기반(evidence-based)의 실천을 제안하기에는 아직 연구 보고가 부족한 상태이다. 가족관계에 대한 내면적 과정이 다루어질 때 심리적 고통으로부터 어느 정도 벗어날 수 있다고 생각된다. 특히 20~30대를 지나는 탈북민 청년들의 경우, 혼자 살고 있지만 가족으로부터 분화되지 못한 심리적 기제를 보여 주는 경우가 많다. 온전하게 원가족에 대한 이해와 분화, 그리고 자기(self)의 발달을 이루어가기 위한 개인과 가족을 조화롭게 이해하는 방식이 필요하다. 따라서 탈북민들에게 있어서도 고령화되는 1인 가구와 청년들의 미혼가구들을 가족의 한 형태로 보고 다루기 위한 관점도 강조되어야 할 것이다.

3) 탈북민을 위한 상담서비스 이해

탈북민이 증가하게 되면서 정부에서는 「탈북민의 보호 및 정착지원에 관한 법률」에 근거하여, 이들의 성공적인 정착을 위하여 보호대상자의 보호 · 교육 · 취업 · 주거 · 의료 및 생활보호 등의 지원을 위해 노력해 오고 있다. 현재 하나원과 하나센터를 통해 지역적응 과정을 돕고 있으며, 다양한 의료적 지원도 제공하고 있다. 특히 2009년부터는 탈북민의 심리적 안정을 돕기 위하여 '탈북민 전문상담사' 제도를 남북하나재단사업을 통해 도입하여, 2018년 현재 90여 명의 전문상담사들이 활동하고 있다.

탈북민은 입국 후 정부의 합동 심문을 받고, 이후 하나원에 입소하여 3개월간 적응 교육을 받게 된다. 그 이후 거주지 지역으로 전입하여 지역별로 탈북민 적응센터(하나센터)의 주관하에 지역적응 교육과 지원이 이루어진다. 2016년부터 새롭게 정비된 하나센터는 전국에 23개소가 있으며, 하나센터는 탈북민에 대한 효율적 업무 지원과 맞춤형 상담을 위해 남북하나재단에서 파견된 전문상담사들과 함께 업무를 수행하고 있다(강동완, 임성옥, 2017). 「탈북민 전문상담사 운영지침」 제2조에 따르면, 전문상담사는 "탈북민에 대한 심층적인 이해를 바탕으로 심리상담, 의료, 교육, 복지, 취업 지원 등 전문적인 종합상담 서비스를 제공하는 역할"을 한다. 또한 문제의 복잡성으로 인해 전문상담사는 위기개입과 사례관리자의 역할을 포함하여 활동하고 있는데, 호소문제와 욕구들이 일반상담과는 달리 PTSD, 정체감 혼란, 신체화, 불면증, 문화적응 곤란, 정서조절 곤란, 우울, 대인관계 문제, 부부 및 가족 갈등, 진로, 경제적 문제 등으로 매우 다양하고 복합적이다. 따라서 복합적인 심리건강복지의 영역에서 가장 먼저 개입해야 할 영역을 정하고 이를 도와주는 역할을 한다.

이러한 제도들이 점차로 정비되면서 현장에서 탈북민의 심리정서적 건강을 돕는 활동이 가능해졌으나, 탈북민 문제의 복잡성과 위기적 특성으로 인해 하나센터나 일반 복지관, 건강가정지원센터 등에서 일하는 전문가들은 이들과의 상담에서 많은 한계를 경험하게 된다. 상담현장에서 만나는 탈북민은 비밀 보장 여부에 대한 조심성으로 인해 마음을 열기까지 오랜 시간이 걸리기 때문에 이들과 신뢰를 형성하는 데까지 충분한 시간을 투자해야 한다. 무엇보다 탈북민은 심리상담이 무엇인지에 대한 기본적인 이해와 심리상담의 효과성에 대한 신뢰가 아직은 부족하다. 또한 가족을 하나의 체계(system)로 보고 접근하는 가족상담은 이들에게 더욱더 생소한 영역이다. 따라서 탈북민에게 상담이 개인 및 가족의 문제해결에 긍정적 도움이 될 수 있다는 것을 인지하도록 도와야 할 것이다.

2. 개입방법에 대한 이론적 근거

1) 북한의 가족 가치관 이해

탈북민 가족을 이해하기 위해서는 이들이 살아온 북한에서의 가족 가치관에 대한 이해가 선행되어야 한다. 그동안 남북한 통합에 관한 연구들은 남북한의 가정생활 영역이 다른 영역에 비해 비교적 동질성이 많이 존재하며, 한국의 전통적 가족주의 의식과 가족 중심의 가치를 여전히 고수하고 있다고 말한다(선우현, 2003; 안연진, 2002; 이기춘 외, 1998; 정순화, 임정하, 2014). 그러나 북한은 주체사상과 사회주의적 가족이념을 바탕으로 구축되었기에 많은 차이 또한 존재하고 있으며, 시대적으로도 변화과정을 거쳐 왔다.

분단 직후, 북한은 기존의 전통적 · 유교적 가족 가치관을 사회주의적 가족 가치관으로 전환하면서 가부장제의 청산이나 남녀평등을 적극 지향하려는 시도를 하였다. 특히 가족을 사회주의 혁명이론의 학습장으로 내세우면서 가족구조의 변화를 단행하였다(선우현, 2003).

그러나 1960년대 말 권력세습을 정당화하기 위한 이데올로기로 가부장제를 부활시키면서, 1982년에는 '사회주의 대가정'이라는 새로운 개념을 제시하여 거대가족 체제의 모습을 보이는 전근대성으로 회귀하였다(선우현, 2003; 정순화, 임정하, 2014). 1990년 제정된 「조선민주주의인민공화국 가족법」에서도 집합주의적이고도 사회주의적 가족이념을 내세움으로써, 제1장 1조에 "「조선민주주의인민공화국 가족법」은 사회주의적 결혼, 가족제도를 공고히 발전시켜 온 사회를 화목하고 단합된 사회주의 대가정으로 되게 하는데 이바지한다."라고 명시하고 있다(정광수, 2004).

한편, 노동의 주체로서 여성의 역할을 강조하는 북한에서는 일찍부터 자녀 양육에서 유치원이나 탁아소의 역할이 강조되었다. 즉, 아동은 국가와 부모가 공동으로 양육한다는 개념을 가지고 있었는데, 이는 자녀 양육의 목표가 1990년대까지 사회주의 혁명역군을 길러내는 것이기 때문이었다. 그렇지만 북한에서도 자녀 양육의 궁극적 책임은 어머니의 몫이었고 어머니의 책임이 훨씬 강조되어 왔다(정순화, 임정하, 2014).

1990년대 북한은 사회주의 국가들의 붕괴와 김일성의 사망, 연이은 자연재해로 말미암아 '고난의 행군'을 맞았다. 경제난이 심화되면서 가장으로서의 남성 역할은 약화되고 여성은 가족 생계부양자로서의 책무가 증가되었는데, 여성은 가부장적 전통하에 가족 내에서는 여전히 가사 역할을 떠맡으면서도 경제적 상황을 타계해 보려는 노력으로 인해 장마당(시장)과 생활전선으로 내몰리게 되었다(정순화, 임정하, 2014). 이러한 상황은 북한의 여성들이 경제, 가정, 자녀 양육의 삼중고를 떠안게 하였으나, 한편 생존력을 가지고 탈북에 이르도록 한 것으로 이해될 수 있다.

북한사회의 심리적 구조에 관하여 탈북민 트라우마를 연구한 두 연구를 주목하여 보아야 한다. 유혜란(2014)은 북한사회가 가진 폭력성으로 인해 '북한체제 트라우마(North Korea Systems Trauma: NKST)'를 양산하고 있으며, 이러한 사회에서 오랫동안 살 경우 단지 증상적 차원을 넘어서 성격적으로 거짓 자기(false self)의 모습을 보이게 되므로, 보다 근본적인 차원의 자기 구축을 필요로 한다고 역설하면서 NKST 상담을 제안하고 있다. 김경숙(2018)은 '북한체제 폭력생태체계모델'을 제시하면서 탈북민은 삶의 모든 영역에서 억압과 착취가 일상화된 '힘을 빼앗긴 경험' 속에서 살아왔음을 보여 주고 있다. 특히 북한에서 살았던 여성은 '김일성주의'라는 철저한 인간 개조의 덫을 쓴 사회 속에서 살면서, 북한의 폭력적인 생태환경에서 정치적 폭력에서 가정폭력까지 직간접적으로 트라우마 사건에 연속적으로 노출됨을 보여 주고 있다. 지속적 · 만성적 폭력 환경에서 의지적 행동이나 능동적인 선택에 의해 그 고통을 벗어날 수 없을 때 오직 생존을 위해 자기(self)를 변화시키면서까지 심리적 트라우마에 적응해 가게 되고, 그 결과 자신이 심각하게 파편화되고 자기감(sense of self)에 손상이 올 수 있다. 이러한 자기 손상은 내가 있다는 느낌 자체의 상실, 무가치하고 부적절한 존재라는 자기감을 형성하게 된다. 탈북민의 내면적 자기 체계는 이러한 긴장, 공포, 감시 속에서 살아왔던 경험으로 인해 남한사회 적응에 어려움이 있을 수 있으며, 따라서 상담사는 안전한 상황에서 자신의 감정이나 내면을 들여다볼 기회를 보다 충분히 제공해야 할 필요가 있다.

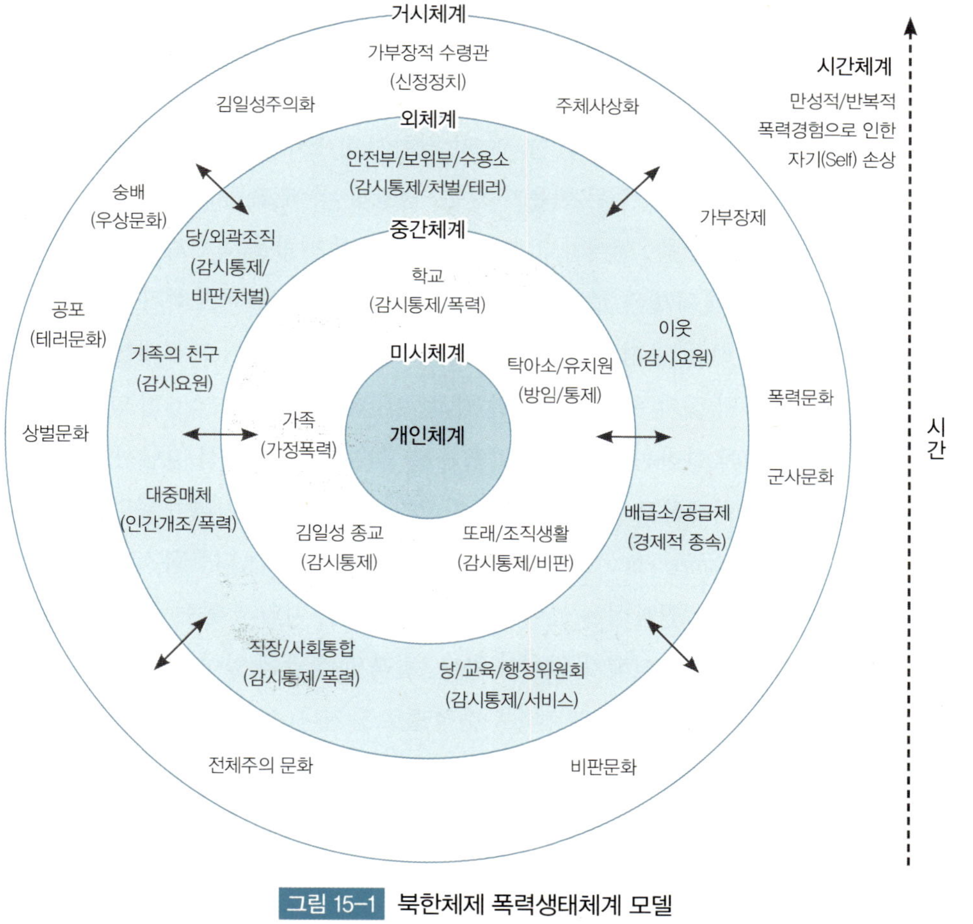

그림 15-1 북한체제 폭력생태체계 모델

출처: 김경숙(2018).

2) 다문화적 관점

탈북민 가족이 남한에서 생활하는 경험은 다문화 가족의 경험, 즉 한 가족 내에서 서로 다른 둘 이상의 문화를 가진 구성원들이 공존하는 경험과 유사하다. 다문화 가정의 구성원들은 의사소통의 한계를 경험하거나 서로의 문화 차이로 인해 적응의 어려움을 겪을 수 있는데, 탈북민도 가족 내에서 비슷한 경험을 하게 된다. 탈북민 가족은 누가 제일 먼저 남한에 왔는지, 북한에서 어떤 삶을 살았는지, 그리고 세대 및 성별에 따라 남한사회에서의 적응 정도는 차이가 있기 마련이다. 이들은 한 가족으로서 새로운 사회에 적응하기 위해 함께 분투하는 동안 각자가 살아온 문화들 간의 차이를 동시에 경험하며 살아내야 한다.

또한 이들은 남한사회의 편견이나 차별과도 맞서야 한다. '탈북민 사회통합 조사'(남북하나재단, 2018b)에서도 탈북민 응답자의 76.9%가 남한사회에서 차별이나 무시를 당한 경험이 있다고 응답하였는데, 가장 주된 이유가 말투, 생활방식, 태도 등의 문화적 소통방식의 차이(74.3%)라고 답하였다. 즉, 언어가 거의 같으나 문화적 맥락을 이해하기 어렵고 자신들이 하는 말투나 행동에서 차별과 무시를 경험하였다는 것이다. 한국사회가 아직은 다문화 사회라 보기 어렵고 이러한 '같지 않음'에 대한 불편감과 무시를 많이 드러내는 환경이기에, 사회 속에서 차별당하지 않기 위해 노력해야 하고, 이러한 스트레스는 가정 안에서 자녀들을 채근하고 성공시켜야 한다는 신념으로 바뀌는 경우가 많다. 따라서 상담사는 이들이 가지는 다문화적 특성을 이해하고 세밀하게 수용하고자 하는 태도를 지녀야 한다.

문화적 역량(cultural competency)이란 인간의 다양성을 인식하는 다문화적 이해를 바탕으로, 나와 다른 타인에 대한 민감성을 높이는 자질을 말한다. 따라서 돕는 사람은 다음과 같은 세 가지 수준에 대한 깊은 이해가 있어야 한다. 탈북민 상담에 있어서 인간을 이해할 때에 모든 사람은 같은 측면이 있고(보편성), 부분적으로 같거나(집단 특유성), 모든 사람은 다른 사람과 전혀 같지 않다(개인 고유성)는 점을 이해해야 한다(이장호, 2008). 탈북민은 우리와 같은 민족적 뿌리를 가지고 있으나, 분단 이후 70년 동안 다른 정치적 · 사회적 · 문화적 배경 속에서 살아왔다. 그러나 한 인간으로서의 독특성과 전체 인간으로서의 보편성, 집단적 특수성으로 인한 차이 등에 대하여 세밀하게 구분하고 이에 대한 믄화적 민감성을 가지는 것이 필요하다.

3) 가족 상실, 해체, 재결합의 구조상 변화 경험

탈북민과 그 가족을 만날 때에 마음에 염두에 두어야 할 사실은, 앞서도 언급하였듯이 이들에게는 북한에서 굶주림에 죽어 갔던 가족, 단련대에 끌려갔던 가족, 탈북과정에서 생이별을 하였던 가족, 생존을 위해 중국에 끌려가 결혼해야 했던 가족, 지금도 북한에서 브로커를 통해 겨우 한 통화의 전화에 북에 송금해 주어야 살 수 있는 이별 가족 등 평상시 우리가 거의 경험하지 못한 가족사의 고통을 안고 있다는 점이다. 이 글에 나열할 수도 없는 다양한 형태로 탈북민은 탈북과정 및 이주과정에서 가족 상실의 경험을 지니고 있다. 가족중심주의와 가족에 의한 보호주의가 강한 전통 속에서 북한에서나 남한에서나 함께 희로애락을 나눌 가족이 없음은 그들에게 많은 상실을 안겨 주게 되며, 이를 극복하기 위하여 결혼과 재결합 등으로 빠른 속도로 가족을 만들려고 노력하기도 한다. 따라서 탈북민의 가족문제를 다룬다는 것은 그들의 경험을 충분히 타당화하고, 그 안에서 있었던 상실과 고통, 갈등의 문제를 어떤 마음으로 대해야 하는지를 이해하는 것이 선결 조건이라 하겠다.

4) 트라우마 경험과 정신건강 문제

탈북민 상담을 하기 전 알아야 할 배경지식 및 관점으로 트라우마(외상) 및 정신건강 이해를 들 수 있다. 이들은 어떤 종류로든 삶을 이끌어 오는 과정에서 외상을 경험한 대상이다. 탈북민의 외상과 관련된 여러 연구에 따르면, 탈북민은 한 가지부터 많게는 7~8가지의 충격적 외상 사건을 경험하였으며(김태국 외, 2014; 김하늬 외, 2015; 김희경 2012; 박철옥 외, 2009), 탈북민의 외상후 스트레스장애(PTSD) 유병률에 대해서는 연구별 차이는 있으나 입국 초기에는 적어도 탈북민 3명 중 1명 정도가 치료가 필요한 수준의 PTSD 증상을 보인다고 한다(강성록 2000; 홍창형 2005). 보통 회복력이 있는 경우는 외상 경험 후 3년 정도가 지나면 자생적 회복이 되는 경우가 많다고는 하나, 현장에는 여전히 복합적 트라우마 증상으로 고통하는 탈북민이 존재하고 있다. 탈북민이 가장 많이 경험한 외상 사건은, 북한 내에서는 '가족 및 지인의 죽음' '가족과 생이별' '추위나 식량 부족으로 생명의 위협받음'이었고, 탈북과정에서는 '가족과의 생이별' '체포나 강제 북송 위험' 등으로 보고하고 있다(전우택 외, 2010). 탈북 여성의 경우 인신매매, 원치 않는 결혼과 임신, 중국 배우자로부터의 지속적인 신체학대 등도 외상 경험이 되고 있다.

이처럼 이들이 경험하는 트라우마는 자연재해나 사고 등의 일시적 경험과 달리 복합 외상의 성격을 지닌다. 복합 외상은 아동 초기부터의 경험이거나 작은 외상 사건이 지속되고 반복될 때 일어나는 것으로 삶에 심각한 손상을 초래하기도 한다. 복합 외상의 특징으로 충동성 및 정서 조절의 문제, 주의력과 의식 기능에 대한 변화(기억 상실, 해리 및 이인화 경험), 만성적인 부정적 자기인식, 대인관계에서의 신뢰 및 친밀감의 어려움, 신체화 증상, 삶의 의미 상실 등을 포괄하고 있다(안현의, 2007; 장문선 외, 2014; Courtois, 2004; Taylor et al., 2006). 탈북민의 복합 외상 증상 연구에서는 '정서 및 충동조절의 어려움'과 '신체화 증상'이 가장 대표적인 어려움으로 나타났고, 불신과 해리 등도 높게 나타났다(장문선 외, 2014; 정윤경 외, 2014; 허성호 외, 2008).

남북하나재단(2018b)의 실태조사에서 "지난 1년간 자살 충동을 경험한 적이 있는가?"라는 질문에 13.5%가 '있다'로 응답하여, 남한 국민(6.4%)보다 2배 정도 자살 사고가 높은 것으로 나타났다. 이렇듯 탈북민의 20~30%는 우울감, 신체화 증상, 자살과 자해 시도, 중독 등의 문제가 반복적으로 일어나면서 회복이 잘 되지 않는 정신건강의 위험군에 속하며, 또한 상담사가 주로 만나는 대상이기도 하다. 가족상담사로서 복합 외상에 오래 노출된 탈북민들을 만날 때는 시작에서부터 트라우마 치료에 대한 선이해를 지니고 있어야 한다. 특히 폭력 피해와 상실의 경험이 많은 대인관계에서의 외상을 잘 회복할 수 있도록 안전감을 누릴 수 있도록 도와야 하며, 가족관계 또한 서로의 상처를 자극하지 않도록 갈등을 관리하며 의사소통을 하는 환경으로 만드는 것이 중요하다.

5) 탈북민 가족 유형 및 문제에 대한 이해

'2018년 탈북민 가족 유형별 특성 및 적응기제 파악 연구'에서는 탈북민 가족을 부부중심 가족, 한부모 가족, 1인 가족의 세 유형으로 나누어 설명하고 있다(김현아 외, 2018). 여기서는 안정형 가족과 진행형 가족이라는 단어로 탈북민 가족유형을 정리해 보았다. 어떤 형태로든 가족구조가 안정화된 가족이 있기는 하지만, 가족의 해체와 재결합의 과정 중에 있는 진행형 가족이 아직도 많이 있기 때문이다.

(1) 안정형 가족의 특성

탈북민들이 대부분의 가족들이 다 함께 탈북하여 이룬 가족이거나, 남한에 와서 새로운 가족을 이루어 가족구조가 안정성을 획득한 경우를 안정형 가족이라 볼 수 있다. 물론 탈북민 부부중심 가족도 복잡성과 다양성을 지니고 있는데, 배우자의 국적과 혼인 경험, 자녀 유무의 조합에 따라 다양한 가족의 특징을 보이게 되며, 이에 따른 가족 간 갈등, 특히 문화적 갈등이 가족 내 존재하여 배우자 간, 부모-자녀 간에 갈등이 존재하고 있다.

먼저, 탈북민 부부관계는 남편과 아내의 성별과 출신의 구성에 따라 각각의 조합이 다른 형태를 보이는 특징을 갖는다. 두 배우자 모두가 탈북민(탈북 남성과 탈북 여성)으로 구성된 부부의 경우, 남한에 거주하는 탈북 여성은 탈북 남성에 비해 가정, 직업, 사회 및 문화생활 등의 영역에서 남녀평등 의식에 대한 변화가 빠른데(김현아 외, 2008), 이는 여성이 먼저 남한에 입국했고 적응함을 통해 경제활동에 참여하면서 가정의 생계를 책임지는 위치에 있는 경우가 많고, 또 남한사회 분위기의 영향을 받은 여성은 남편에게 순종해야 한다는 기존의 입장에서 벗어나 남녀 간의 평등을 추구하고, 가사에서도 남성의 도움 및 참여를 기대하며 요구하게 된다. 반면, 탈북 남성의 경우 대개 직업을 갖는 것이 쉽지 않고, 가족 내에서는 북한에서 경험했던 권위적인 역할과 주도권을 포기하는 것이 상대적으로 쉽지 않은 측면이 있다(이민영 외, 2007).

탈북민 부부는 많은 스트레스를 경험하게 되는데 탈북민 개개인의 복잡한 개인사와 탈북과정에서 겪은 트라우마 경험, 남한사회 정착과정에서의 어려움, 생계를 위한 삶에서 경험하는 어려움들이 복합적으로 작용하면서 부부관계에서 폭력 문제도 심각하게 일어난다. 여성가족부(2012)에 따르면, 탈북민 부부폭력(신체적, 정서적, 경제적, 성적 폭력 포함) 발생률이 77.2%에 이르고 신체적 폭력 발생률 또한 37%로 나타나 3쌍 중 1쌍 이상이 신체적 폭력을 경험한 것으로 보고되었다. 배우자의 통제 행동을 경험하는 확률도 64.8%로 상당히 높은 것으로 나타났다. 부부폭력의 발생 원인으로 피해자 및 가해자 모두가 성격 문제(33.3%; 40.9%)와 경제문제(32.6%; 27.3%)를 주 요인으로 들고 있다. 부모의 폭력을 목격하는 자녀에게도 치명적인 영향이 있기 때문에 건강한 부부관계 의사소통을 돕고 분노조절을 할 수 있도록 돕는 상담전략은 예방적 차원에서도 매우 필요하다.

(2) 진행형 가족의 특성

가족은 살아 숨 쉬는 유기체와 같은데, 특히 탈북민 가족은 구조에 있어서 현재 진행형 가족이 많다. TV에서 자주 볼 수 있는 전쟁 후 헤어진 이산가족 찾기의 장면처럼, 이들에게는 보이지 않는 전쟁 속에 살아남아 아직도 전쟁을 치르는 것 같은 가족생활이 펼쳐진다. 남한에 먼저 입국한 가족은 생이별한 재북 가족을 찾고 북한에 돈을 보내고, 브로커를 대어 연결하고, 다시 데리고 오기까지 경제적 · 심리적으로 엄청난 스트레스를 경험한다. 떨어졌다 다시 만나는 재결합의 과정도 쉽지만은 않다. 예를 들어, 북한에 아버지를 두고 온 가족은 아버지를 데리고 오려는 어머니의 시도에 경제적으로 어려움이 생기고 의견이 달라지는 등의 갈등을 겪게 되고, 자녀와 생이별 후 중국에 있었던 자녀를 데리고 온 어머니는 자신이 이별 기간 동안 훌쩍 성장한 자녀와 친밀감을 가진 관계를 형성할 수 없어서 고통을 경험한다. 북한이나 중국에 자녀를 남겨 두고 온 경우에는 강한 모성애와 애착으로 가능한 수단을 동원하여 남한에 데리고 오기 위해 노력하는데, 오매불망 기다리던 자녀가 남한에 오면서 부모와의 서먹함과 사춘기를 겪으며 갈등이 시작되는 것을 본 적이 있다. "너를 데리고 오기 위해 내가 어떤 고생을 했는데."라는 쓴 뿌리가 올라오며 어머니는 "공부 열심히 해라. 성공해야 한다." 등의 강압을 하게 된다. 그러나 자녀는 북한에서 바로 남한으로 와서 이 사회에 적응하는 데서 오는 스트레스에 어머니의 지나친 잔소리가 더해져 마음을 닫고, "그러게 왜 나를 데리고 왔냐!" 하며 대드는 모습을 보인다. 자녀만 오면 '불행 끝, 행복 시작'일 줄 알았던 어머니는 오히려 마음의 고통이 심화되는 것을 느끼면서 더 큰 상실감과 우울감에 빠지게 된다. 북한에 부모를 두고 온 성인 자녀도 가족관계의 문제로 마음의 고통을 겪는 경우가 많은데, 상담 장면에서 다음과 같은 얘기를 들은 적이 있다. "저는 브로커가 일 년에 겨우 몇 번 연결해 주는 전화 속에서 아버지 목소리 5분 듣는 게 다예요. 아버지가 저에게 잘 지내냐고, 힘들지 않냐고 그런 건 안 물어보시고 '돈 좀 부쳐라.' 이 말씀만 하세요. 그러고 나면 내 생활이 얼마나 힘든데, 돈 부치려면 얼마나 일을 해야 하는데 하는 야속한 마음이 들어요." 이들에게 있어서 어쩌면 '내가 도와줄 가족'이라도 있는 게 힘든 삶에 의미를 제공하기도 하지만, 재북 가족을 원조하는 일과 남한에서의 적응, 취업과 결혼을 앞두고 있는 탈북 청년에게는 가족의 짐을 어떻게 끌고 가야 할지 고민하게 된다(전명희, 2016). 탈북 청년에게 있어서 보웬이 말하는 것과 같이 원가족으로부터 분화를 잘하면서도 가족을 버리지 않는 경계를 세우는 일도 탈북민 가족상담의 주제일 것이다.

(3) 부모-자녀 관계 특성

"우리 집은 남한에 있는 또 다른 북한이에요!"

현장에서 탈북민 가족의 자녀로부터 들은 이야기이다. 자녀들은 빠르게 남한의 문화와 가치들을 흡수하고 받아들이는 반면, 부모는 여전히 자신이 성장해 온 경험에 영향을 받고 있기 때문이다. 새로운 문화에 적응함에 있어 그 속도에서 세대 간의 차이를 보이는 경우가 많다. 대개 자녀는 부모에 비해 남한사회에의 적응이 빠르지만 부모는 그렇지 못하기 때문에(김영수, 2000), 탈북민 부모와 자녀는 여러 가지 이유로 관계상 어려움을 겪는다.

북한의 경우, 사회주의적 체제 속에서 양부모 모두 일을 해야 하며 어린 시절부터 탁아소에 맡겨지고 국가가 맡아서 돌봄과 교육을 제공하는 것으로 기대되었다. 또한 탈북 부모가 자녀를 북한에서와 같이 엄하게 훈육하고 통제하는 것으로 인해 아동학대나 방임, 갈등의 불씨가 되기도 한다(김현아 외, 2008). 즉, 부모의 역할에 대한 인식의 차이도 크므로, 남한사회에서 자녀를 양육한다는 것의 의미와 자녀의 발달과정에 대해 다양한 방식의 부모교육을 제공하는 것이 필요하다고 볼 수 있다. 탈북민을 대상으로 한 부모교육의 현장에서 한 탈북민 부모가 "나는 한 번도 애들에게 '사랑한다.' 이런 표현은 한 적이 없어요. 그런 말은 자라면서도 들은 적이 없고 낯간지러워 못합니다!"라고 하는 얘기를 들은 적도 있다. 모든 탈북민이 그런 것은 아니지만, 남한에서의 부모가 과거에 자녀에게 애정표현이 익숙지 않았던 것처럼, 탈북민 부모도 자녀에게 감정을 드러내거나 표현하기보다는 행동적 지침만을 주는 데 익숙한 가치관과 양육방식을 가지고 있는 경우가 많다.

그러나 탈북 후 자녀를 한국으로 데려오는 가장 큰 이유 중 하나는 자녀를 보다 나은 환경에서 키우고자 함이다. 남한에 거주하는 탈북민 부모는 자녀의 교육이 신분 상승의 기회라고 여기며 90% 이상이 4년제 대학 이상의 학력을 기대하고 있다(남북하나재단, 2018b). 그러나 부모가 자신은 자녀의 학습에 도움을 줄 수 없다고 인식하고, 자녀의 성공을 위해 자녀를 기숙형 대안학교나 시설에 보내는 방법을 선택하는 경우도 있다. 부모는 자녀에게 좋은 부모가 되기 위한 연습을 하는 것보다 자녀를 학교나 시설에 맡기고 자기는 돈만 버는 게 낫다는 식의 생각을 하기도 한다. 탈북민 자녀의 정신건강 및 스트레스 영역에서 약 10~15%가 주관적인 건강 문제를 호소하며, 10중 약 2명은 스트레스를 느끼는 것으로 보고되었다. 또한 탈북민 자녀 중 초등학생의 42%, 중·고등학생의 35%가 정서적 및 충동조절 문제, 대인관계의 어려움, 자해 및 타해 위험성 중 한 가지 이상에서 문제가 있는 것으로 나타났다(이소희 외, 2013).

이 외에도 다수의 연구에서 PTSD 반응, 우울/불안, 학습문제, 사회적 문제 등 다양한 문제들이 나타나고 있다는 연구들을 통해 탈북민 자녀들 중 다수가 여러 정신건강의 어려움을 겪고 있음을 알 수 있다. 이러한 탈북자녀가 정신건강 문제에 있어 심리적 외상 경험이 많을수록, 탈북 기간이 길수록, 남한 거주 기간이 짧을수록 정신건강에 영향을 받는 것으로 알려졌고, 초기 정착기에 많은 관심이 요구되는 것으로 나타났다. 더불어 탈북을 경험하지 않은 제3국 출생 탈북민의 자녀가 증가되고 있으므로 향후 이들의 정신건강에 대해서도 중요하게 다루어야 할 것이다(양계민 외, 2008).

3. 단계적 개입전략

모든 가족은 나름의 갈등을 경험하지만, 탈북민 가족의 경우 개인의 삶의 적응문제와 가족관계의 어려움이 동시에 일어난다. 남한에 거주하며 많은 사회문화적 차이를 겪어 내야 하고, 정서적 지지체계 및 자원이 거의 없는 상태에서 삶을 영위해야 하는데, 이는 개인의 삶을 힘들게 할 뿐 아니라 탈북민이 부부·가족으로 함께 살며 자녀를 양육해야 함에 있어서 그들 가족을 취약하게 만드는 주요한 요인으로 작용한다. 또한 탈북민 내담자는 단순한 심리문제가 아닌 적응과정의 심리사회적 문제를 안고 있으며(김주찬, 2016), 상담에 있어서는 비자발적 내담자에 해당된다. 이러한 측면에서 볼 때에 탈북민과 상담하기 위해서는 문화적 차이를 이해하고 문화적응 상태를 점검할 필요가 있다. 이러한 문화적 상황을 고려하는 부분은 다문화상담을 다룬 제14장을 참고하면 될 것이다. 여기서는 탈북민 가족을 상담하기 위한 상담과정과 유용한 상담전략을 간략하게 제시한다.

1) 상담과정 이해: 초기 단계의 중요성

탈북민 상담 관련 연구들에서는 탈북민은 상담 초기에 비밀 보장과 낙인에 대한 우려, 자기 스스로 해결하려는 경향, 상담사와 타인에 대한 괴리감, 방어적 태도 등을 가지고 있어 전문적 도움 요청에 장해 요인이 된다고 보았다(김성회 외, 2005; 김현아 외, 2007). 탈북민 전문상담사도 탈북민과 상담 초기의 관계 형성에서 탈북민의 방어적인 태도나 허위 진술, 문제의 초점 바꾸기 등 상담사를 조정하려고 하는 행동으로 어려움을 겪기도 한다(노인숙 외, 2016). 방어적인 허위 위기 진술로 상담사를 조종하거나 상담 도중 과도한 긴장감과 심리적 거리감이 생겨 상담만족도가 감소될 수 있다(김현아, 2007). 이는 탈북민들이 상담 경험이 별로 없고 이에 대한 선이해가 부족한 데에서 오는 문제이며, 남한사회의 초기 적응 과정에서 자신의 내면의 힘이 준비되지 않았기 때문으로 이해하고 있다(권수영 외, 2011). 따라서 초기 단계에서 상담사가 이러한 방어기제를 빠른 시간 파악하여 진정한 호소문제를 파악하고 치료 관계 형성해야 하며, 해결중심치료에서 말하는 바와 같이 '알지 못함의 자세'를 유지하되, 사례에 대한 사전 공감 과정을 통해 탈북민의 상태를 충분히 이해하는 마음으로 치료적 관계를 형성함이 필요하다.

탈북민 상담의 효과 연구에서 보면, 상담을 통해 내담자가 개인적 안녕감, 대인관계, 직업적 기능, 전반적 안녕감, 자기효능감 등에 효과가 있었음을 보고하고 있다(권수영 외, 2011; 김창대 외, 2015). 현재 가족상담과 관련된 연구보고는 아직 없으나 상담 초기 안전감을 누리며 치료적 관계를 맺게 된다면 탈북민 가족에게 상담은 그들의 내면의 고갈을 채워 주고 정서적 성장을 이루는 데 매우 유용한 과정이 될 것이다. 상담사는 어려움과 혼란을 감소시키기 위해 문화적 차이를 인식하고, 상담에 필요한 북한 언어를 파악하는 등 의사소통의 오류를 최소화하며, 촉진적 관계 형성, 상담회기 구조화하기, 융통성 발휘하기 등이 필요하겠다.

2) 가족상담 접근방법 및 목표설정

탈북민의 가족은 매우 다양하기 때문에 가족이 지닌 욕구도 매우 상이할 것이며, 구조상 안정형 가족보다는 진행형의 가족 형태가 많아 전통적 가족을 대상으로 하는 상담이 맞지 않을 수도 있다. 때로는 가족의 상실이나 재결합 등을 다룰 때에 성인의 경우에는 현재 가족이 아닌 원가족의 주제를 통해 애착 외상이나 상실에 대한 애도 등을 다루어야 할 때도 있다. 이렇게 상담에 혼자 참석하지만 가족이 주제인 경우는 의외로 많이 있다. 이러한 경우, 보웬의 자기분화 과정이나 사티어의 자존감 향상을 목표로 하는 상담과정이 유용할 수 있으며, 가족체계적 사고를 내면세계에 접목한 내면가족체계치료(Schwartz, 2010) 또한 유용할 수 있다. 내면가족체계치료는 트라우마 치료에서도 자주 언급되는 기법인데, 이러한 개념을 통해 원가족의 영향으로 형성된 한 개인의 내면에서 갈등하는 부분들(parts)로부터 내면세계를 재구축하면서 자기를 강화하고 통합할 수 있도록 돕는 방법은, 파편화되었던 자기를 성장시키고 회복시키는 데 주요한 전략이 될 수 있다. 탈북민의 트라우마 치료에 초점을 둔다면 현재 '북한체제트라우마 치유상담센터'를 통해 NKST 전문상담사 교육과정을 진행하고 있는 유혜란(2014)의 상담치료법을 참고할 수 있다(www.nkst.kr 참조). 궁극적으로 탈북민의 가족상담은 자기의 성장과 가족관계의 회복이 함께 갈 수 있도록 두 가지 목표를 함께 가지고 가는 것이 중요하다. 그러나 어떤 모델이 과연 효과적인가에 대한 증거기반의 실천을 제안하기에는 아직 연구보고가 부족한 상태이다.

여기서는 현장에서 경험하며 사용해 볼 수 있는 유용한 접근전략으로서 정신건강 심리교육, 의사소통 훈련과 분노조절을 포함한 감정조절 코칭을 간단히 소개하고자 한다. 역시 이 영역에 대해서도 지속적 연구가 필요하겠다.

3) 가족상담에서 유용한 접근전략

(1) 정신건강/심리교육의 필요성

상담장면에서 만나는 탈북민은 정신건강의 어려움을 가지고 있는 경우가 많다. 하나원에서는 정신건강진단을 통해 탈북민이 각 지역의 하나센터로 연계될 때에 우울증, 자살 충동, 신체화 증상, PTSD 등의 장애 가능성이 나타날 경우, 정신과 약물치료 및 상담치료를 병행해야 하는 심리적 위험군으로 분류하여 각 지역센터로 보내게 된다. 북한에서는 정신건강에 대한 인식이 부족하고 차이도 존재하는데, 발달장애를 제외하고 정신적 어려움이 생길 때에 약물치료를 주로 하는 49호 병동에의 격리 수용이 거의 전부에 해당된다. 그곳에서의 치료라는 개념은 주로 과다 투약으로 증상을 통제하는 정도이고, 상담이나 심리치료의 개념은 찾기 어렵다(원재천 외, 2019). 그러므로 조현병 등 정신증(psychosis)으로 분류될 만한 문제 외에 우울증, PTSD, 성격장애 등 기타 정신질환에 대한 이해는 부족한 편이다. 따라서 탈북민이 이러한 정신질환의 진단명을 듣고 이해하기란 매우 어렵고, 편견으로 인해 치료가 어려운 경우가 많다. 정신질환에 대한 적절한 이해와 인식이 부족하였다는 점은, 남한도 최근까지도 정신질환에 대한 편견과 인식 부족이 있었으므로 충분히 이해되는 사항이다. 따라서 가족상담사가 이러한 정신건강 문제가 있는 가족원을 대할 때는 심리교육의 진행이 필요하다. 의료적 · 심리적으로 어떤 방식으로 치료가 진행되는지 전망을 제공해 주어야 한다. 또한 정신질환을 효과적으로 치료할 수 있도록 자원을 연결해 주고, 정신과 의사 및 하나센터와 공조할 수 있도록 돕는 사례관리자의 역할도 동시에 수행해야 한다. 따라서 쉽고 이해될 만한 용어로 심리적 부적응 상태나 정신질환의 특징에 대해 설명해 주고, 치료 및 회복 과정에 대해서도 긍정적 전망을 가질 수 있도록 돕는 교육이 필수적이다.

또한 부모교육이나 신혼부부 예비교육 등 다양한 교육적 · 코칭적 접근이 탈북민 가족상담에서는 유용하다. 이들은 심리나 가족관계 등에 대하여 일반적 교육을 받은 경험이 별로 없으며, 자녀의 발달과정이나 부모의 역할에 대한 이해도 부족한 편이다. 탈북민이 자녀 양육과 관련된 집단 프로그램을 경험하고 교육에 대한 만족과 성숙을 이루었다는 연구결과들을 볼 때, 기초가 되는 지식을 습득하고 스스로 자신에게 적용할 수 있는 교육적 접근이 훨씬 수월하게 접목할 수 있는 전략으로 보인다(김성남, 양옥경, 2015; 오지현, 2017). 이러한 교육을 통해 추후에 상담으로 연결이 가능할 것으로 보인다.

(2) 가족관계 향상을 위한 의사소통 증진 접근전략

탈북민 가족의 관계를 들여다보면 이들의 어려움의 주요 요인이 남한 가족과 크게 다르지 않음을 알 수 있는데, 탈북민은 가족 내 어려움의 가장 큰 이유로 의사소통의 문제(42%)를 들고 있다(남북하나재단, 2016). 즉, 가족갈등은 '관계'라는 맥락 속에서 생겨나며, 가족 내 구성원이 호소하는 문제의 형성과 유지, 악화가 기본적으로 가족원들 간의 상호작용에 달려 있다. 자신의 입장을 관철시키기 위해, 또는 상대방을 고치기 위해 도움이 되지 않는 시도된 해결책(attempted solution)을 반복 사용하며 문제나 상황을 악화시키는 경향이 높기 때문이다. 이러한 특성들을 고려할 때 탈북민의 가족상담에 있어서도 의사소통 훈련을 통한 관계 개선이 단기 목표가 될 수 있다.

탈북민은 북한에서의 취약한 심리적 발달, 탈북과정에서의 외상 경험과 함께 남한사회에서 생존과 적응의 과정 가운데 경험한 어려움들을 통해 자존감을 다시 세워 나가기 위한 안전한 장이 필요하다. 사티어는 자존감이란 자신의 가치에 대해 스스로 내리는 판단, 신념, 느낌을 포함하는 자기 자신에 대한 경험으로서 일차적으로 가족과의 상호작용을 통해 형성된다고 보았다(김영애, 2002). 이러한 의미에서 일차적인 의사소통이 가능해지려면 자신과 타인과 상황을 모두 고려할 수 있어야 하며, 내면세계의 욕구를 인식하고 나(self)와의 깊이 있는 접촉을 통해 어린 시절 형성되었던 비일치적 의사소통 방식을 인식해야 한다. 탈북민은 어린 시절 자신의 욕구를 적절하게 수용해 주고받은 경험이 부족한 유년기를 보낸 경우

표 15-1 의사소통 훈련 예시

사티어의 의사소통 훈련
• 의사소통의 상호작용 과정(개인빙산의 이해) • 듣기와 기본 기술 배우기 • 말하기와 기본 기술 배우기 • 비일치적 의사소통 확인하기 • 감정과 그 감정에 대한 감정 표현하기 • 지각체계의 점검과 사고 표현하기 • 기대와 열망을 표현하기 • 일치적 의사소통 표현하기 • 갈등 해결을 위한 타협하기 • 분노 다루기 • 부부체계의 변화 이루기

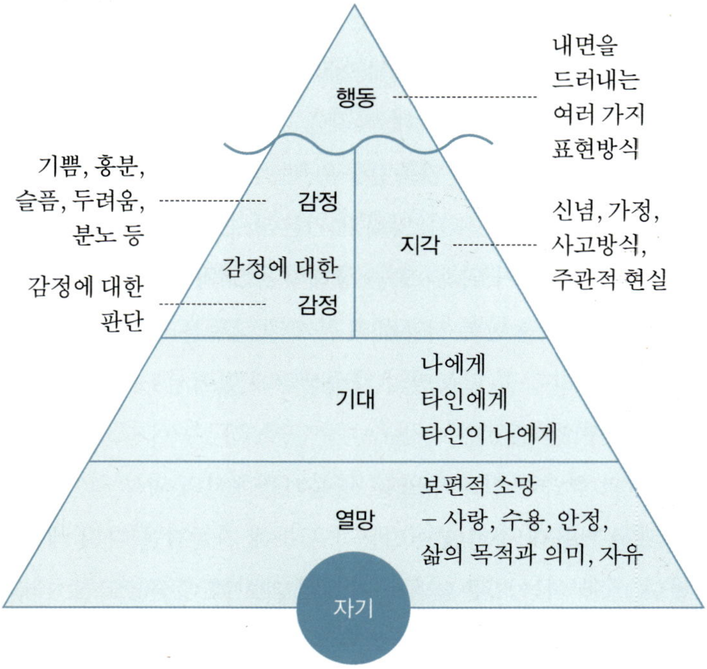

그림 15-2 사티어의 인간에 대한 이해: 빙산 메타포

가 많으며, 삶의 상황에서 억압되고 적절하게 충족되지 못하였던 욕구의 좌절로 인하여 비일치적 의사소통(순응형, 비난형, 초이성형, 산만형)을 하게 되는 경우가 많을 것으로 예상된다. 따라서 부부간, 부모–자녀 간 의사소통 훈련을 통해 관계적 상황에서 자기존중과 가치감을 가지도록 돕는 것은 탈북민의 개인적 성장을 가족관계 내에서 풀어 내도록 돕는 기회가 될 것이다.

(3) 감정코칭 및 분노조절 기법의 활용

내면가족체계(Internal Family System: IFS) 치료를 제안한 슈왈츠(Schwartz)는 가족치료에서 쓰이던 가족체계적 접근을 개인의 내면세계에도 접목하여 상담기법화하였는데, 최근 10여 년간 트라우마 치료와 다양한 상담장면에서 널리 사용되고 있다(Earley, 2014). 이 IFS 관점에서 볼 때에 부정적 감정과 분노는 없애고 억눌러야 할 나쁜 감정이 아니고 다루어져야 할 감정이며, 그 밑에 숨겨진 감정들도 함께 자기 자리를 잡아야 할 필요가 있다.

권수영(2024)은 이러한 IFS의 관점을 접목하여 감정코칭 전략을 제안하고 있는데, 마음속 감정을 인식하고 대화할 수 있도록 돕는 것이 행복감을 누리고 건강한 감정조절을 할 수 있는 열쇠라고 보았다. 이 기법은 트라우마 경험이 있는 대상들이 '자라 보고 놀란 가슴 솥뚜껑 보고 놀라는 것'과 비슷한 상황에서 과거에 경험한 상처받은 감정을 보호하기 위해 오히려 분노 감정과 부정적 감정이 빠르게 작동하게 된다는 내면 역동을 파악하고, 가장 안전한 상태에서 감정들을 풀어내고 받아들이도록 하는 치료기법이다. 트라우마 경험으로 인해 분노

표 15-2 건강한 가족관계를 위한 감정코칭의 팁

감정코칭 1. 마음속 체계를 위한 내시경을 준비하라!
1. 감정의 원인을 남 탓으로 돌리지 말자. 2. 내 안의 바람에 귀 기울이자. 3. 내면을 판단하지 않고 이해해 보자. 4. 감정을 공유하면 더 좋다.
감정코칭 2. 내 안에 관리자, 매니저의 불안을 공감하라!
1. 원가족의 부모가 해 왔던 말에 지배되지 말자. 2. 다시 시작, 시작이 반이다. 3. 칭찬보다는 공감!
감정코칭 3. 강경파 감정에 놀라지 말고 짝을 찾아라!
1. 눈에는 눈, 이에는 이라는 생각을 접자. 2. 강경파 감정을 인정해 주자. 3. 잘잘못을 따지기보다는 욕구를 따라가자. 4. 내면의 온건파 감정과 머물러 주자. 5. 언제든 네 편임을 느끼며 연대감을 느끼도록 하자.
감정코칭 4. 온건파 감정을 받아들이고 표현하라!
1. 유배된 감정을 찾아보자. 2. 유배된 이유는 멀리있지 않다. 3. 지금이라도 공감의 마음을 표현하자.
감정코칭 5. 유배시켜야 했던 감정의 짐을 덜어 주라!
1. 상대방의 존재를 부끄럽게 여기지 말자. 2. 신뢰는 변화의 핵심이다. 3. 언제나 마지막 희망은 가족이다. 4. 감정해방의 순간에 함께 느끼자. 5. 자존감은 가족으로부터 나온다.

출처: 권수영(2016).

나 울분, 짜증 등의 강한 감정이 내면의 참자기를 보호하는 역할을 하였을 수 있기 때문이다.

탈북민은 복합 외상 증상 중 감정조절의 곤란과 신체화 증상을 많이 드러내는데, 이들은 분노 감정, 우울 감정, 죽고 싶은 마음(자살 및 자해 충동), 억울한 감정, 불안과 공포 등 다양한 종류의 강렬한 감정을 조절하기 어려워한다. 현장의 상담사도 탈북민이 표출하는 분노를 어떻게 다루어야 할지 고민하는 경우가 많다. 따라서 가족관계에 있어서도 감정코칭 전략을 이용할 때에 도움이 될 수 있다. IFS를 이용한 분노 다루기에 더 초점을 두고자 할 때에는 『IFS를 통한 분노 치유하기(Working with Anger in Internal Family Systems Therapy)』(Earley, 2014)를 참고하기 바란다.

4. 사례연구: "주변부의 삶에서 창조적 중심으로."[3)]

함경도에서 태어난 김영희 씨는 어릴 적부터 음악적 재능이 뛰어나 교사의 눈에 띄어서 중학 시기에 관광학교를 다녔고, 졸업 후 바로 시예술 선전대에 들어가 9년간 공연단 활동을 하다 남한에 입국하였다. 고난의 행군 시기에 배급제가 끊어지면서 너무 살기 힘들어졌고, 선전대 활동을 하면서도 장마당에서 중국 보따리 장사꾼들에게 물품을 받아다 팔면서 지냈었다. 그러다 옆집 아저씨가 실제로 굶어 죽는 모습을 목격하면서 공포감이 생겨 탈북을 결심하게 되었다. 원래 가족이 함께 탈북하기 위해 준비하고 있었으나, 남편이 중국에 물건을 하러 간 사이 브로커의 급한 연락을 받고 먼저 탈북을 한 것이 온 가족과의 생이별이 되었다. 남한에 들어와서 수소문 끝에 자녀와 남편과 연락이 닿았는데, 남편은 이미 재혼을 하였다. 김영희 씨도 전남편과는 이혼 처리를 하였고, 탈북과정에서 만난 탈북민 A씨와 재혼하여 자녀를 낳았다. 남한 입국 후 2년 동안 아버지와 남동생, 5세에 헤어진 아들을 남한에 입국시켰다. 생이별 후 다시 만난 사춘기 자녀와의 관계가 마음대로 되지 않아 힘들었으며, 재혼 남편의 심한 가정폭력으로 결국 또 이혼을 하게 되었다. 기초생활수급자로서 두 자녀를 키우는 싱글맘의 고된 생활을 하다가 영희 씨는 자녀 때문에라도 정신을 차리자고 생각해 복지관과 하나센터 직원과 상담사의 도움을 받게 되었다. 그 과정에서 지역의 한 행사에서 노래를 부르는 일에 발탁되어 예술봉사단에 입단하여 노래를 다시 시작하게 되었다.

3) 전명희(2017)의 연구에서 생애사 주인공이었던 사례의 경험을 접목하여 간단히 소개한다.

이를 계기로 영희 씨는 삶에 기쁨과 활력을 되찾았고, 그 이후 복지관에서 하는 취업 준비 프로그램을 통해 취업에도 성공하였다.

영희 씨는 빈곤 탈출의 생존전략으로 남편과 자녀를 두고 탈북했지만, 한국에서 재혼한 남편에게 심한 가정폭력을 당하여 이혼하게 되었고, 빈곤 상태도 벗어나지 못하는 주변부의 삶을 살게 되었다. 이 과정에서 상담을 통해 가족의 상실과 폭력으로 인한 상처 등 여성으로서 회복되지 않는 자신의 삶을 돌아보는 시간을 가졌고, 가족을 북한에서 데리고 오고, 키워왔던 예술인으로서의 삶을 여기서도 펼칠 기회를 만나면서 적극적 행위 주체자로 변모해 갔다. 영희 씨의 생애사 속에는 탈북, 부부 이산, 중국의 삶, 탈북민과의 재혼, 부모 및 자녀 초청, 재혼 가정 자녀출산, 자녀 양육, 가정폭력, 이혼, 싱글맘으로서의 녹록하지 않은 고통의 시간들이 포함되어 있다. 그러나 영희 씨는 그 과정에서 지역사회 원조 전문가들의 노력으로 가정폭력으로부터 벗어나는 과정을 통해 깨달음을 얻었고, 자신만의 고유한 장점과 진로개발의 기회를 얻었다. 무엇보다도 내면세계를 들여다보며 정리를 함으로써 여성으로서, 어머니로서의 삶을 포기하지 않고 힘을 내어 책임감 있게 자녀를 데리고 살아야 하는 삶을 일치적으로 받아들이게 되었다.

이 사례를 살펴보면, 김영희 씨가 경험한 가족의 경험이 회복되고 자녀를 훌륭히 성장시키는 한 사회의 일원으로 살아갈 수 있도록 돕는 과정에서, 가족은 늘 현재진행형 상황에 놓여 있었다. 탈북민이 남한에 와서 가족을 만들고, 또 가족이 취업을 하고 문화적 적응을 하여 안정되기까지 적어도 2~3년의 시간이 걸린다. 영희 씨는 지금의 안정화된 가족을 만들기까지 10년의 시간이 걸렸다. 따라서 탈북민 가족을 만나는 상담사가 이들을 상담할 때에 그들의 가족발달 과정과 생애사를 이해하는 상태에서 그들과 호흡을 같이하는 것이 필요하다. 정형화된 가족의 틀에서만 볼 것이 아니라, 그들 나름의 이야기(narrative story)를 듣고 재구축하는 관점을 가질 때에 이는 가능해진다. 즉, 지금 만나고 있는 내담자가 문화 적응의 측면에서, 자기의 발달 측면에서, 정신건강의 측면에서 어디쯤 와 있고 어디로 가고 있는지 맥락에 따른 사정(assessment)이 매우 중요하며, 이들이 처한 특수성을 깊은 공감으로 이해하는 것에서부터 상담이 시작된다고 볼 수 있다. 김영희 씨는 자존감을 구축하고 자기의 삶을 실존적으로 수용하여 사회에 유용한 일꾼이자 싱글맘으로서의 삶을 책임감 있게 받아들일 수 있었고, 궁극적으로 이러한 과정에서 힘을 얻는 경험은 트라우마의 생존자의 위치를 넘어서 자녀를 보호하고 양육하는 성장과 발전을 이루는 모습으로의 변화를 가능케 하였다.

5. 탈북민 가족을 상담할 때 상담사가 유의해야 할 점

상담사 앞에서 내담자로 만난 탈북민이 파편화된 이야기들을 꺼내는 상태를 넘어서 그 조각들을 들고 퍼즐의 전체 그림을 파악하기까지는 상당히 많은 시간이 필요하다. 상담사도 탈북민을 이해하기 위해 특별한 시간과 훈련이 필요하며, 끔찍한 사건들을 지속적으로 견뎌 왔던 사람들로서 피할 수 없는 심리적 손상과 고통이 고스란히 상담사에게도 전해지게 된다. 또한 탈북민의 특수성과 문화적 차이 등으로 상담과정의 구조화나 사례개념화가 쉽지 않다 보니 상담사는 탈북민 상담 업무를 수행하면서 심리적 소진과 간접 외상을 경험할 수 있다(김현경, 2007). 탈북민 전문상담사는 단순히 심리 안정 지원의 역할뿐만 아니라 탈북민의 생활 애로사항 해결, 취업 및 경제활동 촉진 등 탈북민의 안정적인 남한 정착을 위한 역할까지 다양한 역할을 수행해야 한다(권수영 외, 2011). 상담사의 업무 과중, 열악한 업무 환경, 내담자의 비협조적 태도 및 이기적 태도, 개입 한계, 정체성 혼란 등으로 인해 탈북민 상담사는 쉽게 소진되기 쉽다(노인숙 외, 2012). 이러한 소진 현상은 탈북민 상담사의 직무 수행능력을 떨어뜨리고, 상담사의 역할 갈등도 겪게 되어 탈북민에게 적절한 상담이나 서비스 제공을 어렵게 할 수도 있다. 탈북민 상담사는 자신의 상담 경험에 대해 '내가 제대로 하고 있는지 모르겠다.'라는 불안감과 정체성 혼란을 많이 경험한다(조영아 외, 2010). 따라서 상담사는 다양성과 융통성을 가지되, 탈북민과의 관계 설정에 있어서 치료적 도움을 주되 압도되지 않는 관계를 맺기 위해 노력해야 하며, 소진 예방과 방향 잡기를 위해 수퍼비전을 받는 것이 중요하겠다.

6. 나가는 말

탈북민 가족상담에 대해 정리를 하면서 우리 사회가 이들을 돕기에 아직 걸음마 단계에 있음을 알 수 있었다. 또한 이들이 서 있는 위치는 어렵고도 복잡한 상황과 맥락 속에 있다는 점을 다시 한번 실감하게 된다. 구체적인 모양은 모르지만 우리가 꿈꾸고 있는 통일시대를 생각해 본다면 현 상태 또한 과도기에 해당된다고 볼 수 있겠다. 분명한 점은, 어렵지만 이해하려고 노력하는 과정 자체가 '사람의 통일'의 시작이며, '사회적 통합'의 밑거름이라고 생각된다.

탈북민은 상담이 무엇인지 정확히 모르겠다고 한다. 그러나 상담사는 상호 주관적 공간 안에서 상처 입은 자들을 품고 인큐베이팅하므로, 탈북민이 먼저 온 통일을 경험하게 될 때 이들이 북한체제하에서 어려움을 겪었을 또 다른 북한 사람들을 품는 선순환이 이루어질 것이다. 또한 이 사회는 그들이 가진 강인함과 지혜를 배울 수 있는 힘도 생길 것이다. 문제는 남한사회가 그러한 공간을 제공하고 있는지, 상담사가 그러한 역할을 마음껏 할 수 있을 만큼 준비되어 있는지 하는 점이다. 이 질문에 대해 성찰적으로 답을 하면서 한 걸음씩 걷다 보면, 적어도 방향은 맞춰지지 않을까 하는 기대를 하면서 글을 맺는다.

참고문헌

강동완, 임성옥(2017). 북한이탈주민 지역적응센터 역할 및 개선방안. **정치정보연구, 20**(2), 1-26.

강성록(2000). 탈북자의 외상 척도 개발 연구. 연세대학교 대학원 석사학위논문.

권수영(2024). **나쁜 감정에 흔들릴 때 읽는 책**. 갈매나무.

권수영, 최정헌(2011). 북한이탈주민들의 전문상담사 상담경험에 관한 질적연구. **상담학연구, 12**(5), 1683-1702.

김경숙(2018). 탈북여성의 트라우마가 하나님 표상에 미치는 영향. **한국기독교상담학회지, 29**(1), 35-66.

김성남, 양옥경(2015). 북한이탈주민 어머니들의 자녀양육과 교육의 경험에 관한 질적 연구. **사회복지 실천과 연구, 12**(1), 5-38.

김성회, 김현아(2005). 상담일반: 새터민의 상담에 대한 요구도와 도움요청 장애요인에 관한 연구. **상담학연구, 6**(3), 693-712.

김영수(2000). 북한이탈주민의 가족문제. **사회과학연구, 9**, 102-117.

김영애(2002). 사티어 의사소통 훈련프로그램. 김영애가족치료연구소.

김유정(2011). 북한이탈주민 재결합 가족에 대한 지원방안: 레질리언스 관점을 중심으로. **통일연구, 15**(1), 99-129.

김주찬(2016). 탈북민 전문상담사들의 역량강화를 위한 수퍼비전 연구. **연세상담코칭연구, 6**, 33-55.

김창대, 김동민, 최한나, 김은하(2015). 북한이탈주민 맞춤형 정서 · 심리상담 프로그램 연구결과 보고서. 북한이탈주민지원재단.

김태국, 정은의(2014). 북한이탈주민의 외상경험 이후 경과시간과 외상 후 성장. **한국심리학회 학술대회 자료집, 2014**(1), 257-257.

김하늬, 이진형(2015). 외상후 스트레스 증상완화를 위한 새터민의 음악사용. **인간행동과 음악연구, 12**(2), 79-97.

김현경(2007). 난민으로서의 새터민의 외상(trauma) 회복 경험에 대한 현상학 연구. 이화여자대학교 대학원 박사학위논문.

김현아(2007). 새터민 상담사의 역할과 과제-치료적 관계 형성을 중심으로. 한국심리학회 학술대회자료집, 2007(1), 90-91.

김현아, 김성회(2007). 새터민의 적응유연성 척도 개발. 상담학연구, 8(1), 63-83.

김현아, 정성란(2008). 새터민의 가족상담 모형 개발. 상담학연구, 9(3), 1333-1356.

김현아, 조영아, 김요완(2018). 북한이탈주민 가족유형 분석 및 지원방안. 남북하나재단.

김희경(2012). 북한이탈주민의 외상 유형에 따른 복합 PTSD와 PTSD 증상의 차이. 한국심리학회지: 일반, 31(4), 1003-1022.

남북하나재단(2016). 북한이탈주민 인포그래픽스 15호(2016. 12월): 북한이탈주민 가족 편. 북한이탈주민지원재단.

남북하나재단(2017). 2016 탈북청소년 실태조사. 북한이탈주민지원재단.

남북하나재단(2018a). 2017 북한이탈주민 정착실태조사. 북한이탈주민지원재단.

남북하나재단(2018b). 2017 북한이탈주민 사회통합조사. 북한이탈주민지원재단.

노인숙, 배미랑(2016). 북한이탈주민 전문상담사의 직무스트레스와 심리적 소진이 상담사활동 자기효능감에 미치는 영향. 한국자료분석학회, 18(2), 1051-1064.

노인숙, 조선희(2012). 북한이탈주민 전문상담사의 심리적 소진의 원인 탐색. 정신간호학회지 제, 21(4), 303-310.

박철옥, 안현의(2009). 새터민의 대인관계적 외상 경험, 용서, 경험회피와 외상후 스트레스 증상간의 관계. 상담학연구, 10(4), 1891-1905.

선우현(2003). 남북한 사회체제의 "가족 내 의사소통 구조"의 양상 비교 · 가족구조 및 가족관계에 대한 고찰을 중심으로. 동서철학연구, 29, 359-279.

안연진(2002). 북한이탈주민 가족의 가족문화 특성에 관한 질적 연구. 가톨릭대학교 대학원 석사학위논문.

안현의(2007). 복합외상(complex trauma)의 개념과 경험적 근거. 한국심리학회지: 일반, 26(1), 105-119.

양계민, 황순택(2008). 입국초기 새터민 청소년들의 심리적 건강상태에 관한 탐색적 연구. 한국청소년연구, 19(2), 333-358.

여성가족부(2012). 다문화가족실태조사. 여성가족부.

오지현(2017). 유아기 자녀를 둔 북한이탈주민 아버지의 자녀양육참여 경험 탐색. 중앙대학교 대학원 석사학위논문.

원재천, 전명희, 정숙희, 송인호, 황충만, 황의정, 최용준, 이시연(2019). 유엔장애인권리협약에 비추어 본 북한장애인인권. 공동체.

유혜란(2014). 탈북민을 통하여 본 "북한체제트라우마"(NKST) 불안연구. 한국기독교상담학회지, 25(1), 117-155.

이기춘, 이기영, 이은영, 이순형, 김대년, 박영숙, 최연실(1998). 남북한 생활문화의 이질화와 통합(2): 북한의 가족, 아동, 소비, 시간 생활 조사분석을 중심으로. 대한가정학회, 36(11), 231-250.

이민영, 김현경(2007). 새터민 여성의 이주로 인한 상실의 극복 체험: 남한 남성과 결혼한 여성을 중심으로. 사회복지연구, 35, 525-554.

이소희, 이선혜(2013). 다문화 및 북한이탈주민 가정 자녀의 정신건강. 소아청소년정신의학, 24(3), 124-131.

이순형, 김창대, 진미정(2011). 탈북인의 공 · 사적 관계와 의사소통. 서울대학교출판문화원.

이장호(2008). 새터민 상담접근의 쟁점. 한국심리학회 학술대회 자료집, 2008(1), 308-309.

장문선, 손의정(2014). 북한이탈주민의 복합 외상 후 스트레스 증상과 심리적 문제. 한국심리학회지: 건강, 19(4), 973-996.

전명희(2016). 탈북 청년의 가족관계경험에 관한 연구: 내러티브-생애사 분석을 중심으로. 한국가족복지학, 51, 219-250.

전명희(2017). 한 탈북 여성의 정착과정에 관한 생애사 연구. 한국기독교상담학회지, 28(3), 145-176.

전우택, 유시은, 엄진섭(2010). 남한 내 북한이탈주민들의 의식 및 생활만족도 7년 패널 연구. 신경정신의학, 49, 90-103.

정광수(2004). 남 · 북한 가족법에 관한 비교 고찰. 사회과학연구, 43, 137-162.

정순화, 임정하(2014). 남북한 가족 가치관의 비교고찰. 인간발달연구, 21, 97-127.

정윤경, 김희진(2014). 북한이탈주민의 외상경험과 적응의 관계: 복합 외상후 스트레스장애의 매개효과 분석. 사회복지연구, 45(4), 143-167.

조영아, 방기연(2010). 상담사의 탈북주민 상담 경험에 대한 질적 연구. 인간이해, 31(1), 1-28.

허성호, 최영진, 정태연(2008). 북한이탈주민의 외상 후 스트레스 장애에 대한 진단. 스트레스研究, 16(4), 379-386.

홍승아(2013). 가족 관점에서 본 북한이탈여성의 정착과제. 통일문제연구, 25(2), 173-205.

홍창형(2005). 북한이탈주민의 외상후스트레스장애에 대한 3년 추적 연구. 연세대학교 대학원 석사학위논문.

Courtois, C. A. (2004). Complex trauma, complex reactions: Assessment and treatment. *Psychotherapy: Theory, Research, Practice, Training, 41*, 412-425.

Earley, J. (2014). IFS를 통한 분노 치유하기[*Working with anger in internal family systems therapy*]. 이진선, 이혜옥 역. 학지사.

Schwartz, R. C. (2010). 내면가족체계치료[*Internal family systems therapy*]. 김춘경, 변외진 역. 학지사.

Taylor, S., Asmundson, G. J., & Carleton, R. N. (2006). Simple versus complex PTSD: A cluster analytic investigation. *Journal of Anxiety Disorders, 20*(4), 459-472.

제16장

한부모 가족

한부모 가족의 자녀는 아버지 혹은 어머니의 부재를 경험하면서 발생하는 수치심, 죄책감으로 인해서 감정을 적절히 표현하지 못하고 억압하는 경우가 있다. 특별히 유년 시절에 부모의 사별, 이혼, 별거 등의 이유로 아버지나 어머니를 일찍 상실한 아동의 경우는 자신의 상황을 주변에 솔직히 공개하지 못하고 불편한 감정을 억압하게 되면서 성인이 되어서도 자신의 감정을 표현하는 일에 어려움을 느끼게 되고, 무력감과 자신에 대한 부적절한 느낌을 갖게 되는 경우를 보게 된다. 몇 가지 사례를 가지고 일반화할 수 없지만, 종종 한부모 가정에서 자란 내담자가 겪는 사회적 편견, 가정 내에서의 억압적 구조, 학교 내에서의 차별적 경험을 통해서 내담자가 어떻게 자신의 감정을 억압하게 되는지를 발견할 수 있다. 이 장에서는 한부모 가족 자녀의 감정억압으로 인한 무력감에 관해서 치유의 가능성을 살펴볼 것이다.

1. 한부모 가족에 대한 이해

과거에는 사별, 별거, 이혼 등의 다양한 이유로 인해서 한부모 가족이 생겨났지만, 한국의 이혼율이 급증하는 시대가 되면서 한부모 가족의 80%가 이혼에 의해서 발생하는 것으로 알려져 있다(황은숙, 2013). 이혼은 사별 혹은 별거와는 달리 자녀에게 여러 가지 심리적 불안을 안겨 주는 큰 원인이 된다. 부모가 헤어진다는 사실 자체보다도 부모의 갈등과 불안이 자녀에게는 자신의 문제로 동일시 될 수 있기 때문에, 부모의 갈등 원인이 자녀 자신에게 있다는 죄책감을 갖게 하고 자신을 비난하게 만들 수 있는 것이다.

2. 개입방법에 대한 이론적 근거

여기서는 한부모 가족상담에서 발생하는 억압의 감정을 다룸으로써 상담의 치유 가능성을 높이는 데 초점을 둔다. 그런 점에서 방어기제를 이해하는 것이 이론적 근거의 출발이 될 수 있다. 억압은 심리적인 방어기제이다. 정신분석 분야에서 방어를 분류할 때, 1차 방어와 2차 방어로 나누어서 접근하는데(McWilliams, 1994), 1차 방어의 경우는 무의식적이고 비언어적으로 발생하는 방어이며, 통제가 어려운 자연발생적인 것이라고 볼 수 있다. 투사, 부인, 철수, 해리, 원시적 이상화 등이 그러한 방어에 해당한다. 한편, 2차 방어는 사회적이고 언어적이며 의식적인 통제가 가능한 방어라고 볼 수 있다. 억압은 2차 방어에서 대표적인 방어의 원조격에 해당하는 방어이다. 억압 외에도 퇴행, 격리, 합리화, 주지화, 행동화, 치환, 동일시 등의 다양한 2차 방어가 존재하고 있다. 이와 같이 억압이라는 방어는 내담자 스스로를 보호하기 위해서 택하는 의식적이고 사회적인 방어이다. 그런 면에서 감정억압은 내담자가 자신의 감정을 의식적으로 절제하면서 견디는 방어라고 할 수 있다.

그런데 문제는 억압이란 방어는 프로이트(S. Freud)의 정의에 따르면, 의식에 담아두기 불편한 것들을 무의식 세계로 집어넣는 의도적인 작업이라는 면에서(Thompson, 1996), 언젠가 무의식에 잠겨 있던 그 불편한 감정이 다시 의식의 수면 위로 올라오게 되어 있다. 결국 무의식에 존재하는 내용이라도 언젠가는 의식의 세계로 나타날 수 밖에 없다는 것이다. 한부모 가족의 자녀가 유년기에 한쪽 부모의 상실경험을 통해서 겪은 수치심과 죄책감은 내담자의 의도적인 방어인 감정억압을 통해서 무의식의 세계로 쫓아내긴 했지만, 그것은 영구적인 해결책이 아님을 알 수 있다. 상담학자 울라노프(Ulanov, 2005)는 무의식의 세계에 무엇을 밀어넣는 작업은 마치 바닷가에서 플라스틱 공을 물 밑에 넣은 상태에서 버티는 것과 같다고 하였다. 처음에는 공의 부력에 맞서서 의도적인 힘으로 공을 물 아래에 밀어넣을 수 있지만, 시간이 지나면서 공을 밀어넣는 힘이 소진되고 언젠가는 그 공을 놓게 되어 있다는 것이다. 결국, 공은 물 밑에서 하늘로 치솟아 올라가게 되어 있다. 설사 그 공을 아주 오랜 시간 물 밑에 있도록 유지할 수 있을지라도, 그 공을 잡고 있는 팔의 일부가 수면 밑에 존재하며, 공을 잡고 있는 주체는 에너지의 상당 부분을 그 공을 잡고 있는 일에 소모해야 하는 안타까운 현상이 벌어지게 된다. 바꿔 말하면, 감정억압의 방어를 사용하는 사람은 그 감정을 무의식에 있도록 하기 위해서 엄청난 의식적(conscious) 에너지를 소모할 수밖에 없으며, 다른 곳에 사용할 수 있는 에너지가 결핍되고, 결국 삶은 무력감과 자신감 부족으로 이어질 수 있다.

한편, 감정억압으로 인해서 애도의 실패라는 측면도 살펴볼 수 있다. 애도란 상실을 경험한 사람이 그 슬픔의 감정을 충분히 대면하고 표현함으로써, 어느 시점이 되었을 때 그 슬픔으로부터 자유로워지는 것을 말한다. 프로이트(Freud, 1992)의 연구에 따르면, 인간은 대상의 상실이란 냉혹한 현실을 더 이상 부인할 수 없어서 슬퍼하게 되는 것이다. 프로이트에게 있어서 건강한 애도과정의 목표는 잃어버린 대상을 향하여 투여되었던 리비도(Libido)를 점진적으로 철수시키는 것이다. 그렇지 못하고 계속해서 상실한 대상을 향하여 과도하게 정신적 에너지를 쏟는다면, 그것이 바로 우울증이라고 프로이트는 진단했다. 소중한 대상을 잃어버린 후에 적절한 애도를 하지 못했을 경우에는 감정의 왜곡된 표현이나 상실에 대한 현실적인 무감각, 성격의 급격한 변화와 병리적 행동이 나타날 수 있다. 어떤 면에서 한부모 가족 내담자는 가까운 사람의 죽음과 분리를 충분히 애도하지 못하는 가운데 늘 무기력하고 상실감에 사로잡혀 사는 경우를 많이 볼 수 있다. 무엇보다 충분히 애도하지 못했을 경우에 내담자는 자신을 스스로 비난하고, 소중한 사람이 죽은 이유를 자신의 실수와 잘못으로 귀착시키는 경우가 많다. 특히 어린 시절에 부모를 상실한 내담자는 학창 시절 내내 위축되고 결국 성인이 되어서야 원인을 알 수 없는 무력감에 고통받기 시작하는 경우가 많다. 오랜 세월 동안 해 오던 감정억압과 애도의 실패로 인해서 정신적 에너지가 소진되어 있는 상태이기 때문이다. 결국 깊은 무력감과 자신감 결여로 발전하는 것을 볼 수 있다.

한부모 가족에서 성장한 내담자는 종종 무력감을 호소하고 자신감 결핍으로 인해서 불안해할 수 있지만, 동시에 자기주도적인 삶에 무척 관심이 많은 것을 알 수 있다. 이뿐만 아니라, 평범한 인생으로 살고 싶지 않고 자신이 직접 어떤 큰 일을 하면서 주도성이 높은 삶을 향한 갈망이 큰 것을 발견할 때가 많다. 그만큼 억압의 기제를 오랫동안 사용한 내담자가 주도성이 높은 자신만의 삶을 희망하면서, 때로는 성인이 되어 오히려 창조적인 삶을 사는 경우가 많다. 억압된 감정들이 주도성을 획득하면서 자신의 삶에 주인이 되어서 주체성이 높은 삶을 지향하게 되는 것을 볼 수 있다.

3. 단계적 개입전략

1) 감정억압 다루기

한부모 가족의 자녀가 힘든 감정을 표현하지 못하고 감정억압을 한다면, 그것은 어떤 점에서 자신을 보호하기 위해 선택한 방어기제가 될 것이다. 앞서 밝힌 것처럼, 억압이라는 2차방어는 언어적이고 이성적인 방어에 해당한다는 점에서 자신을 보호하려고 의식적으로 하는 방어에 해당된다. 그런 점에서, 현재 내담자가 이미 가지고 있는 방어는 최적의 방어라고 할 수 있으며, 그것을 제거하는 것은 내담자를 보호하고 치료하는 데 도움이 되지 않는다. 문제는 오랜 세월 동안 사용했던 기존의 방어가 최초에 자신을 보호하는 정신적 기제가 되었지만, 점차 자신과 타인에게 아픔과 고통을 배가시키는 방어가 되어 간다면 이제 그 방어보다 좀 더 나은 방어를 선택하는 것이 필요하다고 볼 수 있다.

앞에서 설명한 한부모 가족 내담자의 경우, 자신의 수치심을 가리고자 자신의 힘든 감정을 주변 사람에게 드러내지 않고 오랜 세월을 지내는 경우가 있다. 그런데 그런 억압의 기제가 어느 순간 내담자의 생활에 큰 영향을 주기 시작하는 것을 발견하게 된다. 예를 들면, 사람들 앞에서 자신의 생각을 표현하는 것이 어렵고 불편해지는 것이다. 일대일로는 누군가와 대화를 할 수 있지만, 공개석상에서 발표를 하거나 자신의 의견을 사람들 앞에서 개진하는 것이 불가능하게 느껴질 정도로 고통스러운 일이 되어 버리는 것이다. 만약 자신의 생각을 여러 사람 앞에서 말해야 될 때, 그 순간 내담자가 느끼는 감정은 불편함과 무력감이 될 수 있다. 아울러, 가족 외에 다른 사람들이 친근감을 갖고 다가오는 것이 내담자에게는 늘 부담스러운 일이 될 수도 있다. 예를 들면, 내담자가 연애를 할 기회가 있어도 이성친구가 어느 순간부터 결혼하자고 얘기를 꺼내면서 불편한 감정이 생겨나기도 하고, 그래서 급격히 관계가 멀어지는 경우도 있다. 그래서 많은 내담자의 결혼, 취업 등이 지연되는 경우도 발생할 수 있다. 이미 내담자의 가족이 부정적인 분리경험을 통해서 결혼에 대한 부정적인 인식이 내담자 가족 안에 크게 작용하고 있을 수 있고, 타인이 내 인생에 깊이 관여한다고 느낄 때 인생의 주도권을 빼앗길 것 같은 불안감을 갖게 만들 수도 있다. 결국 내담자는 여전히 자신의 감정을 오랜 세월 억압해 온 후유증으로 대인관계를 맺는 것이 부담스럽고, 친밀감이 필요한 새로운 생활에 대한 두려운 감정이 크게 작용하고 있음을 볼 수 있다.

2) 피학성 성격 다루기

한부모 가족의 자녀는 사회적 편견과 주변의 시선에 예민해지면서 자신의 본래적 감정을 드러내지 못하고, 자신이 고통을 감수하면서 해결하려는 특성을 보인다. 마치 구타를 당하는 많은 여성이 가해자 남편을 떠나지 않는 이유가 구타를 견딤으로써 가정을 지킬 수 있다는 비합리적인 신념을 가지고 있기 때문인 경우와 같다. 이렇게 자신이 고통을 감수하고 견디게 되는 것은 비합리적인 신념이 무의식적으로 자리잡고 있기 때문이다. 한부모 가족의 자녀가 자신의 감정을 억압하는 이유를 볼 때, 피학적인 면을 살펴볼 필요가 있다. 자신의 감정을 억누르고 표현하지 않는 고통을 감수함으로써 자신의 세계를 지켜 나가고, 혹은 어쩌면 상황이 좀 더 나아지지 않을까 하는 막연한 신념이 존재할 수도 있다. 맥윌리엄스(McWilliams, 1994)는 그러한 내담자의 피학적인 의도는 실은 굉장히 사랑받고 싶은 열망의 반대적 표현이라고 말한다. 또한 모든 것을 통제하려고 하는 무의식적 소망이 내담자의 정신역동 안에 자리잡고 있다고 이해한다. 다시 말하면, 피학적인 성격의 소유자는 겉으로는 고통을 감내하는 수동적인 존재로 보이지만, 실제로는 모든 상황을 통제하고자 하는 능동적인 존재라고 설명할 수 있다. 예컨대, 내담자 B의 경우 내담자의 어머니의 말대로 어쩌면 아버지가 살아서 돌아올지도 모르니 아버지 무덤에 갈 필요가 없다고 하면서, 어린 시절 아버지 무덤에 가서 추모행사를 한 적이 없다고 한다. 아버지가 돌아가신 걸 어렴풋이 알면서도, 아버지가 돌아올 것이라는 막연한 기대감을 실현하기 위해 마치 아버지가 살아 계신 듯 행동했었고, 초등학교 시절부터 깊은 불안감과 무력감이라는 고통의 대가를 치러야만 했다.

만약 피학적인 성격의 한부모 가족 자녀가 감정억압을 오랜 세월 동안 해 왔다면, 상담사는 내담자가 갖고 있는 비합리적인 신념을 노출하도록 도와줘야 한다. 무의식적으로 갖고 있는 통제욕구와 강렬한 사랑에 대한 갈망으로 생겨난 무의식적 신념이 감정억압을 유지해 온 신념이었다면, 이제는 상담사와의 만남을 통해서 그 신념의 비합리성을 직면하고, 어떻게 그런 신념을 형성하게 되었으며, 그 신념이 가지는 비합리성을 생각하면서 현실적이고 합리적인 신념으로 변화할 수 있도록 해야 할 것이다. 무엇보다 피학적인 신념의 가장 핵심 정서라고 할 수 있는 사랑과 주목을 받고 싶은 깊은 욕구는 내담자 혼자만의 노력이 아니라, 주변 사람과 사회 구성원들의 협력과 이해를 통해서 가능할 수 있다는 포괄적인 사랑과 관계에 대한 이해를 내담자가 가지도록 해야 할 것이다. 그런 점에서 사회적인 측면이긴 하지만, 사회적 편견의 출발점이 되고 있는 정상가족 이데올로기에서 벗어나 새로운 시각을 가져야 할 필요가 있다. 한부모가 키운 자식은 무엇인가 부족하고 결핍되어 있다는 낡은 시각을 버리고, 한부모의 자녀이면서도 얼마든지 양부모가 키운 자녀 못지않게 온전한 성장을 이룰 수 있다는 믿음과 확신을 우리 사회가 공유해야 할 것이다. 그런 점에서, 혹시라도 한부모 가족 내담자가 결혼을 미루고 자기 사업을 잘해서 홀어머니를 잘 모셔야 한다는 식의 부담감은 한부모 자녀이지만 양부모 가정의 자녀 못지않게 성공할 수 있다는 모범을 보이기 위한 절실한 노력의 모습으로 이해할 수도 있을 것이다. 여전히 주목받으며 인정받고 싶은 욕구가 있을지라도, 한부모 자녀로서의 노력하는 삶을 추구하는 모습이라면, 그것은 건강한 피학증으로도 바라볼 수 있을 것이다. 어떤 점에서 건강한 피학증은 사람에게 책임감과 성실함을 부여하는 중요한 정신역동이 될 수도 있다.

3) 자기심리학적 접근

자기심리학의 창시자라고 할 수 있는 하인즈 코헛(Heinz Kohut)은 나르시시즘(Narcissism)에 대한 새로운 이해를 통해서 자기애적인 내담자를 치료하는 데 새로운 장을 제시한 상담학자로 볼 수 있다(정석환, 2002). 프로이트가 자기애를 연구하던 초창기 시절에는 자기애적 환자들이 자신에게 집중한 상태에서 상담에 필요한 전이를 발생시키지 않는다고 이해했다. 결과적으로 프로이트는 자기애적인 내담자의 상담적 치료가 가능하지 않다고 파악한 것으로 알려져 있다. 그러나 코헛은 자기애적인 내담자도 나름대로 자기애적인 전이를 발생시키고 있다는 점을 주지시키며, 거울전이, 쌍둥이 전이, 이상화 전이 등을 소개하고 있다. 결국 자기애적인 내담자는 적절한 자기대상(self-object) 경험을 통해서 자기애적 전이와 함께 자신의 내적인 문제를 좋은 대상과의 자기대상 경험을 통해서 치유할 수 있는 것으로 새로운 이해를 시도하게 되었다(Kohut, 1977).

내담자 B의 경우처럼, 남편과 갑작스럽게 사별하고 권력관계에서 사회적 약자로서 살아가는 어머니의 모습을 본 자녀는 유년기에 아버지의 부재라는 가혹한 현실 앞에서 적절한 자기대상 경험의 결핍을 경험했을 것이다. 한국한부모 가족사랑회 황은숙(2013)은 남아들이 좀 더 비행을 보이는 이유는 아버지와 헤어져 살 경우 같이 보내는 시간이 적고, 아버지라는 성역할 모델이 없기에 느끼는 좌절감이 더 크기 때문이라고 설명한다. 다시 말하면, 남자아이의 경우 유년 시절부터 아버지의 부재를 경험하게 될 경우에 적절한 자기대상 경험의 결핍을 경험하게 된다는 것이다. 이것은 성인이 되어 가면서 끝없이 자기대상을 향한 갈망을 채우기 위해서 대상을 찾아나서게 되는 자기애적 성격 조직을 갖게 만드는 중요한 원인이 될 수 있다. 자기애적인 내담자가 주로 사용하는 방어는 이상화와 평가절하이다. 자기애적인 내담자는 상담사를 신속히 이상화하지만, 동시에 상담사의 불완전함을 발견할 경우, 상담사에 대한 불평과 실망을 표현하는 평가절하도 잘 일어난다(McWilliams, 1994). 그러나 어떤 경우, 상담시간을 마치고 나서 타인에게는 상담사가 내담자를 적절하게 잘 상담해 준다고 칭찬하는 모순되는 모습을 보여 주기도 한다. 종종 자기애적인 내담자는 거대 자기(grandiose self)를 가지고 있어서, 자신의 위축된 현실과 정반대로 과장된 자신의 꿈과 미래에 도취해서 자신에 대한 전능감을 드러내는 경우도 있다. 이럴 때, 상담사는 그들의 거대적 자기에 반응해 주고 공감해 주는 것이 필요하다.

고전 정신분석에서는 프로이트가 사용했던 내담자를 향한 저항(resistance)과 자유연상(free association)을 통해서 내담자의 무의식을 조절하고 무의식의 생각을 의식의 표면으로 마음껏 떠올리도록 하는 방법을 사용했지만, 자기심리학에서는 내담자의 주관적 경험을 전적으로 상담사가 경험하듯이 받아들이는 대리적 통찰(vicarious introspection)을 통한 깊은 공감(empathy)을 강조한다. 현재 드러나는 과대적인 자기의 모습을 상담사가 계속 공감해 줄 때, 어느 순간 내담자는 위축된 자기도 드러낼 수 있다는 것이다. 그러나 취약한 자기구조가 드러나는 순간이 어쩌면 가장 자기주도적인 삶에 대한 열망이 강하게 드러나는 순간이 될 수도 있다.

내담자 B의 경우, 현재 취업을 준비한다고 하지만 실제로는 취업보다는 자기 개인사업을 하는 것이 가장 큰 관심이다. 현재는 위축되어 있지만 자신만의 일을 혼자서 해 나간다는 것 자체에 큰 의미를 두고 있는 것이다. 자신의 위약한 현실을 인지하고 있지만, 그 순간에도 가장 자기주도적인 삶에 대한 갈망을 절실하게 드러내고 있다는 인상을 받게 된다. 코헛의 자기심리학이 갖고 있는 또 하나의 강점은 상담사의 불완전성이 때로는 내담자에게 긍정적인 영향을 줄 수 있다고 보는 것이다. 어떤 면에서 그 어떤 상담사도 한부모 가족에서 고통스럽게 자란 내담자를 완전히 공감한다는 것은 불가능한 일이 될 것이다. 자기심리학에서는 상담사가 내담자에게 의도에 관계없이 적절한 자기노출을 함으로써 자신의 불완전성을 드러내고, 필요할 경우 상담사가 내담자에게 잘못을 시인하고 사과해야 한다고 말한다. 이러한 상담사의 불완전함을 경험한 내담자는 일시적인 좌절을 경험하지만, 긍정적인 효과를 가져오는 좌절이라고 해서 이것을 긍정적 좌절(optimal frustration)이라고 부른다. 내담자의 긍정적 좌절은 결국 상담사에 대한 깊은 의존보다는 내담자 스스로 자기구조를 강화시키게 되는 변형적 내면화(transmuting internalization)를 경험하게 함으로써 치료적 효과를 가져온다(Kohut, 1977).

한부모 가족의 자녀는 오랜 세월 감정억압을 통해서 자신의 문제에 집중해 있고 자신의 감정을 타인에게 전달하지 못하는 감정억압의 방어기제를 사용하는 내담자가 될 수 있다. 그런 감정억압은 자기애적인 성격 조직을 형성하게 만들 수 있다. 자기애적인 내담자의 가장 큰 안타까움은 대상에 대한 열망은 강하지만, 깊은 사랑을 하는 데 한계를 느낄 수 있다는 것이다. 왜냐하면 자신의 문제에 이미 많은 에너지를 집중하고 있어서 타인을 향한 사랑을 위해서 많은 에너지를 가지고 있지 못하기 때문이다. 동시에 타인과의 관계에 대한 열망은 강하지만, 깊은 사랑을 하기보다는 자기대상 역할을 해 주는 대상이 계속 치환될 수도 있다. 그런 점에서 한부모 가족 자녀의 삶은 잃어버린 아버지 혹은 어머니라는 충분히 좋은(good enough) 자기대상을 회복하고(Winnicott, 1971), 자기주도성을 갖기 위해서 일평생 적절한 자기대상 경험을 향한 여정이 될 수 있다. 그러나 한 가지 자기심리학적 통찰에서 발견할 수 있는 반가운 소식은, 자기대상의 개념이 폭넓게 정의되어 있다는 것이다. 자기심리학자 코헛의 후예인 언스트 울프(Earnest Wolf, 2002)에 따르면, 자기대상의 범위를 인간(human object)에게 한정하지 않고, 모든 대상으로 확대하는 것을 볼 수 있다. 자기대상관계에서 가장 중요한 것은 대상 자체보다 자기와 대상 사이에서 일어나는 관계성(relationship)과 관계의 질(quality)의 존재 여부이다. 즉, 사람뿐만 아니라 나무, 숲, 학교, 건물, 그림, 음악, 조각작품 등 모든 것이 자기애적인 내담자에게 자기대상의 경험을 가능하게 해 주는 대상이 될 수 있다고 보는 것이다. 내담자에 따라서 같은 대상이라도 관계성에서 질적인 차이가 발생할 수 있다. 이것은 상담사와 내담자 사이라는 공간과 시간만을 치료가 발생하는 장소로 보는 것이 아니라, 일상생활의 모든 시간과 공간이 치유적 가능성을 갖고 있다고 보는 획기적인 관점이다.

특히 동양적인 사고에서 상담사에게 자신의 이야기를 꺼내기 어려워하는 문화적 특징을 가지는 민족이나 개인에게 자기심리학은 또 하나의 치료적 가능성을 제시하고 있으며, 앞으로 한부모 가족, 탈북민 가족, 외국인근로자 가족, 장애인 가족 등 다문화사회로 진입하는 한국의 현실에서 상담적인 치료에 다양한 채널을 열어 갈 수 있는 단초를 제공하고 있다(홍이화, 2009). 동시에 경제적 · 시간적인 문제로 상담의 혜택을 받기 어려운 내담자에게는 분명히 희망적인 소식이 될 수도 있다. 그런 점에서 자기심리학은 치유적 문화상담의 활로를 열어 상담의 일상성과 대중화를 가져올 수 있는 가능성을 보여 주고 있다.

4. 사례연구: "그냥 힘이 없고, 자신이 없어요."

상담현장에서 만났던 내담자 A의 경우, 부모의 이혼이 자신의 잘못으로 인해서 발생했다고 생각해서, 부모에게 용서를 빌며 헤어지지 말라고 애원했던 사례도 있었다. 자아구조가 연약한 유년기 아동의 경우, 부모의 갈등을 자신의 문제로 동일시하면서 부모의 문제를 아동의 문제로 받아들일 가능성이 높다. 또한 아동이 부모의 문제를 자신의 문제로 받아들이는 과정에서 자신의 감정을 충분히 표현하지 않고 억압함으로써 부모의 문제를 해결하려는 피학적인 태도까지 보일 수 있다.

또 다른 상담사례인 내담자 B는 감정억압과 무력감에 좀 더 직접적으로 연결된 경우인데, 내담자는 어린 시절 아버지를 잃고 홀어머니와 동생들과 함께 힘든 시절을 보낸 것으로 보인다. 내담자는 혼자된 어머니는 먼저 세상을 떠난 남편을 원망하고 비난하는 말들을 자녀들 앞에서 많이 했다고 밝혔다. 그런 이유에서인지, 내담자는 남자를 만나 연애하고 결혼하는 것에 대해서 극도로 회의적이다. 쉽게 말하면 남자를 믿을 수 없을 것 같다고 말한다. 아마도, 일찍 상실한 아버지에 대한 그리움과 원망, 고통받는 어머니의 모습이 남자에 대한 불신과 불안으로 이어지고 있는 듯하다. 무엇보다 사망한 아버지에 대한 기억이 분명하지 않고, 아버지가 사망한 원인을 어머니나 할머니가 정확히 얘기해 주지 않은 것에 대한 분노와 아쉬움이 있는 것으로 보인다. 그래서 사망한 아버지에 대한 적절한 애도를 할 수 없었고, 반대로 학창 시절에 마치 아버지가 여전히 살아있는 듯이 행동하고 말했다고 한다. 내담자는 아버지의 죽음을 주변 친구들에게 숨기면서 늘 불안하고 위축되었다고 고백한다. 실제로, 혼자된 어머니는 자녀에게 아버지가 없는 모습을 주변에 알리지 말라고 했다고 한다. 심지어 내담자의 어머니는 사고를 당한 아버지가 언젠가 살아서 돌아올지도 모른다는 막연한 희망까지 자녀에게 주었다고 한다. 내담자는 혼자 있는 것을 좋아하고, 혼자 할 수 있는 일을 추구한다고 고백한다. 자신만의 세계에서 환상을 추구하는 듯한 모습을 보인다. 현실로 나와서 활동하기를 부담스러워하고, 그래서 일정한 경계를 추구하는 모습을 보인다. 그런 점에서는 이미 내담자가 갖고 있는 분열적인 모습을 공감하고 지지하면서, 혼자 연구하고 생각하는 것을 긍정적으로 평가해 주고 재능으로 인정해 줄 때 타인과의 소통 가능성을 높일 수 있다고 보인다.

앞서 밝힌 것처럼, 내담자 B는 아버지가 언젠가 살아서 돌아올지도 모른다는 불투명한 희망의 메시지를 받으면서 아버지의 무덤조차 가 보지 못했던 극단적인 경우이다. 게다가 아버지의 사망을 막연히 알고 있으면서도, 초등학교 시절 내내 아버지가 마치 살아서 존재하는 것처럼 행동했다고 한다. 초등학교 시절에 아버지의 부재를 친구들에게 알릴 수 없었던 당시의 심정을 내담자는 다음과 같이 고백했다.

> "지금 생각하면, 어머니는 저희가 위축되지 말라고 그러셨던 것 같은데… 모르겠어요… 왜 그러셨는지…. 어머니는 그러면서, 할머니를 무척 원망했어요. 아니, 저주했더요. 할머니가 아버지를 죽음의 길로 몰아세웠다고 그러셨어요. 힘든 일을 하게 해서, 사고를 당하게 했다는 거예요. 사실, 아버지에 대한 기억은 많지 않아요. 아버지는 늘 바빴고… 그래서 아버지가 간절히 보고 싶거나 하지는 않아요. 단지, 학교에 가서도 아버지가 죽었다는 말을 하지 못하고, 살아 계신 것처럼 행동하는 것이 힘들었어요. 학교에서 어느날, 아버지 없는 사람 손 들어 보라고 했는데, 저는 손 들지 않았어요. 그냥 들 수가 없었어요…." (눈물을 닦음.)

이렇게 아버지의 부재를 숨기고 참으면서 유년기와 청년기를 보냈던 내담자는 20대 중반부터 표현할 수 없는 무력감과 상실감으로 고통받으면서 진로를 정할 수 없는 고통을 호소하면서 상담현장에서 다음과 같은 고백을 했다.

> "그런데, 생각보다 쉽지가 않더라고요. 영어 공부도 해야 하고… 대학원 진학 준비가 만만치 않은 거예요. 그래서 이런저런 다른 일들을 알아보기도 했는데, 금세 지쳤는지 아무 의욕이 없어졌어요. 그냥 힘이 없고… 자신이 없어요. 내가 뭘 할 수 있는지도 점점 모르겠고… 내일 모레면 서른인데…."

이렇게 오랜 세월 억압된 감정을 가지고 살아오던 내담자는 심지어 연애와 결혼이 지연되는 경험을 하게 된다. 내담자는 가까워지는 이성친구를 만날 때마다 다음과 같이 말하기도 했다.

> "어느 날은 남자 친구가 1년이 지나면서 자꾸 결혼하자고 하고, 부모님께 인사드리러 가자고 하는데, 그냥 불안했어요. 왠지 그 사람이 내 인생을 좌지우지할 것 같은 걱정이 들었어요…."

이렇듯 아버지의 죽음에 대한 분명한 설명을 듣지 못한 초등학생이었던 내담자는 유년시절 내내 어머니와 할머니를 향한 분노와 좌절감으로 지냈다고 고백한다. 동시에 아버지의 죽음을 주변에 알리지 못했던 내담자는 주변 친구들의 관심이 두려워서 자연스럽게 학교 생활에서도 소외되고 위축된 학창 시절을 보내게 되었다. 자신의 힘들고 불편한 감정을 솔직히 나누지 못하고 억압하며 학창 시절을 보냈던 내담자는 어느새 자신감이 떨어지고 무력감을 호소하는 성격을 가지게 된 것이다. 이 상황에서 내담자를 오랫동안 무력감에 시달리게 했던 가장 큰 원인은 자신의 감정을 억압한 것에서 출발한다고 볼 수 있다. 물론 그 배경에는 아버지의 죽음에 대해서 상세히 알려 주지 않은 어머니와 할머니의 책임도 있을 수 있고, 학교에서도 아버지의 죽음으로 힘들어하는 학생을 특별히 배려하는 섬세한 돌봄이 필요했음이 분명하다. 아울러, 딸에게 아버지의 죽음을 정확히 설명해 주지 않고 오히려 남성을 비난하고, 결혼은 해서는 안 되는 것이라고 하며, 사별을 받아들이면서 힘들어했던 어머니가 겪어야 했을 사회적 편견도 중요한 환경적 원인이라고 할 수 있다(황은숙, 2013).

5. 한부모 가족을 상담할 때 상담사가 유의해야 할 점

한부모 가족 내담자를 만날 때 상담사는 그들이 오랜 시간을 견디고 참아 왔다는 점을 기억해야 한다. 이미 내담자가 유년기 혹은 청년기에 주된 돌봄자(primary caregiver)의 상실을 경험한 상황에서 부모의 부재 혹은 결핍 상황을 참고 견디면서 자신의 감정을 다스려 왔다는 점을 기억한다면, 이미 그들이 무척 참고 견디는 성향이라는 점을 참고해야 한다. 어찌 보면 참고 견디는 것은 상황을 견딜 수 있는 중요한 방어기제이지만, 시간이 지나면서 억압이라는 방어기제가 고착되면 자칫 자신의 감정과 생각을 잘 표현할 수 없는 지경에 이르고, 그런 정신역동이 인생의 많은 중요한 일을 지연시키고 포기하게 만드는 부작용을 가져올 수 있다. 그런 점에서 한부모 가족상담에서는 그들이 그동안 가지고 있었던 억압된 감정을 다시금 돌아볼 수 있는 충실한 동행자로서의 상담이 필요하다.

그런 점에서 그들이 피학적인 성격의 소유자가 될 가능성이 있는데, 피학성은 기본적으로 참고 견디는 것이 사물을 통제하고 관리할 수 있는 좋은 방법이라고 믿는 성향이다. 어찌 보면 표면적으로 참고 견디는 것으로 보여서 수동적인 모습으로 보이지만, 그들의 무의식적인 내면은 참고 견뎌서 사물을 통제하고 싶은 능동적인 열망이 강하게 내재되어 있는 이면을 가지고 있다. 피학성 성격조직을 다룰 때 상담사는 내담자의 비합리적 신념을 다루는 것이 필요하다. 예를 들면, '결혼은 위험한 일이야.' '이성 친구는 나를 위험에 빠뜨릴 수 있어.' '나는 현재의 상황을 벗어날 수 없어.' 등의 합리성이 떨어지는 신념을 지속적으로 가지고 있는 내담자에게 상담사는 다그치고 직면시키기보다는 그들의 비합리적인 신념을 직면할 수 있는 질문을 해 줄 필요가 있다. 그 질문은 아주 쉽다. 바로 "어떻게 그런 생각을 하게 됐어요?"라고 물어봐 주는 것이다. 물론 한 번의 질문으로 직면이 끝나지 않는다. 이 질문을 다양한 형태로 변형해서 반복적으로 질문해 줌으로써, 어느 순간 내담자가 자신의 삶을 무겁게 짓누르는 신념을 돌이키면서 새로운 변화의 가능성을 모색하게 될 것이다. 동시에 그들이 갖고 있는 피학성 성향에 대해서 상담사가 긍정적인 시각을 유지하는 것도 필요하다. 마치 코헛이 내담자를 향한 따뜻하게 반짝이며 바라보는 눈빛(gleaming eye)이 내담자의 자존감을 높여 주고 심리적인 산소를 제공해 주는 환경이라고 말한 것처럼, 이미 한부모 가족 내담자가 갖고 있는 피학적인 성향에 실제로 긍정적인 기능도 있음을 나눌 필요가 있다. 사실, 사회 내에 존재하는 여러 직업 중에 군인, 경찰관, 소방관, 의사, 간호사 등의 유니폼을 입는 직업들은 책임감과 헌신이 많이 요구되는 직업이다. 종교까지 포함한다면 성직자의 옷을 입는 종교지도자도 포함될 수 있다. 이러한 직업들은 피학적인 성향이 어느 정도 있어야 견딜 수 있는 직업이다. 제복 안에 자신의 공격성을 통제하면서 제복 외형이 주는 안정감과 책임감이 그들로 하여금 사기충천해서 일할 수 있도록 하는 역학이 존재한다. 그런 점에서, 한부모 가족 내담자는 사회에서 오히려 책임감 있는 직업을 수행할 수 있는 좋은 성격조직을 갖추고 있다고도 볼 수 있다. 다만, 지나친 비합리적 신념이 그들의 삶을 파괴하지 않도록 상담사가 내담자의 비합리성을 주시하면서 동행하는 것이 필요하다. 마지막으로, 한부모 가족 내담자는 이미 과거에 중요한 대상의 부재 혹은 결핍을 경험한 사람들이라고 할 때, 그 부재와 결핍을 메꾸기 위해서 끊임없이 대상을 추구하는 사람들이라고 볼 수 있다. 이것을 자기심리학에서는 자기대상을 찾으려는 인간의 열망으로 이해한다. 소위 관계에 대한 욕구는 무척 크다. 다만, 한 대상이 내담자의 대상 열망을 모두 충족할 수 없는 상황이라서 자기애적인 성향을 갖고 있는 한부모 가족 내담자라면 수많은 대상이 필요하다고 추측할 수 있다. 그런 점에서, 대상에 대한 열망은 크지만 대상을 계속 치환할 가능성이 높기 때문에 대상에 대한 사랑은 깊지 않을 수 있다. 그런 면에서 상담사는 내담자에게 다양한 면모를 보여 주면서 내담자의 다양한 대상을 향한 욕구를 바라보게 하고, 상담 외적으로도 일상에서 다양한 사람들과 대상들과의 관계를 통해서 자신의 열망과 사랑을 실현할 수 있도록 동행하는 것이 필요하다. 코헛이 말하는 자기대상 경험은 대상이 사람으로만 한정되어 있지 않고, 일상의 모든 대상이 그런 치유적 대상관계가 될 수 있음을 시사하고 있다. 상담사의 무의식적인 신념은 내담자에게 반드시 전달된다. 그런 점에서 이미 상담사가 한부모 가족 내담자의 억압된 감정, 피학성인 성향 그리고 대상에 대한 열망에 대해서 상담사가 긍정적이고 따스한 시각으로 함께해 준다면 그들은 사회에서 가장 책임 있는 일원으로 기여하며 살아갈 수 있을 것이다.

6. 나가는 말

한부모 가족의 자녀가 감정억압으로 인해서 겪는 무력감을 피학적 성격으로 접근할 경우, 감정억압과 무력감을 지속시키는 비합리적 신념을 노출하고 의식화하는 과정에서 무의식적으로 반복되는 비합리적 삶의 과정들을 직면함으로써 삶의 전환점을 마련할 수 있을 것이다. 아울러, 자기심리학적 접근은 무력감으로 고통받는 내담자에게 실패했던 자기대상 경험을 현재의 일상에서 여러 대상과 다양한 관계성을 통해서 재경험할 수 있는 선택을 줄 수 있을 것이다. 앞으로 한국사회에서 늘어나는 한부모 가족과 그 자녀들에 대한 관심은 국가의 장래에도 중요한 과제이다. 급증하는 이혼율로 인해서 발생하는 한부모 가족과 그 자녀들에 대한 돌봄은 그 사회의 정신건강에 대한 척도가 될 수 있다. 한부모 가족의 자녀가 감정억압으로 인해서 겪는 애도의 실패, 무력감, 불안감은 여러 가지 요인에 의해서 분석할 수 있지만, 우선적으로 감정억압을 통해서 갖는 비합리적인 신념을 주목함으로써 한부모 가족의 자녀가 현실적으로 문제를 접근하고 직면할 수 있도록 그 비합리적 신념을 노출하고, 그 무의식적 신념을 갖게 된 과정을 돌이켜보면서 비합리적 신념에서 벗어나 건강하고 합리적인 신념을 갖고 살 수 있도록 상담사와 주변 이웃들의 배려와 도움이 필요하다. 또한 감정억압으로 인해서 여전히 갖고 있는 떠나간 부모에 대한 분노와 미움에 집착하지 않고, 건강한 인간관계를 추구할 수 있는 충분히 좋은 대상을 일상에서 경험하도록 하는 것이 절실히 필요하다.

그런 점에 자기심리학적 통찰은 자기대상으로서 사람과 함께 일상의 모든 사물과 존재에서 자기대상의 경험을 추구할 수 있는 치유관계의 일상성을 열어 주고 있다. 아울러, 한부모 가족에 대한 사회적 편견, 가정 내에 존재하는 억압적인 관계, 학교 내에서의 한부모 자녀에 대한 차별 등이 존재해서는 안 될 것이며, 오히려 한부모 가족의 자녀가 이 사회에서 더욱 모범적인 사람으로 성장할 수 있다는 기대와 신뢰감을 갖고 그들을 바라보아야 할 것이다. 그런 심리적 접근과 사회적 배려를 통해서 한부모 가족의 자녀는 감정억압으로 인한 무력감에서 해방되어, 자신의 감정을 소통하고 표현하는 자유롭고 건강한 인생으로 살아갈 수 있을 것이다.

참고문헌

안인숙, 이지영, 유희주, 최은영(2012). Kohut의 자기심리학과 Hoekema의 인간이해. **한국기독교상담학회지**, 23(1), 85-88.

정석환(1999). 코헛의 자기심리학과 목회상담. **신학논단**, 27, 319-348.

정석환(2002). **목회상담학 연구**. 한국학술정보.

홍이화(2009). 한국문화 안에서 목회상담사의 자기대상 기능: 하인즈 코헛의 자기심리학 이론의 한국적 적용. **한국기독교신학논총**, 62, 315-335.

황은숙(2013). **부모와 교사를 위한 한부모 가족 아동교육**. 사단법인 한국한부모 가족사랑회.

Freud, S. (2003). **정신분석학의 근본 개념: 슬픔과 우울증**[*Sigmund Freud gesammelte werke*]. 윤희기 역. 열린 책들. (원저는 1922년에 출판).

Jordan, M. R. (1986). *Taking on the gods: The task of the pastoral counselor*. Abingdon Press.

Kohut, H. (1971). *The analysis of the self*. International Universities Press.

Kohut, H. (1977). *The restoration of the self*. International Universities Press.

Kohut, H. (1984). *How does analysis cure?* Edited by Arnold Goldberg with the collaboration of Paul E. Stepansky. The University of Chicago Press.

Kohut, H. (1985). *The self psychology and the humanities: reflection on a new psychoanalytic approach*. W.W. Norton & Company.

Lee, R. R., & Martin, J. C. (1991). *Psychotherapy after kohut: A textbook of self psychology*. The Analytic Press.

McWilliams, N. (1994). *The psychoanalytic diagnosis*. The Guilford Press.

Ornstein, P. (1990). *The search for the self: Selected writings of Heinz Kohut*(Vol. 2). International Universities Press.

Thompson, C. (1996). **정신분석의 발전**[*Psychoanalysis: evolution and dvelopment*]. 이형영, 이귀행 역. 하나의학사. (원저는 1987년에 출판).

Tillich, P. (1948). *The shaking of the foundations*. Charles Scribner's Sons.

Tillich, P. (1951). *Systematic theology*(Vol. 1). The University of Chicago Press.

Ulanov, A. (2005) *Finding space*. WJK.

Victor, F. (1984). *Man's search for meaning*. Simon & Shuster.

Winnicott, D. W. (1971). *Playing and reality*. Basic Books.

Wolf, E. S. (2002). *Treating the self: Elements of clinical self psychology*. The Guilford Press.

제 17 장

입양 가족

1950년대 한국전쟁을 계기로 시작된 우리 사회의 입양은 해외 입양이 주를 이루어 왔다. 그러나 1995년 「입양특례법」 시행과 함께 국내 입양은 꾸준히 증가하여 전체 입양의 50% 이상을 차지하고 있다.

보건복지부 통계에 따르면, 2022년 현재 입양인의 총계는 24만 9,959명이다. 이 중 국외 입양이 67.4%인 168,427명이며, 국내입양은 81,532로 32.6%에 머물고 있다. 그러나 연도별로 살펴보면, 2011년 이후 국내입양의 비율이 50%를 꾸준히 넘어서고 있다(〈표 17-1〉 참조). 입양 가족의 증가와 함께 입양 가족의 특수한 가족역동을 이해하고 도와야 할 가족치료사의 책임도 더 중요해졌다고 할 수 있다. 이 장에서는 입양과 관련된 가족 치료적 이슈들을 다룬다. 입양에 대한 사회적 인식과 정부의 대책을 간략하게 논하며, 한국사회 속에서 입양 가족으로 살아간다는 것의 의미를 살펴본다. 다음으로, 입양인, 친생 가족, 입양 가족의 입양 삼자

표 17-1 연도별 국내외 입양 현황(2010년 이전~2022년)

구분	계	2010년 이전	2011	2012	2013	2014	2015	2016	2017	2018	2019	2020	2021	2022
계	249,959	238,105	2,464	1,880	922	1,172	1,057	880	863	681	704	492	415	324
국내	81,532 (32.6%)	74,409 (31.0%)	1,548 (62.8%)	1,125 (59.8%)	686 (74.4%)	637 (54.4%)	683 (64.6%)	546 (62.0%)	465 (53.9%)	378 (55.5%)	387 (55.0%)	260 (52.9%)	226 (54.5%)	182 (56.2%)
국외	168,427 (67.4%)	163,696 (69.0%)	916 (37.2%)	755 (40.2%)	236 (25.6%)	535 (45.6%)	374 (35.4%)	334 (38.0%)	398 (46.1%)	303 (44.5%)	317 (45.0%)	232 (47.1%)	189 (45.5%)	142 (43.8%)

출처: 보건복지부(2023). 2022년 입양통계.

(adoption triad)가 경험하는 독특한 정서와 역동, 그리고 이러한 경험이 가족역동에 미치는 영향을 탐색하고, 입양 가족치료를 위한 사정과 개입법 그리고 유의 사항을 살펴보고자 한다.

1. 한국사회와 입양

1) 한국사회의 입양 추이

한국사회 속의 입양은 크게 두 가지 이유에서 이루어진다. 가문의 대를 이을 친생자녀가 없어 대를 이을 자녀를 입양한 경우와 부모를 잃은 고아를 돌보는 아동복지 차원의 입양이다.[1] 입양이 사회적 쟁점이 된 것은 한국전쟁 이후 해외 입양이 급증하면서부터로 볼 수 있다. 전쟁으로 부모를 잃은 고아 및 혼혈아동들을 감당할 수 없었던 한국정부는 1961년「입양특례법」을 제정하고 해외 입양을 합법화하여 아기들을 해외로 보내기 시작했다. 하지만 전쟁고아의 복지와 보호를 목적으로 해외 입양을 보낸다는 것은 명분이고, 혈연을 중시하고 혼혈을 배타시했던 한국사회가 원하지 않는 아이들을 수출해 버린 것이라는 주장도 있다. 이들의 주장은 전쟁의 후폭풍이 가라앉고 산업화와 경제적 안정을 이룬 후에도 해외 입양이 멈추지 않았다는 사실이 뒷받침하고 있다. 1970년대의 산업화와 경제적 성장과 함께 미혼모와 그들의 자녀들도 증가했지만, 미혼모를 지원할 체제나 기관이 희박한 상태에서 미혼모의 자녀는 보호시설로 보내졌고, 이들 중의 다수가 해외 입양의 길에 올랐다(전명수, 2011; 정소라, 2016).

한국의 해외 입양이 주춤하기 시작한 것은 1988년 서울 올림픽 이후이다. 올림픽으로 인해 한국으로 몰렸던 세계의 시선이 '아기 수출국'으로서의 한국의 모습까지 발견하였던 것이다(권희정, 2015; Hubinette, 2005). 그러자 아기 수출국의 오명을 벗어나기 위한 한국정부의 적극적인 개입이 시작되었다. 정부는 1995년「입양촉진 및 절차에 관한 특례법」을 만들고 입양 가족을 위한 재정지원, 입양 전 훈련, 입양 후 관리, 아동복지 서비스 등의 국내 입양 지원 방안을 마련해 나갔다. 또한 입양기관들은 일정량의 국내 입양 쿼터를 채운 다음, 해외

1) 한국사회 입양에 대한 기록은 고려시대까지 거슬러 올라간다. 고려시대에는 반드시 아들로 대를 이어야 한다는 개념이 없었기에, 자손이 없는 집안에서 노후를 위탁하기 위해서나 불우한 아동을 돌보기 위해 입양이 이루어졌다(이은주, 2013).

입양을 주선하도록 하였다(김유경, 변미희, 임성은, 2010). 2008년의 친양자제도 역시 국내 입양을 지원하는 방안으로 만들어졌다. 친양자제도는 입양을 비밀에 부쳐서 친생부모의 부당한 간섭을 차단하고, 양자와 양부모 간의 관계를 긴밀히 하여 심리적 안정을 취하고자 하는 취지를 가지고 있다(이은주, 2013).

입양에 대한 정책 외에 한국사회는 경제적 성장을 이루었을 뿐만 아니라 비혼, 저출산 등으로 인한 인구절벽의 사회적 위기는 해외 입양에 반하는 상황이 되었다. 그럼에도 입양아동의 절반 정도가 한국에 머물지 못하고 해외로 보내지고 있다. 2017년 미국 정부의 입양 통계에 따르면, 중국과 에티오피아에 이어 한국은 세 번째로 많은 아기를 미국으로 입양 보낸 나라이다(US Department of State, 2018). 2023년도 같은 미국 정부의 통계를 보면, 한국은 인도, 콜롬비아, 불가리아, 필리핀, 나이지리아 등과 같은 나라와 함께 10대 아기를 내보내는 국가에 머물러 있다(US Department of State, 2023). 이는 한국사회가 아직도 입양에 대한 부정적 편견이 있다는 반증이며, 가족치료사는 이러한 사회적 편견을 직면하는 입양 가족의 특수 상황을 염두에 두어야 할 것이다.

2) 입양과정의 유형

입양이 어떤 과정을 통해 이루어지는가 하는 것은 입양 후 가족이 경험하는 역동과 직결된다. 입양 유형은 크게 세 가지로 나누어 볼 수 있다. 입양 사실을 입양 자녀와 주변에 알리는 공개입양, 더 나아가 입양 사실뿐만 아니라 친생부모의 정체성을 밝히고 소통하고 지내는 개방입양, 그리고 이 모든 것을 비밀에 부치는 비밀입양이 있다.

(1) 비밀입양

비밀입양은 친생 가족과 입양 가족 간의 접촉이 전혀 없는 가운데 이루어진다. 따라서 친생부모에게 아이를 빼앗길 수 있다는 입양부모의 불안을 줄일 수 있고, 입양에 대한 사회적 편견으로부터 자녀를 보호할 수 있다고 생각할 수 있다. 비밀입양은 입양 가족의 신속한 재구조화를 위해 유익하며, 심지어 아기가 양부모에게서 태어난 것처럼 출생신고를 함으로써 철저히 사생활을 보호하고자 한다(김상용, 2009). 하지만 비밀입양은 정체성의 혼돈을 일으키며, 입양인의 발달과정에 어려움을 가져올 수 있다. 또한 입양부모 역시 입양자녀의 배경에 대해서 제대로 알지 못하는 불안이 있을 수 있다.

(2) 공개입양

공개입양은 입양 사실에 대해 입양자녀는 물론 주변에 공개하는 것이다. 사회적 편견에도 불구하고 공개입양 부모는 진실에 기반을 둔 부모-자녀 관계, 자녀들의 바람직한 정체성 형성, 삶의 적응력 강화를 위해 공개입양을 선택한다(이기영, 윤연옥, 2010). 하지만 입양 사실을 공개하더라도 친생부모의 정보를 모른다는 점에서 개방입양과 다르며, 아이의 양육권은 철저히 양부모에게만 있다. 비밀입양이 압도적이었던 한국사회에서 공개입양을 바람직하게 생각하여 선택하는 입양가정이 증가하고 있다. 이때의 공개입양은 입양 사실을 외부에도 알린다는 것을 의미할 뿐 친생부모와의 접촉은 대부분 이루어지지 않는다.

(3) 개방입양

개방입양은 친생부모가 입양 전부터 개입하며 입양 후에도 접촉을 유지한다. 개방입양을 주장하는 사람들은 개방입양이 입양아동의 복리를 증진하고, 입양에 따른 양자에 대한 부정적 요소를 감소시키며, 입양가정의 안정성에 도움이 된다고 본다. 개방입양은 파양에 따른 입양아동의 희생을 최소화하기도 하며, 친생모가 자녀의 상실로 경험하는 슬픔, 죄책감, 심리적 고통을 경감할 수 있다(최진섭, 2012). 또한 입양아동에게 유전적 질병이 발생했을 때 유전 정보를 알 수 있다는 유익이 있다. 하지만 한국의 장자중심주의, 대를 이어야 한다는 문화적 가치관, 친자 입적 선호 분위기 등 기존의 고정관념과 상반할 수 있다. 또한 성폭행으로 인한 임신과 같이 자신의 임신과 출산 사실을 숨기고 싶은 경우의 입양이라면 친생모는 철저한 익명성 보장을 원할 수 있다. 현재 한국에서 개방입양은 많이 이루어지고 있지 않지만, 성인이 되어 친생부모를 찾고자 하는 입양인이 증가할 때 개방입양에 대한 이해와 개방적인 입양의 형태도 확산할 것으로 보인다.

2. 입양 삼자에 대한 이해

이 절에서는 입양을 둘러싼 입양 삼자, 즉 친생부모, 입양 가족, 입양인이 경험할 수 있는 사항들을 정리해 보고자 한다.

1) 입양을 보낸 친생부모

친생부모가 입양가족치료에 동참할 확률은 높지 않다. 그런데도 친생부모의 역동을 이해한다는 것은 입양인과 입양 가족을 돕는 가족치료사에게 적어도 세 가지 측면에서 중요한 주제이다. 첫째, 가족의 정서적 체계를 이해하는 데에 암묵적 관계는 명시적 관계만큼 중요하기 때문이다. 둘째, 입양인이 성장하여 친생부모를 찾고자 할 때 발생하는 가족역동을 이해하는 데 필수적인 정보가 될 것이다. 셋째, 자녀를 입양 보낸 후 경험하는 상실과 애도문제가 친생부모의 가족체계에 문제를 일으킬 수 있기 때문이다.

친생부모는 미혼모인 경우가 많다. 한국의 미혼모들은 사회적 편견과 부족한 사회복지 지원으로 인해 낙태의 압력과 부담감 속에 출산을 하고 입양을 결정하게 되는 경우가 많다(임해영, 2013). 아기를 포기할 때 많은 친생모는 장차 경험할 상실감에 대해 전혀 준비되지 못한 상태로, 시간이 지나면 상실의 고통도 사라질 것이라 믿으며 자신의 감정을 부정한 채 살게 된다. 이와 같은 자신의 감정을 부정하는 가운데 가족, 섹슈얼리티, 직업, 애착, 친밀감, 헌신에 대한 문제 등과 관련된 심리적 부적응, 정신증적 증상을 경험하기도 한다(Elsbeth, 2013; Verrier, 1993).

한편, 친생모가 느끼는 상실과 죄책감은 친생모의 부모를 포함한 확대 가족에게도 영향을 미쳤을 가능성이 높다. 아이의 출생을 비밀로 했을 경우에는 상실의 비탄을 숨기고 살아야 했을 것이다. 친생모는 결혼에 실패할 확률이 높고, 38%가 후천성 난임을 경험하기도 한다. 결혼하고 출산한 경우도 아기를 포기했던 어머니라는 죄책감으로 좋은 어머니로서의 자신의 모습을 그려 가기 어렵게 된다(Verrier, 1993).

2) 입양 가족

입양을 원하는 배경을 막론하고, 단순히 아기를 사랑으로 키우겠다는 다짐이나 아기 방을 꾸미는 정도로 준비할 수 있는 것이 아닌 신중한 고려, 즉 정신적 · 신체적 · 경제적으로 입양의 준비가 되어야 한다. 더 나아가, 만약의 경우 양육 포기가 입양한 아기를 위한 최선의 길이라는 것이 밝혀지면 입양부모로서 중도 포기까지도 가능한지 점검해 보아야 한다. 다시 말해서, 입양과정에서 전혀 자신의 의사를 표현할 수 없는 아기와 아기에 대한 배려가 최우선되어야 한다는 것이다. 앞서 살펴보았듯이, 비밀입양을 선택할 경우 차후에 발생할 수 있는 어려움, 즉 언제 입양 사실을 공개할 것이며 만약 아기에게 유전적 정보가 필요한 경우라면 어떻게 대처할 것인가도 짚어 봐야 한다. 공개입양인 경우에 역시 입양 후 직면할 수 있는 편견으로부터 어떻게 입양자녀와 가족을 보호하고 성장해 나갈 것인가에 대한 논의가 이루어져야 할 것이다.

(1) 난임 부부와 입양

부부갈등의 원인을 난임으로 보고 해소방안으로 입양을 선택했다면 그 맥락에 대한 사정이 진지하게 이루어져야 한다. 난임으로 인한 갈등을 제대로 다루지 못하는 부부라면 입양 후에 직면할 수 있는 난제들 역시 이들에게 벅찬 도전이 될 수도 있다(Riley & Singer, 2003). 난임 부부가 입양하는 경우에는 가임능력 상실에 대한 애도문제, 입양에 대한 가족 간의 동의 정도에 대해서 살펴볼 필요가 있다. 아직 비밀입양이 대세인 한국 상황에서 이미 자녀가 있는 중년 부부보다는 자녀가 없는 가정에서 이루어졌을 확률이 높다(김유경, 변미희, 임성은, 2010). 따라서 비밀입양으로 인한 문제점들이 가족을 힘들게 하고 있지는 않은지 진단해 보아야 한다.

(2) 중년 부부의 입양

중년 부부의 입양은 친생자녀를 어느 정도 키워 놓고 이루어지는 경우가 많을 것이다. 따라서 상대적인 경제적 · 심리적 여유를 가질 수 있지만, 무엇보다도 자녀와의 나이 차이가 부모-자녀 관계에 어떤 영향을 미치고 있는지 살필 필요가 있다. 부모의 생애발달주기에 따른 갱년기적 증상이나 사회적 은퇴가 가족에게 미치는 영향, 공개입양이면 확대가족의 반응이나 사회적 편견을 어떻게 다루고 있는지에 대한 사정도 필요하다.

(3) 입양부모의 친생자녀

이들의 발달단계와 입양에 대한 인식능력을 살펴볼 필요가 있다. 형제가 생긴다고 기대했다가, 막상 입양 후 자신에 대한 부모의 관심이 줄고 형제 서열과 경쟁 구도에 들어가면서 상실감, 분노, 질투 등을 느낄 수 있으므로 입양 전에 충분히 준비시킬 필요가 있다. 이들은 부모의 관심과 돌봄을 요구하는 장애인 형제를 둔 것 같은 느낌을 받곤 하면서 입양되지 않은 것에 대한 죄책감까지 가질 수도 있다. 한편, 입양된 형제의 이해할 수 없는 감정표현과 행동들로 인해 분노할 수도 있다. 출산에 의한 형제관계와는 달리 입양으로 인한 형제는 성별, 나이, 입양 시기 등에 대한 선택권이 주어진다. 하지만 최선의 선택을 했더라도 입양관계에서 발생하는 도전적 상황은 선택에 대한 후회의 여지가 개입될 수 있다. 친생자녀와 입양자녀를 함께 양육할 때 자칫 공평성에 대한 집착이 있을 수 있다. 하지만 공평성보다는 자녀들 각자의 기질과 자질에 맞는 양육 태도가 중요하다(권지성, 안재진, 최운선, 2014).

(4) 입양부모의 스트레스 요인

입양 후 입양부모의 주요 스트레스 요인들로는, 첫째, 혈연을 중시하는 한국사회에서 '근본을 알 수 없는 입양 아이'라는 편견을 받는 것, 둘째, 입양자녀에게 언제 입양에 대해 알려줄 것인가 하는 문제, 셋째, 중년기에 입양한 경우 남은 생의 설계와 양육의 양립에 대한 도전, 넷째, 양육 스트레스 등으로 볼 수 있다(조혜정, 2011). 자녀의 행복을 추구하고 자녀를 사랑과 훈계로 양육한다는 자녀 양육의 핵심적 틀에 있어서 입양부모건 친생부모건 차이가 있지 않을 것이다. 하지만 입양이라고 하는 특수 상황과 사회적 편견을 견뎌 나가야 하는 입양부모, 또 형제자매에 대한 특별한 관심이 필요하다.

베리어(Verrier, 1993)에 따르면, 입양인은 친생모에게서 버림받은 배신감만큼이나 친생모를 향한 충성심을 가질 수 있으며, 이러한 충성심은 입양모와의 깊은 관계 형성을 저해할 수 있다. 따라서 입양부모는 아이의 겉으로 드러나는 행동만으로 자신들이 무능한 부모라고 생각하며 상처받기 쉽다. 아이의 상처가 부모의 상처가 되고 부모의 상처가 다시 아이의 상처가 되는 악순환의 고리에 빠지지 않도록 가족치료사의 각별한 도움이 필요하다.

3) 입양인

입양 삼자 중 판단력과 결정권 없이 입양을 받아들여야 했던 대상은 입양인이다. 입양인의 입양 사실 수용과정, 입양 사실 공개과정의 경험과 주요 정서 등을 중심으로 살펴보고자 한다.

(1) 발달단계별 입양에 대한 이해와 수용

권지성과 동료들(2012)은 한국의 입양아동들이 경험하는 입양됨의 의미에 관해서 연구한 결과, 발달단계에 따라 경험과 의미 부여가 변화하고 있음을 발견하였다. 이 연구팀이 연구한 3단계와 에릭슨의 심리사회적 발달단계를 통합하여 단계별로 입양경험 과정을 정리하면 다음과 같다.

- 제1단계(신생아~만 2세): 에릭슨은 이 시기에 신뢰와 불신이 발달의 쟁점이 되는 시기

라고 하였다. 친생부모와의 분리로 인한 트라우마를 극복해 가면서 입양부모와 애착을 형성한다. 난임을 경험하고 있던 입양부모가 난임의 상실감을 해소하고 확대가족이 새 아기에게 적응해 간다.

- 제2단계(만 3~5세): 이 나이에 입양은 자연스럽고 긍정적인 것이다. 이들에게 입양은 부모가 알려 준 그대로 '가슴으로 낳은 사랑'이었고 자랑스러운 것이다.
- 제3단계(만 6~7세): 아동은 차츰 막연한 슬픔을 느끼다가 입양을 '어쩔 수 없는 슬픔'으로 받아들이기 시작한다. 자신이 일반아동과는 다른 방법으로 가족의 일원이 되었다는 사실을 인식하기 시작하고, 자랑스럽게 이야기한 입양을 타인이 어색하고 부정적으로 받아들인다는 것을 알아차린다.
- 제4단계(7세~초등학교 저학년): '슬픔을 어느 정도 극복'하고 입양을 받아들인다. 친생부모는 포기했지만, 입양부모가 자신을 선택하여 양육하고 있다는 사실에 고마움을 느낀다. 생모에 대해 가끔 생각하지만, 같이 살고 싶다는 생각은 하지 않는다. 입양부모와 자신이 다르다는 것을 애도한다. 자신들이 버려졌다는 것을 이해한다. 유기불안과 불안정 애착이 심했다면 이 시기에 문제 행동으로 연결될 수 있다.
- 제5단계(초등학교 고학년~사춘기): 이 시기는 정체성 확립 대 정체성 위기의 단계이다. 입양아동이 사춘기를 겪어낼 때 이 정체성의 위기는 더욱 심각해질 수 있다. 정체성의 정립을 위해 동일시할 수 있는 친생부모와 형제자매가 없다는 사실 때문이다. 정체를 알 수 없는 친생 가족과 버림받았다는 생각이 정체성의 위기에 무게를 더하게 된다(안재진, 최운선, 변미희, 권지성, 2017). 이 때문에 저항이나 반항 없이 잘 자라 주던 아이가 정체성의 혼돈을 겪으면서 파괴적 행동을 보일 수 있고, 이러한 행동은 입양부모에게 배신감을 안겨 줄 수 있다.

(2) 입양인이 경험하는 주요 정서

베리어(1993)는 입양인이 경험하는 주요 정서를 〈표 17-2〉와 같이 수치감, 분노와 불신, 거부의 두려움, 통제력과 무력감의 양가감정으로 정리하고 있다. 성장 배경과 기질에 따라 개인차가 있겠지만 상담사가 기억하고 있어야 할 부분들이다.

표 17-2 입양인이 경험하는 주요 정서

수치감
입양인은 자신이 사랑받지 못하는 존재였다는 생각에서 오는 수치감을 느낀다. 이 수치감은 자신의 존재가 가치가 없다는 생각에서 나오기 때문에 자아 감각을 파괴하여 자존감을 손상시킨다. 이러한 수치감은 입양인에게 신경증적 죄책감을 느끼게 한다. 친생모나 입양모도 죄책감을 느낄 수 있다. 죄책감은 우리가 통제할 수 있었고 책임질 수 있었던 것을 해내지 못했을 때 생기는 감정이다. 반면, 신경증적 죄책감은 자신이 통제할 수 없었던 것에 대해 죄책감을 느끼는 것이다. 이러한 신경증적 죄책감은 내적 갈등과 혼란을 불러온다.
분노와 불신
입양인은 때로 건잡을 수 없이 폭발하는 분노와 노여움을 느낀다. 정당한 분노와 노여움은 적절한 대상에게 적절한 방식을 통하여 해결될 수 있다. 하지만 항상 분노에 차 있다면 왜곡된 인지적 틀에서 벗어나지 못하고 긍정적인 관계를 맺어 가는 데 걸림돌이 된다. 입양인은 여성에 대해 불신감을 가지는 경우가 많으며, 남성친구의 비율이 높다.
거부의 두려움
입양인은 유기불안을 쉽게 떨쳐 버릴 수 없다. 유기불안에서 오는 회피성 행동은 거부의 순간으로부터 이들을 보호할지 모르나, 변화를 향한 기동력과 회복의 기회를 포기해야 한다. 회복을 경험할 기회를 놓친다면 항상 현실이 아닌 생길지 모르는 거절에 사로잡혀 살아가게 된다.
통제력과 무력감의 양가감정
입양인은 자신의 입양에 대해 의사를 표현할 수도 없었던 상태이고, 물론 선택권도 없었다. 이와 같은 상황에 대해 입양인은 무력감과 함께 분노를 느낀다. 희생자라는 억울함과 버림받을 수밖에 없는 상황을 만든 책임이 마치 자신에게 있는 것 같은 양가감정을 느끼며 혼란스러워할 수 있다.

3. 가족치료적 개입

1) 가족사정 및 목표설정

입양 가족을 위한 효과적인 가족치료는 입양과 관련하여 경험한 다면적이고 심각한 일들과 감정들에 대해서 마음껏 표현할 수 있는 공간을 마련해 주는 것에서 시작한다. 가족의 모든 문제를 입양으로만 보는 '기-승-전-입양'의 태도도 문제일 수 있지만, 가족이 입양문제에 대해 금기시하거나 회피하고 있다면 이를 해체할 수 있는 곳이 가족치료실이 되어야 한다. 입양은 단회적인 사건이 아니고 전 생애에 걸친 과정이다. 따라서 가족생활주기에 따른 발달과업의 수행, 위기의 경험과 관련된 전 생애적 문제이므로 장기적인 안목을 가지고 입양 가족의 적응과 발달과정을 이해해 나가야 할 것이다(김향은, 2006). 사정에 앞서 상담사의 입양에 대한 선입견이나 편견이 없는지 살펴볼 필요가 있다. '상담사의 입양에 대한 인식은 무엇인가?' '입양에 관한 부정적 인식은 없는가?' '입양에 대한 주제를 회피하려고 하지 않는가?' '입양주제에 대해 얼마나 열린 마음을 가지고 있는가?' 등 상담사가 가족치료에 가져올 수 있는 역전이나 역반응의 전조들을 살펴야 할 것이다. 비록 상담사가 보기에 입양이 현재의 문제와 직접적인 연관이 있어 보인다 하더라도, 입양인이 입양에 관해 이야기하길 원치 않는다면 기다리는 인내도 필요하다(Langrehr, Yoon, Hacker, & Caudill, 2015). 입양 가족과의 가족치료의 구조화를 위해 탐색되어야 할 부분들은 다음과 같다.

(1) 입양과정에 대한 사정

'비밀입양인가, 공개입양인가, 개방입양인가?' '입양은 누가 원했나?' '입양과정 중에 갈등이 있었다면 어떻게 해결하였나?' '입양과 관련한 전이와 저항이 있었다면 무엇이었나?' '입양 후 갈등 상황은 무엇이었으며 어떤 방법으로 해결을 시도하였나?' 등을 사정한다.

(2) 가족원들의 입양에 대한 입장

입양에 대한 각 구성원의 입장을 살펴본다. 같은 입양사례 안에서 그들 각자의 아픔의 근원과 형태는 다를 수 있다는 것은 이미 살펴보았다. 또한 입양이 가족체계 안에서 일으키는 역동에 대한 탐색이 필요하다. '입양에 대한 확대가족이나 주변의 반응은 어떠했는가?' '이들의 반응은 가족에게 어떤 영향을 미쳤는가?' 등을 탐색한다.

(3) 입양에 대한 소통 수준

입양에 대한 가족 간의 의사소통 수준을 확인하는 것은 가족치료의 출발점으로 매우 중요하다. 브로진스키(Brodzinsky, 2006)는 입양 관련 의사소통 수준을 3단계로 정리하고 있다. 첫째, 내적 탐색의 단계(intrapersonal level)인데, 각 가족원들이 입양에 대해 자기 생각과 감정을 자체 탐색하는 것이다. 친생부모는 기대하지 않았던 임신을 발견한 순간부터, 입양부모는 입양을 통해 부모가 될 수 있다는 것을 생각하는 때부터, 그리고 입양인은 자신이 입양된 사실을 인지하는 순간부터 내적 탐색을 시작하며, 이는 평생 지속된다. 둘째, 가족 간 소통(intrafamilial level)으로서 가족 안에서 입양에 대해 소통할 수 있는 수준으로 가족치료가 가장 많이 필요한 부분으로 볼 수 있다. 셋째, 입양 가족과 친생 가족 간의 소통(interfamilial level)이다. 입양 가족이 현재 어느 정도의 소통을 하고 있는지 파악하는 것은 치료의 구조화에 중요한 자원이 될 것이다. 또한 소통은 단순히 정보를 개방하는 데서 멈추지 않고, 입양을 둘러싸고 경험한 서로의 정서와 감정을 공유하고 공감하는 수준을 향해 나아가야 할 것이다.

(4) 가계도와 가족발달단계

가계도는 가족의 행동패턴을 발견할 수 있을 뿐 아니라 가족 유형이 지닌 역기능적 구조를 설명하는 데 도움이 된다. 또한 가계도는 가족을 힘들게 하는 문제로부터 정서적 거리감을 유지하는 데 유용하기 때문에 중요한 사정 도구이며, 동시에 개입전략으로 사용될 수 있다. 입양 가족의 가계도 작성 시, 친생부모의 정보가 있다면 입양 가족 가계도와 함께 그려보도록 한다. 어디서 정서적 단절이 일어났는지, 해결하지 못한 상실은 무엇인지, '다름'을 수용한다는 의미를 가계도를 통해 탐색해 볼 수도 있다. 입양 시 입양아동을 포함한 가족의 나이, 부모, 형제자매 간의 관계 등이 파악될 필요가 있다. 입양 당시와 현재의 가족발달단계를 확인하고, 그 단계에 필요한 발달과제와 입양과의 상호 역동 관계를 탐색하는 것도 중요하다. 가족발달단계에 따라 과업도 다르기 때문이다(최규련, 2014). 예를 들어, 중년 부부가 입양을 했다면 자녀와의 나이 차이가 부모-자녀 관계에 어떤 영향을 미치고 있는지 살필 필요가 있다. 부모의 생애발달주기에 따른 갱년기적 증상이나 사회적 은퇴가 가족에게 미치는 영향 등에 대한 사정도 필요하다.

(5) 상담목표

입양가족치료는 가족들의 호소문제에 대한 대안과 더불어 상황에 따라 다음과 같은 목표가 포함될 수 있다.

- 아동에게 적절한 대응을 할 수 있다.
- 입양아동이 성공적으로 입양 가족과 형제들과 결합할 수 있도록 한다.
- 아동의 불안정 애착을 안정 애착으로 바꾸어 간다.
- 입양 이야기가 주는 정서나 과거의 트라우마를 탐색하고 새로운 의미를 찾는다.
- 입양 이야기와 과거 트라우마를 안전하고 성공적인 새로운 이야기로 만들어 간다.
- 친생 가족과의 재회가 가능해진다.

2) 입양가족치료 개입

책임감 없이 자신을 포기한 친생부모, 자신의 버려짐에 대한 분노와 수치심, 내면 깊은 곳의 아픔을 이해하지 못하는 입양부모, 길러 준 은혜를 저버리는 자녀 등 입양 가족은 서로가 서로를 문제시하고 아픔을 투사하고 있을 수 있다. 따라서 상담사는 입양 가족의 구성과 역동의 독특성에서 오는 도전들, 그리고 관련인들이 경험하는 죄책감, 수치감, 상실감, 불안, 분노에서 비롯된 왜곡된 인지와 행동, 부정적 상호작용들로 인한 문제를 정의하고, 이 문제를 다루기 위해 가족들과 동맹 관계를 맺어야 한다.

여기서는 입양 가족을 위한 개입으로 입양에 대한 의사소통, 상실에 대한 애도 작업, 부모교육, 친생 가족과의 재회 준비로 나누어 살펴보고자 한다.

(1) 입양에 대한 의사소통

의사소통은 어느 가족에게나 중요한 기술이다. 일반적인 의사소통 기술 외에 다루어야 할 것은 입양이라는 주제에 대한 소통이 될 수 있다. 입양은 단회적인 사건이 아닌 전 생애를 관통하는 과정이라는 인식이 중요하다. 입양에 관한 대화를 금지하거나 회피하지 않고 지속해서 이어 간다는 것은 입양아동의 정체성 확립에 매우 중요한 역할을 한다. 현재의 가족문제와 입양은 전혀 상관없는 것이라며 입양문제를 거론하는 것에 저항감을 가진다면, 입양에 대해 생각하기를 어려워하는 것일 수도 있다. 가족치료는 이와 같은 두려움이나 의심을 극복하고 함께 문제를 풀어 갈 수 있는 장이 되어야 한다. 각자가 소망하는 것과 두려워하는 것을 논할 수 있도록 했을 때, 가족이 느끼는 두려움과 부담감에서 벗어나게 될 것이다. 성인이 되어서야 자신이 입양된 것을 알게 되었다면 입양인이 애도와 불신의 감정을 먼저 다루게 할 필요가 있다. 만약 가족이 입양인의 주체할 수 없는 감정을 참고 기다려 줄 수 있다면, 비밀을 지킬 수밖에 없었던 상황이나 이유, 감정 등에 설명할 기회를 얻게 될 것이다. 한편, 안정 애착을 경험하지 못한 데서 오는 '다 알아서 해 주는 엄마에 대한 욕구'가 왜곡되어 구태여 말하지 않아도 자신이 필요로 하는 것이나 원하는 것을 상대방이 당연히 알아주리라는 기대가 가족 간의 의사소통을 방해할 수도 있다. '입양 가족 속에 암묵적으로 흐르는 전제가 있는가?' '입양에 관해 이야기하는 것이 자연스러운가?' '모든 문제를 입양에 귀결하고 있지는 않은가?' 등의 문제를 가족과 함께 탐색하고 의사소통의 기술을 확장해 나가는 개입이 필요하다(Granello & Mahaffey, 2010). 다음은 입양에 관해 이야기할 때의 팁이다.

- 발달수준 확인: 고통스러웠던 경험을 다루되, 입양아동의 나이와 발달수준에 적절한지 아닌지를 검토한다.
- 타임라인: 입양아동과 부모가 함께 타임라인을 만들며 입양 이야기를 풀어 갈 수 있다.
- 상상력 활용: 입양아동의 상상력도 발휘하도록 하고 잘 모르고 궁금해하는 부분은 보충해 줄 수 있다. 자녀가 비현실적인 환상을 표현하는 것을 교정의 대상으로 보지 않고, 이러한 환상을 통해 문제를 해결해 가려고 하는 시도로 해석한다. 또한 자연스러운 감정 표출을 통해 거부감이나 배신감을 다룰 수 있도록 촉진한다(Verrier, 1993).
- 매체 활용: 김윤경(2012)은 입양 모자 가정의 사례연구를 통해 치료놀이가 자녀의 불안, 정서문제, 공격행동, 발달문제, 입양모의 양육 스트레스가 감소되는 데 도움이 됨을 확인하였다. 놀이나 그림, 음악 등의 매체를 통한 치료는 솔직한 감정의 표출을 돕는다. 아동이 노는 모습을 보며, 미술작품이나 음악을 통해 자녀의 내면을 살펴보면서 치료사와 부모는 이해의 폭을 넓혀 갈 수 있다.

(2) 상실에 대한 애도 작업

입양은 새로운 관계 형성이요 새로운 출발이지만, 기존 관계의 상실을 전제로 하고 있다. 그러므로 입양 가족을 이해하는 데 있어서 가장 중요한 개념은 상실이다. 이러한 상실은 입양부모, 친생부모, 입양인 삼자 모두에게 해당한다. 하지만 이들의 상실은 애도하지 못한 채 억압되고 차단되기 쉽다는 점을 가족치료사는 유념하여야 한다. 인간관계의 많은 문제는 상실 그 자체보다는 상실에 대해 충분히 슬퍼하지 못함에서 기인한다. 따라서 가족원 각자가 경험한 상실이 무엇이며 이들의 애도과정과 회복에 주목할 필요가 있다. 입양아동이 느끼는 상실은 단순히 어머니의 상실을 넘어 자신의 신체 일부를 잃은 것과 같으며, 죽음의 느낌을 경험했다는 보고도 있다. 또한 기억조차 하지 못하는 신생아 시절에 입양이 이루어졌더라도 입양아동이 경험한 친생모의 상실과 버려짐의 경험은 이후 또 다른 유기불안으로 이어지면서, 이러한 상황을 타개하기 위한 행동으로 연결될 수 있다(Verrier, 1993). 또한 이 상실감은 많은 경우 모호한 상실일 수 있다. 친생부모가 신체적으로는 부재하나 영구적 상실을 확인할 수 없기에 모호한 상실로 남아 있을 수 있다(Boss, 2023).

솔과 부터바우(Soll & Buterbaugh, 2013)는 그들이 공저한 『입양치유(Adopting Healing)』의 부록에 입양 분리의 상실감을 다루었는데, 이는 입양인들이 어떤 상황에서 입양되었든 그들이 가장 좋아하는 모든 것을 포기해야 했다는 것을 보여 주고 있다(〈표 17-3〉 참조).

표 17-3 입양인들이 포기해야 했던 것

아이가 가장 좋아하는 소리	어머니의 규칙적인 호흡 소리와 안정감을 주는 심장박동. 그러나 가장 좋아하는 것은 어머니의 목소리
아이가 가장 좋아하는 맛	아이를 위해 특별히 생기는 모유, 어머니의 살과 젖의 맛이 하나로 어우러진 것
아이가 가장 좋아하는 냄새	어머니의 목에 얼굴을 묻을 때 나는 어머니의 체취. 기본적이고 딱 맞는 내 자리라는 냄새
아이가 가장 좋아하는 장소	태어날 때부터 경험한 소리와 냄새와 맛이 함께 있는 내 집 같은 어머니의 품
아이가 가장 좋아하는 사람	어머니는 나의 우주, 어머니는 나의 일부. 누구도 어머니를 대신할 수 없고 만약 떨어진다면 평생 그리워할 어머니

상실에 대한 적절한 애도과정이 없을 때 병리적 반응을 불러올 수 있다. 하지만 이러한 병리적 반응이 기억조차 할 수 없는 입양 시점에서 비롯되었다면, 입양인의 감정적 반응은 정상적이며 당연한 것으로 인정되어야 함과 동시에 입양인의 삶을 버겁게 하는 걸림돌로 여겨져야 한다.

한편, 입양아동의 무의식적 근원을 이해하지 못한다면 입양부모는 제2의 상실을 경험하고 무력화되기 쉽다. 충분히 슬퍼하지 못한 상실은 인간을 약하게 하고 예측불허의 감정에 빠지게 한다(Verrier, 1993). 따라서 가족치료사는 상실에 대해 비판의 두려움이나 죄책감 없이 충분히 표현할 수 있는 시간과 장소를 마련해 주어야 한다. 각자가 경험한 상실과 비탄에 대해 표현하고 나머지 가족은 묵묵히 들어주는 연습을 통해 상실을 충분히 애도할 수 있는 이해와 수용, 공감과 대화를 촉진할 수 있다.

(3) 부모교육

입양 가족이 상담실을 찾는 가장 큰 이유는 양육문제이다(백경숙, 변미희, 2001). 절대다수의 입양부모들은 부모교육의 필요성을 역설하고 있다. 일반적인 부모교육 외에 베리어(1993)가 제시한 입양부모를 위한 다섯 가지 철칙을 살펴보면 〈표 17-4〉와 같다.

표 17-4 입양부모를 위한 다섯 가지 철칙

아이를 버리겠다는 위협은 절대 하지 않는다.
이러한 위협은 단기적인 효과는 가져올지 모르나 장기적인 관계손상을 가져온다. 이미 버려짐의 경험을 한 입양아동은 입양부모도 자신을 버릴 수 있다고 생각한다.
자녀가 느끼는 감정에 공감해 준다.
감정은 무의식에서부터 올라오기 때문에 마음대로 바꿀 수 없으므로 그 감정 그대로 인정해 준다. 하지만 반드시 감정에 따라 행동해야 하는 것은 아니며, 자신이 취한 행동은 책임을 져야 한다는 것을 알려준다.
자기 자신답게 살도록 돕는다.
자녀의 성격, 성향, 재능의 독특함에 가치를 두고 양육한다는 것은 때로 부모의 기대를 포기해야 할 수도 있다는 점을 염두에 두어야 한다.
친생모의 자리를 대신하려 하지 않는다.
부모가 여러 자녀들을 똑같이 사랑할 수 있는 것처럼, 자녀도 친생부모와 입양부모를 똑같이 사랑할 수 있다는 것을 기억한다.
아무리 사랑한다 하더라도 부모가 자녀의 고통을 낫게 할 수 없다.
자녀의 고통은 스스로 해결해야 하며, 부모가 할 일은 그들의 고통을 이해하고 감정을 알아주고 스스로 헤쳐 나올 방법을 제시하는 것뿐이다.

입양부모 교육에는 입양자녀에 대한 이해가 매우 중요하며, 동시에 친생자녀에 대한 배려와 확대가족 및 지역사회와의 관계, 입양의 가정적 · 사회적 의의, 입양부모의 역할, 애착 형성의 내용이 포함되어야 할 것이다.

부모교육에 있어 무엇보다도 어릴 적 경험한 불안정 애착이 무의식에 자리 잡고 입양자녀의 행동에 영향을 미칠 수 있는 경우의 수들에 대해서 다룰 필요가 있다. 골딩과 휴스(Golding & Hughes, 2012)는 애착문제를 경험하는 자녀에게 부모와 상담사가 가져야 할 네 가지 태도에 대해 알파벳 앞글자를 따서 PACE로 정리하고 있다.

- P(Playfulness, 즐겁고 따뜻한 분위기): 유머를 잃지 않고 즐겁고 따뜻한 분위기를 만들어 준다. 아동은 재미있고 긍정적인 정서를 경험하면서 충동을 조절할 능력을 키워 간다.
- A(Acceptance, 수용): 수용은 심리적 안정감을 준다. 아동의 모든 감정을 수용해 주고 판단이나 평가하는 대신 칭찬을 해 준다(주의: 문제 행동을 수용하는 것이 아님).
- C(Curiosity, 호기심): 아동이 경험하는 것에 비판 없는 호기심으로 다가가는 것이 중요

하다. 성인의 이와 같은 호기심은 아동이 자신이 경험한 것을 통해 자신과 타인과 상황을 이해할 수 있게 된다.

- E(Empathy, 감정): 아동의 내적 경험에 공감해 준다. 내적인 불안과 혼돈을 느껴 보고 그러한 감정을 규제할 수 있도록 도와준다.

(4) 친생 가족과의 재회 준비

개방입양을 한 경우에는 처음부터 친생부모와 소통하고 지내지만, 비밀입양이나 공개입양의 경우는 대부분 친생부모의 정체를 모른다. 입양인이 성장하여 자신의 뿌리를 찾고자 노력하면서 입양 가족은 새로운 역동을 경험하게 된다. 입양부모가 친생모와의 재회를 배신이 아닌 자녀와의 관계를 오히려 돈독히 할 수 있다는 관점으로 받아들이는 것은 쉬운 일이 아니다. 입양부모에게 있어 입양자녀가 친생부모를 만난 후 일어날 상황은 미지의 영역이고 두려운 영역이다. 한편, 친생모와 재회한 입양인들 중에 나이와 상관없이 퇴행을 보이는 경우도 있다. 다시 만난 친생모를 독점하고 싶어 하는 욕구는 친생모와의 재회 없이도 치료 중에 등장할 수 있다. 반면, 친생모와 재회하고 관계를 이어 가는 중에 자기 감정에 압도되어 아무런 통고도 없이 몇 달씩 관계를 단절하기도 한다. 입양부모와 친생부모는 이러한 입양인의 행동을 겪어 내야 할 과정으로 받아들이는 지혜와 인내가 필요하다. 친생부모와의 재회를 원하는 입양인이나 입양 가족을 위해 다음 사항들을 점검해 보도록 권유할 필요가 있다(Melina, 2009; Soll & Buterbaugh, 2013; Verrier, 1993).

- 친생 가족을 찾는다는 것은 자신에 대한 새로운 정보를 알게 되는 것인데, 이 새로운 정보가 실망을 가져올 수도 있다. 현실 세계는 상상과 다를 수 있기에 환상을 포기할 수 없다면 아직 재회의 준비가 되지 않았음을 알려 준다.
- 친생 가족을 찾기로 했다면 당분간 이것이 인생의 목표가 될 수 있음을 입양 가족과 친구들에게 설명한다.
- 입양인 쪽에서 재회를 원했음에도 입양인이 일시적으로 뒷걸음질 칠 수 있다는 점을 알고 당황하지 않도록 한다.
- 입양인의 분노는 겉으로 드러나지 않을 수도 있으며, 본인 자신도 인지하지 못한 상태에서 관계에 영향을 미칠 수 있다는 것을 알려 준다.
- 재회 후에도 서로에게 분리, 인내, 인정, 염려, 공감 등의 공간이 필요하다는 점과 서로가 가지고 있는 경계선에 관해 설명하고 이해할 수 있도록 돕는다.

- 각자의 애도의식을 가질 수 있도록 돕는다.
- 입양 전문가들은 재회한 가족에게 성적 매력을 느낄 수 있음을 지적하고 있다. 성적 매력을 느낀 것에 대해 죄책감을 가질 필요는 없지만, 성적 관계에 들어가지 않도록 노력한다. 이미 성적 관계를 맺고 있더라도 가능한 한 빨리 전문적 도움을 받아 속히 관계를 정리하도록 한다.

4. 사례연구: "형제가 우애 있게 자라면 좋겠어요."

초등학교 2학년인 정호와 가족이 상담실을 찾은 것은 정호가 학교폭력 가해자로 지목되었기 때문이다. 가계도를 작성하는 중에 정호가 5세 때 동생 진서가 입양되었음을 알게 되었다.

부모는 결혼 전부터 둘째는 입양하자는 의견이 있었던 터라 정호가 동생이 있으면 좋겠다는 말을 하자 근처 보육시설을 방문하여 상담을 받아보기로 하였다. 그런데 막상 방문하고 나니 생각보다 일이 빠르게 진행되어 2세 된 연장아 진서를 입양하였다. 평소 동생을 원했던 정호는 동생을 반겼으며 맞벌이 부부의 자녀 양육을 위해 조모가 주중에는 동거하며 지내 주시니 모든 문제가 해결된 것 같았다. 그런데 지난해 정호가 초등학교에 입학하던 시기를 전후하여 형제의 다툼이 잦아지기 시작했다. 하루는 진서가 유치원에서 돌아와 자신이 엄마 배 속에서 태어났는지를 물었을 때 모는 얼떨결에 "그렇다."라고 대답했다. 그러나 그 후로 마음이 무거워 입양 사실을 밝혀야겠다고 생각하던 참이었다. 한 달 전 형제가 싸우는 모습을 보고 조모는 정호에게 형이니 양보하라고 하였고, 이 말에 정호는 동생에게 "네 집으로 가!"라고 소리를 쳤다. 이 일로 인해 정호는 부모로부터 심한 꾸중을 들었으며 폭력성도 심해진 것 같다고 하였다. 한편, 진서의 유치원 교사는 진서가 손톱을 물어뜯는 것이 심해지고 아이들과 어울리지 못하고 있다고 알려 왔다. 정호의 폭력성과 진서의 사회성 부족을 염려하며 조모를 포함한 5명의 가족이 상담실을 찾았다.

1) 진단과 평가

이 가족은 학령기 자녀를 둔 가족으로 진서의 입양 관련 소통에 대한 스트레스를 받고 있다. 진서의 입양과정에 대한 탐색과 학령기에 접어들면서 아동은 타인의 관점에서 자신을 바라보는 능력이 생기는 시기이므로 학교를 포함한 지역사회의 입양에 대한 편견이 미치는 영향에 대해 탐색하였다. 진서는 입양 당시 2세로 연장아동에 해당하는데, 입양 전의 경험과 입양과정에서 진서가 경험했을 수 있는 상실감이나 트라우마를 탐색하였다. 진서는 보육원에 대한 구체적인 기억은 없었으며 막연히 이제 엄마 집으로 가는 것이라는 기억을 하고 있었다. 진서의 입양은 가족 모두가 원하던 것이었지만, 입양과 관련한 소통이 아직은 뜨거운 감자로 다루어지고 있었다. 한편, 정호는 동생이 생기는 것은 좋았으나 가족 모두가 동생에게만 신경쓰는 것 같아 소외감을 느끼고 있었다. 원가족 탐색을 통해 부와 모 모두 폭력이 있는 환경에서 성장하였고, 이상적인 가정과 자녀 양육에 대한 높은 기대와 의지가 있었음을 인지하게 되었다.

2) 개입

순환질문을 통해 입양 당시의 상황과 현재의 변화, 상호작용 패턴의 변화를 가족들이 인지할 수 있도록 도왔다. 학령기 아동의 발달과제와 부모의 역할, 입양아와 입양 가족이 경험할 수 있는 상실감과 역동에 대해 정보를 제공하고 논의하였다. 의사소통 훈련을 하되, 특히 입양 관련 소통이 현재보다 개방적이라면 어떤 변화가 일어날 것인가에 대해 가족들과 논의하고 개방적 의사소통에 대해 역할극을 하였다. 진서의 친생부모 관련한 호기심을 정당화해 주고 가족들이 진서가 태어났던 도시를 방문하는 계획을 세웠다. 한편, 정호의 폭력성을 불러오는 분노의 감정 속에 형제간의 라이벌 의식과 소외감이 있을 수 있음을 인식하고, 바람직한 행동을 강화하는 토큰법을 사용하고 가족놀이 치료를 통하여 형제 하위체계를 강화하였다.

5. 입양 가족을 상담할 때 상담사가 유의해야 할 점

이미 가족치료적 접근에 대해 논했지만, 이 장을 마무리하면서 입양가족이기에 상담사가 특별히 신경을 써야 할 점들은 다음과 같다.

1) 정상가족 담론의 함정

김희경(2020)은 '결혼한 부모와 자녀'로 구성된 결합만 가족이라고 보는 정상가족 담론이 입양가정에 대한 편견을 심화시킬 수 있음을 지적하고 있다. 입양은 친생부모와 살 수 없었던 아이들과 자녀를 원하는 부모가 이룬 가족이지만, 정상가족 담론의 렌즈는 이 가족을 흠이나 결함이 있는 가족으로 비출 수 있다. 이러한 담론의 그림자가 상담사 속에 자리 잡고 있지 않은지 점검하는 것은 입양가족상담에 앞서 중요한 작업이다.

2) 모호한 상실

모호한 상실이란 신체적으로 부재하지만 영구적 상실에 대한 확신이 없기에 심리적으로 존재하는 신체적 모호한 상실, 그리고 신체적으로는 존재하나 심리적으로 부재한 심리적 모호한 상실로 구분된다(Boss, 2023). 전쟁이나 자연재해로 인한 실종이나 이민이나 입양과 같은 경우가 전자에 속하고, 알츠하이머와 같은 뇌 손상으로 인한 치매 현상이 후자에 속한다. 입양인은 친생부모에 대한 모호한 상실감, 즉 상실감과 함께 모호함도 안고 살아가는 경우가 많다. 모든 인간의 삶 속에 모호함은 구석구석 자리를 잡고 있기 마련이지만 이러한 모호함을 개인적 결핍이나 가족의 결핍으로 받아들이는 경향 역시 편재해 있다. 모호함이란 때로 탐색을 통해 해결되기도 하고 수용을 통해 새로운 삶을 향해 에너지를 전환하는 계기가 되기도 한다.

3) 연장 입양아동의 트라우마

연장 입양아동의 경우, 입양 전 학대를 포함한 트라우마 경험에 주의를 기울일 필요가 있다. 하지만 전문가들은 입양 그 자체가 애착 대상과 분리되는 트라우마로 남을 수 있음을 지적하고 있다. 트라우마의 징후들인 침투와 억제, 즉 버림받은 기억, 그 아픔이 되풀이될 가능성에 대한 공포, 그리고 뚜렷한 기억이 없음에도 구체적인 느낌으로 다가오는 죽음의 공포 등이다. 이러한 공포에 시달리면 입양인은 누군가에게 분노를 표출하고자 한다. 자신을 버린 친생모, 친생모의 유기를 방조한 사회, 입양부모에게까지 그 분노가 이어질 수 있다. 이 분노는 그 기저에 의존과 연결의 욕구가 있어 이들의 행동은 혼돈을 불러올 수 있다(Verrier, 1993). 학대받은 아동의 경우, 종종 입양부모는 학대받은 만큼 사랑으로 채우리라는 다짐을 할 수 있다. 하지만 이들의 뿌리 깊은 상처는 계산처럼 간단히 뽑히지 않을 수 있다. 연장자 입양의 경우에는 더 많이 인내하고 기다려 주는 지혜가 필요하다.

4) 입양 관련 개방적 의사소통

공개입양은 부모의 선택이다. 물론 입양자녀를 포함한 가족 전체를 고려한 판단이며 장려할 선택이다. 하지만 입양 당시 아기들은 이에 대한 인식능력이 없다. 입양아동이 입양이 무엇인지 깨달았을 때, 이미 주변 사람들이 입양 사실을 알고 있기에 공개에 대한 선택의 여지가 없는 상황도 있을 것이다. 그런가 하면, 자신의 입양 사실을 가족 외부로 공개한다는 것은 그 시점과 대상에 있어서 갈등의 주제일 수 있다. 새로운 친구, 새로운 학년, 새로운 환경에서 언제 어디까지 입양에 대해 공개할 것인가는 도전일 수 있다. 또래에게 놀림이나 따돌림의 대상이 되고, '가짜 엄마와 사느냐, 진짜 엄마가 누구냐.'와 같은 질문을 받는 부정적 경험을 하기도 한다. 그런가 하면, 입양 사실 공개 후에 받은 주변 사람들이 입양에 대해 좋은 이야기를 해 주고 입양이 부끄러운 것이 아니라고 말해 주는 것 등 긍정적인 반응이 있을 수도 있다(권지성 외, 2012).

입양부모와 입양자녀 간의 상호작용과 소통의 패턴은 아동의 적응에 중요한 역할을 한다. 브로진스키(2006)의 연구에 따르면, 소통의 개방성이 낮을수록 과잉행동장애, 주의력결핍 등의 발생률이 높았으며, 반면 높은 개방성은 청소년의 정체성에도 긍정적인 영향을 미쳤다. 더 나아가 입양 관련 의사소통은 단지 입양 사실을 개방하는 것 외에도 입양 당시의 상황과 함께 아동이 가지게 되는 친생부모와 가족들에 대한 호기심을 지지해 주는 것까지 포함한다(Brodzinsky, 1990).

5) 투사적 동일시

베리어(1993)는 투사적 동일시가 입양인의 의사소통 방법 중 하나라고 주장한다. 투사적 동일시는 특정한 상황에서 다른 사람들의 행동이나 반응을 유도하는 무의식적 대인관계 행동유형이다. 베리어는 입양인의 방어기제로서 투사적 동일시를 한다고 보았다. 그들은 자신들이 느끼는 감정을 제대로 표현할 말을 찾지 못한 채 감정을 투사할 수 있다. 즉, 자기 안에 있는 화, 적개심, 슬픔, 무력감을 입양부모와 친생부모에게 투사하고 부모가 분노하고 슬퍼하며 무력감에 빠지고 적개심을 느끼도록 유도할 수 있다. 자신도 모르게 투사적 동일시를 통해 자신과 가족의 입지를 조여 오고 관계의 악화를 불러오는 상황에 대해 상담사가 해석해 주어야 할 것이다. 더불어, 감정은 경험하되 상황에 적절하며 책임 있는 행동이 무엇인지 인식할 수 있도록 도와야 한다.

6. 나가는 말

입양은 친생부모에 의해 양육될 수 없었던 아기가 새로운 부모를 만나고, 자녀를 원했던 부모들이 아기를 만나 가족을 이루고 양육하고 양육받을 수 있는 유익한 제도이다. 이런 유익함에도 불구하고 입양은 친생부모, 입양부모, 입양인의 상실경험이 잠재되어 있을 수 있으며, 때로 사회적 억압과 편견이 이들로 하여금 상실을 적절히 표현하지 못하고 슬퍼하지 못하게 할 수 있음을 살펴보았다. 슬퍼하지 못하고 미해결된 아픔은 부메랑이 되어 가족과 그 구성원들에게 돌아오고 악순환될 수 있다. 따라서 각자의 상처와 상실을 인지하고, 상실의 경험이 가족체계에 미친 영향을 인정하여 애도하며, 수용과 회복의 길을 걸어가도록 돕는 것이 가족치료사의 첫 번째 역할이 될 것이다. 더 나아가 입양에 대한 사회적 편견에 도전하고 입양이 비밀을 유지해야 하는 사건이 아닌, 서로가 격려하고 수용해야 하는 인간의 덕목임을 알리는 일에도 앞장서야 할 것이다.

참고문헌

권지성, 안재진, 최운선(2014). 입양부모가 경험한 입양가정 내 형제관계에 대한 질적 사례연구: 입양자녀와 비입양자녀가 혼합된 형제관계를 중심으로. **한국아동복지학**, 48(12), 1-32.

권지성, 정익중, 민성혜, 신혜원(2012). 연장입양아동이 경험한 입양됨의 의미. **사회복지연구**, 43(3), 39-66.

권지성, 최슬기(2021). 성인입양인의 정체성 형성과정에 대한 맥락-패턴 분석. **사회과학연구** 32(4), 283-311.

권희정(2015). 입양실천에서 나타나는 정상가족 담론과 미혼모 자녀의 '고아'만들기. **페미니즘 연구**, 15(1), 51-98.

김상용(2009). 입양촉진 및 절차에 관한 특례법의 개선방향: 국내 입양을 중심으로. 가족법연구.

김유경, 변미희, 임성은(2010). 국내 입양실태와 정책방안연구. 한국보건사회연구원.

김윤경(2012). 입양 모자가정의 치료놀이 사례. **미래유아교육학회지**, 19(3), 219-238.

김향은(2006). 입양 가족의 적응과정에 관한 종단연구를 위한 기초연구: 공개입양 가정의 입양현황과 자조 집단 참여 경험을 중심으로. **인간발달연구**, 13(1), 61-80.

김희경(2020). **이상한 정상가족**. 동아시아.

백경숙, 변미희(2001). 공개입양부모를 위한 사전-사후 서비스 프로그램 개발을 위한 기초조사연구. **아동권리연구**, 5(2), 81-95.

보건복지부(2023). 2022년 입양통계.

보건복지부 아동복지정책과(2017). 국내 입양아 수 및 입양 비율. http://www.index.go.kr/potal/main/EachDtlPageDetail.do?idx_cd=2708

안재진, 최운선, 변미희, 권지성(2017). 국내 입양아동의 학업성취수준과 영향 요인. **사회복지학**, 69(3), 141-164.

이기영, 윤연옥(2010). 국내 입양 발전을 위한 공개입양제안. **21세기사회복지연구**, 7(1), 151-170.

이은주(2013). 친양자제도의 개선방향에 관한 연구: 자의 복리를 중심으로. 전남대학교 대학원 박사학위논문.

임해영(2013). 미혼모의 양육과 입양 결정경험에 관한 해석학적 근거이론 연구. 성균관대학교 대학원 박사학위논문.

전명수(2011). 한국 아동 해외 입양의 종교사회학: 그 시작과 지속의 배경에 대한 성찰. **한국학연구**, 38, 317-348.

정소라(2016). 한국 입양법 변화의 사회적 의미: 1967년 입양법과 2012년 입양법을 중심으로. **민족연구**, 65, 46-62.

조혜정(2011). 기독대학생들의 입양 및 미혼모에 대한 인식 조사 연구: 개정 입양특례법을 중심으로. **기독교교육정보**, 31, 163-184.

최규련(2014). **가족상담 및 치료**. 공동체.

최진섭(2012). 개방입양의 법제화를 위한 연구. **법학연구**, 15(2), 261-292.

Brodzinsky, D. M., & Schechter, M. D. (1990). *The psychology of adoption*. Oxford University Press.

Brodzinsky, D. (2006). Family structural openness and communication openness as predictors in the adjustment of adopted children. *Adoption Quarterly, 9*(4), 1-18.

Elsbeth, N. (2013). The mental distress of the birth relatives of adopted children: 'disease' or 'unease'? Findings from a UK study. *Health and Social Care in the Community, 21*(2), 191-199.

Golding, K. S., & Hughes, D. A. (2012). *Creating loving attachments: Parenting with PACE to nurture confidence and security in the troubled child*. Jessica Kingsley Publishers.

Granello, P. F., & Mahaffey, B. A. (2010). Post-adoption counseling: Clinical efficacy and potential benefits. Retrieved from https://www.counseling.org/resources/library/VISTAS/2010-V-

Online/Article_18.pdf

Hubinette, T. (2005). *Comforting an orphaned nation: Representations of international adoption and adopted koreans in korean popular culture*. Stockholm University.

Langrehr, K. J., Yoon, E., Hacker, J., & Caudill, K. (2015). Implications of transnational adoption status for adult korean adoptees. *Multicultural Counseling and Development*. *43*, 6-24.

Melina, L. R. (2009). **입양아 부모 되기**[*Raising adopted children: Practical reassuring advice for every adoptive parent* (Rev. ed.)]. 이수연 역. 궁리.

Pauline, B. (2023). **모호한 상실: 해결되지 않는 슬픔이 우리를 덮칠 때**[*Ambiguous loss: Learning to live with unresolved grief*]. 임재희 역. 작가정신.

Riley, D., & Singer, E. (2003). AAMFT Consumer update: Adoption Today. Retrieved from https://www.aamft.org/Consumer_Updates/Adoption.aspx

Soll, J., & Buterbaugh, K. W. (2013). **입양 치유: 입양으로 아이를 잃은 어머니의 회복과 성숙을 위한 카운슬링**[*Adoption healing: A path to recovery for mothers who lost children to adoption*]. 오혜인 외 역. 뿌리의 집.

US Department of State (2018). Annual report on intercountry adoptions. https://travel.state.gov/content/travel/en/Intercountry-Adoption/adopt_ref/adoption-statistics.html

The United States Central Authority Under the Hague Convention on Protection of Children and Co-Operation in Respect of Intercountry Adoption for Fiscal Year 2023. Sec. 104 of the Intercountry Adoption Act of 2000 https://travel.state.gov/content/dam/NEWadoptionassets/FY%202023%20Annual%20Report%20on%20Intercountry%20Adoption.pdf

Verrier, N. N. (1993). **원초적 상처: 입양 가족의 성장을 위한 카운슬링**[*(The) primal wound: Understanding the adopted child*]. 뿌리의집 역. 뿌리의집.

제 18 장

노인 가족

노인 인구의 급격한 증가에 따른 문제는 다양하고, 이에 따라 노인 및 노인 가족을 위한 전문적인 도움이 필요해졌다.

전통사회에서 가족관계는 긴밀하였고, 친지와의 친밀한 관계에 의한 지지와 심리적 지원, 그리고 노인에 대한 존경하는 태도 등으로 노인은 든든하였다(김혜경, 2017). 그러나 가족 간의 유대관계가 약화되고 친족관계망이 축소되면서 노인문제는 사회적 문제로 대두되고 있다(이영규, 2015). 노인문제에 대처하기 위하여 노인을 대상으로 상담이 필요해졌고, 1994년 사단법인 한국노인의전화가 설립된 이후 여러 곳에 노인종합상담센터 등이 설립되었다(서혜경 외, 2013). 그럼에도 노인문제에 대한 전문적 지식이나 기술에 대한 필요는 날로 증가하며, 노인 및 노인 가족을 위한 상담적 접근의 필요성이 커지고 있다.

해가 거듭될수록, 노인상담 이용자 및 상담 내용이 변화하고 있다. 상담 의뢰자가 과거에는 노인이 포함된 가족의 구성원으로서 노인의 정서적 어려움에 대해 간접적인 상담이나 정보를 요청하는 경우가 많았던 반면, 최근에는 노인이 직접 내담자가 되어 적극적으로 자신의 정서적 불편함을 표현하는 경우가 증가하고 있다. 주제 또한 과거에는 경제적 지위의 하락을 통해서 경험하는 상실감 및 가족 내 구성원과의 관계 갈등이었다면, 갈수록 부부간의 성 문제, 재산분할 관련 갈등, 이성 교제 등 다양한 주제로 상담 내용이 변하고 있다(서혜경 외, 2013).

노인상담은 대부분 '가족관계' 상담인데, 이는 사회의 고령화, 핵가족 및 1인 가족으로의 구조 변화, 경로사상의 약화, 부양의식 약화, 개인주의 가치관 등의 이유로 가족관계, 즉 자녀 및 배우자와의 갈등으로 고민하고 있는 노인이 늘고 있음을 시사한다.

노인은 생애 마지막에 해당되는 시기이므로 자연적으로 신체적 · 경제적 · 사회적 관계 등에서 상실을 경험하며, 특히 만성 혹은 급성 질환과 관련된 위기 상황이나 죽음을 맞이한다. 여러 가지 선택이나 의사결정이 필요한 상황에서 사회보장정책이 준비되어 있다고 하여도 노인 혼자서는 이용하기 어렵고, 가족이 개입하게 되며, 가족원에게 경제적 · 사회적으로 영향이 미친다.

노인으로 하여금 변화하는 현대사회에서 기능적으로 잘 대처할 수 있도록 하며, 노인 가족이 노후의 사회관계망의 역할을 잘 감당할 수 있도록 하기 위하여 노인가족상담의 전문적인 개입을 위한 안내를 하고자 한다.

1. 노인 가족에 대한 이해

의학의 발전과 생활 환경의 변화 등으로 100세 시대를 맞이한 가운데 가족은 가족관계 및 구조 그리고 가치관의 충돌로 야기되는 문제들이 다양해지고 있다. 대가족제도에서 핵가족제도로 가족제도가 변화하면서 다자녀에서 소자녀로 양육할 자녀의 수가 적어지고, 평균수명이 연장된 사회적 변화는 노인 가족에도 영향을 주었다. 노인 인구의 증가와 신체적 · 정신적으로 약해지는 노인 부모의 부양에 따른 가족의 부담이 증대되는 것이다. 저출산과 고령화, 개인주의 가치관의 상승 및 가부장 문화의 쇠퇴 등으로 나타나는 사회의 변화는, 특히 노인 가족에 영향을 준다.

1) 노인 가족의 유형

고령사회의 진입과 더불어 노인 가족은 증가하며 가족의 유형도 변한다. 예전에는 노부모가 자녀와 손자녀로 3대 가족을 이루어 사는 형태가 대부분이었으나, 3세대 가족은 감소하고 1세대 혹은 1인 가족이 증가하는 추세이다(최성재, 장인협, 2010).

한국 65세 이상 노인가구 중 노인부부가구의 비율이 1994년 26.8%에서 2014년 44.5%로 급증한 반면, 자녀와 함께 사는 노인가구의 비율은 1994년 54.7%에서 2014년 28.4%로 급감하였다(보건복지부, 2015). 즉, 노인가구는 점차 부부 중심으로 변화하면서 부부 단둘만 생활하는 기간이 늘어나고 있다.

(1) 3세대 직계가족

노부부와 기혼자녀, 손자녀와 함께 동거하는 가족이다. 전통사회에서는 일반적인 노인 가족의 유형이었다. 그러나 3세대 가족은 점차 비율이 감소하고 있다. 게다가 동거하는 자녀는 장남과의 동거가 줄고, 차남 이하의 다른 자녀와 동거하는 경향이 점차 늘고 있다. 아들보다 딸의 가족과 동거하는 경우가 증가하고 있다.

(2) 2세대 가족

노부부와 미혼 자녀가 동거하는 2세대 노인 핵가족이다. 미혼, 비혼 또는 돌싱(결혼했다가 이혼하여 돌아온 싱글)의 자녀가 부모와 동거하는 가족이다. 고령화의 영향으로 부모와 함께 자녀도 고령화되는 '노노' 가족을 포함하여, 자녀 세대가 손자녀를 데리고 동거할 수 없는 경우 손자녀를 조부모가 양육하는 조손 가족 등이다.

(3) 1세대 가족(1인 가족)

노부부만이 생활하거나 배우자가 사망한 후 남겨진 노인이 홀로 사는 가족 유형이다. 가족돌봄이 용이하지 않거나, 또는 가족이나 친족과 함께 살기보다는 홀로 살기를 희망하는 무자녀 가족이나 홀로 사는 노인 가족 유형이다. 배우자 사망 이후 혼자서 생활하는 독거노인 가구는 지난 10여 년간 두 배 정도 증가하였다(김영주, 2018). 참고로, 한국에서 1인 가족의 비율은 1990년 9%에서 2015년 27.2%로 증가하였으며, 2045년에는 60세 이상 1인 가족이 전체 1인 가족의 50%를 차지할 것으로 예상된다(통계청, 2017).

2) 노인 가족의 특징

노인 가족은 가족발달주기적 관점에서는 자녀를 양육하여 독립시키고, 새로운 가족을 맞게 되며, 손자녀의 출생을 경험하게 되는 시기이다(김유숙, 2014). 노년은 사회적으로는 역할이 상실되고, 건강이 약해지고 능력이 감퇴하며, 사회적 접촉이 감소되면서 고립 등을 경험하기도 한다.

(1) 신노년층의 증가

고령화 현상은 평균수명의 연장과 함께 베이비붐 세대가 노년기에 진입한 시기와 중첩된다. 베이비부머(1955~1963)가 움직이면 세상이 변한다. 한국전쟁 이후인 1955년에서 1963년 사이에 태어난 세대가 한국판 베이비부머이다(Irving, 2016).

2009년 발표된 UN「세계 인구 고령화 보고서」에서 '호모헌드레드'라는 용어를 사용하면서 인구 평균수명의 증가를 논하면서 100세 시대에 맞는 5단계 구분법을 제시하였다. 즉, 0~17세는 미성년자, 18~65세는 청년, 66~79세는 중년, 80~99세는 노년, 100세 이후로는 장수노인으로 구분 지을 것을 제안하였다(백찬규, 2017).

은퇴 이후 삶의 기간이 연장됨에 따라 액티브 시니어가 탄생하였다. '액티브 시니어(active senior)'는 버니스 뉴가튼(Bernice Neugarten)이 처음 언급한 용어로, 현시대의 노인과 이전 시대의 노인이 다르다는 것을 표현하기 위해 붙인 신조어이다. 액티브 시니어는 스스로를 젊다고 생각하며 소비뿐 아니라 생산의 주체로도 적극적으로 참여하기를 원한다. 은퇴 이후에도 적극적으로 여가생활과 소비생활을 즐기며, 특히 건강, 자기계발, 젊음에 대한 욕구가 높다. 그 한 예가 웰에이지(well-age) 산업의 대중화이다. 액티브 시니어의 주인공은 베이비부머들이다. 이들은 자신을 위하여 소비하며, 반려동물을 기르거나 다양한 취미를 가진다. 현대는 전통적·가부장적 가치관과 현대적·신세대적인 가치관의 충돌과 더불어 혼재된 가치관을 가진 시대이다. 이런 가치관의 혼돈은 노인층에서도 다양하게 나타난다. 신노년층의 증가와 함께 그들이 보여 주는 새로운 생활양식은 다양한 부분에서 노년 사회에 긍정적인 영향을 끼치고 있다. 그들은 자신들을 매우 젊게 자각하는 것은 물론, 자아 확신을 가지고 사회 변화에 능동적으로 접근한다. 이뿐만 아니라 새로운 도전에도 주저하지 않으며, 오히려 그러한 경험을 확대하고 적극적으로 수용함으로써 노년의 시기를 활기차고 건강하게 보내는 데 주목한다.

(2) 개인주의 가치관의 상승과 가부장 문화의 약화

사회적으로 개인주의 가치관은 상승하며, 반면에 가부장 문화는 약화되고 있다. 개인주의 가치관은 자녀 세대뿐 아니라 노인 부모 세대에도 나타난다. 특히 현재 노인 세대에 입문하는 베이비부머 세대들은 예전의 노인과 다르다. 의식 변화를 가져왔고, 자녀와 독립하여 사는 것을 선호하는 경향이 높아지고 있다. 핵가족화가 정착되면서 자식과 부모가 개별적이며 독립적인 공간에서 세대 구성을 하게 되면서 개인주의 가치관은 상승하고 있다.

반면, 가부장의 권위는 떨어지고 있다. 자연히 중심이 부계 중심에서 양계 중심으로 이동하고 있다. 이로써 세대 간 단절이나 세대 간 갈등이 나타난다. 아들과 딸에 대한 생각이 달라진다. 아들이 가문의 대를 잇는 존재의 의미가 퇴색되어 간다.

처가와 시가의 관계에서도 변화가 나타난다. 제도적·심리적으로 처가 거리가 가까워졌으며, 시어머니의 입장이 약화되었다. 고부간의 갈등이 예전에는 며느리의 호소가 많았다면, 요즘은 시어머니 쪽의 호소가 많아지고 있다. 시어머니들은 소자녀로 자라난 며느리들을 이해하는 데에 어려움이 있다. 아들과 며느리를 가족이라기보다는 손님같이 대한다(김미동 외, 2018).

3) 노인 가족관계별 과업 및 문제

노인 가족은 가족발달주기의 마지막 단계에 해당한다. 자녀를 양육하여 독립시키고, 자녀가 결혼을 하여 사위, 며느리를 맞이하고, 손자녀를 보게 된다. 노년이 길어지면서 노인 가족단계도 길어지게 될 뿐 아니라, 가족가치관의 변화로 인하여 가족관계에서 새로운 경험을 하게 되기도 한다.

(1) 노인 부부관계

부부는 결혼하여 가족을 형성하면서 일생을 통틀어 가장 오랫동안 함께 살아가는 사람들이다. 평균수명의 연장과 고령사회, 자녀 양육 기간의 단축 등은 자녀 분가 후 부부만의 삶의 기간을 길게 하였다. 이 단계에서 부부는 역할 관계를 재구성하고 상호 만족을 줄 수 있는 관심과 활동을 개척함으로써 부부관계를 강화시킬 수 있다. 반면, 부부관계가 약할 때는 어려움을 보일 수 있다(정현숙, 2017).

① 퇴직 남편 재가증후군

전통사회에서 생계유지자로서의 수단적 역할을 하던 남성, 그리고 자녀와 남편에게 부드럽고 애정적인 표현적 역할을 하던 여성의 역할은 남편이 퇴직함으로써 변화를 갖는다(최주환, 2016). 퇴직을 하면서 남편의 수단적 역할의 정도와 중요성이 줄어들고 가정에서 사랑과 애정을 보이고, 동반자적인 태도를 취하는 표현적 역할에 많이 관여하게 되면 결혼생활의 만족도가 높아진다. 반면, 퇴직 후 변화에 적응을 잘못하게 되면 '퇴직 남편 재가증후군' 등으로 결혼생활의 만족도가 떨어지게 된다(최성재, 장인협, 2010). 은퇴만족도와 은퇴 후의 삶의 질은 은퇴 이전에 은퇴 후의 삶을 얼마나 잘 준비했는지에 달려 있다(권미애, 2008). 남편의 은퇴로 인해 아내의 영역이 침범되어 사생활을 제한하고 일상생활의 흐름을 방해할 수 있다. 은퇴로 인한 변화에 적절하게 대응하면 부부관계를 긍정적으로 발전시킬 수 있으나 그렇지 못한 경우에는 부부갈등이 증가한다(박하영 외, 2018).

② 익숙하지 않은 강요된 친밀감에 대한 어려움

노년기에는 은퇴로 인해 부부 모두 주된 생활 장소가 가정으로 바뀌면서 부부 상호 간 접촉이 증가하고, 사회생활과 직업에 전념하던 남편이 가정생활에 깊이 관여하면서 갈등이 생긴다. 평생을 살아오며 서로 존중하며 우정을 키워 온 부부는 노년에도 자연스럽게 친밀감을 유지해 간다(Gottman, 1999). 그러나 의무적인 관계에서 도구적인 역할만으로 살아오던 부부에게는 친밀감을 느낀다거나 이를 표현하는 것이 낯설다. 이러할 때, 배우자의 은퇴로 접촉이 증가하면 부부관계가 악화될 가능성이 있다. 더 나아가, 강요된 친밀감에서 오는 갈등이 초래될 수 있다. 즉, 부부가 함께하는 시간이 증가하면 이런 상황이 익숙하지 않아 긴장과 갈등이 발생하기도 한다. 또한 평균 수명이 연장되어 과거에 비해 함께 보내는 시간이 길어지고, 노년기 이전 해결되어야 할 내재된 갈등이 다시 표출되면 두 사람의 관계가 악화되어 서로 고립된 생활을 영위하게 될 가능성이 높다.

③ 황혼이혼

결혼생활의 불만족은 노년기에 이혼(황혼이혼)으로 연결되기도 한다. 일반적으로 20년 이상 동거한 60세 이상 부부의 이혼을 뜻하는 황혼이혼은 오랜 결혼생활 과정에서 누적된 부부관계의 어려움과 갈등을 반영하는 현상으로 근래의 사회적인 문제로 대두되고 있다(박하영 외, 2018). 2016년 전체 이혼 건수 중 20년 이상 동거한 부부의 이혼이 30.4%로 가장 높은 비율을 차지한다. 1990년 3.1%와 비교해 볼 때 엄청난 변화이다.

노년기 이혼이 급증하는 이유는 자녀들 때문에 참고 살다가 자녀가 출가하고 나면 자신의 억눌린 감정을 분출하여 이혼을 결정하기 때문이다(이경원, 2017). 남성 중심의 가부장적 가족문화, 이혼에 대한 가치관의 변화, 자녀의 출가, 가족생활주기의 변화 등이 원인이 된다. 특히 경제적 문제로 이혼을 주저하던 여성 노인이 1999년 분할연금제도의 도입으로 경제적 보상을 받을 수 있는 길이 열려 이혼을 선택하는 경우도 한 이유가 된다.

④ 재혼

노년기에 재혼은 배우자를 상실한 노인이 노년기에 잘 적응하여 만족스러운 삶을 살 수 있는 하나의 기회가 될 수 있다. 그런데 젊은 사람에게나 노인에게나 재혼은 초혼에 비해 적응의 어려움이 크다. 재혼 후의 이혼율은 초혼의 이혼율을 능가한다. 특히 여성 노인의 재혼은 남성 노인의 경우보다 한층 더 신중함이 요구된다. 남성 노인은 재혼 대상으로 10세 이상의 연하를 원하는 경우가 많다. 따라서 여성 노인은 또다시 배우자와의 사별을 겪게 될 확률이 크다. 그럼에도 고독과 소외를 벗어나고 친밀한 관계를 맺고 싶은 욕구로 인하여, 또 황혼이혼이 증가하는 추세로 인하여 재혼의 증가도 예상된다. 노인 재혼은 계속 늘어날 전망이다. 그러나 가족의 부정적인 태도, 친구의 부정적인 태도, 재산상속 문제, 예상되는 경제적인 어려움 등이 있기 때문에 노인의 재혼에는 고려해야 할 요소가 많다.

⑤ 사별

생애 마지막 단계에 살고 있는 노인에게 죽음은 어느 단계에서보다 절실하다. 고령화가 될수록 배우자의 생존율은 낮아지는데, 남자의 경우보다 여자의 배우자 생존율이 훨씬 낮다. 노년기에 들어서 배우자가 사망하면 형성된 가족이 소멸되고 부부관계도 종결된다. 사별 후 남겨진 노인은 슬픔과 고독감을 크게 느낄 것이다. 또한 여성 노인의 경우에는 자녀에 대한 의존적 갈등을 경험하기 쉽다.

(2) 노부모-자녀 관계

신체적 · 인지적 기능이 저하되는 것은 노년기의 일반적 특징이다. 따라서 노년기는 부양받을 상황이 많아진다. 전통적으로 노부모는 자녀에게 부양받았다. 그러나 현대 가족에서는 노부모 부양이 자녀에 의해 충족되지 않는 경우가 많아진다(Magnus, 2010). 노부모 부양에 대한 가치관의 변화는 부모 자녀의 상호작용 패턴에 영향을 미치고 있다. 부모부양 책임이 '가족에게 있다.'라는 응답은 1994년 87.3%에서 2016년 30.8%로 감소하였으며, 젊은 세대일수록 부모부양을 가족보다는 부모 개인의 책임으로 인식하는 비율이 높다. 우리나라와 같이 부양에 대한 공적 지원이 부족하고 개인을 위한 실질적 지원체계가 가족으로 한정되는 경우, 이러한 가치관의 변화는 가족 간의 긴장과 갈등의 원인이 될 수 있다.

가족의 수가 줄고, 여성의 사회적 참여가 늘어나고 있는 상황에서 부모의 간병은 우선 간병하고 있는 사람의 부족, 한 사람이 간병을 담당함에 따른 피로와 긴장, 간병의 역할을 보충해 줄 수 있는 사람의 부족 등이 자녀에게 불효의 죄책감과 갈등을 불러일으키기도 한다. 저소득으로 인하여 제대로 봉양할 수 없거나 의료혜택을 줄 수 없을 때 죄책감과 갈등이 더 커진다.

부양에 대한 책임이 부계에서 양계가족 부양의 체계로 변화되면서 모녀관계와 장서관계 영역까지 관심이 확대되고 있다. 특히 여성이 남성보다 평균수명이 길기 때문에 남성은 여성에게, 여성은 자녀에게 돌봄을 받는 경우가 증가하면서 어머니는 세대 관계의 중심축 역할을 담당하고 있다(류민영, 정현숙, 2018).

(3) 노부모–손자녀 관계

종전에 비하여 평균수명이 연장됨으로써 자녀 양육 기간이 빨리 끝나고, 대부분의 노인이 손자녀를 가지고, 조부모의 지위를 유지하는 기간도 길어지고 있다. 그리고 부모의 사정에 의하여 조부모가 자녀를 장기간 양육하는 조손가정도 점차 늘고 있어 조부모와 손자녀의 관계가 중요한 가족관계이자 가족과 관련한 중요한 서비스 대상으로 부각되고 있다.

여성의 직장 및 사회 참여가 증가함에 따라, 조부모가 손자녀를 돌보는 역할을 하는 경우가 증가하였다. 은퇴한 노인의 손주 돌봄은 자신과 손자녀와의 직접적인 책임이나 의무를 지니고 있지 않기 때문에 정서적 유대감을 공유한다는 측면에서 긍정적이다. 또한 손자녀와 관계를 맺고 유지함으로써 젊음의 에너지를 재경험하고 삶의 연속성을 인지하며 인생의 경험이나 지혜 제공 등의 생산성을 경험하게 된다. 이는 노년기의 절망이나 상실감을 회복시키는 중요한 활동이기도 하다. 그러나 별도의 세대를 구성하여 살던 노인이 자녀와 동거하게 되거나 자녀에게 얹혀서 살게 되는 경우, 대부분 자녀 세대와의 문화 혹은 가치관의 차이로 다양한 갈등이 발생한다. 이러한 갈등의 확대는 가족관계의 단절이나 소외 문제로 이어지고, 더러는 자녀에게 비인간적인 대우를 받게 되면서 심각한 문제로 발전하기도 한다.

2. 개입방법에 대한 이론적 근거

노인가족상담은 노년기의 성공적인 적응을 위하여 노인 자신의 개인적인 노력과 함께 가족의 지원이 필요하다. 가족을 '상호작용하는 인간의 체계'로 전제하는 가족상담적 접근을 근거로 한다. 가족상담적 접근을 활용하여 노인가족의 문제 또는 가족체계가 가지고 있는 역기능을 찾아내도록 한다. 노인 가족상담도 일반 가족상담의 관점이 요구되며, 가족발달주기에 따른 발달과업과 현재의 문제를 야기하는 사회적 · 시대적 변화를 읽어 가는 안목이 요구된다.

1) 통합적 단기 가족상담이론

노인가족상담에는 상담사가 폭넓은 상담모델을 통해 내담자를 이해하고 문제를 해결함으로써 생산적인 결과를 가져오게 된다. 통합모델은 여러 다른 이론적 견해를 끌어모으고, 효과적인 것을 응집력 있는 체계로 가져오기 때문에 노인가족상담에 적합하다.

통합적 접근은 여러 이론적 입장으로부터 가장 새롭고 진보적인 방법과 기법을 사용할 수 있는데, 여러 이론들의 공통적인 요소들이 있다(Young & Long, 2003).

(1) 순환적 인과 모델

가족사정, 치료 계획, 개입으로 진행될 때에 각 과정마다 순환적 인과 모델을 전제로 한다. 순환성은 체계론적 사고와 일치하는 개념이기도 하여 가족관계의 상호작용에 주목하고 가족원이 서로의 지속적인 반응과 반작용에 어떤 영향을 주고받는지 탐색한다.

(2) 가족사정

가족사정은 사례개념화를 위한 중요한 첫 번째 활동이다. 가족사정은 가족 각자 관점에 따른 문제의 진술, 가족사의 영향에 대한 조사, 가족의 발달단계, 과거에 시도한 해결책의 검토 등을 포함한다.

(3) 긍정적 의미 부여

가족의 문제에 긍정적인 의미를 부여하는 것은 문제해결에 희망을 준다. 가족의 자원을 찾는 것, 혹은 문제를 외재화하는 것 등으로 가능하다. 긍정적 의미 부여는 응집성이 요구되는 가족치료에 특히 잘 적용된다.

(4) 감정 · 행동 · 인지의 통합적인 변화

변화는 인지 · 행동 · 감정 영역의 어느 한 영역만의 변화가 아니다. 이들 영역의 각 변화는 다른 영역의 변화를 촉진한다. 통합적 모델에서는 인지, 행동 및 감정의 통합적인 변화를 상담의 목표로 갖는다.

(5) 희망 부여

상담을 시작할 때부터 마지막 단계에 이를 때까지 가족이 희망을 가질 수 있도록 한다. 변화가 가능할 것이라는 희망을 주고, 설정한 목표에 도달할 것이라는 희망을 가지고, 가족에 일어난 변화를 유지할 수 있을 것이라는 현실적인 관점을 가지면 희망을 품게 된다.

2) 노인가족상담사의 태도

노인가족상담사는 효과적으로 상담하기 위하여 가족에 대한 이해는 물론, 노년기의 일반적인 특성, 노화와 죽음의 문제 등에 있어서 준비되어 있어야 한다.

- 생애발달적 관점에서 상담사는 노년기의 특수성, 즉 노화와 죽음의 직면이 필요하다.
- 노인 및 노인 가족의 개별적 상황에 따라서 상담 서비스를 개별화해야 한다.
- 노인에게 잠재되어 있는 부정적 감정을 의도적으로 표현하도록 하여 부정적인 감정을 긍정적인 감정으로 전환하도록 한다.
- 라포 형성 및 노인의 심리사회적 특성에 따른 각각의 감정을 수용한다.
- 노인의 감정과 사고를 비판단적인 자세로 들어주고 문제해결에 공동으로 참여할 수 있도록 한다.
- 노인 자신의 능력과 자원에 맞는 자유로운 의사를 존중하고 자신이 설정한 목표에 이르도록 한다.

3) 노인 가족의 영역별 과업

노인 가족의 과업 중의 하나는 일에서 은퇴하고 가정 내에 합류하는 것이다. 퇴직과 은퇴는 노인으로 하여금 소득의 경감이나 상실, 자아정체감과 자아존중감의 저하, 사회적 참여의 저항, 신체적 능력 저하, 기존 역할 상실, 여가 시간의 증가, 새로운 역할 정립 등과 같은 삶의 변화를 경험하게 한다. 동시에 미혼 자녀의 학업 및 혼인과 같은 과업이 남아 있는 경우, 상당한 경제적 심리적 부담을 안겨 주기도 한다.

- 고독과 소외감, 가족갈등, 이성 교제, 말벗 등에 대한 정서적 문제
- 노년 취업, 경제적 지원, 사회보장, 재테크 등에 관한 경제적 문제
- 여가 및 사회활동, 교육 및 법률 문의 등에 관한 사회적 문제
- 질병, 건강 상담, 노인복지시설 문의 등에 대한 신체적 문제

4) 사례평가 시 고려사항

노인가족상담에서 상담사는 노인 내담자와 가족구성원 간 관계의 특성, 성격특성, 인지적 역량, 지식 정도, 경제적 자립도, 성별과 연령차, 문화적 · 사회적인 배경에 따른 고정관념화와 훈련, 사회적 계층들에 대한 인식을 가지고 상담을 진행하도록 한다.

(1) 가족관계의 특성

일시적이거나 장기적으로 보호시설이나 요양기관에 노인 부모를 보내는 문제를 의논하는 가족의 경우, 결정에 걸림돌이 될 만한 가족원과의 오래된 관계의 역사가 있을 수 있다. 과거 갈등과 역기능적인 관계의 추가적인 짐을 지고 있는 자녀의 문제가 상담과정에서 드러날 수 있다. 따라서 현재 결정을 내려야 하는 현실적 문제를 해결하기 위하여 과거 가족관계의 특성을 파악하는 것이 바람직하다.

(2) 성격특성

노인의 성격이 내성적이거나 외향적인 성격에 따라서 은퇴 후 요양원이나 실버타운 등의 공동거주지 선택 상황에서 감정적으로 다르게 반응할 수 있다. 일반적으로 강직해지고, 세월의 변화에 대한 유연성이 떨어지는 노인은 자신에 대한 결정이 내려질 때, 자신에게 자세한 정보가 모두 제공되지 않거나 최종 결정이 나기까지 기다려야 하는 등의 상황에 대하여 극도의 불안감을 느낄 수 있다. 이러한 감정적인 반응은 노인과 가족원 간의 긴장을 가중시킬 수 있다(서혜경 외, 2013).

(3) 인지적 · 정서적 역량

노인의 인지적 역량은 가족 중재 논의에 영향을 미칠 수 있다. 일반적으로 통제감을 가진 노인이 그렇지 못한 노인에 비해 활동적이고 복합적인 반응을 보인다. 따라서 노인과 그 노인 가족상담에서 노인 내담자는 상담과정에서 전달되는 정보를 처리할 정도의 인지능력과 빠지지 않고 상담회기에 참석할 수 있다는 전제조건이 중요하다. 즉, 내담자의 자기결정 능력이 기본적으로 중요하다.

(4) 정보와 지식의 수준, 중재의 필요성 검토

노인 내담자와 상담을 할 때, 이들이 가진 지식이나 정보 수준이 문제가 될 수 있다. 보호기관이나 전문가의 지식이나 견해를 따르는 것이 필요하기도 하지만, 무조건 따르면서 점점 무기력한 환자가 되어 가는 경우도 많다. 이들은 자신의 건강이나 재정문제, 그 외 다른 영역에서 스스로에 대한 책임을 회피하려는 경향을 보인다. 따라서 상담사는 노인 내담자와 그 가족이 상담에서 여러 가지 대안 중 유익한 선택을 할 수 있을 만큼 충분히 이해하고 있는지 확인해야 하는 윤리적인 의무를 지닌다. 생활비 및 의료비용, 부채와 유산을 배분할 때, 부양자와 부양기관을 선택하고 결정해야 할 때, 급성 혹은 만성 질환을 치료하기 위해 적절한 의료기관을 선정해야 할 때, 노인학대와 차별에 관한 문제가 발생했을 때 갑자기 돌보아 줄 사람을 찾아야 할 경우가 있기 때문이다.

(5) 경제적 자립도

많은 노인이 자녀에게 경제적 부양을 받고 있거나 정부보조금이나 연금과 같은 공적 부양에 의지해서 살아가고 있다. 높은 생활 수준을 유지했던 사람들 중에도 자신의 재정 상태에 대한 현실적인 인식을 하지 못해 가진 것을 제대로 관리하지 못하고 다 써 버려 자녀에게 의지하는 경우도 많다.

3. 단계적 개입전략

1) 필수 기법

가족상담은 가족 중 어느 한 사람이 문제를 보이면 이를 가족체계의 문제를 보이는 것으로 보고 상담적 접근을 시도한다. 노인 가족의 경우에는 오랜 세월 동안 관계의 문제가 누적되어 있기 마련이다. 따라서 과거의 가족관계 및 가족체계에 대한 이해를 가지고 상담에 임해야 할 것이다. 일반상담과 마찬가지로 가족상담 역시 바람직한 방향으로 상담을 이끌어 가고, 긍정적인 결과를 얻기 위해 요구되는 상담사가 갖추어야 할 기본적이며 필수적인 기법들이 있다(서혜경 외, 2013).

(1) 긍정적 피드백

문제와 갈등에 대처하는 힘은 긍정적 사고이다. 문제 상황에서 갈등할 경우 내담자는 대개 부정적인 관점을 가진다. 이에 대해 상담사는 긍정적으로 피드백을 하여 내담자가 자신의 문제를 대처해 갈 수 있도록 임파워시킨다.

임파워먼트를 위하여 권한의 재해석이 되어야 한다. 전통적으로는 통제를 권한으로 간주했던 노인이 새로운 관계를 수립하는 것과 상호성·호혜성을 갖도록 과거의 관계를 재구조화한다. 자조, 상호 부조 활동 등 대인관계의 상호성을 강조한 실천적 적용을 통해 노년기 삶의 다양한 도전들에 대한 대처능력을 증진시키고, 의미 있는 인간관계 형성을 통한 삶의 질을 증진하도록 한다. 특정한 사건의 속성을 변화시키는 것이 아니라 이미 경험한 사실에 대한

표 18-1 **문제 행동과 긍정적 피드백**

문제 행동(증상)	긍정적 피드백
부인이 잔소리가 많다.	돌보고 싶은 마음을 말로 많이 표현한다.
며느리가 게으르다.	침착하다. 신중하다.
남편은 욕을 잘 한다.	불만을 표현하고 있다.
남편은 고집이 세다.	자기 자신의 뜻이 분명하다.
딸은 걱정이 많다.	여러 가지 가능성을 타진한다. 조심스럽다.
아내는 나에게 관심이 없다.	다방면에 관심이 많은 것 같다.
남편은 친구를 만나면 술을 마신다.	친구들과 만나서 풀고 싶은 것이 많다.
아들은 산만하다.	여러 가지 것에 관심이 많다.
아내는 우울하다.	사람들의 인정을 바란다.

관점, 감정 및 태도를 좀 더 구체화하고 긍정적으로 보도록 함으로써 문제와 관련된 감정과 의미, 가치 판단을 변화시킨다. 증상을 긍정적으로 재구성을 하도록 한다(〈표 18-1〉 참조).

(2) 가계도 및 생태도

노인 가족의 문제에 대한 다양한 원인과 해결 가능성을 파악하기 위하여 노인 가족을 둘러싼 주변 환경, 즉 가족을 비롯한 다양한 체계의 관계 구조와 환경자원을 탐색하기 위하여 가계도와 생태도가 유용하게 사용된다. 가계도는 다세대를 두고 내려오는 가족 안에서 자신의 모습을 탐색하는 데 바람직하다. 노인을 중심으로 여러 세대를 탐색하되, 어릴 적 이야기와 살아온 이야기를 중심으로 가족관계를 탐색한다. 죽음에 대한 가족의 이야기는 노인의 경우에 실감 있게 구성될 수 있다. 생태도는 복잡한 주변 환경 체계의 전체 모습과 조직적 유형 그리고 관계를 시각적으로 보여 준다. 상담사는 생태도를 이용하여 가계도와 그를 둘러싸고 있는 환경의 중요 체계들이 어떻게 구성되어 있는지, 그리고 노인 가족문제를 해결하기 위한 자원을 파악할 수 있다. 생태도는 노인 가족의 모든 사회적 관계망을 구성하여 가장 적극적으로 도울 수 있는 사회적 관계망을 찾을 수 있게 한다. 먼저, 중앙에 있는 원에 내담자와 그의 중요한 가족의 가계도를 그린다. 바깥 원들에는 내담자와 관계가 있는 사람이나 기관을 그린다. 내담자와 바깥 원들 사이에 그어진 선은 내담자와의 연결성을 나타낸다. 직선은 강한 연결성을, 점선은 약한 관계를, 사선은 갈등 또는 스트레스가 있는 관계를 말한다. 선이 넓을수록 강한 결속을 나타낸다. 화살표는 에너지나 자원의 흐름을 나타낸다.

사례

70세 김 할머니는 남편과 일찍 사별하고 남매를 키웠다. 지금은 그동안 함께 살던 큰 며느리와의 불화로 방을 얻어 혼자 살고 있다. 경제적으로 별로 어렵지 않으나 자신이 쓸모없는 존재인가 하는 생각이 가끔 든다.

개입방법

추상적이고 애매모호한 용어보다는 일상적이고 구체적인 용어를 사용하여 사회적 관계망 전반에 걸친 사항을 탐색한다.

사용할 수 있는 질문

- 친구들과는 얼마나 자주 만납니까?
- 교회에서는 어떠한 활동을 하십니까? 누구와 친하십니까?
- 명절에는 누구 집에서 모이며, 무엇을 하고 지내십니까?
- 노인복지관에서는 어떤 활동을 즐기십니까?

(3) 순환적 질문기법

순환적 질문은 내담자 가족의 저항을 최소화하고 가족 간의 관계와 의사소통 방식의 이해를 돕는다. 상담사는 순환적 질문을 통해 노인 가족관계에 대한 혼동된 시각을 찾아서 그들이 그동안 유지해 온 역기능적인 관계 유형을 인식하도록 하며, 새로운 시각을 갖게 하고 변화를 이끌어 내도록 한다.

순환적 질문기법은 문제와 관련된 예민한 부분에 대하여 직설적인 질문은 피하고 간접적으로 순환적 의사소통을 통해 노인 가족의 저항을 차단할 수 있다. 또한 가족에게 가족의 문제에 대해 더 분명하고 객관적인 정보를 줄 수 있다. 순환적 질문은 내담자의 문제를 예측하기보다는 이해하려고 노력하며 문제의 근원적 해결에 집착하기보다는 문제관리에 전념하게 한다. "당신은 언제부터 알코올에 중독되었습니까?" 또는 "당신은 왜 이렇게 중독이 되었다고 생각하십니까?" 등의 직선적인 인과관계에 대한 직설적 질문과 비교하여 순환적 질문은 간접적이며 순환적인 면담으로 연결된다.

사례

알코올 중독인 남성 노인이 아들 내외 가족과 함께 살며 가족을 원망한다.

사용할 수 있는 질문

- 가족 중에서 누가 제일 당신의 알코올 중독에 대해 염려하고 있습니까?
- 아들 내외가 당신을 많이 염려하고 있다는 것을 어떻게 알 수 있습니까?
- 아들 내외가 당신에게 말을 하면 당신은 어떻게 반응하십니까?

(4) 가족조각기법

가족조각기법은 문제를 가지고 온 노인과 가족이 상담실 공간에서 가족조각을 통해 그동안 유지해 온 관계를 눈으로 볼 수 있도록 시각적으로 나타낸다. 가족조각기법을 통해서 가족원들은 말을 사용하지 않고 몸짓과 서 있는 자세와 위치, 표정 등을 통해서 가족체계를 표

사례

남편 은퇴 후 아내와 가까이 하고 싶어 하는 남편을 피하고 싶어 아내는 미혼의 아들에게 더 많은 관심을 쏟는다. 남편과 아들 모두 불편한 상황에 처했다.

개입방법

남편과 자신은 거리를 두고 배치하고, 반면에 아들을 자기 옆에 서게 함으로써 아내가 아들과 동맹을 이루고 있는 조각을 한다. 상담사는 아내에 의해 가족조각이 이루어질 때 남편과 아들의 모습을 각각 주의 깊게 관찰하고 그들의 반응을 살핀다. 그리고 아내에게 변화되기를 원하는 관계가 일어나기 위해 어떤 변화가 일어나야 할 것인가를 토의한다.

사용할 수 있는 질문

- 가족 안에서 자신의 위치에 대한 느낌이 어떻습니까?
- 조각하는 구성원이 가족을 그렇게 지각한다는 것을 알고 있었습니까?
- 조각하는 구성원이 당신을 그렇게 지각하는 것을 알고 있었습니까?
- 가족이 이 조각처럼 어떤 역할을 한다고 생각하십니까?
- 가족이 어떻게 바뀌었으면 좋겠습니까?
- 가족의 변화를 위해 당신은 어떻게 할 수 있습니까?
- 이 장면에 제목을 붙여 보시겠습니까?

현할 수 있다. 가족을 눈앞에 두고 이들과의 친밀성과 무관심, 거리감 등을 다 말할 수 없는 현실을 고려할 때, 가족조각은 직접적으로 말로 표현하기 어려운 것들을 손쉽게 드러낼 수 있다. 또한 가족 모두가 상담에 참석할 수 없는 경우가 많기 때문에 다른 대리인을 통해 가족조각을 할 수 있는 것이 가족조각기법의 강점이다. 집단으로 할 경우에는 다른 참가자들이 가족조각에서 대리 가족으로 조각할 수도 있다.

(5) 문제해결을 위한 척도 질문

내담자의 문제가 어느 정도 심각하거나 호전되었는지, 문제해결을 위한 자원에는 무엇이 있는지, 그리고 변화에 대한 확신과 의지는 어느 정도인지 숫자로 표현하게 한다. 이것을 통해 상담사는 내담자의 상황을 더욱 정확하게 알 수 있으며, 내담자의 변화를 격려하고 강화해 주는 사람과 상황에 대한 구체적인 정보를 얻을 수 있다. 예를 들면, "1에서 10까지의 척도에서 1은 문제가 가장 심각할 때이고 10은 문제가 다 해결되었을 때라면, 지금은 몇 점인가요?" 또는 "5점에서 7점으로 올라가려면 무엇이 필요할까요?" 등의 척도질문을 함으로써 내담자에 대한 정보를 구체화할 수 있다.

(6) 과거성공경험 찾기

상담사가 내담자에게 과거의 성공 경험을 기억나게 해 주고 한때 잊었거나 사용하지 않았던 문제해결 방법을 발견한다면 내담자의 문제해결에 도움을 줄 수 있다. 특히 노인은 과거에 좋았던 시절을 이야기하는 것을 좋아하기 때문에 과거 성공 기억을 일깨우고 자신에 관하여 희망을 갖게 한다.

사례

사용할 수 있는 질문

- 이렇게 절망하신 적이 과거에도 있었다고 하는데, 그때 어떻게 대처하셨나요?
- 아내가 과거에도 낭비벽이 심하였는데, 그때에는 어떻게 대처하셨나요?
- 며느리의 행동에 마음이 상하였는데, 예전에는 어떻게 하셨나요?
- 젊은 시절 그 힘든 직장 생활은 해내셨는데, 어떻게 그런 힘이 있으셨나요?

(7) 회고록 작성하기

회고록이나 자서전 등은 과거를 현재화하는 일련의 과정으로 자아를 성찰하고, 정체감을 확인하는 중요한 기술이다(White, 2007). 특히 노년기에는 삶을 통합하고 싶은 욕구가 많은데 회고록이나 자서전 등이 도움이 된다. 회고록 작성의 목표 아래 전 생애 삶을 회고하면서 자신의 삶의 의미를 찾는 작업을 집단으로 함께하는 것은 노인 가족에도 좋은 영향을 주게 된다. 일대일로 만나는 형태에서가 아니고 여러 명이 만나는 과정으로 상담을 구조화한다. 모든 가족이 모이기 어려우나, 가족원 중 한 명이 노인을 대상으로 회고록 작성을 하도록 도와주기도 한다. 회고록 작성은 삶의 정체성에 대해 새로운 관점을 가지게 되고, 간과해 왔던 삶의 한 부분을 다시 생각하고 돌이켜 보게 한다. 중요하게 생각해 왔던 삶의 가치와 목적을 다시 생각하고, 이전에는 미처 자각하지 못했던 특정한 경험에 대해 새로운 의미를 찾게 되는 효과를 가져온다. 항상 가지고 있었지만 그동안 전혀 지각하지 못했던 삶의 기술을 발견하고, 이제까지 한 번도 고려해 본 적이 없는 것을 시도하며 평상시 생각하는 방식이 아닌 다른 방식으로 생각하기도 하는 결과를 얻는다.

2) 단계적 개입전략

가족문제는 개인의 문제라기보다는 가족관계의 문제로 이해되어야 한다. 그럼에도 상담의 과정 및 사례 평가의 측면에서 개인상담과 많은 부분 공통점을 가지고 있다. 그러나 노인 가족은 오랜 세월을 두고 누적된 가족 관계를 탐구한다는 점에서 특수성이 있다고 하겠다.

초기 면담부터 중기, 종결로 이어지는 상담의 과정을 살펴보면 다음과 같다(〈표 18-2〉 참조; Nichols, 2015).

표 18-2 가족상담의 과정

의뢰 및 접수	초기	중기	종결
• 상담의뢰인 정보 • 호소문제 • 문제의 성격과 지속 기간 • 대처방법 • 상담 참여 가능자 탐색	• 치료적 동맹 • 상담의 구조화 • 가족사정 • 상담목표 합의 • 상담계약	• 가족사정 • 개입	• 종결 시기 판단과 준비 • 변화 확인 • 종결 단계 • 추수 면접

(1) 의뢰 및 접수

① 상담 의뢰인의 정보를 탐색한다.
② 호소문제를 파악한다.
③ 문제의 성격과 지속 기간을 탐색한다.
④ 대처방법을 알아본다.
⑤ 상담 참여 가능자를 탐색한다.

(2) 초기

① 상담의 구조화

보통 노인 가족상담은 단기상담으로 10회 정도가 보편적이다(서혜경 외, 2013). 가족원의 영향력이나 특성에 따라 형편을 고려하여 구조화하는데, 개인상담, 부부상담, 가족상담의 다양성을 고려한다.

② 가족사정에서 고려할 점

가족생활주기의 단계를 이해하며, 과거와 현재의 모든 이슈를 사정하도록 한다. 특히 사회적 관계는 현재 증상을 유발하는 역기능적인 행동일 수 있기 때문에 내담자의 현재적이고 사회적인 주변 환경과의 관계에 초점을 맞추도록 한다. 특히 가족의 규칙과 신화를 사정할 때에는 문화적 요소를 감안하도록 하며, 정상과 비정상이라는 말을 구별하지 않도록 한다. 체계를 사정한다는 미명하에 개인 및 가족을 기계화하지 않도록 하며, 가족체계와 상호성에 민감하도록 한다. 증상 제거를 목적으로 하며 내담자 스스로 문제를 정의하고, 자신이 어떤 문제를 해결하기를 원하는지 결정하며, 성공적인 해결을 위한 방법을 탐색하도록 한다.

③ 상담목표 합의

내담자에게 중요한 것으로 작고 실천 가능한 것부터 구체적이며 현실적이고 융통성 있는 목표를 설정하여 성취 가능한 것부터 찾도록 한다.

(3) 중기

중기에서 상담사는 가족문제의 성격에 맞추어 상담에 필요한 개입을 시도하게 된다. 오랫동안 사용해 왔던 역기능적인 상호작용 패턴을 벗어나 바람직한 방향으로 변화하는지 도와준다(Nichols, 2015). 통합적인 관점에서 상담사의 중립성을 유지하면서 사회의 변화에 적응해 가며 가족이 변화하는 동기가 있는지 또한 변화능력이 있는지 확인해 가며, 가족의 상황에 맞는 개입을 점검한다.

(4) 종결

가족의 불평이나 문제가 사라지고 상담목표가 달성되면 상담을 종결한다. 종결 시점이 되면 상담사는 종결 시점을 확인하고 준비해야 하는데, 내담자 가족의 의존성, 실생활 적응 능력을 확인하는 것이 중요하다. 또한 추수 면접의 가능성도 시사한다.

3) 사례 평가의 내용

사례 평가를 통하여 가족문제에 대한 정보를 수집하고 문제에 대한 가설을 세운 후, 다음 단계를 진행한다. 가족과의 관계 형성 및 목표 수립 그리고 구조화를 한다.

상담의 시작 단계에서 내담자의 문제를 평가하고 상담과정에 대한 가설을 세운다. 이때 상담사는 각 사례를 종합적이고 구조화된 방법으로 평가한다. 상담사는 사례의 특성에 따라 상담사 자신의 기법들을 선택하여 사용하는데, 어떠한 접근 모델을 사용하든지 가족의 갈등이 어떻게 해서 발생되었고, 그 과정이 어떻게 진행되었는지를 파악하는 것이 중요하다.

가족상담사는 가족의 현재 상태와 기능을 평가할 기준을 파악하는 것이 바람직하다(〈표 18-3〉 참조).

표 18-3 가족체계의 평가

가족의 현재 실상
• 결혼한 상태인가 혹은 동거 상태인가? • 가족원 모두 가계도에 기록되었는가? • 가족은 서로 이야기를 나누는가? • 마지막으로 이루어진 상호작용의 내용은 무엇이며, 또 그 시점은 언제인가? • 가족 중 누가 상담사와 처음 접촉하였고, 상담 비용은 누가 지불하는가? • 가족은 얼마 동안 같이 지내면서 살았는가? • 문제가 발생하기 전에 관계는 어떠하였는가? • 스트레스가 생기면 같이 해결하였는가? 따로 해결했는가? • 재정적인 문제는 어떻게 합의되어 있는가?

가족원의 개인적 특성
• 가족원 중 정서적 혹은 행동적 문제를 가진 사람이 있는가? • 가족의 발달주기는 어느 단계인가? • 가족원은 서로 어떻게 얼마나 책임을 지고 있는가?
관계적 맥락
• 가족 간에 애착과 자율은 어떻게 표현되는가? • 가족의 의사소통은 얼마나 구체적이고 피상적인가? • 성별이나 나이 또는 다른 요인들로 인하여 힘을 사용하는 데 차별이 있는가? • 가족 외에 다른 누군가가 현재의 갈등에 어떤 영향을 미쳤는가? • 가족이 서로의 진실과 공정함에 대해 얼마나 신뢰하고 있는가? • 현재의 갈등이나 문제를 유지하는 방어적인 기능은 무엇인가?
개입을 위한 준비
• 이전에 상담을 받은 경험이 있는가? • 상담이 무엇인지 이해하고 있는가? • 상담사와 가족 간에 라포가 형성되어 있는가? • 상담에 참여할 준비가 되어 있는가 아니면 상담하기 전에 다른 도움이 필요한가?

4. 사례연구: "아내가 이혼하자고 할 줄은 생각도 못했어요."

내담자는 65세 남성(2018년 2월 은퇴)이며, 아내는 58세로 현직 근무 중이다. 딸은 30세로 현재 직장 생활 중이며 분가하였고, 아들은 25세 군 복무 중이다. 부부는 1987년에 지인 소개로 교제 후 결혼하여 슬하에 남매를 두었다. 2003년부터 내담자는 지방대학에서 교편을 잡고 있었고, 서울에서 아내가 남매를 양육하며 주말부부로 지냈다.

부부가 서로 친밀함은 약한 편이었다. 월 1회나 2회 정도 서울에 올라와도 아내와 자녀들은 내담자에 대하여 인사도 별로 없고, 냉담하였다. 지방에 있는 노부모를 찾아 명절을 지내는 문제로 부부간에 여러 번 다툼이 있은 후 아내는 더욱 거리를 두었다. 약 10년쯤 된 것 같다. 남편은 매달 꼬박꼬박 생활비를 송금하여 자녀들이 학업을 계속하도록 하였고, 지방에 계신 부모에게 절기마다 찾아뵈면서 도리를 다하였다. 대학에서는 주어진 업무를 충실히 수행하고 있었다. 하지만 가족의 태도가 마땅치 않으며, 이해할 수 없다. 그러나 마땅치 않은 티를 내려고 하지 않았다. 단, 아내가 명절 때 본가에 내려가지 않으면 언성을 높여 싸우곤 하였다. 은퇴를 앞두고 아내가 졸혼, 이혼 소리를 하기 시작하였으나, 남편은 전혀 마음에 두지 않았다. 그런데 정작 남편이 은퇴하여 집에 돌아오자 아내가 자기 짐을 챙겨서 나갔다. 이때만 해도 남편은 아내가 잠시 후 돌아올 것으로 기대하였다. 그러나 얼마 후 아내로

표 18-4 가족상담 예시

초기	
치료적 동맹 맺기	
상담의 구조화	아내는 상담에 올 의향이 전혀 없을 뿐 아니라 이미 집을 나갔다. 남편 개인을 대상으로 이후 상황을 대처하며 개인상담으로 진행한다.
가족사정	• 가족 규칙에 대한 남편의 신념 파악: 남편의 역할은 경제적 활동이라고 생각한다. 부부관계의 정서적인 면은 전혀 고려하지 않고 있었다. 가족관계의 역동에 대해 민감하지 않았고, 부정적인 감정을 억압하고, 갈등을 대처하려고 하지 않았다. • 가족발달단계: 남편이 은퇴함으로써 퇴거 증후군이 발생한다. 아내는 서먹해진 남편과 함께 지내는 것을 원치 않는다.
상담목표 합의	• 이혼하려는 아내의 의사를 파악한다. • 갈등 상황에서 본인의 대처 행동에 대해 평가를 해보고 재조정한다. • 최악의 경우에 대해 생각해 본다.
중기	
변화를 위한 내담자의 동기 확인	가부장으로 자신의 위치에 대해 전혀 의심해 본 적이 없다. 아내가 집을 나간 후 갑자기 자신이 버려진 느낌이다. 자신이 잘못한 것이 있으면 무엇이든지 고치고 싶으나 아내는 전혀 남편을 만나려고도 하지 않는다. 남편은 아내가 돌아올 때까지 기다리겠다는 마음이다.
사회적 변화	가부장적인 환경에서 순응하면서 살던 아내는 은퇴하고 돌아오는 남편에게 변화될 수 있는 여지를 전혀 기대하지 않는다. 아내는 10년 전 이전부터 남편이 은퇴하면 이혼하려고 마음먹고 있었다.
변화단계 확인	남편의 노력에 비해 아내의 의지는 오래되고 확실한 듯하였다. 아내가 돌아오지 않을 경우, 남편은 어떻게 대처할 것인지 브레인스토밍하였다. 예를 들면, 아내가 이혼을 청구하였을 경우 남편이 할 수 있는 일에 대해서 알아본다.
타 기관 연계의 필요성	이혼소송을 할 경우를 대비하여 이혼에 관련된 기관을 찾아보고, 상황에 대처하도록 한다.
종결	
• 종결에 대한 확인과 준비하기 • 이혼 후 새로운 환경에 대한 준비 • 추후 면접의 가능성 알림	

부터 이혼하자는 정식 제의를 받게 되면서 혼돈 속에 상담을 신청하였다.

5. 노인 가족을 상담할 때 상담사가 유의해야 할 점

노인가족상담은 노년기의 성공적인 적응을 위하여 노인 자신의 개인적인 노력은 물론 가족의 지원이 요구된다. 상담사는 노인 내담자와 가족원 간 관계의 특성, 성격특성, 인지적 역량, 지식 정도, 경제적 자립도, 성별과 연령차, 문화적·사회적 배경에 따른 고정관념화와 훈련, 사회적 계층들에 대한 인식을 가지고 상담을 진행해 나가는 것이 바람직하다. 따라서 가족상담사는 일반 가족상담에서의 상담사의 태도를 기본으로 가족발달주기에 따른 발달과업과 현재의 문제를 야기하는 사회적·시대적 변화를 읽어 가는 안목이 요구된다.

첫째, 상담사는 가족 및 개인의 가치관의 급격하게 변화하는 분위기를 감지한다. 사회의 변화는 가족에도 나타난다. 상담을 요청할 때, 최근에는 예전과 달리 노인이 직접 내담자가 되어 적극적으로 자신의 정서적 불편함을 표현하는 경우가 증가하고 있다. 상담의 내용도 과거에는 경제적 지위의 하락을 통해서 경험하는 상실감 및 가족 내 구성원과의 관계 갈등이었다면 갈수록 부부간의 성 문제, 재산분할 관련 갈등, 이성 교제 등으로 내용이 다양해지고 있기 때문이다.

둘째, 생애발달주기의 특성을 고려한다. 노인은 생애 마지막에 해당 되는 시기이므로 자연적으로 신체적·경제적·사회적 관계 등에서 상실을 경험하며, 특히 만성 혹은 급성 질환과 관련된 위기 상황이나 죽음을 맞이한다. 상담사는 노년기의 자연스러운 특성, 노화와 죽음의 문제 등에 있어서 준비되어 있어야 한다.

셋째, 오랫동안 축적된 가족관계를 고려한다. 개인주의화 되어 가는 분위기임에도 불구하고 노인 혼자 해결하기 어려운 일이 발생하는 경우에는 가족이 개입하게 된다. 노인 가족의 경우에는 오랜 세월을 두고 관계의 문제가 누적되어 있기 마련이다. 따라서 과거의 가족관계 및 가족체계에 대한 이해를 가지고 상담에 임해야 한다.

넷째, 노인가족상담으로 인하여 가족원들이 가족으로서의 긍지를 찾도록 해 준다. 상담사가 내담자에게 과거의 성공 경험을 기억나게 해 주고, 한때 잊었거나 사용하지 않았던 문제해결 방법을 발견한다면 내담자의 문제해결에 도움을 줄 수 있다. 비록 노인의 문제로 상담이 시작되었더라도 상담과정을 통하여 가족원들이 가족에 대한 희망을 찾을 수 있다.

6. 나가는 말

한국인의 기대수명은 남자가 80.6세, 여자는 86.6세로 올라갔고(WHO 세계건강통계, 2023), 우리 사회는 2017년에 고령사회로 진입하였다.

20세기 말부터 급속하게 제기되기 시작하던 노인문제는 고령사회의 사회문제로 대두되고 있다. 4차 산업사회를 향한 급속한 사회의 변화는 가족 조직체에도 급속한 변화를 가져왔다. 가족 내의 세대 간 상호작용 패턴은 다양하고 복잡하게 변하고 있다. 전통적인 가치관과 현대적인 가치관의 변화가 혼재한 시대에 노인의 가치관은 자녀 및 손자녀 세대의 가치관과 충돌하면서 갈등을 유발하고 있다. 노인의 권위와 영향력은 기존의 전통적 관점으로부터 변화와 재인식을 불가피하게 되었다.

그동안 노인에 대한 관심은 은퇴자, 사별자, 독거노인 등 노인 개인을 대상으로 이루었으나, 이제는 가족상담적 차원의 관점이 요구된다. 노인 개인이나 가족관계적 차원에서 심리정서적 도움을 제공하기 위하여 전문적인 가족상담적 접근이 필요해졌다. 가족발달주기가 길어짐으로써 노인과 노인 가족이 새로운 국면에 접어들었기 때문이다. 가족발달주기의 마지막 단계에 있는 노인과 노인의 가족에 집중하여, 가족의 의미가 긍정적으로 이루어지는 방향으로 나아가는 데 노인 가족상담접근이 기여해야 할 것이다.

참고문헌

강문희, 박경, 강혜련, 김혜련(2011). **가족상담 및 심리치료(2판)**. 신정.

권미애(2008). 노년기 가치관이 삶의 만족도에 미치는 영향. 노년기 활동 유형별 분석. 성신여자대학교 대학원 박사학위 논문.

김미동, 김해란(2018). 1993~2016년 신문기사를 통해 본 명절 스트레스 양상에 대한 내용분석. **한국가족관계학회지, 22**(4), 107-134.

김영주, 변유정, 차승은(2018). 일인 가구를 둘러싼 신문기사분석: 가족학 연구에 관한 시사점을 중심으로. **한국가족관계학회지, 23**(2), 67-87.

김유숙(2014). **가족치료: 이론과 실제(3판)**. 학지사.

김혜경(2017). **노년을 읽다: 박완서 소설로 읽는 노년의 삶**. 충남대학교출판문화원.

류민영, 정현숙(2018). 중년기 기혼부부의 어머니와의 세대관계 측정을 위한 양가성 척도개발. **한국가족관계학회지, 22**(4), 239-256.

박하영 외(2018). 남녀노인의 성역할 태도 유형이 부부관계 만족도와 부부갈등 수준에 미치는 영향. 한국가족관계학회지, 23(1), 21-47.

백찬규(2017). 젊은 노인의 탄생. 원앤원북스.

서혜경, 정순둘, 최광현(2013). 노인상담: 기본 기술과 과정. 학지사.

이경원(2017). 일본 사회의 친밀한 관계의 지형 변화. 한국가족관계학회 2017 추계학술대회 자료, 41-55.

이영규(2015). 한국사회 고령화 및 가족관계의 변화와 가사 사건의 변화. 법무사, 통권 572.

정현숙(2017). 친밀한 관계의 지형 변화와 가족학자의 과제. 한국가족관계학회 2017 추계학술대회 자료, 11-40.

최성재, 장인협(2010). 고령화 사회의 노인복지학. 서울대학교 출판문화원.

최주환(2016). 은퇴한 남성 베이비부머의 내적 갈등 연구. 백석대학교 대학원 박사학위논문.

통계청(2017). 장래가구추계: 2015~2045년. 통계청.

Gottman, J., & Silvern N. (1999). *The seven principles for making marriage work*. Three Revers Press.

Irving, P. H. (2016). 글로벌 고령화 위기인가 기회인가: 전세계 고령화 현상에 대한 미국 밀켄 경제연구소의 심층진단과 해법[*The upside of aging :how long life is changing the world of health, work, innovation, policy, and purpose*]. 김선영 역. 아날로그.

Magnus, G. (2010). 고령화 시대의 경제학: 늙어 가는 세계의 거시 경제를 전망하다[*(The) age of aging: How demographics are changing the global economy and our world*]. 홍지수 역. 부키.

Nichols, M. P. (2015). 가족치료 이론과 실제[*The essentials of family therapy*(6th ed.)]. 김영애 역. 시그마프레스.

White, M. (2007). 이야기치료의 지도[*Maps of narrative practice*]. 이선혜 외 역. 학지사.

WHO (2014). 세계건강통계.

Young, M. E., & Long, L. L. (2003). 부부상담과 치료[*Counseling and therapy for couples*]. 이정연 역. 시스마프레스.

제19장

1인 가구

1. 1인 가구의 실태 및 현황

우리는 보통 자신을 소개할 때 자신의 이름과 역할을 이야기한다. 그런데 좀 더 자신의 소개가 깊어질 때 나오는 흔한 주제는 가족이다. 내가 어떤 뿌리를 가지고 있고, 어디에 살았으며, 가장 소중한 사람은 누구인지의 중심에 보통 가족이 있다. 자녀, 부모, 배우자, 형제, 자매, 할머니 등과 같은 사람이 이와 같다. 가족은 나와 분리될 수 없을 정도로 가까우며, 이는 우리 정체성의 큰 부분을 차지하고 있다. 그렇다면 가족은 무엇일까? 일반적으로 가족은 혼인이나 입양, 혈연으로 구축되어 있으며 여러 세대에 걸친 다양한 구성원으로 구성되어 있다. 인간은 가족에서 태어나며, 양육과 교육을 받고 보호를 받는다. 그러나 가족이 꼭 동거하고 일상의 삶을 공유하는 것은 아니다.

전통적으로 가족은 여러 사람이 모인 하나의 가구로 정의됐었다. 가령, 핵가족은 대가족보다는 가구의 구성원이 적은 가족 형태를 의미해 왔다. 그러나 현대사회에서 가족은 세분화되고 있다. 그리고 그중 가장 작은 단위를 가진 가구가 바로 1인 가구이다.

현재 대한민국의 1인 가구가 빠르게 늘고 있다. 2015년에 1인 가구는 약 520만 가구였으나, 2022년에 이르러 750만 명으로 가파르게 증가했다. 또한 2022년 기준으로 1인 가구는 전체 가구의 34.5%를 차지하며 그 어떤 가구보다도 가장 큰 비중을 차지한다. 1인 가구 다음으로는 2인 가구(약 626만 명, 28.8%), 3인 가구(약 418만 명, 19.2%), 4인 이상 가구(382만 명, 17.6%) 순으로 집계되고 있다(통계청, 2023).

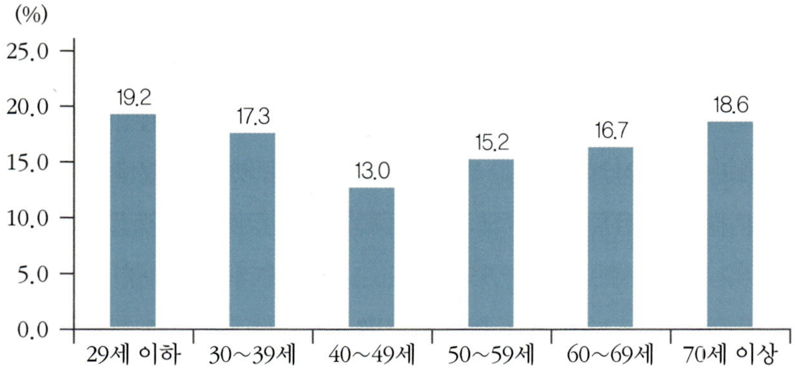

그림 19-1 연령대별 1인 가구 비중(2022)

출처: 통계청(2023). 인구주택총조사.

1인 가구는 어느 연령대에 많이 분포되어 있을까? 나이별로 보면 2022년 기준 29세 이하가 19.2%, 30~39세가 17.3%, 40~49세가 13%, 50~59세가 15.2%, 60~69세가 16.7%, 70세 이상이 18.6%로 29세 이하가 가장 큰 비중을 차지하고 그다음이 70세 이상으로 나타났는데, 청년층과 노년층에 가까울수록 1인 가구의 편중이 높은 것으로 나타났다(통계청, 2023).

2. 개입방법에 대한 이론적 근거

1) 1인 가구가 늘어나게 된 원인과 배경

1인 가구가 크게 늘고 있는 이유는 시대의 변화와 맞물린 사회적 · 문화적 요인이 있다.

첫째, 바로 산업의 변화이다. 한국사회는 단기간에 급속도의 산업 변화가 일어났다. 기존의 농업 중심의 사회는 반세기만에 제조업 중심으로 빠르게 개편되며 도시화되었다. 이러한 추세는 날이 갈수록 빨라지고 있다. 농업에서 바통을 넘겨받은 공업, 광업, 건설업과 같은 제조업 기반의 2차 산업은 또다시 서비스 산업을 주축으로 한 3차 산업으로 빠르게 전환되고 있다. 서비스 산업은 사람을 대상으로 하는 산업이 대부분이므로 인구가 많이 거주하는 곳에 위치하는 것이 유리하다. 이에 더해 반도체, 인터넷, IT와 같은 4차 산업과 함께 첨단 산업이 형성되며 초도시화가 구축되기에 이른다.

특히 젊은 세대일수록 도시화 현상에 궤를 같이할 수밖에 없다. 이를테면, 이전부터 농촌에 살았던 집안도 이제부터는 다른 현상이 펼쳐진다. 많은 청년이 학업을 위해 도심으로 상경한다. 자연스럽게 인구가 몰리는 곳에 산업이 구축되고, 산업이 구축되니 인구가 다시 몰리기 시작한다. 실제로 통계청(2021)에 따르면, 1인 가구가 발생하는 가장 큰 이유가 학업과 직장으로 나타나고 있으며, 이는 40대까지의 젊은 층일수록 현저히 높다.

둘째, 1인 가구가 증가하는 원인에는 경제적 부담도 한몫한다. 그리고 이는 앞서 다뤘던 산업의 변화와도 궤를 같이한다. 많은 사람이 몰리다 보니 공급보다 수요가 몰린다. 도심 중심지의 주택 가격은 천정부지로 높아지고 생활비가 올라가는 등 인플레이션을 유발한다. 게다가 사람은 몰리고 일자리는 적으므로 고용은 더욱더 치열하고 고용 환경도 불안할 수밖에 없으며, 경제적인 부담이 커지므로 많은 이가 결혼을 미루거나 아이를 낳지 않으려고 하는 경향이 뚜렷해진다. 즉, 1인 가구가 급속도로 팽창되는 이면엔 가족원의 현저한 축소가 이미 상당히 진행되고 있다는 것이며, 이 기저엔 경제적 부담이 큰 몫을 차지하고 있다는 것이다. 실제로 통계청(2023)에 따르면, 1인 가구의 61.3%는 연 소득이 3천만 원 미만이며, 2023년 기준 1인 가구의 자산은 2억 949만 원으로 전체 가구(5억 2,727만 원)의 39.7% 수준이다. 이는 1인 가구가 현저히 늘고 있는 점에 비해 경제적 상황이 평균 가구보다 현저히 취약한 상황임을 의미한다. 이는 경제적 부담과 1인 가구의 등장이 상관성을 가지고 있다는 점을 시사한다. 현재, 1인 가구는 경제, 안전, 건강에서 다인 가구에 비해 취약하다(통계청, 2021).

셋째, 시대의 변화로 함께 등장한 개인주의의 등장이다. 기존의 대가족 문화에서는 집단주의 문화가 주를 이뤘다. 그러나 핵가족을 위시한 소규모의 가족원이 등장하면서 집단주의보다는 개인주의 문화가 물결을 이루기 시작한다. 매슬로(Maslow, 2011)는 인간의 욕구에는 위계가 있는데, 하위 욕구인 생존과 안전 욕구가 있으며, 상위 욕구에는 사랑과 소속감의 욕구, 인정 욕구, 자아실현의 욕구가 있다고 하였다. 많은 이가 경제적인 어려움을 걱정하지만, 1세기 전의 사람들이 걱정했던 경제적 어려움과는 결이 다르다. 지금의 경제적 고민은 끼니를 걱정하기보다는 상대적 박탈감이 주를 이룬다. 즉, 생존과 안전의 욕구보다는 보다 상위 욕구가 가동되기 시작하는 것이다. 개인주의는 자아실현의 욕구와 연관되며, 자아실현의 욕구는 다시 개인주의 문화를 양산한다. 그로 인해 결혼관도 바뀌고 있다. 이전에는 결혼은 인생에서 필수적인 과정으로 여겨졌으나 현대인 중 많은 사람이 더는 결혼이 가족의 행복을 보장해 준다고 믿지 않는다. 그 빈틈을 통해 좀 더 자신의 삶을 구축하고 자신만의 공간과 시간을 가지려고 하는 경향이 1인 가구의 급격한 증가를 낳았다.

넷째, 생활방식의 변화이다. 도시화가 진행되며 혼자 살아도 큰 불편감을 느끼지 못하는 경우가 등장하기 시작한다. 많은 인프라와 서비스가 확충되기 시작하였고, 혼자 밥을 먹고 여가를 즐길 수 있는 문화와 환경이 조성되고 있다. 더는 독립생활이 외롭거나 불편하지 않은 것이다. 게다가 오프라인 환경이 아닌 온라인 환경에서 사람들과의 관계가 형성되고 있다. 누구나 작은 스마트폰을 들고 전 세계에 있는 사람과도 관계할 수 있다. 대면 만남보다 비대면 만남이 늘어날수록 물리적 공간이 가상 공간으로 대체되고 있다.

즉, 산업의 변화, 경제적 어려움, 개인주의 문화의 등장, 생활방식의 변화라는 이 네 가지 축이 1인 가구를 가속화하고 있다. 그럼 급속도로 늘어난 1인 가구의 부작용은 없을까? 다음에서는 1인 가구가 어떤 심리적 문제나 어려움을 겪고 있는지를 살펴보려고 한다.

2) 1인 가구의 심리적 어려움

(1) 외로움과 고립감

인간은 관계 속에서 태어나며 관계 속에서 죽는다. 인간은 생후 1년까지는 철저히 무기력한 생태에서 부모의 돌봄에 전적으로 의존한다. 그때까지는 걸을 수도 없고 어떤 음식을 찾아 먹을 수도 없는 등 생존할 수 있는 능력을 갖추고 있지 못한다. 걸음마는 생후 1년 무렵이 되어서야 시작되나, 이때 역시 정도의 문제일 뿐 여전히 의존적 상태이다. 또한 인간은 죽어갈 때 가족과 의료진, 사회적 망의 돌봄을 받으며 죽는다.

물론 1인 가구가 그 자체로 부정적인 것을 뜻하는 것은 아니다. 1인 가구는 자신의 시간과 공간이 확보된다는 장점이 있다. 1인 가구의 인간관계에 대한 만족도는 약 50%에 육박한다(통계청, 2023). 1인 가구 구성원은 더 많은 여가와 취미, 자기계발을 할 수 있는 장점이 있기도 하다.

다만 같은 통계에 따르면, 몸이 아프거나 우울하거나 경제적으로 어려울 때 1인 가구가 전체 가구 수보다 사회적 관계망에 대한 수요가 높다는 점은 이들의 양면적인 태도를 보여준다. 또한 1인 가구가 꼭 관계의 폭이 적은 것은 아니다. 1인 가구여도 다양한 상황에 따라 동거하는 이가 있을 수 있다. 그럼에도 일반적으로 1인 가구는 다른 가구에 비해 혼자 생활할 확률이 높다. 혼자 생활을 영위한다는 것은 심리적 문제에 취약해질 수 있음을 뜻한다. 실제로 1인 가구가 겪고 있는 불안과 외로움에 관한 연구가 많이 있다(박민진, 김성아, 2022; 이명진, 최유정, 이상수, 2014; 이은영 2018; 조혜정 외, 2022; 최진환, 박정윤, 2024).

조혜정 등(2022)에 따르면, 1인 가구는 다른 가구보다 가족의 연락 횟수도 적었고 가족관계 만족도가 낮은 것으로 나타났다고 보고한다. 또한 가족 연락 횟수와 가족관계 만족은 외로움을 낮출 수 있는데, 1인 가구의 경우 가족관계의 만족도가 높을수록 외로움과 고립감이 경감되었다. 또한 가족 내 갈등이 심각하다면 다른 가족 구성원과의 연락이 뜸해지고 이는 사회적 문제로 비화하기도 하는데, 고독사가 그 대표적인 문제이다. 이전의 한국사회에서의 고독사는 보통 독거노인 층에서 집중됐으나 현재는 청년층에서도 고독사가 증가하고 있다(박향미 2022; 신현주, 2018).

장기간의 고립감과 외로움은 우울 장애, 불안 장애 등 심리적 고통으로 이어질 수 있다. 더욱이 사회적 취약계층이나 노년층일 경우에는 사회적 관계에서의 단절과 고립감이 심해지며, 이는 고독사나 자살과 같은 극단적인 문제로 이어질 수도 있다(송영신, 2015). 이명진 등(2014)은 1인 가구가 다른 가구 구성원에 비해 우울감, 외로움, 고립감, 슬픔을 느끼는 정도가 더 크다고 주창한다. 더욱이 노년층의 경우, 배우자의 사별이나 자녀들의 독립으로 인해 1인 가구가 되는 경우가 많고, 이는 복합적인 상실과 심리적 고통으로 나타날 수 있다. 만약 불안을 느낀다고 하더라도 이를 함께 대화하고 연결성을 구축해 줄 수 있는 깊은 관계망이 현저히 부족할 수 있기 때문이다.

1인 가구의 경우, 다른 가구 수와 비교하면 일상적인 소통이나 대화가 현저히 줄 수 있기에 감정 표현의 기회가 감소할 수 있다. 또한 이로 인한 단절감과 고립감이 가중될 때, 불안과 우울과 같은 심리적 고통이 더해질 수 있다. 즉, 상호작용의 결여는 외로움과 고립감을 야기하고, 외로움과 고립감은 다시 상호작용의 어려움을 증폭시키는 악순환의 고리를 가속화할 수 있다. 가령, 미래에 대한 불안이 몰려올 때 이를 함께 나눌 수 있는 사람이 부재한 경우, 이는 파국적 사고로 이어지며 불안을 더욱 증폭할 수 있다.

(2) 고립으로 인해 자기 돌봄의 어려움과 신체적 어려움

인간은 상호 의존적인 존재이다. 상대는 나를 돌보고 나는 상대를 돌볼 수 있다. 가족은 가장 상처를 주는 원인이기도 하나 돌봄의 원형이기도 하다. 만약 누군가 혼자 생활을 하다 보면 일상에서 신체적 · 심리적 어려움을 겪을 수 있다.

현재 많은 1인 가구가 가사의 어려움, 건강의 어려움, 경제적 어려움을 느끼고 있다. 통계청(2021)에 따르면, 2020년 기준 국민기초생활보장 수급 가구 10가구 중 약 7가구는 1인 가구이다. 전반적인 건강 관리 실천율 역시 1인 가구는 다인 가구에 비해 낮은 편이다. 또한 1인 가구의 42.4%는 균형 있는 식사가 어렵고 30.9%는 병에 걸리거나 위급한 상황이 생길 시에 대처가 어렵다고 응답하였다.

부모가 적절한 영양소를 갖춘 음식을 준비하는 배경에는 아이를 위한 사랑이 깃들어 있다. 그러나 그 음식은 부모 자신의 건강에도 큰 도움이 된다. 그러나 누군가를 돌봐줄 사람이 없고 돌봄을 줄 사람이 없는 혼자만의 생활이라면 어떠할까? 홀로 식사를 하고, 청소하며, 일상생활을 하는 것이 장기화한다면 어떻게 될까? 균형 잡힌 음식보다는 즉석식이나 간편식을 먹을 확률이 높다. 집에 동거인도 없고 찾아오는 사람도 없다면 적절한 식습관이 형성되지 않을 수 있으며, 청소가 안 되고 위생이 잘 지켜지지 않아 면역체계가 저하될 수 있다. 일상생활을 혼자 하다 보니 수면의 패턴이 흐트러질 수 있다. 이는 심리적으로도 우울감을 느끼게 할 수 있지만, 건강에도 심대한 악영향을 줄 수 있다.

게다가 심리적으로 취약하거나 신체적인 기능이 저하되어 혼자 자신을 돌보기 힘든 사람이라면 이러한 문제가 더욱 가속화될 수 있다. 취업에 반복적으로 실패하고 있는 청년의 경우, 고립된 삶은 심리적 · 신체적 건강에 악영향을 줄 수 있다. 또한 거동이 불편한 80대 노인이 간밤에 오한과 발열을 앓았다고 했을 때, 아무도 병원에 함께 갈 사람이 없다고 가정해 보자. 큰일 없이 넘어갈 수 있었던 감기가 폐렴으로, 폐렴은 고독사로 이어질 수도 있다. 1인 가구가 가진 가장 큰 취약점은 바로 돌봄의 망이 적절히 구축되지 않을 수 있다는 점이다.

(3) 가족 내 갈등

한국사회는 오랜 세월 동안 유교적 가치 체계를 기반으로 한 집단주의적 사회를 형성하고 있었다. 즉, 개인의 행동과 목표보다는 집단의 목표와 조화가 중시되어 왔다. 집단주의 문화에서 가장 기본 단위는 가족이다. 한국사회에서의 가족은 개인을 규정짓는 핵심적인 개념이 된다. 개인은 자신의 정체성을 규정할 때, 가족 단위에서 자신을 조망한다. 그리고 이것은 사회로 확장된다. 한국의 가족 중심 문화는 집단주의적인 가치관에 그 뿌리를 두고 있다는 것이다. 언제부터 이러한 사회와 문화가 형성된 것일까?

어린 시절부터 배워 왔던 예의범절 교육이나 결혼, 장례식, 명절 때의 의례는 유구한 전통을 가지고 있다. 이전의 부모의 역할은 지금의 자녀에게 대물림되고, 그 자녀는 다시 부모가 된다. 그리고 자녀는 어린 시절부터 부모의 역할을 모방하고 학습한다. 가족 중심의 문화는 한국인이라는 문화적 정체성과도 관련이 깊은 것이다.

이 문화는 또 다시 집단주의적 문화로 확장되기도 한다. 이를테면, 동생을 위해 양보하고 부모의 압력에 순응하면서 자신이 원치 않는 일을 하는 10대 시기를 보낼 때, 이는 조직에 먼저 이바지하고 조화와 순응을 하려는 경향으로 나타난다. 이른바 효(孝)의 문화는 충(忠)의 문화로 발전한다. 부모에게 효도하는 사람은 조직과 집단에 충성하려는 경향으로 발전한다는 것이다. 이른바 집단주의적 문화와 수직주의적 문화는 깊은 연관성을 띠고 있다.

그러나 국제화된 세계, 사회·문화의 급격한 변화와 맞물려 한국사회는 단기간에 엄청난 성장을 하게 되었다. 이는 기존 가족체계가 급속도로 해체된다는 것을 의미한다. 오랫동안 한국사회를 규정했던 대가족은 불과 50년 전에 핵가족으로 급속도로 전환되었으며, 2010년 이후부터는 핵가족은 1인 가구로 그 바통을 넘겨 주게 된다. 실제로 1인 가구의 비율은 2015년 27.2%에서 2022년 34.5%로 증가했는데, 이는 같은 기간 4인 이상 가구가 25.2%에서 17.6%로 감소한 것과 대비된다(통계청, 2023). 1인 가구의 증가 배경엔 혼인율의 감소 및 독신 가구, 이혼과 별거, 고령화에 따른 독거노인의 증가 등이 있다. 이로 인해 한국사회에서 일어나고 있는 세대 간 갈등, 집단주의와 개인주의의 갈등은 가족문화에서도 그대로 재현된다. 이전부터 우리 시대를 지탱해 왔던 수직적·집단주의적 문화와 수평적·개인주의적 문화가 갈등을 빚게 된 것이다.

1인 가구는 좀 더 많은 구성원이 있는 가족에서 출현한다. 가족은 합쳐지고 분가한다. 그러나 만약 1인 가구가 되는 맥락이 가족 간의 세대 간 갈등이나 상실에 의한 것이라면 이는 심리적 고통을 증폭시킬 수 있다. 가령, 부모와 깊은 갈등을 벌이고 분가를 선언한 청년은 많은 불안을 느낄 수 있다. 어떤 중년은 이혼하면서 배우자와 자식 모두가 나가고 갑자기 홀로 살게 될 때, 깊은 우울을 느낄 수 있다. 경제적으로 어려운 한 노인이 자식을 모두 분가시키고 배우자 역시 떠나게 될 때, 깊은 좌절감에 빠져들 수 있다.

3. 1인 가구를 위한 상담의 필요성

1인 가구가 늘고 있는 것은 전 세계적인 현상이며, 특히 우리나라에서 1인 가구의 수는 가파르게 상승하고 있다. 역으로 말하자면, 지금처럼 1인 가구가 많았던 시기는 없었다는 것이다. 새로운 현상엔 새로운 개입이 필요하다. 그만큼 1인 가구에 걸맞은 정서적·심리적 개입이 요구된다.

1인 가구는 간섭하는 사람이나 챙기고 돌봐야 하는 구성원의 수가 적기 때문에 보다 높은 자율성을 경험할 수 있다. 그러나 자신을 돌보고 챙겨 줄 수 있는 가까운 관계가 현저히 부족할 수 있다. 또한 개인의 시간이 늘어나는 장점이 있지만, 자칫하면 고립감과 사회적 소외감을 증폭시킬 수도 있는 위험성이 있는 것이다.

시대적 변화가 있다고 하더라도 여전히 개인은 가족에게서 위안을 얻는다. 가족은 무궁

한 역사 속에서 가장 큰 정서적 지지와 안전감을 제공해 왔다. 우리가 눈을 뜨고 일어날 때 함께 식사하고 대화할 수 있는 사람이 있다는 것은 당연한 것으로 여겨져 왔다. 우리가 퇴근 후 문을 열고 들어올 때 늘 자신을 반겨 주는 사람이 있었다.

그러나 1인 가구에서는 이 모든 것이 원활하지 않을 수 있다. 혼자 일어나고 식사를 하며 생활을 하는 가구의 수가 늘고 있다. 만약 1인 가구의 구성원 중 고립감과 외로움을 느끼는 사람이 있고, 더욱이 그로 인해 불안과 우울감을 호소한다면, 연결성과 사회적 망을 두텁게 구축하는 관계 중심적 상담 개입이 유용할 수 있다.

1인 가구에 대한 상담 개입을 할 때, 가구와 가족이 엄연히 다른 개념으로 조망될 필요가 있다. 1인 가구가 가족이 없는 것은 아니다. 그들은 여전히 부모, 형제, 자녀, 친척과 같은 가족원이 있을 수 있다. 인간에게서 가족은 가장 중요한 구성원이며, 정서적 의미를 포함하고 있으며, 이는 1인 가구 역시 여기에 속한다. 어떤 1인 가구의 구성원은 자신의 가구를 1인 가구라고 생각하지 않고 원가족의 울타리에 있다고 생각할 수도 있다. 그런 시각을 포함한다면 1인 가구는 다인 가구에서 물리적으로만 떨어져 있을 뿐이다. 그러므로 만약 1인 가구의 맥락 속에 가족의 갈등과 상실이 숨어 있다면 이를 주요하게 다룰 필요가 있다. 또한 1인 가구의 구성원이 고립감으로 인한 심리적 고통을 겪을 때 이를 단순히 개인 중심적 치료로 한정하는 것은 한계가 있을 수 있다. 여기에서의 내담자가 겪는 고립감은 우울감과 불안감을 형성할 수 있으며, 이러한 증상 이면엔 자신의 터전이자 안전 기지인 가족의 울타리가 무너졌다는 느낌이 연관되어 있을 수 있기 때문이다. 특히 분화가 잘되지 않았거나 가족 갈등으로 인해 1인 가구가 된 경우라면 가족에서의 단절감과 갈등은 삶의 뿌리가 흔들리는 것과 같은 정체성의 혼돈으로도 이어질 수 있다. 1인 가구라고 해서 개인 중심의 상담으로 국한되지 않고 체계적 중심의 가족치료적 개입이 필요한 이유가 바로 여기에 있다.

1인 가구의 급격한 증가가 진행되고 있으므로 지금껏 논의되었던 전통적 가족체계의 치료적 관점과는 다른 새로운 시각과 개입이 필요하다. 또한 이러한 논의는 철저히 1인 가구 구성원의 심리적 건강과 행복, 균형적인 삶을 위해 진행되어야 한다.

4. 단계적 개입전략

1) 1단계: 수용적 자세와 관계적 개입

상담사는 내담자의 주 호소 문제 중 정서적 문제를 마주할 때가 많다. 불안, 우울, 분노와 같은 감정이 대표적이다. 상담사는 이러한 정서적 문제를 대인관계와의 문제로 연결 짓고 치료의 초점을 형성할 수 있다.

다음의 예를 살펴보자.

> 내담자: 사람들과 있을 때 불안함이 몰려와요.
>
> 상담사: 불안함이 드는군요. 혹시 최근에 사람과 있으면서 불안을 느꼈던 적이 있으실까요?

내담자는 사람들과 있을 때 인간관계에서 불안함을 경험하고 있다고 진술한다. 이때 상담사는 그 불안함을 수용하는 동시에 내담자가 겪는 불안이 어떤 상황과 사람에게서 나타나는지를 탐구할 수 있다. 내담자는 복수의 사람에게 불안함이 든다고 하는데, 상담사는 구체적인 삽화가 나올 수 있도록 '최근에' 그러한 불안함이 든 경험이 언제인지를 물어봄으로써 구체적인 사건이 나올 수 있도록 돕는다. 상담사는 그 불안이 특히 어떤 사람에게서 가장 올라오는지를 물어볼 수 있다. 또한 이때 느껴지는 불안이 어떤 의미와 메시지를 담고 있는지를 탐구할 수도 있다. 이처럼 상담사는 내담자의 주 호소 문제를 구체적으로 탐색하여 내담자의 사적 세계에서 펼쳐진 구체적인 상황과 사람들 사이의 역학을 포착할 수 있다.

한편, 1인 가구가 호소하는 점이 외로움과 고립감이라는 점을 감안할 때 관계적인 접근 역시 도움이 된다. 이를테면, 상담사는 내담자가 외로움을 느낀다고 할 때 그 외로움의 느낌을 함께 경험하고 이에 대한 안전한 정서적 연결을 구축할 수 있다. 다음의 예를 살펴보자.

> 내담자: 저는 불 꺼진 집을 들어갈 때 외로움이 몰려와요. 이 세상에 아무도 없다?!
>
> 상담사: ○○ 님이 경험하는 외로움은 어쩌면 나 홀로 있다는 어두운 적막으로 느껴져요.
>
> 내담자: 맞아요. 불 꺼진 집을 볼 때 느껴지는 적막감… 그 느낌이었네요.
>
> 상담사: 저도 ○○ 님이 느낀 외로움을 함께 경험해 볼게요. (침묵) 저라면 그 외로움은

대단히 무겁고 차갑게 느껴져요. 사방을 둘러봐도 이 공간에 나밖에 없다는 외로움이 느껴지기도 하고요.

상담사는 내담자가 느끼는 외로움의 감정을 자신의 감정으로 경험하고 느끼며 공감적 반영을 시도하고 있다. 이는 내담자가 '지금 여기'에서 그 감정을 혼자 느끼지 않고 함께 느끼는 대상을 발견하게 함으로써 안전감을 느낄 수 있다.

한편, 상담사는 외로움을 경험하는 사람에게 상호작용을 할 수 있는 대인관계 자원을 구축할 수 있도록 개입할 수 있다. 상담사는 '지금 여기'에서 외로움을 함께 느끼고 경험하는 동시에 안전한 관계경험과 대인관계적 자원을 적극적으로 활용함으로써 내담자의 사회적 기술과 긍정적인 상호작용을 증진할 수 있도록 도울 수 있다.

예를 들어, 사람들이 자신을 무시한다고 할 때, 내담자가 무시라는 이면에 존중받고 싶고 수용받고 싶은 욕구를 '지금 여기'에서 충분히 경험하고 느낄 수 있도록 하는 동시에 실제 자신을 수용할 수 있는 다른 대인관계적 자원을 구축하도록 도모할 수 있다. 내담자는 실제 상담의 장에서 실천하고 수용받았던 경험을 토대로 관계적 문제에 대한 새로운 조망을 가질 수 있도록 돕고, 다양한 의사소통 훈련과 이를 실습할 수 있도록 독려할 수 있다. 또한 상담 안에서 논의되고 연습되어 실제 사회 안에서 활용된 의사소통은 다시 상담의 장에서 피드백하고 개선해 나갈 수 있다.

2) 2단계: 개인의 자율성과 욕구를 증진하여 행복감 느끼기

1인 가구는 다인 가구보다 자신의 자율성과 자기계발을 할 수 있는 시간적 여유가 있는 경우가 많이 있다. 상담사는 고립감과 외로움에 집중하기보다는 자신의 강점인 시간과 공간을 상담의 자원으로 활용할 수 있다.

한 중년 여성이 1년 전 남편과 사별한 이후 오랫동안 1인 가구로 살아가며 고립감과 우울증을 겪고 있다고 해 보자. 상담사는 내담자의 남편 상실에 대한 애도 작업을 할 수 있다. 또한 삶 전반을 들여다보면서 내담자가 추구하는 가치나 중요한 대상들, 하고 싶은 활동을 탐색할 수 있다. 우울은 좌절된 욕구를 담고 있다. 상담사는 내담자가 좋아하는 즐거움의 욕구를 발현하여 다양한 취미활동을 새로운 사람과 해 볼 수 있도록 도울 수도 있다. 깊은 내면에 숨겨져 있는 자기실현의 욕구를 증진할 수도 있다. 내담자와 얼마든지 호의적인 관계로 발전할 수 있는 몇 명의 사람과 더 나은 관계를 구축할 수 있도록 도울 수도 있다. 이 모든 것은 내담자의 좌절된 그 '욕구'와 '열망'에 주목하고 이를 다시 현재 삶에서 가능한 수준만큼 재경험할 수 있도록 돕는 것이다.

실제로 자기효능감은 극심한 좌절로 인한 불안과 우울 감정을 낮추는 데 도움이 된다(이재경 외, 2021; 곽윤정 외, 2024). 상담사는 작은 성공 경험을 통해 내담자의 실패감을 낮출 수 있다. 예를 들어, 극심한 스트레스에 빠진 사람에게는 자신의 예술적 표현이나 신체활동을 통한 스트레스 해소 역시 접근할 수 있다. 우울은 상실과 연관되는 감정이다. 무엇을 잃어버렸다는 것은 이전엔 무엇이 있었다는 것이다. 상담사는 내담자가 잃어버린 것이 무엇인지를 함께 찾아보고 이를 애도하는 동시에 '지금 현재'에서 이뤄 볼 수 있는 것들을 한 단계씩 연습해 보고 훈습할 수 있도록 독려할 수 있다.

3) 3단계: 가족치료적 개입을 통한 분화 수준 높이기

보웬(1985)에 따르면, 분화란 자신의 정체성을 확립하고 자율성을 가지면서도 타인과의 정서적 관계를 적절히 형성할 수 있는 것을 의미한다. 또한 가족체계에서 불안을 다루는 것을 핵심으로 보았던 보웬(1985)은 결국 분화란 그 사람이 어떻게 불안을 통제할 수 있고 조절할 수 있는지와도 연결된다고 언급한다. 즉, 분화 수준이 높다는 것은 불안을 조절할 수 있고, 타인의 시선과 평가로부터 자유로우며, 자신의 기대와 열망을 실현해 나갈 수 있는 능력이자 넓고 장기적인 관점을 가진다는 것을 의미한다(최규련, 2019).

반대로, 분화 수준이 낮은 경우엔 자율성이 떨어지고 타인의 시선과 평가에 지나치게 예민하며, 타인과 급속도로 융합하려고 하거나 차단하려고 하는 경향이 나타난다. 이를테면, 분화 수준이 낮은 사람은 다른 가족원과 지나치게 의존적으로 생활하다가 어떤 갈등이 있을 경우에 단절이라는 방어적 경향을 보일 수 있다는 것이다. 즉, 융합과 단절은 모두 낮은 분화에서 나타나는 뫼비우스의 띠이다. 또한 불안한 사람은 타인을 의존하거나 회피하거나 타인을 끌어들이는 삼각관계를 형성하여 불안을 낮추려고 한다.

특히 보웬은 핵가족 내에서 나타나는 다양한 정서 과정 안에 단절, 갈등, 타인에 대한 투사가 있다고 주창하였다. 정서적 단절이란 다른 가족원과의 교류나 관계를 최대한 회피하고 피하려고 하는 것이다. 갈등은 상대방의 잘못을 끊임없이 지적하고 갈등 관계를 만들면서 자신은 변화하지 않고 타인만을 변화시키면 행복이 올 것이라는 믿음에서 형성된다. 투사란 앞서 언급한 정서적 단절이나 갈등을 타인에게 전가하는 것이다. 예를 들어, 남편의 폭언과 상습적인 도박으로 인해 깊은 좌절감을 겪은 아내는 남편과의 정서적 단절을 시도하는 동시에 자녀에게 많은 것을 요구할 수 있다. 자녀는 이러한 어머니의 투사 속에서 자아 분화가 더 낮아지면서 모종의 압박감과 통제를 받을 수 있다. 이러한 가정환경에서 자란 딸은 융합하려는 어머니를 정서적으로 단절하며, 아예 연락을 끊을 수 있다.

만약 1인 가구의 맥락이 이러한 분화의 이슈와 맞물려 있다면 어떻게 하면 좋을까? 상담사가 분화를 다룰 경우, 다음의 사항에 주의하면서 상담적 개입을 할 수 있다.

먼저, 분화는 세대 간 전수되기 때문에 현재 대인관계의 패턴과 원가족에서의 패턴을 연결하며 자신이 관계에서 어떤 방식과 패턴을 보이는지를 숙고할 수 있다. 이 패턴을 주의 깊게 살펴보는 것은 미분화된 체계의 중심에 있는 불안이 내담자의 삶에 어떻게 패턴화를 형성하는지를 탐색할 수 있게 한다. 만약 부모에 대한 간섭과 이로 인한 상처 때문에 1인 가구가 되었다고 한다면, 이는 정서적 삼각관계에서 형성된 불안의 전수로 인한 과소기능(underfunctioning)일 수 있다.

다음으로, 앞의 숙고기지를 토대로 또한 불안을 명확하고 분명하게 이해하는 토대에서 융해된 감정이 아닌 자신의 감정과 욕구를 찾을 수 있도록 도울 수 있으며, 이를 위해 과정 질문(process question)이 활용될 수 있다. 과정 질문이란 불안 자체에 휘말리는 것이 아니라 정서적 동요를 일으키는 불안이 어떻게 나타나고 있는지의 과정을 들여다보고 좀 더 나은 관계를 구축할 수 있는 사고를 증진하는 질문이다(Bowen, 1985; 최규련, 2012).

앞서, 패턴을 어린 시절의 가족과 지금의 가족, 원 가족과 현재의 가족, 가족과 사회적 관계에서 깊고 넓게 살펴보는 동시에 융해된 타인의 감정과 자신의 감정을 분리하는 과정을 진행한다. 이를 위해서는 이미 융해되고 내사된 것을 분리하는 과정 질문이 핵심이다. 다음은 과정 질문의 예이다.

내담자: 엄마에 대한 감정이 혼란스러워요. 미워했다가도 갑자기 그러면 안 된다는 죄책감이 들어요.

상담사: 당연히 그런 마음이 들 수 있어요. ○○ 님이 느끼는 미움과 죄책감 중 어느 하나를 선택해서 다뤄 보는 것이 도움이 돼요.

내담자: 미움이요. 저는 엄마가 너무 미워요.

상담사: 그 미움이라는 감정, 엄마에 대한 미움의 감정이 얼마나 오래되었을까요. 그 미움의 과정이 어떻게 형성되었는지를 한번 들여다볼 수 있어요.

내담자는 현재 미움과 죄책감이라는 혼란스러운 감정을 토로하고 있다. 미움이 나올 땐 죄책감이 나오고, 그 죄책감으로 억압하다가도 미움이 다시 올라오는 것이다. 이는 내담자가 어머니에 대해 갖는 혼란한 사고를 가중하고 있다. 따라서 상담사는 이를 하나씩 다루기 시작한다. 하나의 감정의 맥락과 과정을 하나씩 살펴보는 과정 질문을 하는 것이다. 이는 내담자가 어머니에 대해 가지고 있는 혼합된 감정을 하나씩 인식하고 표현하고 통합해 나갈 수 있을 것이다. 어머니에 대한 감정이 충분히 다뤄졌을 때, 즉 융해된 감정이 걷히고 나면 내담자는 자신의 감정과 욕구를 발견할 수 있을 것이다.

마지막으로, 이처럼 상담사는 체계적 접근을 토대로 장(field)에서 내담자에게 어떻게 불안이 전수되고 반응했는지를 살펴보는 동시에 부모의 욕구나 압박이 아닌 자신의 감정과 욕구를 찾을 수 있도록 발견하고 지지할 수 있다. 아울러 자신의 시간과 공간, 경계를 갖는 동시에 물리적으로 떨어져 있는 가족의 욕구와 감정을 조율하며 관계하는, 좀 더 나은 분화를 도모할 수 있다. 이는 가족을 넘어서 사회적 관계로 확장될 수 있다. 이러한 토대에서 1인 가구의 내담자는 혼자서도 잘 지낼 수 있으며, 타인과의 연대 역시 가능하다. 이는 따로 떨어져 지낼 수 있으면서도 함께할 수 있는 개별성과 연합성의 균형을 뜻한다.

4) 4단계: 사회적 지지망을 통해 연대감을 고양하기

실제로 1인 가구는 지지망이 취약할 수 있고, 독거노인이나 큰 병에 걸려 신체적 기능이 현저하게 떨어졌을 때는 더욱 그러하다. 만약 대인관계적 망이 취약한 내담자를 만날 때 상담사는 사회복지센터, 가족센터 등 복지적 체계를 구축하는 데 총력을 기울일 수 있다. 또한 연락 가능한 지인과 가족의 자원을 확보하고 관계의 횟수를 늘릴 수 있도록 독려할 수 있다.

특히 사회적인 상호작용에서 어려움을 느끼는 내담자에게 집단상담은 매우 효과적인 방법이다(Corey, 2009). 집단 안에서 느끼는 수용과 자기표현의 증대, 여러 유용한 정보의 교환, 관계적 경험은 연대감을 높여 혼자가 아님을 느끼게 할 수 있다. 이를테면, 알코올 의존을 겪고 있는 한 중년 남성의 경우 다른 동년배의 사람들은 적극적으로 사회생활을 하는 데 비해, 자신은 뒤떨어지고 있다는 열등감을 느낄 수 있다. 이러한 내담자에게 비슷한 문제를 겪고 있는 비슷한 나이의 사람과 집단상담에서의 공동체 망에서의 지지와 연결을 통해 중독 증상을 완화하는 동시에 안전 기지의 확보와 연대감 확보, 새로운 목표로의 변화 의지를 촉발하는 데 기능할 수 있다.

5. 사례연구: "반복된 취업 실패로 인해 고립감이 더욱 가중되고 있어요."

내담자는 31세의 미혼 남성으로, 1인 가구 청년이며 현재 깊은 외로움과 고립감을 호소하는 중이다. 그는 3년 전 대학을 졸업한 후 취업 준비를 시작했지만, 여러 차례 실패를 겪으면서 자신감과 동기를 점점 잃어 가고 있다. 고향엔 부모님과 여동생이 있지만, 경제적 부담과 취업 준비를 이유로 고향을 떠나 서울에서 홀로 생활을 하고 있다. 내담자는 하루 시간 대부분을 좁은 원룸에서 보내고, 온라인으로 취업 공고를 검색하고 자기소개서를 작성하며, 남는 시간엔 영어 공부와 운동을 꾸준히 하고 있다.

그러나 내담자는 가끔 면접에 가기만 하면 지금까지 겪었던 수많은 실패경험 때문에 긴장감과 소극적인 태도를 보이고, 이 때문에 반복적으로 취업에서 낙방하고 있다. 이런 일련의 취업 실패는 그에게 깊은 좌절감과 불안으로 나타난다. 내담자는 밖에서 자신을 볼까 봐 블라인드 커튼으로 창문을 가려 버렸으며 온종일 침대 위에서 시간을 보내기도 한다. 지금은 무기력에 빠진 나머지 한때 즐겼던 독서나 음악 감상조차 이제는 흥미를 잃은 지 오래다.

혼자서 해결할 수 없는 문제를 마주할 때 내담자는 부모님께 전화하거나 고향을 방문하고 싶어지지만, 그조차도 쉽지 않다. 내담자는 부모님에게 자신의 실패를 알리고 싶지 않다는 부담감과 더불어, 고향 방문이 단순한 도피로 느껴질까 봐 두려워하며 망설인다. 지지적인 누나와는 간헐적으로 연락을 주고받고 있었으나 최근엔 누나에게도 연락하고 있지 않다. 내담자는 친구들과의 만남도 꺼리며, 주말에도 시간 대부분을 집에서 보낸다. 집 밖으로 나가면 세상의 시선이 그를 평가하는 것만 같아 불편함을 느끼기 때문이다. 그럼에도 일주일에 3번 정도는 카페에 나가 공부하고 공원을 산책하는 것을 좋아한다.

그러나 내담자가 느끼는 외로움은 잦아들지 않고 있는데, 그 이유는 자신만 뒤떨어지고 있다는 고립감이 더욱더 가중되고 있기 때문이다. 특히 SNS를 통해 친구들의 화려한 일상과 취업 성공 소식을 접할 때마다 자신이 점점 더 뒤처지고 있다는 생각에 사로잡힌다. 이는 내담자의 자존감을 더욱 떨어뜨리고, 스스로에 대한 부정적인 평가를 증폭시킨다. 상담사는 어떻게 내담자와 상담적 개입을 진행할 수 있을까? 먼저 회기별 상담 진행과정을 살펴보자.

표 19-1 회기별 상담 진행 과정

회기	목표	내용	개입
1~2	접수 면접 및 주 호소 문제 선정 및 목표 설정하기	1. 내담자가 겪고 있는 취업의 실패감으로 인한 고립감과 외로움에 관련된 주 호소 문제를 정의하기 2. 심리검사 및 해석 상담 실시 3. 내담자가 원하는 것을 반영하여 상담 목표 및 개입 방향과 과정을 합의하기 4. 상담 목표를 달성하기 위한 전략 및 과제를 정하기	• 문제사정 • 자원사정 • 장애물사정 • 목표사정 • 심리검사 및 평가
3~6	외로움의 감정을 공감하고 연결성을 갖기	1. 내담자가 겪고 있는 실패감과 외로움의 감정을 지지적인 관계에서 공감하고 연결성을 갖기 2. 스트레스 대처 기술을 함양하고 고립감에서 벗어나기 3. 숙고기지 속에서 자신의 삶을 좀 더 관조하고 원하는 삶의 방향성을 구축할 수 있도록 돕기	• 외로움 및 고립감 공감 • 스트레스 대처기술 함양 • 숙고기지의 형성 및 삶의 방향성 설정
7~10	자기효능감을 통해 내담자의 탄력성을 증진하기	1. '고립감-위축감-실패감'의 부정적 연쇄 고리 반응을 점검하고 성공경험을 확장해 자기효능감을 증진하기 2. 당면한 취업에 관련된 내담자의 강점을 발견하여 이를 상담에서 활용하기 3. 취미, 놀이, 배움, 운동 등 내담자가 좋아하는 것을 증진하는 동시에 이를 하는 공동체 경험을 할 수 있도록 독려하기	• 자기효능감 중 성공 경험 증진 • 강점 활용 • 공동체 망 강화
11~13	가족 및 사회적 망을 두텁게 하기	1. 가족원 중 가장 친밀감을 느끼는 대상부터 교류의 경험을 늘려 가면서 상담에서의 피드백 2. 의사소통 훈련을 통해 사회적 대인관계의 장을 넓히고 취업 준비 공동체에 적극적으로 참가할 수 있도록 독려하기	• 가족 자원을 활용, 가족과의 교류 강화 및 피드백 • 의사소통 훈련
14~15	상담 마무리	1. 사정 시 세웠던 목표 및 전략의 점검 및 달성 여부를 평가하기 2. 미해결 과제 논의하기 3. 상담과정을 통해 달라진 모습을 강점으로 연결짓고 사회적 망을 좀 더 두텁게 하기	• 개입 계획 및 목표 달성 여부 평가 • 자원 및 미해결 과제 안내 • 사회적 망 강화

회기별 상담 진행과정에 따라 상담적 개입을 구체적으로 살펴보면 다음과 같다. 첫째, 1~2회기에서는 내담자가 겪고 있는 취업의 실패 및 고립감과 외로움, 그로 인한 주 호소 문제를 선정하면서 핵심문제가 무엇인지를 정의한다. 이를 위해 심리검사와 해석 상담을 통한 심리평가가 개입될 수 있다. 상담사는 내담자가 원하는 것이 무엇인지를 논의하고 이를 통해 상담 목표 및 개입 방향과 과정을 합의할 수 있으며, 이를 통해 사례개념화 및 설계를 구축한다.

둘째, 3~6회기에서는 상담사는 내담자가 겪고 있는 취업의 낙방으로 인한 실패감과 외로움과 고립감의 감정을 지지적인 관계 속에서 공감하고 연결성을 갖는다. 공감과 지지의 토대에서 내담자의 일상이 집 안이 아닌, 집 밖의 세계에 거할 수 있도록 스트레스 대처전략을 함께 구축한다. 현재 내담자는 카페와 산책을 좋아하고 있으므로 이를 자원으로 삼아 자연 안에서 할 수 있는 스트레스 해소 활동과 신체적 이완이 이뤄질 수 있도록 한다. 이와 동시에 내담자가 자신의 삶을 좀 더 깊이 있게 관조할 수 있도록 하며 진로에서 스스로가 하고 싶은 역할이 무엇인지를 상담 안에서 논의할 수 있도록 한다. 이때 숙고기지를 형성하기 위한 마음챙김이나 과정 질문이 활용될 수 있다. 또한 이 과정에서 내담자와 했었던 심리검사에서 나온 특성, 흥미, 역량, 강점, 성격적 요인이 활용될 수 있다.

셋째, 7~10회기에서는 자기효능감의 한 변인인 '성공경험'을 증진한다. 현재 내담자는 반복되는 취업의 실패로 인해 더욱 고립감이 가중되고 있고 이는 면접에서의 위축감으로 이어져, 취업에 장애가 되고 있다. 따라서 '고립감-위축감-실패감'의 연쇄 반응을 교정하기 위해 일상에서 경험할 수 있는 작은 성공경험을 확장한다. 실제로 내담자는 고립된 생활 속에서도 꾸준히 영어 공부와 운동을 하고 있는데, 이를 좀 더 구체화하고 다각화하여 자신의 성공경험을 일상에서 경험할 수 있도록 한다. 또한 내담자는 최근까지 음악과 독서를 취미로 가지고 있었던 만큼 이러한 활동들을 차례로 발굴하고 구체화하며 실현할 수 있도록 돕는다. 아울러 취미, 운동, 영어 공부와 관련된 활동을 하는 사람들과의 공동체에 참가해 볼 수 있도록 함으로써 현재 겪고 있는 극심한 고독감을 벗어날 수 있도록 한다.

넷째, 11~13회기에서는 가족과 사회의 망을 강화하기 위해 가족원 중에서 가장 친밀감을 느끼는 대상에서부터 교류의 경험을 늘려 나갈 수 있도록 개입할 수 있는데, 이때 누나는 내담자의 가족체계 자원에서 중요한 대상이 될 수 있다. 처음엔 그 대상과의 다양한 주제를 이야기하고 친밀감을 획득할 수 있도록 독려하며, 그 주제의 폭을 조금 더 깊게 하고 속마음을 표현하고 지지받을 수 있도록 한다. 이러한 토대에서 다양한 가족원들과 연락을 할 수 있도록 개입하며 이를 위해 경험적 가족치료의 일치형 의사소통 훈련이 활용될 수 있다. 가족과의 연결을 회복하기 위해 가능하다면 가족상담이 제안될 수도 있다. 여기에서의 가족상담은 내담자가 가족 안에서 느끼는 부담감과 압박감을 완화하는 그가 느끼는 어려움을 가족이 이해하도록 돕는 데 이바지할 수 있다. 한편, 가족과의 정기적인 전화 또는 영상 통화 일정을 계획하여 정서적 지지망을 다시 구축할 수 있도록 한다. 이는 1인 가족으로서의 내담자가 아닌 원가족과 연결된 더 큰 가족으로서의 내담자의 정체감을 형성할 수 있으며, 가족이 내담자의 상황을 더 잘 이해할 때 내담자는 더 큰 심리적 안정감을 얻을 수 있을 것으로 전망한다.

이때 개입된 의사소통 훈련은 가족관계뿐만 아니라 바로 앞선 개입에서 진행된 공동체 경험, 더 나아가 사회적 관계 기술, 면접에서의 자기 표현법으로도 발전할 수 있다. 아울러 이러한 기지를 토대로 내담자는 현재 온라인 상황에서 대부분의 취업 정보를 얻고 있으므로 내담자가 원하는 직종을 준비하고 있는 공동체 망에 참여할 수 있도록 안내하고 피드백할 수 있다. 앞서 언급한 성공경험의 강화와 사회적 고립을 극복을 위한 사회적 기술 훈련을 도입하는 것은 내담자의 심리적 불안과 외로움을 낮출 뿐 아니라 효과적인 의사소통 기술, 면접 상황에서의 대처능력, 새로운 대인관계 능력을 향상할 수 있고 자신이 좋아하고 흥미 있어 하는 주제의 그룹 활동에 참여하도록 권유하여 다양한 사람들과의 긍정적 경험을 쌓게 함으로써 내담자의 탄력성을 증진하는 데 이바지할 수 있다.

다섯째, 14~15 회기에서는 사정 시 세웠던 목표 및 전략을 점검하고 달성 여부를 평가할 수 있다. 또한 미해결된 과제를 논의하고 상담에서의 소감과 앞으로의 방향성을 함께 논의한다. 그리고 내담자의 자원 및 강점을 다시 안내하여 취업 및 삶의 방향성을 같이 논의하고, 관계성에서의 연대감이 지속해서 나타날 수 있도록 도우며 상담을 종결한다.

6. 1인 가구를 상담할 때 상담사가 유의해야 할 점

앞서 언급하였듯이, 1인 가구는 시대의 흐름에서 가장 빠르게 증가하는 가구이다. 따라서 1인 가구 구성원은 어떤 문제가 있다고 생각하거나 복합적인 심리적 문제가 있다고 가정하는 시각은 옳지 않다. 또한 가족이 혼인으로 이뤄져 있어야 한다는 시각, 부모나 자녀가 있어야 한다는 편견 역시 상담의 저해 요인이 될 수 있다. 1인 가구는 미완성된 단위가 아니라 그 자체로 완전한 단위이며, 오히려 기능적이고 자원과 강점이 많은 가구일 수 있다는 시각을 가질 필요가 있다. 1인 가구의 상담을 위해 고려할 점은 다음과 같다.

첫째, 1인 가구의 구성원이 상담실에 왔을 때, 상담사는 내담자가 호소하는 문제에서 드러난 고통에 초점을 두고 상담적 개입을 할 필요가 있다. 이를테면 1인 가구인 내담자가 전혀 외롭지 않고 오히려 지금이 만족스럽다고 할 때 상담사는 얼마든지 다른 주제를 찾을 수 있는 유연성을 가지고 있어야 한다. 동시에 1인 가구는 다른 가구 수와 비교하면 좀 더 자율성과 자기실현을 할 수 있는 시간과 공간을 갖기가 보다 용이할 수 있으므로 이러한 자원을 적극적으로 활용하여 강점을 활용한 상담적 개입을 진행할 수 있다.

둘째, 1인 가구가 가족원이 1명이라고 해서 가족치료를 도외시하거나 개인 중심적 치료만이 옳다는 시각은 지양되어야 한다. 1인 가구 역시 원가족이 있으며, 이는 많은 1인 가구 구성원에게도 강력한 정서적 뿌리가 될 수 있다. 또한 현재 가족으로부터 이혼 · 별거를 했다고 하더라도 여전히 그 가족원은 내담자에게 중요한 가족 자원일 수 있다. 이를테면, 이혼한 후 혼자 사는 중년 남성에게 전 아내에게서 동거인인 자식에 대한 관계는 조율되고 개입되어야 할 요소일 수 있다. 또한 1인 가구는 꼭 고정된 것이 아니다. 다인 가구에서 1인 가구가 출현했다는 사실은, 다시 말하면 1인 가구가 다시 다인 가구가 될 수 있다는 가능성을 함축한다. 예를 들어, 취업을 준비하고 있는 1인 가구는 취업을 하고 나서는 가정을 꾸리려고 하는 계획을 세울 수 있다. 이를 위한 미해결된 가족체계적 개입이 필요하다면 상담사는 유연성을 가지고 이를 다룰 필요가 있다.

셋째, 가족체계 및 사회적 망을 구축하는 개입이 활용될 수 있다. 1인 가구는 전통적 가구와는 달리 혼자 생활하는 경향성이 높으므로, 좀 더 연대성과 공동체의 망을 구축하여 연대감을 구축하는 것이 도움이 될 수 있다. 특히 인간관계의 단절로 인해 외로움과 고립감을 호소하는 경우, 실제적인 돌봄의 망을 구축해 주는 것과 함께 가족 및 사회의 망을 좀 더 두텁게 형성해 주는 것은 불안을 완화하고 우울감을 낮추며 탄력성을 높이는 데 도움이 될 수 있다.

7. 나가는 말

현대사회에서 1인 가구는 단순히 가족의 축소라는 현상을 넘어 시대적 · 사회적 · 문화적 변화 등 복합적인 사회적인 흐름을 반영하고 있는 하나의 흐름이다. 또한 1인 가구의 급격한 확대는 기존의 우리가 가족이라고 생각했던 관념과 가치관 및 관계에 커다란 전환점이 된다. 전통적인 가족이 변모하고 있다는 점에서 우리는 새로운 시각과 개입을 할 수 있어야 한다.

1인 가구의 구성원이 상담에 올 땐, 심리적 어려움을 진지하게 탐색해야 하나, 그렇다고 해서 1인 가구 자체가 문제라는 시각은 지양될 필요가 있다. 1인 가구는 다인 가구에 비해 미완성된 가구가 아니며 그 자체로 완전한 가구이다. 이러한 시각은 문제 중심으로 사안을 바라보는 상담사의 시각에 새로운 지평을 형성할 수 있다.

한편, 1인 가구는 다인 가구에 비해 외로움과 고립감을 경험할 수 있지만 그만큼 자율성과 독립성이라는 자원 및 강점이 있을 수 있다. 또한 연령대와 다양한 상황과 주제에 따라 1인 가구가 겪는 문제는 매우 복합적으로 나타날 수도 있으며, 자원과 강점 역시 사안에 따라 다르게 나타날 수 있다. 이를테면, 이제 회사에 갓 입사해서 1인 가구가 된 20대 청년과 은퇴를 하고 배우자를 사별한 채 1인 가구가 된 60대는 매우 다른 양태를 보일 수 있다.

따라서 상담사는 1인 가구의 구성원이 호소하는 문제에 초점을 두고 적절한 개입을 할 수 있다. 만약 내담자가 자기실현의 욕구를 증진하고 싶다면, 긍정적 개입과 자원과 강점을 중점으로 한 상담적 개입을 하는 것이 적절하다. 또한 적절한 분화를 형성하고 더 나은 가족관계를 구축하는 개입이 내담자의 외로움과 고립감을 완화할 수 있다면 가족체계적 접근을 시도할 수 있다. 만약 가족 자원이 적거나 연락할 수 있는 구성원이 부재하다면 사회적 망이나 집단상담 등을 적극적으로 활용할 수도 있다. 1인 가구는 호소의 문제가 다각화되어 있으므로 호소문제에 따른 유연한 접근이 필요하다.

결론적으로, 1인 가구의 급격한 증가라는 사회적인 현상은 우리가 기존의 가족체계적 접근을 재점검하고 재해석할 필요가 있다는 점을 의미한다. 더 나아가, 좀 더 나은 가족체계적인 망을 구축하는 것을 넘어 개인의 행복과 자율성을 증진하는 데 가족치료적 접근이 좀 더 관심을 기울여야 한다는 것을 의미하기도 한다. 이러한 새로운 연구와 개입은 1인 가구의 구성원이 자신의 삶에 대한 높은 자주성과 연결성 모두를 구축하는 데 좋은 밑거름이 될 수 있다. 즉, 1인 가구에 걸맞는 보다 세심하고 다각화된 연구가 필요하다. 다양한 연령대와 복합적인 심리적 갈등과 고통, 변화하는 시대와 사회적 · 경제적 구조에 기반을 둔 가족체계적 접근이 더 연구되고 활용될 필요가 있다. 그리고 이러한 접근은 1인 가구가 이미 우리 시대의 가장 두각을 나타내는 새로운 물결일 만큼 이러한 접근은 비단 1인 가구의 구성원에만 국한되는 것이 아닌, 우리 사회 전체의 의미 있는 삶의 형태이자 체계적 망을 수립하는 데 이바지할 수 있다.

참고문헌

곽윤정, 김은하(2024). 중년 성인의 자기효능감과 자기연민이 노화불안에 미치는 영향: 신체존중감의 매개효과. **노인복지연구**, 79(4), 63-88.

김도희(2022). 대학생의 취업불안, 구직 자기효능감, 학년, 학업성취도, 교우관계, 진로계획의 구조적 관계. **교육논총**, 42(1), 101-121.

박민진, 김성아(2022). 1인가구의 외로움과 사회적 고립 및 정신건강 문제의 특성과 유형: 서울시 1 인가구를 중심으로. **한국보건사회연구**, 42(4), 127-141.

박향미, 최유정, 정재희(2022). 1인 가구 청년 고독사 극복을 위한 사회 정서 능력 발달 기반 서비스 디자인. **한국디자인문화학회지**, 28(4), 137-148.

신현주(2018). 한국사회의 변화하는 고독사 현상과 대책에 관한 연구. **한국범죄심리연구**, 14(2), 63-78.

송영신(2015). 여성 노인 1인 가구의 실태 및 정책적 개선방안. **이화젠더법학**, 7(2), 33-72.

이명진, 최유정, 이상수(2014). 1인 가구의 현황과 사회적 함의에 관한 탐색적 연구. **사회과학연구**, 27(1), 229-253.

이은영(2018). 외로움과 관계단절로부터 야기되는 자살은 고독사로 지정될 수 있는가?: 고독사의 개념과 대상에 관한 새로운 정립을 중심으로. **인간 · 환경 · 미래**, (21), 71-102.

이재경, 조혜정, 박은아(2021). 대학생의 정신건강과 SNS 중독경향 관계: 진로결정 자기효능감의 매개효과. **인문사회 21**, 12(4), 429-442.

조혜정, 강대선, 오영란, 김혜정(2022). 중년기 사회관계가 외로움에 미치는 영향연구: 성별과 1인 가구의 조절효과 중심으로. **사회복지정책과실천**, 8(1), 5-36.

최규련(2019). **가족상담 및 치료**. 공동체.

최진환, 박정윤(2024). 청년 1인 가구의 외로움에 영향을 미치는 변인에 관한 연구. **한국가족관계학회지**, 29(1), 37-60.

통계청(2021). 2021 통계로 보는 1인 가구. https://kostat.go.kr/board.es?mid=a10301010000&&bid=10820&act=view&list_no=415446

통계청(2023). 2023 통계로 보는 1인가구. https://kostat.go.kr/board.es?mid=a10301010000&bid=10820&list_no=428414&act=view&mainXml=Y

Bowen, M. (1985). *Family therapy in clinical practice*. Scribner Book Companies

Corey, G. (2009). *Theory and practice of counseling and psychotherapy*. Thomson/Brooks/Cole.

Maslow, A. H. (2011). *Toward a psychology of being*. Wilder Publications.

제20장

반려동물과 함께하는 가족

1. 반려동물과 함께하는 가족에 대한 이해

가족의 변화는 20세기 중반부터 시작되었으며, 급격한 산업화와 도시화로 가족구조에 변화가 생겼다. 독신 가구와 노령 인구의 증가 등 다양한 사회적 변화가 일어났고, 이에 따라 외로움, 공허감, 우울감 같은 정서 경험이 늘고 있다. 이러한 변화와 더불어 동물을 정서적 교감의 대상으로 인식하고, 우리나라의 반려동물(companian animal)을 키우는 가구의 89%가 반려동물을 가족의 일원으로 받아들이고 있다(황원경, 손광표, 2021).

최근, 인간과 반려견의 관계는 종과 종의 경계가 허물어진 새로운 경험 세계로 우리를 안내하고 있다(Haraway, 2022). 서구 사회에서 반려견은 이미 가족의 일원으로서 동화되어 왔다. 하지만 인간과 반려견의 관계를 가족적 관점에서 설명하고 이해하려는 노력은 충분치 못했던 것으로 보인다. 인간과 동물을 철저히 분리하여 생각하는 인간중심주의적 세계관에 갇혀, 반려동물과의 관계는 가족관계에 관한 연구의 주요 관심사가 되지 못했었다(Applebaum, MacLean, & McDonald, 2021). 찰스(Charles, 2016)는 가족의 개념을 가족이 관여되는 모든 행위 측면에서 이해할 것을 강조한다. 더 이상 가족을 인간의 구성으로만 제한할 수 없으며, 반려동물과의 관계로 촉발되는 가족 문제와 정서적 문제를 온전히 이해하기 위해서는 인간과 반려견의 관계를 가족 관점에서 살펴봐야 할 필요성이 제기되는 것이다.

이때 상담사는 가족원에게 반려동물과 관련된 상담서비스를 제공할 때 가족체계에 미치는 점을 아는 것이 필요하다. 이를 위해서 반려동물과 반려 가족의 변천, 가족 내 반려동물의 역할, 가족체계적 관점에서의 반려동물 이해, 가족 삶의 주기에 걸쳐 있는 반려동물, 반려동물과 함께하는 가족과 관련된 이론적 개입 근거, 반려동물과 함께하는 가족 상담 시 유의점 등에 대해 알아보고자 한다.

1) 가족 속의 반려동물

(1) 동반자로서의 인간과 동물

반려동물은 인간의 삶의 일부였다. 고고학적 증거에 따르면, 1만 4,000년 전에 우리에게 친근한 개의 조상인 늑대가 인간과 함께 살았음을 보여 주고 있다(Serpell, 1996). 약 9,000년 전에는 개와 고양이가 농업사회에 중요한 역할을 하며 인간에게 동반자로서 더욱 가치 있게 여겨졌다. 고대 그리스·로마 제국 시대에는 개가 사냥꾼, 목동 및 수호자로서 길러졌고, 또한 충실한 애완동물로 대우받았다(Coren, 2002). 반려동물은 1983년까지 '애완동물'이라고 불렸다. 1983년 오스트리아 빈에서 개최된 '인간과 동물의 관계에 대한 국제 심포지엄'에서 동물행동학자 로렌츠(Lorentz)가 애완동물을 '함께 살아가는 동물(companion animal)'이라는 용어를 제안한 이후로 '반려동물'이라고 부르게 된 것이다. 2000년 이후에는 가족과 다름없다는 의미에서 '반려 가족(petfamily)'으로 불렸으며, 펫팸(petfam)이라고 줄여서 부르기도 한다(http://news.einfomax.co.kr). 우리나라에서는 2007년 「동물보호법」이 개정된 이후 반려동물이라는 말을 사용하고 있다(신지호, 2023). 과거와 달리, 반려동물이 가족 또는 그 이상의 의미 있는 타자(significant other)로 인식되는 것은 분명하다.

(2) 반려동물과 함께하는 가족 현황

현재 우리나라에서는 전체 가구의 약 15%에 해당하는 313만 가구가 반려동물을 키우고 있으며, 그중 반려견의 비율은 77%에 달한다(통계청, 2021). 현재 우리나라 반려동물 입양 가구는 전체의 28%를 차지하고 있으며, 이 수치는 지속적으로 증가하고 있어 앞으로도 계속 늘어날 것으로 예상된다. 해외에서도 우리나라와 비슷하거나 더 높은 비율로 반려동물을 소유하거나 입양하고 있다. 예를 들어, 2005~2006년 미국반려동물용품제조업자협회 조사에 따르면, 미국의 전체 가구 중 63%에 해당하는 6,900만 가구 이상이 반려동물을 키우고 있다(American Pet Manufacturers Association: APPMA, 2006). 또한 미국 아동의 3/4 이상이 반려동물과 함께 살고 있으며, 이는 부모와 함께 사는 아동의 수보다도 많다(Walsh, 2009a). 스페인, 아르헨티나, 중국 등 여러 나라에서도 반려동물을 소유하거나 입양하는 가구의 수가 증가하고 있다.

우리나라에서 반려동물을 입양하여 가족화하기 시작한 때는 2000년대 초반부터였으며, 반려동물 입양이 전인구의 28.1%에 해당하는 1,000만 마리 정도 이루어지고 있다(농림축산식품부, 2017). 반려동물 입양 가족에서는 반려동물을 '가족' 또는 '가족이나 다름없다'고 인식하고 있는데(Frank & Carlisle-Frank, 2008), 우리나라 통계로는 20대의 95%, 30대의 94.3%, 40대의 88.6%, 50대의 86.5%가 반려동물을 가족의 일원으로 생각하는 것으로 나타났다(이용숙, 2017). 최근에는 새, 설치류, 파충류 등 다양한 종류의 다른 동물들도 국내 가정의 반려동물로 고려되고 있다.

(3) 가족원으로서의 반려동물

가족 관계 내에서 반려동물이 어떤 역할과 기능을 하는지에 대해서는 아직 많은 연구가 진행되지 않았다. 반려동물을 가족원으로 여기는 것은 '가족'의 정의를 어떻게 보느냐에 따라 다르다. 가족은 혈연적인 관계에 중점을 두며 결혼을 통해 관계가 형성되지만, 직계 핵가족의 사람들뿐만 아니라 다양한 종류의 친구와 반려동물까지도 포함한다(Honeycutt, 2018). 가족 단위 내에서 가족 기능의 가장 중요한 변화 중 하나는 사회적 필요나 기대를 충족시키는 것에서 개인의 감정적 안전과 친밀감을 위한 요구를 충족시키는 방향으로 변화하고 있다(DiIorio, 2023). 가족의 정서 체계는 확대가족만의 구성원들을 포함하기도 하고, 더 나아가 친척이 아닌 사람들과 반려동물까지 포함하기도 한다(Arahori, Kuroshima, Hori, Takagi, Chijiwa, & Fujita, 2017). 현대의 가족은 시간과 공간을 함께 나누며, 서로의 유사성과 차이를 인식하고 경험하는 것으로 형성된다. 혈연, 제도 그리고 종의 구분 없이도 가족은 매우 다양하게 확장될 수 있다(류도향, 2020).

(4) 반려동물을 가족으로 입양하는 이유

반려동물을 입양하는 이유에 대해서는 학자마다 상이하게 설명하지만, 많은 부분에서 공통적인 요인이 있다. 샤킨과 녹스(Sharkin & Knox, 2003)가 밝힌 입양 이유는 네 가지로 설명된다.

첫째, 가족원 간의 지지가 약해짐에 따라 반려동물을 통해 지지를 얻고자 하는 경우이다. 둘째, 핵가족의 증가 및 1인 가족의 증가로 외로움과 고독을 극복하기 위해서이다. 셋째, 반려동물을 의인화하여 자녀 또는 친구로 투사한 관계 형성을 위한 대리적 역할이다. 넷째, 사람에게 받지 못한 위로, 즐거움, 생기, 발랄, 활력, 재롱, 웃음, 충성심, 신뢰감, 친밀감, 보호함, 유대감, 안정감, 역동성, 애착 등의 정서적 충족과 획득이다. 인간의 삶에서 다양한 정서적 충족을 얻을 수 있는 대상이 부재할 때, 대표적인 대안이 반려동물이라고 볼 수 있다. 추가로, 자슬로프와 키드(Zasloff & Kidd, 1994)에 따르면 반려동물 입양 이유는 반려동물이 보여 주는 인간에 대한 무조건적인 사랑 때문이다. 그 외에 인간에 대한 전적인 수용과 절대적 충성, 인간에 대한 지지적 태도 등을 입양의 원인으로 제시하고 있다.

실제로 인간의 삶에서 반려동물만 한 충실한 동반자, 호의적인 대상, 무조건적인 사랑을 베푸는 존재는 발견하기가 쉽지 않다(Gupta & Kaur, 2018). 경쟁적이지 않고 수용적인 태도를 지닌 대상과 친밀한 상호작용을 나누는 것은 누구에게나 심리적·정서적으로 상당한 유익을 준다. "반려동물 소유 자체가 주관적 행복감을 증진 시킨다."(Butler, Cross, Peek, & Granger, 2010)라는 연구결과가 있으며, 반려동물을 키우는 사람이 키우지 않는 사람에 비해 심리 정서적으로 건강하다는 연구결과들도 있다(Parslow & Jorm, 2003). 이러한 연구들은 반려동물 입양이 가족의 정서 체계에 일정한 유익을 주고 있음을 공통으로 설명해 주고 있다.

2) 체계적 관점에서의 반려동물의 이해

(1) 반려동물이 가족에 미치는 영향

체계이론의 기본적 원리는 반려동물을 가족체계의 중요한 구성원으로 검토하게 하였고, 이 기초 위에서 상담사 외 정신건강 전문가들은 반려동물을 치료계획에 포함했다(Sherman, 2017).

가족 내에서 반려동물은 가족체계의 작동 방식을 이해하는 데 중요한 통찰을 제공한다. 인간과 동물 간의 유대에서 자녀가 어떻게 이를 경험하는지는 매우 중요하다. 고전적 조건화의 관점에서는 자녀가 반려동물을 가족의 일원으로 연관 짓는 방법을 배울 수 있으며, 관찰이나 모델링의 관점에서는 자녀가 부모의 동물과의 상호작용을 관찰함으로써 미래의 인간 동물 유대의 기초를 형성할 수 있다. 또한 조작적 조건화 모델에서는 자녀가 반려동물과의 상호작용을 통해 긍정적인 결과를 유도하는 행동을 어떻게 학습하는지도 중요하다. 어린 시절 반려동물과의 상호작용이 자녀의 행동과 태도 형성에 중요한 역할을 한다고 제안하고 있다.

5세가 될 때까지 가족 안에 반려동물이 있으면 자녀의 반려동물에 대한 태도와 행동을 형성하는 데 중요한 역할을 하며, 반려동물은 어린 자녀뿐만 아니라 성인과 노인에게도 가족체계적으로 영향을 미친다. '빈 둥지 증후군'을 겪는 중년과 노인들에게 반려동물은 공허함을 채워 주며, 가족원들이 새로운 존재에 대한 관심과 애정을 다시 느끼도록 도와준다(Mhaistir, 2013). 이처럼 반려동물은 가족의 상호작용에 중요한 역할을 한다.

(2) 반려동물의 인격화(Anthropomorphism of Pets)

반려동물이 가족 또는 그에 준하는 의미 있는 타자인 것은 명백하다(Tipper, 2011). 반려동물을 입양한 가정에서 동물을 의인화, 가족화(pets-as-family)하여 대하는 것은 매우 일반적인 현상이다. '의인화'란 반려동물 입양자가 반려동물을 인간처럼 인식하고, 인간처럼 대하는 것이다. 이는 반려동물이 인격이 아니고 인간의 언어를 이해하지 못하는 존재이지만, 마치 사람에게 말하듯 자연스럽게 대화하는 현상으로 나타난다. '가족화'는 반려동물을 가족 구성원으로 인식하는 현상으로, 반려동물이 입양된 가족생활에 적응하면서 가족처럼 취급받는 것이다. 반려동물 입양 가족은 반려동물을 '가족' 또는 '가족이나 마찬가지'라고 인식한다(Mota-Rojas, Mariti, Zdeinert, & Riggio, 2021). 자녀가 없는 경우에는 반려동물을 자녀처럼, 자녀가 있는 경우에는 반려동물을 막내처럼 대접하게 된다. 반려동물 입양 가족은 스스로 자신을 반려동물의 '형'(아빠, 엄마, 오빠, 형, 누나, 언니)으로 자처한다. 반려동물의 나이가 가족의 최연소자보다 많을지라도 서열에 있어 입양자는 우위를 차지하며, '형'(오빠, 누나, 언니)으로 호칭하는 경우가 일반적이다. 그래서 반려동물을 일컬어 '유사 친족(fictive kin)' 또는 '기능적 친족(functional kin)'이라고 부르기도 하며, 'it'으로 나타내기보다는 'she/he'로 부르거나 'baby'라고 표현하기도 한다(Charles & Davies, 2008).

(3) 체계적 관점에서의 반려동물 역할

인간과 반려동물 간의 관계에 관한 연구는 아직 부족하지만, 가족역동의 관점에서 이해하려는 시도가 있다. 현대 가족이 전통적인 지지 체계의 역할을 상실하면서, 가족 내에서 인간이 경험하는 결핍감을 동물과의 관계를 통해 충족하고자 하며, 반려동물을 가족으로 받아들인다고 설명했다(Smith & Johnson, 2022). 한편, 반려동물 입양을 가족이 재구성되는 과정으로 보는 관점도 있었다(Verga & Michelazzi, 2009). 현대 가족이 소속감과 정서적 지지 기능이 약화되었음에도 불구하고, 여전히 인간은 가족으로부터 소속감과 정서적 지지를 얻고자 한다(Fingerman & Birditt, 2011). 이러한 이유로 반려동물과 관계를 맺음으로써 가족만이 줄 수 있는 소속감과 정서적 지지를 제공받으려 한다.

반려동물은 가족 안에서 시간을 함께 보내고 공간을 공유하며 감정을 나누는 활동을 통해 가족이 된다. 예를 들어, 먹이 주기나 산책과 같은 돌봄 활동을 통해 반려동물에게 애착을 형성하고 정서적으로 의지하게 된다. 또한 사적인 공간을 공유하고, 반려동물의 물건이 공간을 채우게 된다. 가족 규칙을 반려동물과 공유하고 기념일을 함께 챙기는 등 반려동물이 가족이 되는 과정에서 경험의 중요성을 강조하기도 했다(Charles & Davies, 2008). 이렇듯 반려동물은 가족을 구성하는 일상적인 활동을 새롭게 조성해 나가며 가족이 된다. 찰스(2016)는 이를 더욱 구체적으로 파악하여 반려동물을 위한 돌봄 실천, 부모 역할, 종 사이 경계의 약화, 반려동물의 주체성, 반려동물과의 정서적 연결감을 통한 가족적 경험으로 가족이 되어 간다고 제안한다.

3) 가족 주기와 반려동물

반려동물은 가족의 전 삶의 주기에 걸쳐 가족 내에서 다양한 역할을 한다. 이런 역할들은 가족체계에 따라 다양하게 나타난다. 가족발달 관점은 각기 다른 발달단계에 있는 가족에게 기여하는 반려동물의 독특성을 조사하는 데 있어 유용한 작업 틀을 제공한다. 월시(Walsh, 2009a)는 가족생활 주기를 결혼 전 가족, 신혼 가족, 유아가 있는 가족, 초등학생 시기의 가족, 청소년 시기의 가족, 부모로서 역할 수행, 부모로서의 재조정, 노년기의 가족 등 총 8단계로 구분한다. 대부분 가족은 여러 단계에 걸쳐 있다. 반려동물의 삶의 주기는 가족의 삶의 주기 단계와 일치하는 부분이 있다.

인간과 동물이 다양한 단계를 거쳐 발전함에 따라 그들의 역할과 기여도 계속 변화하게 된다. 예를 들어, 가족생활주기에서 미취학 아동이 있는 가족의 반려동물은 젊고 활기찬 모습을 보일 것이다. 하지만 5년이 지나 가족이 취학아동이 있는 단계로 접어들면, 반려동물은 그들의 삶의 주기에 맞추어 점차 노령 단계로 접어들게 된다. 이렇게 시간의 흐름에 따라 가족과 반려동물의 역할과 관계도 자연스럽게 변화해 간다.

가족 내에서 반려동물의 역할을 고려할 때, 반려동물을 소유하는 것과 동물에 대한 애정 사이에는 분명한 차이가 있다는 것을 알 수 있다. 부모들은 반려동물을 통해 자녀가 책임감을 배우고 활동적인 성향이 길러지기를 기대하지만, 많은 경우 6개월 이내에 반려동물을 포기하거나 보호소에 돌려보내는 일이 발생한다는 사실이 밝혀졌다(Reese & Bender, 2015). 반려동물을 키우는 부모들은 반려동물이 자녀의 물건을 망가뜨리는 등의 예상치 못한 행동을 했을 때, 환경을 바꾸거나 반려동물을 훈련시키는 것보다는 동물을 포기하는 쪽을 선택하는 경향이 있다고 보고한다. 이러한 현상은 유아를 키우는 가정이나 초등학생 자녀가 있는 가정의 가족생활주기에서, 인간과 동물 간의 유대관계에 충분한 시간을 투자하기 어려운 상황을 잘 보여 준다. 이 단계에서 부모들은 모두 일하고 자녀는 학교와 방과 후 활동으로 저녁 늦은 시간에 귀가하므로 반려동물의 기본적인 욕구들을 채워 줄 시간과 에너지가 거의 남지 않아 죄책감을 가지게 된다고 보고했다(김형숙, 2021).

그러나 유아를 키우는 가정이나 초등학생 자녀가 있는 가정에서 반려동물 소유 비율이 가장 높다. 반려동물에 대한 애정이 가장 높은 가족생활주기는 신혼부부, 자녀가 출가하여 부모만 남은 가정, 결혼하지 않은 사람들 혹은 싱글족이었다(Albert & Bulcroft, 1988).

이러한 가족생활 주기에서는 반려동물의 소유와 애정이 일치하는 경향이 나타났다. 예를 들어, 신혼부부의 경우 반려동물은 앞으로 부모 역할을 준비하는 데 중요한 역할을 한다. 반려동물을 돌보는 과정이 자녀를 양육하는 경험과 유사하기 때문이다. 또한 싱글 가족, 이혼 후 혼자 사는 가족, 비혼주의자, 자녀가 없는 부부, 자녀가 출가하여 부모만 남은 가족, 배우자를 잃은 가족에서도 반려동물은 배우자를 대신해 정서적으로 중요한 역할을 수행해 준다.

반려동물은 애정을 주고받는 것은 혼자 살거나 중요한 관계가 부족한 사람들에게 삶의 동기를 제공하는 중요한 역할을 한다. 이들은 삶의 다양한 변화 속에서도 반려동물과 밀접한 관계를 유지하며, 반려동물을 삶의 한 부분으로 여긴다. 자녀가 없는 부부나 비혼주의 가족에게 반려동물은 부모가 되고자 하는 욕구와 기대를 대변하기도 한다. 이들은 반려동물을 자신들의 아이로 여기는 경향이 강하며, 의인화하는 비율도 높게 나타난다(Walsh, 2009a). 가족 내에서 반려동물은 지속적인 관계를 제공하며, 이러한 관계는 사회적 지원의 중요한 공급원이 될 수 있다(McConnell, Brown, Shoda, Stayton, & Martin, 2011).

반려동물은 인생의 주요 사건과 결정적인 전환기 동안 중요한 역할을 한다. 가족원들은 이혼, 재혼 또는 자녀의 출가로 인해 부모만 남게 되는 상황에서 반려동물과의 유대감을 더욱 강하게 느끼며, 이를 필요로 하게 된다. 새로운 가족생활 주기에서 경험하는 변화와 관련된 스트레스는 반려동물이 제공하는 애정의 가치를 더욱 부각할 수 있다(Sable, 1995). 동시에, 반려동물의 스트레스를 고려하는 것이 가족에게 중요한 요소이다. 인간과 반려동물은 상호 의존적인 관계를 맺고 있으므로, 가족생활주기 단계에서 발생하는 변화들은 서로에게 큰 영향을 미칠 가능성이 크다.

4) 발달적 관점에서의 반려동물 이해

(1) 아동기

반려동물과 함께 성장하는 경험은 유아, 아동 및 청소년에게 만족스러운 경험 중 하나로 입증되었다. 이 시기는 반려동물과의 중요한 감정적 유대가 형성되는 시기로, 아동은 사회적 학습 이론의 틀 안에서 고전적 조건화와 조작적 조건화를 통해 동물을 돌보고 사랑하는 방법을 배운다(Melson, 2001). 많은 경우, 가족은 자녀에게 반려동물과 어떻게 상호작용을 해야 하는지를 보여 줌으로써(예: 개나 고양이와 함께 지내는 방법 등), 아이들의 태도와 행동에 영향을 미친다. 반려동물과의 상호작용과 할머니와의 깊은 대화는 7~10세 아동의 사회적 · 정서적 기능 향상에 중요한 요소이다(Melson, 2003). 또한 아동은 반려동물을 일종의 특별한 친구로 여겨 행복한 순간과 비밀을 편안하게 공유할 수 있는데, 그 이유는 반려동물이 지속성, 공감 및 따뜻함을 제공해 주기 때문이다. 마찬가지로, 아동은 화가 나거나 흥분되거나 두려워할 때도 자신의 반려동물에게 이야기한다는 보고도 있다. 이는 반려동물이 다른 형제와 유사한 역할을 한다는 것을 시사한다. 더구나, 반려동물은 정신사회적 발달을 촉진하여 공감능력 향상, 자존감, 인지 발달 및 사회 및 운동 활동의 증가에 이바지한다는 연구결과가 있다(Melson, 2001, 2003). 대부분의 아동은 반려동물을 친구로 여기며, 반려동물의 신체 언어를 읽는 법을 배움으로써 감정과 행동을 표현하고 감정이입을 배우기가 더 쉽다. 이러한 유대는 더 높은 자신감, 기분 개선 및 인간에 대한 더 큰 공감능력을 증진한다(Melson, 2001, 2003).

(2) 청소년기

청소년기는 대부분 가족에게 어려운 시기일 수 있으며, 청소년이 자아정체성과 세계에 대한 인식을 형성하는 중요한 시기다. 반려동물과의 유대가 이미 청소년기에 형성되었을지라도, 이 시기에는 이러한 유대를 유지하는 데 중점을 둔다. 청소년들은 부모보다 반려동물을 덜 중요하다고 평가했지만, 낮은 자존감을 가질 수 있는 이 시기에 반려동물이 자신을 기분 좋게 만드는 데 도움을 주는 점에서 높게 평가했다고 보고되었다(Cassels, White, Gee, & Hughes, 2017, p. 15). 또한 청소년은 반려동물을 친구이자 신뢰할 수 있는 상담 상대로 여긴다. 어린 시절부터 청소년기까지 동물과의 교감은 청소년에게 공감과 연민과 같은 안정된 성격특성을 발달시키는 데 도움을 주며, 또래와의 상호작용을 준비하는 데도 기여한다(Daly & Morton, 2006).

(3) 성인기

성인기에 도달할 때 많은 사람에게는 인간과 반려동물 유대가 강화되고 있다. 성인을 대상으로 한 다양한 연구들에 따르면, 반려동물은 동반자로서 해야 할 역할, 건강 및 편안함을 주고, 보호와 사랑 그리고 충성을 제공한다. 그리고 성인은 반려동물에게 자신의 내면적인 순수함과 어린아이 같은 감정을 표현하고, 지속적인 평가와 무조건적인 수용을 제공받는다(Beck & Katcher, 2003). 1996년 미국 동물병원협회의 조사에 따르면, 반려동물 보호자의 75%가 반려동물을 자녀와 유사하게 생각했으며, 또한 조사에 응답한 여성의 거의 절반이 남편이나 자녀보다 개나 고양이에 더 자주 의존했다고 보고했다(Cain, 1985). 또한 반려동물은 애도 초기 단계나 유방암 치료 후에도 큰 유대감을 느끼게 한다고 보고했다(Sobo, Eng, & Kassity-Krich, 2006).

(4) 노년기

노년기에도 인간과 반려동물 간의 유대는 더욱 중요하다. 반려동물은 종종 그들의 인간 동반자와 함께 오랜 시간을 보내며, 소중한 반려동물을 잃었을 때의 깊은 애도를 경험하는 것은 자연스럽고 흔한 현상이다(Walsh, 2009a). 다양한 연구에서는 인간과 반려동물 간의 유대가 가지는 힘은 홀로 사는 노인에게 긍정적인 영향을 미치며, 반려동물을 키우는 노인은 은퇴 후 삶의 만족도와 개인 안전 수준에서 더 나은 결과를 보였다(Raina, Waltner-Toews, Bonnett, Woodward, & Abernathy, 1999).

일부 노인에게 반려동물은 그들의 가족과 같은 존재이다. 반려동물을 돌보는 노인들과 식물만 돌보는 노인들의 태도를 비교한 연구에 따르면, 반려동물을 가진 노인들은 다른 사람들에 대한 자신감을 지속적으로 향상하는 경향이 있었으며(Riddick, 1985), 다른 연구에서는 노인들 사이에서 행복과 반려동물의 유대 정도 사이에 긍정적인 관계가 있다고 보고했다(Garrity, Stallones, Marx, & Johnson, 1989).

개인 및 가족생활의 양식이 계속해서 변화함에 따라 다양한 스트레스에 노출된 사람들에게 반려동물은 일관된 안정감과 신뢰감을 제공하며, 혼란스러운 삶의 변화를 더욱 쉽게 이겨내도록 도와주고 있다. 가족 단위를 넘어 반려동물이 지역사회 상호작용과 공동체 의식을 증진한다는 연구도 있다(Garrity et al., 1989).

2. 개입방법에 대한 이론적 근거

1) 애착이론 관점에서의 반려동물 이해

인간과 반려동물의 관계를 설명하는 대표적인 이론은 애착이론(attachment theory)이다(Julius, Beetz, Kotrschal, Turner, & Uvnas-Moberg, 2012). 이 이론은 양육자와 아동 간의 애착관계가 성인의 대인관계와 정서적 안정에 중요한 역할을 한다고 설명한다. 반려동물은 이러한 애착이론의 관점에서 인간에게 중요한 애착 대상이 될 수 있다.

첫째, 안전 기지(safe haven)와 피난처(security base)로서의 반려동물이다. 아동이 양육자를 통해 안전하다고 느끼는 것처럼, 성인도 반려동물을 통해 안전 기지와 피난처로서 안전감을 제공받는다. 반려동물은 스트레스나 불안 상황에서 주인에게 정서적 지지를 제공하며, 이에 따라 주인은 심리적 안정감을 느낄 수 있다. 이러한 관계는 반려동물이 주인에게 정서적 위안을 제공하고, 새로운 상황에 맞설 수 있는 용기를 주는 안전 기지 역할을 한다는 것을 의미한다(Kurdek, 2008).

둘째, 인간이 반려동물과 형성하는 애착 관계도 인간처럼 안정적인 애착과 불안정한 애착과 같은 유사한 유형으로 나타날 수 있다. 안정 애착을 가진 사람은 반려동물과의 관계에서도 높은 만족감을 느끼며, 불안정 애착을 가진 사람은 반려동물에게 과도한 의존을 하거나 애착을 회피하는 경향을 보일 수 있다. 상실과정에서 경험의 내용과 결과가 애착 유형에 따라 다르게 나타났다. '불안정 애착' 유형일수록 반려동물의 상실에 따른 분노, 죄책감, 사회적 고립 등 정서적 어려움을 보다 강하게 경험했다. 반면, '회피형 애착'일수록 반려동물 상실로 인한 정서적 어려움이 상대적으로 낮게 경험되었다(Zilcha-Mano, Mikulincer, & Shaver, 2012). 이와 같은 애착 유형은 주인의 심리적 건강에 영향을 미치며, 반려동물과의 관계가 그들의 애착 방식을 반영할 수 있음을 보여 준다.

셋째, 반려동물은 기존의 애착 대상이 제공해 줄 수 없었던 새로운 애착경험을 제공해 준다. 아동기 애착 형성이 충분하지 않거나 부재한 경우, 성인이 된 후에도 이 결핍을 채우기 위해 대체 애착 대상을 찾듯이 반려동물은 이러한 대체 애착 대상이 될 수 있다. 반려동물과의 관계를 더 잘 이해하기 위해 애착이론이 확장되었으며, 이를 웹 기반 설문 조사에 적용한 결과, 반려동물이 안정 애착의 원천임을 발견했다(Zilcha-Mano, Mikulincer, & Shver, 2011). 로맨틱한 파트너와의 관계와 비교했을 때, 반려동물과의 애착이 모든 측정에서 더 안전한 것으로 나타났으며, 반려동물이 자아 유지, 자존감, 평온, 안정 및 수용과 같은 중요한 심리적 필요를 충족시키는 데 있어 인간과 동등하거나 더 뛰어날 수 있다는 연구결과도 있다(Beck & Madresh, 2008).

이처럼 반려동물은 인간의 중요한 애착 대상이 될 수 있으며, 인간의 정서적 안정과 대인관계에 긍정적인 영향을 미친다. 반려동물과의 관계는 가족이 스트레스 상황에서 심리적 안정을 찾고, 정서적 결핍을 보완하는 데 중요한 역할을 할 수 있다. 이러한 역할을 토대로 상담사는 가족체계적 관점에서 인간의 애착 유형과 반려동물과의 관계에서 드러나는 패턴을 고려해야 할 것이다.

2) 코헛의 자기심리학 관점에서의 반려동물 이해

인간과 반려동물의 관계를 설명하는 두 번째 이론은 자기심리학(self psychology)이다. 이 이론을 기반으로 한 연구에서는 대부분이 동물을 구조한 경험이 있는 24명의 참가자에게 반려동물이 자기대상이 되는지를 조사하였다(Brown, 2007). 이 연구에서 말, 개, 고양이, 토끼와 같은 반려동물이 참가자들에게 거울 자기대상(mirroring selfobject), 이상화 자기대상(idealizing selfobject), 쌍둥이 자기대상(twinship selfobject) 중 어느 것에 해당하는지 구별하기 위해 16개의 질문으로 구성된 반구조화 인터뷰를 진행하였다. 그 결과, 반려동물은 거울 자기대상, 이상화 자기대상, 쌍둥이 자기대상으로 기능한다는 점이 발견되었고, 중요한 자기대상 경험을 제공하는 데 있어서는 심지어 인간을 능가할 수도 있다고 밝혀졌다. 자기심리학에서 거울 자기대상, 이상화 자기대상, 쌍둥이 자기대상이라는 개념은 인간의 자아 발달 과정에서 중요한 역할을 한다(Kohut, 1971). 반려동물은 이 세 가지 자기대상 역할을 함으로써 반려동물 보호자(pet guardian)의 자아 발달과 심리적 안정에 기여할 수 있다.

첫째, 거울 자기대상으로서의 반려동물이다. 거울 자기대상은 개인이 자신의 가치를 확인받고, 긍정적인 자아 이미지를 형성하기 위해 타인의 반응이 있어야 하는 상황을 나타낸다. 반려동물은 주인의 감정과 행동을 반영하고 이에 반응함으로써 거울 자기대상의 역할을 한다. 주인이 기뻐할 때 반려동물이 기뻐하며 함께 놀거나, 주인이 슬퍼할 때 옆에서 조용히 위로를 제공하는 것은 반려동물이 주인의 긍정적 자아감을 토대로 한 상호작용으로서 주인이 자신을 더 긍정적으로 인식하고 자존감을 높이는 데 기여할 수 있다(Brown, 2007).

둘째, 이상화 자기대상으로서의 반려동물이다. 개인은 가까운 타인을 이상화하고, 그렇게 이상화된 사람에게 의존함으로써 안정감과 안전감을 얻기도 한다. 반려동물은 주인에게 이상화의 대상이 될 수 있다. 주인은 반려동물을 통해 무조건적인 사랑과 헌신을 느끼며, 반려동물의 존재를 통해 삶에서 안정감을 찾을 수 있다(Brown, 2007). 이는 특히 불안정한 환경에 처한 사람들이 반려동물을 통해 정서적 안정을 찾는 데 중요한 역할을 할 수 있다.

셋째, 쌍둥이 자기대상으로서의 반려동물이다. 사람은 자신과 비슷한 입장과 처지에 있는 타인과 동질감이나 유대감을 느끼며 자신의 야망과 포부를 실현해 나간다. 쌍둥이 자기대상과의 동일시를 통해 마음을 발달시켜 가는 것인데, 반려동물은 주인과 특별한 유대감을 형성함으로써 쌍둥이 자기대상이 되어 준다. 주인은 반려동물과의 유사성을 통해 자신을 더 잘 이해하게 되고, 이 과정에서 강한 동질감을 느낄 수 있다. 반려동물과 이러한 관계는 주인의 자아 감각을 강화하고, 사회적 고립감을 줄이는 데 도움이 될 수 있다.

이처럼 반려동물은 거울 자기대상, 이상화 자기대상, 쌍둥이 자기대상의 역할을 수행함으로써 주인이 자신의 가치를 확인하고, 안정감을 느끼며, 동질감을 통해 자아를 강화하는 데 기여할 수 있다. 이러한 역할을 토대로 상담사는 가족체계적 관점에서 반려동물이 단순히 애정의 대상이 아니라 심리적 발달에 있어 중요한 자기대상의 역할을 할 수 있음을 고려해서 상담을 준비할 수 있다.

3) 내러티브 관점에서의 반려동물 이해

내러티브(narrative) 접근은 구성주의를 토대로 개인이 자신의 삶에 대해 만들어 가는 이야기를 중심으로 하는 심리치료 접근이다. 이 관점에서 개인이 자신에게 부정적인 영향을 미치는 문제 이야기를 해체하고 재구성하며, 선호하는 이야기를 발견하고 새로운 정체성을 구성하도록 하는 데에 중점을 둔다. 내러티브 가족상담은 가족 내에서의 문제 이야기 구조를 탐색하고, 이를 통해 가족원들의 새로운 가족 이야기를 재구성하여 새로운 관점에서 서로를 이해하고 지원할 수 있도록 돕는다. 이 접근법은 가족 내의 모든 구성원이 자신의 이야기를 구성하고, 이를 통해 가족 역동성과 관계를 재구성하는 데 중점을 둔다. 이 과정에서 반려동물이 중요한 역할을 할 수 있다.

반려동물이 가족체계에 미치는 역할은 다음과 같다.

첫째, 정서적 연결과 지지를 통한 정체성 구축이다. 반려동물은 가족원 간의 정서적 연결을 촉진하거나 가족 내의 갈등을 완화하고, 긍정적인 상호작용을 촉진하는 역할을 한다. 가족원들이 반려동물을 돌보는 과정에서 자연스럽게 협력하고, 서로를 지지하는 관계가 형성되면서 갈등이 잦은 가족에게 유익할 수 있다.

둘째, 가족 내러티브를 재구성한다. 내러티브 가족상담에서 중요한 것은 가족원들이 자신들의 이야기 구조를 재구성하는 것이다. 반려동물은 이 과정에서 새로운 이야기를 만들어 내는 데 기여할 수 있다. 예를 들어, 가족원이 반려동물과 관련된 긍정적인 경험을 공유하는 과정에서 가족 내러티브가 더 긍정적으로 변화할 수 있고 가족의 전체적인 정서적 분위기를 개선하는 데 중요한 역할을 한다.

셋째, 가족 갈등을 해결하고 가족 공동의 목표를 설정하는 데 중심적인 역할을 한다. 가족원들이 반려동물의 복지를 위해 함께 협력하는 경험은 가족 내에서 갈등을 해결하고 공동의 목표를 설정하는 데 긍정적인 영향을 미칠 수 있다. 이러한 과정에서 반려동물은 가족원 간의 소통을 돕고, 문제해결 능력을 향상하는 매개체로 작용할 수 있다.

한편, 상담사는 반려동물과 함께하는 가족을 상담할 때 몇 가지 중요한 점을 고려해야 한다. 첫째, 반려동물이 가족원 중 특정 인물에게만 강하게 애착을 가지는 경우, 이에 따라 다른 구성원들이 소외감을 느낄 수 있다. 둘째, 반려동물을 돌보는 책임이 과도할 경우, 가족원 간에 추가적인 갈등이 발생할 수 있다(김형숙, 2023). 따라서 반려동물과의 관계를 상담 주제로 포함하기 전에 가족 내의 모든 구성원이 이에 대해 동의해야 하며, 그들의 역할을 명확히 이해하는 것이 중요하다.

이러한 관점에서 반려동물은 내러티브 가족 상담에서 긍정적인 변화를 촉진할 수 있는 강력한 도구가 될 수 있다. 다만, 반려동물의 역할과 책임을 명확히 하고, 가족 내에서 균형을 유지하는 것이 필수적이라고 본다.

3. 단계적 개입전략

앞에서 애착, 자기심리학적, 내러티브 관점에서 반려동물과 함께하는 가족들의 심리적 이해를 살펴보았다. 단계별 개입전략은 뒤에 나오는 사례를 내러티브 관점에서 진행했으므로 내러티브 관점에서 단계별 개입전략을 살펴보겠다.

1) 내러티브 상담과정

내러티브 상담과정은 [그림 20-1]과 같이 진행된다. 진행은 순서대로 이루어지기보다 내담자의 이야기를 따라가면서 순환적으로 혹은 동시에 진행되거나 생략될 수 있다. 이 지도

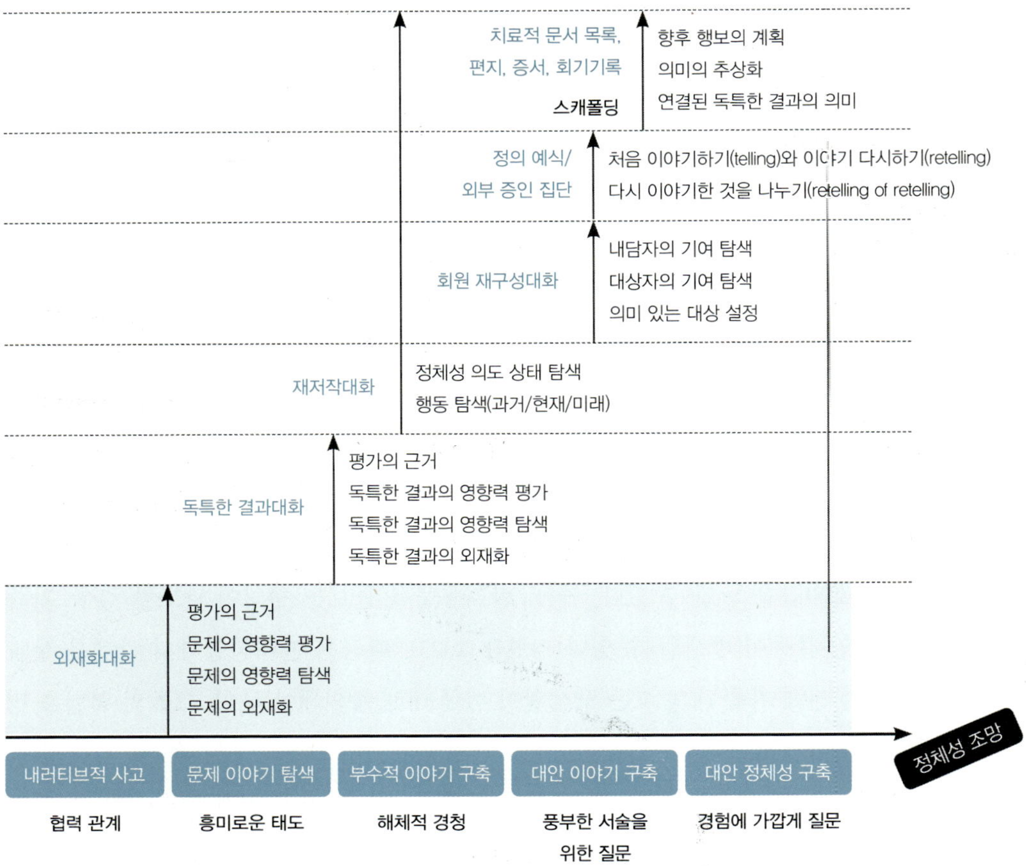

그림 20-1 내러티브 상담과정

출처: 이선혜(2020).

는 내러티브 상담과정의 이해를 돕기 위한 지도의 역할을 한다(이선혜, 정슬기, 허남순, 2012). 내담자의 내러티브를 따라가면서 이야기를 풀어 가는 것이 핵심이다.

2) 내러티브 기반 사례개념화

내러티브 상담 사례개념화의 핵심은 포스트모더니즘 관점에서 내담자에 대한 지배적 내러티브를 경청하고 해체하는 작업이다(이선혜, 2020). 내러티브 상담에서 사례개념화는 문제를 진단하거나 원인에 집중하기보다 내담자의 지배적 이야기에서 선호하는 이야기를 가지도록 정체성을 이동하는 과정이 중요하다.

(1) 문제 이야기를 경청하고 사회문화적 맥락 속에서 이해하기

문제 이야기를 해체적으로 듣기 위해 반려동물과 관련된 내담자의 경험과 감정을 경청하고, 그 이야기가 내담자에게 미치는 영향을 이해하는 과정에서 다음과 같은 방식으로 접근할 수 있다.

- 반려동물 상실과 관련된 문제 이야기: 내담자가 반려동물을 잃은 후 느끼는 상실감과 그 상실이 일상에 미치는 영향을 파악한다.
- 반려동물 입양과 적응에 관련된 문제 이야기: 내담자가 반려동물을 입양한 후 겪는 적응 문제와 그것이 가족역동에 미치는 영향을 탐색한다.
- 반려동물 입양으로 인한 가족갈등에 관한 이야기: 반려동물 입양으로 발생한 가족 간 갈등 및 그 갈등이 내담자에게 미치는 영향을 탐색한다.

(2) 문제 영향력 파악하기

내담자의 문제 이야기가 개인적 · 대인관계적 그리고 반려동물과의 관계적 차원에서 미치는 영향을 탐색하며, 다음의 질문들을 통해 깊이 파악할 수 있다.

- 개인적 차원(일, 건강, 정서, 사고, 신념, 정체성, 반려동물과의 관계)과 대인관계 차원(가족관계, 친구, 동료)이 내담자에게 미치는 영향을 살펴본다.
- 대인관계적 차원: 내담자의 가족관계, 친구, 동료들과의 관계에서 반려동물과 관련된 문제가 어떤 영향을 미치는지 탐색한다.
- 내담자의 목표와 바람을 재정립하기: 내담자가 단순히 문제 해결을 요구하는 것이 아니라, 자신의 삶에서 의미 있는 것을 창출하고자 하는 방향으로 나아갈 수 있도록 돕는다.

(3) 문화적 요인 탐색하기

내담자의 내러티브에 영향을 미치는 문화적 요인은 지배적인 담론을 이해하는 것과 관련이 있다. 다음과 같은 요소들을 통해 내담자의 삶에 영향을 미치는 문화적 요인을 탐색할 수 있다.

- 반려동물과 함께하는 가족에 대한 문화적 요인, 즉 사회적 기대, 가족 범위, 가족 정체성, 그리고 관련 규범들이 내담자에게 어떤 영향을 미치는지 살펴본다.

- 내담자가 자신과 반려동물 관계에 대해 어떤 이미지를 가지고 있는지, 그리고 내담자의 인생에 대해 어떤 입장을 취하고 있는지 살펴본다.
- 주변 사람들이 내담자의 존재 가치나 성품에 대해 내리는 평가와 반려동물과의 관계가 이러한 평가에 어떠한 영향을 미쳤는지를 파악하여, 이를 내담자의 가치와 정체성에 연결한다.

(4) 해체적 질문하기

다음과 같은 해체적 질문을 통해 내담자의 생각과 경험을 깊이 탐구할 수 있다.

- 기성 담론과 내담자 자신의 내러티브가 그 생각에 어떤 영향을 미쳤는지를 탐구하는 질문(예: "그러한 생각은 어디에서 비롯되었을까요?")
- 내담자가 현실을 바라보는 방식과 결과를 탐색하는 질문(예: 당신이 바라보는 현실이 어떤 의도에서 비롯되었나요?, "그 현실이 어떤 결과를 가져올 거라고 보시나요?")
- 내담자가 반려동물과의 관계에서 기대하는 바와, 이를 지지할 수 있는 개인적 자원과 공동체를 파악하는 질문(예: " 당신의 욕구와 당신이 속한 개인적 공동체 및 가용한 자원은 무엇인가요?")

3) 가족상담 목표 설정

내러티브 상담에서 상담목표는 상담과정별로 문제 이야기에서 새로운 정체성을 구축해 가는 과정이다(이선혜, 2020). 상담 초기, 상담 중기, 상담 종결의 단계별 상담목표와 전략은 〈표 20-1〉과 같다.

표 20-1 상담과정별 목표

단계	상담목표	전략
초기	• 신뢰관계 형성 • 문제에 대한 영향과 역사 파악 • 내담자와 문제 분리	• 상담구조화와 상담목표 합의하기 • 문제를 의인화하거나 분리하는 질문 활용 • 반려동물의 관점에서 문제를 바라보는 질문 사용

중기	• 문제 발생의 맥락을 해체하고 이해하기 • 내담자가 문제와 새로운 관계를 맺도록 돕기 • 대안적 내러티브를 찾고 풍부하게 발전시키기	• 반려동물과 함께한 독특한 결과에 주목하기 • 상대적 영향력 질문과 입장 진술을 통해 반려동물의 역할 분석하기 • 스스로 내러티브를 다시 쓰는 작업 촉진에 반려동물을 고려하기 • 내담자의 대안적 행보를 매주 관찰하고 반려동물과의 상호작용 반영하기
종결	• 내담자의 새로운 내러티브 강화 • 내담자가 선호하는 대안적 내러티브를 널리 알리기 • 새로운 내러티브를 미래로 확장	• 새로운 내러티브를 널리 알리기 위해 치료적 문서의 작성 시도하기 • 치료적 문서를 활용하여 반려동물과의 새로운 관계를 구체화하기 • 대안적 내러티브를 풍부하게 하기 위해 기념식이나 증서 수여, 반려동물과의 공동 기념 행사 계획하기

4) 개입

(1) 외재화 대화

외재화 대화(externalizing)는 내재화(internalizing)와 반대되는 개념으로, 사람과 문제를 분리하는 것이다. 사람을 문제로 보는 대신, 문제를 문제 자체로 다루어 사람과 문제를 분리하고 거리두기를 한다. 이러한 거리두기를 통해 자신의 상황과 문제와의 관계에 대해 입장을 정리하는 단계를 거친다. 외재화 대화는 '입장 진술' '입장 말하기 대화'라고도 한다(White & Epston, 1990). 외재화 대화 질문은 〈표 20-2〉와 같은 질문을 통해 탐색할 수 있다. 상담사는 가족에게 반려동물이 문제가 아닌 문제가 문제 자체로 외재화되도록 유의할 필요가 있다.

표 20-2 외재화 대화

영역	외재화 대화
문제 정의	• 외재화 대화: 내재화 대화("반려견을 두고 나와서 죽을 수도 없고 우울해요.")에서 문제를 외재화하는 대화(그 우울) • 그 우울이 어떤 모양으로 당신에게 찾아오나요? • 그 우울은 크기가 얼마나 되나요? • 그 우울은 어떤 색깔이나요?

문제 영향력 탐색하기	• 관계: 그 우울이 딸로서, 직장인으로서, 그리고 반려동물과 함께하는 당신에게 어떤 영향을 미친다고 생각하나요? • 자신: 그 우울이 당신 자신과 반려동물과의 관계에 어떤 영향을 주고 있나요? • 꿈: 그 우울이 당신의 일이나 희망에 어떤 영향을 미치고 있나요? • 시간 경과: 그 우울은 시간이 지나면서 변화했나요? • 우울의 힘: 그 우울이 가장 강하게 나타나는 시기와 장소는 언제 어디인가요? • 우울의 친구: 그 우울이 반려동물과의 문제나 다른 어려움과 결합해서 작용하나요?
문제 영향력 평가하기	• 우울의 영향: 그 우울이 당신의 인생에서 긍정적인(혹은 부정적인) 영향을 미치고 있나요? • 관계 유지: 그 우울(문제)과의 관계를 어떻게 다르게 유지할 수 있을까요? 반려동물과의 관계에 어떤 영향을 줄 수 있을까요? • 자유: 이 우울에서 완전히 자유로워지기를 원하나요?
문제의 입장 취하기	• 변화의 희망: 그 문제(우울)와의 관계가 달라지기를 원하시나요? 반려동물과의 관계에는 어떤 변화가 있기를 바라시나요? • 변화의 이유: 왜 그 관계가 달라지기를 바라는지요? • 변화의 영향: 관계가 달라진다면, 반려동물과의 생활을 포함해 당신의 삶에서 무엇이 어떻게 달라질까요?

(2) 독특한 결과 대화

독특한 결과(unique outcomes)는 문제 이야기와 대조되는 이야기로, 문제에 좌우되거나 내담자가 불만스러워하는 자신의 모습과 대비되는 다른 모습에서 찾아볼 수 있다. 이 이야기는 문제에 대해 주체적인 입장이나 행동을 취하는 모습을 담고 있으며, 부수적인 이야기로 작용한다(White, 2007). 또한 대안적 이야기들을 함께 구축해 나가는 과정에 초점을 두고 있다.

독특한 결과는 문제 이야기가 가득 찬 이야기 사이사이에 자리 잡고 있다. 또한 극적 결말도 없고 주목할 만한 성과가 담긴 이야기도 아닌 부수적 이야기에서 숨겨져 왔다. 따라서 상담사는 내담자가 간과하였으나 잠재적으로 의미 있는 사건들, 내담자가 선호하는 사건들에 초점을 두고 이야기를 풀어 가는 것이다. 상담사는 내담자 마음이나 주변들 사람들 사이에서 이야기로 만들어지지 못한 채 그냥 묻어 버리는 이야기로 모래사장에서 바늘 찾기와 같은 심정으로 듣는 것이 필요하다.

다음에서 제시하는 사례에서 민들레(내담자 가명)는 자신이 문제 덩어리이고 사람들에게 짐이 되는 존재라는 이야기 사이에 끊임없이 뭔가를 하고 있었고, 자살 이야기를 하면서도 상담에 오는 것에 주목해서 이야기를 풀어 가는 것이 독특한 결과이다(김형숙, 2024a).

부수적 이야기는 다음과 같은 질문을 통해 독특한 결과로 이어질 수 있다.

- 내담자의 이야기 속에 엿보이는 내담자의 삶의 지식과 기술은 무엇인가?
- 그 이야기를 통해 알 수 있는 내담자의 삶의 지향이나 목적은 무엇인가?
- 그러한 지식과 기술이 내담자의 삶의 목적이나 비전과 어떻게 연결되는가?

주의할 점은 내담자를 바꾸는 것이 아니다. '문제가 되는 이야기'를 문제가 아님의 이야기로 바꾸는 것이 아니라 내담자와 문제 사이의 관계를 바꾸는 것이다.

(3) 재저작 대화

재저작 대화(re-authoring)는 독특한 결과와 행위 조망(landscape of action), 정체성 조망(landscape of identity)을 중심으로 내담자와 가족이 반려동물과의 관계를 포함하여 자신의 이야기를 새롭게 만들어 가는 과정이다(White & Epston, 1990). 내담자가 선호하는 질문을 통해 반려동물과 관련된 독특한 결과를 찾게 되면, 그 결과는 새로운 이야기를 발전시키는 중요한 기틀이 된다. 이를 위해 행위 조망과 정체성 조망의 질문을 사용하여 내담자가 자신의 삶과 반려동물과의 경험에 재참여하고, 과거의 삶과 경험에 대해 상상력과 호기심을 동원하여 의미를 부여하고 확장할 수 있도록 돕는다.

재저작 대화는 지배적 문제 이야기에 대한 대안 이야기로, 반려동물과의 긍정적인 상호작용이나 특별한 경험을 중심으로 한 내러티브가 될 수 있다. 이 대안 이야기는 기존의 지배적 문제 이야기와는 다른 새로운 이야기로서, 내담자의 삶에 긍정적인 변화를 일으킬 수 있는 힘을 가지고 있다. 내담자는 과거의 삶에서 반려동물과 함께한 독특한 요소나 예외적인 상황을 발견하고, 이를 바탕으로 미래에 자신이 살아갈 수 있는 이야기를 구성할 수 있다. 따라서 재저작 대화는 반려동물과의 독특한 경험을 통해 자신의 삶을 돌아보고, 새로운 이야기를 만들어 가는 과정으로 구성될 수 있다. 이 대화는 내담자가 반려동물과의 관계를 통해 얻은 긍정적 요소들을 기반으로, 지배적 문제 이야기에서 벗어나 자신에게 의미 있는 새로운 내러티브를 구축하도록 돕는다.

5) 상담 평가

상담 평가는 회기 평가, 과정 평가, 성과 평가로 나누어진다(이선혜, 2020).

(1) 회기 평가

회기 평가는 내담자가 주목한 점, 호소 문제의 변화, 내담자가 선호하는 내러티브의 발달에 초점을 맞춘다. 특히 반려동물과의 관계에서 나타나는 변화와 감정의 흐름을 함께 살펴보는 것이 주목해야 할 부분이다. 상담사는 내담자가 무엇을 얼마나 얻었는지를 가늠할 수 있도록 반영적 대화를 진행하며, 반려동물과의 상호작용을 포함해 내담자에게 긍정적인 영향을 미치는 요소들을 탐색한다. 내담자와 주고받은 텍스트 중에서 선호하는 정체성을 구성하는 데 기여할 수 있는 텍스트를 발췌하고, 텍스트의 주제와 풍부한 정도를 평가하여 다음 회기 계획에 반영한다.

(2) 과정 평가

과정 평가는 반영적 대화와 텍스트 분석, 주기적 관찰과 기록을 토대로 이루어지며, 특히 반려동물과의 상호작용에서 나타나는 변화와 내담자의 감정 상태를 주기적으로 관찰한다. 이를 통해 반려동물과의 관계가 내담자에게 미치는 영향을 지속적으로 평가하고 기록한다.

(3) 성과 평가

성과 평가는 정의 예식과 편지를 포함한 치료적 문서를 활용하여 내담자의 성과를 평가한다. 특히 반려동물과의 관계에서 발견된 긍정적인 변화와 새로운 내러티브를 문서화하여 내담자가 그 변화를 실감하고 내면화할 수 있도록 돕는다. 이 과정에서 반려동물과의 관계를 강화하거나 새로운 의미를 부여할 수 있는 요소들을 포함하여, 내담자가 더욱 풍부한 정체성을 발전시킬 수 있도록 지원한다.

이와 같이 반려동물을 포함한 상담 평가를 통해 내담자의 변화를 더욱 입체적으로 이해하고, 반려동물과의 관계가 내담자의 정체성과 문제해결에 어떻게 기여하는지 평가할 수 있다.

4. 사례연구: "나에게는 가족이 없어요."

1) 의뢰 배경

민들레는 가출 후 삶의 의미를 잃고 자살 충동을 느껴 상담을 신청한 30대 초반의 가정폭력 피해자이다. 어릴 적 부모의 이혼으로 가정폭력에서 잠시 벗어나지만, 이후 어머니와 오빠로부터 지속적인 가정폭력을 겪는다. 어머니의 편애로 가족에게 깊은 소외감과 동시에 분노가 있어도 참고 살아간다. 가출 후 자신이 노숙인처럼 느껴져 죽고 싶어 하지만, 반려견 때문에 죽을 수 없어서 지방자치단체의 지원을 통해 상담을 신청하였다.

2) 호소문제: 지배적 이야기

요즘 민들레는 오빠에 대한 어머니의 지속적인 편애로 인해 자신을 정서적인 고아라고 느끼며, 심리적으로나 물리적으로도 홀로 남겨진 상황에 처해 있다. 직장에서 상사에게 지적을 받고 스트레스를 받아 아파서 누워 있을 때, "괜찮냐."라는 말 대신 "네가 잘못해서 그런 거다. 어렸을 때부터 넌 집중력이 부족해서 잘 빠뜨린다."라는 비난을 받았다. 오빠가 잘못해도 민들레만 어머니에게 맞고 자랐으며, 오빠의 요구는 무엇이든 들어주었다. 민들레는 오빠가 아버지에게 맞은 분풀이를 당하면서 자라왔다. 아버지의 가정폭력에 맞서 어머니 편에서 아버지에게 대들고 소리쳤지만, 돌아오는 것은 매질과 무시뿐이었다. 어릴 때부터 반복된 폭력은 지속되었고, 회사에서 상사에게 무시당하는 것은 참을 수 있어도, 어머니와 오빠가 자신을 차별하고 무시할 때마다 삶의 의미를 잃고 자살을 생각했다. '내가 자식인가? 여자로 태어난 것이 잘못인가?'라는 생각에 눈물만 흐른다. 자살을 생각하지만 혼자 남겨질 반려동물인 '꿈돌이'를 떠올리면 가족들이 꿈돌이를 돌보지 않을 것을 알기에 더 깊은 우울감에 빠졌다. 마음을 다잡고 직장에서 잘해 보려고 병원에서 ADHD 약을 복용하려 하지만, 어머니는 늘 "정신이 약해서 우울하다. 네가 정신만 똑바로 차리면 된다."라고 말을 하면 자기 정신이 약하고 의지가 부족해서 눈물이 나는 건지, 정말 이상한 사람인지, 정상이 아닌지 혼란스럽다. 동시에 언제 잘릴지 모르는 비정규직이라는 생각이 들면 모든 것을 놔 버리고 싶고 하루 종일 눈물만 나온다.

3) 사례개념화: 지배적 이야기의 해체

내담자인 민들레는 삶의 가치가 없다고 느끼며 자살사고, 집중력 부족으로 인한 반복되는 업무 실수, 끊임없이 흐르는 눈물과 우울감을 호소한다. 이러한 증상의 배경에는 어릴 때부터 어머니가 반복적으로 말해 온 '이상한 아이' '정신이 약한 아이'라는 지배적인 이야기가 자리 잡고 있다. 이 지배적인 이야기는 세 가지의 사회적 담론과 연결되어 있다.

첫째, 어머니와 오빠가 가정폭력을 반복하면서 내담자가 자신의 목소리를 내지 못하도록 억압하는 사회적 담론이 존재한다. 한국사회에서는 아들이 폭력을 행사해도 용인되는 경향이 있으며, 가정폭력은 신고되지 않고 암묵적으로 허용되는 분위기가 있다. 아버지의 폭력이 있었고 이혼 후 아버지의 폭력이 없자 어머니와 오빠의 폭력이 허용되는 가정에서 우울로 자신의 폭력이 숨겨진 것이다.

둘째, 민들레도 가정폭력의 피해자이지만, 부모를 가정폭력으로 신고하는 것은 한국사회의 도덕적 기준에 따라 부모를 배신하는 행위라는 사회적 담론이 있다. 폭력을 당하고 있지만, 피해자 자신이 잘못했다고 생각하고 가정폭력 신고는 생각조차 하지 못한다. 민들레는 그 담론에 영향을 받아 자신을 '이상한 아이'로 규정하고 있다.

셋째, ADHD 약을 복용하는 것은 정신과 의지가 약하다는 사회적 담론이 존재한다. 민들레는 집중이 되지 않고 반복되는 실수로 자신이 정신적으로 약하다고 믿으며, 그로 인해 자신이 의지가 약하다고 생각하면서 낮은 자존감을 형성하고, 자기 자신을 쓸모없는 존재로 여기는 빈약한 정체감을 갖게 된다.

4) 개입: 대안적 이야기의 구성과정

가정폭력의 트라우마와 자살사고, 극심한 우울에 빠져 있는 민들레에게 상담사는 내러티브 관점을 활용하여 위기 상황에 대처하고 삶의 의미를 찾아가도록 조력했다. 무엇보다 무기력과 우울, 자살을 호소하는 민들레의 절망적인 이야기 속에서 '이상한 아이'가 아닌 민들레가 원하는 삶의 이야기에 주목하고, 그 바람을 현실에서 구축해 나가는 내러티브 접근을 통해 다음과 같은 목표로 접근했다.

- 우울증과 불안증의 정체를 탐색하고 해체하기
- 자살사고를 촉발하는 가족의 소외를 규정하는 지배적 이야기를 해체하고 선호하는 가

족 이야기를 만들어 가기
- '반려견 꿈돌이'와 함께하는 새로운 가족으로 삶을 다시 쓰기

이를 위해 상담 초기에는 문제를 외재화하는 과정(그 우울, 공평치 못한 잣대)과 독특한 결과 도출을 통해 민들레가 삶을 포기하는 대신 살아갈 이유를 찾는 과정을 지원했다. 민들레의 반려견은 대안적 이야기를 구성하는 핵심적인 자원과 동기를 제공해 주었다. 민들레는 '혈통의 가족'에서 '반려견과 함께하는 가족'으로 새로운 가족 이야기를 열어 가는 기회를 얻었다. 또한 사회적 지지가 부족한 민들레에게는 회원 재구성 대화를 시도하여 자신의 정체성과 가족을 새롭게 구성할 수 있는 시도인 '반려견 가족 동호회' '지역사회 종교 활동 찾아보기'를 마련해 한 발자국 더 나아가도록 했다.

이 과정에서 민들레가 보인 변화는 우울 이야기가 자신의 삶 전체를 규정하는 것이 아니라, 부수적인 이야기이며 빈약한 것임을 깨닫게 된 것이다. 민들레의 대안적 이야기는 '정신과 약물 복용은 부모가 말한 정신병자'라는 지배적 이야기를 해체하고, '약을 먹는 것은 부족함을 보완하는 기능'이라는 이야기로 발전하면서 자신의 행동과 정체성을 분리할 수 있게 된다. 또한 '소리 없는 폭력의 피해자'에서 '신문고를 두드리는 용기 있는 손'으로 시도하게 되었다. 이전에는 어머니와 오빠의 목소리만 들어도 무서워하며 우울의 늪에서 허우적거렸지만, 이제는 가족의 울타리를 스스로 선택할 수 있는 대안적 이야기, 즉 '반려견과 함께하는 가족'으로 발전시켜 나갔다. 민들레에게는 '가족에서 소외됨'이라는 지배적 이야기에서 벗어나, 자신이 살아갈 이유를 찾으며 '살아갈 이유가 된 가족'의 이야기로 이동한다.

민들레에게 반려견과 가족이 되는 과정은 반려견과 자신, 가족이 얽힌 상호작용의 결과로, 그 안에서 반려견과 맺은 관계를 통해 내적 경험 세계와 외적 경험 세계를 확장하며, 그 확장된 경험 세계에서 반려견, 자신, 그리고 가족의 존재 의미를 재구성하는 경험을 하게 된다.

5) 내러티브 마무리: 치료적 문서 활용

(1) 내러티브 다지기

지금까지 진행된 민들레의 상담 10회기에서 나타난 정체성 발달은 [그림 20-2]에 잘 나타나 있다. 이는 문제 중심의 이야기에서 점차 벗어나, 반려동물과의 관계를 포함한 새로운 정체성의 이야기로 내러티브가 변화되는 과정을 보여 준다(김형숙, 2023). 민들레의 문제 이야기는 반려동물과의 독특한 결과를 발견하면서 지배적인 이야기가 해체되고, 대안적인 이야

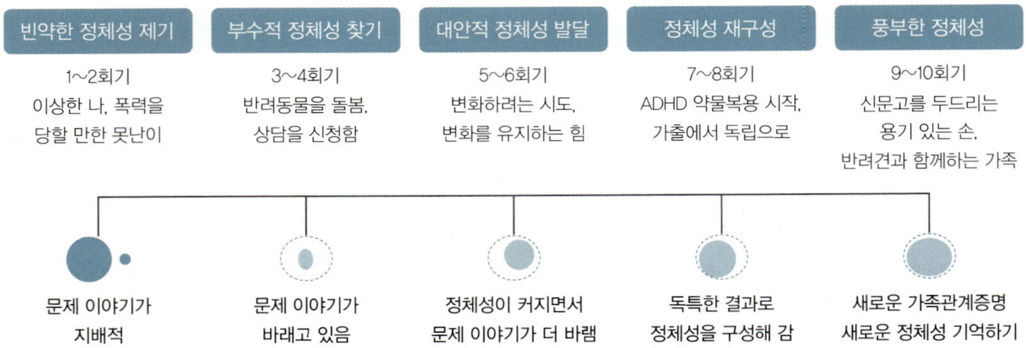

그림 20-2 정체성 변화과정

기로 이동하였다.

민들레는 빈약한 정체성에서 벗어나 반려동물과의 긍정적인 경험을 통해 대안적이고 풍부한 이야기로 발전해 가는 정체성 재구성의 여정을 경험했다. 민들레의 문제 이야기는 유일한 것이 아니라 다수의 이야기 중 하나에 불과했으며, 반려동물과의 상호작용을 통해 더 많은 긍정적인 이야기를 발견할 수 있었다. 이를 통해 민들레의 정체성은 고정된 것이 아니라 반려동물과의 관계를 통해 끊임없이 변화하고 확장될 수 있음을 보여 주고 있다.

이러한 내러티브 다지기 과정을 통해 민들레는 반려동물과 함께한 경험을 기반으로 자신의 삶에 새로운 의미를 부여하고, 문제 중심의 이야기에서 벗어나 보다 풍부하고 대안적인 정체성을 구성해 나가고 있는 중이다.

(2) 치료적 문서

다음은 상담 6회기 후 민들레 씨에게 보낸 치료적 문서(편지)이다.

TO. 민들레 씨

이번에는 지난 상담 회기를 돌아보며 몇 가지 중요한 점들을 기록으로 남겨 두려고 해요. 함께 나눈 이야기 중에서 기록할 만한 가치가 있는 내용들이 많았기 때문에, 그중 몇 가지를 민들레 씨와 공유하고 싶습니다.

첫째, 많은 어려움에도 불구하고 민들레 씨가 자신을 돌보기로 결심하고, 반려동물인 꿈돌이에게로 계속 다가갔다는 사실을 기록해 두었어요. 이건 우울과 자기비하의 공격으로부터 민들레 씨의 삶을 다시 찾고 있다는 굉장히 중요한 증거라고 생각해요.

둘째, 이주 전에 직장에서 '실수 없는 하루'를 기록하셨고, 그 이후로 두 주일 동안 그 상태를 유지하고 계신 점이 눈에 띄어요. 이는 민들레 씨가 우울과 자살사고뿐만 아니라, 그것들과 동반하는 자기 비하에서 벗어났다는 것을 보여 주는 증거라고 봐요. 민들레 씨가 '꿈돌이 돌보기 프로젝트'를 시작하신 것도 아주 의미 있는 변화라고 생각해요. 상담 시작 전에는 일을 하지 않고 쉬면 오히려 우울감만 남았던 것을 기억하시죠?

셋째, 민들레 씨 삶에 많은 감옥들이 있었고, 그 감옥들이 절망감을 주었다고 하셨죠. 그런데 이제는 그 감옥들에서 벗어났고, 그로 인해 삶에 새로운 시작이 보이는 것 같아요. 이는 과거의 오래된 이야기와는 전혀 다른 새로운 변화라고 볼 수 있어요.

넷째, '반려동물인 꿈돌이와 함께하는 새 삶'이 완벽주의가 요구하는 규칙과 세부 사항에서 벗어나 새로운 가족을 만들어 가도록 도와주고 있는 것 같아요. 민들레 씨가 그중 일부를 기록하신 것도 아주 중요하다고 생각해요. 이는 과거와는 완전히 다른 새로운 이야기가 시작되고 있다는 신호처럼 보이네요.

이런 변화들에 민들레 씨도 동의하는지, 그리고 이 이야기가 민들레 씨에게 더 자유로움을 주고 있는지 알려 주시면 좋겠어요.

From. 항상 민들레 씨의 이야기를 지지하고 있는 김형숙

민들레는 치료적 문서(편지)를 받고 난 후 다음과 같은 후기를 남겼다.

상담사님, 상담과정에서 받은 편지는 흩어진 이야기의 씨앗들을 찾아내는 과정 같았어요. 이를 통해 내가 선호하는 이야기로 발전시켜 나가는 데 중요한 역할을 했습니다. 각각의 빛나는 순간들을 서로 연결해 더 큰 이야기로 발전시키는 과정을 통해, 내 이야기를 새롭게 써 내려갈 수 있었죠. 상담 대화는 단순히 과거의 고통스러운 사건을 되짚어 보는 것에 그치지 않았던 것 같아요. 하지만 이를 회상 작업으로 이어지게 했고, 이 과정을 통해 다음 회기에 진행될 내 이야기를 어떻게 쓸지를 준비하는 데 도움이 되었어요. 내 행동이나 선택에 영향을 미친 의도들을 드러내는 데 무엇이 중요한지를 알게 된 시간이었습니다.

또한 문제로 인해 압도된 상태에서 점차 문제를 관리하고 잠재울 수 있게 되는 나의 여정을 편지 형식으로 기록해 보았어요. 이 과정은 나에게 매우 의미 있는 시간이었고, 내가 경험한 감정과 성장을 정리하고 되돌아보는 기회가 되었습니다. 함께 해준 선생님께, 그리고 새로운 내 가족 꿈돌이를 보도록 해주어서 고맙습니다. (8회기 민들레의 내러티브)

(3) 새로운 가족증명서

> **반려동물 꿈돌이와 함께하는 가족증명서**
>
> 용기 있는 가족나무 민들레 씨에게
> 자신의 삶을 용기 있게 살아가기 위한 마음과 태도가 있음을,
> 그리고 특별한 꿈과 희망이 있음을 민들레 씨 스스로와
> 반려동물 꿈돌이를 통해 인정받았기에 이 증명서를 드립니다.
>
> 나는 혼자가 아닙니다.
> 내가 함께 웃고 함께 나아갈 수 있는 반려동물 꿈돌이가 나의 가족입니다.
> 나의 용기 일지에서 가장 마음에 남는 것은
> '폭력과 자살에서 탈출할 힘이 있다는 말'입니다.
> 그 용기를 사용한 나에게 고마움을 전합니다.
>
> 날짜: 용기를 사용한 최고의 날
> 이 문서가 민들레 씨의 새로운 여정에 안전기지가 되기를 바랍니다.
>
> 삶의 지지자, 상담사 김형숙

이어지는 다음 내용은 상담사가 보낸 새로운 가족 증명서에 대해, 내담자는 다음과 같은 편지로 화답했다.

TO. 상담사 김형숙 선생님께

선생님의 편지를 받은 이후, 저는 현재의 저에게, 그리고 미래의 저 자신에게 보내는 형식으로 또 다른 편지를 쓰게 되었습니다. 이 과정에서 과거에 느꼈던 후회와 좌절을 솔직하게 담아내며, 그 시점의 나에게 용기와 지침을 제공하는 메시지를 전하고자 하였습니다. 편지를 통하여 나의 이야기를 다져 나가면서, 나는 '내가 어떤 존재인가?' 그리고 '무엇을 중시하고, 어떤 것을 추구하는 사람인가?'에 대해 깊이 고민을 하였고, 이를 통해 문제 이야기 속에 담긴 나의 기존 편견과는 다른 새로운 결론을 찾게 되었습니다.

마치 문지방을 넘듯, 삶의 한 단계에서 다른 단계로 넘어가는 전이 과정에서, 이 편지로 내 가

족을 새롭게 만들어 가는 여정을 함께할 수 있었다는 점이 참으로 의미 있었습니다. 또한 이 과정은 저에게 큰 깨달음과 성장을 안겨 주었고, 저 자신에 대해 더 깊이 이해할 수 있는 소중한 시간이 되었습니다. 정말로 감사합니다.

From. 10회기 민들레 올림

5. 반려동물과 함께하는 가족을 대할 때 유의해야 할 점

1) 반려동물 입양을 결정할 때 고려해야 할 사항

가족과 함께 반려동물을 맞이하는 것은 다양한 긍정적인 영향을 미칠 수 있다. 반려동물은 아동에게 책임감을 가르치고, 동반자로서의 역할을 수행하며, 가족 내에서 정서적 유대감을 강화하는 데 기여한다. 그러나 반려동물을 가족으로 맞이한 후에는 부모-자녀 간의 갈등 요인이 될 수도 있다. 따라서 상담사는 몇 가지 중요한 사항을 가족들이 충분히 고려하고 결정할 수 있도록 안내하는 것이 필요하다.

첫째, 반려동물을 가족으로 맞이하려는 이유를 가족들과 함께 충분히 논의한다. 가족은 함께하는 공동체이므로, 자녀를 입양할 때와 마찬가지로 반려동물을 맞이할 때도 경제적·심리적·안정적인 환경이 갖추어져 있는지 고려해야 한다. 반려동물을 맞이할 때는 수명이 짧은 반려동물을 끝까지 책임질 수 있는지 숙고해야 한다. 이는 반려동물을 가족원으로 받아들임에 있어서 충분한 책임감을 가져야 함을 의미한다.

둘째, 경제적인 부담을 고려해야 한다. 반려동물을 돌보는 데 예상보다 큰 비용이 들 수 있다. 반려동물의 건강관리, 수술비, 접종비 등 예상치 못한 비용이 발생할 수 있으며, 이러한 비용이 가족의 생활비와 의료비보다 더 많은 부담을 줄 수 있다. 경제적인 부담은 가족상담에서 갈등의 주요 원인이 될 수 있으므로 상담사는 이 점을 충분히 고려해야 한다.

셋째, 반려동물과 함께할 시간에 대해 가족원들이 충분히 논의하도록 한다. 반려동물을 외로움을 달래 줄 대상으로 선택하는 경우가 반려동물과 충분히 상호작용을 할 시간이 없다면 방임으로 이어질 수 있으며, 심지어 동물 학대로 간주될 수 있다. 반려동물과 함께 운동하고 놀이를 즐길 수 있는 충분한 시간을 확보할 수 있는지 고려해야 한다.

넷째, 여행이나 출장 시 대안을 마련할 수 있는지를 확인한다. 가족이 여행이나 출장을 떠날 때 반려동물을 돌볼 방법이 있는지를 미리 대비하는 것이 필요하다. 이 부분이 고려되지 않으면 즐거운 가족여행이 오히려 반려동물 때문에 어려움을 겪게 될 수 있다(김형숙, 2019).

이처럼 반려동물을 가족으로 맞이하기 전에는 다양한 측면을 종합적으로 고려하는 것이 가족상담에서 필수적이다.

2) 반려동물의 상실이 가족에 미치는 영향

반려동물의 실종이나 죽음은 상담 시 중요한 고려 사항이다. 반려동물은 가족의 일원으로서 깊은 정서적 유대감을 형성하기 때문에 이들의 상실은 가족원들에게 심각한 정서적 충격을 줄 수 있다. 이는 슬픔, 우울, 불안 등의 정서적 반응을 유발할 수 있으며, 이러한 감정이 적절히 처리되지 않으면 장기적인 정신건강 문제로 가족체계에 영향을 줄 수 있다. 특히 반려동물의 상실로 인한 애도과정은 종종 사회적으로 충분히 인정받지 못해 더 큰 심리적 어려움을 초래할 수 있다.

반려동물은 보통 5~16년 정도 함께하다가 가족 곁을 떠나며, 반려동물 상실은 가족에게 가장 힘든 시기 중 하나로 경험된다(Toray, 2004). 이에 따라 다양한 정서적 어려움과 외상 후유증이 유발되는데, 평균적으로 애도 기간은 약 10개월 정도 지속되며, 상실 직후 85% 이상의 사람들이 강한 슬픔을 호소한다. 6개월이 지나도 35%가 강한 슬픔을 느끼며, 1년 후까지 지속되는 경우도 22%에 달한다(Field, Orsini, Gavish, & Packman, 2009).

아쉽게도, 반려동물 상실에 따른 슬픔은 인간관계에서의 사별보다 덜 심각하게 인식되고, 개인적인 문제로 취급되는 경향이 있다. 1985년 미국에서 발간된 애완동물 관련 문헌에서는 "반려동물의 죽음을 경험한 주인이 슬퍼할 수 없었는데, 그 이유는 주변 사람들로부터 조롱당할까 봐 비애의 감정을 숨겼기 때문이다."(Quackenbush & Glickman, 1984)라는 기록이 있다. 또한 2016년에 발표된 연구(Fawcett, 2016)에서도 반려동물의 상실로 슬퍼하는 것에 대한 비난을 두려워하여 감정을 숨기는 경향이 있다고 분석된다. 이는 반려동물 상실로 인한 가족상담 시 충분히 고려해야 할 중요한 맥락적 요소이다. 반려동물 상실로 인한 슬픔을 공개적으로 인정받기 어렵고, 사회적 지지의 부재로 상실의 어려움이 더욱 가중될 수 있다.

'가족화'된 반려동물의 상실은 가족의 안정성을 깨뜨리고, 슬픔과 우울을 비롯한 심리적 정서적 문제를 야기할 수 있다. 반려동물을 잃는 것은 일반적인 애도와는 다른 심리적 특성을 가지며, 가족체계에서 반려동물의 중요성과 역할을 고려할 때 아동, 성인, 노인 모두에게 매우 고통스러운 경험이 될 수 있다. 반려동물의 상실에 따른 애도과정은 마비, 충격, 불신감 등 전형적인 과정을 따르며, 죄책감, 슬픔, 분노, 불안 및 우울감과 같은 감정이 동반될 수 있다. 그리고 반려동물에 대한 생각이나 기억, 때로는 플래시백이 일어날 수 있다(Carmack, 1991).

상담사는 아동과 성인, 노인이 반려동물의 죽음을 애도하는 방식에서 차이가 있음을 인식하는 것이 중요하다. 아동은 성인이나 노인과 비교했을 때 더 초기의 발달 단계에 있으므로 반려동물 상실의 의미를 완전히 이해하지 못할 수 있다. 아동은 반려동물이 다시 돌아올 것이라고 기대할 수 있으며, 이는 성인과 대비될 수 있다. 여기서 반려동물의 상실은 보호자와 함께 새로운 반려동물을 받아들이는 신호로도 작용할 수 있다. 반려동물 애도의 중요성과 영향을 과소평가하면 개인이나 가족이 해결되지 않은 애도 문제를 겪을 수 있으며, 이는 가족 전체에 영향을 미칠 수 있다.

3) 가정폭력으로서의 반려동물 학대

상담사는 가족상담을 진행할 때 반려동물 학대가 일어날 수 있다는 점도 고려해야 한다. 반려동물은 가족원에게 중요한 정서적 지지와 유대감을 제공하지만, 가정 내에서 발생하는 폭력의 대상자가 될 수도 있다. 즉, 반려동물 학대가 이루어질 수 있다. 연구에 따르면, 가정폭력 가해자가 반려동물을 학대하는 것은 피해자를 통제하거나 심리적 고통을 가중하려는 목적에서 비롯되는 경우가 많다(Faver & Strand, 2003).

반려동물은 가정폭력 피해자들에게 심리적 · 사회적 지지의 원천이 될 수 있지만, 동시에 더 큰 심리적 외상의 원인이 되기도 한다. 피해자들은 반려동물 때문에 가해자를 떠나지 못하는 악순환에 빠지기도 한다(Smith, 2019). 따라서 상담사는 가족원과 반려동물 간의 관계 속에서 가정원의 역동이 어떻게 영향을 미치는지를 체계적으로 고려할 필요가 있다.

4) 반려견 문제 행동에 영향을 미치는 요인[1)]

상담사는 반려견의 문제 행동에 영향을 미치는 다양한 요인을 고려할 필요가 있다. 반려견은 견종별 혹은 개체별로 기질적 특성이 있으며, 이러한 기질은 문제 행동 발달에 취약할 수 있다. 하지만 반려견의 기질은 환경과의 부정적인 상호작용에서 더욱 악화할 수 있다

1) 이 부분에서 언급한 행동 문제는 반려동물 일반이 아닌, 개체로서의 반려견에 국한된 것이다.

(McMillan, 2016). 따라서 상담사는 반려견을 키우는 가족이 제공하는 환경 자극과 반려견의 상호작용에 대한 이해가 중요하다.

반려견의 문제 행동에 영향을 미치는 환경 요인 중 하나로는 가족원의 성격이 있다. 특히 보호자의 신경증적 성격은 반려견의 사회적 적응능력을 저하할 수 있다. 이는 역기능적인 의사소통 경향성을 증가시키며, 반려견의 불안과 공격적 행동을 악화시킬 수 있다(McDonald, 2018). 신경증적 성격은 불안정한 애착과 관련이 높아 심리적 어려움과도 깊은 연관이 있다(Holmes & Johnson, 2014). 8,000명 이상의 사람들을 대상으로 한 연구에서도 불안형 애착 유형은 신경증적 성격의 강력한 예측 요인임이 확인되었다(Taylor & Clark, 2016). 또한 반려견을 키우는 성인을 대상으로 한 연구에서는 불안형 애착 유형이 신경증적 성격과 정적 상관이 있는 것으로 나타났다(Davis & Peterson, 2018). 이에 따라 신경증적 성격을 가진 보호자는 반려견에게 더 강한 애착을 나타내며, 반려견은 이러한 보호자에게 더욱더 의존적이고 가까이 있으려는 행동을 보인다(Cohen & Levine, 2018).

또한 신경증적 성격을 가진 보호자는 반려견의 행동을 더욱 불안하거나 공격적으로 해석하는 경향이 있으며, 이러한 민감한 반응이 오히려 반려견의 문제 행동을 악화시킬 수 있다(McMillan & Newman, 2019). 다만, 보호자의 신경증과 반려견의 분리불안증 사이에는 직접적인 상관관계가 확인되지 않았다(Smith & Jones, 2020). 이는 부모–자녀 간의 관계에서 나타나는 결과와 상반된 결과로, 반려견 문제 행동에 대한 체계적인 접근이 필요함을 시사한다.

이처럼 반려견 문제 행동에 영향을 미치는 요인들을 고려하여 가족상담 시 반려동물과의 관계를 체계적으로 분석하고, 그에 따른 개입 방안을 마련하는 것이 중요하다.

6. 나가는 말

반려동물과 함께하는 가족은 현대 사회에서 점점 더 보편화되고 있으며, 가족의 형태와 기능에 대한 새로운 이해를 요구한다. 반려동물은 단순한 애완동물을 넘어, 가족원으로서 정서적 유대와 지지, 그리고 관계의 중요한 역할을 담당한다. 이러한 가족 내 반려동물의 역할은 가족원들의 심리적 안녕과 삶의 질에 긍정적인 영향을 미칠 수 있으며, 반려동물과의 관계는 가족 간의 소통과 결속을 강화하는 중요한 매개체로 작용할 수 있다.

상담사는 반려동물이 가족 내에서 미치는 심리적 · 정서적 · 사회적 영향을 이해하고, 이를 기반으로 가족원 간의 관계를 강화하고, 갈등을 해결하며, 전반적인 가족역동을 개선하는 데 중요한 기여를 할 수 있다.

앞서 기술한 것처럼, 반려동물과 함께하는 가족이 항상 긍정적인 경험만을 제공하는 것은 아니다. 가족 내 역할과 책임에 변화가 생긴다는 점을 고려해야 한다. 반려동물 상실에 따른 애도과정, 반려동물 입양 후 적응 문제, 그리고 반려동물로 인한 가족 내 갈등 등 다양한 도전과 어려움이 발생할 수 있다. 이러한 문제를 효과적으로 다루기 위해서는 가족의 요구와 기대를 명확히 하고, 반려동물과의 관계를 둘러싼 사회문화적 맥락을 이해하며, 가족 내 개별 구성원들의 다양한 관점을 존중하는 접근이 필요하다.

결론적으로, 반려동물과 함께하는 가족은 현대의 다양한 가족 형태 중 하나로, 가족원 모두에게 새로운 기회를 제공하며, 동시에 다양한 도전 과제를 안겨 줄 수 있다. 상담사는 이러한 가족의 특수성을 이해하고, 반려동물과의 관계가 가족 내에서 어떤 의미와 가치를 지니는지를 탐구하며, 그들이 직면한 문제를 해체적으로 접근하는 것이 중요하다. 이를 통해, 반려동물과 함께하는 가족이 더욱 건강하고, 의미 있는 관계를 형성할 수 있도록 돕는 것이 부부・가족상담의 중요한 과제가 될 것이다.

반려동물과 함께하는 가족이 가진 잠재력과 복잡성을 충분히 인식하고, 그들의 독특한 이야기를 존중하는 접근은 궁극적으로 가족의 정서적 안녕과 전반적인 관계 만족도를 높이는 데 기여할 것이다.

참고문헌

김형숙(2019). 애착대상 알아차림 집단상담 리플렉션 메모노트. 다리꿈발달상담교육센터.

김형숙(2021). 가족상담시연 집단상담 리플렉션 메모노트. 다리꿈발달상담교육센터.

김형숙(2023). 내러티브관점에서 반려동물과 가족 되기. 안산이야기치료반영팀.

김형숙(2024a). 다시 쓰는 이야기치료, 자활연수기관 종사자 전문상담역량교육.

김형숙(2024b). 사례슈퍼비전 강의안. 내러티브 상담학회, zoom.

농림축산식품부(2017). 반려동물 인구 1000만 시대 진입. 농림축산식품부 발표 자료.

이선혜(2020). **이야기치료**. 학지사.

이용숙(2017). 가족으로서의 반려동물의 의미와 반려동물로 인한 구별짓기. **한국문화인류학, 50**(2), 337-403.

통계청(2021). 2020 인구주택 총조사 표본 집계결과-인구 가구 기본항목. 통계청.

황원경, 손광표(2021). 국내 반려동물 인식 및 가족화에 관한 연구. **한국사회복지학회지, 45**(2).

Albert, A., & Bulcroft, K. (1988). Pets, families, and the life course. *Journal of Marriage and Family, 50*(2), 543-552.

American Pet Products Manufacturers Association. (2006). 2005-2006 National Pet Owners Survey. American Pet Products Manufacturers Association.

Applebaum, J. W., MacLean, E. L., & McDonald, S. E. (2021). Love, fear, and the human-animal bond: On adversity and multispecies relationships. *Comprehensive Psychoneuroendocrinology*.

Arahori, M., Kuroshima, H., Hori, Y., Takagi, S., Chijiiwa, H., & Fujita, K. (2017). Owners' view of their pets' emotions, intellect, and mutual relationship: Cats and dogs compared. *Behavioural Processes, 141*, 316-321

Beck, A. M., & Katcher, A. H. (2003). Future directions in human-animal bond research. *American Behavioral Scientist, 47*(1), 79-93.

Beck, L. A., & Madresh, E. A. (2008). Romantic partners and four-legged friends: An extension of attachment theory to relationships with pets. *Anthrozoös, 21*(1), 43-56.

Brown, S. E. (2007). Companion animals as self-objects. *Anthrozoos, 20*(4), 329-343.

Butler, E., Cross, J., Peek, L. A., & Granger, B. (2010). *Equestrianism: Serious leisure and intersubjectivity*. Mountain Scholar.

Cain, A. O. (1985). Pets as family members. In M. B. Sussman (Ed.), *Pets and the family* (pp. 5-10). Haworth Press.

Carmack, B. J. (1991). The effects on family members and functioning after the death of a pet. *Marriage & Family Review, 16*(1-2), 149-161.

Cassels, M. T., White, N., Gee, N., & Hughes, C. (2017). One of the family? Measuring young adolescents' relationships with pets and siblings. *Journal of Applied Developmental Psychology, 49*, 12-20.

Charles, N. (2016). Post-human families? Dog-human relations in the domestic sphere. *Sociological Research Online, 21*(3), 83-94.

Charles, N., & Davies, C. A. (2008). My family and other animals: Pets as kin. *Sociology, 42*(4), 657-675.

Cohen, S. M., & Levine, J. A. (2018). Personality traits and their impact on the human-animal bond: The role of neuroticism in pet attachment and behavior. *Journal of Veterinary Behavior, 23*, 20-28.

Coren, S. (2002). *The pawprints of history: Dogs in the course of human events.* Simon and Schuster.

Daly, B., & Morton, L. L. (2006). Empathic differences in adults as a function of childhood and adult pet ownership and pet type. *Anthrozoös, 19*(2), 113–127.

Davis, E. K., & Peterson, L. M. (2018). Attachment style and personality traits in dog owners: A study on the correlation between attachment and neuroticism. *Personality and Individual Differences, 123*, 45–53.

Faver, C. A., & Strand, E. B. (2003). Domestic violence and animal cruelty: Untangling the web of abuse. *Journal of Social Work Education, 39*(2), 237–253.

Fawcett, T. N. (2016). The silent grief: Recognizing disenfranchised grief in pet loss. *Journal of Veterinary Behavior, 15*, 56–62.

Field, N. P., Orsini, L., Gavish, R., & Packman, W. (2009). Role of attachment in response to pet loss. *Death Studies, 33*(4), 334–355.

Frank, J. M., & Carlisle-Frank, P. (2008). Attitudes and perceptions regarding pet adoption. Foundation for Interdisciplinary Research and Education Promoting Animal Welfare (FIREPAW).

Garrity, T. F., Stallones, L., Marx, M. B., & Johnson, T. P. (1989). Pet ownership and attachment as supportive factors in the health of the elderly. *Anthrozoös, 3*(1), 35–44.

Gupta, N., & Kaur, S. (2018). Making lives whole: Exploring facets of dog-human companionship. School Health, expressionsindia.org.

Holmes, J. A., & Johnson, C. L. (2014). Neuroticism and attachment: The role of personality in emotional security. *Personality and Individual Differences, 67*, 73–78.

Honeycutt, J. M. (2018). Animals as family members. In Communication Diversity in Families (pp. 218–228). Academia.edu.

Julius, H., Beetz, A., Kotrschal, K., Turner, D. C., & Uvnäs-Moberg, K. (2012). Attachment to pets: An integrative view of human-animal relationships with implications for therapeutic practice. *Journal of Contemporary Psychotherapy, 42*(2), 131–140.

Kohut, H. (1971). *The analysis of the self: A systematic approach to the psychoanalytic treatment of narcissistic personality disorders*. University of Chicago Press.

Kurdek, L. A. (2008). Pet dogs as attachment figures. *Journal of Social and Personal Relationships, 25*(2), 247–266.

McConnell, A. R., Brown, C. M., Shoda, T. M., Stayton, L. E., & Martin, C. E. (2011). Friends with benefits: On the positive consequences of pet ownership. *Journal of Personality and Social Psychology, 101*(6), 1239–1252.

McDonald, M. M., & Colleagues. (2018). The influence of owner personality on dog behavior: A review. *Applied Animal Behaviour Science, 200*, 1–10.

McMillan, P. J., & Colleagues. (2016). The influence of breed and temperament on dog behavior problems: A review. *Journal of Veterinary Behavior, 11*(1), 30-40.

McMillan, P. J., & Newman, M. A. (2019). The influence of owner personality on dog behavior problems: The role of neuroticism in misinterpreting canine behavior. *Journal of Veterinary Behavior, 34*, 123-132.

Melson, G. F. (2001). *Why the wild things are: Animals in the lives of children.* Harvard University Press.

Melson, G. F. (2003). Child development and the human-companion animal bond. *American Behavioral Scientist, 47*(1), 31-39.

Mhaistir, G. (2013). Influence of pet ownership on self-esteem, life satisfaction and loneliness among over 65s in Ireland. esource.dbs.ie.

Mota-Rojas, D., Mariti, C., Zdeinert, A., & Riggio, G. (2021). Anthropomorphism and its adverse effects on the distress and welfare of companion animals. *Animals, 11*(11), 32-63.

Parslow, R. A., & Jorm, A. F. (2003). The impact of pet ownership on health and health service use: Results from a community sample of Australians aged 40 to 44 years. *Anthrozoös, 16*(1), 43-56.

Quackenbush, J. E., & Glickman, L. T. (1984). Pet loss and response to euthanasia: Disenfranchised grief. *Anthrozoös, 2*(1), 13-21.

Raina, P., Waltner-Toews, D., Bonnett, B., Woodward, C., & Abernathy, T. (1999). Influence of companion animals on the physical and psychological health of older people: An analysis of a one-year longitudinal study. *Journal of the American Geriatrics Society, 47*(3), 323-329.

Reese, L. A., & Bender, E. E. (2015). Pet ownership and relinquishment: Examining the reasons people leave their pets at animal shelters. *Anthrozoös, 28*(4), 525-537.

Riddick, C. C. (1985). Health, aquariums, and the non-institutionalized elderly. *Marriage & Family Review, 8*(3-4), 163-173.

Sable, P. (1995). Pets, attachment, and well-being across the life cycle. *Social Work, 40*(3), 334-341.

Serpell, J. (1996). *In the company of animals: A study of human-animal relationships.* Cambridge University Press.

Sharkin, B. S., & Knox, D. (2003). Pet loss: Issues and implications for the psychologist. *Professional Psychology: Research and Practice, 34*(4), 414-421.

Sherman, D. G. (2017). Grief counseling for adult pet loss: A primer for mental health professionals. core.ac.uk.

Smith, J. A., & Johnson, M. L. (2022). The pet effect: How animals contribute to human well-being. *Journal of Human-Animal Interaction, 10*(2), 123-135.

Smith, M. L., & Colleagues. (2019). The role of pets in the lives of women experiencing intimate partner violence: A review. *Journal of Family Violence, 34*(3), 245-257.

Sobo, E. J., Eng, B., & Kassity-Krich, N. (2006). Canine visitation (pet) therapy: Pilot data on decreases in child pain perception. *Journal of Holistic Nursing, 24*(1), 51-57.

Taylor, S. W., & Clark, M. J. (2016). Attachment and personality: A meta-analysis of the relationships between attachment styles and personality traits. *Journal of Personality and Social Psychology, 111*(2), 234-252.

Verga, M., & Michelazzi, M. (2009). Companion animal welfare and possible implications on the human-pet relationship. *Italian Journal of Animal Science, 8*(s1)

Walsh, F. (2009a). Human-animal bonds I: The relational significance of companion animals. *Family Process, 48*(4), 462-480.

Walsh, F. (2009b). Human-animal bonds II: The role of pets in family systems and family therapy. *Family Process, 48*(4), 481-499.

White, M. (2012). **이야기치료의 지도**[*Maps of narrative practice*]. 이선혜, 정슬기, 허남순 역. 학지사. (원전은 2007년에 출판).

Zasloff, R. L., & Kidd, A. H. (1994). Attachment to feline companions. *Psychological Reports, 74*(3), 747-752.

Zilcha-Mano, S., Mikulincer, M., & Shaver, P. R. (2011). An attachment perspective on human-pet relationships: Conceptualization and assessment of pet attachment orientations. *Journal of Research in Personality, 45*(4), 345-357.

Zilcha-Mano, S., Mikulincer, M., & Shaver, P. R. (2012). Pet loss: Exploring children's behavioral and emotional responses to the death of a pet. *Death Studies, 36*(1), 1-22.

찾아보기

인명

내용

저자 소개

권수영 _ 제11장

연세대학교 연합신학대학원 상담코칭학과 교수

연세대학교 가습기살균제보건센터(환경부 위탁) 센터장

연세대학교 미래융합연구원 인공감성지능융합연구센터 센터장

(사)한국상담진흥협회 이사장

한국상담학회 부부 · 가족상담학회 8대 회장 역임

저서: 『치유하는 인간』(EBS, 2020), 『아이 마음이 이런 줄 알았더라면』(21세기북스, 2021), 『공감에도 연습이 필요합니다』(샘터사, 2022), 『관계에도 거리두기가 필요합니다』(21세기북스, 2022), 『나쁜 감정에 흔들릴 때 읽는 책』(갈매나무, 2024) 외 다수

김형숙 _ 제20장

연세대학교 연합신학대학원 상담코칭학과 객원교수

다리꿈발달상담교육센터 센터장

한국내러티브상담학회 이사

한국상담학회 부부 · 가족상담학회 전문영역 수련감독자

경기도교육청 가정형Wee센터 사례자문운영위원

범죄피해자 중앙&경기지역센터 상담위원

저서: 『초심상담사를 위한 상담내비게이션』(학지사, 2021), 『상담내비게이션 워크북』(학지사, 2024) 외 다수

박태영 _ 제10장

숭실대학교 사회복지학부 명예교수

박태영가족치료연구소 소장

Australian & New Zealand Journal of Family Therapy 심사위원

International Journal of Systemic Therapy 심사위원

숭실대학교 사회복지대학원 원장 역임

한국상담학회 부부 · 가족상담학회 부회장 역임

한국가족치료학회 부회장 역임

논문: Park, T. Y., Park, Y. J., & Park, Y. H. (2025). The Korean integrative family therapy model. *Family Process, 64*(1), e13096. 외 다수

신혜종 _ 제13장
순천향대학교 사회복지학과 교수
순천향대학교 심리건강상담센터 센터장
한국상담학회 부부 · 가족상담학회 10대 회장 역임
순천향대학교 인문사회과학대학장 역임
역서: 『가족치료: 단계별 접근』(공역, 시그마프레스, 2007), 『구조적 가족치료의 기술』(공역, 하나의학사, 2017) 외 다수

안미옥 _ 제3, 17장
마음나루심리상담연구소 대표
상명대학교 통합심리치료대학원 초빙교수
한국가족치료학회 18, 19대 부회장 역임
한국상담학회 부부 · 가족상담학회 11, 12대 부회장 역임
미국 정부공인 부부가족치료전문가(Licensed Marriage and Family Therapist)
미국 부부가족치료학회 슈퍼바이저(AAMFT Supervisor)
저서: 『도박 중독의 이해와 돌봄』(총신대학교출판부, 2014) 외 다수

오화철 _ 제16장
서울기독대학교 상담심리학과 교수
한국정신분석심리상담학회 부회장
한국상담학회 부부 · 가족상담학회 총무이사 역임
한국기독교상담심리학회 회장 역임
한국가족문화상담협회 회장 역임
저서: 『분석심리학과 표현예술치료』(공저, 학지사, 2019), 『Counselor as Public Theologian』(아마존, 2025) 외 다수

이인수 _ 제1, 2장
심리상담연구소 앤아더라이프 대표
상명대학교 복지상담대학원 가족상담치료학과 교수 역임
한국상담학회 부부 · 가족상담학회 11대 회장 역임
저서: 『나도 부모가 처음이야』(공저, 어가, 2017), 『대인관계와 의사소통』(공저, 창지사, 2023) 외 다수
역서: 『미누친의 가족치료 마스터하기』(학지사, 2022), 『보웬 이론의 비밀』(공역, 학지사, 2025) 외 다수

이진희 _ 제5장

신라대학교 상담치료복지학과 부교수

신라대학교 학생상담센터 소장, 가족상담센터 센터장

미국 정부공인 부부가족치료전문가(Licensed Marriage and Family Therapist)

한국가족치료학회 학술지「가족과 가족치료」17, 18, 19대 편집위원장 역임

한국상담학회 부부 · 가족상담학회 8, 9대 학술위원장 역임

부산시 소방안전본부 부부가족소통 프로그램 전문위원 역임

신라대학교 국제교류처 처장, 국제대학 학장, 인권센터 소장 역임

저서:『부부치료: 이론과 실제』(학지사, 2025)

이헌주 _ 제19장

연세대학교 미래융합연구원 연구교수

한국상담학회 다문화상담위원장

한국독서치료학회 이사 및 홍보위원장

한국상담학회 부부 · 가족상담학회 전문영역 수련감독자

한국상담심리학회 상담심리사 1급

저서:『초심 상담사를 위한 아동 및 청소년 상담』(공저, 학지사, 2022),『좋아하는 것을 잘하는 일로 만드는 법칙』(갈매나무, 2024),『AI를 압도하는 내면 경쟁력』(라이프앤페이지, 2025) 외 다수

이현숙 _ 제14, 18장

치유상담대학원대학교 명예교수

치유상담대학원대학교 임상실습교수

서울여자대학교 가족상담 연구센터 임상지도교수

한국상담학회 부부 · 가족상담학회 전문영역 수련감독자

한국가족관계학회 가족상담사 슈퍼바이저

이화자 _ 제6, 8장

(사)아하가족성장연구소 대표

한국상담학회 부부 · 가족상담학회 전문영역 수련감독자

한국가족치료학회 슈퍼바이저

한국가족관계학회 슈퍼바이저

전주대학교 사범대학 가정교육과 교수 역임

저서:『중독과 가족상담』(누림북스, 2015) 외 다수

역서:『구조적 가족치료의 기술』(공역, 하나의학사, 2017) 외 다수

전명희 _ 제15장

한동대학교 상담심리사회복지학부 교수

한동대학교 통일평화연구원 사회통합센터 센터장

히스커버리 상담코칭연구소 소장

남북하나재단 북한이탈주민상담사 권역별 자문위원 역임

저서: 『탈북민 이해하기』(공동체, 2023), 『서로서로 배우는 중입니다: 캠퍼스에서 나눈 탈북청년들의 솔직담백 토크북』(공저, 페스트북, 2024), 『Why Not? 통일한국!』(공저, 공동체, 2025) 외 다수

정병호 _ 제9장

치유상담대학원대학교 교수

서울놀이치료연구소 소장

한국놀이임상심리사협회 회장

한국자살위기지원상담센터 소장

미국 시스키유시 정신과 공무원 역임(Licensed Clinical Psychologist in California #24038)

조은숙 _ 제7, 12장

상명대학교 가족복지학과 교수

한국상담학회 부부 · 가족상담학회 회장

한국가족놀이치료학회 회장

한국가족치료학회 부회장

한국가족관계학회 회장 역임

저서: 『The World of Bereavement』(공저, Springer, 2015), 『인터넷중독의 특성과 쟁점』(공저, 시그마프레스, 2015), 『가족과 젠더』(공저, 신정, 2020) 외 다수

역서: 『부부 · 가족치료자를 위한 필수 사정기술』(공역, 하나의학사, 2019), 『동영상으로 배우는 가족치료 기술과 기법』(학지사, 2025) 외 다수

최규련 _ 제4장

수원대학교 아동가족복지학과 명예교수 역임

최규련 상담연구소 소장 역임

한국상담학회 부부 · 가족상담학회 3, 6대 회장 역임

수원지방법원 가사조정위원 역임

화성시 건강가정지원센터 운영위원장 역임

저서: 『가족대화법』(신정, 2012), 『가족상담 및 치료』(2판, 공동체, 2012), 『부부문제와 부부상담』(신정, 2015) 외 다수

한국 가족을 중심으로 한

부부 · 가족상담 핸드북(2판)

Marriage and Family Counseling

2020년 7월 25일 1판 1쇄 발행
2023년 9월 20일 1판 3쇄 발행
2025년 7월 31일 2판 1쇄 발행

지은이 • 권수영 · 김형숙 · 박태영 · 신혜종 · 안미옥 · 오화철 · 이인수 · 이진희
이헌주 · 이현숙 · 이화자 · 전명희 · 정병호 · 조은숙 · 최규련

펴낸이 • 김진환

펴낸곳 • ㈜학지사
04031 서울특별시 마포구 양화로 15길 20 마인드월드빌딩

대표전화 • 02-330-5114 팩스 • 02-324-2345

등록번호 • 제313-2006-000265호

홈페이지 • http://www.hakjisa.co.kr

인스타그램 • https://www.instagram.com/hakjisabook

ISBN 978-89-997-3472-4 93180

정가 28,000원